러시아의 전쟁

러시아의 전쟁

—— 인류사상 최대 단일전, 독일-소련 전쟁 1941-1945 ——

리쳐드 오버리 지음

류한수 옮김

책과함께

일러두기

- 이 책은 Richard Overy의 RUSSIA'S WAR를 우리말로 옮긴 것이다.

- 옮긴이가 덧붙인 짧은 설명은 〔 〕로, 긴 설명은 각주로 표기했다.

- 우크라이나, 벨라루스, 발트해 연안 국가 등 당시 소련에 속해 있던 국가들의 지명은 러시아어
  발음으로 표기하되 현재 국가 언어의 발음이나 지명을 병기했다. (예: 키예프〔오늘날 우크라이
  나의 키이우〕)

- 단위와 수치는 대개 원서대로 표기했다. 주요 단위를 환산하면 아래와 같다.

  1마일 = 1609미터, 1야드 = 91.44센티미터, 1피트 = 30.48센티미터

  1파운드 = 453.6그램, 1온스 = 28.35그램

- 책 말미에 수록된 부록은 한국 독자의 이해를 돕고자 옮긴이가 작성한 것이다.

들어가며

1941년과 1945년 사이에 소련이 전쟁을 치르기 위해 수행한 노력에 관한 이야기는 비단 현대만이 아니라 모든 시대를 통틀어서 가장 특기할 만한 것들 가운데 하나다. 오랜 기간 동안 그 이야기는 비밀에 휩싸여 서방에서는 거의 알려지지 않거나 이해되지 못했다. 지난 10여 년 동안 그런 상황이 바뀌었다. 소련의 전쟁 수행 노력이 독일에 승리를 거두는 데 비록 유일하지는 않더라도 가장 중요한 요인이었다는 견해에 이의를 제기하는 사람은 이제 거의 없다. 이제 논쟁의 초점은 어떻게 소련이 그런 승리를 거두었는가로 옮겨졌으며, 이 쟁점에 관해 학자들 사이에서 도출된 합의는 아직 없다. 이 문제에 답하는 데 도움을 줄 풍부한 증거들이 지금은 존재하지만 스무 해 전에는 이용할 수 없었다. 이 책 대부분은 이제 서방에서 널리 이용할 수 있는 그 증거들에서 끌어온 것이다. 이 책은 독소전쟁의 두 측면인 독일과의 전쟁과 소련 사회와의 전쟁, 즉 전쟁과 테러를 보여준다.

이 책은 소련의 전쟁 수행 노력을 생생하게 되살리는 데 커다란 성공을 거둔 텔레비전 연재물에 이어서 만들어졌다. 런던의 IBP 영화사가 러시아의 승리 시리즈Victory Series와 공동으로 제작하고 자금을

댄 1회당 52분짜리 10부작 다큐멘터리인 동명의 연재물은 변화하는 독소전쟁의 역사에서 영감을 얻었다. 그 다큐멘터리는 군사적 패배와 무능력부터 군사적 승리까지, 소련의 순수한 애국심부터 정권이 자국민에게 가하는 테러까지 독소전쟁의 모든 측면을 보여준다. 그 필름은 구소련에서 이제까지 감추어져 있던 필름 사료에서 얻을 수 있게 된 자료를 이용해서 만들어졌으며, 독소전쟁의 생존자들에게서 나온 증언과 함께 화면에 대조 삽입되었다. 인터뷰는 훨씬 전에 소련 필름을 위한 몇몇을 제외하고는 1995년에 러시아에서 이루어졌다.

프로젝트 배후의 영감은 책임 제작자인 주디스 드 폴에게 있는데, 그녀는 모스크바에서 원로 영화감독 다섯 명과 알렉산드르 수리코프 공동 책임 제작자의 협조를 얻어내는 데 성공했다. 필름은 1994년과 1995년 두 해에 걸쳐 합작으로 만들어졌다. 책은 1997년에 쓰였으며 1996년과 1997년에 러시아에서 입수할 수 있게 된 추가 자료를 담았다. 나는 특히 주디스 드 폴이 내게 보낸 아낌없는 격려에 감사한다. 이 책의 편집장인 닉 바너드에게도 감사하고 싶다. 그는 책을 만들어내는 데 걸린 여섯 달 동안 꼬박꼬박 도움을 주었다. 내게 필요한 러시아어 자료는 무엇이든지 곧바로 번역해준 블라디미어 보우일로프에게 더없이 감사한다. 발행인 피터 코프먼은 아주 진득했고 참을성이 많았다. 잘 알려지지 않은 영역에 손을 댔기 때문에 오류와 오역에 대한 책임을 여기에서 미리 고백하는 것이 인지상정이겠다. 마지막 감사는 늘 그랬듯이 내 가족에게 보낸다.

1997년 5월 런던

리처드 오버리

차례

들어가며　　　　　　　　　　　　　　　　　　　　　　　　5

프롤로그　　　　　　　　　　　　　　　　　　　　　　　　11

1장　어둠이 내려앉았다: 1917-1937　　　　　　　　　　　25

2장　한밤이 되기 전 그 시간: 1937-1941　　　　　　　　　73

3장　동방을 유린하는 고트족: 바르바로사 작전, 1941　　131

4장　삶과 죽음 사이에서: 레닌그라드와 모스크바　　　　167

5장　내부로부터의 싸움: 부역, 테러, 그리고 저항　　　　203

6장　부글부글 끓는 솥: 스탈린그라드 전투, 1942-1943　243

7장　성채 작전: 쿠르스크 전투, 1943　　　　　　　　　289

8장　거짓 새벽: 1943-1944　　　　　　　　　　　　　339

9장　스바스티카의 추락: 1945　　　　　　　　　　　　383

10장　개인숭배: 스탈린과 독소전쟁의 유산　　　　　　　431

에필로그 러시아의 전쟁, 신화와 실상　　　　　　　　　477

부록1 독소전쟁 기간, 독일과 소련의 육군 주요 사령부 규모 비교　489

부록2 주요 인물 약력　　　　　　　　　　　　　　　　490

옮긴이의 말　　　　　　　　　　　　　　　　　　　　504

주　　　　　　　　　　　　　　　　　　　　　　　　　515

참고문헌　　　　　　　　　　　　　　　　　　　　　　549

찾아보기　　　　　　　　　　　　　　　　　　　　　　565

지도 목록

1. 바르바로사 작전 (1941년 6~9월)   136

2. 레닌그라드 봉쇄   171

3. 모스크바 역공 (1941년 12월~1942년 4월)   197

4. 독일 점령 소련 영토의 주요 파르티잔 활동 지대 (1943년 여름)   235

5. 청색 작전: 독일군의 남방 공세 (1942년 6~11월)   249

6. 천왕성 작전 (1943년 11~12월)   279

7. 쿠르스크 전투 (1943년)   314

8. 쿠르스크에서 키예프까지 (1943년 8~12월)   333

9. 바그라티온 작전 (1944년 6~8월)   369

10. 비스와-오데르 작전 (1945년 1~5월)   386

11. 베를린 공격   403

표 목록

1. 소련과 독일의 전시 생산 (1941~1945)   245

2. 소련에 대한 미국의 무기 대여 공급량 (1941~1945)   302

3. 제2차 세계대전에서 소련이 입은 인명 손실   427

프롤로그

이 책은 러시아의 여러 뛰어난 영화인의 협조 아래 1995년에 런던에서 만들어진 훌륭한 텔레비전 다큐멘터리 연재물에서 비롯된 결과물이다. 그 연재물 제작에 사용된 영상 기록은 KGB 소장 필름과 러시아 대통령 자료보존소에서 입수할 수 있었고, 그 범위와 역사적 질에서 독보적이다. 그 텔레비전 연재물에 붙여진 이름인 〈러시아의 전쟁〉이 러시아 밖에서 만들어질 수 있었다는 사실 자체가 1991년 소련의 붕괴 이후 러시아와 서방 사이에 개방성이 더 커졌음을 잘 반영해준다. 그 연재물의 목적은 처음으로 서방 시청자에게 소련의 전쟁 수행 노력의 시각적 설명을 영상 자료가 허용하는 한 최대한 전달하는 것이었다.

이 책은 그 연재물의 구조와 내용을 거의 그대로 따랐고 제목도 연재물에서 따왔다. 이 책의 목적은 연재물과 마찬가지로 미하일 고르바초프가 '개방glasnost'의 시대를 선언한 뒤 10년 동안에 광범위하게 새로 밝혀진 사실을 기반으로 소련의 전쟁 수행 노력의 역사를 러시아인이 아닌 독자에게 전해주는 것이다. 이 책은 깜짝 놀랄 만한 새로운 발견을 내놓으려 들지 않으며, 역사의 상像이 지극히 불안정해진 가운데 이루어지는 논쟁의 현재 상태의 요약이다. 다달이 새로운 발견과 새로운 출판물이 나온다. 구舊소련의 역사는 들끓고 있다. 스무 해라는 시간이 흐른 뒤라면 명확한 역사에 다가가는 어떤 것을 쓸 수 있을지도 모르겠다. 현재의 글은 잠정적 견해이며, 이 책도 예외가 아니다. 그렇더라도 1941년과 1945년 사이 소련의 전쟁 수행 노력의 역사는 쓸 만한 가치가 충분하다. 그 주제를 더 흥미진진하고 더 생생하게 만드는 데 모자람이 없을 만큼 새 자료가 넘쳐난다. 그 어떤 인간 드라마도 놓치지 않았다. 새로 드러난 사실들은 여러 방법으로 그 인간 드라마를 강화해주었다.

소련의 전쟁 수행 노력, 즉 뒤에 붙여지게 된 이름인 '대조국전쟁'에 관한 공인된 이야기는 1945년 이후 10년 동안 강화되도록 허용받았으며, 놀라우리만큼 바뀌지 않은 채 1980년대까지 내려왔다. 관변에서는 파시스트 악마에 맞선 사회주의의 영웅적 투쟁 이야기가 변하지 않은 채 1991년까지 내려왔다. 소련에서 독소전쟁에 관해 쓰인 글들은 주의 깊은 검열을 받았고, 독소전쟁 관련 중앙 자료보존소는 닫힌 채로 남아 있거나 관변 역사가들 가운데서도 가장 큰 특권을 받은 이에게만 국한되어 열렸다. 예를 하나만 들어보자. 독소전쟁 대부분의 기간 동안 이오시프 스탈린의 총사령관 대리였던 게오르기 주코프 육군원수는 1960년대에 두 권짜리 회고록을 썼다. 이 회고록은 심하게 조작되었다. 초판을 준비하는 데 세 해가 걸렸고, 최종 인가를 받으려고 소련 지도자 레오니트 브레즈네프에게 잠깐 보여줬는데, 주코프는 브레즈네프가 남부 전선에서 벌어진 한 전투에 참여했다는 허구를 집어넣으라는 지시를 받았다. 초판이 발간되었을 때, 주코프는 "저 책 말이야, 그건 내 것이 아니야"라고 투덜댔다. 심지어는 극히 자잘한 수정까지 강요당했다. 주코프는 1941년 여름의 실패를

'패주'라고 일컫고 싶었지만 그 대신에 '퇴각'이라고 써야 했다.[1]

주코프의 회고록은 1990년에 10판에서야 드디어 무삭제판으로 나왔다. 다른 회고록들도 처음으로 발간되거나 검열관의 빨간색 연필에서 벗어났다. 이제는 흐루쇼프의 녹음 인터뷰 무삭제판이 이용 가능해졌는데 그 인터뷰의 많은 부분은 위생 처리된 그의 회고록이 발행되었던 1960년대에는 알려지지 않았다.[2] 10년 전만 해도 필수적으로 이용해야 했던 증거들 가운데 여럿이 오도의 위험성이 있고 왜곡된 것이었으며, 심지어는 거짓이었음이 밝혀졌다. 주코프가 똑바로 마주 보고 안드레이 예료멘코 육군원수에게 스탈린그라드에서 그와 자기가 한 역할에 관해 회고록에서 왜 거짓말을 했는지 따지자, 예료멘코는 흐루쇼프가 자기에게 그렇게 해달라고 부탁했다고 대꾸했다.[3] 절반만의 진실과 왜곡으로 가려진 장막을 완전히 꿰뚫어 보기란 결코 가능하지 않을지도 모르지만, 오늘날 러시아에는 기록을 바로잡으려는 참된 의지가 존재한다. 지금 우리는 지난날보다 더 많이 알고 있으며, 우리가 알고 있는 것이 역사적 실상에 더 가깝다는 더 큰 자신감을 가질 수 있다.

그러나 여전히 심각한 공백이 남아 있다. 전시 외무부 자료보존소와 주요 정치행정 기관의 기록이, 드러내기에는 아직 너무 민감하다고 여겨지는 KGB(NKVD)*보안 기구와 군사 및 기술 기록이 그러한 것

---

* NKVD(엔카베데, Narodnyi Kommissariat Vnutrennikh Del)의 원래 뜻은 소련 내무 인민위원회(내무부)이지만, 흔히는 이 조직에 소속된 비밀경찰을 일컫는다. KGB는 이 비밀경찰의 후신이다. 독소전쟁 시기에 NKVD 소속 무장 부대는 각 전선 군 사령부에 배속되어 있었으며, 이 무장 부대의 지휘관은 붉은군대의 명령 계통에서 벗어나 오직 스탈린과 라브렌티 베리야에게만 책임을 졌다.

처럼, 공개되지 않고 있다. 공평무사함이 더 많이 발휘된 곳—예를 들면 공식 사상자 통계 수치의 발표—에서조차 골치 아픈 공백이 남아 있다. 그리고리 크리보셰예프 장군이 1993년에 발표한 그 수치는 여태껏 얻을 수 있는 가장 완전한 설명을 해주지만, 이 수치에는 명백한 실패였던 세 작전이 빠져 있다. 1941년과 1942년의 혼돈 속에서 정확하게 누가 죽거나 다쳤는지 알기 어렵고 심지어는 누가 징집되었는지조차 알기 어려움을 고려할 때, 그 공식 수치 자체가 비판적 검토의 대상이다.[4] 이후 서술에서 논란을 없애고자 '단정되는', '추정되는', 또는 '대략'이라는 낱말이 규칙적으로 나타난다면, 이것은 전쟁 기간의 사실에 합의된 하나의 설명을 내놓는 데에도 아직 얼마나 더 많이 연구할 필요가 있는지를 보여주는 증거다.

늘 그렇듯이 스탈린은 파악하기 매우 힘든 존재로 남아있다. 전권을 떠맡은 개선장군 스탈린이라는 조야한 대중적 이미지는 소련에서 탈스탈린화가 본격적으로 시작된 1956년에 사라졌다. 그러나 완전한 개인 자료보존소, 또는 심지어 스탈린의 광범위한 공적 활동에 바탕을 둔 자료보존소가 없기에, 역사가는 그의 전시 지도력의 여러 양상을 추측할 수밖에 없다. 이제 스탈린의 동료 정치가나 휘하 군 지휘관에게서 증언을 이전 어느 때보다도 훨씬 더 많이 얻을 수 있지만, 심지어 그를 아는 사람도 해독하기 어려운 내면의 생각은 감추어진 채로 남아 있다. 10장에서 더 상세하게 논의한 그의 죽음에 관한 상황조차도 목격자라고 주장하는 이들 사이에서 의견의 일치를 볼 수 없다.

스탈린에 관해 논의할 때 이것이 유일한 문제는 아니다. 초기에 군사상 실패를 했고 전시의 테러가 드러났기 때문에 스탈린은 용의자

수사에서 쉬운 표적이 된다. 그러나 이 독재자에게 포화를 집중하게 되면 그토록 확연하게 타락하고 야만화된 사람이 어떻게 나라를 승리로 이끌 수 있었는가를 제대로 이해하기 어려워질 뿐만 아니라 스탈린이 속해 있던 더 큰 시스템을 고려할 수 없게 되어버린다. 전쟁 수행 노력은 한 사람의 산물이 아니었으며, 그것을 전적으로 그 한 사람의 의지에 종속되도록 만들 수도 없었다. 대중 동원을 지탱하는 데 공산당이 한 역할, 기괴한 베리야가 관장한 테러 기구의 역할, 또는 지금까지 만들어진 군대 가운데 가장 큰 군대였던 붉은군대 자체의 역할도 스탈린 개인 독재만큼이나 독소전쟁사의 일부다. 개방 시기 역사의 분위기는 책망과 분노의 연속이었다. 먼지가 가라앉으면, 스탈린과 체제를 새로이, 그 강점과 약점 둘 다를 평가할 때가 있을 것이다. 스탈린은 혐오하기는 쉽지만 이해하기는 더 어려운 인물이다. 역사가 모름지기 해야 할 일은 이해다.

소련의 전쟁 이야기를 쓰는 것은 겸허해지는 경험이었다. 러시아인이든 비러시아인이든 그 전쟁의 역사가들에게 지고 있는 빚은 곧 분명해질 것이다. 소련학은 이제 상상력 넘치고 흥미진진한 연구 성과를 풍성하게 내놓고 있으며, 상당수는 주제의 채탄 막장[자료보존소를 빗댄 말] 바로 그곳에서 이루어졌다. 그 막장에서 자료들이 발굴되어 처음으로 햇빛을 보고 있다. 참된 스타하노프Stakhanov[1장 50~51쪽 참조] 운동원 두 사람은 특별한 언급을 받을 자격이 있다. 존 에릭슨 교수와 데이비드 글랜츠 대령은 소련 연구와 소련 이후 연구의 결실을 러시아 이외의 세계에 전하는 데 다른 어느 서방 학자보다도 더 많은 일을 해냈다. 지난 스무 해 동안 두 역사가가 전투사를 꼼꼼하게 재구성하지 않았더라면 [이 책에서] 전투 묘사는 불가능했을 것이다.

소련의 전쟁 이야기는 또한 다른 의미로도 역사가를 겸허하게 만든다. 그 전쟁은 아주 엄청난 규모와 격정으로 벌어져서, 통상적인 역사 서술 양식으로는 그 어느 것도 만족스럽게 제대로 전달되지 않을 듯하다. 현재 일부 소련 학자가 많게는 4300만 명에서 4700만 명으로 산정하는 인적 손실[5]은 통계로는 제대로 전달될 수 없다. 시가 러시아 보통 사람에게 그토록 큰 의미를 지녔던 것이나, 단순한 숫자의 나열이 아니라 시를 통해 전쟁의 참혹한 실상이 표현될 수 있었던 것은 분명히 우연이 아니다.

마지막 피로에 지쳐서,
죽기 바로 전의 빈사 상태에 빠져서,
커다란 두 손을 축 늘어뜨린 채,
병사는 누워 있다.[6]

부하들이 거칠고 무지막지한 지휘관으로 기억하는 주코프 육군원수조차도 대량 살상의 와중에서 시를 읽었다. 톨스토이의 작품, 니체의 작품이 고통으로 덧칠된 그 거대한 비극적 캔버스의 진수를 전달할 수 있을지도 모른다. 대다수 서방 역사가의 경험은 그들이 '러시아의 전쟁'의 역사에서 발견한 것을 설명할 태세를 갖추는 데 별 역할을 하지 못할 것이다. 어쩌면 전혀 역할을 못할지도 모른다.

러시아의 전쟁을 이해하는 열쇠는 러시아라는 나라 자체의 이해에 있다. 물론 그 전쟁은 단지 '러시아의 전쟁'만은 아니었다. 러시아제국, 그리고 그뒤에 만들어진 소비에트연방은 복잡한 민족 지리를 내포하고 있었다. 1940년에 러시아인은 인구의 58퍼센트에 지나지 않았다. 기타 주요 민족만 해도 줄잡아서 스무 개 민족이 있었다. 그 가운데 가장 도드라지는 민족은 우크라이나인과 벨라루스인이며, 독소전쟁은 대부분 소련 서부에 있는 이들의 영토에서 벌어졌다. 비록 러시아라는 중심부의 지배를 받았을지라도, 그 민족들은 기나긴 역사를 가진 풍부하고 다양한 일련의 문화를 제공했다. 이런 차이의 형성에는 지리적 요인도 작용했다. 소련은 북쪽으로는 거의 영구히 얼어붙은 툰드라 황무지부터 남쪽으로는 자캅카지예Zakavkaze의 기름진 농토에 이르기까지 북아시아와 중앙아시아 전체에 걸쳐 있었다. 소련이 물려받은 국가는 유럽적인 만큼이나 아시아적이었다.

러시아, 그리고 소련을 서방 세계와 다르게 만든 것이 과연 무엇인지 간파하려면 이 다양성을 파악하는 것이 필수 불가결하다. 그런 차이는 자주 무시되어왔다. 그 차이는 아직도 많은 서방인에게 과소평가되고 있으며, 그들은 그 지역을 현대 산업 사회의 후진적 판본으로 본다. 그 차이를 과소평가하기는 스탈린이 사회적으로 더 효율적이면서도 더 정의로운 서방식 현대 국가 형태를 창출해냈다고 생각한 1930년대와 1940년대의 공산주의자와 서방의 동조자도 마찬가지였다. 그 차이는 1940년대에도 여전히 컸다. 독일 나치 친위대의 막스 지몬 장군은 "러시아 사람의 행동 습관과 생활양식을 조금이라도 아는 서유럽 사람은 거의 없다"라고 썼다.[7] 이미 독일 공격자는 소련 사회가 원시적이며 소련 사회의 대부분이 발달한 서방 경제의 기준으로 보았을 때 기껏해야 시골 수준에 머물러 있다고 가정하는 경향을 보였다. 그러나 이것은 러시아 사회를 오해한 것이었다. 러시아 사회는 원시적이라기보다는 성격이 다른 사회였다. 소련은 서유럽과 같지 않았으며, 같아야 했을 까닭도 없다.

전쟁은 러시아 문화와 소련 문화의 여러 지속적 특징을 드러내주었다. 군인들은 그들의 인생 경험이 혹독하고 모질었기 때문에 잔혹했다. 그들이 위기에 강하고 굳센 것, 남자든 여자든 그들이 강인한 것은 혹독한 기후와 극단적인 노동 조건의 산물이었다. 러시아의 삶이 지니는 더 거친 측면은 노동 수용소의 일상이나 부대 또는 공장의 규율에서 잘 나타난다. 그러나 보통 사람들은 역사와 지리 두 가지의 강력한 감각에 기반을 두고 만들어진 전통적 심성을 보여줄 수 있었다. 과거의 존중, 뿌리 의식과 소속감이 얼마나 보편적이었는가에 관한 지식을 일리야 예렌부르크라는 작가가 말한 전시의 여러 이야기 가운데 하나에서 조금 얻을 수 있다. 1941년 후퇴 때 독일군의 공격을 받기 전에 오룔Orel에 있는 투르게네프 박물관의 관장은 소장품들을 포장해서 열차에 실었다. 가장 중요한 것은 그 유명한 문호가 앉아서 위대한 구상을 하던 낡은 소파였다. 역에 설 때마다 관장은 열차에 올라타 자리를 차지해서 동쪽으로 가려고 아귀다툼을 벌이는 성난 피난민과 맞부딪쳤다. 그때마다 관장은 이 물건들이 위대한 투르게네프의 것이라고 설명했고, 그때마다 군중은 물러났다.[8]

이것은 계급이나 교육의 경계선을 완전히 뛰어넘어 대중이 예술에 애착을 가진다는 더 넓은 맥락 속에서만 이해될 수 있는 이야기다. 그것은 원시성이라는 그 어떤 개념과도 맞아떨어지지 않는다. 공포의 굴라크Gulag 수용소에 갇혀서도 알렉산드르 솔제니친은 슈베르트의 작품 한 곡조를 자기에게 불러주던 사람을 아직 회상할 수 있었다.[9] 거의 보편적인 시 사랑은 이미 언급했다. 사람들은 자기가 태어난 곳에 대해, 자기가 살아가는 방식에 대해, 심지어는 상황이 암울할 때도 감상적이었다. 전쟁 무렵에도 소련 사회는 여전히 전통적 결속 양식, 즉 부족이나 씨족이나 공동체를 간직하고 있었다. 1930년대에 공산당이 강행한 현대화는 이미 이런 유서 깊은 소속 양식을 부수기 시작했지만, 완전히 부수지는 못했다. 그 감정은 민족주의로 묘사되기 힘들다. 왜냐하면 그 감정이 응집력을 가지기에는 너무나도 많은 민족이 존재했기 때문이다. 애국심이 그 감정을 더 잘 전달하지만 완전하지는 않다. 왜냐하면 소련 사람에게서 놀라운 지구력을 불러일으킨 감정은 거의 순종적이고 숙명론적인 것이기 때문이다. '대조국전쟁'에서 나온 가장 유명한 운문 가운데 하나, 즉 익살맞은 주인공 바샤 툐르킨*에 관한 다음과 같은 시 한 수가 무딘 태연함과 역사적 각성의 혼합체를 정확하게 포착한다.

영웅이 자면서 코를 곤다. 그뿐이다.
이것저것 모두 다 가진다.
그래, 나는 나라의 것. 바로 그거야.
그래, 전쟁. 그래서 내가 바로 여기 있지.[10]

소련 사람의 삶에 있는 이 요소들을 무시하면 독소전쟁사는 이해할 수 없다. 소련의 승리를 물질적으로 설명하는 것은 그다지 설득력이 없다. 아무리 전쟁의 일상적인 실제 경험이 현세적이거나 진부하거나 야만적이라고 해도, 러시아의 '얼'이나 '넋'이라는 어떤 관념을 단순한 감상으로 여기기에는 보통 사람에게 너무나도 중요하다는 점

---

* 소련의 시인 알렉산드르 트바르돕스키가 전시에 쓴 연작시의 주인공. 이 시에서 툐르킨은 태평스럽고 쾌활하면서도 조국 수호의 의무감에 찬 소련군 병사로 묘사되어 있다.

을 인식하지 않고서는 독소전쟁사를 쓰기 어렵다.

소련의 전쟁 수행 노력의 다른 두드러진 양상은 스탈린식 현대화가 없애지 못한 더 오랜 과거와의 연속성들이다. 스탈린 체제의 산물로 여겨지는 것들 대다수가, 변경되고 확대되거나 변주되기는 했지만 여전히 알아볼 수 있는 러시아 전통의 일부였다. 이런 연속성들 가운데 몇몇은 더 자잘한 것이다. 전제정의 밝은 진보성을 과시하려고 중요한 방문자들을 위해 칠하고 청소한 예카테리나 대제* 치하 러시아의 그 유명한 포툠킨Potemkin 마을**은 공산주의에 호의를 보이는 서방인에게 공산주의의 미소 띤 얼굴을 보여주려고 치장한 모범 농장과 모범 공장에서 별로 다르지 않게 되풀이된다. 1944년에 미국의 정치가 헨리 월리스가 소련령 극동의 마가단Magadan에 있는 금광 단지를 방문했을 때, 그는 그 금광을 유지하는 야만적 강제 노동 체제를 전혀 보지 못했다. 이르쿠츠크Irkutsk에서 월리스는 심한 아이러니로 가득 찬 다음과 같은 연설을 했다. "드넓고 자유로운 공간에서 태어난 사람은 불의와 압제를 참지 못할 것이며, 잠시라도 노예 상태에서 살지 않을 것입니다."11

다른 연속성은 더 두드러지고 더 의미심장하다. 강제 수용소 노동, 강제 이주와 유형의 체제는 스탈린의 고안물이 아니며, 심지어는 소

---

* 1729~1796. 독일 소공국의 공주로 태어나 표트르 3세와 결혼했지만, 궁정 쿠데타로 남편을 몰아내고 황위를 차지했다. 서른 해 넘게 제국을 다스리는 동안 영토가 크게 늘고 농노제가 강화되었다.

** 예카테리나 대제의 애인이자 총신이었던 포툠킨이 자기가 점령해서 다스리게 된 지역을 대제가 둘러보려고 하자 번영하고 활기찬 곳으로 보이도록 가짜로 거리와 집들을 만들고 아름답게 꾸몄다는 말이 있다. 그뒤로 실상을 가리는 눈가림으로 만들어지는 임시 시설을 일컬어 포툠킨 마을이라고 부르게 되었다.

련의 고안물도 아니다. 제정 러시아는 노예 노동을 300년 동안 활용
했다. 국가는 범죄자, 반도叛徒, 심지어는 세금 회피자를 이용해서 도
로와 철도를 만들고, 제국 북부의 혹독한 기후대에 있는 광산에 인
력을 배치하고, 도시와 요새를 세웠다. 19세기 동안 수많은 사람이
인구가 희박한 시베리아 지대에 유배되어서 아무것도 없이 내팽개쳐
져 대량으로 죽었다. 20세기 초엽에 정치범이 범죄자들에게 대거 합
류하기 시작했다. 차르 정권의 정치적 권위가 흔들리기 시작하면서
1905년과 1914년 사이에 강제 노동형(카토르가katorga)을 받은 사람의
수가 다섯 배로 늘었다.[12] 비밀경찰과 제크zek, 즉 운 없는 노예 노동
자의 세계가 생긴 시기는 1917년에 혁명이 도래하기 훨씬 이전으로
거슬러 올라간다. 스탈린은 러시아의 통치자들이 늘 해왔던 것을 자
기 인민에게 했던 것이다.

　이것 때문에 1930년대와 1940년대의 테러와 잔혹 행위를 용서하
기가 어떻든 더 쉬워지지는 않지만, 달리 설명할 수 없어 보이는 것을
더 잘 이해할 수 있게 만드는 데 도움이 된다. 스탈린 체제의 탄압이
드러남으로써 더 큰 충격을 받은 것은 어쩌면 서방의 견해일 것이다.
왜냐하면 그 탄압은 독소전쟁 이전에 서방의 공산주의자를 유혹했
던 모습, 즉 사회 정의를 세우고자 투쟁하는 젊은 프롤레타리아 국가
라는 낭만적 이미지와 뚜렷하게 대조되었기 때문이다. 스탈린은 자
국민과도 전쟁을 했다. 그러나 그것은 단지 그가 볼셰비키의 일원이
었기 때문만은 아니다. 부분적으로는 러시아제국이 정복으로 건설된
다민족 제국이었기 때문에, 부분적으로는 러시아 사회를 다스리는
데에는 농민에 기반을 둔 광대한 그 무정부적 공동체를 지탱할 테러
라는 요소가 얼마간 늘 필요했기 때문에, 모든 러시아 통치자는 민중

과 싸워왔다고 말해도 과장은 아닐 것이다.

그런 상황은 전쟁에서도 다르지 않았다. 거의 반세기 동안의 관변 측의 침묵 뒤에 (포로가 된 사람과 그의 가족에게, 그리고 싸우지 않고 후퇴한 사람에게 가해진 가혹한 보복을 인가한) 스탈린의 악명 높은 전시 명령 제270호와 제227호가 1988년에 마침내 공개되었는데, 그 내용이 스탈린 압제의 가장 비합리적이고 악질적인 표현이어서 사람들의 격분을 자아냈다. 그러나 러시아에서 군 생활은 늘 혹독했다. 규율은 독단적이고 살벌했다. 1914년과 1917년 사이에 차르 정권의 전쟁 수행 노력은 최악의 임무에 투입되는 무단이탈자와 범죄자의 징벌 부대인 '형벌 대대'를 예고했다. 제1차 세계대전 때 전선에 배치된 군대에 존재했던 '저지 부대otryadyi zagrazhdenie'는 제2차 세계대전 때에도 무단이탈과 노략질을 막는 임무를 수행했다. 1917년의 혁명에 뒤따른 내전 기간 동안 군 규율을 유지하는 것이 양측에게 다 어려워서 스탈린의 방식에 쉽게 필적하는 방식들이 채택되었다. 혹독한 체제는 야만화된 군인을 만들어냈다. 내전의 잔혹 행위 때문에 후일 일어날 독소전쟁의 잔혹 행위가 벌어지지는 않았지만, 1941년 이후에 지휘관 직책에 오른 붉은군대 장교 다수가 내전기에 하급 장교였으며 적, 농민 반도, 심지어 자기 부하에게 가해진 끔찍한 행위를 목격하거나 수행했다.

이런 이야기는 대부분 이 책의 범위 밖에 있으며, 여기서는 단지 스탈린, 스탈린주의, '대조국전쟁'을 러시아의 과거라는 맥락 속에서 이해하기 위해서만 회고된다. 1917년의 혁명가들은 꽤 복잡한 유산을 물려받았으며, 그들이 차리즘의 폐허 위에 세운 국가는 그들이 바란 것보다 그 유산에 더 많이 빚을 지고 있었다. 현대화는 1920년대와 1930년대 동안 계속되었다. 사실, 현대화가 이루어지지 않았더라면 독일과의 전쟁은 사뭇 달리 진행되었을 것이다. 1941년과 1945년 사이에 벌어진 러시아의 전쟁은 현대와 고대의 풍부한 혼합체다. 스탈린이 택한 전쟁은 사회주의적 애국심의 단순한 표현으로서의 전쟁이 아니었다. 붉은빛이 감도는 안경을 통해 본 과거의 영웅들을 이용하는 선전전이 수행되었다. 튜턴기사단*의 침입을 물리친 13세기 모스크바공국의 제후 알렉산드르 넵스키**는 세르게이 예이젠시테인의 영화 〈알렉산드르 넵스키〉(1938) 맨 끝에서 독소전쟁 내내 재생된 다음과 같은 말을 해야 했다. "만약 누가 검을 가지고 우리에게 온다면 그자는 내 손에 죽으리라. 그 위에 러시아 땅이 있으며 앞으로도 있으리라."[13]

---

* 1190년에 세워져 독일 서부 지역과 지중해에서 큰 세력을 형성한 무사 종단.
** 1220~1263. 러시아 정교회가 성인으로 모시는 13세기 슬라브인의 영웅. 1240년에 노브고로드(Novgorod)에 쳐들어온 스웨덴의 대군을 네바(Neva)강에서 물리쳐서 넵스키라는 이름을 얻었으며, 1242년에는 동쪽으로 세력을 뻗는 튜턴기사단의 기마 부대를 얼어붙은 추드 호수(오늘날의 페이푸스 호수) 위에서 격파했다.

1장

어둠이 내려앉다

1917-1937

> 그는 새로운 칭기즈칸이다. 그는 우리를 모두 도륙할 것이다.
>
> — 니콜라이 부하린, 1928년

러시아의 10월이다. 3개 집단군이 취약한 방어를 밀어붙이고 나아가 페트로그라드*와 모스크바로 향하고 있다. 그들은 마을을 불태우고 지역민을 죽이면서 주민을 잔혹하게 다룬다. 그들은 키예프Kiev〔오늘날 우크라이나의 키이우〕, 오데사Odessa, 보로네시Voronezh, 오룔 등 도시를 차례차례 점령한다. 10월 중순에 한 집단군이 툴라Tula에 다가가면서 모스크바가 공격권 안에 놓이게 된다. 다른 집단군은 페트로그라드를 에워싸면서 도시를 점령할 준비를 하고 있었다. 그들은 파르티잔 부대에게 시달린다. 모스크바에서는 정부가 공황 상태에 빠진다. 동쪽으로 이동해 우랄산맥에 있는 더 안전한 피난처로 가려는 계획이

---

* 러시아제국의 수도 상트페테르부르크(Saint Petersburg)는 1914년 페트로그라드(Petrograd)로 개칭되었다가 1924년 죽은 레닌을 기려 '레닌의 도시'라는 뜻의 레닌그라드(Leningrad)로 재개칭되었다. 소련이 해체된 1991년에 원래 명칭인 상트페테르부르크가 되었다.

세워진다. 지역 노동자가 노동 부대로 강제 편성되어 적을 막을 참호를 파고 바리케이드를 쌓는다. 툴라에서 지역 공산당원이 도시민에게 총부리를 들이대며 초보적 요새 시설을 만들도록 강요한다. 그동안 그들의 가족이 볼모로 잡혀 있다. 최후의 방어를 위해 급조된 부대가 모인다. 반격이 성공해 모스크바를 구한다. 싸움은 잔혹하며, 양쪽에 사상자가 많고 상대에 대한 관용은 거의 찾아보기 어렵다. 정부는 모스크바에서 떠나지 않는다. 공산당원 인민위원과 비밀경찰에게 내몰린 노동자와 농민의 붉은군대가 마침내 반동 세력에게 승리한다.

이것은 무척 귀에 익은 이야기지만 1941년의 일이 아니다. 시기는 1919년이며, 위협은 1941년 6월 22일에 개시된 공격 이후에 소련을 가로질러 전진하는 독일의 3개 집단군이 아니라 1917년 10월의 볼셰비키 혁명에 뒤이은 피비린내 나는 오랜 내전 중에 반혁명군에게서 비롯된다. 여기서 이 이야기가 바뀌어 언급된 까닭은 내전이 소비에트 국가의 수립뿐만 아니라 소비에트 지도자들이 전쟁을 대하는 태도와 아돌프 히틀러와 싸운 미래의 붉은군대 지휘관의 형성에 매우 중요했기 때문이다. 제2차 세계대전에서 가장 유명한 군인이 되는 젊은 게오르기 주코프는 1919년에 모스크바에 가해진 위협을 물리친 부대에서 싸우고 있었다. 그는 붉은군대 제1기병군단의 기병대원이었다. 제1기병군단은 주코프만이 아니라 스탈린 치하에서 15년 동안 국방 인민위원회 의장*을 지낸 클리멘트 보로실로프 육군원수, 1940년에 그의 후임이 된 세묜 티모셴코 육군원수, 요란하지만 무능

---

* 인민위원회는 현재 우리나라 정부 행정 부처의 부(部)에 해당하는 조직이므로 국방 인민위원회는 국방부, 국방 인민위원회 의장은 국방부 장관에 해당한다.

한 기병대원이었으며 1943년에 소련 기병대 사령관이 된 세묜 부돈니도 배출했다.[1]

스탈린 스스로가 볼셰비키당과 신생 혁명 국가의 지도 기구인 당 중앙위원회 대표로 위협에 처한 페트로그라드에 있었다. 생존자들은 목소리는 상냥하지만 바라는 바를 어떻게든 이루어내는 데 익숙하고 동료와 부하를 매우 혹독하게 다루던 오만한 사람을 기억했다. 그는 모략을 꾸미고 배반 행위를 적발하는 데 뛰어났다. 그는 페트로그라드에서 서부 전선 사령부의 음모를 적발해냈고, 그 음모자들은 제거되었다. 그는 위협과 완력으로 페트로그라드 방어를 조직하는 데 일조했다. 그는 무단이탈자나 책임 회피자, 또는 볼셰비키 정치 선전으로 악마가 되고 새로운 프롤레타리아 질서의 적으로 혐오 대상이 된 부르주아지를 처형하는 데 아무런 주저함이 없었다. 페트로그라드에서 한 일의 대가로 그는 최초로 붉은 기 훈장*을 받는 영예를 레프 트로츠키** 국방 인민위원회 의장과 함께 나누어 가졌다. 스탈린은 직설적이며 비타협적이라는 평판을 얻었다. 과연 그답게도 인명 손실이야 어떻든 과감한 공격 명령을 내렸고, 머뭇거리거나 더 과감하지 못한 사령관을 해임하라고 당 중앙위원회를 다그쳤다. 내전 동안에 스탈린이 한 행동이 1941년과 1945년 사이의 전쟁 동안 최고 사령관으로서 그가 할 역할을 정확히 미리 보여준다고 주장하는 것

---

* 공산주의 건설과 사회주의 조국 방위에 특별한 공훈을 세운 사람에게 소비에트 국가가 주었던 국가 훈장.

** 1879~1940. 러시아의 혁명가, 정치가. 레닌과 함께 1917년 10월 무장봉기를 지휘했다. 내전기에는 붉은군대를 창설하고 반혁명군을 물리치는 데 큰 역할을 했다. 레닌의 후계자로 주목받았으나, 레닌이 죽은 뒤 경쟁자들의 집중 견제를 받아 소련에서 쫓겨나서 멕시코에서 지내다가 스탈린이 보낸 비밀 요원에게 암살되었다.

은 성급하겠지만, 그 유사점은 두드러진다.

내전은 새로운 공산주의 국가의 성격을 규정하는 데 주된 역할을 했다. 1917년 10월 혁명의 성공은 잔혹하고 필사적인 싸움을 통해 쟁취되어야 했기 때문이다. 내전은 새로운 사회가 맞닥뜨렸고, 그뒤에 공산주의 악마학에서 계속 맞닥뜨린 적을 규정했다. 그 적이란 군대와 보급품을 보내 반혁명 세력을 도운 제국주의 자본주의 열강 클럽, 반혁명가 자체, 노동자-농민 동맹의 치명적인 계급의 적인 반동 '부르주아' 앞잡이, 새로운 소비에트 국가의 여러 비러시아 지역에서 협소한 쇼비니즘을 조장함으로써 새로운 프롤레타리아 연방을 해칠 위협을 가하는 민족주의 운동이었다. 스탈린은 그 모든 적과 1919년에 열심히 싸웠으며, 1953년에 죽을 때까지 무자비한 테러를 사용해서 계속 싸워 나갔다.

그만이 유일하게 내전을 단순한 무력 투쟁이 아니라 이념 및 사회 세력 사이의 충돌로 본 것은 아니었다. 내전은 소비에트 공산주의를 전쟁의 기조 위에 놓았다. 새로운 당은 도시와 농촌에서 동원의 수행자였다. 도시에서 노동자가 강제로 동원되어 민병대에 들어가 땅을 파내 방어 시설을 만들었고, 농촌에서는 농민의 생존이 고려되지 않은 채 무자비하게 식량이 탈취되었으며, 농부들은 자주 그들의 의사에 반해서 징집되어 신생 붉은군대의 혹독한 체제에 들어갔다. 당의 언어에는 군사 용어가 가미되었다. 당 일꾼은 간편한 군복 스타일의 제복을 입었다(스탈린은 평생토록 그 습관을 버리지 않았다). 1919년과 1920년의 수많은 신입 당원은 붉은군대의 대열에서 생겨났다. 군 복무와 공산주의 대의에 대한 봉사는 하나로 합쳐졌다. 많은 경우에 전직 러시아 제국군 장교들이 전투를 수행했지만, 전략과 작전 결정을 통제하는 권한은 당 중앙위원회의 명령에 따라 행동하는 민간인 출신 혁명가들이 운영하는 지역 군사위원회나 소비에트에게 있었다. 군대는 독자적인 기구와 사령관을 가진 하나의 전문 직업 세력이 아니라 공산주의를 건설하고 있는 폭넓은 사회 운동의 일개 기관으로 여겨지게 되었다. 많은 혁명가의 이상은 군대를 완전히 없애고 그 대신에 노동자-농민 병사의 대중 민병대를 설립하는 것이었다. 그 민병대는 1917년에 볼셰비키의 승리를 만들어낸 블라디미르 레닌*이 같은 해에 쓴 《국가와 혁명》에서 기술한 바 있는 종류의 민중 총 동원군이었다.

1920년에 최종적으로 승리를 거둔 공산주의 무력 투쟁의 결과는 한 역사가가 '군사화된 사회주의'²로 묘사했던 것을 만들어냈다. 1920년대와 1930년대의 소련 엘리트 대다수는 내전에서 싸우거나 지휘를 했다. 그렇지 못했던 사람들은 불리한 처지에 놓였다. 당의 참전 용사가 지녔던 심성은 당의 모든 활동 영역에 스며들었다. 1930년대와 독소전쟁 동안 스탈린은 내전의 투쟁에서 자기 곁에서 일했던 수많은 사람을 고위직에 발탁했으며, 또한 자기와 뜻이 맞지 않았던 사람들을 기억했다. 그런 참전 용사의 충성 때문에 명백하게 부적격한 스탈린주의자 다수가 공직에 머물렀다. 그들 모두가 공유한 것은 전쟁과 투쟁이 사물의 질서의 일부이며 흔들리는 제국주의-자본주

• 1870~1924. 러시아의 혁명가. 러시아 사회민주노동당의 지도자로 활동하다 1903년 당 조직 문제를 놓고 갈등을 빚은 뒤 강경파인 볼셰비키의 지도자가 되었다. 1917년 2월 혁명으로 제정이 무너지자, 러시아에서도 사회주의 혁명이 가능하다고 주장했고 1917년 10월 무장봉기를 승리로 이끌었다. 그뒤 세 해 동안의 내전에서 반혁명군의 공세를 물리치고 혁명 정부를 지켜냈다. 1924년 뇌졸중으로 숨졌다.

의 질서가 사회 해방 운동에 굴복할 역사 발전 단계의 주요 특징이라는 깊은 믿음이었다. 그들은 레닌도 주장했던 대로 제국주의의 본성에 전쟁이 있기 때문에 대외 전쟁이 더 일어나리라고 예상했다. 그들은 자본가적 농민이든 외국 첩자이든 국내에 있는 혁명의 적에 맞선 끊임없는 투쟁을 예기했다. 그 결과는 거의 항상적으로 동원 상태에 있는 사회였다.

'투쟁' 숭배는 소련에 국한되지 않았다. 투쟁은 독소전쟁 동안 소비에트 공산주의가 대결한 숱한 적들 가운데 가장 큰 적이 된 아돌프 히틀러가 가진 세계관의 중심이었다. 투쟁의 필연성에 대한 널리 공유된 믿음은 그 요체를 한 세대에 걸친 세기말fin-de-siècle 저술에서 끌어냈다. 격렬한 전쟁과 문화의 퇴락이 다가온다는 세기말 저술의 비관적 예언은 1914~1918년의 대전쟁the Great War〔제1차 세계대전〕으로 분명하게 입증되었다. 그 전쟁은 러시아에서 혁명적 격변을 불러일으켰으며 과격한 독일 민족주의의 기반을 마련했다. 전쟁은 유토피아로 가는 노선에서 낡은 사회를 옆으로 밀어내는 역사의 기관차라는 공산주의의 믿음은 1917년에 성공적으로 증명되었다. 전쟁이 민족의 재각성과 사회생물학적 개조의 진정한 학교라는 히틀러의 견해는 독일의 패배에 그 기초를 두고 있었다. 투쟁에 관한 두 해설이 1941년에 전쟁터에서 만나도록 예정되어 있지는 않았지만, 1936년 가을에 최측근 권력 집단에게 피력한 히틀러의 견해를 고려한다면 그런 결과를 빚을 가능성은 늘 있었다. 히틀러의 견해란 18세기 이래로 세계는 프랑스혁명의 전통과 그 서자인 볼셰비즘과의 최종적인 역사적 청산을 향해 돌진해오고 있었다는 것이다.[3]

1920년에 내전이 끝났을 때 소비에트연방—1923년에야 공식 채택된 이름이다―은 사실상 러시아의 새로운 수도 모스크바의 통제를 받는 민족 공화국들의 명목상의 연방으로 남았다. 내전의 대가로 나라가 피폐해지고, 공업이 쇠퇴하고, 우크라이나의 과거 곡창 지대에서 수백만 명의 희생자를 낸 기근이 일어나고, 차르 제국에 속했던 변두리 영토를 잃었다. 그 영토는 핀란드, 발트해 연안 국가들(라트비아, 에스토니아, 리투아니아를 한꺼번에 일컫는 표현), (루마니아에게 할양된) 베사라비아Bessarabiia(오늘날의 몰도바공화국에 해당하는 지역), 그리고 폴란드의 절반이었다. 이런 영토를 잃어버린 결과로 신생 소비에트 국가는 그 전임자보다 덜 유럽적이었고 더 아시아적이었다. 전후 처리에 의해 최근에 재창출된 국가인 폴란드와 벌인 짧은 전쟁 동안에 러시아는 1920년에 확고하게 동유럽에서 배제되었다. 붉은군대가 기진맥진했다고 보고 이를 이용하려고 안달하던 폴란드 지도자들은 그해 5월에 우크라이나를 침공해서 키예프를 점령했다. 폴란드를 미워하는 마음으로 소비에트 사회가 단결했다. 내전기에 가장 성공한 젊은 장군들 가운데 한 사람으로서 잘생기고 솔직하고 용기 있는 성품의 미하일 투하쳅스키가 5개 군을 이끌고 폴란드 주력 부대와 맞서서 그들을 폴란드로 되몰아넣었다. 이 전투에는 내전기의 가장 잔혹한 싸움이 수반되었다. 보급을 제대로 받지 못하고 부대원들이 지쳐서, 투하쳅스키는 결국 바르샤바 앞에서 저지되었다. 1921년 3월에 리가Riga에서 체결된 조약으로 폴란드가 우크라이나 서부 일부를 받아서 러시아 국경이 100마일 더 동쪽으로 밀려났다.

소련 지도자들은 폴란드와의 전쟁을 결코 잊지 않았다. 스무 해 뒤에 그 지역을 보복의 난장판을 벌이며 다시 점령한 것이다. 1920년의 그 패배는 내전에서 이겼어도 신생 국가의 방어력이 취약하며 안전하지 못하다는 것을 보여주었다. 1920년대 내내 정기적으로 전쟁 공포가 존재했는데, 그 공포는 자주 극히 사소한 구실에 근거를 둔 것이다. 1923년에는 페르디낭 포슈 프랑스군 육군원수가 바르샤바를 찾았을 때, 1925년에는 (소련 공산당 중앙 기관지 《프라브다》의 표현에 따르면, '소련에 맞선 전쟁 준비'인) 로카르노Locarno 조약*이 체결된 뒤에, 1927년에는 외교 관계를 단절한다는 영국의 결정이 있은 뒤에 그랬다.[4] 이런 공포를 국내 정치의 산물로, 즉 대중의 관심을 외부의 적에게 돌리고 당을 단합하려는 계략으로 보는 것이 통상적이지만, 1941년 독일과 합스부르크제국의 침공, 내전기에 행해졌던 14개국의 간섭, 1920년 폴란드의 침공을 비롯한 불과 얼마 전의 러시아 역사는 끊임없는 경계 상태를 조장하기에 그 자체로 충분했고, 스탈린 독재의 특징을 이루는 공격이나 전복에 대한 거의 편집광적 공포를 설명하는 데 도움을 준다.

소련의 안전 보장 문제는 소비에트 체제의 발전에 매우 중요했다. 레닌의 유명한 혼유混喩에서처럼, 소비에트 국가는 '폭풍우가 부는 제국주의의 바다 한가운데 있는 오아시스'였다.[4] 레닌은 볼셰비키의 예가 나머지 유럽에서 사회 혁명을 불러일으킬 것이며, 따라서 고립은 극복되리라고 기대했다. 1919년 3월에 모스크바에서 공산주의 국제 조직인 코민테른(제3인터내셔널이라고도 불리는 공산주의 인터내셔널의 약칭)이 설립되었다. 코민테른의 첫 과제는 만국의 노동자에게 "국가 사이의 경계를 쓸어 없애고 전 세계를 하나의 자립 협동체로 바꿔야 한

• 이탈리아 로카르노에서 프랑스, 벨기에, 독일 사이에 맺어지고 영국과 이탈리아의 보장을 받은 국제 조약. 이때 프랑스는 폴란드와 상호 보장 협약을 맺었다.

다"라고 호소하는 것이었다. 코민테른 제1차 대회에서 레닌은 세계 도처에서 공산주의가 승리하는 것은 단지 시간문제일 뿐이라고 약속했다.[6] 그가 죽을 무렵에, 즉 1924년 1월에 그 자신감은 사라져 버렸다. 소비에트 국가는 세계 혁명의 전위에 있었던 것이 아니라 늘 수세에 몰린 국제 사회의 외톨이였다. 레닌의 후계자들은 [소련의] 안전 보장이, 제국주의 경쟁이 자본주의를 집어삼켜서 세계 혁명을 도래하게 만들리라는 희망에 있는지 아니면 자체의 혁명을 방어하기 위해 소련이 가진 자원을 동원하는 데 있는지에 관해 서로 합의를 볼수 없었다. 전자에게는 견딜 수 없는 위험이 따랐다. 1925년에 당의 총간사* 이오시프 스탈린은 당 지도자들에게 정권을 위해 택한 전략, 즉 '일국 사회주의'의 건설을 천명했다.[7]

사회주의 자위 전략으로 소련을 군사력으로 적절하게 보호하는 것이 지상 과제가 되었다. 내전 뒤에 붉은군대의 위치는 불명확한 상태였다. 군은 그 민중적 사회 기반을 반영해서 정식으로는 노동자-농민의 붉은군대로 지칭되었다. 내전기의 병력 대부분이 교전 행위가 끝나면서 사라져 없어졌다. 1918년 4월에 설치된 혁명군사위원회의 우두머리로서 붉은군대를 이끌었던 트로츠키는 일단 전쟁에서 이기자 군 발전에 관한 관심을 잃었다. 군부 엘리트가 보나파르트 독재의 위협**을 가한다는 근거에서 장교단에 대한 대중적 적대감이 존재했다. 실제로 장교단은 볼셰비즘에 동조하지 않는 수많은 장교로 구성되어 있었다. 급료가 낮고 주거 상태가 부적절하고 출세 전망에 한계

---

* 이 직책은 흔히 서기장으로 번역되지만, 총간사가 더 알맞은 번역어다.

** 프랑스 대혁명이 1799년에 군인 나폴레옹의 독재 정권으로 전락한 전례에 비추어 러시아 혁명에서도 군사 독재자가 나타날지 모른다고 러시아 혁명 정부가 느꼈던 위협.

가 있는 등 군대 안의 상황은 나빴다. 사회주의 사회에서 군대의 위상은 보잘것없었고, 그 처지는 불안정했다.

1924년 1월에 레닌이 죽은 뒤 얼마 안 되어, 당 중앙위원회는 소위원회를 설치해서 소비에트 국가에서 군의 미래라는 문제 전체를 검토했다. 그 검토 결과 트로츠키의 사그라지는 지도력이 얼마나 형편없었는가가 극명하게 드러났다. 장교가 절반밖에 되지 않는 부대가 많았다. 내전 동안에 군부대 지휘 훈련을 받은 8만 7000명 가운데 2만 5000명만이 군에 남았다. 그 나머지에서 3만 명은 죽었고 대략 같은 수의 사람이 제대했다.[8] 보급 상황은 적절함과는 거리가 멀다고 밝혀졌으며, 무기는 불충분했고, 군량과 장비의 수준은 열악했다. 일반 병사의 사기가 낮다고 여겨졌고, 장교는 훈련이 되어 있지 못하고 전문성이 없다고 비판받았다. 트로츠키의 역할을 그의 대리인 미하일 프룬제가 차지했다. 내전 참전용사인 프룬제 사령관은 현대적인 붉은군대와 소련의 군사전략을 계발하는 데 중추적 역할을 하게 된다. 1925년 1월에 트로츠키가 군사위원회 의장과 육해군 인민위원회 의장 직위에서 물러나고 프룬제가 그 자리에 올랐다.

프룬제는 10월에 죽을 때까지 고작 열 달 동안 그 직책에 있었지만 많은 것을 이룩했다. 프룬제는 군을 공산당원의 지도를 받고 프롤레타리아 민병대로 구성되어야 하는 혁명의 일개 도구로 보는 이들과 투하쳅스키처럼 현대식 무기를 갖추고 정치적 감독을 받지 않는 대규모 전문 직업 군대를 옹호하는 이들 사이의 타협적 시선으로 군대를 바라보았다. 프룬제는 자본주의의 여하한 적과 벌이는 전쟁도 내전이 그랬듯이 국가의 사회 및 경제의 예비 역량을 전부 이용하는 총력전일 것이라는 관점에서 출발했다. 그는 프롤레타리아트에 뿌리를 둔 공세 위주의 군대 발전을 옹호했지만, 혁명을 지킬 능력을 가진 군을 만들려면 주요 방위 산업 부문에 치중하는 대규모 공업화와 노동자를 공산주의자의 면모를 갖춘 전문 군인으로 바꾸는 군사 교육 프로그램이 필요하다고 믿었다. 혁명적 열정과 결합된 전문 직업주의는 장교단의 지위와 권한이 제고된 정규군과 노동자-농민의 지역 민병대 양자를 조직함으로써 확보될 터였다.[9]

그 조직화는 1924년에 착수되었지만, 최초의 총소집은 1925년에 가서야 포괄적인 군복무법으로 이루어졌다. 그 법은 1941년 이후에 이루어진 놀라운 군 동원 기록의 기반을 마련했다. 내전 이래로 군 체제를 지배해왔던 정치지도위원*의 역할이 정규 군인들을 위해서 격하되었고, 장교에게 총지휘 책임이 부여되었다. 장교단이 정치적으로 믿을 만하지 못하다는 공산당 기관원 측의 숱한 불만에 대처하기 위해 장교단 내 공산당원의 비율이 늘어났다. 1925년에 장교와 군 관리 7만 6000명 가운데 40퍼센트 이상이 당원이었다.[10] 또한 프룬제는 1924년의 점검으로 드러난 주요 문제들 가운데 하나, 즉 낮은 사기와 부실한 규율과도 씨름했다. 장교를 위해 개선이 즉시 이루어졌다. 장교를 일반 병사를 구별하려고 특색 있는 제복이 도입되었다. 장교에게 큰 폭의 급료 인상과 좋은 주택이 주어졌다. 무엇보다도 부하에게 명령할 권리가 주어졌다. 이것이 최대의 논란이 일어난 쟁점이었다.

• 정치지도위원(politicheskii komissar)은 내전기에 볼셰비키 정부가 붉은군대에 도입한 직책으로, 부대 지휘관의 정치 성향과 작전을 감시하고 부대원들의 정치교육을 담당하면서 공산당의 통제력을 유지하는 역할을 했다. 1940년 봄에 폐지되었다가 독소전쟁이 시작된 뒤에 재도입되었으며, 1942년 10월에 정치지도원(politicheskii instruktor)으로 개칭되었다. 흔히 코미사르, 정치위원, 정치장교 등으로 불렸다.

왜냐하면 잊히지 않는 1917년 봄에 페트로그라드 소비에트가 공포한 명령 제1호* 아래에서 장교는 그가 통솔하는 자에게 이의 제기를 받을 수 있었기 때문이다. 명령 제1호의 목적은 군을 민주주의화하는 것이었다. 하지만 기대한 바일지도 모르겠으나, 일반 병사들이 특정 명령에 따를지 말지를 놓고 몇 시간 동안 논쟁하는 사태가 빚어졌다. 그런 상황에서 규율은 있을 수 없었다. 군 일상생활에 대한 주의가 소홀했다. 붉은군대 병사들의 옷차림이 꾀죄죄하고 말쑥하지 못하다는 평이 나왔다. 1925년에 프룬제는 규율 규정을 도입했다. 공산당원들은 이것을 제국 군대의 나쁜 구습으로 되돌아가는 것이라고 보아 거세게 저항했지만, 새 규율 규정은 차츰차츰 시행되어 장교의 명령권과 처벌권이 복구되었다.[11]

프룬제는 독일에 맞선 전쟁을 벌인 군대의 초석을 놓았지만, 상황이 여전히 불명확한 가운데 자기의 개혁 프로그램의 결실을 보기 전에 죽었다. 그는 만성 위장 질환으로 고생했고, 본인이 항의하는데도 의사들은 외과 수술을 해야 한다고 고집했다. 스탈린이 병원으로 프룬제를 찾아가서 의사에게 압력을 넣어 수술하도록 했다. 프룬제는 바로 얼마 뒤에 죽었다. 죽음을 가져온 범죄 행위는 결코 입증되지 못했다.[12] 프룬제의 직위는 스탈린의 최측근 정치 동료 가운데 한 사람인 클리멘트 보로실로프가 차지했다. 우크라이나 남부 출신 금속 노동자였던 보로실로프는 공교육을 거의 받지 못했으며 군사 교육은 전혀 받지 않은 아마추어 군인이었다. 그는 생애 마흔 네 해 대

• 러시아 2월 혁명 직후에 페트로그라드 소비에트가 발표한 첫 포고령. 군대에서 장교와 병사를 동등한 존재로 규정한 이 포고령은 소비에트의 포고령에 어긋나지 않을 때에만 장교의 명령에 따르고 부대 운영에 참여할 병사위원회를 선출하라고 지시했다.

부분을 테러리스트로, 맨 처음은 1905년에 다음은 1917년에 혁명가로서 활동했다. 내전 동안 그는 스탈린과 마찬가지로 정치군인이 되었다. 그는 호감을 주는 인물이 아니었다. 키가 작고 들창코인 그는 내전의 다른 영웅들이 지닌 군인다운 면모를 전혀 갖추지 못했다. 그는 내전기부터 스탈린의 친우였다. 그는 20년 넘게 독재자 주위에서 최측근 권력 집단의 일부로 남았으며, 이 자체는 놀라운 성취였다. 그는 1925년에 (나중에 국방 인민위원회 의장으로 변경된) 육해군 인민위원회 의장이 되어서 1940년까지 그 직위를 유지했다. 독소전쟁 시기의 미국 대사는 그가 '무능하지만 위험하지 않은' 사람이라고 이중으로 혹평했다.[13]

보로실로프의 명백한 무능함은 1925년에 2인자에 의해 보완되었다. 서른둘이라는 젊은 나이에 미하일 투하쳅스키가 붉은군대 참모본부장이 되었던 것이다. 제국군의 대위였던 투하쳅스키는 제1차 세계대전 대부분을 독일의 포로수용소에서 보냈다. 돌아오자마자 그는 붉은군대에 들어가서 열정적 혁명가이자 탁월한 지휘관이 되었다. 그는 1920년에 폴란드군과 싸웠으며, 스탈린이 그의 정치장교였다. 그의 임명은 탁월한 선택이었다. 투하쳅스키는 열성과 경험 면에서 보로실로프가 가지지 못한 것을 제공했으며, 이런 대조로 말미암아 두 사람 사이의 관계가 돌이킬 길 없이 틀어졌다. 투하쳅스키 참모본부장에게는 다른 것보다 우선하는 포부가 있었다. 그것은 혁명적 원기가 넘치면서도 전문성 있는 현대군을 창출하는 것이었다. 군부의 거의 모든 주요 인물이 그랬듯이, 투하쳅스키는 대량 공세를 혁명 국가에 가장 잘 맞는 전략으로 보았다. 1926년에 그는 군대와 소련 군사 교리의 전면 검토를 명했다. 그 검토의 결실로 1928년 5월에

《미래의 전쟁》이라는 명료한 제목의 책이 출간되었다. 투하쳅스키는 이 책에서 대공세는 수많은 전차와 장갑차량, 그리고 더 많은 항공기의 지원을 받으면서 엄청난 속도로 몰려 나가 전진해서 어떤 적에게든 괴멸적인 힘으로 철저한 일격을 가해야 한다는 생각을 처음으로 펼쳤다.[14]

그런 서술이 13년 뒤에 소련에 퍼부어진 독일의 공격과 거의 완벽하게 꼭 들어맞는 것은 우연이 아니었다. 투하쳅스키는 확고한 군 서방화 옹호자였다. 《미래의 전쟁》은 가장 어울리지 않는 두 동반자인 붉은군대와 독일 국가방위대Reichswehr(바이마르공화국 시기 독일 군대의 이름) 사이에 1920년대에 이루어져 급속히 발전하던 군사 협조 프로그램에 적지 않은 빚을 지고 있었다. 두 군대 사이의 유대는 1921년에 처음으로 이루어졌다. 1922년 8월에 확고한 군사 협조 협약이 체결되었으며, 더 광범위한 제2차 프로그램에 관한 합의가 1926년 3월에 베를린에서 이루어졌다. 소련은 공산주의 때문에, 독일은 1914년에 전쟁을 일으켰다는 이유로 두 나라는 1920년대 초에 똑같이 국제 사회의 외톨이 처지였기에 서로에게 이끌렸던 것이다.[15] 두 나라는 각각 상대방이 절실히 원하는 것을 가지고 있었다. 소련은 앞선 군사 기술과 군사 사고에 접근하기를 원했으며, 독일에게는 베르사유 조약의 군축 규정 아래에서 허용되지 않은 무기와 전술 경험을 개발할 어딘가가 필요했다.

이념적 간극으로 말미암아 공산주의자 협력자와 갈라진 독일 장교들이 세 군대의 주요 군사 시설과 몇몇 산업체에서 비밀리에 함께 작전을 벌이게 되었다. 모스크바 남서쪽(지은이의 착오. 실제로는 남동쪽) 300마일 떨어진 곳에 있는 온천 도시 리페츠크Lipetsk에 비행장이 만들어져 이곳에서 독일 조종사들이 훈련을 받고 신형 비행기의 성능 시험을 했다. 볼가강의 카마Kama*에는 전차 학교가 세워져 그곳에서 독일 군인들이 1939년에 풍성한 결실을 본 착상을 처음으로 시험했다. 톰카Tomka〔오늘날의 볼스크Volsk〕에 화학전 단지가 건설되어 소련 측 참관자들이 독일 직원들의 가스 공격과 가스 방호 실험을 지켜보았다. 합작 전체가 될 수 있는 대로 비밀에 부쳐졌다. 훈련을 받는 군인은 민간인 복장을 하고 가짜 여권으로 소련으로 들어갔다. 훈련 도중 사고로 죽은 사람은 '비행기 부품'이라고 쓴 커다란 나무 상자에 든 관에 넣어 배편으로 발트해의 항구 슈테틴Stettin〔오늘날 폴란드의 슈체친Szczecin〕으로 되돌려보냈다.[16] 더 공개적인 교환도 있었다. 붉은 군대 장교들은 1925년 이후로 독일군의 기동 훈련에 초빙되었다. 투하쳅스키의 인솔 아래 소련의 군 지도자들은 독일에서 여러 달 또는 여러 해를 보내면서 독일의 전략 사고, 독일의 전술 교리, 그리고 군사 경제와 병참 지원에 관한 독일의 사고를 흡수했다. 이러한 교환 사업에 참여한 독일인의 명단에는 10년 뒤에 유명해진 이름들—모델, 브라우히치, 카이텔, 만슈타인, 구데리안—이 들어 있었다. 그러나 이들과 교환되어 독일에서 공부한 붉은군대 장교는 10년 뒤에 거의 모두 다 죽었다.[17]

투하쳅스키가 독일 측에서 얻어낸 교훈은 1920년대 말엽에 붉은 군대의 현대화에서 나타난 현대전의 개념에 중심을 이루었다. 공세를 최우선으로 삼는 것이 교리가 되었다. 혁명 정신이 그것을 정당

• 실험장소 가까이에 있는 카잔(Kazan)시에서 따온 "카"(Ka)와 실험장소를 선정하는 일을 맡은 빌헬름 말브란트(Wihelm Malbrandt) 중령의 성에서 따온 "마"(Ma)를 합쳐서 만든 실험장소의 암호명.

화했을지도 모르지만, 그 사고는 현대 군사 기술—주로 전차와 비행기—의 성격에서 진정한 이론적 근거를 끌어냈다. 투하쳅스키는 전차와 비행기를 대량으로 합동 운용하는 공격 부대는 일단 동원되면 신속하게 전진해서 적의 방어선을 뚫고 나간 다음 적의 주력을 포위할 수 있다며 소탕 작전을 가정했다.[18] 제1차 세계대전의 정적인 참호전과 기관총을 최우선시하는 것과는 매우 다른 '종심 작전縱深作戰●' 개념은 현대성과 밀접하게 연결되어 있었다. 투하쳅스키가 물려받은 군대는 물자를 거의 다 말로 실어 나르고 기동성은 화물차보다는 자전거로 제공될 가능성이 더 큰 군대였다. 장비는 구닥다리였고 조잡하게 만들어졌다. 그는 공세 전략이 더 전면적인 소련 사회 현대화의 맥락 속에서만 작동할 수 있음을 깨달았다. 그는 현대전이 총력전, 즉 군사 전역戰役의 성공을 위한 토대로서의 경제 자원의 동원을 뜻한다는 독일인 지기들의 견해를 받아들였다. 소련에는 이런 자원이 모자랐다. 따라서 신속하게 움직이는 기갑군의 공세를 위한 작전 계획과 저개발 경제라는 현실 사이에는 깊은 간극이 존재했으며, 이 간극은 오직 소련 경제의 근본적 변화로만 메워질 수 있었다.

군사 부문에서 혁명을 한번 일으켜보자는 투하쳅스키의 제안은 시기상조였다. 그의 비행기 및 전차 생산 계획은 너무 비현실적이라며 기각되었다. 그는 독립적 성격과 권위주의적 지도 탓에 정적政敵을 얻었다. 1928년에 스탈린과 보로실로프는 그를 참모본부장 직위에서 해임했다. 그러나 레닌그라드에서 한직閑職을 맡고 있던 투하쳅스키는

● 적의 전술 지역을 공격 제대(梯隊)로 돌파한 뒤 맹렬히 전과 확대를 해 종심 전체를 타격해서 적의 방어를 동시 제압하는 것. 종심이란 부대의 최전방 진지에서 최후방 진지 사이의 간격을 말한다.

1930년에 크레믈Kreml*에 각서를 제출해서 항공기 4만 대와 전차 5만 대가 필요하다는 주장을 거세게 밀어붙였다. 스탈린은 그를 '붉은 군국주의'라고 비난하고 그의 생각에 경제 파탄과 반혁명 파괴 책동의 낌새가 있다고 넌지시 말했다.[19] 그렇더라도 투하쳅스키 개혁의 핵심은 살아남았다. 1930년대 초엽까지 군사위원회와 참모본부는 소련의 후진성에 대한 해결책으로서 종심 방어**를 한다는 어떠한 생각도 거부했다. 투하쳅스키의 후임자가 된 전前 제국군 참모 장교 보리스 샤포시니코프의 주도 아래 전략이 세워졌는데, 그 전략은 1941년에 갑작스레 약점이 드러날 때까지 계속 유지되었다. 미래의 전쟁은 2개 단계로 여겨졌다. 고정된 요새화 지대 뒤에서 작전을 벌이는 강력한 엄호 부대가 국경이나 국경 부근에서 초반전을 수행하는 한편, 국경선 저편에 있는 적에게 강력한 타격을 퍼부을 준비가 될 때까지 전선에서 멀리 떨어진 안전한 곳에서 대량의 노동자-농민군을 동원하는 느린 과정이 진행될 것이었다. 이 대량 공세는 투하쳅스키식의 신속 이동하는 불가항력적 공세juggernaut보다는 대량 병력 공세steamroller에 더 가까웠지만, 전략의 형태는 다르지 않았다. 차이점은 '종심 작전' 사고에 있었다. 적 진지선 후방에서 자유자재로 기동할 수 있는 강력한 기동 타격 부대는 현행 공업 발전 상태와 주로 농민 출신 병사로 이루어진 군대와는 양립할 수 없다고 여겨졌다. 군은 프룬제와 투하쳅스키의 개혁으로 전문성 있는 군대가 되었다. 훈련과 장비의 수준

• 성곽이라는 뜻의 러시아어. 흔히 크렘린으로 알려져 있다. 특정하게는 붉은광장 옆에 있는 궁전을 가리키며, 소련 행정부가 있어서 소련 정부를 상징하기도 한다.

•• 적의 공격을 유인하고 차츰차츰 힘을 빼고 모든 진지를 적이 최초에 관측할 수 없도록 방지함으로써 아군 지휘관이 예비대를 기동할 수 있도록 계획된 상호 지원 방어 진지의 배치.

이 올라갔다. 장교는 그 기능에 어울리는 지위를 받았다. 그러나 아직도 군의 무장은 초보적이었고 보급은 형편없었으며, 사기 수준은 만족스럽지 못했다.[20]

10년 뒤에 소비에트 국가는 내전이 끝났을 때보다 더 안전하지 못했다. 열 개가 넘는 나라에서 온 군대가 반혁명가들과 잠시 나란히 싸웠던 1919년 이래로 소련 지도자들이 본 그 어떤 것보다도 더 무시무시한 전쟁 공포가 1927년에 조성되었다. 그 전쟁 공포에는 별개의 여러 구성 요소가 있었다. 다른 것과 떼어 놓고 하나씩만 보면 그저 그런 위협이었지만, 합쳐 놓고 보면 위협으로 가득 찬 것들이었다. 영국 보수당 국회의원 일부가 조직한 '빨갱이를 없애라' 운동에서 나온 압력에 뒤이어 5월 하순에 런던에서 소련 무역 사절단이 폐쇄되었다. 영국 정부는 외교 관계를 끊었다.[21] 4월에 소련의 중국 주재 대사관이 폐쇄되고 중국 국민당이 중국 공산주의자들을 상대로 피비린내 나는 공격을 개시했다. 6월에 바르샤바 주재 소련 대리 대사가 암살되었다. 그달에 스탈린은, 비록 아무 일도 일어나지 않았어도, 현재 '새 전쟁의 실질적인 진짜 위협'이 있다고 《프라브다》에 공표했다. 제국주의 음모의 조짐은 희생양을 요구했다. 정부 부처에서 일하던 제정 시절의 귀족 스무 명이 5월에 체포되었다. 그들은 바르샤바에서 암살이 일어난 이튿날 재판 없이 모두 처형되었다. 뒤이은 몇 주에 걸쳐 전쟁 공포의 열기가 모스크바를 휘감았다.[22]

몇 달 뒤 소련은 향후에 '제2차 혁명'으로 여겨지는 것의 첫걸음인 대규모 공업화 계획에 착수했다. 그런 시기 결정은 어쩌면 얼마간 전쟁 공포나 군을 현대화하라는 압력 탓일 수도 있지만, 궁극적으로 공업화 강행은 열성 당원들 사이에 그들의 혁명이 주로 농민, 수공업자,

소상인으로 이루어진 사회의 현실에 걸려 비틀거리고 있다는 인식이 자라남에 따라 일어났다. 내전이 끝났을 때 낡은 러시아의 사회 현실을 뒤바꾸기 위해 할 수 있는 일이란 별로 없었다. 1921년에 레닌은 개인 거래와 사적 토지 소유를 허용하는 '신경제 정책NEP'*을 도입했고, 내전 동안에 이루어진 경제 활동 장악력이 느슨해졌다. 1927년 무렵에 공업 생산량이 대략 제정 러시아의 제1차 세계대전 이전 수준으로 되돌아갔지만, 프롤레타리아트는 그들의 이름으로 노동자 국가를 창출한 혁명이 시작되었는데도 수가 적었고, 가난했으며, 사회적으로 고립되어 있었다. 엄청난 다수의 소련 농민 대중 사이에서 공산당원이 한 명이라도 있는 가구 수는 0.7퍼센트 미만이었다. 국가 및 공업 기구는 '부르주아 전문가'로 불리게 되는 수많은 사람에게 의존했다. 새로운 체제에 대한 부르주아 전문가들의 열성은 약하다고 믿어졌다.

　'제2차 혁명'은 이오시프 스탈린이라는 이름과 늘 동일시되어왔지만, 스탈린의 결과만이 아니라 더 공격적인 현대화를 바라는 수많은 당원에게서 나온 압력의 결과이기도 했다. 스탈린은 1920년대 대부분의 기간 동안 경제 팽창과 사회 재구성이라는 쟁점에 어떻게 접근해야 하는가에 관해 확신하지 못했다. 당원들은 농민 대중의 후진성을 못 견뎌 했다. 그들은 차르 체제에 봉사한 바 있는 옛 전문가에게 의존하기를 싫어했다. 스탈린은 당내의 급진 인사들과 제휴하게 되었다. 왜냐하면 그는 강제로 경제 체제를 바꾸는 전략에서 소비에트 국가를 강화하고 이를 통해 아직 완전한 단계의 독재에 이르지 않은

---

* 1921년에 내전이 끝나자 혁명 정부는 도시의 기업체를 국유화하고 농촌에서 식량을 강제 징발하는 전시 공산주의 체제를 폐지하고 그 대신에 중소기업을 사유화하고 농촌의 잉여 생산물 거래를 자유화하는 정책을 도입했다. 이 정책은 1928년까지 지속되었다.

당 위계 제도에서 자기 지위를 강화하는 유일한 방도를 발견했기 때문이다. 1927년 10월에 착수한 제1차 〔경제개발〕 5개년 계획이 끝났을 무렵에 그 지위가 바뀌었다. 그는 잠재적인 당내 경쟁자를 성공적으로 따돌리고 압도했다. 1920년대 말 무렵에 당 기관지는 그를 간단하게 보즈드vozhd, 즉 영도자라는 용어로 칭하기 시작했다.

스탈린이 소련의 최고 권력자로 부상하는 것은 천천히 시나브로 이루어졌다. 트로츠키는 그를 둔한 정치가로 무시했다. 레닌은 1922년 12월에 쓴 마지막 유언장에서 권력을 맡기기에는 지나치게 거칠고 참을성이 없다고 스탈린을 비난했다. 겉보기에 그는 잘 도와주고 공평무사하고 겸손하며 튀지 않는 관리였다. 그의 비서는 회의 중에 스탈린이 방 한쪽 옆에서 파이프 담배를 피우다가 가끔 질문을 던지고 별로 의견을 내놓지 않으면서 몇 시간 동안 앉아 있곤 했다고 회고했다. '모든 사람이 말을 너무 많이 하는 나라에서' 그는 '말하지 않는 재능'으로 독특한 존재가 되었다.[23] 평온한 평범성의 이미지와 자기 나라 국민을 노예로 만들고 도살한 스탈린의 역사적 모습 사이에 존재하는 대조는 설명하기가 쉽지 않다. 결코 완벽하게 설명할 수 없을지도 모른다. 왜냐하면 스탈린은 비밀 일기를 남기지 않았고 속내를 드러내지 않았기 때문이다. 공적인 편지와 연설은 비록 그대로 내팽개쳐서도 안 되지만 액면 그대로 받아들일 수 없다. 내적 동기, 즉 스탈린을 충동질한 악마는 아직도 추측 거리다. 스탈린은 현대의 다른 어느 역사적 위인보다도 더 수수께끼로 남아 있다. 그의 생애에 관한 이야기는 원인만큼 결과로 이루어져 있다. 왜 그가 독재자 역을 맡기로 결심했는가에 대해서는 광범위하고 상충된 해석이 존재한다.

그의 삶의 세세한 부분은 잘 알려져 있다. 스탈린은 1879년에 조지아의 소도시 고리Gori에서 태어났다. 그는 불쌍하고 야만적으로 키워졌다. 거덜 난 주정뱅이 신발 수선공이었던 아버지에게 툭하면 얻어맞아서 어릴 적 친구의 평에 따르면 '음산하고 무정한' 성격이 형성되었다.[24] 그는 여섯 살 때 천연두를 앓아서 누르스름한 안색에 곰보 자국이 남았다. 팔 하나는 종창이 덧나서 살짝 오그라들었다. 그는 비상한 기억력 덕분에 지역 학교의 주목받는 학동이 되었고 무명의 가난뱅이 상태에서 벗어났다. 그는 티플리스Tiflis(오늘날 조지아의 트빌리시Tbilisi)의 한 신학교에 진학했고, 그 학교에서 그 지역의 사회민주주의자들과 접촉했다. 곧바로 그는 차르 국가와의 폭력 대결과 비타협적 테러리즘에 강조점을 두는 러시아 마르크스주의에 이끌렸다. 그는 평생토록 특권에 대한 혐오를 버리지 않았다. 그는 혁명 활동가가 된 후 은행을 털어 정치자금을 마련했다. 그는 감옥을 들락날락했지만 운 좋게 처형을 면했다. 서른일곱 살이 되던 1917년에 그는 폭넓은 경험을 가진 혁명가, 직업상 선동가이자 테러리스트로 출현했다.

1917년에 스탈린은 전국 무대로 진출했다. 그는 볼셰비키 지도부의 최측근 권력 집단의 일원이 되었다. 10월에 스탈린은 레닌에게서 러시아 민족 문제 인민위원 자리를 보상으로 받았다. 조지아 사람으로서 스탈린은 서방화한 지식인 볼셰비키보다 비러시아 소수 민족 문제를 더 많이 이해할 것이라고 여겨졌다. 그가 소수 민족들의 심성을 너무 잘 이해했다고 말할 수 있다. 그는 자율로 흘러가는 성향을, 심지어는 자기 고향 조지아 민족도 짓밟았다. 1919년에 그는 두 번째 공직으로 노동자농민 감사원장직을 맡았다. 이 부서는 마구 팽창하는 관료 기구가 무엇을 하고 있는지를 당이 감찰하려고 레닌이 만든 기구였다. 스탈린은 이 직위를 지렛대로 삼아 국가 기구 전체를 점검했다. 그는 정부 기구와 그 기구에 광범위하게 들어온 직원들을 당의 다른 어느 지도자들보다도 더 잘 이해했다. 행정 수완과 행정 기구에 대한 해박한 지식으로 말미암아 스탈린은 1922년에 당 총간사 자리에 올랐다. 총간사는 그가 1941년에 정치 고위직을 맡을 때까지 그의 유일한 공직이었는데, 그는 이 직위를 이용해서 자기의 권력 기반을 만들었다. 그가 상당한 정치 수완을 지녔다는 데에는 논란이 없다. 그는 히틀러와는 달리 호사 취미가 있는 독재자가 아니었다. 그는 밤늦게까지 오랜 시간 일했으며, 세부 사항에 비상한 관심을 기울였다.[25] 그는 시치미 떼는 기술에 능통했고, 그래서 보통 인기 없는 결정 사항이나 정치적 오류의 책임을 다른 사람들이 떠맡도록 만들 수 있었다. 그는 주의 깊게 궁리된 무오류의 신화 뒤에 몸을 숨겼다.

스탈린을 잘 아는 사람들은 그의 품성에는 금욕적이고 겸손한 외양 뒤에 더 비열한 또다른 측면이 감추어져 있다는 것을 더할 나위 없이 잘 알고 있었다. 그는 거칠고 잔인하고 복수심이 깊었다. 그는 아마 놀라운 기억력 때문에 여러 해 동안 원한을 품었을 것이다. 그에게는 사나운 성미를 드러내는 능력이 있었다. 그는 주위 사람들을 오만하게 멸시하면서 대했다. 그는 빈정대는 말로 남을 곯려서 자기가 부른 사람들을 말을 더듬을 정도로 당황하게 만들 수 있었다. 사람들은 그가 무엇을 할 수 있는지를 알아서가 아니라 그것을 알 길이 없어서 그를 두려워했다. 그는 간교했으며—레닌의 말로는—변덕스러웠다.[26] 그는 주위 모든 사람에게 거의 강박 관념이 된 깊은 불신감을 품었다. 그 불신은 경찰 첩자와 밀정의 세계에서 산 청년 혁명가 시절에 배운 것이었다. 그는 폭력을 사용하거나 신의를 저버리는 데 조금의 거리낌도 없었다. 그는 부도덕하다기보다는 비도덕적이었다.

1931년에 그는 전기 작가 에밀 루트비히에게 자기는 경험을 통해 "오로지 가장 무자비한 억압 정책을 적용하는 경우에만 적을 다룰 수 있다"라는 것을 배웠다고 말했다.[27]● 개인적으로 나서지 않는 사람인데도—우리가 살펴본 바대로, 스탈린은 회의에서 늘 한쪽에 앉아 있었고 결코 사회를 보지 않았다—그는 강한 허영심을 보였다. 그의 습성은 아주 검소했다. 그는 간편하게 옷을 입었고, 크레믈 안에 있는 수수한 거처에서 일했고, 보드카와 조지아산 포도주를 조금씩 마셨고, 러시아 전통 음식을 먹었다. 대부분의 경우에 그는 취하도록 술 마시기를 좋아하지 않았지만, 보통 늦은 밤에 여는 연회에 자기가 초대한 사람들에게 폭음을 부추겼다. 허영은 권력과 그 권력의 표상에 관한 것이었다. 혁명적 정치가로서의 새로운 경력을 쌓는 가운데 1920년대 초엽 어느 시점에서 스탈린은 탐욕스러운 권력 추구자가 되었다.

　스탈린이 가진 권력은 레닌이 1924년에 죽은 뒤에 벌어진 당내 논쟁에서 그가 상상할 수 있었던 것보다 더 큰 것이었다. 그것은 자기를 위한 권력이었을까? 스탈린의 전기를 쓴 러시아인 드미트리 볼코고노프는 권력이 목적 그 자체가 되었다고 주장하면서 "권력을 더 많이 가지면 가질수록, 권력을 더 많이 축적해서 손안에 가지고 있을수록, 그는 권력을 더 많이 가지고 싶어했다"라고 말했다.[28] 스탈린이 처음에는 권력에 굶주렸다가 나중에는 권력에 미쳤다는 견해에는 탄탄한 오랜 계보가 있다. 그러나 전적으로 설득력이 있지는 않다. 스탈

● 여기서 지은이의 자료 인용은 다소 부정확하다. 스탈린 전집에 실린 대담 기록에 따르면 "오로지 가장 무자비한 억압 정책을 적용하는 경우에만 적을 다룰 수 있다"라는 교훈을 배운 사람은 스탈린 개인이 아니라 볼셰비키 전체다.

린은 단순한 권력이 아니라 혁명을 위한 권력을 추구했다. 자기의 승진, 개인 권력의 존속은 혁명의 향방에 달려 있었다. 1917년 이전에 그가 혁명에 품은 열정이 진심이었다는 데 의심을 품는 이는 아무도 없다. 레닌은 유언에서 스탈린이 '권력을 충분히 신중하게' 사용할 수 있을까 하는 의심을 공개적으로 표명했지만, 스탈린이 대의에 전념한다는 데 의구심을 가졌던 듯하지는 않다. 스탈린의 경호원은 내전 때 차리친Tsaritsyn을 방어하는 도중에 스탈린이 다음과 같이 한 말을 회고했다. "나는 무자비하게 49퍼센트를 희생하겠다. 그렇게 해서 내가 51퍼센트를, 즉 혁명을 구할 수 있다면."29 스탈린은 평생 아무런 부끄러움 없이 무자비했다. 그의 자기중심적 사고는 자기가 반드시 있어야 레닌의 혁명이 살아남을 수 있다고 생각하도록 만들었다. 자기를 위한 권력은 자기 나름의 좁은 시야로 보기에 그 혁명을 이루고 있는 것을 추구하기 위한 권력이었다.

스탈린은 '제2차 혁명' 뒤에 있는 추동력이었다. 그의 포부는 비효율적인 후진 국가를 10년 이내에 현대 공업 사회로 바꾸는 것이었다. 그것은 굉장히 혁명적인 포부로, 1990년대에 시스템이 무너질 때까지 소비에트 국가와 소련 민족들을 형성했다. 공업 현대화를 위한 5개년 계획과 더불어 당내의 급진론자들은—공산주의적 견해에서 볼 때 소련이 안고 있는 후진성의 근본 원인인—농촌이 그 나름의 사회 혁명을 겪어야 한다는 것을 깨달았다. 국가는 농민이 자기 힘으로 토지를 점거함에 따라 혁명 이후에 형성된 무수한 비국가 소유 소공동체* 대신에 (공산당원 지배인이 운영하는 대형 국영농장으로 대체하는) 집

---

* 러시아 농촌에서 농지는 개인이 아니라 농민 공동체에 속했으며, 이 공동체에 속한 농지는 장정

단화를 강요해서 새로운 농업 임금 노동자 무리를 만들어내기 시작했다. 농민의 독립성에 대한 공격은 1927년에 시작되어 거의 다섯 해 뒤에 완결되었다. 수백만 명이 시골에서 도시로 이주해서 전혀 다른 생활을 해야 했다. 수백만 명이 거부하거나 저항했으며 강제 노동자로 끌려가 극악한 노동 조건 아래서 새로운 경제 체제의 기반 시설을 만들었다. 농민의 삶에 끼친 손실로 말미암아 대체로 농민 출신 병사가 근간을 이루는 군대에 광범위한 소요가 일어났다. 집단화 프로그램은 충성심이 의심스러운 군이 아니라 내무부인 NKVD 소속 특별 부대가 강제 수행했다. 10년이 조금 더 지난 뒤 소련의 도시는 인구가 3000만 명 넘게 늘어 부풀어 올랐다. 1926년에 소련 사회의 5분의 4가 땅을 일구어 먹고 살았다면, 1939년에는 그 수가 딱 절반으로 줄어들었다. 1930년대의 농공업 정책은 레닌이 1917년에 이룩하지 못한 사회 혁명을 이룩했다.

숙련 노동자, 기간 설비, 재정 조달에 엄청난 난관이 있었는데도, 공업 혁명은 성공으로 끝났다. 진정한 성취는 혁명적 수사와 의심적은 통계 수치 뒤에 가려져 있었다. 1930년대 소련의 생산량에 관한 서방의 최신 연구는 여전히 놀라운 이야기를 들려준다. 1928년에 430만 톤이던 철강 생산량이 10년 뒤에는 1810만 톤으로 상승했고, 석탄 생산량은 3500만 톤에서 1억 3300만 톤으로 세 배 이상으로 늘었으며, 5개년 계획이 시작될 때 700대라는 미미한 수준이었던 화물차 생산량은 1938년에 18만 2000대가 되었다.[30] 공업화 계획은 사회 변화에 반대하는 적들과 벌이는 제2의 내전으로 나타났다. 주적主敵에

수에 따라 정기적으로 농민 가구에 재분배되었다.

는 쿨라크kulak라고 불리는 부농, 경제 발전을 되돌리는 파괴 책동 행위자와 불량배, 그리고 대중의 변혁 열망을 가로막는 이데올로기 편향자가 들어 있었다. '투쟁', '전투', '승리', '적'이라는 군사 용어는 우연이 아니었다. 체제는 반혁명 분자를 해외 제국주의의 타격 부대로 보았다. 현대화 캠페인은 단순하게 공산주의가 후진 사회에서 살아남기가 아니라 적대적인 자본주의 열강들의 세계에서 소련이 살아남기에 관한 것이었다.

1927년부터 독소전쟁이 터질 때까지 세 차례의 경제 개발 5개년 계획이 계속되던 소련에서 노동계급의 삶에 빈곤과 폭력이 난무하는 와중에서, 당이 설정한 과제를 완수하려는 진정한 대중적 열정이 나타났다. 그 열정은 '사회주의적 경쟁'이라는 나라 전체의 문화에서 표현되었는데, 그 훌륭한 사례가 농부에서 광부가 된 돈바스Donbass 지역의 청년 알렉산드르 스타하노프였다. 이미 다섯 시간 교대제 노동 동안 6.5톤이라는 보통 작업 기준량을 늘 초과하는 모범 노동자로 간주되던 스타하노프는 1935년 8월 30일에 밤새도록 쉬지 않고 일해서 석탄 102톤을 생산했다. 이는 채탄 막장에서 일하는 8인조 광부팀 전체가 평균 생산하는 양의 두 배였으며, 이렇게 해서 스타하노프는 보통 받는 30루블 대신에 200루블을 벌었다. 아침 6시에 탄광 지배인 콘스탄틴 페트로프는 기업 내 당 위원회 긴급회의를 소집해 채광 생산성의 세계 신기록이라고 선언했다.

스타하노프의 동료들은 뒤지지 않기 위해서 그의 성취량을 넘어서려고 서둘렀다. 사흘 뒤에 기록이 세 배로 뛰었다. 9월 7일에 카를 마르크스 탄광의 한 광부가 125톤을 파냈다. 《프라브다》 편집진이 (노동자 사이에 사회주의적 경쟁을 붙이기 위해) 하루 뒤에 '소련의 헤라클레스'라는 별명을 붙인 사람에게서 뽑아낼 수 있는 이용 가치를 써먹고 싶어서, 휴가 중인 한 붉은군대 병사가 여섯 시간 만에 240톤을 파냈다고 보도했다. 그 결과는 사실 다른 노동자의 도움을 많이 받고서 이루어졌지만, 공업 전선의 새로운 병사들은 즉시 인정받았다. 이른바 '돌격 노동자'는 추가 급료 및 배급, 더 좋은 주택이라는 포상을 받았다. 1939년 무렵에는 공업 영웅으로 훈장을 받은 특별 노동자가 300만 명을 웃돌았다. 1977년에 스타하노프가 고령으로 죽었을 때 그가 나고 자란 도시가 그의 이름을 따서 개칭되어, 소련에서 유일하게 일반 노동자의 이름을 딴 도시가 되었다.[31]

소련의 군사력 강화는 '제2차 혁명'의 가장 중요한 결과였다. 레닌의 경제 개발 이론대로, 제1차 5개년 계획에서는 중공업과 기계 공업이 우선시되었다. 그러나 1930년대 초부터 공업 시스템은 무기를 대량 산출하기 시작했다. 1928년 초에 붉은군대에 전차 92대가 있었던 데 견줘, 1935년 1월에는 1만 180대가 있었다. 1928년에 공군에 모든 종류를 통틀어서 비행기가 1394대가 있었는데, 1935년에는 6672대가 되었다. 전투기 생산량이 1930년에서 1934년 사이에 다섯 배로 늘었고, 폭격기 생산량은 네 배로 늘었다. 의미심장한 수치는 군수 부문에 투여된 국민 생산 비율이었다. 그 비율은 1913년에 5.2퍼센트였다. 1932년에는 이미 9퍼센트가 되어 5개년 계획이 시작될 때 수치의 두 배였다. 1940년에는 19퍼센트였다. 1932년 무렵 중공업과 기계 공업의 총자본 투자 중 4분의 1이 군수 공업 관련 부문에서 이루어졌다.[32] 이 수치들은 평화 시 군수 부문 투자로는 이례적인 수준이었다. 무기는 생활 수준을 희생하고 얻은 것이었다. 5개년 계획의 경제 체제 아래에서 소비재는 군수 생산과 미래의 전쟁 수행에 극히 중요한 중공업 부문을 위해 억제되었다. 군사력 증강 노력의 전환점은 1931년이었다. 그해 2월에 스탈린은 제1차 전 연방 기업 지배인 대회에서 연설했다. 그의 경력에서 몇 안 되는 기억할 만한 연설 가운데 하나가 되는 그 연설에서 소련의 안전 보장의 우선성을 다음과 같이 강조했다.

옛 러시아 역사의 특징들 가운데 하나는 러시아의 후진성 탓에 끊임없이 얻어맞았다는 데 있습니다. 러시아는 몽골의 칸에게 얻어맞았습니다. 러시아는 튀르크의 제후에게 얻어맞았습니다. 러시아는 스웨덴의 영주에게 얻어맞았습니다. 러시아는 폴란드와 리투아니아의 귀족에게 얻어맞았습니다. 러시아는 영국과 프랑스의 자본가에게 얻어맞았습니다. 러시아는 일본의 귀족에게 얻어맞았습니다. 모두가 러시아를 때렸습니다. 러시아의 후진성 탓에 … 우리는 선진 국가보다 50년에서 100년 뒤떨어져 있습니다. 우리는 10년 안에 이 격차를 따라잡아야 합니다. 우리가 이것을 해내든지 아니면 그들이 우리를 쳐부수든지 둘 가운데 하나입니다.[33]

이것은 군사력과 경제 현대화의 관계에 관한 스탈린의 가장 중요한 발언이었다. 그뒤에 군수 생산과 군비 지출에서 급격한 가속화가 이루어졌다.

스탈린의 새로운 군사 노선의 첫 변화 가운데 하나는 투하쳅스키의 복권이었다. 1931년 5월에 그는 레닌그라드 군관구의 유배에서 돌아와 전투 교육원장이 되었고, 1934년에 다시 참모본부장이 되었다. 이제 스탈린과 보로실로프는 전차와 군용 차량이 조립 라인에서 쏟아져 나왔기 때문에 전차와 항공기의 집중이라는 투하쳅스키의 전략관을 받아들이려, 심지어는 종심 침투라는 전략을 승인하려 했다. 투하쳅스키의 계획에는 작전을 수행하는 항공기 1만 5000대가 필요했다. 1930년에 항공기는 1000대를 웃돌 뿐이었다. 1935년 무렵에는 다른 어느 열강의 공군보다도 훨씬 더 많은 4000대 내지 5000대가 있었다. 기계화 계획은 총 전차 9만 대의 동원을 요구했다. 투하쳅스키는 트랙터 4만 대를 이용함으로써 1930년대 중엽에 실전 투입이 가능한 얼마 안 되는 전차 부대와 미래의 거대한 전차 군단 사이에 존재하는 간격을 좁히려 들었다. 집단 농장에 공급하는 공장에서 나온 그 트랙터에 장갑판을 달고 중기관총 한 대를 장착했다. 대구경 포를 갖춘 고속 전차의 개발이 최우선 사항이 되어, 제2차 세계대전 때 소련의 전투용 주력 전차가 되는 그 유명한 T-34의 원형이 1930년대 말엽에 생산되었다.[34]

신중하게 실속을 기하는 정책에서 스탈린은 대량 보유 전략으로 전환했다. 그 목적은 섬멸전에서 가상의 적을 쳐부수는 데 필요한 타격력을 붉은군대에게 주는 것이었지만, 그 결과는 소련이 현행 국제적 위험 때문에 정당화될 수 있는 것보다 훨씬 더 큰 방위 산업 부문을 떠맡게 되고 군대는 얼마 지나지 않아 구닥다리가 될 무기를 보유하게 된 것이었다. 필수적인 요원 훈련이 완수되기 전까지는 '종심 작전' 전략 구사와 광범위한 현행 무기 재고 이용이 제대로 이루어질 수 없었다. 투하쳅스키가 다시 한번 전문 직업화의 횃불을 들어 올리면서 이런 쟁점이 차츰 거론되었다. 1932년 무렵 장교단의 3분의 2가 사관학교에서 정식으로 양성되었다. 두 해 뒤에 모든 야전 부대에서 정치장교가 없어졌으며, 고위급에서 정치장교에게 남은 영향력이 크게 줄어들었다. 1935년에 소련군 원수라는 계급이 도입되어 차르 시절 이래로 누리지 못했던 지위가 군 지도부에게 주어졌다. 다섯 신임 육군원수에 보로실로프, 투하쳅스키와 전에 러시아 제국군 장군이었던 알렉산드르 예고로프가 끼어 있었다.[35] 1930년 중엽까지 군부는 소련의 새로운 엘리트의 일부가 되었다. 그 성과만으로도 그 추락의 역설이 설명될지도 모른다. 왜냐하면 투하쳅스키가 세세한 정치적 간섭에서 그 어느 때보다 더 자유로운 현대식 대군을 건설하기 시작한 바로 그때 군 지도부는 전국적 규모의 난폭한 숙청에 휩쓸려 들어갔기 때문이다.

1937년에 군 기구를 파괴한 위기는 오로지 1917년에 유아기에 있던 볼셰비키 정권이 처음 몇 주에 시행한 국가 테러라는 더 큰 배경 속에서만 이해될 수 있다. 레닌이 처음 취한 행동들 가운데 하나가 러시아의 정치경찰을 다시 구성하는 것이었다. 체카Cheka*가 바로 그것으로, 내전 동안 적어도 25만 명을 비명에 가게 만든 책임을 져야 했을지도 모르는 조직이었다. 체카의 존재로 말미암아 공산당 지도자들은 혁명은 가혹해야 한다고 생각하는 데 익숙해졌다. 그들은 적이든 과거의 친구든 똑같이 누구라도 혁명의 성취를 약화하거나 프롤레타리아 운동의 전위인 당의 권위에 도전하려고 위협하는 사람들을 상대로 가차 없이 격렬하게 계급 전쟁을 벌여야 한다는 훈육을 받았다. 내전 동안 실제로 저항이 있기는 했지만, '계급의 적'이라는 용어는 사회적 지위나 민족 소속감national royalty에 따라 반혁명 분자

• 정식 명칭은 반혁명·파괴 책동·투기 행위 단속 특별위원회. 1918년에 창설되었다가 1922년에 합동국가보안부(OGPU)로 대체되었다.

로 규정된 집단 전체에게 무차별 적용되었다. 테러의 성격이 사회 내 투쟁에 대한 야만적 대응에서 대중의 동원과 충성을 유지하는 도구로 바뀌었다. 가상의 적을 만들어내고 그것이 불러일으키는 음모, 외국 첩자, 파괴 책동에 대한 끊임없는 공포가 소련 정치 문화의 주된 특징이 되었다. 그런 특징은 대중을 늘 경계 상태에 있도록 부추겼고, 그런 상태의 더 어두운 면모는 이전과 이후의 다른 혁명 사회와 마찬가지로 소련 사회를 주기적으로 덮치는 탄핵과 배반의 히스테리 풍조에서 드러났다.

테러 체제의 최종 산물은 정신을 파괴하는 정교한 고문과 목 뒤에서 쏘는 총알〔소련에서는 중죄인에게 권총을 뒤통수에 대고 쏘는 처형 방식이 사용되었다〕이나 장기간의 수용소 수감이었다. 최초의 소련 강제 노동 수용소는 1920년대 초엽에 세워졌다. 제정 시절의 수용소처럼 강제 노동 수용소에는 일반 범죄자와 정치범이 섞여서 수감되었다. 정치범은 일반 범죄자에게 시달렸다. 개전의 정이 없는 혁명의 적으로 간주된 사람은 백해의 솔롭키Solovki섬〔솔로베츠키Solovetskii 제도의 속칭〕에 있는 소련 최초의 정치적 반대자 수감용 수용소로 이송되었다. 16세기에 지어진 수도원에 들어선 그 수용소는 1923년에 문을 열었다. 같은 해에 체카의 후속 조직으로 설립된 합동국가보안부OGPU가 그 수용소를 운영했다. 완곡하게 붙여진 칭호가 내무 인민위원회NKVD에서 파견되어 체제를 운영하는 국가 보안 경찰의 신원을 감추었다. 1930년대 스탈린의 테러 훨씬 이전에도 정권은 정치에 순응하게 만든다는 명목으로 수많은 사람을 투옥하거나 처형했다. 모스크바의 악명 높은 루뱐카Lubianka 감옥에서 일하는 합동국가보안부 관리들은 가공의 반혁명 범죄 자백을 받아내려고 희생자를 때리고 고문하고 강간하고 협박했다. 진정한 반대자조차 통례의 진부한 체포 사유와 전혀 관련이 없는 기괴한 음모와 '편향'을 깨끗이 인정하게 되었다. 자백하면 기본으로 25년 형을 선고받았고, 가장 강인한 사람이나 운이 좋은 사람만이 형기를 견뎌내고 살아남았다.[36]

두 요인이 결합되어 1920년대의 혁명 테러가 1930년대의 광란의 유혈로 바뀌었다. 강제로 이루어지는 현대화 추진 정책, 즉 '제2차 혁명'이 우선했다. 임전 태세에 들어간 당은 개혁책이 강행됨에 따라 농민(과 육군 일반 병사의 70퍼센트를 구성하는 군복 입은 농민[징집되어 군대에 들어간 농촌의 젊은 농민])의 광범위한 저항에 부딪히고 있음을 깨달았다.[37] 사회적 내전 분위기가 되살아났고, 내전기에 그랬던 것처럼 당은 급격한 변화에 대한 더 폭넓은 지지를 확보하려고 반혁명의 유령을 불러냈다. 집단 편집증이 점점 더 모든 수준의 국가 기구에 스며들어 퍼져 나가서 개개 공장이나 집단 농장까지 내려가 기계나 트랙터가 고장 날 때마다 잘못을 반혁명 '무뢰배' 탓으로 돌렸다. 불운한 희생자는 교육을 제대로 받지 못하고 기술을 전혀 모르는 농민 출신 노동자인 경우가 잦았고, 그들의 유일한 범죄는 무지, 술주정, 아니면 시간 엄수를 잘하지 못한 것이었다. 그러나 불운한 희생자 중에서 월 할당량을 채우지 못한 공장 지배인이나 엉성하고 춥고 조명이 어두운 작업장에서 정교한 외국산 기계를 설치하려고 애를 쓴 기술자도 있었다. 현대화 운동은 이성적 근거가 없는 전국 규모의 마녀사냥을 불러일으켰다. 이전 시대의 마녀사냥에서처럼 변호란 없었다. 단죄의 손가락질이면 충분했고, 나머지는 지역 인민 재판이 처리했다. 항소란 없었다. 수많은 농민과 노동자가 자기 죄목도 박해자도 모른 채 소련 전역에 뻗쳐서 자라나는 수용소 제국으로 이송되었다.

1930년대의 희생자는 대다수가 농민들로서, 그들의 생활 방식은 소련 사회를 현대화하기 위해 난폭하게 뒤엎어졌다. 집단화가 한창이던 1932년과 1933년의 혼란한 상황으로 20세기 최악의 기근이 발생했다. 우크라이나, 북캅카스, 카자흐스탄의 곡창 지대에서 농민 저항이 당의 철저한 보복을 불러일으켰다. 농부 자신이 먹을 식량, 심지어는 이듬해에 뿌릴 씨앗까지 빼앗겼다. 스탈린은 비밀경찰에게 우크라이나 전역을 나머지 소련 지역으로부터 봉쇄해서 아무도 떠나지 못하고 식량이 유입되지 못하도록 하라는 명령을 내렸다. 이것은 스탈린의 단일 행동으로서는 거의 틀림없이 가장 흉포한 행위였을 것이다. 러시아 학자의 최근 평가는 1933년에만 우크라이나의 사망자 수가 420만 명이라고 지적한다. 마을 사람 전체가 굶어 죽거나 신체의 저항력이 줄어들어 전염병으로 목숨을 잃었다.[38] 카자흐스탄에서는 유목을 주업으로 하는 농부들이 엉성한 수용소로 강제로 끌려 들어가 내팽개쳐져 죽었다. 카자흐스탄공화국 인구의 거의 절반인 170만 명이 가장 비참한 조건 속에서 죽었다는 추산이 있다.[39] 수많은 사람이 소련 국경을 넘어 도망쳐 죽음의 수용소에서 벗어났다. 총 700만 명이 농촌에서 개시된 계급 전쟁의 제물이 되었다는 추산이 있다. 1933년에 스탈린은 한 비판자에게 소비에트 국가에 맞서서 '소리 없는 전쟁'을 벌인 것은 농민의 잘못이라고 말했다.

1930년대에 테러의 본성을 바꾼 둘째 요인은 스탈린의 성격이었다. 혁명의 방어에 관한 자코뱅 선언이나 농민에 대한 전쟁과 정적 제거를 공개적으로 정당화하는 데 스탈린이 이용한 레닌주의 유산을 스탈린 스스로가 믿었는지는 판단하기 어렵다. 그것들은 스탈린이 고참 볼셰비키 엘리트 가운데에서 자기의 가장 강력한 경쟁자를 차례로 제거할 때인 1920년대—1927년에, 트로츠키와 그리고리 지노비예프,* 1929년에 니콜라이 부하린**—의 당내 투쟁에서 유용한 결집 구호였지만 이 경우에서 스탈린의 기회주의는 자명했다. 부농이나 공업 파괴 책동 행위자를 상대로 벌인 1930년대의 캠페인은, 비록 용서받기 힘들기는 해도, 당의 목표를 이루려는 신중한 대중 여론 조작의 결과로 설명될 수 있다. 스탈린주의식 악마 신학은 체제 전체를 편집증 상태로 만들었지만, 지도자가 그 공포를 공유할 필요는 없었다.

이런 의미에서 스탈린은 편집광은 아닐지 모르지만, 그는 독재자 경력 내내 깊은 암살의 공포에 사로잡혔다. 그의 신변 경호는 엄청나기로 유명했다. 그는 NKVD에서 제공하는 개인 경호원에 둘러싸여 중장갑 자동차를 타고 이동했다. 그는 같은 경로를 절대 두 번 연달아 다니지 않았고, 암살자가 숨을 수 없도록 커튼을 잘라내라고 명령했으며, 하루 24시간 경호를 받았다. 생애 말년에 모스크바 근교의 쿤체보Kuntsevo에 있는 그의 다차dacha[도시민이 여름에 휴가를 보내기 위해 근교에 마련한 별장] 둘레의 방어 경계선은 수용소와 비슷했다. 이 모든 것은 자기를 살해할 충분한 이유를 가진 사람이 널린 폭군의 예방 조치로 간주될지도 모른다. 러시아의 삶에는 기나긴 암살의 전통이 있었기 때문에 소련에서 그런 예방 조치들의 필요성은 보통 수준을 넘어섰다. 1914년의 전쟁이 일어나기 전에는 하급 관료에서 표트르 스

• 1883~1936. 러시아의 혁명가, 정치가, 유대인. 레닌의 충실한 동지였으며 레닌그라드 지역 당기구 의장을 지냈다. 스탈린에게 반대하는 당파의 지도자로 활동하다가 1926년에 당에서 축출되었다. 곧 복귀했으나, 세르게이 키로프 암살 사건 뒤에 처형되었다.

•• 1888~1938. 러시아의 혁명가, 정치가, 당 이론가. 1917년에 모스크바에서 혁명을 이끌었으며, 레닌의 신경제 정책을 지지했다. 스탈린의 급격한 농업 집단화 정책에 반대하다가 1937년에 체포되어 재판을 받고 총살되었다.

톨리핀* 총리에 이르기까지 수많은 국가 관리가 암살당했다. 정치적 살해는 볼셰비즘의 정치전술 형성에 일조한 러시아 테러리즘 전통의 중심이었다. 일단 권력을 잡자, 이 전통들은 새 주인들에게로 방향이 바뀌었다. 1920년(지은이의 착오. 실제로는 1918년) 8월에 레닌은 전에 키예프에서 제국 관리 한 사람을 죽이려고 시도해서 이미 차르의 수용소에서 11년 동안 중노동을 한 바 있는 여자에게 암살당할 뻔했다. 스탈린의 개인 경호는 아무리 삼엄하다 해도 통상적인 보복 방법으로 널리 간주된 (오늘날의 러시아에서 아직도 그런) 것에서 완전히 벗어날 수 없었다. 스탈린은 커다란 위협을 확실히 감지했을 때 암살을 방법으로 택하는 데 결코 거리낌이 없었다.

스탈린의 테러가 유별난 점은 단지 체포와 처형의 규모—최근 평가에 따르면, 1939년에 다양한 범주의 수용소에 약 350만 명의 수감자들이 있었다—만이 아니라 이 무섭고 집념이 강한 사람이 소련 체제의 핵심 그 자체인 당과 군대에, 심지어는 테러 기구인 NKVD 자체에 테러를 겨누었다는 사실이다.[40] 정치 테러는 1933년에 당원 79만 명이 부패하고 출세만을 목적으로 입당했다는 문책을 받아 당에서 축출되면서 시작되었다. 이 모두가 날조는 아니었다.[41] 1934년에 레닌그라드의 인기 있는 당 지도자 세르게이 키로프가 (확실하지는 않지만, 십중팔구 스탈린의 지령에 따라) 피살**된 뒤에, 정치 음모자들을 체

• 1862~1911. 제정을 위기로 몰아넣은 1905년 혁명이 일어난 뒤에 총리가 되어 혁명 세력을 철저히 탄압했다. 임기 중에 추진한 농지 개혁은 거센 저항에 부딪혀 큰 성과를 거두지 못했다.

•• 키로프 살해 사건의 배후에 스탈린이 있다고 보지 않는 역사학자도 많다. 스탈린 시대 테러 연구의 권위자 J. 게티 아치는 키로프의 죽음이 스탈린에게 이득이 되지 않았다고 주장한다. 키로프 살해는 정신이상자의 소행일 가능성이 크다.

포, 심리해서 응당 치러야 할 재판 절차 없이 약식으로 처형하는 가혹하기 이를 데 없는 권력이 국가에 주어졌다.

키로프가 죽은 지 몇 주 뒤에 모스크바와 레닌그라드에서 수많은 사람이 일제히 검거되어 스탈린 타도 음모로 기소되었다. 레닌그라드 NKVD 본부에서 용의자 200명이 하루에 총살당했다.[42] 수사 결과는 주요 '연출 재판'의 시작으로, 이 재판은 1936년 8월 15일에 지노비예프 서클 재판으로 개시되었다. 국내외 대중은 공산당 지도자들을 외국의 제국주의자나 배반한 사회주의자, 무엇보다도 쫓겨나 망명을 한 반당 분자 레프 트로츠키와 연계하는 날조된 음모를 진실로 받아들였다. 정권의 통제를 받는 대중 매체만 접할 수 있었던 소련 시민은 기소 내용을 사실로 믿었다. 1936년과 1938년 사이에 열린 연출 재판에서 고문으로 억지로 받아낸 반혁명 범죄 자백이 피고에게서 줄지어 나왔다. 비록 스탈린이 자기가 친 기만의 덫을 믿었을 수도 있다는 것에는 거의 신빙성이 없지만, 그가 이따금 문초를 했다는 말이 있다. 대중은 그의 진정한 정치 수완, 그리고 독재 전반에 걸쳐 나타난 그의 특징적 행동을 무수한 제5열의 책동으로부터 혁명을 구한 청렴결백한 정치로 인식하게 된다. 폭력의 난장판이 빚어진 사태는 그가 아니라 비밀경찰 탓이라는 인상을 주고자 때로 그는 테러를 비밀경찰 자체에 돌렸다. 이런 장치 관행은 나중에 독소전쟁 동안 자기의 군사적 실패를 감추려고 끊임없이 되풀이되었다.[43]

테러가 한창일 때 스탈린은 유능한 공범 두 사람의 보좌를 받았다. 그 두 사람이란 1935년에 검찰청장이 되었다가 나중에는 소련의 초대 국제연합UN 대사를 지낸 법률가 안드레이 비신스키와 1936년에 NKVD의 총수에 임명된 니콜라이 예조프였다. 두 사람은 힘을 합쳐

당 엘리트를 낫질하듯 다 베어버렸다. 1934년에 열린 제17차 당대회의 대의원 1966명 가운데 1108명이 인민의 적으로 총살당했던 것이다. 러시아의 최신 수치에 따르면, '예조프 시대' 두 해 동안 68만 명이 처형되었다.[44] 상승 작용을 일으키며 확장하는 테러에서 면제된 국가 영역이나 당 영역은 거의 없었다. 스탈린에 대한 저항 기반은 일절 남아 있지 않았다. 테러로 유발된 두려움으로 말미암아 지극히 기괴한 형태로 충성심을 표현하도록 부추겨져서, 그런 충성심은 이제 널리 퍼진 '개인숭배'의 초석을 놓았다.

소련군은 1937년 6월 11일 아침에 보로실로프가 국가 최고위 장군들을 느닷없이 체포해서 촉수가 독일까지 뻗어 있는 반역 음모를 적발했다고 발표할 때까지는 유일하게 테러를 모면한 주요 국가 영역으로 보였다. 독일군의 침공을 지휘해서 국가를 뒤엎으려는 계획의 책임자는 다름 아닌 투하쳅스키라고 단언되었다. 기소 자체가 전혀 근거가 없었기 때문에 숙청의 정확한 동기는 여전히 모호하다. 보로실로프와 당의 군사 아마추어를 싫어한 투하쳅스키는 인기가 있었고 말을 거리낌 없이 하는 사람이었다. 그는 군대 안의 정치선전 문제를 놓고 스탈린의 뜻을 거슬렀다. 투하쳅스키는 군대에서 정치선전을 줄이고 싶어했던 것이다. 그런 태도가 군에 관한 스탈린의 느닷없는 심경 변화나 숙청의 속도와 격렬성을 설득력 있게 설명해주지는 않는다. 국외의 한 관찰자에게 가장 가능성이 낮게 보인 설명이 진실에 가장 가까울 법하다. 의심하기 좋아하는 스탈린의 마음은 군이 믿을 만하지 못하다는 당시 외국에서 떠돌던 근거 없는 소문에 자극받아 그 음모 이야기를 심각하게 받아들였을지도 모른다.

한 설명에 따르면, 독일의 방첩 기관이 독일군과 붉은군대의 공모를 시사하는 문서 하나를 프라하에 의도적으로 흘렸다. 그 문서에는 투하쳅스키의 위조 서명이 들어가 있었다. 그 문서가 발견되자 에드바르트 베네시 체코슬로바키아 대통령이 정보를 넘겼고, 순진하게도 NKVD가 독일의 속임수에서 음모를 추론했다는 것이다.[45] 두 번째 설명은 NKVD 지도자의 평판을 드높이려고 NKVD가 군이 믿을 만하지 못하다는 외국의 소문과 견해가 떠돌도록 조장했을 뿐만 아니라 손을 써서 독일의 역정보를 부추겼을지도 모른다고 시사한다. 스탈린이 체코슬로바키아에서 보낸 문서를 보지 않았을 수조차 있기 때문에, 그리고 그 문서가 오기 전에 벌써 군의 이반에 대한 공포가 떠돌고 있었기 때문에, 이 설명이 더 그럴듯해 보인다. 예조프의 대리인인 프리놉스키가 1937년 여름에 모스크바 NKVD 수사관 한 사람에게 자기가 "붉은군대 깊숙이 있는 대형 음모에 관한 그림 하나를 펼쳐야 한다"라고 말했다는 주장이 있다. 그 수사관은 그 음모를 적발하는 데 예조프가 하는 역할이 '지대하게 보이도록' 만들라는 지시를 받았다는 것이다.[46]

아무리 숙청이 꾸며졌다고 해도, 불신하는 버릇을 가진 스탈린은 그 결과로 군이 충성스럽지 않다는 생각에 일정한 근거가 있다고 믿게 되었다. NKVD 내 감방에 메드베데프라는 여단장이 있었는데, 그가 자기 상관들을 배신하는 불운한 도구로 선택되어 고문을 받은 끝에 필요한 증거를 자백했다. 그뒤 그는 진술을 철회했다가, 자백이 나올 때까지 다시 고문을 받았다.[47] 세부 사항이 스탈린에게로 넘어갔다. NKVD의 미하일 시피겔글라스 해외 첩보부장은 그 소식이 '진짜 음모'로 다루어졌다고 기억했다. 크레믈에서 그는 진짜 공황을 목도했다. 크레믈 통행증이 모두 무효라고 선언되었고, NKVD 부대가 경계 상태에 들어갔다.[48] 스탈린은 투하쳅스키를 즉시 체포하라는 명령을 내리지는 않았지만, 마치 고양이가 쥐를 가지고 놀듯이 그를 가지고 놀았다. 예조프가 죄를 입증할 행위를 찾아 나섬에 따라 투하쳅스키는 얼마 동안 미행을 당했다. 그는 1937년 5월에 영국 국왕 조지 6세의 대관식에 소련 대표로 참석할 예정이었다. 투하쳅스키가 바르샤바를 거쳐 런던으로 가는 도중에 그를 암살하려는 또다른 음모가 적발되었다는 이유로 그의 참석이 갑자기 취소되었다. 그런 뒤에 그는 볼가 군관구 사령관을 맡으라는 명령을 받았다. 아찔한 강등이었다.[49] 그는 틀림없이 뭔가 더 나쁜 일을 감지했을 것이다. 그의 머리카락이 두 달 만에 하얗게 세어버렸다는 말이 있다.

사령관 직책을 맡으려고 도착한 뒤 얼마 되지 않아서 그는 지역 정치장교 회의에 호출되었다. 그는 새 관사로 다시는 돌아가지 못했다. 그의 아내는 남편이 체포되었다는 소식을 듣고 탄원하려고 모스크바로 달려갔다. 반역 혐의자의 경우에 보통 그러하듯이, 그녀는 투하쳅스키 일가족 모두와 함께 곧바로 체포되었다. 그녀는 투하쳅스키의 형제 두 사람과 함께 결국 죽임을 당했다. 투하쳅스키의 누이들은 노동 수용소로 보내졌고, 투하쳅스키의 어린 딸도 성인이 되자 노동 수용소로 보내졌다. 군의 첫 희생자들은 투하쳅스키를 필두로 해서 붉은군대 고위 지휘관 여덟 명이었다. 그들은 특별 수감자용으로 세워진 모스크바의 레포르토보Lefortovo 감옥으로 끌려가서 두들겨 맞고 자백을 더 많이 했다. 대다수의 경우에 독일에 동조했다는 유일한 물증은 독일과 소련 사이에 긴밀한 협조가 이루어지던 시기 동안인 1920년대 말엽과 1930년대 초엽에 소련 군인들이 독일을 여러 번 방문했다는 것이었다. 아무리 앞뒤가 맞지 않더라도 범행 의도의 증거가 될 뭔가 다른 것을 찾으려고 온갖 수단을 다 썼다. 첫 제물로 문초를 당한 희생자인 펠드만이라는 군단 사령관이 NKVD의 악명 높은 사디스트들 가운데 한 사람에게 넘겨졌고, 그는 자물쇠를 채운 문 뒤에서 그 사령관을 다루었다. 펠드만은 음모가 사실이라고 자백했다. 하루 뒤에 투하쳅스키가 똑같은 야만적 대우를 받고서 자기의 반역을 자백했다. 되풀이되는 고문에 못 이겨 그는 더 많은 이름을 밝혀야 했다. 각각의 희생자는 상관없는 친구와 동료를 끌어들여 자기에게 가해지는 학대를 끝내려고 애썼다. 투하쳅스키는 재판 당일까지 이름을 계속 불어서 심문자를 기쁘게 했다.[50]

음모가 짜 맞추어지고 제물의 명단이 늘어나는 동안, 스탈린은 혁명적 정의正義에 대한 낱말 맞추기 연상 게임charade을 펼쳤다. 5월 24일 당 중앙위원회 회의에서 그는 당 지도자들에게 군부의 음모에 관해 말하고 소송 절차를 승인하는 투표용지를 돌리며 서명하라고 했다. 투하쳅스키의 가장 절친한 협력자 몇 사람도 용지에 서명했다. 그들 가운데에는 세몬 부됸니도 끼어 있었는데, 그는 자기가 그 운명을 결정해야 하는 사람과 같은 시기에 육군원수로 진급했다. 부됸니는 "절대 '찬성'입니다. 반드시 이 파렴치한들을 사형에 처해야 합니다"라고 썼다.[51] 일주일 뒤인 6월 1일에 스탈린은 2주짜리 협의회를 마련했고, 그 협의회에서 그는 보로실로프, 예조프와 함께 앉아 크레믈에 초청된 군인들이 스탈린에게 충성을 공언하고 음모자를 강하게 부정하는 것을 들었다. 그 군인들은 문에서 무기 소지 여부를 수색받은 다음 파란색 서류철을 받았다. 그 안에는 각각의 새로운 범죄 소식이 취조실에서 새로이 나올 때마다 비신스키가 작성한 기소장 세목이 들어 있었다. 몇몇 군인은 서류를 읽다가 공범자 명단에 자기 이름이 있음을 발견했다. 이따금 NKVD 요원들이 회중을 헤치고 들어가 장교를 끄집어내 데려가곤 했다. 이튿날 또다른 음모자 집단이 전날의 불운한 희생자의 증언에 상세히 기술되었다.[52] 군 숙청에 가속이 붙어 5월에 잡힌 사령관 몇 사람을 훨씬 넘어섰다.

스탈린은 절차를 끝내려고 서둘렀다. 기소장이 6월 9일에 완성되었다. 판사석에 앉아 군인 피고 여덟 명을 재판할 원수와 장군 여덟 명이 추려졌다. 그들은 피고들을 아주 잘 알고 있었다. 6월 11일로 정해진 재판 전날 밤 심문자들은 아침이 되면 재판석에 앉을 바로 그 사람들에게 죄가 있음을 보여주는 추가 자백을 한 무더기 받아냈다. 판사석에 앉아 있던 군인 가운데 다섯 명이 다음 몇 달이 지나는 사이에 처형되었다(처형될 사람들 가운데 한 명이었던 부돈니 육군원수는 체포에 완력으로 대들고 스탈린에게 직통 전화를 걸어서 죽음을 모면했다). 재판은 딱 하루 걸렸다. 일단 고문에서 벗어난 투하쳅스키와 그의 공동 피고들이 자기가 했던 자백을 인정하기를 거부하자, 검사가 자백의 일부는 사실임을 다시 자백하라고 몰아댔다. 자정이 막 지났을 때 형이 선고되었다. 여덟 명 모두 그날 총살되었다.[53] 투하쳅스키와 이오나 야키르 키예프 군관구 사령관은 겨우 몇 시간 전에 두 사람의 사형을 직접 인준한 사람인 스탈린에게 자기들이 충성을 계속 바치고 있음을 밝히면서 죽어갔다.[54]

수괴급 제물이 죽은 뒤에 숙청은 나머지 고위 장교단을 덮쳤다. 예고로프 육군원수의 부인이 강요를 받아 자기가 폴란드 첩자 역할을 했다고 자백한 뒤 예고로프가 1938년 3월에 제거되었다. 농민의 아들로서 내전기 장군들 가운데 가장 이름났으며 투하쳅스키 사건 배석 판사였던 바실리 블류헤르 육군원수가 1938년 10월에 체포되었다. 최고 군사령관들 가운데 그만이 유일하게 무엇인가 자백하기를 거부했다. 그는 흠씬 두들겨 맞고 눈알 하나가 빠졌다. 그는 볼셰비키 혁명 기념일인 11월 9일[지은이의 착오. 실제로는 11월 7일]에 자기를 고문하는 자를 루뱐카의 한 사무실에서 공격하다가 죽임을 당했다. 숙청이 벌어지는 동안, 1935년에 정해진 새로운 계급 편성표 아래에서 임명된 대령부터 원수까지의 사령관 837명 가운데 720명을 비롯해서 육해군의 고위 장교 및 정치장교 45퍼센트가 처형되거나 면직되었다. 1941년까지 군사위원회의 고위 장교 85명 가운데 71명이 죽었다. 내전 동안 지휘하는 데 스탈린이 도운 제1기병군에서 복무한 일곱 명 미만의 고위 장교를 비롯해서 오직 아홉 명만이 숙청을 완전히 피했다.[55] 놀랍게도 러시아 제국군 총사령부 장교였던 보리스 샤포시니코프가 숙청 대상이 되지 않았다. 유일하게 1930년대까지 쭉 버티고 살아남은 그는 살해당하지 않은 투하쳅스키 사건 배석 판사 세 사람 가운데 한 사람이었다. 그의 면전에서 스탈린은 진정한 존경심을, 심지어는 경외감마저 보여주었다고 한다. 그의 제국군 전력은 그를 고발하기에 충분하지 않았으며, 그는 건강이 좋지 않은 상태에서 제2차 세계대전이 끝날 때까지 살았다.

하급 장교단의 피해는 덜 심했다. 비록 사기가 높지 않았던 군 조직에 미친 영향이 과소평가되어서는 안 되지만, 인원 손실의 정도는 당시 대다수 외부 관찰자들이 추산한 것보다 낮았다. 이제는 러시아 자료에서 정확한 수치를 구할 수 있다. 1936년부터 1938년까지 총 4만 1218명이 숙청되었지만, 대다수는 체포되거나 처형되기보다는 면직되었다. 1937년과 1938년에 해임된 장교 3만 4000명 가운데 9500명이 NKVD에 체포되었다. 1940년 5월까지 1만 1596명의 장교가 복직되었다. 장교 총원 수와의 비율을 따지면 이는 비교적 작은 수치다. 1938년까지 임관한 장교 17만 9000명 가운데 단지 3.7퍼센트만이 1940년까지 공식적으로 방출되었다. 장교단에 들어간 신임 장교들을 고려한다면, 1937년과 1938년의 순손실은 약 1만 명이다.[56]

군 숙청은 예조프나 스탈린 같은 부류의 사람들 마음속에서는 그 나름의 합리성을 가지고 있었을지도 모르지만, 소련의 군 발전과 국제 안전 보장의 관점에서는 이치에 맞지 않는 행위였다. 1938년과 1940년 사이에 두 해 동안 감옥에 있었던 콘스탄틴 로코솝스키 장군은 "이것은 아군 포화에 당하는 것보다 더 나쁘다"라고 평했다.[57] 숙청은 외국의 소련 군사력 인식에 깊은 영향을 주었고, 대다수의 독일 사령관이 붉은군대를 쳐부술 수 있다고 판단하게 만드는 데 이바지했다. 개혁가 투하쳅스키 주위의 젊은 장교 집단의 핵심이 파괴된 것이 보통 군 효율과 전쟁 대비 수준에서 소련이 크게 뒷걸음질했다는 증거로 채택된다. 이는 피상적인 결론이다. 비록 그럴듯하게 보이기는 하지만, 1930년대 말 소련의 군사적 위치가 지닌 강점과 약점은 단순히 숙청이 결과가 아니었다.

숙청으로 소련 육군이 (그리고 해군이) 약해졌다고 시사하는 어떠한 논거도 숙청 이전의 군이 더 효율적인 기구였음이 틀림없다는 선험적 가정에 근거를 두고 있다. 그 같은 가정에는 명백히 의문의 여지가 있다. 대량의 전차와 항공기에 대한 투하쳅스키의 열정에도 불구하고 이론과 실제 사이에는 넓은 불일치가 존재했다. 항공기와 전차가 빠르게 움직이는 전투의 결정적 측면인 '지휘와 통제'에서 소련군의 진보가 신통치 못했다.[58] 통신 체계가 초보적이거나 전무했던 것이다. 전차와 항공기에 무선 통신기가 장착되어 있지 않아서 서로 통신을 쉽사리 할 수 없었다. 지휘관에게는 공중과 지상의 전투를 조정할 방법도 전차와 장갑차량의 대집단을 통솔할 방법도 없었다. 이 결함은 '종심 작전' 개념을 거의 불가능하게 만들었다. 대부분의 하급 지휘 단계에서 유연성과 전술 인식이 모자랐다. 소련군의 연습과 기동 훈련을 지켜본 독일 군인은 자기가 본 바에 깊은 인상을 받지 못했다. 1933년에 한 독일군 행정 장교는 "소련군의 약점은 소대급부터 연대급까지 모든 지휘관이 아직 그다지 효율적이지 않다는 것이다. 그들 대다수는 단지 부사관 수준에서만 문제를 다룰 능력을 갖추었다"라고 썼다. 같은 해에 모스크바의 독일 육군 무관은 소련군 전체에 '책임에 대한 공포'가 있음을 간파했다.[59] 1937년 이후에 숙청된 이들 가운데 다수가 군사 교육을 거의 받지 않고 내전기 경험을 기반으로 해서 직위에 오른 사람이었다.

1930년대 말 무렵에 수많은 젊은 장교가 있었고, 이들 가운데 일부는 사관학교에서 양성되어 직위를 맡을 준비를 갖춘 자들이었다. 1941년까지 해마다 10만 명이 넘는 장교가 소련군에 들어오고 있었다. 숙청으로 분명히 군 고위 기구에서 재능 있는 사람 일부가 제거되었겠지만, 전체 결과가 장교단의 평균 성과 계수를 예전보다 훨씬 더 나쁘게 만드는 것이었거나 전차전 및 항공전 구사 능력을 어떻게든 줄이는 것이었는가는 의문의 여지가 있다. 군은 숙청 이전이나 이후나 심각한 약점들을 안고 있었다. 1938년 이후에 군 당국의 상황을 어렵게 만든 것은—1939년 1월과 1941년 5월 사이에 161개 신설 사단이 배치에 들어간—붉은군대의 엄청난 팽창이었다. 양성 계획이 크게 늘었음에도 이런 팽창으로 양성소에서 배출할 수 있는 장교의 정원보다 장교가 더 많이 요구되었다. 1941년에 장교 전체의 직위에 있는 기간이 한 해가 채 안 되었던 것은 숙청 때문이 아니라 신설 부대가 많이 생겨났기 때문이다. 그때까지 1938년에 숙청된 장교의 80퍼센트가 복직되었다.[60]

소련의 군사력 강화 노력의 다른 요소들은 숙청의 영향을 덜 받았다. 훈련 학교는 장교 훈련생도 수를 늘렸다. 1936년에 사관학교와 군사 학교에서 1만 500명이 배출되어 임관했지만, 1938년에는 2만 3000명, 1939년에는 3만 9500명이 임관했다.[61] 비록 느리기는 했어도 기술 문턱이 여전히 앞으로 움직였다. 1920년대에 서부 국경 전체에서 시작된 요새 시설 체계, 즉 스탈린 선이 계속해서 만들어지고 확장되었다. 무엇보다도 가장 중요한 것은 소련 중공업 토대의 현대화와 팽창이 가속화되고 이에 따라 큰 몫이 군수 생산에 할당되었다는 점이다. 경제가 탈바꿈하지 않았더라면 1941년에 붉은군대는 광대한 농민 인력에 의존하는 허약한 군이었을 것이다. 1930년대에 공업에서 일어난 변화로 1941년 독일의 침입 뒤에 이루어진 총동원이라는 요구에 대처하는 데 필요한 계획 입안자, 과학자, 공학 기술자, 숙련 노동자가 배출되었다. 현대화 강행으로 말미암아 드러난 약점이 무엇이든 그 정책이 없었더라면 소련은 독일의 공격을 견뎌낼 수 없었을 것이다.

숙청으로 말미암은 가장 치명적인 결과는 숙청이 신호가 되어 군과 정치 사이의 세력 균형에 일어난 급격한 변화였다. 정치권의 통제로부터 더 큰 독립성을 얻으려는 군의 시도가 10년 동안 있은 뒤에 숙청으로 정치권의 엄중한 감시와 간섭이 되돌아왔다. 스탈린이 군에 테러를 가하기로 결심했을 때 그 동기가 군대의 독립성 증가에 관한 우려, 그리고 상상이었지만 보나파르트가 출현하리라는 1920년대 초엽의 공포에 대한 기억이었을지도 모를 가능성이 높다. 1937년 5월에 칼날이 투하쳅스키에게 떨어지자, 보로실로프는 사단 병력 이상의 모든 부대에 정치위원단을 재도입했다. 8월에 붉은군대 정치총국이 《프라브다》 편집인 레프 메흘리스의 관할 아래 놓였고, 그는 스탈린에게서 군을 '볼셰비키화'하라는 지시를 받았다. 메흘리스는 신新정치군인의 전형이었다. 정력적이고 가혹하고 집념이 강하며 자기가 전쟁을 이해하고 있다고 생각하는 군사 문외한인 그가 군에 올바른 공산주의 관을 불어넣는 일을 맡은 주요 인물이 되었다. 그는 모든 부대에서 정치장교가 내전 동안에 그랬던 대로 실질적인 군사적 역할을 해야 한다고 주장함으로써 군대 안에 테러를 살려두었다.[62]

그 결과는 군사적 문맹이 군사 과학에 승리한, 즉 군의 주도권이 정치에 종속된 것이었다. 정치장교의 73퍼센트가 군사 훈련을 받지 않았다고 추산되어왔다. 그런데도 정치장교가 소대급에서 중대급에 이르는 소부대에까지 배치되었다. 이렇게 군의 독립성이 말살됨으로써 지휘관은 사기가 저하되고 극단적으로 몸을 사렸다. 왜냐하면 정치장교가 당 노선 위반이라고 판정하는 모든 것에 당사자인 지휘관뿐만 아니라 그의 아내와 가족에게 루뱐카행이라는 위험이 따랐기 때문이다. 장교는 규정집에 매달리는 성향을 보였다. 투하쳅스키에게 공감하는 기미가 있는 '종심 작전'이나 집체 전차 공격에 관한 어떤 발언도 연상 작용에 따라 반혁명적인 것으로 간주되었다. 이런 의미에서 숙청은 소련군에게 지울 수 없는 자국을 남겼고, 당은 1920년대 초에 그랬던 것처럼 다시 한번 공식적으로 소련군을 인민의 혁명 의지의 도구로 간주했다. 군사 전문주의는 '부르주아 전문가'처럼 수상쩍은 것이었다. 1939년 2월에 프룬제 사관학교 설립 20주년을 기넘하면서 《프라브다》는 다음과 같은 사설을 실었다.

자본주의 세계에서 군사 이론 사상은 막다른 골목에 들어섰다. '전격'
전, 군사 기술자들의 소수 정예 부대, 다른 모든 전투 행위를 대체하는
항공전에 관한 성급한 '이론들'은 하나의 원천에서 생겨난다. 그것은 부
르주아지가 프롤레타리아 혁명을 앞에 두고 느끼는 엄청난 두려움, 인
민대중 앞에서 느끼는 두려움이다. 제국주의 부르주아지는 기계적으
로 인간을 기술에 대치시킨다. 그들은 기술을 물신 숭배하고 인간을
두려워한다.[63]

소비에트의 통치가 시작된 지 20년이 지난 뒤에도 내전의 심성, 계
급의 적에 맞선 정의의 투쟁에서 무장한 인민이라는 심성이 정치 엘
리트의 사고방식을 여전히 지배했다. 정치 엘리트 대다수는 내전을
몸소 겪었다. 노동자와 농민은 반혁명에 맞선 전쟁의 병사로 간주되
었고, 병사는 군복을 입은 노동자와 농민으로 프롤레타리아 운동의
무장 세력이었다. 내전의 유산은 왜 민이든 군이든 소련 사회 전체
가 1941년에 동원되어 독일의 공격에 맞서 싸웠는가를 설명하는 데
도움을 주지만, 그것은 또한 왜 초기에 벌어진 싸움이 그토록 무능
하고 비싼 대가를 치렀는지 설명해준다.

2장

한밤이 되기 전 그 시간

1937-1941

이오시프 비사리오노비치*여, 저희 인민과 저는 히틀러가 1941년에
우리를 공격하지 않으리라는 당신의 현명한 예언을 똑똑히 기억합니다!
— 베리야가 스탈린에게, 1941년 6월 21일

1936년 8월에 독일의 독재자 아돌프 히틀러는 일을 멈추고 바이에른
지방의 알프스산맥 속에 있는 베르히테스가덴Berchtesgaden의 별장으로
갔다. '독수리 둥지'**에 앉아 자기가 좋아하는 봉우리와 고산 초지의
풍광을 바라보면서 히틀러는 전쟁에 관해 생각했다. 그가 마지막으로
자기의 향후 계획에 관해 무엇인가를 쓴 것은 살아생전에는 간행된
적이 없는《나의 투쟁》속편을 구술한 1928년이었다. 그 책은 전쟁과
경제 정복의 필요성에 관한 생각으로 가득 차 있다. 그러나 그 책이 쓰
인 시기는 히틀러가 아직 투쟁하는 재야 정치인이었을 때였고, 권력을
잡기 여러 해 전이었다. 1936년 8월은 그가 독일의 지배자가 된 지 거

• 스탈린을 높여 부르는 말.
•• 독일 남동단의 알프스산맥 기슭에 있는 켈슈타인 봉우리의 꼭대기에 정부 회의 및 사교 모임용으
로 지어진 건물. 고위 나치당원만 이용할 수 있었다. 독일어로는 켈슈타인하우스(Kehlsteinhaus).

의 네 해째가 되는 시기였다. 나치당이 권력을 공고히 하고 불황의 경제적 손실을 치유하려고 애를 쓰는 동안 전쟁 계획은 뒷전으로 밀려나 있었다. 그러나 1936년 무렵에는 전쟁 생각이 히틀러의 마음속 맨앞에 있었다. 히틀러는 자기의 생각을 종이 위에 쓴 적이 드물었지만, 이번에는 독일의 정치·경제 상황과 전쟁의 불가피성에 관해 기다란 메모를 했다.

히틀러는 그 메모를 베르너 폰 블롬베르크 국방부 장관, 프리츠 토트 아우토반 건설 계획 총책임자, 나치 정치가이자 공군 총사령관인 헤르만 괴링 등 몇 안 되는 측근에게만 보여주었다. 히틀러는 자기 주위의 다른 이들에게는 3세기 전 30년 전쟁*이 그랬듯이 유럽 지도를 다시 그리게 될 대전쟁이 멀지 않았다는 암시만 주었다.[1] 히틀러 문서의 핵심 주장은 마르크스주의의 러시아와 서방 문명 사이에 벌어질 전쟁의 필연성이었다. 히틀러는 "어떤 나라도 이 역사적 투쟁을 모면하거나 회피할 수 없으리라"라고 썼다. 그는 자기가 사는 시대를 야만족의 침입에 압도당할 때 고대 세계가 처한 위기, 그리고 이슬람 세계와 그리스도교 세계 사이의 기나길고도 격렬했던 대결과 비교했다. 자라나는 소련의 군사력을 그는 '위협적'으로 여겼다. 독일이 문명의 횃불을 치켜들고 말을 몰고 가서 볼셰비키라는 용을 죽이기 전까지 미래의 전망은 암담했다. 히틀러는 그 무시무시한 역사적 투쟁에서 러시아가 이긴다면 그것은 '고대 세계의 나라들이 멸망한 이래로 인류에게 찾아온 가장 으스스한 파국'이 되리라고 생각했다. 위험에

---

* 프랑스 왕과 신성로마제국의 합스부르크 가문 통치자 사이의 권력 투쟁을 배경으로 1618년부터 1648년까지 유럽에서 간헐적으로 벌어진 전쟁.

맞서야 한다면서 그는 "다른 모든 고려 사항은 뒷전으로 물러나야 한다"라고 썼다. 히틀러는 자기의 문서를 다음과 같이 끝맺었다. "나는 다음과 같은 과제를 설정했다. 첫째, 독일군은 네 해 안에 작전 수행이 가능한 상태에 있어야 한다. 둘째, 독일 경제는 네 해 안에 전쟁을 치를 준비가 되어 있어야 한다."[2]

1936년 가을에 괴링이 대규모 전쟁의 경제 기반을 만들어낼 4개년 계획 조직의 총책임자로 임명되었다. 1936년과 1939년 사이에 공업 투자의 3분의 2가 전쟁 관련 생산에 할당되었다. 1939년 봄 무렵에 독일 전체 노동력의 4분의 1이 군수 계약 업체에서 일하고 있었다. 소련의 원조를 받아 1920년대 말에 처음 시작된 군비 팽창의 속도에 가속이 붙었다. 메모에서 히틀러는 "군대를 위해 우리가 가진 자원을 개발하는 정도는 아무리 커도, 그 속도는 아무리 빨라도 지나치지 않다"라고 썼다. 독일군은 '세계최강 군대'가 되어야 했다.[3] 1914년 이전에 독일의 전략을 형성했던 슐리펜Schlieffen 계획* 같은 확정된 전쟁 계획은 공식화되지 않았지만, 히틀러의 메모는 독일과 소련 사이의 피할 길 없는 싸움을 언급했다. 그것은 1941년부터 1945년까지 벌어진 비참한 전쟁을 배태한 씨앗이었다.

모스크바는 독일 군사력의 부활을 진정으로 걱정스레 지켜보았다. 1933년에 히틀러가 권좌에 오른 뒤 두 나라 사이의 관계가 꾸준히 나빠졌다. 소련 지도자들은 히틀러의 《나의 투쟁》에 나타난 중심 메시지에 서방의 정치가들보다 더 깊은 인상을 받았다. 뱌체슬라프 몰로

---

* 프로이센의 슐리펜 육군원수가 20세기 초에 마련한 독일군 전략의 근간이 되는 계획. 동부에는 소규모 병력만을 남겨 두어 러시아군을 견제하고 대다수 병력을 서부에 배치해서 6주 안에 프랑스군을 섬멸하고 난 뒤에 러시아군을 상대해야 한다는 것을 골자로 삼았다.

토프 소련 총리는 1935년 1월의 소비에트 대회에서 히틀러가 대의원들에게 선언한 의도는 동방의 영토 정복이라고 경고했다. 미국의 갑부 법률가 조지프 데이비스가 대사에 취임하려고 1937년에 일찌감치 모스크바에 도착했을 때, 그는 모든 대화가 독일의 위협에 관한 것임을 발견했다. 막심 리트비노프 소련 외무 인민위원회 의장은 그에게 히틀러가 정복욕과 유럽 지배 야욕에 사로잡혀 있다고 설명했다.[4] 투하첩스키 육군원수와 그와 함께 재판받은 장군들이 독일을 위해 간첩 행위를 했다고 기소된 것이 우연은 아니었다.

소련은 어쩔 수 없이 1920년대의 고립을 포기해야 했다. 서쪽에서는 호전적인 독일과, 극동에서는 강력한 반공 국가인 일본과 맞선 소련은 서방 국가인 영국과 프랑스와 관계를 개선하기 시작했다. 이 선택은 충분히 이해할 수 있지만, 서방은 가장 극단적 형태의 부르주아 제국주의 세력이라는 소련에 팽배한 견해와 완전히 상반되었다. 스탈린은 자기가 모든 서방 국가 가운데 '가장 공격적이고 가장 군국주의적'이라고 여긴 프랑스를 경멸했다. 스탈린은 국제 협력과 집단 안보를 위한 기구로 1920년에 세워진 국제연맹을 '제국주의적 평화주의의 조직 중추'로 불렀다.[5] 독일에게 퇴짜를 맞은 뒤에 이제 소련 지도자들은 쌀쌀맞은 연인에게 사랑을 구걸하는 구혼자라는 예상치 못한 입장에 서게 되었다.

협조의 대가로 서방 국가들은 소련이 국제연맹에 가입함으로써 마음을 바꿔 먹었다는 것을 보여주어야 한다고 고집했다. 1934년 9월 18일에 소련 대표단이 제네바에 있는 국제연맹 이사회에 등원해 활동을 시작했다. 이보다 더한 친선의 제스처가 뒤따랐다. 스탈린이 세계 각국의 공산당에게 혁명 투쟁을 그만두고 파시즘에 맞선 '인민전선' 안의 '진보' 정치 세력과 제휴하라고 명령을 내린 것이다. 1935년 5월에 소련은 잃어버린 독일과의 우정을 프랑스와 체결한 상호 원조 협정으로 대체했다. 핀란드, 에스토니아, 라트비아, 폴란드와는 불가침 협정을 체결했다. 이 나라들은 모두 몇 해 안에 소련이 공격하리라는 중압감을 느끼게 된다.

밖으로 보이는 선련의 얼굴 뒤에는 훨씬 더 조심스럽고 실용적인 태도가 있었다. 파시즘을 혐오하는 태도가 공공연했는데도 스탈린은 소련과 독일 사이의 우호 관계의 가능성을 결코 잊어버리지 않았다. 1937년에, 즉 스탈린의 사형 집행인들이 공포에 질린 소련 장군들에게서 독일을 위해 간첩 행위를 했다는 자백을 받아내고 있던 때와 거의 일치하는 시기에, 베를린에 있는 괴링의 4개년 계획 조직과 비밀 계약을 맺어 독일-소련 간 무역을 재개하려는 시도가 이루어졌다. 그 협상은 정치적 논의를 병행하는 것을 히틀러가 1937년 3월에 허락하지 않으면서 결렬되었다. 자기의 흔적을 지우려고 스탈린은 소련 측 협상자를 체포, 처형하거나 투옥되도록 만들었다.[6] 베를린은 완전히 등을 돌렸다. 양측은 1939년에 전쟁이 벌어지기 몇 달 전까지 다시는 대화하지 않았다.

이제 소련은 외교 정책에서 새롭고 위험한 국면에 접어들었다. 잔혹한 장교단 숙청과 소련 사회를 바꾸려는 폭력적 노력으로 약해지고, 반소反蘇적인 독일의 급속한 재무장에 맞닥뜨리고, 제국주의 국가들인 새로운 동반자를 깊이 불신하는 스탈린의 혁명 국가는 위태롭기 이를 데 없었다. 우리는 스탈린이 이 시기부터 개인적으로 어떤 생각을 했는지 거의 모른다. 리트비노프의 영향 아래에서 소련 외무인민위원회는 공격과 파시즘에 맞선 싸움에서 집단 안보 규정을 엄격히 지키는 데 전념했다. 외국의 관찰자 대다수는 이것이 더 교묘하고 이기적인 정책을 위한 전선의 하나라고 가정했지만, 1980년대 이후에 드러난 증거도 아직 그것을 밝혀내지 못한 것이 엄연한 사실이다. 1930년대 중엽에 집단 안보는 러시아의 자국 이익에 유리**했다**.

일단 고립에서 빠져나와 유럽이라는 무대에 발을 내디디자, 소련은 유럽이 안고 있던 문제에 곧바로 휩쓸려 들어갔다. 유럽의 공산주의자들과 (1930년대에 매우 많았던) 동반자들fellow-travellers은 반파시즘의 대의를 받아들이고 소련이 영웅적으로 이룩한 근대화를 소리 높여 선전했다. 스탈린 정권의 실상에 매우 무지했던 동반자들 가운데 소련을 본 적이 있는 이는 극소수였다. 소련을 본 이는 수행원을 따라 모범 농촌에서 모범 공장으로 갔고, 거기서 오로지 사전 연출된 미소와 무서움에서 비롯된 충성과 마주쳤다. 그들 사이에 에스파냐에서 최초로 벌어진 공산주의와 파시즘 사이의 무장 충돌에 참가한 자원자들도 끼게 된다. 1936년 7월에 에스파냐 제2공화국에서 내전이 터졌을 때 프란시스코 프랑코 휘하의 국수주의 반동 세력과 난관에 처한 에스파냐의 자유주의자, 사회주의자, 공산주의자의 인민전선 사이에 벌어진 그 싸움은 곧바로 국제 문제가 되었다. 에스파냐 내전의 실상은 파시즘과 공산주의 사이의 거친 구분보다 훨씬 더 복잡했지만, 에스파냐인이 아닌 사람들에게 그 싸움은 유럽의 정치적 긴장 고조를 상징하게 되었다. 유럽과 미주 전역에서 온 (그러나 소련에서는 오지 않은) 좌익 동조자는 국제여단International Brigade*에 들어가 공화국

• 에스파냐공화국 정부를 돕자는 코민테른과 각국 공산당의 호소에 응해서 지원한 의용병 6만여 명으로 구성된 부대. 1936년 10월부터 1938년 10월까지 프랑코 반군과 싸웠으며, 특히 마드리드 방어전에서 크게 활약했다.

군대와 나란히 함께 싸웠다. 소련은 비록 공식적으로는 국제연맹의 새로운 동반자에게 찬동해서 에스파냐 불간섭 정책을 지지하기는 했어도, 소련 무기와 장비를 공화국 육군과 공군에 비밀리에 주었다. 그러나 스탈린에게는 에스파냐에 개입할 다른 동기가 있었다. 소련에서 NKVD 요원이 파시즘이 아니라 '트로츠키를 추종하는 공범'과 다른 반소적 공산주의자와 싸우라는 명령을 받고 파견되었다. 에스파냐에는 강력한 토착 아나르코-생디칼리슴 운동 활동가에서부터 스탈린의 테러를 피해 도망쳐 온 공산당원까지 온갖 종류의 공산주의자들이 있었다. NKVD는 모스크바 노선에 위협을 가하는 사람이라면 누구든지 찾아내 없애버렸다. 심지어는 스탈린이 지시한 일을 하려고 에스파냐로 파견된 사람까지도 소환되어 죽임을 당하거나 투옥되었다.

1930년대 내내 스탈린은 테러를 수출해 유럽의 다른 공산당, 그리고 좌우익을 막론하고 반스탈린 선전전을 끊임없이 벌이는 러시아 망명객 단체에게 촉수를 뻗어 유럽 곳곳에서 보이지 않는 전쟁을 벌였다. 탐욕이나 이상주의나 공포 때문에 소련 간첩이 각국에서, 심지어는 정치기구 심장부에서 포섭되었다. 그들이 사용한 방법은 소설의 소재가 될 만한 것이었다. 파리에 있던 '러시아 전 군 연맹 의장' 예브게니 밀레르* 장군이 1937년에 정교한 계획에 따라 NKVD에게 납치되었다. 독일 고위 장교를 사칭하는 소련 비밀 요원 두 사람이 밀레르의 보좌관인 반혁명군 장군 니콜라이 스코블린과 함께 공작했다. 밀

---

* 1867~1939. 제정 러시아군의 장군으로 1919년에 러시아 북부에 영국의 간섭군이 상륙한 뒤 러시아 북부를 통치하면서 반혁명군을 지휘했다. 1920년에 노르웨이로 달아난 뒤 프랑스로 건너가 계속해서 반혁명 활동을 이어나갔다.

레르는 몰랐지만, 스코블린은 처음부터 NKVD 요원이었다. 1937년 9월 22일에 스코블린과 가짜 독일 장교들을 만나러 가는 길이던 밀레르가 대낮에 사라졌다. 그는 소련 대사관으로 끌려가 약에 취해짐 가방에 넣어진 뒤 포드 화물차에 실려 르아브르Le Havre항으로 보내져 레닌그라드로 수송되었다. 그는 모스크바에서 통례의 가혹 행위를 당하고 총살되었다. 스코블린은 프랑스 당국의 체포를 피해 에스파냐로 갔다. 비록 그의 정확한 운명은 알려지지 않은 채로 남아있지만, 에스파냐에서 그의 미래는 비참할 수밖에 없었을 것이다. 잊을 수 없는 인상을 주는 옛 러시아 민요 공연으로 망명객 동아리 사이에서 이름 높았던 스코블린의 아내 나데즈다 플레비츠카야는 여러 해 동안 NKVD 요원이었다. 프랑스 경찰에게 잡힌 플레비츠카야는 20년 형을 선고받고 1940년에 감옥에서 죽었다. 소련을 등지고 도주했다가 같은 해에 워싱턴에서 소련 간첩에게 피살된 월터 크리비츠키에 따르면, 밀레르의 납치는 투하쳅스키 사건과 직결되어 있었다. 스코블린은 게슈타포Gestapo와도 관계를 가졌다. 그는 붉은군대 사령부에 관한 역정보를 밀레르에게 넘기는 통로로 이용되었다. 그 역정보는 결국 모스크바에서 밀레르를 통해 발설되었고, 그 음모 사건의 일부를 이루었다. 크리비츠키는 스탈린과 예조프가 밀레르 음모의 장본인이라고 시사했지만, 이것은 아직 확실하게 입증되지 않고 있다.[7]

소련이 집단 안보에 충실한가에 대한 첫 실제 시험은 1938년 여름에 왔다. 쟁점은 체코슬로바키아의 운명이었다. 1937년 11월에 열린 한 비밀회의에서 히틀러는 자기의 군사 및 외교 정책 지도자들에게 독일의 팽창을 위한 단기 계획에 관해 말했다. 그 계획에는 오스트리아를 독일제국에 병합하고 체코슬로바키아를 분할한다는 것이 들어 있었다. 체코슬로바키아에서는 독일어 사용 인구 300만 명이 체코의 통치를 받으면서 수데티Sudety*에서 살고 있었다. 1938년 3월에 오스트리아가 독일군에게 점령되어 제국에 병합되었다. 1938년 5월에 히틀러는 군에게 가을에 체코 국가를 없애버릴 단기전을 준비하라는 명령을 내렸다. 그는 전면 대결을 바라지는 않았지만, 체코슬로바키아가 프랑스와 소련 양국과 협정을 맺고 있었기 때문에 전면 대결이 불가피하다고 판명되었다. 만약 체코 영토가 다른 나라의 공격을 받으면, 프랑스군과 소련군이 체코를 지켜주기로 서약되어 있었던 것이다.

그 협정이 맺어졌을 때, 어느 열강도 약속을 지키라는 요청이 오더라도 그렇게 빨리 오리라고는 예상하지 못했다. 영국과 프랑스 두 나라 다 수데티 문제가 협상으로 해결될 수 있을 경우에 위험을 무릅쓸 용의가 없었기 때문에 독일에게 양보하라고 여름 동안 체코에 압력을 넣었다. 9월까지 그 위기는 1914년 7월에 전 유럽을 전쟁으로 몰아넣은 바 있었던 과거의 위기만큼이나 위험했다. 네빌 체임벌린 영국 총리는 협상에 동의하도록 히틀러를 설득하려고 비행기를 타고 가서 그를 만났다. 9월 22일 두 번째 방문에서 히틀러가 독일이 수데티 지역을 즉시 점령해야 한다고 요구해서 판돈을 올렸을 때 위기는 끓는점에 이르렀다. 영국과 프랑스 두 나라는 미친 듯이 동원 준비를 시작했다. 두 나라 다 전쟁을 바라지 않았지만, 어느 나라도 체코슬로바키아가 침공당하는 것을 받아들일 수 없었다. 막바지에 이른 위기에서 늘 풀리지 않았던 문제는 스탈린의 태도였다. 소련은 동맹국인 체코를 지키려고 1938년에 독일과 전쟁을 벌일 각오를 했을까?

---

* 독일계 주민이 많이 살던 독일과 체코의 접경지대. 독일어로는 주데텐란트(Sudetenland).

소련이 취한 공식 입장은 집단 안보를 준수한다는 것이었다. 히틀러가 체코와 전쟁을 벌이기를 바란다는 것이 명확해지기 훨씬 전인 3월 17일에 일찌감치 몰로토프는, 비록 명시적으로 무력 개입을 약속하지는 않았더라도, 소련이 체코슬로바키아 침략을 저지하기 위한 집단행동에 충실하다고 공개 천명했다. 그뒤 곧바로 에드바르트 베네시 체코슬로바키아 대통령에게 프랑스도 가담하는 한 모스크바는 조약 의무 조항을 존중해서 체코슬로바키아를 지켜주겠다는 보장이 은밀히 주어졌다.[8] 여름 내내 위기가 펼쳐지는 동안, 소련의 이런 입장은 바뀌지 않았다. 위기가 발생한 이후 계속 서방의 견해는 이것이 그저 소련의 양심을 달래려는 제스처, 즉 행동보다는 말이라고 보아왔다.

새로운 증거로 그 그림이 크게 바뀌었다. 1989년에 마침내 발간된 한 소련군 고위 참모 장교의 회고록은 스탈린이 제스처 이상의 것을 내놓을 각오를 하고 있었음을 밝혀주는 듯하다. 9월 20일에 베네시에게 소련의 군사 지원에 관한 더 확고한 표시가 주어졌다. 이틀 뒤 폴란드와 기다랗게 경계를 맞대고 있는 키예프 군관구와 벨라루스 군관구가 경계 태세에 들어가고 부대가 서쪽으로 재배치되었다. 히틀러가 마침내 뒤로 물러나서 뮌헨에서 회담을 열자는 무솔리니의 제안에 찬성한 날인 9월 28일에 우랄산맥 서쪽의 모든 군관구에 군인에게 휴가를 내보내지 말라는 지시가 내려졌다. 이튿날 소련 서부 전역에서 총 33만 명에 이르는 예비군이 소집되었다. 체코 정부는 체코의 비행장에서 공간을 찾을 수 있다면 전투기 700대를 주겠다는 제안을 받았다. 가장 의미심장한 증거는 (영토 절반이 과거 차르 제국에 속했던 폴란드의 정부가 어떤 식으로든 자국 영토를 거쳐 소련군이 이동하는 데

강한 반감을 가진 점을 감안한다면) 붉은군대가 중유럽으로 들어갈 수 있는 유일한 경로인 루마니아가 압력을 받고서, 신속하게 이루어진다는 조건 아래 소련군 10만 명이 체코슬로바키아로 건너가도록 허용하는 데 찬성했다는 것이다.[9]

분명히 스탈린은 무엇인가를 염두에 두고 있었다. 막심 리트비노프는 9월 24일에 제네바에서 이반 마이스키 영국 주재 소련 대사를 만났을 때 그에게 설령 프랑스 및 영국이 싸우지 않는다고 해도 모스크바는 전쟁을 벌이기로 '진지하게' 결정했다고 은밀히 말했다. 리트비노프에게 결정적인 요소는 체코의 저항이었다. 그는 "그들이 싸운다면, 우리는 그들과 나란히 싸울 것입니다"라고 말했다.[10] 이튿날 파리는 최종적으로 소련의 군사 준비에 관한 통보를 받았다. 9월 28일에 영국, 프랑스, 소련 세 나라가, 비록 공조를 이루지는 못했어도, 모두 싸울 태세를 갖추었다. 세 나라의 의심적은 결단은 결코 시험받지 않았다. 히틀러가 협상을 받아들인 것이다. 그리고 지금 체코 측 기록은 소련의 원조를 받는다고 해도 히틀러가 다른 열강의 제지를 받지 않을 경우에 베네시는 결국은 싸울 각오를 하지 않았음을 보여준다.[11]

그 새로운 증거는 여러 해석이 가능하다. 그 위기를 이용해서 소련 지도부의 혐오 대상 국가인 폴란드를 위협했을 법도 하다. 소련군이 경계 태세에 들어간 날과 같은 날에 체코에 대한 폴란드 측의 어떠한 적대 행위도 정당한 이유 없는 공격으로 간주되리라고 폴란드에게 경고하는 최후통첩이 바르샤바에 통보되었다. 독일에게는 최후통첩이 통보되지 않았다. 독일 첩보 기관은 소련의 군사 행동을 대수롭게 여기지 않았으며 소련의 입장을 전쟁 위협으로 해석하지 않았다.[12]

독일과의 전쟁은 대규모 동원이라는 더 중대한 증거를 의미했을 것이다. 군사 준비가 독일에게는 비밀로 부쳐졌다는 것을 감안한다면, 그것은 대내용—정교한 군사 훈련이거나 아니면 1927년과 같이 체제를 긴장 상태에 두려는 의도를 가진 또다른 전쟁 공포—이었을 가능성이 적지 않다. 가능성이 가장 높은 답은 스탈린이 자기의 선택을 정해놓지 않았다는 것이다. 그가 원하지 않은 한 가지 선택은 버림을 받고 독일과 혼자서 싸우게 되는 것이었다. 소련의 개입은, 이루어진다고 해도, 먼저 싸우려는 '제국주의 국가'들의 용의에 늘 달려 있었다.

체코 위기는 소련으로 하여금 유럽에서 소련의 위치를 다시 생각하게 만들었다. 스탈린의 서방 열강 불신이 깊어졌다. 소련은 체코 협상에서 의도적으로 따돌림을 당했으며, 주요 열강의 하나라는 지위에 있는데도 뮌헨 회담°에 초빙되지 않았다. 소련 지도자들은 영국과 프랑스가 독일의 야심을 동쪽으로 돌려 (또는 일본의 야심을 서쪽으로 돌려) 소련 쪽으로 향하게 하려는 의도를 가지지 않았다고 확신할 수 없었다. 그것은 국제연맹 가입으로 기대했던 바와는 정반대였다. 조지프 데이비스는 루스벨트 대통령에게 소련 측에 '영국에게는 적대적이고 프랑스에게는 냉담한' 분위기가 뚜렷하다고 보고했다.[13] 이것을 스탈린이 독일이라는 수를 다시 한번 쓰겠다고, 즉 서방과 동맹해서 전쟁을 치르기보다는 히틀러에게서 강화 조약을 얻어내겠다고 결심한 시점이라고 보는 것이 그럴싸해 보인다. 소련은 유리한 위치에 있다고 보았다. 히틀러와 서방 양측은 스탈린을 자기편으로 삼아

° 1938년 9월 29일에 체임벌린 영국 총리, 달라디에 프랑스 총리, 히틀러, 무솔리니 사이에 이루어진 회담. 이 회담에서 체임벌린과 달라디에는 베네시 체코슬로바키아 대통령이 참석하지 않은 가운데 유럽의 평화를 지킨다는 명목으로 히틀러에게 양보해서 수데티를 독일에 넘겨주었다.

서 이득을 보려는 입장이었다. 스탈린은 어느 쪽이든 그에게 전쟁에서 벗어나도록 만들어줄 수 있는 쪽에게서 이득을 보려는 입장이었다. 1939년 8월에 체결된 독소 불가침 조약은 이런 점에서 뮌헨 위기의 논리적 귀착으로 간주될 수 있다.

여기서 다시 새로운 증거가 기존의 그림을 뒤집어버렸다. 1939년의 소련 외교 정책에 관한 다량의 새 문서가 그리는 그림은 불안정과 동요다. 소련은 자기 나라가 유럽의 중재자이기는커녕 고립되어 있고 취약하다고 보았다. 소련 지도자들은 독일과의 협정이 가능하다고 믿지 않았지만 영국과 프랑스와의 협정이 큰 값어치가 있다는 자신감을 갖지도 못했다. 소련의 안보에 일어난 새 위기는 노련한 외교관과 관리가 테러로 큰 희생을 입음으로써 깊어졌다. 1939년 봄에 면직과 체포의 물결이 또 한 차례 소련의 외무 인민위원회를 들이쳤다. 집단 안보 정책의 소련 측 설계자인 소련 외교관 막심 리트비노프가 5월 3일에 외무부 장관 자리에서 쫓겨났다. 그는 보통 뒤따르기 마련인 끔찍한 일을 겪지 않고 워싱턴 대사로 가게 되었는데, 아마도 이것은 그가 서방과 가진 연계 때문이었을 것이다. 서방에서 그는 대부분의 소련 측 협상가보다 더 존중받았던 것이다. 리트비노프의 나머지 참모들은 그렇게 운이 좋지 않았다. 소련이 다시 위험한 고립 상태로 표류하도록 만든 데 대한 처벌은 강등이나 감옥, 아니면 죽음이었다. 소련이 모을 수 있는 모든 외교력이 절실한 바로 그 시점에서 희생양을 찾으려는 정권의 욕망 탓에 그 외교력이 소진되었다.[14]

리트비노프의 후임자는 몰로토프 소련 총리였다. 그는 스탈린의 독재 기간 내내 고위직을 유지한 몇 안 되는 사람 가운데 한 명이었다. 러시아어로 '강철'을 뜻하는 이름을 가진 스탈린과 마찬가지로 몰로토프는 혁명 활동을 하면서 사용한 가명을 이름으로 택했다. 그는 논지를 밀어붙이는 솜씨가 정평이 나 있어서 망치에 해당하는 러시아어 낱말(몰로트molot)을 골랐다. 그는 똑똑하고 총명한 조직가였고, 1929년에 나이 마흔에 총리로 승진했다. 그는 철저하게 스탈린의 심복이었고, 심지어는 독소전쟁이 끝난 뒤 자기의 유대인 아내가 체포되어 유형을 당했을 때에도 여전히 스탈린에게 충성을 바쳤다. 두 번째로 중요한 인선이 뮌헨 회담 뒤에 이루어졌다. 1938년 11월 8일에 젊은 조지아 사람인 라브렌티 베리야가 가학적인 예조프를 대체해서 NKVD 총수가 되었다. 야심만만하고 아부를 잘하고 사악하고 타락한 베리야는 그 업무에 필요한 자질을 모조리 다 갖추고 있었다. 1899년에 조지아의 가난한 농부의 아들로 태어난 그는 혁명이 일어났을 때 바쿠Baku의 학생이었다. 그는 1917년에 볼셰비키당에 가입했고, 1920년대 초에 아제르바이잔 체카Cheka의 관리가 되었다. 그는 자캅카지예에서 입신해서 1930년 중엽에 지역 당 지도자가 되었으며, 그 지역에서 스탈린의 적들을 도륙하면서 명성을 얻었다. 루뱐카의 주인이 되자 그는 모스크바에서 그 명성을 한껏 미화했다. 그의 가학증은 악명이 높았다. 베리야의 경호원들은 수도의 길거리에서 젊은 여자를 붙잡아 와서 그가 천천히 괴롭히고 강간할 수 있도록 해주었다. 그에게는 기괴한 상스러움 및 잔학성을 추구하는 욕망과 비굴한 복종이 결합되어 있었다. 그는 1953년에 스탈린이 죽은 뒤에도 살아남았다. 비록 잠깐이었지만.[15]

체코 위기에서 집단행동이 실패하자 더 확실한 안보의 추구가 1939년 봄에 재개되었다. 3월 15일에 독일이 체코슬로바키아의 나머지 영토를 점령하자, 스탈린은 격해져서 서방 국가들을 대놓고 욕했다. 그는 제18차 당대회에서 영국과 프랑스가 "공격 행위를 묵인해서 전쟁을 일으키도록 내버려두고 있다"라고 비난했다. 그는 일본과 독일을 부추겨 소련과 전쟁을 벌이도록 만들려는 '지향성과 욕구'를 영국과 프랑스에게서 찾아낼 수 있다고 생각했다.[16] 이것은 아주 현실적인 위협으로 여겨졌기 때문에 스탈린은 히틀러를 억누르고자 서방국가들과의 협력으로 통하는 문을 닫지는 않았다. 서방과의 협력은 소련이 서방의 동기를 깊이 불신하는 것을 감안할 때 매력적인 선택은 아니었지만, 1939년 봄에는 그래도 고립보다는 나았다. 거의 같은 시기에 영국과 프랑스는 1939년에 히틀러를 막거나 억누르기를 바란다면 소련 쪽으로 더 가까이 다가서야 한다는 것을 깨달았다. 3월 1일에 네빌 체임벌린은 영국 총리로서는 처음으로 런던 주재 소련 대사관을 공식 방문했다. 체임벌린은 스탈린이나 공산주의를 좋아하지 않았지만, 히틀러가 오직 우세한 군사력에 고분고분 따를 뿐이라고 주장하는 영국의 군 지도자들과 프랑스 정부의 조언에 따랐던 것이다.[17] 4월이 시작될 무렵 영국은 폴란드와 루마니아에게 독일의 공격을 받게 되지 않을 것임을 보장했고, 히틀러에게 반대하는 나라들의 더 폭넓은 연합을 창출해 독일을 포위할 수 있게끔 소련과 접촉을 추진했다.

소련의 답변은 두 서유럽 국가 가운데 어느 나라도 (이후로 수많은 역사가도) 액면 그대로 받아들이려고 하지 않을 만큼 간단명료했다. 4월 17일에 소련은 발트해부터 지중해까지 모든 나라의 영토 보전을 보장하고 그 나라들 가운데 한 나라라도 독일의 공격을 받을 경우에 세 열강이 모두 전쟁에 돌입한다는 동맹 관계를 영국과 프랑스에 제안했다. 지금은 그 제안이 꽤 진심이었다고 보인다. 3월에 한 연설에서 스탈린은 청중—과 외국의 여론—에게 세 열강을 모두 합치면 "의문의 여지가 없이 파시즘 국가들보다 더 강하다"는 점을 머리에 떠올려주었다.[18] 이것은, 서방 민주주의 국가들의 군사력에 대한 스탈린의 존중이 과장이었다는 사실을 감안하더라도, 실질적 의미에서 거의 틀림없이 사실이었다. 모스크바는 서방 측의 호의에 관해 적지 않은 의심을 하고 있었다. 서방이 히틀러 문제에 진지하게 대처한다고 믿지 않은 리트비노프는 열의가 부족하다는 이유로 5월에 해임되었다. 그를 대신한 몰로토프는 소련이 진심임을 서방이 어떻게 믿게 만드는가 하는 문제에 맞닥뜨렸다. 여기서 그는 켜켜이 쌓인 깊은 불신과 적대감에 부딪쳤다. 그 감정의 골이 언제나 소련 측 협상자들을 좌절하고 쩔쩔매도록 만들었다.

서방 국가들이 소련의 제안을 받아들이도록 만드는 것이 얼마나 어려울지를 보여주는 첫 예시는 영국이 답변을 오랫동안 미루는 것이었다. 영국은 6주 뒤인 5월 25일에야 동의했지만, 동맹 관계가 아니라 예비 회담을 열자는 데 동의했다. 이 회담은 여름 내내 질질 끌었다. 영국과 프랑스는 끝없는 장애물을 발견했다. 폴란드에 대한 두 나라의 보장으로 말미암아 골수 반소적인 지도자를 가진 나라는 방정식을 세우게 되었다. 폴란드 장군들은 소련의 원조를 받느니, 싸워야 한다면 차라리 단독으로 독일과 싸우겠다는 뜻을 명확히 밝혔다. 영국은 발트해 연안 국가들의 보증인이 될 준비가 되어 있지 않았다. 영국은 그 국가들에서 모스크바 정권이 숨은 동기를 가지고 있지 않은가 의심했다. NKVD는 영국 정부 기구의 심장부에 있는 간첩이 제공하는 영국 정책의 변경과 선회에 관한 고급 첩보를 정기적으로 스탈린에게 내놓았다. 개인적으로 몰로토프는 자기가 다루어야 하는

'온갖 속임수와 경멸스러운 꼼수에 의존'하는 '사기꾼과 협잡꾼'에게 부아가 치밀었다. 여름 내내 독일과 폴란드 사이의 긴장이 고조됨에 따라 회담은 교착상태에 빠졌다.[19] 평소 그답지 않게 약이 오른 몰로토프는 급기야 7월 17일에 회담이 어떤 값어치를 조금이라도 지니려면 회담에서 군사 협약이 고려되어야 한다는 성명서를 발표했다. 이 열망은 양측 사이에 존재하는 차이를 드러냈다. 소련은 히틀러와 싸우기 위한 동맹을 원했고, 서방은 히틀러를 저지할 외교 전선을 원했던 것이다.

군사 회담은 히틀러를 포위하는 공동 블록—인민전선의 외교적 등가물—을 세우려는 소련의 노력에서 마지막 단계의 표시였다. 그 군사 회담으로 소련이 대등한 조건에서 서방과 동맹 관계를 맺는 것이 가능하다는, 즉 소련 지도자들이 매달렸을지도 모르는 그 어떤 환상도 끝장났다. 서방 국가들은 임박한 독일-폴란드 전쟁을 고려할 때 응당 가져야 할 진지함을 가지고 군사 회담을 다루는 대신에 소련에게 마음의 상처를 입힌 데다 모욕마저 준 격이었다. 영국과 프랑스의 협상단은 비행기가 아니라 배편으로 여행했다. 몰로토프가 회담 초청장을 보낸 지 25일이 지난 8월 10일에야 영국의 정기 여객선 시티오브엑서터City of Exeter호가 레닌그라드에 입항했다. 영국과 프랑스의 사절단은 소련 고위 군인들의 영접을 받았고, 야간열차를 타고 모스크바로 곧바로 이송되었다. 양국의 사절단장 모두 군사 동맹 관계를 체결하는 거대한 임무를 감당할 만한 고위 관리가 아니었다. 소련 지도자들은 명백한 결론을 내렸다. 서방은 소련을 동등한 상대로 여기지 않는다고. 심지어는 폴란드조차 소련보다 더 우호적인 대접을 받지 않았던가!

8월 12일에 드라마가 전개되었다. 영국과 프랑스의 사절단은 스피리도놉카Spiridonovka 저택의 한 방에서 소련 측 대표단을 만나 탁자에 둘러앉았다. 방은 통역관과 속기사들로 붐볐다. 이례적으로 찌는 듯이 더운 날이었다. 소련제 담배 연기가 방에 가득했다.[20] 소련 대표단장은 1934년 이래로 국방 인민위원을 역임해온 스탈린의 최측근 클리멘트 보로실로프 육군원수였다. 소련의 고위 사령관 전원이 참석해서 소련이 동맹 관계에 쏟는 성의를 한껏 보여줄 채비를 갖추었다. 그런데 겨우 몇 분 만에 일 전체가 거의 돌이킬 수 없을 정도로 망가졌다. 보로실로프가 어떤 것이든 군사 협정에 곧바로 서명할 권한을 스탈린에게서 위임받았다고 선언했다. 그는 프랑스와 영국 사절단장에게 신임장 제시를 요청했다. 프랑스 제1군관구 사령관 조제프 두망크 장군은 그가 같은 권한을 가지고 있다는 것을 보로실로프가 확신하도록 만드는 데 충분한 통보장을 내놓았다. 그러나 해군 제독이자 영국 국왕 조지 6세의 국왕 부속 해군 무관인 영국 측 협상 책임자 레지널드 플렁켓-언리-얼-드락스 경은 한 장짜리 서면 통보서조차 지니고 있지 않았다. 그는 기껏해야 런던에 사후 보고를 할 수 있을 뿐이었다. 그에게는 무엇인가에 동의할 권한이 없었다. 보로실로프는 당황한 빛이 역력했다. 이로써 회담이 그 자리에서 끝날 수도 있었지만, 보로실로프는 동료들과 상의를 한 뒤 회담을 계속하자는 데 동의했다. 회담자들은 냉랭한 분위기의 점심 만찬 뒤에 다시 모였다. 보로실로프의 다음 질문에 대한 답변은 훨씬 더 실망스러웠다. 그는 소련군이 독일로 이동할 수 있도록 해주는 확고한 협약을 양국 정부가 동유럽의 다른 나라들, 특히 폴란드와 맺었는지 질문했다. 드락스는 원칙에 관해서 이야기했지만, 그에게는 내놓을 수 있는 구체적인 것이 없었다. 폴란드가 자기 나라 땅에 붉은군대가 들어오는 것을 딱 잘라 거절했기 때문에 두망크는 아무런 확약을 해줄 수 없었다. 이제 부아가 치민 보로실로프가 "원칙? 우리는 원칙을 원하지 않고, 사실을 원합니다!"라고 말했다.[21]

그 사실이 밝혀지자 회담은 파탄이 나버렸다. 영국 측 협상단은 영국이 얼마나 많은 육군 사단을 전투에 투입할 수 있는가 하는 질문을 받자, 보로실로프에게 16개 사단이라는 수치를 말했다. 소련 협상단은 그 수치를 다시 통역해달라고 요청할 만큼 깜짝 놀랐다. 세부 사항을 알려달라는 요청을 받았을 때, 불운한 영국 사절단은 실질적으로는 딱 4개 사단만이 임전 태세를 갖추고 있음을 인정해야 했다. 나중에 스탈린이 영국 대사에게 수치를 요구했을 때, 스탈린은 마침내 진실, 즉 2개 사단이 즉각 전투에 임할 태세에 있고 2개 사단은 더 뒤에 임전 태세에 들어가리라는 것을 알았다. 스탈린은 믿지 못하겠다는 듯이 그저 고개를 저을 뿐이었다. 프랑스는 내놓을 것이 더 많았다. 110개 사단과 전차 4000대를 제시했던 것이다. 그러자 보로실로프는 소련의 병력을 제시했다. (300여 개 사단 가운데) 120개 사단 말고도 소련은 중포 5000문, 전차 9000대 내지 1만 대, 전투용 항공기 5000대를 전투에 투입할 수 있었다.[22] 양측이 거의 열의를 가지지 못한 채 회담이 계속되었다. 이때 스탈린은 (만약 아직 그가 깨닫지 못했다면) 그토록 두려워했던 서방 제국주의 국가들이 소련보다 상당히 약하다는 것을 깨달았다. 아직도 동맹은 강력한 블록일 것이었고, 히틀러가 폴란드에 선전포고하지 못하도록 저지할 수도 있었다. 그러나 스탈린의 제안을 받아들이는 데 서방 국가들이 보인 명백한 머뭇거림과 소련 측의 노력에 늘 가해진 멸시와 견제는 가장 소심한 동맹자의 인내심을 시험했을 것이다. 동맹 확보가 실패함으로써 집단 안보 추구가 끝장났다.

소련의 고립은 가장 그럴 성싶어 보이지 않던 방면에서 일어난 행마로 종식되었다. 영국과 프랑스와의 협상이 지지부진한 동안, 독일로부터 연결선이 재개되었다. 소련의 동기에 관해 훨씬 더 많은 추측이 존재하지만, 답은 어떤 음모 이론보다 더 간단하다. 스탈린과의 협약을 모색한 것은 독일이었지, 그 반대가 아니었다. 독일의 동기는 명백했다. 1939년 4월에 체코슬로바키아를 집어삼키고 리투아니아에게서 메멜Memel〔오늘날 리투아니아의 클라이페다Klaipeda〕시를 억지로 빼앗은 뒤에 히틀러는 독일군에게 가을 동안에 단기전을 벌여서 폴란드를 격파할 계획을 세우라는 명령을 내렸다. 히틀러는 비록 영국과 프랑스가 개입하지 않으리라고 확신했지만, 커다란 위험성이 있었다. 제1차 세계대전의 옛 동맹 관계의 부활은 독일에게 양면 전선에서 전쟁을 해야 하는 위협을 가했다. 4월에 히틀러는 소련에 대한 선전 공세의 수위를 낮추기 시작했다. 5월 5일에 독일이 먼저 의사를 타진했다. 게오르기 아스타호프 소련 대리대사는 독일은 자국이 점령한 보헤미아에 있는 군수업체들과 소련이 맺은 거래 협정을 존중할 것이라는 말을 들었다. 5월 20일에 모스크바 주재 독일 대사가 몰로토프에게 무역 회담 개최를 재고해달라고 부탁했다. 몰로토프는 "독일 정부가 … 모종의 장난을 치고 있다"라며 그 제안을 퉁명스레 거절했다.[23] 열흘 뒤 요아힘 리벤트로프가 이끄는 독일 외무부가 독일 대사에게 소련과 정치 협상을 시작하라는 명령을 내렸다. 그것은 짜증 나는 경험이었다. 석 달 동안 아무런 진전이 없었다. 소련 측 접촉 창구는 더 나빠지려야 나빠질 수 없을 만큼 나빴던 관계를 개선하는 것은 원칙적으로 좋은 일이라는 데 동의했지만, 구체적인 어떤 것에 합의를 보려 들지 않았다. 개인적으로 몰로토프와 아스타호프는 독일 측의 노력을 '표면적'이고 '구속력이 없다'며 염두에 두지 않으면서, 파시스트는 죽었다 깨어나도 파시스트가 아니겠냐며 의심했다. 7월까지 아무런 변화가 없었다. 우리는 히틀러가 대화를 하고 싶어한다는 베를린 측의 훨씬 더 절박한 추파에 몰로토프가 깊은 인상을 받지 않았으며 그리고 스탈린도 마찬가지였다고 가정해야 한다.[24]

독일과 폴란드 사이에 전쟁이 터지기 겨우 한 달 전인 7월 말에야 독일 측이 마침내 모종의 논의 거리를 내놓았다. 7월 26일에 독일의 무역 협상자 카를 슈누레가 아스타호프에게 독일이 동유럽의 정치적 결산을 논의할 태세를 갖추었다고 말했다. 그 결산이란 노획물을 나누어 가지는 것과 같았다. 사흘 뒤 몰로토프가 아스타호프에게 확실하게 알아보라고 말했다. 처음으로 소련이 귀를 기울인 것이었다. 리벤트로프는 8월 2일에 놀라우리만큼 솔직하게 발트해부터 흑해까지의 전 지역을 결산하자고 제안했다. 아직도 모스크바는 그냥 듣기만 했다. 몰로토프는 그 제안으로 무엇을 해야 할지 몰랐다. 히틀러는 약속을 지키는 사람이라고 신뢰할 만한 인물이 아니었다. 그러나 베를린에서 온 추파는 소련의 진정한 이해관계를 슬쩍 건드렸다. 발트해 연안 국가들, 폴란드, 루마니아에는 과거 차르 제국의 영토가 있었던 것이다. 소련은 강요 탓에 그 영토를 포기해야 했었지만, 그 지역에서 차르 제국주의를 소비에트 제국주의로 대체하려는 야망을 한 번도 버린 적이 없었다. 툭 까놓고 내놓은 독일의 제안에 소련이 머뭇거린 것은 부분적으로는 독일의 의도를 깊이 불신했기 때문이지만, 순전히 선뜻 믿지 않았기 때문이기도 했다. 아스타호프는 몰로토프에게 보낸 편지에서 이것은 '여섯 달 전에는 상상도 할 수 없었던' 제안이었다고 썼다. 소련 측은 늘 그랬듯이 자기 카드를 보이지 않게끔 가슴에 바싹 끌어안고 게임을 했다.[25]

이 무렵 폴란드를 공격하기 전에 필요한 외교 혁명을 기필코 이루려는 독일 측 협상자들은 다음 며칠 동안 자기들이 가진 카드를 탁자 위에 죄다 어지럽게 올려놓았다. 탁자 위에는 다음과 같은 카드가 있었다. 불가침 조약, 동유럽의 영토 분할에 관한 비밀 의정서의 가능성, 모스크바로 파견되어 협정을 즉각 체결할 독일 최고위 사절단, 아낌없는 무역 결제. 소련 측은 그것을 하나하나 집어 들었다. 영국 및 프랑스와 동맹을 맺을 가망이 사라졌음이 이미 뚜렷해진 8월 17일에 몰로토프는 마침내 회담에 동의했다. 그는 독일 대사에게 불가침 조약과 비밀 의정서에 동의한다는 각서를 넘겨주었다. 이것은 히틀러가 원한 것 전부이자 그 이상이었다. 8월 19일에 스탈린은 리벤트로프가 모스크바에 와야 한다는 데 동의했지만, (히틀러가 폴란드 공격 개시일로 잡은 날인) 8월 26일까지는 안 된다고 했다. 미친 듯이 전화 통화가 뒤따랐다. 프리드리히 폰 슐렌베르크 독일 대사는 리벤트로프가 더 일찍 가야 한다는 히틀러의 요청을 전달했고, 두 시간 뒤 스탈린이 직접 히틀러에게 다른 날짜로는 8월 23일이 좋겠다고 응답했다. 교섭에 임하는 서방 측의 접근 방식과 이루는 대조가 이보다 더 두드러질 수는 없었다. 외교상의 크고 놀라운 성공작을 위한 무대가 마련되었다.

8월 22일 저녁에 리벤트로프는 서른 명이 넘는 참모진과 함께 히틀러의 전용 포케-불프 콘도르Focke-Wulf Kondor 비행기에 올라탔다. 그가 탄 비행기는 도정에 있는 폴란드의 영공을 피해서 동프로이센의 쾨니히스베르크Königsberg〔오늘날 러시아의 칼리닌그라드Kaliningrad〕에 도착했다. 그곳에서 그는 흥분에 차고 기대감에 젖은 상태에서 그날 밤을 지냈다. 8월 23일 오후 1시에 비행기가 모스크바에 착륙했다. 소련의 반나치 선전 영화용으로 앞뒤를 바꿔 달은 스바스티카swastika 깃발이 공항을 장식하고 있었다.[26] 3시에 리벤트로프와 슐렌베르크는 차를 타고 크레믈로 갔다. 독일 측으로서는 놀랍게도, 몰로토프 혼자가 아니라 스탈린이 몸소 나와 그들을 맞이했다. 스탈린은 "우리는 서로 욕을 잘도 해댔습니다. 그렇지 않았나요?"라는 말로 리벤트로프를 환영했다.[27] 양측은 본 사업에 들어갔다. 조약에 곧바로 합의가 이루어졌다. 비밀 의정서는 더 오래 걸렸다. 독일은 히틀러가 독일화하고 싶어하는 라트비아의 일부를 빼고는 전에 약속한 것을 거의 다 내주었다. 이념상으로 불구대천의 원수인 두 나라가 은밀한 회의에 열중해 터무니없는 현실 정치Realpolitik 속에서 동유럽 국가들을 조각내는 것, 그것은 기괴한 일이었다. 라트비아가 장애물임이 판명되었다. 세 시간 동안의 역사적 회담을 한 뒤 6시 30분에 양측은 휴회에 들어갔다.

리벤트로프는 소식을 히틀러에게 타전하고 그에게 라트비아를 포기하라고 요청했다. 두 시간 뒤에 "좋소, 동의하오"라는 히틀러의 답신이 왔다. 10시에 리벤트로프는 크레믈로 돌아갔다. 그는 스탈린에게 그 소식을 알렸다. 스탈린은 악수하기에 앞서 무심결에 몸을 부르르 떠는 듯했다. 최종 문안이 준비되는 동안 스탈린은 리벤트로프에게 자기와 함께 축하하자고 요청했고, 양측은 상대방에게 공들여서 찾아낸 친선의 표현을 건넸다. 스탈린이 히틀러의 건강을 위해 건배를 했고, 리벤트로프는 스탈린의 건강을 위해 건배를 했다. 오전 2시에 문건이 준비되었다. 몰로토프가 소련을 대표해서, 리벤트로프가 독일을 대표해서 서명했다. 그 서명 내용은 두 시간 뒤 베르히테스가 덴에 있는 히틀러에게 통보되었다. 술을 마시지 않는 히틀러도 샴페인을 가져오게 해 조금 마셨다. 독일은 기쁨을 감출 수 없었다. 히틀러는 소식을 듣자마자 "이제 유럽은 내 것이다!"라고 외쳤다고 한다. 리벤트로프는 돌아와서 영웅으로 환영받고, 평화의 구세주로 환호성을 받았다.[28]

결과적으로 평화를 얻은 이는 스탈린이었다. 조약은 소련이 전쟁에 휘말려 들지 않도록 보장하는 것이었다. 서방과의 강력한 동맹이 없었기에 소련은 다른 방법으로는 이익을 도모할 수 없었다. 1939년에 할 수 있었던 제3의 선택은 어느 쪽과도 협약을 맺지 않는 것이었는데, 이 선택은 그저 불안한 고립을 장기화했다. 스탈린은 1939년에 자기가 얻기 힘든 최대한의 것을 히틀러가 어쩔 도리 없이 내놓도록 만들고자 서방과의 동맹을 추진하면서 이중 게임을 하고 있었다는 주장이 자주 제기되어왔다. 그러한 견해는 스탈린에게, 그리고 소련 외교 정책에 너무 후한 점수를 준다. 소련 지도자들이 강하게 반공을 표방하는 독일보다는 1930년대 내내 〔소련에게〕 우호적인 독일을 선호했으리라는 것은 사실이다. 이념은 스탈린에게 대수롭지 않았다. 소련 국경 저 먼 쪽에서는 국가 이성raison d'état이 더 우세해졌다. 그는 파시스트 독일과 조약을 맺을 수 있는 만큼 손쉽게 제국주의 서방과 조약을 맺을 수 있었다. 소련이 보기에 유럽의 반동 국가들은 모두 사회주의라는 쇠바퀴에 깔려 종국에는 가루가 될 터였다. 그러나 독일과의 동맹은 1939년에 기대하지도 추구하지도 않았다. 독일의 제안은 오직 실질적 논의 대상으로 탁자 위에 올려져 있을 때에만 매혹적임이 입증되었다. 1939년 7월에 아스타호프에게 독일인 관리한 사람이 다음과 같이 물었다. "영국이 대체 무엇을 러시아에게 내놓을 수 있을까요? 기껏해야 유럽의 전쟁에 참가해서 독일과 싸우는 것이고, 러시아에 바람직한 결과는 단 하나도 없을 것입니다. 한편 우리는 과연 무엇을 내놓을 수 있을까요? 중립, 그리고 유럽의 전쟁에서 벗어나 있는 것입니다."[29]

무엇보다도 독일은 소련이 1939년에 그저 꿈에서나 바랄 수 있던 것을 내놓았다. 그것은 유럽에서 옛 차르 제국을 재건할 가능성이었다. 그 가능성이 독일의 동의를 받아 이루어진다고 해서 그 제공의 중요성이 줄어들지는 않았다. 그것이 작은 완충 국가들의 네트워크 대신에 독일과 소련이 국경을 맞대는 상황을 가져오리라는 사실은 감내할 만했다. 스탈린은 오로지 이득만을 보았던 것이다. 리벤트로프와의 역사적인 만남을 찍은 사진은 어린애처럼 기쁨을 감추지 못하고 웃고 있는 스탈린을 보여준다. 조약 체결이 확실해진 뒤에 스탈린은 당에서 떠오르는 별이던 농부 출신 우크라이나 젊은이 니키타 흐루쇼프에게 "나는 히틀러가 뒤로 무슨 짓을 하려 드는지 알고 있어. 그는 자기가 나를 속여 먹었다고 생각하지만, 사실은 내가 그를 속여먹었지"라고 말했다.[30] 조약이 체결된 지 7일 뒤 독일군은 폴란드를 침략했다. 이틀 뒤인 9월 1일에 영국과 프랑스는, 히틀러(와 스탈린)의 예상에 어긋나게도, 선전포고를 했다. 스탈린에게는 숨 돌릴 틈이 있었고, 히틀러에게는 원하지 않은 전쟁이 일어났다.

그뒤에 동유럽에서 일어난 일은 오로지 독소 불가침 조약의 간접적 결과였다. 8월에 만들어진 비밀 의정서는 단지 이해 영역의 경계를 정했을 뿐이지 분할이나 지배를 매듭짓지는 않았다. 소련의 유럽

진출은 독일의 군사적 성공에 편승해서 이루어졌다. 스탈린은 움직이기에 앞서 자기의 입지에 확신을 가질 때까지 기다렸다. 독일군의 신속한 전진으로 폴란드가 빨리 패할 기미가 보였다. 스탈린은 독일군이 비밀 의정서를 완전히 무시하고 소련 국경으로 몰려들기를 바라지 않았다. 9월 9일에, 무척이나 주저한 끝에, 몰로토프는 동쪽에서 폴란드를 침공해달라는 독일의 요청에 동의했다. 준비는 되어 있지 않았으며, 폴란드가 항복하기 바로 전인 9월 17일에야 붉은군대는 국경을 넘어 전진하기 시작했다. 대중을 향해서 몰로토프는 '폴란드 국가 기구의 붕괴' 때문에, 그리고 그로 말미암아 폴란드의 지배 아래서 사는 러시아의 혈육이며 '위태롭게 내팽개쳐진' 우크라이나 사람들과 벨라루스 사람들에게 가해지는 위협 때문에 소련의 침공이 발생했다고 선언했다.[31]

이 운명은 스탈린이 자국민에게 여태껏 부과했던 것만큼 가혹한 것임이 입증되었다. 거의 하룻밤 사이에 해방자 소련이 감옥 간수 소련이 되었다. 소련의 권역에 들어가 있는 폴란드 7개 도道에 100만 명이 넘는 소련군이 쏟아져 들어갔다. 9월 24일에 짧은 교전 끝에 전 지역이 평정되었다. 리벤트로프는 9월 28일에 다시 모스크바로 날아가서 분할을 매듭지었다. 비폴란드인 인구가 압도적으로 많은 지역은 소련에게 할양되고, 나머지 지역은 독일에게 넘어갔다. 8월에 합의를 본 임시 국경선이 조정되었다. 제2차 비밀 의정서에서 히틀러는 이제 리투아니아가 독일 권역의 일부라는 주장을 포기했다. 노획물을 공식적으로 나눈 것은 바로 이 제2차 조약이었다. 이제 스탈린은 1920년에 폴란드가 승리를 거둔 뒤에 소비에트 통치에서 이탈한 벨라루스와 우크라이나 서부의 민족들에게 자기의 혁명의 결실을 제

마음대로 베풀 수 있게 되었다.

1939년 11월 29일에 포고령으로 새 땅의 거주민이 소련 시민이 되었다. 이것은 수많은 NKVD 부대원과 소련 관리가 위로부터의 혁명을 확장하는 것, 바로 그것이었다. 점령 첫 몇 주 동안 소련 당국은 정글의 법칙이 퍼지도록 내버려두었다. 수많은 부유한 지주와 부농, 지역 관리, 경찰 사업가, 정치가가 일제히 검거되어 총살되거나 투옥되었다. NKVD는 알려진 민족주의자와 반공 분자의 명단을 넘기는 제보자의 조직망을 재빨리 만들었다. 국가가 사유 재산을 차지했으며, 혁명의 적으로 간주된 사람의 소유물을 이웃이나 썩어빠진 관리가 훔쳤다. 모스크바에서 내려온 '반소' 분자 규정 지침에는 외국과 접촉했다는 이유로 우표 수집가와 에스페란토어 사용자가 포함되어 있었다. NKVD는 소문난 악당을 데리고 와서 전 지역에 생겨난 새로운 감옥을 운영했다. 그 악당은 감옥에서 자기 손아귀에 들어온 모든 사람을 툭하면 고문해서 아직 잡히지 않은 다른 제물의 이름을 강제로 뽑아냈다. 그들은 통상적인 심문 도구가 모자랄 때는 즉흥적으로 도구를 만들어냈다. 울타리에서 떼어낸 쇠막대기로 수감자를 때리고, 손을 감방 문에 찧어 부러뜨리고, 머리 위에 얇은 책을 놓은 다음 망치로 그 책을 내리쳐서 골절상 없이 뇌진탕을 입혔다. 수감자들은 몸과 마음이 망가진 채 NKVD의 약식 재판에 끌려나왔을 때 더한 치욕을 당했다. 한 수감자는 음경에 종이를 둘둘 말아서 불을 붙이는 일을 당하기도 했다.[32]

소련으로 새로이 편입된 지역의 폴란드 사람은 지옥으로 한 계단 더 떨어졌다. 10월에 길고도 상세한 일련의 강제 이송 지침이 작성되었다. 1940년 2월 무렵에 당국의 준비가 갖추어졌다. 네 차례의 주요 이송 조치로 폴란드인 가정 200만 세대가 이주했고, 강제 이송은 1941년 6월에 끝났다. 그들은 시베리아의 가장 황량한 지역이나 중앙아시아의 혹독한 지형으로 옮겨졌다. 그들은 짐을 아주 조금밖에 챙길 수 없었고, 이송을 위해 철도 수송 종점에 도착했을 때 가장은 처자식과 분리되었다. 그들의 행선지는 러시아의 수용소였다. 그들의 가족은 내몰려져 가축 수송용 차량에 실렸다. 그 차량에는 아주 조그만 통풍구가 달려 있었고 물은 없었다. 선로를 따라가다가 설 때마다 주검이 승하차장에 내던져졌다. 정확한 사망자 수는 결코 알지 못할 수도 있다. 수많은 사람이 영양실조와 질병으로 죽었다. 더 많은 사람이 목적지에서 죽었다. 거기서 그들은 선로 가에 비바람을 피할 곳이나 음식도 없이 내버려졌으며, 영하 40도나 더 낮은 기온에서 진흙을 파내어 만든 구덩이나 짚과 나뭇가지로 만든 오두막에서 살아야 했다. 죽지 않고 살아남은 사람들은 강제 노동자로 이용되었다.[33]

폴란드 전쟁 포로들이 그 강제 이송자들의 뒤를 따랐다. 장교 포로들은 예외였다. 다른 운명이 그들을 기다리고 있었다. 1939년 9월 하순까지 붉은군대는 폴란드 군인 23만 명을 사로잡았다. 그들은 대부분 강제 이송과 중노역 제도를 경험했다. 그러나 소련의 손아귀에 떨어진 장교, 군 관리, 헌병, 국경 수비대원을 위해 코젤스크Kozelsk, 스타로벨스크Starobelsk[오늘날 우크라이나의 스타로빌스크], 오스타시코프Ostashkov에 있는 예전의 수도원 건물에 별도의 수용소가 설치되었다. 그 수용소들은 폴란드 장교단 절반 이상을 수용했다. 1940년 4월 3일에 첫 번째 집단인 장교 300명이 스몰렌스크Smolensk 부근의 한 역으로 이송되어 버스에 실렸다. 그 수감자 가운데 한 사람에게서 나중에 발견된 일기는 다음과 같은 말로 끝이 났다. "저들이 우리를 작은 숲으로 데리고 갔다. 반지, 시계, 허리띠, 칼을 빼앗아 갔다. 저 놈들이 우리에게 무슨 짓을 할까?" 몇 분 뒤 그 군인들은 손이 뒤로 묶여서 NKVD 휴양소 부근에 있는 나무들 사이에 파인 커다란 구덩이로 끌려가 뒤통수에 총을 맞았다. 죽은 군인은 한 사람 다리 옆에 다음 사람 머리를 놓는 식으로 열 겹에서 열두 겹으로 구덩이에 쌓였다. 살인은 5월 2일 무렵에 끝이 났다. 살해당한 폴란드 장교들이 누워 있는 카틴Katyn 숲은 복원되었다. 집단 묘지 위에 자작나무와 전나무 묘목이 심어졌고, 버스가 지나가 풀밭 위에 생긴 맨흙길은 다시 뒤덮였다. 그들은 스탈린이 직접 내린 명령의 제물이었다.³⁴ 폴란드군 간부진의 죽음은 점령 지역에서 소련 침략자에 맞서서 민족 봉기의 깃발을 올릴 수 있는 어떤 요소도 제거하려는 사전 계획된 전략의 일부였다. 1943년에 그 무덤이 독일군에게 발견되자 소련 당국은 무덤이 독일 총살 집행대의 소행이라고 우겼다.

그러나 1940년에 독일은 아직 소련의 동맹국이었다. 1939년 8월에 만났을 때 스탈린이 리벤트로프에게 한 마지막 말은 "엄숙히 맹세하건대" 소련은 "상대를 배반하지 않겠습니다"였다.³⁵ 스탈린은 그 서약을 진지하게 받아들였다. 불가침 조약에는 두 나라 사이의 무역을 재개한다는 상호 의무 조항이 들어 있었다. 소련 측의 조달은 전량이 제때 이루어졌다. 조약이 이행되었던 17개월 동안 독일은 석유 86만 5000톤, 목재 64만 8000톤, 망간 원석 1만 4000톤, 구리 1만 4000톤, 그리고 거의 150만 톤에 이르는 곡물을 받았다. 이밖에도 훨씬 더 많은 것이 있었다. 게다가 소련 무역업자들이 세계 시장에 나온 물자를 매점했다. 그 물자는 다른 배에 바꿔 실려 독일로 보내졌는데, 그런 물자에는 일본을 거쳐 온 고무 1만 5400톤이 포함되어 있었다. 다른 군사 원조도 주어졌다. 독일 해군은 무르만스크Murmansk 부근의 기지 하나를 얻어서 재급유에 이용했다. 소련 쇄빙선이 제공되어 독일의 상선 습격대를 위해 북극해 수로를 열어주면서 연합국 해상 수송 선단을 추적했다. 소련 기상 관측선은 영국 전투Battle of Britain•가 벌어지는 동안 독일 공군을 위해 기상 보고를 해주었다.[36]

스탈린은 국제 공산주의가 새 출발선에 서도록 만들었다. 신비롭게도 《프라브다》에서 파시즘 언급이 사라졌다. 게슈타포를 피해 모스크바에서 피난처를 구한 독일 공산주의자들 가운데 800명이 마르크스주의의 불구대천의 원수에게 도로 넘겨졌다. 독소 불가침 조약의 체결로 코민테른 구성원 다수가 완전히 혼란에 빠졌다. 코민테른은 파시즘 공격을 멈추고 대신에 서방의 전쟁 도발자 영국과 프랑스에게로 주의를 돌리라는 명령을 받았다. 1939년 10월에 한 연설에서 몰로토프는 전쟁을 계속하는 것은 '어리석을 뿐만 아니라 범죄적'이라고 공개 선언했다. 소련 병사들은 왜 독일이 이제는 우방인가를 설명하는 간단한 도표 두 장을 받았다. 첫째 도표는 런던이라는 낱말이 위 꼭짓점에 있고 다른 두 꼭짓점에는 모스크바와 베를린이 있는 삼각형이었다. "체임벌린은 무엇을 바랐는가?"가 표제어였다. 둘째 도표는 맨 위에 모스크바가 있고 밑에 런던과 베를린이 있는 삼각형으로, "스탈린 동무는 무엇을 했는가?"라는 설명글이 붙어 있었다.[37]

• 영국 공군과 독일 공군이 1940년 늦여름부터 초가을까지 영국 남부 상공에서 벌인 일련의 공중전. 독일군의 영국 본토 상륙 작전의 사전 준비 작업으로 독일 공군은 영국의 공군력을 무력화하려고 영국에 대규모 폭격을 가했으나, 영국 공군의 반격을 받고 막심한 피해를 입은 끝에 항공 공격을 포기했다.

유럽 정세의 느닷없는 변화는 소련에게 숨 돌릴 틈을 가져다주었다. 불가침 조약 체결과 독일이 서방과 벌이는 전쟁은 사려 깊은 프롤레타리아 전략으로서 아주 재빨리 합리화되었다. 스탈린은 "묘책을 써서 쌍방이 맞붙어 싸우게 만든다"라는 생각을 좋아했다. 1925년에 당 중앙위원회를 위해 처음 계발해서 1934년에 공개 천명한 자기의 분석과 맞았기 때문이다. 그 분석이란 전쟁은 본질적으로 제국주의 경쟁 관계의 한 현상이며, 공산주의 국가는 '마지막에 행동'을 취함으로써 그 경쟁 관계에서 오로지 이득만을 볼 수 있다는 것이었다. 1917년에 러시아에 혁명을 가져다준 제국주의 전쟁이 그랬던 것과 똑같이 새로운 전쟁은 소련군의 도움을 받아 유럽의 나머지 지역에서 대중 봉기로 가는 길을 닦을 것이었다. 몇 달 뒤 몰로토프는 리투아니아 외무부 장관에게 세계 혁명이라는 레닌의 전망이 자기들의 눈앞에서 펼쳐지고 있다고 말했다. 유럽 교전 국가의 굶주린 대중이 봉기하고 소련이 움직여 그들을 해방할 것이며, 라인강에서 자본의 군대와 노동의 군대 사이에 벌어지는 묵시록적인 싸움이 '유럽의 운명을 단번에 완전히 결정할 것'이었다.[38]

이것은, 비록 하나의 가능성처럼 보였음에 틀림없지만, 새로운 전쟁은 1914년의 전쟁과 마찬가지로 소모전이 되리라는 소련의 믿음을 고려한다면 그것은 머나먼 전망이었다. 1939년 가을에 스탈린과 군사위원회 본회의는 독소 불가침 조약으로 얻은 몇 해의 유예 기간 동안 소련의 군사적 지위를 강화할 길을 모색했다. 보리스 샤포시니코프 참모총장이 1938년에 세운 전략의 기본 노선은 바뀌지 않았다. 붉은군대는 국경에서 완강한 방어전을 벌인 다음, 보로실로프의 표현에 따른다면, '피를 거의 흘리지 않은' 채 전쟁을 '적의 영토로' 옮기리라고 예상되었다. 그러한 전략적 포부가 혁명의 수출에 헌신하고 노동자와 농민의 사회 전체를 동원해 침략자를 되몰아낼 수 있는 혁명 국가의 이미지와 잘 맞다는 데에는 의심의 여지가 거의 없다. 그러나 1938년의 계획에 두 가지가 변경되면서 치명적 결과가 발생한다. 폴란드의 독소 국경을 따라 새로운 요새화 선을 건설하고 기존의 요새화된 선은 포기한다고 결정되었다. 완강한 방어전을 치를 '엄호 부대'가 방어선 뒤에 배치될 것이었다. 그 방어선은 다만 계획 단계에 있었다. 두 번째 변경 사항은 전차 부대와 관련된 것이었다. 1939년에, 에스파냐 내전의 교훈에 대한 보로실로프의 평가에 토대를 두고, 독자적인 전차 군단을 해체하고 소련의 기갑군을 쪼개서 지역 보병 부대에 나누어 배속한다고 결정되었다. 이 조치는 엄호 부대의 방어력을 강화하고 적의 동원을 혼란에 빠뜨릴 소규모 침투를 가능하게 만드는 데 목적이 있었다. 그러나 그것은 독일군이 집단을 이룬 기갑 부대의 엄청난 타격력을 바야흐로 과시하려는 바로 그때 소련의 전차 부대가 잘게 조각나는 결과를 맞이한다는 것을 뜻했다.[39] 두 가지 결정 사항에서 정치가 커다란 역할을 했다. 숙청 뒤에 관-군의 세력 균형이 이제 정치가 쪽으로 기울었던 것이다.

폴란드의 절반을 흡수하고 독일의 위협을 한시적으로 따돌린 스탈린은 독일-소련 비밀 의정서에 명시된 규정들을 이행하려고 안달이었다. 발트해 연안 국가들은 폴란드가 패한 지 보름 뒤에 상호 원조 협약을 체결하자는 요구를 받았다. 협약은 소련에게 발트해 연안에 있는 기지들에 부대를 주둔할 권리를 주었다. 몇 주 뒤인 10월 5일에는 핀란드가 비슷한 요구를 받았다. 그 요구란 발트해 어귀의 항 코Hanko에 있는 해-공군 기지를 내놓고, 너무나도 중요한 레닌그라드

를 최대한 더 잘 방어하려 하니 도시 북쪽에 있는 카렐리야Kareliia지
협을 할양하라는 것이었다. 그 보답으로 핀란드는 소련령 카렐리야
의 넓은 지역을 제공받았다. 핀란드는 거부했고, 11월 13일에 협상
이 깨졌다. 스탈린이 정치적 해결책을 선호했으리라는 것이 거의 틀
림없지만, 핀란드가 위협에 굴복하기를 거부했을 때 그는 소련과 핀
란드 사이의 불가침 조약을 내던지고 핀란드를 완전히 소련의 세력
권 안에 두기 위한 군사 행동을 준비했다. 핀란드에서 정권을 인수하
려고 대기 중인 꼭두각시 공산주의 정부가 세워졌고, 스탈린은 핀란
드를 카렐리야-핀란드 소비에트 공화국으로서 소련에 병합할 계획을
작성했다. 11월 30일에 소련 포병 부대가 핀란드 국경에 포화를 퍼부
었고, 소련 육군이 신속한 승리를 예상하면서 전진했다. 훗날 흐루쇼
프는 스탈린이 "우리가 해야 할 일은 포를 한 방 쏘는 것이고, 그러면
핀란드는 두 손을 들겠지"라고 말했다고 회고했다.* 한편 스탈린은 보
로실로프의 자만심에 찬 다음과 같은 언질을 믿었다. "만사가 좋아.
만사가 아무 문제 없어. 만사가 준비되어 있네."[40]

핀란드 전쟁은 붉은군대에게 재앙이었다. 전쟁은 숙청을 겪은 군대
의 공격 능력이 얼마나 취약한지 전 세계에 드러내주고, 테러로 입은
손상에 대한 외국의 평가를 뒷받침했다. 수에서 앞서는데도 겨울 전
쟁Zimniaia voina에 투입된 부대는 견고한 일련의 요새화 시설인 만네르
헤임Mannerheim 선에서 무너졌다. 소련군 병사는 완강하게 싸웠지만,
넉 달 만에 총 12만 6875명이 전사하는 이례적 손실을 입었다. 병사

---

* 지은이의 서술과는 달리, 이 말을 한 이는 흐루쇼프다. 그러나 이 말은 당시 소련 지도부 전체에
퍼진 인식을 잘 보여주며, 스탈린도 같은 식으로 생각했을 것이다.

가 쓰러진 자리에 얼어붙은 주검이 기괴한 더미를 이루며 쌓여 있었다. 부대원은 고정 방어 시설에 강습하는 훈련을 받지 못했고, 자동화 무기와 동계 복장이 모자랐다. 군량 보급 체계가 곧 무너졌고 수송 조직은 형편없었다. 빠르게 이동하는 핀란드 스키 부대원과 저격병에게 당한 손실에 동상과 굶주림이 더해졌다. 지휘관은 전장에 관해 아는 것이 별로 없는 정치장교를 통해서 중앙의 통제를 너무 엄하게 받았다. 주도성과 유연성이 규범집에 희생되었다. 만네르헤임 선은 세묜 티모셴코 육군원수가 전선을 지휘하도록 임명되고 전차의 강력한 지원을 받는 새로운 27개 사단이 이송된 뒤에야 비로소 돌파되었다. 핀란드는 휴전을 탄원했고, 계속해서 핀란드 전체를 정복하기에는 붉은군대는 피를 너무나도 많이 흘렸다. 1940년 3월 12일에 강화가 조인되었다. 핀란드는 어쩔 도리 없이 1939년에 요구받은 영토와 기지를 포기해야 했다. 소련은 정당한 명분 없는 침공 행위를 했다는 이유로 국제연맹에서 쫓겨났다.

겨울 전쟁은 20년 전에 벌어진 내전 이후에 붉은군대가 수행한 최대의 전쟁으로, 전해 여름에 할힌-골Khalkhin-Gol에서 일본과 치른 국경전보다도 더 대규모였다.* 할힌-골에서 붉은군대는 주코프 장군의 개입으로 패배를 모면했다. 일본에게 거둔 승리는 주코프의 비상한 전투 기술 덕분이었지만, 기동력이 뒤떨어지는 적을 상대로 개활 지형에서 현대 무기를 더 효율적으로 전개한 덕택이기도 했다. 주코프는 전투를 감행하기 전에 반드시 병참 지원이 제대로 잘 갖추어지도

---

* 할힌-골은 몽골의 할하강이며, 이곳에서 벌어진 할힌-골 전투를 일본에서는 노몬한(ノモンハン) 사건이라고 부른다.

록 했다. 핀란드에 맞서서는 이런 것들 가운데 어느 것도 이루어지지 않았다. 핀란드와의 전투에서 붉은군대는 원시적 보병 전술에 의존하는 현대화되지 못한 군대였으며, 첩보는 형편없었고, 보급선은 취약했으며, 주코프가 없었다는 점이 의미심장했다. 일본군에 맞서서 주코프는 특유의 독립성을 가지고 행동해서, 상급 장교의 권고 사항을 받아들이지 않고 형편없는 훈련을 받은 부대원들에게 핀란드에서 소련군 병사들이 보여준 것보다 더 나은 목적의식을 불어넣었다.[41]

겨울 전쟁에서 당한 수모로 말미암아 최고위층에서 재평가가 즉시 이루어졌다. 1940년 4월 중순에 당 중앙위원회와 군사위원회 본회의의 특별 회의가 열려서 소련군의 전투력을 개선하는 조처를 검토했다. 15년 동안 국방 인민위원으로서 실권자였던 보로실로프가 적대적인 추궁을 받았다. 스탈린은 자기가 '내전 경험에 대한 찬양 숭배'라고 부른 것을 버리고는 흐루쇼프가 '군에서 으뜸가는 멍청이'라고 부른 자기의 내전 동지를 마침내 직위 해제했다.[42] 그 자리에 스탈린은 핀란드의 대실패를 만족스러운 결말로 이끈 티모셴코를 임명했다. 티모셴코의 경력은 통상적인 소련식 경로를 따랐다. 농업 노동자였던 그는 입신해서 제1차 세계대전 동안 부사관이 되었다가, 1918년에 붉은군대에 들어갔고, 1919년에 공산당에 입당했다. 그는 유능한 조직가임이 입증되었고 정치적으로 믿을 만하다고 여겨졌다. 1940년에 그는 소련 국경 방어의 핵심 지역인 키예프 군관구 사령관이었으며, 개혁가로서 국방 인민위원회에 출석했다.

그는 자기의 임무에 다급하게 달려들었다. 그럴 만했다. 보로실로프가 끝까지 군을 정치의 한 분파, 즉 혁명적 무장 조직으로 보았다면, 티모셴코는 투하쳅스키가 불을 붙인 횃불을 들어 올리고 붉은군대를 전문적 군대로 바꾸는 데 굽힘이 없었다. 그는 다른 지휘관들의 폭넓은 지지를 받았는데, 그들은 보로실로프가 1937년에 재도입한 제도, 즉 당 정치위원이 군대를 정치적으로 감독하는 제도를 없애기를 바랐다. 포부는 전문 군사 기술에 더 많이 의존하는 것이었다. 핀란드에 맞서서 1개 군을 지휘한 키릴 메레츠코프 장군은 1940년 5월에 열린 한 회의에서 정치 통제가 가져온 무익함에 관해 다음과 같이 공공연하게 불만을 토로했다.

우리 인민은 무엇을 직접 말하기를 무서워합니다. 그들은 관계를 망치고 불편한 상황에 처하기를 무서워하며, 진실을 말하기를 두려워합니다.[43]

메레츠코프가 당의 개입에 거리낌 없이 대들고도 살아남았을 뿐만 아니라 8월에 참모총장으로 진급했다는 것은 당의 분위기가 바뀌고 있다는 증거였다. 그달 12일에 티모셴코는 스탈린의 인가를 받아 단일 지휘 체계를 재확립해서 주도권을 군부 쪽으로 되돌려놓았다.

이것은 1940년 여름에 도입된 개혁 가운데 가장 중요한 것이었지만, 유일한 것은 아니었다. 티모셴코는 국방 인민위원회를 직능 위주로 재구성했으며 옛 장교단을 되살려냈다. 1000명이 넘는 사람이 제독이나 장군으로 진급했고, 전통적인 제복이 재도입되었다. 하급 장교의 상관 비판권이 폐지되었다. "전쟁에서 필요한 것, 오로지 그것만을 부대원에게 가르치라"라는 구호 아래 정치선전을 줄인 새로운 훈련 제도가 도입되었듯이, 엄격한 새 규율 규정이 도입되었다. 핀란드에서 알게 된 호된 전투 상황을 더 면밀하게 반영하기 위해 훈련이 변경되었다. 이제는 기동 야전을 줄이는 대신에 부대가 고정 방어 시설을 공격하도록 준비하는 데 온갖 노력이 이루어졌다. 그러나 진전은 느렸다. 그해 말에 메레츠코프는 국방 인민위원회 연례 협의회에서 아직 훈련이 부적절하다고 말하면서 그 실패를 '군사 전문성'이 모자란 탓으로 돌렸다.[44]

1940년에 효율적이지 못했던 소련의 육해군을 효율적 전투부대로 바꾸는 것이 개혁의 목적이었다. 티모셴코는 1939년에 채택된 더 광범위한 군사전략에는 의문을 제기하지 않고, 그 전략을 실행할 수 있는지 지휘관과 부대를 만들어내는 데 노력을 집중했다. 그는 대다수 고위 장교들과 마찬가지로 현대전이 2단계로 수행되리라고 생각했다. 선전포고에 뒤이어 양측이 전방 진지에 있는 병력의 전위 부대를 이용해서 적의 주력군의 동원과 전개를 방해하는 준비 단계, 그리고 제1차 제대梯隊 뒤에 집중된 주력이 적군을 완전 제압하는 공세를 가하는 다음 단계가 그것이었다. 이 전략관은 소련군의 공세적 태세를 강조했는데, 핀란드와의 전쟁에서 결함이 있다고 드러난 바 있었다. 그 전략관은 또한 독일이 폴란드에서 벌인 전투가 주는 증거와도 들어맞지 않았다. 소련군 사령관들은 기계화된 현대군은 어떠한 예비 전투도 치르지 않고 막강한 타격력을 가지고 즉시 전개할 수 있다는 명백한 교훈을 끌어내지 못했다.

추가 증거가 필요하다면, 1940년 5월에 독일군이 네덜란드와 벨기에로 진격해서 6주 만에 프랑스 육군을 쳐부수고 영국군을 대륙에서 몰아낸 것을 들 수 있다. 그 패배는 스탈린의 전략을 엉망진창으로 만들었다. 독일과 맺은 조약의 전체 목적은 히틀러의 위협을 당분간 서쪽으로 돌리는 것이었다. 스탈린은 전쟁이 1914년의 전쟁처럼 전개되어 독일이 그 전쟁에서 '힘이 빠져서 다시 소련과 대전쟁을 치르는 위험을 감당하려면 여러 해가 필요'하게 되기를 바랐다.[45] 대신에 전쟁은 몇 주 만에 끝이 났고, 소련은 동맹국도 없이 독일이 지배하는 유럽에 노출되었다. 항복 조건에 관한 소식이 모스크바에 전해졌을 때, 스탈린은 화를 내면서 믿으려고 들지 않았다. 흐루쇼프는 그가 '마부처럼 욕을 하면서' 초조하게 왔다 갔다 하며, "그들은 어떻게 히틀러가 자기들을 쳐부수도록 내버려둘 수 있었을까?"라고 말하는 것을 지켜보았다.[46]

명백한 군사적 설명이 무시당했다. 총참모부는 폴란드와 프랑스의 패배를 독일군에 이례적으로 '유리했던 상황' 탓으로 돌렸다. 그 상황에서 가장 중요했던 것은 폴란드군과 프랑스군의 무능과 미숙한 작전이라는 것이었다.[47] 1940년 12월에 티모셴코는 연례 검열을 하면서 그 전쟁에서 새로운 것이 아무것도 드러나지 않았다고 단언할 만큼 확신에 차 있었다. 소련군 고위 지휘관들은 신속한 공격이 아니라 2단계 전쟁이 일어나리라고 자신할 수 있으며 붉은군대의 방어 기술은 초기의 공격을 흡수해서 봉쇄하기에 충분하다는 주장을 고수했다. 프랑스가 항복한 지 나흘 뒤에 티모셴코는 스탈린이 지난해에 인가한 새로운 독소 국경 지대의 요새화 작업에 착수하라는 명령을 내렸다. 스탈린 선은 버려지고 선에 배치된 대포와 장비는 창고에 넣어 두거나 전방으로 보내져서 새 방어 시설에 공급되었다. 새로운 급박함이 다가오는 것은 명백했다. 국경선 전체에 걸쳐 건설되기로 계획된 11개 요새화 방어 지대 없이는 붉은군대는 독일의 공격을 막을 수 없을 터였다. 1940년 여름부터 새 방어선이 완성될 때까지 소련은 방어력이 취약한 위험 상태에 있었다. 독일의 공격 전략의 성격을 파악하지 못했기 때문에 소련군은 심지어는 새 방어선을 갖추고서도 신속한 기습 공격의 위험에 쓸데없이 노출되었다.

전략 상황에 급격한 변화가 생기자 소련 지도자들은 독일과 맺은 조약의 비밀 의정서 조항에 따라 소련 권역에 할당된 나머지 전리품을 서둘러 챙겼다. 발트해 연안 국가들의 '도발 행위'에 무력으로 맞서야 한다는 구실로 6월 17일에 소련군 50만 명이 에스토니아, 라트비아, 리투아니아 3개 공화국에 파견되었고, 세 나라는 폴란드 동부에 부과되었던 것과 똑같은 무법 테러 체제에 놓였다. 수많은 사람이 공개적으로 살해당했다. 더 많은 사람이 머나먼 시베리아 수용소로 강제 이송되었고, 이들은 총 12만 7000명으로 추산된다. 1941년 6월에 독일군이 라트비아를 점령했을 때 NKVD 부대에게 총살당한 라트비아 사람의 명단이 발견되었는데, 그 명단은 살인 행위를 정당화하려는 시도가 지극히 근거 없음을 보여준다. 지루하게 나열된 엉터리 죄목은 "그 여자는 라트비아 민요를 부르다가 잡혔다", "그의 선조는 부르주아지였다", "그는 숲속에 숨어 있다가 잡혔다" 등이었다. 6월 말에는 루마니아 차례였다. 거센 외교 압력을 받고서 부쿠레슈티Bucureşti 정부는 지난날 제정 러시아의 영토였던 베사라비야를 되넘겨주었다. 독소 불가침 조약에 들어 있지 않았던 부코비나Bukovina 지역 일부도 넘겨주었다. 이들 지역의 점령은 주코프의 감독 아래 6월 28일에 시작되어 이틀 뒤에 끝이 났다. 이제 붉은군대는 플로이에슈티Ploieşti 유전에서 겨우 120마일 떨어진 곳에 있었다. 그 유전은 독일의 전시 원유 보급의 거의 전량을 제공했다.[48]

비록 1939년에 원칙적으로 인정된 것이기는 했어도, 소련의 영토가 서쪽으로 갑작스레 팽창하자 베를린에서는 새로운 우려가 생겨났다. 독일은 소련과 핀란드의 전쟁으로 난처한 입장에 처했다. 독일의 마음은 전적으로 핀란드 편이었기 때문이다. 그 전쟁이 끝난 뒤에 독일군이 핀란드에 주둔했다. 조약에서 합의한 기계류와 무기의 대소련 인도는 느리고 불규칙적이어서 소련 측의 성실한 물자 및 식량 제공과 뚜렷하게 대조되었다. 소련이 끊임없이 구시렁대는데도, 독일 측 공급자들은 최신 기술이 러시아의 손에 들어가도록 허용하기보다는 할 수 있을 때마다 일부러 늑장을 부렸다. 히틀러가 보기에 불가침 조약의 가장 불행한 결과는 붉은군대가 동유럽에서 빠르게 전진 배치된 것이었다. 그는 자기가 원하지 않았고 조약으로 회피할 수 있다고 가정한 커다란 전쟁에 휘말렸다. 이제 막강한 독일군이 폴란드를 꺾은 뒤에 동유럽과 중유럽을 지배하는 대신에 독일은 대영제국을 상대로 예상하지 못한 전쟁을 벌이고 있었고, 반면에 소련은 견제받지 않고 영향력을 마음대로 확장하고 있었다. 베사라비야 점령이 마지막 일격이었다. 몇 주 뒤 괴벨스는 일기에 "필시 우리는 이 모든 것에 맞선 조처를 취해서 이 아시아 세력을 유럽에서 다시 쫓아내어 그것이 원래 있었던 곳으로 되몰아내야 할 것이다"라고 썼다.[49]

히틀러는 그 생각을 괴벨스보다 더 먼저 했다. 7월 3일에 독일군에게 '프리츠Fritz'라는 암호명으로 소련을 상대로 한 작전의 예비 연구를 시작하라는 지시가 내려왔다. 독일군은 처음에는 히틀러가 단지 소련군에게 국지적 승리만을 거두어서 독소 간 국경을 뒤로 밀어내고 "유럽에서 독일이 지배적 지위에 있다"는 것을 스탈린에게 깨닫게 해주고 싶어한다고 믿었다. 7월 21일에 독일군은 히틀러에게 4주 내지 6주 뒤에 제한전을 시작할 수 있다고 말했다. 그러나 소련 외교관들이 소련의 영향력을 퍼뜨리기 위해서 이제 어떻게 발칸 국가들로 파고 들어가고 있는지를 보여주는 첩보 정보가 흘러 들어옴에 따라, 처음에는 불명확하던 히틀러의 생각이 7월을 지나면서 확고해졌다. 히틀러의 작전부장인 알프레트 요들 장군이 7월 29일에 고위 장성들을 불러 모았을 때 그는 극히 놀라운 소식을 가지고 있었다. 특별 개조된 열차에 있는 회의실의 문과 창을 모두 꼭 봉하도록 한 뒤에, 그는 히틀러가 1941년 5월로 일정이 잡힌 기습 공격으로 소련의 위협을 지상에서 영원히 없애버리기로 결심했음을 알렸다.[50]

이틀 뒤 히틀러는 자기의 여름 별장에서 전쟁을 협의하는 모임을 가졌다. 베르크호프Berghof의 주강당에 앉아서 히틀러의 군부 요인들이 처음으로 히틀러의 동기를 깨달았다. 그가 내놓은 논거는 실질적인 것이었다. 소련은 영국의 마지막 희망이며, 소련의 위협이 나가떨어지면 영국은 강화를 맺고, 미국은 더는 위협이 되지 않을 것이었다. 그가 염두에 둔 것은 적의 절멸, 즉 '한 방으로 그 나라를 철저히 깨부수는 것'이었다. 2개 집단군이 발트해 연안 국가들과 우크라이나를 거쳐 공격해 들어가 모스크바로 모여들고, 세 번째 집단군은 남쪽을 쳐서 석유가 풍부한 캅카스로 향한다는 것이었다. 그것은 놀랍도록 대담한 계획이었다. 같은 달에 그는 이미 '적군을 모두 합친 것보다 더 큰' 군대를 만들라는 명령을 내렸다.[51] 그는 그 군대를 동쪽으로 천천히 전개하고자 했다. 스탈린이 속아 넘어가서 그 부대들은 서부 전선에서 사용될 군대이며 영국의 항공 공격을 피하려고 동쪽에 주둔하는 것이라고 믿어야 했다.

현실적 전략 쟁점이 히틀러를 무력을 통한 해결이라는 가장 과격한 대책으로 몰아갔다는 데에는 의심의 여지가 있을 수 없다. 그러나 동부의 대전쟁은 늘 그가 가진 구상의 일부였다. 여기에 레벤스라 움Lebensraum, 즉 생존공간이라는 진정한 내용이 있었다. 히틀러의 계획은 몽상적 규모를 떠었다. 8월 무렵에 그는 아르한겔스크Arkhangelsk 부터 아스트라한Astrakhan까지 뻗은('A-A선') 광대한 전 지역을 장악해서 요새화된 경비 도시를 갖추어 식민을 하고 원주민을 지배 종족의 항구적 통제 아래 두는 한편, 우랄산맥 너머의 잔여 아시아 국가, 즉 슬라브란트Slavlands는 나머지 소련 인민으로 채우겠다고 결심했다. 이런 토대 위에서 계획 수립이 진행되었다. 1941년 봄 무렵에 신제국을 인종적·정치적·경제적으로 활용하는 포괄 프로그램이 작성되었다. 히틀러가 "러시아는 우리의 인도가 되리라!"라고 말했다고 한다.[52]

기도企圖 전체를 위장하려고 온갖 노력이 행해졌다. 히틀러는, 비록 심한 긴장 상태에 있기는 해도, 동맹국 소련과 관계를 유지했다. 그는 1940년 9월 27일에 일본, 이탈리아와 삼국 동맹을 체결했다. 이 동맹은 전 세계를 개별 이익 권역으로 나누어 지중해, 동아시아, 유럽에 '신질서'를 수립한다는 것이었다. 모스크바는 이 재편성을 근심스레 해석했다. 같은 달에 독일군이 처음으로 루마니아에, 그리고 핀란드에 모습을 드러냈다. 헝가리와 루마니아가 삼국 동맹에 참가했다. 6월에 독일 편에 서서 전쟁에 참가했던 이탈리아는 10월에 그리스를 침공해서 발칸 지역으로 파시즘을 팽창한다는 전망을 펼쳐 보였다. 그러고 나서 10월 13일에 스탈린은 리벤트로프가 보낸 두서없는 장문의 편지를 받았다. 그 편지는 삼국 동맹에 동참해서 세계 질서를 완전히 바꾸자는 권고로 유혹하며 끝을 맺고 있었다.

왜 히틀러가 리벤트로프에게 그 권고 편지를 보내도록 위임했는지는 전적으로 분명하지는 않다. 히틀러는 결국은 합의를 봐서 커지는 소련의 위협이 누그러지기를 바랐을지도 모른다. 그는 그것을 그저 소련의 야심이 무엇인지 알아낼 기회로 이용했을지도 모른다. 그러나 리벤트로프에게는 충분한 까닭이 있었다. 그는 앵글로색슨 열강에 맞서는 강력한 블록을 창출해서 또 하나의 엄청난 외교적 대성공작을 만들어낼 수 있기를 바랐다. 스탈린은 조심스러운 답변을 주었다. 몰로토프가 11월에 베를린으로 간다고 정해졌다. 몰로토프와 함께 간 알렉산드르 바실렙스키 장군에 따르면, 방문 목적은 '히틀러의 향후 계획을 판단하는 것'과 '독일의 공격 행위를 가능한 한 더 늦추는' 것이었다. 현재 증거는 몰로토프가 이보다 더 많은 것을 추구하고 있었음을, 즉 스탈린이 동유럽의 세력권을 규정하는 제2의 조약을 원했음을 시사해준다.[53]

몰로토프는 11월 12일에 열차로 도착했다. 뒤이어 어느 쪽도 만족시키지 못한 이틀 동안의 토론이 벌어졌다. 몰로토프가 히틀러를 너무 퉁명스럽게 대해서 첫날 오후에 이루어진 그들의 만남은 격앙되었고, 히틀러는 소련 측을 환영하는 저녁 만찬에 참석하기를 거부했다. 히틀러와 리벤트로프는 소련이 유럽에서 빠져서 영국령 인도로 가야 한다고 넌지시 말했다. 그들은 총론을, 몰로토프는 각론을 말했다. 몰로토프가 받은 지시는 유럽에서 소련의 안보와 밀접하게 연관된 항목을 논의하는 것이었지만, 그는 독일이 소련으로 하여금 영국과의 전쟁에 휘말려 들어가도록 만들려고 애를 쓰고 있다는 것을 깨달았다. 이런 식으로는 합의가 이루어질 수 없었다. 13일의 사절단 환영연 도중에 몰로토프는 영국의 폭격 공습을 피해 피신해야 했다. 이 휴지기를 이용해서 리벤트로프가 몰로토프에게 '인도양을 향한' 소련의 '신질서'의 경계를 정하는 조약 초안을 내놓았다. 멀리서 대포와 폭탄 소리가 들려오는 가운데 몰로토프는 그 제안을 거부하고는 리벤트로프에게 소련이 진정으로 원하는 것은 불가리아, 튀르키예, 스웨덴, 루마니아, 헝가리, 유고슬라비아, 그리스에 관해 구체성 있는 논의를 하는 것이라고 말했다. 이튿날 몰로토프는 모스크바로 되돌아갔다. 11월 25일에 그는 독일 대사에게 동맹 관계를 확장하는 대가로 소련이 제시하는 보상을 적은 요구 사항 목록을 내놓았다. 독일이 핀란드에서 물러나고, 소련이 이란과 페르시아만에서 행동의 자유를 얻고, 불가리아와 튀르키예에 소련의 기지가 만들어진다는 것이었다. 히틀러는 리벤트로프에게 응답하지 말라고 명령했다.[54]

양측이 인식한 대로 합의는 늘 가망이 없었다. 괴벨스는 몰로토프와 소련 사절단이 독일 정부 청사에서 히틀러와 함께 아침 식사를 하는 것을 지켜보았다. 그는 일기에 "볼셰비키 열등 인간치고 제대로 된 사람은 단 한 놈도 없다"라고 썼다.[55] 몰로토프가 떠나는 바로 그날 히틀러는 '러시아와 셈을 청산'할 최종 준비를 하라고 명령했다. 12월 5일에 그는 군 참모진에게 봄이 되면 독일의 "지휘력, 장비, 부대는 분명하게 최고점에, 러시아는 틀림없이 최저점에 있을 것"이라고 말했다.[56] 12월 18일에 그는 대소련 전쟁 준비를 명령하는 군사 지령 제21호, 즉 바르바로사Barbarossa* 작전에 서명했다. 날짜는 이듬해 5월, '날씨가 좋아질 때'로 잡혔다. 히틀러는 1월 9일에 베르히테스가덴의 별장에서 독일의 미래에 관해 연설했다. 한 목격자는 그가 다음

• 바르바로사(1122?~1190)는 12세기 후반 신성로마제국의 황제 프리드리히 1세의 성으로, 붉은 턱수염이라는 뜻이다. 바르바로사는 1189년 3차 십자군을 주도해서 동방 원정을 감행했다. 훗날 독일 국수주의자들이 그를 전설화했는데, 바르바로사가 산에서 은둔하다가 어느 날 세상으로 나와 게르만족을 이끌고 다시 한번 동방 원정을 한다는 전설이 생겨났다.

과 같이 말했다고 회고했다. "이제 러시아를 박살 내야 합니다. 러시아의 거대한 영토에는 어마어마한 부가 숨겨져 있습니다. … 독일은 대륙들과 전쟁을 벌일 수 있는 모든 재력을 가질 것입니다. … 이 작전이 실행되면, 유럽은 숨을 죽일 것입니다."[57]

몰로토프의 방문이 실패로 끝났다고 해서 독일과 직접 무력 대결을 피하려는 스탈린의 열망이 줄어들지는 않았다. 히틀러가 알고 있듯이 소련은 큰 전쟁을 벌일 준비가 되어 있지 않았고, 적어도 한 해 동안은 그럴 터였다. 스탈린은 유화 정책에 눈이 먼 나머지 준비가 갖추어지지 못한 나라를 1941년에 파멸의 벼랑 끝으로 이끌고 간 사람으로 자주 묘사되어왔다. 독일이 공격하는 바로 그 순간까지 스탈린이 전쟁을 원하지 않았으며 협상으로 전쟁을 피할 수 있다—네빌 체임벌린이 1939년에 가졌던 견해와 그리 다르지 않은 견해—고 기대한 것은 틀림없이 사실이다. 그러나 준비를 하지 않았다는 것은 신화다. 소련의 정치 지도부와 군 지도부는 1940년 가을부터 독일과 전쟁을 치를 가능성에 대비하기 시작했다. 문제는 준비 부재가 아니라 그 준비의 근간이 되는 전략과 부대 배치에 존재하는 근본 결함이었다.

적극 방어*를 하고 대량 반격을 가해 적국 영토로 들어간다는 붉은 군대의 철학과 일치하도록, 스탈린은 새 방어 지대를 독일과 독일의 동맹국들의 소련 접경 국경선으로 바짝 옮기고 싶어했다. 독일군에게는 놀랍게도 훤히 보이는 곳, 즉 국경선 바로 위에서 소련 공병이 요새

---

* 공격하는 적의 부대를 상호 지원이 가능한 종심 진지에서 강력한 제병 협동 부대로써 이루어지는 계속적인 공세 행동으로 격파하는 것.

를 만들기 시작했다. 옛 스탈린 선은 거의 완전히 버려지고, 보급창과 거점은 내버려져 허물어지거나 흙으로 뒤덮였고, 혹은 어떤 경우에는 지역 집단 농장의 채소 창고로도 쓰였다. 장비는 대부분 그곳에서 제거되어 창고에서 썩거나 전방으로 옮겨져 새 국경선에 배치되었는데, 새 요새가 건설되는 동안 방치된 채 녹이 슬어갔다. 전방 방위 전략 전체의 성패가 달려 있는 새 요새화 지대는 그 수가 너무 많아서 전부 다는 한꺼번에 완성할 수 없었다. 봄 무렵에 대다수 요새화 지대에는 각종 포와 그리고 무선 통신 설비가 모자랐고, 심지어는 전력이나 공기 여과기까지 모자랐다. 주코프는 4월에 국경 지역을 찾았을 때, 요새 입구에 장갑 문을 달라는 명령을 즉시 내렸다. 독일의 침공 직전에 핵심적인 국경 지역에 지뢰밭 위장, 효율적 사계射界*가 없었다. 주코프의 명령에 따라 설치된 거점 2300개 가운데 포를 보유한 거점은 1000개 이하였다.[58]

주코프는 스탈린 선을 내버려서는 안 된다고 주장하는 이들 가운데 한 명이었고, 샤포시니코프의 지지를 받았다. 스탈린은 그 주장을 받아들여 종심 방어를 허용하기를 거부했다. 새로 얻은 영토는 정치적인 이유로 어떤 대가를 치르고서더라도 방어해야 했던 것이다. 독일의 공격 바로 전인 1941년 6월에야 스탈린은 옛 스탈린 선에 군데군데 장소에 따라 수비대 병력의 30퍼센트 정도로 인력이 배치되어야 한다는 것을 마지못해 인정했다. 부대원들은 콘크리트 골조밖에는 다른 것을 발견하지 못했다. 이반 코네프 장군의 부하들이 1939년에 방기된 키예프 요새화 지역에 들어갔을 때, 그들은 그 지역

---

* 일정한 진지에서 화기를 사격해서 적을 유효하게 제압할 수 있는 지역.

에 "풀과 긴 잡초가 우거져 있다"는 것을 발견했다.[59]

1940년 가을에, 공병들이 국경선 2800마일을 요새화하는 불가능한 임무와 씨름하는 동안 소련 지도자들은 서쪽에서 침공이 발생할 경우에 대비한 우발 사태 계획*을 작성했다. 1939년 계획과 마찬가지로, 1940년 계획 초안도 주력이 충돌하기 전에 일정한 시간대가 있으리라는 가정에 입각해 있었다. 소련군 총사령부가 서유럽에서 독일이 거둔 승리로 말미암아 했던 양보 하나는 그 시간대가 더는 3주가 아니라 열흘 내지 열닷새 정도로 짧을 수 있다고 가정하게 된 것이었다 (실제로, 작전 개시 15일 차에 독일군은 레닌그라드에 다가가고 있었고 스몰렌스크와 키예프를 점령할 태세에 있었다!). 계획 입안자들은 독일이 동맹국인 헝가리, 루마니아, 핀란드와 함께 공격하리라는 가정에서 출발했다. 스탈린의 주장에 따라서, 독일의 주요 진격 방향은 우크라이나와 캅카스의 공업, 식량, 석유를 노린 남서쪽일 것이라고 가정되었다. 스탈린이 이 결정을 내리는 데에는 주요 경제 자원의 통제가 결정적인 것으로 간주된 자기의 내전기 경험에서 영향을 받은 듯하다. 다른 가능성이 탐구되었지만, 10월에 최종적으로 합의를 본 계획에는 스탈린이 좋아하는 것이 구현되어 있었다.

우크라이나 국경을 지키는 부대는 강고한 방어전을 벌여서 독일군의 진격으로 생긴 구멍들을 틀어막고, 항공 공격으로 독일군의 전방 부대를 분쇄하고, 대규모의 폭격 및 교란 습격으로 주력의 동원을 방해할 것이었다. 소련군 주력은 후방 멀리에 전개된 다음, 일단

• 기본 계획 수행 중에 일어나는 예기치 않은 돌발 사태에 대비하기 위해 사전에 예측해 준비하는 계획.

집결하면 교전하는 국경 부대를 지나 전진해서 적의 영토로 밀고 들어갈 것이었다. 소련군 주력은 루블린Lublin 주위라고 예상되는 독일군의 주 집결처를 공격해서 결정적 승리를 거둔 다음, 남서쪽으로 선회해서 독일을 발칸의 군수품으로부터 끊어놓고서 북쪽으로 움직여 슐레지엔Schlesien을 점령할 것이었다.[60] 소련 육군과 공군의 상태를 감안할 때, 그 계획은 완전한 환상이었다. 1월에 일련의 도상모의전圖上模擬戰에서 시험을 받자, 소련의 입지가 취약하다는 것이 명확해졌다.

12월 23일에 시작된 일주일 동안의 지휘관 회의에 뒤이어 도상모의전이 실시되었다. 한 해의 경험을 철저히 토론하고 현행 군사 기획 상태를 점검하는 것이 목적이었다. 소련의 전쟁 기획이 근거를 두고 있는 중심 원리에 도전하려는 진지한 시도는 행해지지 않았다. 도상모의전은 표준 교리로 여겨지는 것을 검증하고자 실시되었다. 1차 도상모의전은 1941년 설날에 주코프와 소련의 기계화 부대 대장 드미트리 파블로프 장군 사이에 벌어졌다. 주코프가 독일군 측이었고, 파블로프는 소련군 측이었다. 비록 파블로프가 대량 반격 전략과 결합시켜 휘하의 주력 부대를 움직여서 동프로이센을 압박할 수 있기는 했지만, 그는 주코프에게 완패했다. 일주일 뒤에 실시된 2차 모의전에서는 역할을 맞바꾸었다. 이번에는 주코프가 국경을 건너 성공적으로 헝가리로 밀고 들어갔으며, 파블로프는 되받아 찌르기를 하면서 미약한 반격을 시도했다. 결과는 주코프의 전투 솜씨에 관해 많은 것을 말해주었다. 심지어는 탁자 위에서조차. 그러나 소련군의 전략에는 걱정스러운 조짐이 있었다. 스탈린이 2차 모의전 뒤에 사령관과 관리를 소집했을 때 재미있는 드라마가 펼쳐졌다.[61]

참모총장은 모의전 결과를 보고하라는 요구를 받았다. 메레츠코프는 머뭇거리며 말했다. 메레츠코프는 주코프의 독일군이 1차 모의전에서 이겼다고 소리 높여 말하는 대신에 60개 사단을 거느린 파블로프가 독일제국 국경을 방어하는 독일군 55개 사단을 제압한 초기 단계를 칭찬했다. 스탈린은 화가 나서 토론에 뛰어들어, 1대1을 거의 넘지 않는 비율의 사단으로 독일의 고정 방어를 제압할 수 있다는 견해는 말이 안 된다고 비난했다. 그는 모인 사람들에게 그것은 "선동할 목적으로는" 좋을지 몰라도 "여기서는 … 현실상의 가능성에 관해서 말해야 합니다"라고 말했다. 그다음에 거북해진 메레츠코프는 2차 모의전에 관한 질문을 받았지만, 결론이 나지 않은 결과에 명확한 답변을 주지 않으려고 했다. 티모셴코의 부관 한 사람이 토의에 끼어들어 보병 사단은 기계화되기보다는 말을 이용해서 물자를 수송해야 한다는 자기의 신념을 피력하려고 고집할 때, 스탈린의 인내심은 한계에 이르렀다.[62] 총참모부는 의기소침한 분위기에서 회의장을 떠났다. 이튿날 주코프는 참모총장에 임명되었고, 메레츠코프는 훈련을 담당하게 되었다.

주코프는 참모부 장교였던 적이 없었고, 야전에 남고 싶다는 소망을 밝혔다. 스탈린은 뜻을 굽히지 않았고, 주코프는 군의 핵심 요직을 소련군에게 가장 결정적인 시기에 떠맡았다. 그는 엄청난 에너지를 가지고 자기 임무에 임했지만, 참모 훈련을 받지 않아서 참모차장들의 작업에 참모장이 의존해야 하는 것보다 더 많이 의존해야 했다. 독일이 침입하기 전까지 남은 다섯 달은 요새를 짓고 유사시에 독일의 1차 공격을 흡수할 전방 방어 지대에 대량의 항공 부대와 전차 부대를 확보하는 일을 강행하는 데 쓰였다. 3월에 정부는 국경을 따라 분산 배치될 20개 기계화 군단의 편성을 요구했지만, 6월까지 절반 이하가 갖추어졌다. 공군은 생산 단계에 들어가고 있던 신형 비행기를 이용해서 106개 신규 비행 연대를 편성하라는 명령을 받았지만, 5월까지 편성이 완료된 비행 연대는 겨우 19개였다. 이 부대들은 국경선 뒤의, 때로는 양옆에 걸쳐 있는 좁은 벨트 안에 몰려 있었다. 그 부대들은 세계에서 가장 앞선 신형 T-34 전차 생산 대수의 5분의 4와 이용 가능한 현대식 항공기 절반을 차지했지만, 그것들을 제대로 운용하는 데 요구되는 훈련(과 예비 부품)이 모자랐다. 전방 부대의 사기는 밑바닥이었고, 장교는 부하에 대한 통제력을 잃고 있었다. 범죄와 불복종이 널리 퍼져 있었다.[63]

1941년 5월에 주코프와 티모셴코는 독일의 침공 이전의 배치 계획 최종판으로 판명된 것을 작성했다. 그것은 지난해 10월에 작성된 계획과 다르지 않았다. 유일하게 다른 점은 두 갈래로 반격해서 독일이 점유한 영토로 치고 들어간다고 가정한 것이었다. 한 갈래는 크라쿠프Kraków로 향해서 독일을 남쪽의 독일 동맹국들과 끊어놓는 반격이었고, 다른 한 갈래는 독일이 점령한 폴란드와 동프로이센을 확보한다는 최종 목표를 가지고 루블린으로 향하는 반격이었다. 소련이 1941년 여름에 독일을 선제공격할 계획을 세웠지만 갑자기 바르바로사 작전이 개시되어 헛일이 되었음을 보여주는 증거로 이 문서의 한 부분이 이용되어왔다. 날짜가 5월 15일로 되어 있고 서명이 들어가지 않은 각서인 문제의 그 문서는 명령서나 지령서가 아니라 지난 두 해 동안의 계획 입안에 꼭 들어맞는 병력 배치 설명 건의서였다.[64] 스탈린이 그것을 보았다는 증거가 없고, 설령 그가 보았다고 해도 이것이 1930년대 이래로 소련 전략의 기반이 되어왔던 전방 방위 태세에 대한 계속적인 점검 말고 다른 어떤 것이었다고 생각할 근거는 없다. 동원 중인 적군에게 파쇄 공격을 가함으로써 모종의 선수를 친다는 것은 그 같은 태세에 없어서는 안 될 일부였다. 그것은 정당성 없는 전쟁을 개시하려는 소련의 의도를 의미하지 않고, 오히려 소련에 맞선 독일의 동원을 방해하려고 초기에 두는 필사적 선수였다.*

1941년 3월에 스탈린이 예비군 50만 명을 소집하고 며칠 뒤에 추가로 30만 명을 소집해야 한다는 주코프의 요청에 마지못해 동의했다는 것은 사실이다. 1940년에 요구된 필사적 재무장으로 말미암아 1940년 6월에 이레 일하고 하루 쉬도록 주 노동일 수를 늘리는 신노동법이 제정되었다는 것도 사실이다. 1941년 5월 내내 주코프와 티모셴코가 확실한 패배를 피하는 예방 대책으로서 더 많은 부대를 이전해야 한다고 스탈린과 때로는 열띠게 논쟁을 벌인 것도 사실이다. 6월 4일에 가서야 스탈린이 누그러져서 추가로 12만 명을 국경의 요새화 지대와 2차 방어선으로 이동하는 것을 인가했지만, 넉 달이라는 기간에 걸쳐서였다.[65] 이것들 가운데 어느 것도 미리 계획된 대독일 공격을 시사하지 않는다. 스탈린과 다른 군 지도자들이 붉은군대

---

* 여기서 지은이는 빅토르 수보로프가 주장한 스탈린의 독일 선제공격 기도설을 반박하고 있다. 소련군 첩보 기관에서 일하다가 영국으로 도망친 수보로프는 기존의 상식을 뒤엎는 주장을 담은 《쇄빙선》이라는 제목의 단행본을 독일과 영국에서 펴냈다. Viktor Suvorov, *Der Eisbrecher: Hitler in Stalins Kalkül* (Stuttgart: 1989); *Icebreaker: Who Started the Second World War?* (London: 1990). 수보로프는 스탈린이 유럽에 공산주의 혁명을 퍼뜨리려고 1941년 7월 6일에 독일을 공격할 계획을 세웠으나 오히려 독일군에게 기습 공격을 당했다는 주장을 펼쳤다. 그의 주장이 옳다면, 히틀러의 소련 침공은 일종의 자위책이며 히틀러는 공산주의의 확산을 막은 이라는 결론이 나온다. 대다수 전문가는 수보로프의 주장이 1차 사료로 뒷받침되지 못한 가설에 지나지 않는다고 본다. 특히 존 에릭슨은 수보로프의 가설을 '환상, 허구, 창작'이라고 불렀다. John Erickson, "Barbarossa-June 1941: Who Attacked Whom?," *History Today*, vol. 51, no. 7 (July 2001), p. 17.

는 공세를 취하는 군대임을 강조한 것도 사실이다. 5월 5일에 스탈린은 소련군에 관해서 '붉은군대는 현대군이며 현대군은 공격군'이라고 공개적으로 말한 것도 사실이다. 이것 또한 악한 의도의 증거로 채택되어왔다. 그러나 그것은 1920년대부터 시작하는 소련의 투쟁관과 완전히 일치한다. 방어는 혁명 국가가 받아들일 수 있는 선택으로도, 군사적으로 바람직한 선택으로도 여겨지지 않았다. 스탈린은 전에 수백 차례 언급된 것을 언급한 것이다.

스탈린에게 히틀러를 먼저 공격할 계획이 없었다는 가장 분명한 증거는 그가 바로 6월까지도 히틀러를 달래려고 거의 미친 듯이 애를 썼다는 데에서 찾을 수 있다. 주코프가 일어날 법한 독일의 공격에 더 철저히 대비하려고 애쓰는데도 스탈린은 그와 같은 위험은 존재하지 않으며 위험을 불러일으킬 일은 아무것도 해서는 안 된다고 거듭 고집했다. 군 지도자들과 마찬가지로, 대중 사이에서 더욱더 폭넓게 위기가 임박했다는 불안감이 커져갔다. 봄에 상영된 〈내일 전쟁이 일어난다면〉이라는 소련 영화는 독일의 공격이 영웅적인 소련 군인들에게 격퇴되고 히틀러가 혁명으로 타도되는 것을 묘사했다.[66] 물론 스탈린은 해야 할 일이 많이 남아 있다는 것을 알고 있었다. 1월의 지휘관 회의에서 드러난 군대의 한숨 나오는 성과 계수로 말미암아 스탈린은 소련이 히틀러에게 (또는 1941년 4월에 별도의 불가침 조약을 맺은 일본에게) 어떤 효과적 반격을 가할 수 있을지 확신할 수 없었다. 그는 자기 주위 사람 모두에게 전쟁이 일어나지 않을 것이라고 역설했다. 독소전쟁이 끝난 뒤에 주코프가 독일의 공격에 대비해서 더 많은 일을 하지 않았다는 비판을 심하게 받았지만, 그 상황에서 그가 무엇을 더 할 수 있었을지를 알아내기란 어려운 일이다. 1966년에 주코프는 난무하는 비난에 맞서 스스로를 변호하면서 다음과 같이 말했다. "나 주코프가 나라에 드리운 위험을 느끼고 '전개하라!'고 명령을 내린다고 칩시다. 스탈린에게 보고가 올라갑니다. '무슨 근거로?' '위험하기 때문입니다.' '베리야, 어서 주코프를 자네 지하실로 데려가게.'" 사실 운 없는 메레츠코프는 그해 봄에 '지하실'로 붙들려 가서 루뱐카가 제공할 수 있는 최악의 대접을 받았다. 주코프가 겁쟁이였다는 말이 아니다. 티모셴코는 그가 "아무도 무서워하지 않는 유일한 사람"으로 "스탈린도 무서워하지 않았다"라고 회상했다.[67] 그는 자기 생각을 당당하게 털어놓았다. 문제는 한 사람이 정치구조를 바꿀 수 없었다는 것이다. 스탈린은 전쟁이 1941년에 일어나지 않을 것이라고 정해놓았고, 시스템은 그를 거스를 수 없었다.

군사 행동이 있으리라는 신호가 더 뚜렷하게 나올 수는 없었을 것이다. 소련의 첩보 기관을 얼러서 독일의 군사 준비가 영국과의 전쟁을 위한 것이라고 생각하게 만들려는 은폐와 역정보에 독일이 노력을 기울였는데도, 독일의 침공이 임박했다는 첩보 자료가 1941년 봄 동안 거의 끊이지 않고 흘러나왔다. 그러한 경고가 적어도 84건이 있었고, 훨씬 더 많았을 가능성이 극히 높다. 그 경고들은 군 첩보국장 필립 골리코프 장군의 사무실로 넘겨졌다. 그의 보고서는 정보를 '믿을 만하다' 또는 '의심스럽다'로 분류했다. 바르바로사 작전에 관한 정보 대다수가 두 번째 범주에 들어갔다. 그는 그 대다수가 영국의 역정보, 즉 두 동맹국 사이에 쐐기를 박으려는 음모의 일부라고 생각했다. 독일 명령서의 암호를 풀어 추려내서 윈스턴 처칠 영국 총리가 직접 보낸 경고는 특히나 뻔뻔스러운 도발 시도로 여겨졌다. 히틀러의 대리인 루돌프 헤스가 1941년 5월 10일에 스코틀랜드로 '강화' 비행을 했을 때, 소련 관리들은 그 사건 전체를 영국의 동기에 대한 자기들의 불신이 처음부터 끝까지 옳았다는 증거로 간주했다.[68]• 가장 믿을 만한 증거는 도쿄의 독일인 공산주의자 간첩인 리하르트 조르게에게서 나왔다. 독일 대사관 직원들은 정기적으로 조르게에게 독일의 움직임에 관한 세밀한 정보를 조심성 없이 내놓았다. 3월 5일에 조르게는 독일이 6월 중순에 공격하리라는 것을 보여주는 독일어 문서의 마이크로필름을 모스크바로 보냈다. 5월 15일에 그는 더 정확한 세부 사항을 보내어 그 날짜가 6월 20일임을 알렸다. 5월 19일에 그는 150개 사단으로 이루어진 독일군 9개 군이 소련 접경에서 태세를 갖추고 있다고 경고했다. 군 첩보국은 "우리는 귀하가 제공한 정보의 정확성을 의심합니다"라고 간단히 답했다.[69]

되풀이되는—180건으로 추정되는—소련 영공 침범도 별 소용이 없었다. 스탈린은 거의 강박 관념에 사로잡혀 독일이 침공하지 않으리라고 철저히 확신했다. 6월 14일에 소련의 타스Tass통신은 공격이 임박했다는 어떠한 시사도 통렬하게 반박하는 성명서를 발표했다. 그런 소문은 '소련과 독일을 적대시하는 세력, 전쟁을 한층 더 확대 팽창하는 데 관심을 둔 세력이' 퍼뜨린다는 것이었다.[70] 체코의 첩보통에게서 부인할 수 없는 정보를 제공받았을 때, 스탈린은 "이런 도발을 하고 있는 자가 누군지 알아내서 처벌하라"라고 말했다. 심지어는 요직에 있는 베를린의 수많은 소련 간첩이 6월 16일에 "어느 때라도

• 나치당에서 히틀러 다음가는 2인자였던 헤스(1894~1987)가 영국과 독일의 강화를 주선하겠다는 생각을 가지고 혼자 스코틀랜드로 비행기를 몰고 가는 예기치 못한 일이 벌어지자, 스탈린은 독일이 영국과 대소 공동 공격 협정을 맺기 위해 헤스를 파견한 것이라고 믿었다. 영국에서 헤스는 곧바로 감금되어 정신 요양 치료를 받다가 뉘른베르크 재판에서 종신형을 받았다.

타격이 가해질지도 모른다"고 보고했을 때조차, 스탈린은 독일인은, 심지어는 공산주의 동조자도 믿어서는 안 된다는 근거를 들어 그 보고를 물리쳤다. 6월 21일에 한 용감한 독일 병사가 국경선을 넘어와서 붉은군대에게 독일이 다음날 공격할 것이라고 말했다. 스탈린은 그 병사를 총살하라고 명령했다. 더 심한 역정보와 도발이라는 것이었다.[71]

　스탈린은 왜 그렇게 눈이 멀었을까? 소련은 세계 최대의 첩보망을 가지고 있었다. 스탈린은 왜 그것을 완전히 무시했을까? 그는 거의 선천적으로 다른 사람을 믿지 않는 사람이었다. 그는 왜 정치가들 가운데 가장 교활한 히틀러를 눈에 띄게 신뢰했을까? 쉬운 답은 없다. 스탈린은 부분적으로는 합리성에 의거해서 계산을 했다. 그는 대군과 길게 뻗은 국경선을 가진 소련을 침공하려면 공격자에게 2대 1의 수적 우세가 필요하다고 주장했다. 이것이 히틀러에게는 없었다. 그는 아무리 모험가라고 해도 양면 전선의 위험을 무릅쓰는 지도자는 없으리라고 확신했다. 독일군은 이탈리아를 도우려고 발칸반도에 파견되었을 때 유고슬라비아와 그리스에 휘말려 들게 되었고, 급기야 목전에 다다른 1941년 5월에는 에게해에서 영국군을 몰아내는 데 휘말려 들게 되었다. 스탈린은 군사의 천재는 아니었지만, 히틀러가 전투하기에 좋은 계절을 겨우 몇 주 남겨 놓은 6월에 동쪽을 친다는 것은 있을 수 없는 일이라고 보았다. 발칸으로의 우회로 스탈린의 확신이 강화되었다. 그것은 확신이었기에. 그는 무엇이 가능한가에 관한 자기의 느낌을 히틀러도 같이 가지고 있다고 생각했다.

　다른 설명도 있다. 1941년 봄에 히틀러가 한 군사적 행보는 그저 스탈린을 협상 테이블에 다시 데려오려는 계략일 뿐이라는 것이 그럴듯하게 보였다(스탈린 혼자만 그런 결론을 내리지는 않았다). 그는 또한 상대 독재자의 의도를 간파했다고 느꼈다. 그는 히틀러가 자기에게 품은 것과 똑같이 마지못해하는 존경심을 히틀러에게 품고 있었다. 때로 명백하게 그는 각자 자기 나름대로의 방식으로 혁명가인 두 지도자가 나란히 세계를 휩쓸어버릴 수 있다는 환상에 탐닉했다. 그가 "독일과 함께였다면 우리는 천하무적이었을 텐데!"라고 투덜거린 적이 여러 번 있었다고 한다.[72] 그러나 어쨌든 스탈린에게는 상상력이 모자랐다. 그는 히틀러가 그토록 엄청난, 즉 그토록 군사적 상식에 어긋나는 공격을 수행할 수 있다는 생각을 품을 수 없었던 듯하다. 그러나 그는 지극히 강한 의혹을 품었어야 했다. 흐루쇼프는 스탈린이 독일의 공격이 있기 전 몇 주 동안 '혼란, 불안, 사기 저하, 심지어는 마비 상태에 빠진' 사람이었다고 기억했다.[73] 6월 14일에 주코프는 소련의 동원을 시작하자고 제안했다. 스탈린은 "그것은 전쟁이야"라고 대꾸하며 물리쳤다.[74] 어쩌면 스탈린은 그저 자기가 히틀러를 오판했음을 인정할 수 없었을 것이다. 6월 21일과 22일 주말까지 그의 마음은 두 가지였다. 그는 모스크바 항공 방위대를 경계 상태에 놓았지만, 그런 다음 자신부터가 '공황'에 빠지고 있다고 툴툴댔다. 6월 22일 자정에서 30분이 지났을 때 티모셴코와 주코프, 그리고 니콜라이 바투틴 참모차장이 스탈린을 만나러 가서 경계령을 내리라고 설득했다. 스탈린은 마침내 이를 허락했지만, 독일군의 공격선에 있는 부대 다수에게는 너무 때가 늦었다. 티모셴코는 국경 지역 사령관들에게 다가오는 독일 장교들과 교섭해서 분쟁을 해결하라고 요구하는 문장 하나를 집어넣지 말라고 설득하는 데 큰 어려움을 겪었다. 스탈린은 소련 육해공군 장병 누구도 국경을 넘어서서는 안 된다고 고집

했다. 그것은 소련의 작전술作戰術*이 그들에게 가르쳐온 모든 것과 정반대였다.[75]

국경선 저편에서 사상 최대의 침공 부대가 제자리로 이동하고 있었다. 14개 사단이 넘는 남쪽의 루마니아군 및 북쪽의 핀란드군과 함께 2000대가 넘는 항공기와 전차 3350대의 지원을 받는 146개 육군 사단으로 편성된 300만 명 이상의 병력이 6월 동안 전투 위치로 조금씩 이동했다. 제일선 부대 뒤에서 히틀러의 NKVD라고 할 수 있는 특수 경비 여단이 4개 특무출격대Einsatz-kommandos**로 편성되었다. 그 부대가 받은 명령은 독일에 적대적인 정치 인자들을 모두 무자비하게 발본색원하라는 것이었다. 6월 21일 아침에 이튿날 새벽 3시 30분에 공격하라는 신호를 보내면서 '도르트문트Dortmund'라는 음어陰語가 내려왔다. 소련 국경 수비대는 위치로 이동하는 기갑 부대의 소음을 들을 수 있었다. 스탈린은 일을 끝내고 새벽 3시에 잠자리에 들었다. 그의 눈은 너무나도 눈에 띄는 파국의 증거를 보지 못하고 아직 감겨 있었다. 30분 뒤에 러시아의 전쟁은 시작되었다.

---

* 개별적인 전술적 결과를 전략 목표 달성을 위해 조직하는 용병술.
** 특무출격대는 특무기동대 예하 부대이며, 특무기동대는 비밀 작전 등을 수행하기 위해 나치 친위대 각 부서에서 차출된 인원으로 구성된 특수 부대.

3장

동방을 유린하는 고트족

바르바로사 작전, 1941

우리에게는 딱 하나의 과업, 즉 이 인종 전쟁을 견뎌내고
무자비하게 지도할 과업이 있습니다. … 우리보다 앞선 공포와 전율의
평판이 줄어들도록 내버려두기를 우리는 결코 원하지 않습니다.
세계는 원하는 것을 우리에게 요청할지도 모릅니다.

— 하인리히 힘러, 1941년 4월

독일군이 역사상 최대 규모이며 가장 큰 희생을 가져온 전쟁을 개시
한 그날 밤에 스탈린은 잠을 한 시간도 채 자지 못했다. 그가 깨어날
무렵에 이미 독일 공군기들이 국경선 뒤의 주요 소련 공군 기지를 공
격했고, 민스크, 키예프, 세바스토폴Sevastopol을 폭격하고 있었다. 새
벽 4시에 주코프는 독일군이 소련의 서쪽 국경선 전체에 걸쳐 공격
하고 있다는 것을 이미 알고 있었다. 그는 모스크바 밖의—쿤체보의
'가까운 다차'로 불리는—별장에 있는 지도자에게 전화를 걸어달라
는 티모셴코의 부탁을 받았다. 달갑지 않은 일이었다. 당직 장교는 지
쳐 있었고 비협조적으로 나와서 "스탈린 동무는 주무시고 계십니다"
라고 말했다. 주코프는 "그분을 즉시 깨우시오. 독일군이 우리 도시
들을 폭격하고 있다니까"라고 말하며 재촉했다. 몇 분 뒤 스탈린이 몸
소 전화를 받았다. 주코프는 "제 말을 알아들으셨습니까?"라고 물었

다.[1] 무거운 숨소리만이 들리는 침묵이 뒤따랐다. 마침내 스탈린이 다시 정신을 차렸다. 주코프는 크레믈에 정치국 구성원을 모두 소집하라는 명령을 받았다. 술에 취해 잠자는 모스크바 시민으로 가득 찬 일요일 아침 거리를 달려온 스탈린이 맨 먼저 도착했다.

스탈린은 충격을 받았으나, 흔히 시사되는 바와는 달리 그 소식을 접하고 마비되지는 않았다. 얼마 동안 그는 이것이 제한된 도발 행위라는 자기 믿음을 고집했다. 티모셴코가 소련 도시에 가해지는 폭격이 그저 '도발'로만 간주될 수 없다고 반박하자, 스탈린은 "독일 장군들은 심지어 자기 나라 도시에도 폭격할 걸세. 분쟁 도발 면에서 그자들은 그토록 염치가 없지"라고 대꾸했다. 그는 히틀러가 공격에 관해서 아무것도 모를 수 있으니 누군가 '베를린과 급히 접촉'해야 한다고 중얼거리듯 말했다.[2] 정치국 동료들이 한 사람 한 사람 도착함에 따라, 스탈린은 느리고 우물거리는 목소리로 그들에게 말을 걸었다. 그는 창백하고 지쳐 있었다. 독일의 의도가 무엇인지 알아내려고 몰로토프가 독일 대사에게 파견되었다. 슐렌베르크가 몰로토프의 집무실로 안내받아 들어왔다. 그는 딱딱하게 독일과 소련은 현재 전쟁 상태에 있다고 몰로토프에게 통보했다. 몰로토프가 더듬거리며 할 수 있었던 말이란 "우리가 이런 일을 당할 만한 짓을 한 적이 있습니까?"가 전부였다. 그는 서둘러 스탈린의 집무실로 되돌아갔다. 스탈린은 그 소식을 아주 침착하게 받아들였다. 주코프는 그가 "말없이 의자에 앉아 깊은 생각에 잠겼다"라고 썼다. 한참 뒤에 그가 입을 열었다. 그는 모인 모든 사람에게 "적은 모든 곳에서 죄다 격파될 것입니다"라고 장담했다.[3]

주코프와 티모셴코는, 비록 두 사람 다 맞닥뜨리고 있는 어려움에 관하여 아무런 환상도 가질 수 없기는 했어도, 적의 진격을 막은 다음, 논의 주제[의 중요성]에 흥분한 나머지 적을 쳐부수겠다고 우선 약속했다. 아침 7시 15분에 스탈린은 최초의 전시 명령을 포고했고, 그 명령에는 티모셴코의 서명이 들어갔다. 독일 공군을 처부숴서 독일 영토 100마일까지 들어가서 항공 공격을 개시하고, 육군은 어떠한 수단을 사용해서라도 침공군을 '섬멸'해야 하지만 독일과의 국경선을 넘지 말아야 한다는 명령을 받았다. 저녁에야 소련군은 독일군의 주공격축선에 대한 공세로 넘어가 적의 영토에서 전투를 벌이라는 명령을 받았다.[4] 몰로토프와 스탈린은 전쟁의 시작을 알리는 연설문 초안 작성에 들어갔다. 몰로토프가 파견되어 정오에 소련 라디오에서 연설문을 읽었다. 소련 도시의 주요 거리에 설치된 확성기에서 사람들은 무시무시한 사실을 들었다. 많은 사람이 벌써 공격을 받고 있었다. 피난민이 이미 동쪽으로 흘러가고 있었다. 2500만 명이 넘는 사람의 대탈출이 시작된 것이다. 몰로토프는 그 담화를 발표하기가 어렵다는 것을 깨달았다. 그는 낙관적인 호소의 말로 끝을 맺었다. "우리의 대의는 옳습니다. 적은 분쇄될 것입니다. 승리는 우리가 차지할 것입니다." 스탈린은 몰로토프의 연설에 맥이 없다고 생각했다.

전쟁의 첫 주에 스탈린이 매달렸던 승리에 대한 확신에 찬 기대와 전선의 완전한 혼란 상태 및 사기 저하 사이에는 거의 메울 수 없는 간극이 존재했다. 공격은 붉은군대의 정통적 사고로 예상해왔던 것과는 정반대였다. 총동원된 두 군대가 충돌하기 전에 열흘 동안의 초기 탐색 공격이 이루어지는 대신에 독일군 전체가, 독일 지도자들이 기대한 바이기는 했지만 처음 몇 시간 만에 신속하게 전진했다. 어느 모로 보나 소련의 원시 상태와 맞붙은 확고한 효율성의 모범 사례였다. 한 독일 참모 장교는 "러시아인 '무리'는 현대 장비와 뛰어난 지휘력을 갖춘 군대와 상대가 될 수 없다"라고 썼다. 대다수 외국인 관찰자도 같은 견해를 가졌다. 영국 정치가 휴 돌턴은 독일이 침공하던 날 밤 일기에 "나는 소련 육군과 공군이 급격히 허물어진다는 마음의 준비를 한다"라고 썼다. 영국과 미국의 군 지도자들은 몇 주 뒤에, 길어야 몇 달 뒤에는 독일이 이기리라고 예상했다.[5]

소련군에게는 적국과 동맹국이 가정한 것보다 훨씬 더 많은 능력이 있었다. 소련군은 볼셰비키 원시성의 희생물이 아니라 기습의 희생물이었다. 스탈린이 독일은 여름에 공격하지 않으리라고 고집하는 통에 가장 기본적인 경계 조치조차 없었다. 항공기는 주요 공군 기지에 위장도 하지 않은 채로 먹음직스럽게 줄지어 늘어서 있었다. 전쟁이 시작된 지 몇 시간 만에 66개 기지에서 항공기가 적어도 1200대는 파괴되었다. 그 대부분은 땅에서였다. 전방 진지에 있는 많은 부대는 지급할 실탄을 가지고 있지 않았다. 독일의 진격 속도는 소련의 보급 체계를 압도했다. 군 보급품 집적소 340개 가운데 220개가 첫 달에 독일군의 손에 떨어졌다.[6] 군 자체가 얽히고설킨 이동 배치의 와중에 있었다. 부대 일부는 전방 제대梯隊에 주둔해 있었고, 다른 일부는 그뒤 멀리 후방에 있었으며, 앞에 있는 두 제대보다 더 큰 예비 부대가 훨씬 더 뒤에 있었다. 스탈린은 심지어는 독일군의 주요 전진로가 더 북쪽으로 민스크와 모스크바를 향하고 있음이 뚜렷해진 뒤에도 자원의 보고인 우크라이나를 지키기 위해서 약 100개에 이르는 대다수 사단을 남서부 국경 맞은편에 펼쳐 놓고 있으라고 계속 고집했다. 공격이 닥쳤을 때 새 숙영지로 이동 중이었던 부대가 많았다. 대다수 부대가 정원 미달이었다. 처음 며칠간 육군 부대들은 적의 위치를 전혀 모른 채 국경에 배치되어 있었다. 일관성 있는 전투 서열이 확립될 수 없었다. 사단들은 도착하자 전선으로 파견되었는데, 공중 엄호, 적절한 무기나 첩보가 없어서 궤멸했다. 겨우 몇 시간 만에 궤멸하는 경우도 잦았다. 바르바로사 작전 첫 4주 만에 소련군의 319개 단위 부대가 전투에 투입되어 거의 모두가 붕괴되거나 심한 손실을 입었다.[7]

전선의 소련군 부대가 그 조직과 통신 체계가 엉망진창이 된 채 무력하게 고립되어 싸우는 동안, 크레믈은 급박하게 움직이며 바삐 돌아갔다. 침공이 있기 전 몇 주간 동요한 뒤에, 스탈린은 분발하여 행동에 들어갔다. 훗날 흐루쇼프는 하룻밤 사이에 '회색 웃옷을 걸친 말라깽이'가 된 남자를 회고했지만, 전쟁 첫 주에 그와 함께 일한 이들의 회고는 비록 '지치고 근심에 차 있기'는 했지만 분노에 사로잡힌 정력적인 사람의 모습을 그린다. 그 분노는 독일군, 자기의 동료, 혼란에 빠진 전선의 군대, 심지어는 자기 자신을 향한 것이었다. 그는 저격수용 소총의 디자인과 총검의 길이 등 크고 작은 모든 결정에 관여하면서 하루 종일 일했다. 그는 몹시도 소식을 듣고 싶어했지만, 주위 사람은 그에게 최악의 소식을 말해주기를 주저했다. 군사 토론은 공격을 해서 적을 섬멸하라고 스탈린이 재촉하면 사령관들이 계속되는 후퇴의 실상을 조심스레 알리는 식으로 완전히 비현실적인 성격을 띠었다.[8]

전쟁 첫 몇 주 동안에 스탈린은 마침내 당 총간사라는 그저 그런 직위에서 물러나서 전쟁 최고 지휘권을 한데 모아 제 손에 거머쥐었다. 6월 23일에 그는 총사령본부Stavka Glavnogo Komandovaniia의 설치를 인가했다. 보통 간단하게 '스탑카'로 알려진 그 명칭은 제1차 세계대

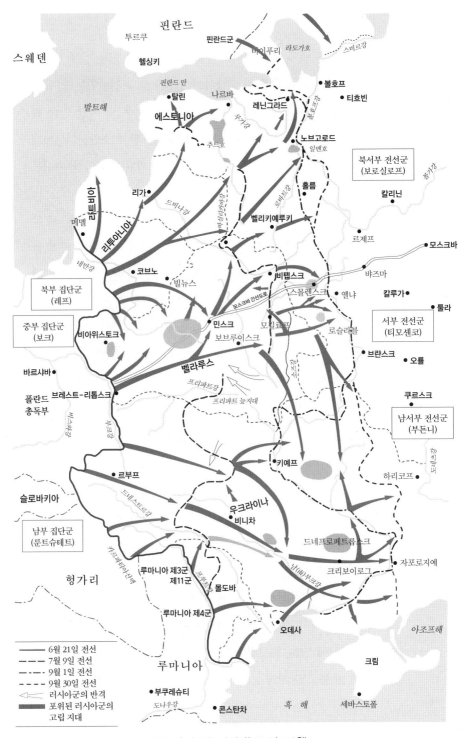

[지도 1] 바르바로사 작전(1941년 6~9월)

전 때 차르가 세운 총사령부의 명칭을 그대로 딴 것이다. 스탈린은 7월 10일에 공군 총사령관이 되었고, 7월 19일에는 티모셴코를 대신해서 국방 인민위원이 되었다. 8월 8일에 최종적으로 스탑카가 스탈린을 수반으로 하는 최고 사령부로 전환되었다. 이것은 특기할 만한 정치혁명이었다. 스탈린은 늘 공개적인 책임은 다른 사람에게 넘기고 막후에서 활동하기를 선호해왔다. 위기의 순간에 통치권을 장악한 스탈린의 동기는 여전히 추측의 대상이다.

6월에 최고 사령부는 아직도 티모셴코 육군원수가 주재했다. 그에게는 불운한 과제가 있었는데, 그 과제란 전선에서 오는 끔찍한 소식을 들려주어도 스탈린이 성이 나서 꾸짖는 정도에 그치도록 애써야 한다는 것이었다. 그 상황 아래서 그가 어쨌거나 목숨을 부지했으니 어쩌면 놀라운 일이었다. 스탈린은 재빨리 자기의 실패를 다른 사람 탓이라고 여겼다. 스탈린의 격노가 히틀러를 크게 오판했다는 자책감에서 비롯되었음을 알아채는 데에는 심리학 학위가 필요 없었다.

현실과 맞서 벌이는 스탈린 개인의 전투는 6월 27일에 최고조에 이르렀다. 독일군이 소련 영토 300여 마일 안쪽에 있는 벨라루스의 수도 민스크에 다다랐다는 소식이 새어 들어오고 있었다. 긴장된 정치국 회의를 끝내고 스탈린은 베리야와 몰로토프를 데리고, 티모셴코와 주코프가 무너진 소련의 전선에 어떤 질서를 가져다주려고 애쓰고 있던 국방 인민위원회를 함께 방문하는 전례 없는 행보를 했다. 스탈린은 직접 지도와 보고서를 보고서야 진실을 알 수 있었다. 뒤이어 주코프, 티모셴코와 성난 토론이 벌어졌다. 티모셴코는 이번만큼은 스탈린의 면전에서 늘 써왔던 두려움의 가면을 내던졌다. 스탈린은 진실을 원했고 진실을 알았다. 그는 눈에 띄게 의기소침해져서 방에서 두 사람을 각각 훑어보고는 자리를 박차고 나갔다. 그는 "레닌이 우리 국가를 세웠는데, 그 국가를 우리가 다 망치고 말았으니"라고 중얼거렸다.⁹

스탈린은 느닷없이 통치를 그만두었다. 그는 차를 타고 모스크바 밖 포클론나야Poklonnaia 숲속에 있는 쿤체보의 자기 다차로 가서, 정부를 정지 상태에 둔 채 그곳에서 머물렀다. 스탈린의 행동에 대한 가능한 해석으로는 여러 가지가 있다. 신경 쇠약과 절망에서 헤어나지 못한 그가 실상을 안 이상 전쟁 첫 주에 벌이던 낱말 맞추기 연상 게임을 더는 지속할 수 없었을 법하다. 그는 침공이 일어나자 그 충격에 대면하기를 거부해버렸다. 지연 반응은 어쩌면 불가피했고, 하등 놀라운 일이 아니다. 그러나 스탈린은 계산되지 않은 것은 거의 하지 않았다. 그는 재앙과 동일시되는 어떤 것도 회피했다. 그의 이름이 《프라브다》에 찍혀 나오지 않았다. 스탈린의 두문불출은 자기의 지도력이 위기를 견뎌낼지를 알아보려는 책략이었을 법도 하다. 한 전기 작가는 스탈린이 이때 이반 뇌제에 관한 희곡•을 읽고 있었다는 것을 발견하고는, 조신朝臣들이 어떻게 나오나 떠보려고 짐짓 죽어가는 체했던 선배 격인 전제 군주의 게임을 스탈린이 실연實演하고 있었던 것이라고 생각했다. 스탈린은 그 희곡 겉장에 "우리는 견뎌내리라"라고 끄적거렸다.¹⁰ 만약 이것이 스탈린의 의도였다면, 위험한 게임이었다. 그는 자기가 그 재앙을 넘기고 살아남으리라고 확신할 수 없었다. 입증된 바대로, 초반의 선수先手는, 만약 그 수가 그런 것이었다면, 스

• 알렉산드르 톨스토이의 《이반 뇌제》. 이반 뇌제는 16세기 중엽 모스크바공국의 지배자로서 공국의 세력 확장에 크게 이바지했지만, 그의 집권 후반기는 피비린내 나는 귀족 탄압으로 치달았다.

탈린에게 유리하게 들어맞았다.

6월 30일에 정치국원들이 소련의 전쟁 수행 노력 전체를 감독할 임시 내각인 국가 방위위원회를 창설하는 계획안을 작성했다. 그들은 나라에서 오직 스탈린에게만 그 위원회를 이끌 권위가 있다는 데 모두 동의했다. 그들은 오후 4시에 차를 타고 스탈린의 다차로 가서 그에게 모스크바로 되돌아와 다시 한번 통치권을 잡으라고 간청했다. 아나스타스 미코얀에 따르면, 그들은 스탈린이 식당에서 안락의자에 앉아 있는 것을 발견했다. 이 기이한 만남을 본 다른 목격자는 스탈린이 여위고 초췌하고 울적했다고 회상했다. 그는 "왜 왔소?" 하고 신경질을 내며 물었다. 방문 목적을 설명받았을 때, 스탈린은 놀란 듯이 보였다. "내가 … 나라를 최종 승리로 이끌 수 있겠나?"라고 그가 묻자, 보로실로프가 "더 적절한 이는 없다네"라고 말했다고 전한다.[1] 스탈린은 그 중책을 맡는 데 동의했다. 지도부의 위기는 지나갔다. 스탈린은 러시아의 최고 전쟁 지도자가 되었고, 그대로 남았다.

스탈린은 7월 1일에 크레믈로 돌아왔다. 이틀 뒤 그는 전쟁이 시작된 이후 처음으로 국민에게 방송을 했다. 그것은 그의 일생에서 가장 중요한 연설들 가운데 하나였다. 낭독은 머뭇거렸고, 스탈린이 잔에 담긴 물을 마시는지 삼키느라 가끔 끊겼다. 스탈린은 대중 연설을 잘한 적이 한 번도 없었다. 그렇지만 메시지는 아주 뚜렷했다. 그는 소련 인민을 '형제자매', '친구'로 부르면서 연설을 시작했다. 전반적으로 스탈린의 대중 정치 어휘에 들어 있지 않은 낱말들이었다. 그는 독일이 정당하지 못한 공격을 개시했으며 소련은 "가장 흉악하고 간교한 적과 생사를 건 싸움에 들어갔습니다"라고 설명했다. 그는 침략자를 차례로 격퇴했던 지난날 러시아의 위대한 영웅들의 이름을 불렀다. 러시아의 적들 '요괴와 식인종'이었지만, 물리칠 수 있었다. 그는 혁명의 열정보다는 대중의 애국심에 호소했다(6월 26일자 《프라브다》가 처음으로 전쟁을 '조국' 전쟁으로 기술했다). 그는 소련의 보통 시민에게 1792년에 프랑스혁명을 구한 대중 대동원 같은 인민 총동원을 수행하라고 요청했다. 만약 후퇴가 불가피하다면—후퇴를 소련 대중에게 더는 감출 수 없었다—그는 독일군에게 황무지를 남기겠다고 약속하면서 "기관차 단 한 대, 열차 단 한 대, 곡식 단 1킬로그램, 연료 단 1리터도 적에게 남겨서는 안 됩니다"라고 말했다. 그는 청취자에게 이것은 '보통 전쟁'이 아니라 총력전, 즉 '전체 소련 인민의 전쟁', 소련의 자유냐 아니면 독일 지배하의 예속이냐의 선택임을 상기하면서 끝을 맺었다.[12]

많은 청취자에게 이것은 틀림없이 달갑지 않은 선택으로 보였겠지만 반응은 곧바로 나타났다. 스탈린의 느린 목소리는 소련 인민에게 혼돈에 빠지고 풍문이 난무하는 전쟁 초기에 그들이 느끼지 못했던 안정감을 주었다. 소설가 콘스탄틴 시모노프는 다음과 같이 썼다. "그것으로 환상은 끝이 났지만, 아무도 그의 용기와 그의 강철 같은 의지를 의심하지 않았다. … 스탈린의 연설 뒤에 남은 것은 더 나은 것을 위해 긴박한 변화를 이루리라는 기대감이었다."[13] 오폴체니예opolchenie, 즉 민방위 부대를 만들자는 호소는 엄청난 호응을 받았다. 레닌그라드에서 15만 9000명이 의용군에 입대했으며, 모스크바에서는 12만 명이 입대해서 12개 사단으로 편성되었다. 의용병은—노동자, 교사, 학생, 관리 등—각계각층에서 나왔다. 그들은 기초 훈련을 받고 무기는 거의 받지 못했다. 흐루쇼프가 우크라이나에서 모스크바로 전화해 민방위대가 무엇을 가지고 싸워야 하는가를 물었을 때, 그는 "창, 칼, 당신이 만들 수 있는 것이면 무엇이든지 사용하라"는 대답을 들었다.[14] 주요 도시의 방어에 투입되었을 때, 민방위 부대는 일소되었다.

스탈린의 7월 3일 연설에는 하나가 아니라 두 개의 선전포고가 들어 있었다. 스탈린은 독일 파시즘에 맞선 전쟁 말고도 소련의 투쟁을 위협하는 후방의 민간인 모두에게 선전포고를 했다. 그는 '불평분자와 겁쟁이, 공황 조성자와 무단이탈자 …'가 들어설 자리는 없다고 선언했다. 연설 뒷부분에서 그는 '후방의 조직 교란자'에 맞서서, '간첩, 파괴 활동 분자, 적의 낙하산병 …'에 맞서서 가차 없이 싸우라고 다그쳤다. 여기서 스탈린은 더 훤히 알고 있는 영역으로 들어섰다. 테러는 유보된 것이 아니라 단지 방향을 틀었을 따름이었다. 엄혹한 규정이 재도입되었다. 6월 22일에 계엄령이 소련 서부 전역에 선포되었다. 노동 의무제 법률에 따라 18세부터 45세까지의 모든 남성과 18세부터 40세까지의 모든 여성이 하루에 여덟 시간씩 기초방어 시설을 만드는 일을 해야 했다. 날씨에 상관없이 매 시간마다 징집된 사람들이 대전차 함정, 포상砲床을 팠다. 6월 26일에 하루 노동 시간이 의무적으로 세 시간 늘고 모든 휴가와 공휴일이 유보되었다.[15] 모든 노동자가 스타하노프 운동원이 되어야 했다. 7월 16일에 당을 군 업무에서 배제한 지난해의 티모셴코 개혁이 폐기되고 이중 지휘권이 재도입되었다. 8월에 항복하거나 포로가 된 자 전원을 '조국의 배신자'로 간주하는 그 유명한 명령 제270호가 발효되었다. 사로잡힌 장교의 아내는 체포되어 투옥되었다. 그 첫 희생자에는 7월 초순에 포로가 된 스탈린 자기의 아들 야코프도 끼어 있었다. 야코프가 사로잡힌 뒤 얼마 되지 않아 그의 아내가 체포되어 노동 수용소에서 두 해를 보냈다. 스탈린은 야코프를 독일 고위 장교와 맞바꾸자는 독일의 제안을 거절했다. 1943년에 야코프는 갇혀 있던 포로수용소의 접근 금지 구역으로 일부러 걸어 들어가다가 경비병에게 사살되었다.[16]

전시 테러로 운 없게도 공격을 받은 지역을 지휘한 장교들 사이에서 거의 불가피하게 희생자가 생겼다. 비록 모두 다 처형되지 않았을지라도, 고위 지휘관이 체포되었다. 그러나 스탈린이 보기에 주범은 서부 집단군 사령관 드미트리 파블로프 장군이었다. 그는 전쟁 첫 주에 소련군의 전선을 유지하려고 필사적으로 애를 썼지만, 전혀 성과가 없었다. 벌목꾼의 아들로 태어나 제1차 세계대전 때 부사관이 된 파블로프는 숙청 이후에 급속하게 최고 사령부로 뛰어오른 이들 가운데 한 사람이었다. 그는 6월 말에 체포되고 반역죄로 기소되어 총살당했다. 서부 공군 관구 사령관 코페츠 소장은 침공 첫날 저녁에 자살해서 NKVD의 수고를 덜어주었다. 파블로프의 자리를 맡은 티모셴코는 필사적으로 승전보를 찾는 스탈린과 기타 당 지도자의 끊임없는 간섭의 대상이 되었다. 4주 뒤 티모셴코는 갑자기 스탈린의 다차로 호출되었고, 거기서 자기의 직위를 주코프가 맡게 될 것이라는 말을 들었다. 그 자리에 있던 주코프는 스탈린에게 그같이 결정적 시점에서 지휘권을 바꾸지 말아달라고 간청했고, 스탈린은 봐준다는 듯이 동의했다. 거의 동시에 주코프 스스로도 정치가들과 위험할 정도로 충돌했다. 7월 29일에 그는 스탈린, 말렌코프, 메흘리스를 찾아가서 우크라이나의 수도 키예프를 포기하고 드네프르Dnepr강〔우크라이나어로는 드니프로Dnipro강〕뒤의 방어선으로 철수한다는 자기 계획의 개요를 설명했다. 스탈린은 주코프에게 그 생각은 "말도 안 된다"라고 말했고, 주코프는 화가 나서 자기를 참모총장직에서 해임해달라고 요청했다. 그는 스탈린에게 대들었다는 이유나 후퇴를 제안하는 '패배주의'를 이유로 메레츠코프의 운명을 겪을 수도 있었지만, 스탈린은 주코프를 내치지 않았다. 그는 참모총장에서 면직되었지만 예비 전선군을 담당하게 되었고, 스탑카의 일원으로 남았다.[17]

테러는 군부의 희생양에 국한되지 않았다. 7월 20일에 스탈린은 베리야가 NKVD 안에 특별 부서를 두어서 군부대에서 믿을 수 없는 인자들을 숙청하고 독일군에게 사로잡혔거나 포위되었다가 탈출한 모든 군인을 가차 없이 조사할 것을 인가했다. 스탈린의 지시에 충실히 따라서, NKVD는 낭설과 패배주의를 유포한다는 혐의를 받은 사람들을 마구 체포했고, 이들은 새로운 무법 상태의 물결 속에서 총살되거나 유형에 처해져 수용소로 갔다.[18] 최악의 잔학행위는 붉은군대가 물러나는 지역에서 저질러졌다. 잠시 점령했었던 폴란드와 발트해 연안 국가들, 그리고 우크라이나에서 NKVD는 공황에 빠져 마구잡이로 죽이는 난장판을 벌였다. 수감자를 어떻게 할 것인가를 확실히 모르는 상태에서, NKVD는 독일의 공격이 있은 뒤 처음 며칠 동안 수감자를 닥치는 대로 죽이기 시작했다. NKVD를 제어할 어떤 시스템도 더는 존재하지 않았다. NKVD 경비대원들은 수중에 있는 자들, 심지어는 일반범이나 재판 대기자마저 죽였다. 소련군이 후퇴한 뒤 감옥이 열렸을 때, 그곳에는 말로 표현하기 힘든 끔찍한 장면이 펼쳐져 있었다. 주검은 잔혹하게 난도질되어 있었으며, 수많은 수감자가 목덜미에 총을 맞고 죽기보다는 고문 끝에 죽임을 당했다. 우크라이나에서 있었던 한 경우에는 NKVD가 여성 수감자로 가득 채운 감방 두 개를 다이너마이트로 터뜨렸다. 다른 감옥에는 죽은 수감자의 혀, 귀, 눈이 바닥에 널려 있었다. 그 끔찍함이란 설명하기가 거의 불가능하다. 전쟁 처음 며칠 동안 일어난 일은 카틴이나 그밖의 다른 곳에서 벌어진 사전 계획된 살인과는 사뭇 달랐다. NKVD 경비대원들은 두려움, 절망, 격분에서 나온 발작적인 보복 폭력에 몸부림쳤다. 종족 차별도 도외시될 수 없다. 왜냐하면 전진하는 독일군이 소련군 전쟁 포로와 폴란드인을 같은 열차 차량에 함께 태웠는데, 열차가 포로수용소에 도착했을 때 폴란드인이 도중에 살해당한 것을 독일군이 발견하는 일이 가끔 있었기 때문이다.[19]

NKVD에게 시간이 있었던 곳에서는 수감자들이 호위를 받으며 동쪽으로 행군했고, 그것은 곧 죽음의 행진으로 바뀌었다. 빌뉴스Vilnius(오늘날 리투아니아의 수도) 지역에서 온 수감자 2000명의 대열이 더 동쪽에 있는 수용소로 그들을 데려갈 열차가 있는 철도 수송 종점에 이르기까지 엿새 동안 강제 행군을 해야 했다. 그들은 첫날 하루 딱 한 끼를 먹었을 뿐이고 물은 그뒤에 몇 모금만 주어졌을 뿐이다. 수백 명이 지쳐서 죽었고, 다른 사람들은 대열 뒤로 처졌다고 해서 총에 맞거나 발에 차여 죽임을 당했다. 행군 도중에 사망률이 너무 높았기 때문에, 수감자가 나머지 모든 경우와 마찬가지로 왜 순순히 죽임을 당했는지 이해하기 어렵다. 전쟁이 끝날 때까지 살아남은 수감자는 거의 없는 듯하다. 소련에 병합된 지 얼마 되지 않은 이 소련 서부 지역과 집단화가 추진되는 동안 스탈린의 야만 행위에 희생된 우크라이나에는 진정한 체제 반대자들이 존재했다. 독일군은 그 지역으로 쏟아져 들어갔을 때 대다수 주민에게 해방자로 환호를 받았다. 많은 주민에게 소련 점령의 마지막 경험이란 비틀거리며 동쪽으로 가는 수감자들의 구불구불한 대열과 퇴각하는 부대원들이 들고 가거나 차에 싣고 갈 수 있는 것이면 모두 다 빼앗는 광경이었다. 우크라이나 집단 농장의 가축 거의 절반이 소련 영토로 되옮겨졌다. 거대한 공업 소개疏開 및 재배치 계획의 일부로 대부분 소규모 작업장인 공장 5만여 개가 해체되어 동쪽으로 운송되었다. 독일의 침공 전 적어도 10년 동안 서부의 비러시아 지역에서 NKVD의 관심이 미치지 않은 민족은 거의 없었다. 그러나 반소 감정과 독일 지배에 대한 열망을 혼동하는 것은 옳지 않을 것이다. 많은 우크라이나 사람과 폴란드 사람들이 이해할 수 있는 경계심을 지니고 새 지배자를 대했다. 어느 관찰자의 말마따나, 독일군은 "좋은 일을 하려고 우크라이나에 오지는 않았다."[20]

　'해방'의 첫 몇 주 동안 점령 지역에서 권력의 공백이 생겨났고, 그 공백은 재빨리 지역 민족주의자들이나 파시스트들이 메웠다. 1929년에 세워져 주로 폴란드에 근거지를 두었던 우크라이나 민족주의자단Organizatsiia ukrainskikh natsionalistov이 활동가 2만 명 가운데 8000여 명을 독일군과 함께 소련령 우크라이나로 보냈다. 그들은 열 명에서 열다섯 명으로 이루어진 소조로 나뉘어 그 지역으로 퍼져 들어가서 우크라이나의 민족 부흥의 복음을 퍼뜨렸다. 우크라이나 민족주의자단은 독일군을 믿지 않았다. 그들의 포부는 러시아와 독일 두 나라에 종속되지 않은 우크라이나 사람들의 나라 바로 그것이었다. 그 불신은 그릇된 것이 아니었다. 8월 말 무렵에 독일군 점령 당국은 지역 민족주의를 엄하게 때려잡으라는 첫 명령을 내렸다. 발트해 연안 국가들, 소련령 폴란드, 벨라루스, 우크라이나에서 온갖 민족주의자를 포함해서 독일의 이익에 적대적이라고 여겨지는 모든 사람이 나치 친위대 소속 특무기동대SS-Einsatzgruppen에게 체포되어 처형되거나 투옥되었다.[21] 그해 여름에 여위고 겁에 질린 노동자들을 실은 첫 열차가 독일에 도착했다. 그들은 독일군이 정복한 지역에서 잡혀 온 700만 명이 넘는 노동자 무리의 일부였다. 지역 주민은 다만 폭압자가 바뀌었을 뿐임을 곧 깨닫게 되었다. 1941년 10월에 발터 폰 라이헤나우 육군원수는 후퇴하는 소련군이 질러 놓은 불을 끄려고 애쓰지 말라는 명령을 내렸다. 건물의 파괴는 독일이 볼셰비즘에 맞서 벌이는 '절멸전'의 일부였던 것이다.[22]

정복한 동부 지역에 대한 독일의 계획은 6월의 공격을 개시하기 몇 달 앞서 수립되기 시작했다. 그 계획에는 독일이 차지한 폴란드의 운명이 그대로 반영되어 있었다. 독일 땅이 된 폴란드 지역에서는 점령 첫 몇 달 만에 정치 엘리트와 지식 엘리트가 대량 학살되어 일소되었으며, 폴란드 영토는 노골적인 독일화의 대상으로 지정되거나 나치 총독의 지배 아래 놓였다. 폴란드 주민은 그저 자원으로 간주되어 노동력으로 활용되었다. 비록 반대자들의 세계에서 잔존하기는 했어도, 폴란드 민족 감정과 문화의 모든 표현이 공식적으로 탄압을 받았다. 소련과 벌이는 전쟁을 히틀러는 페어니히퉁스크리크Vernichtungskrieg, 즉 절멸전으로 규정했다. 그가 볼 때 소련은 독일 문명과 유럽 문명의 주적인 유대인, 볼셰비키, 슬라브인의 순수 집약체였다. 이 전쟁은 다른 두 세계 체제 사이에서 죽을 때까지 벌어지는 전쟁이었지, 그저 세력이나 영토를 얻으려는 싸움이 아니었다. 1941년 침공의 실질적인 전략적 논거가 무엇이든, 히틀러는 그 싸움이 이념적 동기를 가지고 있다는 사실을 감추지 않았다. 바로 여기에 밝혔던 전쟁에 관한 그의 생각 속에서 1936년에 예견된 야만과 문명 사이의 피할 길 없는 갈등이 있었기 때문이다.

군과 나치 친위대—군대 비슷한 하인리히 힘러의 엘리트 당 조직―는 '유대-볼셰비키'의 위협을 제거하는 공동 책임을 맡았다. 1941년 6월에 내려진 이른바 코미사르 명령에서 군은 붉은군대 포로 가운데에서 공산주의자와 유대인 지식인을 근절하라는 지시를 받았다. 나치 친위대 소속 특무기동대가 공산주의자, 관리, 지식인을 모조리 없애버리는 작업을 했다. 그들의 운명은 죽음이었다. 독일군만 해도 전쟁 동안 60만 명으로 추산되는 소련군 포로를 처형했다고 한다. 1941년 5월에 히틀러의 최고 사령부 수장인 빌헬름 카이텔 육군 원수는 부대원이 볼셰비키와 유대인을 공격할 때 '무자비하고 정력적'이어야 한다는 지침을 내렸다. 전쟁 초기부터 나치 친위대 소속 특무기동대가 지시를 받은 대로 17세부터 45세까지의 유대인 남자를 대량으로 처형하기 시작했다. 곧 늙은 남자와 소년도 처형 대상에 추가되었다. 8월이 되자 여자와 아이도 체포되어 살육되었으며, 그들 일부는 발트해 연안 국가들이나 우크라이나의 토착 반유대주의자가 독일군에게 밀고하거나 넘긴 경우였다. 나머지 주민은 나치 제국 총독의 지배를 받는 사실상의 노예 노동력으로 이용될 터였다. 1941년 7월 16일에 열린 한 회의에서 히틀러는 자기의 동방관의 골자를 다음과 같이 설명했다. "동방을 점령하라, 통치하라, 착취하라."[23]

7월 중순에 히틀러는 거의 믿을 수 없는 군사적 승리의 물결 위에 높이 올라타 있었다. 바르바로사 작전은 시계처럼 작동했다. 작전 개시 전 여섯 달 넘게 공들여 만든 그 계획은 긴 서부 국경에 있는 소련군을 연속으로 강타한 뒤에 포위해서 섬멸한다는 것이었다. 소련군이 질서 정연하게 퇴각해서 재편성하지 못하도록 급히 추격하라는 명령이 떨어졌다. 독일군은 점령한 노르웨이에 근거지를 둔 소규모 노르웨이 사령부 관할 군대, 그리고 규모가 더 큰 북부, 중부, 남부

3개 집단군, 이렇게 네 개로 나뉘었다. 각 집단군은 1개 공군 대비행대의 지원을 받았다. 중부 집단군은 독일 기갑 사단의 절반, 즉 4개 기갑 집단군 가운데 2개를 차지했다. 중부 집단군은 민스크를 향해 거대한 포위 운동을 개시하게 되며, 궁극적인 공격축선은 모스크바 방향이었다. 북부 집단군은 레닌그라드를 겨냥했다. 남부 집단군 소속 군들은 우크라이나의 수도 키예프로 모여들도록 되어 있었다. 비록 육군의 대부분은 걷거나 말을 타고 이동했을지라도, 독일의 기동 사단과 기갑 사단이 공격의 선봉이었다. 그 목적은 기습과 속도를 통해 기동 부대와 함께 주요 공격축선을 확보하는 것이었다. 나머지 군대는 그뒤를 따라가면서 저항하는 고립 지대를 소탕하고 독일군의 전선을 강화할 것이었다.

독일군은 6월 22일에 앞으로 튀어나갈 때 미미한 저항에 부딪혔을 뿐이다. 소련의 국경 수비대는 많은 경우에 용감하게, 말 그대로 총알이 다 떨어질 때까지 마지막 한 사람까지 싸웠다. 국경선 바로 위에 있는 브레스트-리톱스크Brest-Litovsk〔오늘날 벨라루스의 브레스트Brest〕의 거대한 요새에서는 요새 방어군이 끝까지 싸워서 7월 12일〔지은이의 착오. 실제로는 7월 20일〕까지 버티는 데 성공했다. 특수 공작 훈련을 받은 독일의 낙하산 부대가 소련군 전선 배후에 침투해서 통신을 끊고 교량을 장악하고 전반적 혼란을 더 키웠다. 일부 소련군 지휘관은 사령부와도, 그리고 통솔하고 있다고 되어 있는 부대와도 연락을 유지할 수가 없었다. 현행 전황을 전혀 몰랐다는 것이 소련군의 지리멸렬한 대응을 설명해주는 주요인 가운데 하나였다. 소련 공군력이 크게 파괴됨으로써 공중 정찰이 거의 불가능해졌으며, 이것은 전방 부대가 숨 돌릴 틈 없이 독일 공군의 연속 폭격을 받는다는 것을 뜻했다. 붉은군대는 처음 이틀 동안의 전투에서 9개 기계화 군단을 전개했지만, 소련군은 연료와 탄약 보급상의 문제로 전차전을 제대로 펼치지 못했다. 소련군 전차 전력의 약 90퍼센트가 전쟁 첫 몇 주 만에 상실되었다.[24]

6월 26일 무렵에 북부 집단군은 리투아니아를 지나 라트비아로 깊숙이 들어가 있었다. 기갑 부대는 보병이 따라오도록 잠시 멈추었다가 돌진해서 레닌그라드에서 겨우 60마일 떨어진 루가Luga강에 이르렀다. 페도르 폰 보크 육군원수 휘하의 중부 집단군은 두 개의 거대한 집게를 형성하면서 민스크를 향해 달려 나갔다. 파블로프의 반격 시도는 막대한 사상자를 낸 채 일소되었다. 6월 29일 무렵에 독일군의 여러 군이 민스크에 이르렀다. 독일군은 거대한 여러 포위전의 시초가 되는 이 전투에서 그물을 던져 40만 명이 넘는 소련군 병사를 사로잡았다. 기갑군단은 모스크바까지의 마지막 주요 도시인 스몰렌스크를 향해 이동하면서 그저 기동을 거듭했고, 7월 16일에 스몰렌스크를 거머쥐었다. 스탈린이 국방 인민위원 업무를 맡은 뒤 티모셴코가 서부 전선군을 지휘해서 스몰렌스크를 구하려고 파견되었다. 티모셴코는 전략적 반격 부대로 사용하려고 만들어진 예비 사단들을 이용해서 되는 대로 방어전을 벌였다. 독일 공격군의 길게 늘어난 측면이 일련의 맹공을 받았다. 탄약과 보급품이 모자라고 러시아의 찌는 듯한 날씨에 강행군을 해서 부대원이 허약해지고 전차는 거의 없고 말만 많이 가졌을 뿐이었지만, 티모셴코는 단 5만 명을 잃으면서 전 유럽을 정복한 군대인 독일군의 전진을 늦추고 가공할 수준의 피해를 입히는 데 성공했다. 스몰렌스크 남서쪽 80마일 지점에서 주코프는 옐냐Elnia 돌출부에 있는 독일군에게 국지적 패배를 안겨주는 데 성공하기까지 했다. 9월 6일에 예비 전선군 부대가 격렬한 싸움 끝에 만신창이가 된 도시를 재탈환했지만, 전차와 차량이 모자라서 그 승리를 활용하지 못했다.

스몰렌스크 주위에서 벌어진 교전은 소련군의 강점과 약점을 한꺼번에 보여주었다. 병사들은 지극히 치열하고 용감하게 싸웠다. 그들은 높은 비율의 전사상자 피해를 입혔으며 전쟁 초기에 벌어진 전투에서는 사로잡은 적군을 살려두지 않는 경우가 잦았다. 사로잡은 독일군을 죽여서 난도질했는데, 때로는 제의적 성격을 띠었다 소련군 부대원은 적에게서 더 나은 것을 기대하지 말라는 말을 들어왔던 것이다. "도처에서 러시아 사람들은 마지막 한 사람까지 싸운다. 그들은 이따금 항복할 뿐이다"라고 평한 것은 소련 측의 정치선전이 아니라 독일 육군 참모총장이었다.[25] 총알과 포탄이 떨어지면—전쟁 초기 단계에서 이런 사례가 아주 잦았다—소련군 병사는 칼이나 총검으로 싸웠다. 기병대원은 기병도를 빼들고 돌격했다. 곧 소련군은 독일군 병사들이 항공기와 전차의 지원에서 동떨어진 채로 싸우기를 싫어한다고 믿게 되었다. 휘하 부대가 스몰렌스크와 모스크바를 잇는 도로에 걸쳐 있던 로코솝스키 장군은 "독일군은 총검 돌격을 무서워해서 늘 그것을 회피했다. 그들은 반격할 때 조준하지 않은 채 총을 쏘아댔다"라고 썼다.[26]

소련군 병사는 은폐에도 능했다. 보병은 나무와 덤불, 초지나 늪에 숨어서 적이 자기의 존재를 전혀 모르고 행군해 지나가는 동안 쥐 죽은 듯 소리를 내지 않았다. 독일군 정찰대는 담배를 피우지 않는 이를 늘 앞세우기 시작했다. 비흡연자가 적의 표 나는 냄새—저질 담배, 땀, 심지어는 이를 없애려고 뿌린 싸구려 향수에서 나는 냄

새―를 맡을 수 있을 가능성이 더 컸기 때문이다. 전쟁 후기에 붉은 군대는 여름에든 겨울에든 풍경 속으로 어우러져 사라지는 능력을 십분 활용했다.[27]

치열한 싸움이 지속되었지만 독일군을 막을 수는 없었다. 소련군에게는 군 기본 장비가 모자랐다. 제식 소총은 제정 시절의 것이었으며, 대체로 1944년에야 자동화기로 대체되었다. 무선 통신은 초보적이었으며, 무선 전화기 공급량이 모자랐다. 레이더는 대체로 없었다. 전차, 심지어는 최신식 T-34 전차와 KV-1 전차조차 보급품과 연료가 모자랐고 국지적 제공권을 가진 독일 항공기에게 되풀이해서 공격당했다. 붉은군대 병사는 비록 용감하기는 했어도 전술적으로 능하지 못했고, 어처구니없이 무능할 때가 많았다. 장교는 오로지 정면 공격을, 그것도 개활지를 가로질러 정면 공격을 하도록 훈련받았다. 키예프로 가는 접근로에 있는 한 독일군 거점에 소련군이 가한 반격에 대한 독일의 설명은 소련군의 끈질김과 소련군의 어리석음을 한꺼번에 예증해준다. 그 공격은 일제 포 사격으로 시작되었는데, 포탄이 독일군 총좌 뒤에 떨어져서 아무런 손해도 입히지 못했다. 그다음 1000야드 떨어진 곳에서 보병이 일어나 풀숲에서 나와서 총검을 꽂고는 독일군을 향해 파도처럼 연이어 몰려왔다. 각각의 선은 100야드 정도의 간격으로 떨어져 있었다. 제1차 선은 기관총 세례로 마지막 한 사람까지 거의 다 쓰러졌고, 제2차 선은 타격을 입었지만 재편성을 할 수 있었다. 그런 다음 병사들이 일제히 함성을 지르면서 독일군의 총을 향해 내달렸다. 그들이 주검 더미에 이르렀을 때 주검 위에 발을 디디거나 주검 사이로 발걸음을 옮기느라 움직임이 더 느려졌다. 말은 탄 장교가 병사들을 계속 다그치다가 독일 저격병의 총에 맞았다. 공격은 주춤대다가 꺾였고, 그다음에 같은 방식으로 네 차례 더 되풀이되었지만 그때마다 성공하지 못했다. 독일군 기관총 사수는 총이 너무 뜨거워서 손을 댈 수 없음을 깨달았다. 보고서는 다음과 같이 이어졌다. "공격의 맹위에 우리는 기진맥진해지고 완전히 무감각해졌습니다. … 우리는 우울감에 빠졌습니다. 지금 우리가 벌이는 것은 길고 격렬하고 힘든 전쟁이 될 것입니다."[28]

1941년에 맞부딪친 양쪽은 사뭇 다른 방식으로 전쟁을 했다. 소련군과 독일군 둘 다 전통적 전략에 따라 공세에 치중했다. 그러나 1941년 여름에 공세를 펼친 쪽은 독일군이어서, 붉은군대는 익숙하지 않은 방어 전쟁을 벌여야 했다. 소련군은 방어 전쟁을 위한 체계적 준비가 거의 되어 있지 않았다. 독일군은 공격 태세를 극대화하는 구조로 편성되어 있었다. 19개 판처Panzer(기갑) 사단과 15개 차량화 보병 사단이 침공군의 선봉을 맡았다. 각각의 차량화 보병 사단은 전차, 공병, 포병, 대공포, 그리고 화물차, 장갑차, 오토바이에 탄 차량화 보병을 완비한 독자적 전투부대였다. 이 부대는—1941년 여름 어느 시점에서는 하루 만에 30~40킬로미터를 주파할 만큼—신속하게 이동해서 불가항력적인 힘으로 적군 전선을 두들기도록 구성되어 있었다. 그 전선에 금이 가면 기갑 부대가 비집고 쏟아져 들어가서는 적 보병 부대를 지나쳐 밀고 나아갔고, 말을 이용해 물자를 끄는 더 느린 보병 사단이 그뒤를 따라가면서 적군 보병 부대를 쓸어냈다. 바르바로사 작전에는 그런 보병 사단이 119개 있었는데, 기갑 부대보다 중무장이 덜했고 기동성도 훨씬 떨어졌다. 육군의 차량 60만 대 대다수의 선두에는 장갑 차량이 있었고, 보병 부대가 나폴레옹의 프랑스 대육군Grande Armée(나폴레옹 황제 통치기의 프랑스 육군)처럼 말과

수레를 타고 그뒤를 따랐다. 현대성을 지니기는 했어도 독일군은 말 70만 마리를 가지고 소련과 전쟁에 돌입했다.[29]

히틀러 군대의 핵심을 이루는 기동 부대의 상공에는 폭격기 및 급강하 폭격기 1085대와 전투기 920대를 비롯해서 현대식 항공기 2770대를 가진 독일 공군이 있었다. 공군은 4개 항공 대비행대로 나뉘었고, 각각의 대비행대는 폭격기, 전투기, 정찰기를 완비했다. 모스크바를 겨눈 중부 집단군은 항공기 1500대라는 막대한 공군력을 보유했다. 대비행대는 적의 거점, 그리고 포병 진지, 부대와 차량의 대열, 보급품 집적소와 열차를 찾아내어 지상군에게 직접 지원을 하도록 구성되었다. 장거리 폭격기는 접근하는 군대의 진로상에 있는 도시를 공격하는 데 쓰였다. 6월과 7월의 쾌속 전진으로 수도가 항속 거리 안에 들어왔다. 7월 21일에 모스크바 폭격이 시작되었다. 전쟁 동안 독일의 폭격으로 50만 명으로 추산되는 소련 시민이 죽었고, 이 수치는 런던 대공습London Blitz*에서 죽은 사람 수의 열 배가 넘는다. 정찰기 700대가 전진하는 육군에게 앞에 무엇이 있는가를 확실하게 알려주는 데 극히 중요한 역할을 했다. 체계 전체가 무선 통신으로 통합되었고, 이것은 군의 성공에 중추적인 역할을 했음이 입증되었다. 지상에서 기갑 부대 대열이 전장을 가로질러 이동할 때 전차 연락 장교가 함께 탑승해서 상공에 있는 항공기를 지상의 타격 목표로 유도했다. 공격 운동 전체가 속도와 조직의 유연성, 그리고 공격군과 보조를 맞추며 따라가는 보급과 예비 병력에 달려 있었다.

---

* 1940년 여름에 독일 공군이 영국의 대독 저항 의지를 꺾으려고 런던에 퍼부은 대규모 항공 폭격.

독일군의 공격에 대처하는 소련군의 배열은 최악이었다. 방어 지대는 완성되지 않았고, 예비군은 겨우 막 편성되고 있었다. 무엇보다도 소련군의 병력이 남부 지대에 집중되었기 때문에, 독일군은 북쪽에 공격을 집중해 소련군 전선에 거대한 구멍을 뚫은 다음 병력을 남쪽으로 돌려 완전히 전개할 수 없었던 소련군이 자신들의 측면에 위협을 가할 가능성을 제거했다. 소련군은 기갑 부대와 공군의 조직과 준비가 형편없는 상태여서 방어의 취약성이 가중되었다. 소련의 전차와 차량은 기계화 군단으로 편성되기는 했어도 독일의 기갑군과는 달리 다수의 전차가 보병 부대를 지원하도록 전선을 따라 흩어져 있어서 운용하기 쉽지 않았다. 기갑 사단들은 넓게 흩어져 있었고, 효율적 통신을 갖추지 못했으며, 병력이 정원을 한참 밑돌았고, 주로 구닥다리 차량으로 무장되어 있었다. 기갑 사단의 기능은 명확히 규정되지 않았다. 이런 조건 아래서 독일군의 커다란 강점인 힘의 집중을 소련군에게 기대하기란 불가능했다. 소련 공군도 마찬가지였다. 비록 소련 공군이 항공기 대수에서 3대1로 독일을 넘어설 만큼 대병력이기는 했어도, 비행기 대부분이 노후화 기종이었다. 1941년 당시 현장에 배치되던 신형 항공기는 조금씩 찔끔찔끔 들어왔고, 소련군 조종사에게는 신형 항공기를 타고 훈련을 받을 시간이 별로 없었다. 다수 항공기는, 전차가 그런 것처럼, 개개 지상군을 전선을 따라 직접 지원하도록 분산되었다. 스탑카의 직접적 통제를 받는 전략 예비군이 일선 뒤에 존재했지만, 그 정확한 역할은 불명확한 채로 남아 있었다. 소련군의 항공 전술은 초보적이었다. 무선 통신기를 가진 소련 항공기가 거의 없어서 밀집 편대 비행에 의존해야 했다. 전투기는 세 대씩 나란히 고정된 일직선을 이루고 비행했기 때문에, 공대공 통신을 이용해서로 도우며 느슨한 수직 대형으로 비행하는 독일군 조종사의 손쉬운 먹이가 되었다. 속력이 느린 소련 폭격기는 8000피트라는 일정한 고도에서 가까이 모여 비행해서 이동하는 기러기처럼 격추되었다.[30]

양측 사이에 있는 이런 많은 차이점이 6월과 9월 사이에 독일군이 거둔 놀라운 승리를 설명해준다. 소련군은 줄줄 새는 전선의 구멍을 틀어막으려고 조금씩 투입되느라 더 큰 규모의 작전을 위해 집중할 수 없었다. 스탈린은 자기의 새로운 군권을 사용해서 지치고 혼란에 빠진 부대를 극한으로 몰아붙였지만, 소련군의 전선은 조금씩 휘어지고 금이 갔다. 북쪽에서는 독일군이 전진해서 레닌그라드에 더 바짝 붙어 섰다. 독일군이 볼모들—도시를 포기하라고 레닌그라드 사령부에 애원하는 러시아인 사절—을 방패막이로 사용하고 있다는 말을 들었을 때,* 스탈린은 방어군에게 감상주의에 빠지지 말고 동포를 쏘라는 명령을 내렸다. 그는 "전쟁은 무자비하며, 약하고 동요하는 모습을 보이는 자에게 맨 먼저 패배를 안겨다줄 것이다"라고 썼다.[31] 그러나 마음이 굳센 것으로 충분하지는 않았다. 9월 26일에 독일군은 레닌그라드 뒤쪽에 있는 라도가Ladoga 호숫가에 이르렀고, 레닌그라드 900일 봉쇄가 시작되었다.

다른 전선에서 재앙이 꼬리에 꼬리를 물고 닥쳤다. 6월에 엄청난 수의 소련군이 주둔해 있었던 남쪽에서는 진전이 더 느렸다. 그러나 8월에 히틀러는 6월에 심경의 변화를 일으켜서 중부 집단군을 우선하는 대신 독일군의 주된 노력을 우크라이나를 쓸어버리고 키예프를

---

* 레닌그라드 전방에서 벌어진 전투에서 독일군이 소련의 노인, 여자, 아이를 앞세우고 소련군 진지로 접근해서 붉은군대 병사들이 제대로 응사하지 못하는 일이 벌어졌으며, 이런 상황에 관한 보고서가 스탈린에게 올라갔다.

점령하는 데로 돌렸다. 이 변경은 군 지도부의 강한 저항을 받았다. 군 지도부는 신속하게 모스크바로 전진하고 그 과정에서 잔존한 붉은군대를 분쇄함으로써 스몰렌스크에서 거둔 승리를 활용하고 싶어 했다. 그들은 적의 병력을 파괴하는 데 집중한다는 클라우제비츠의 견해를 따른 것이지, 전쟁에서 중요한 것은 경제라는 히틀러의 견해를 공유하지 않았다. 우크라이나와 더불어 그 풍부한 곡토, 광산, 금속 공장을 손에 넣는 것이 '생존공간' 추구의 요체였다. 히틀러는 소련이 이 자원을 잃으면 소련의 전쟁 수행 노력에 재앙이 닥치고 독일의 새 질서는 무적이 되리라고 믿었다.

　히틀러는 설복을 해냈으며 어쩌면 이 과정에서 소련의 수도가 구원을 받았는지도 모른다. 우크라이나의 수도는 운이 좋은 편이 아니었다. 비록 맹렬한 교란 공격을 받고 가을비가 내려 생긴 진창에 빠지고 전차와 항공기가 모자랐지만, 북쪽의 제1기갑 집단군과 남쪽에서 이동해 온 제2기갑 집단군이 키예프 동쪽 멀리서 만났다. 모스크바는 독일군이 중부 전선에서 남부 전선으로 전환 배치되는 것을 8월에 예견했다. 독일의 초기 공격에 아내와 어린 자식을 잃은 예료멘코 장군에게 반격을 가해 우크라이나를 구할 책임이 주어졌다. 그 시도는 실패했다. 스탈린은 승전 보고를 하라고 예료멘코를 다그치면서 소련군의 공격을 지탱하려고 전선의 다른 부분에서 빼낸 귀중한 예비 병력을 쏟아부었다. 그 예비 병력은 또 한 번의 파국적 포위를 막으려는 노력 속에서 모두 헛된 것이 되었다. 주코프가 7월에 주장했던 대로 전략상 철수만이 소련군을 구했을 터인데도, 스탈린은 키예프를 포기해서 적에게 넘겨주기를 거부했다. 스탈린에게서 특별 명령이 내려오지 않았기 때문에 키예프의 현지 사령관은 후퇴해서 군을 구해야 한다는 동료들의 요구를 모두 물리쳤다. 그 판단은 정치적으로는 의심할 여지 없이 현명한 결정이었지만, 군사적으로는 재앙이었다. 스탈린조차 독일군이 키예프와 그 배후지를 포위했다는 현실을 받아들였을 때는 너무 늦었다. 전선에서 소개하라는 명령이 9월 17일에 내려졌지만, 그 명령은 전투태세를 갖춘 키예프 위수 부대에 결코 닿지 않았다. 위수 부대는 그 유서 깊은 도시의 폐허 속에서 이틀을 더 싸우고 항복했다. 덫에 걸린 군대의 나머지는 싸워서 출로를 찾은 낙오병의 작은 무리를 빼고는 포로가 되었다. 총 52만 7000명이 죽거나 사로잡혔으며, 비록 전투에 지치고 심하게 줄어들기는 했어도, 독일군이 우크라이나의 나머지 지역과 크림반도를 점령할 길이 열렸다. 고위 사령관들은 대부분 독일 항공기와 포병이 고립 지대를 최종적으로 난타할 때 목숨을 잃었다. 키예프 전선군 사령관 미하일 키르포노스 장군은 탈출을 시도하다가 부하 1000명과 함께 매복에 걸렸다. 그는 다리에 부상을 입은 채 박격포탄의 파편이 갑자기 그를 날려버리기 전까지 계속 싸웠다.[32]

키예프가 함락되고, 레닌그라드는 포위되었다. 드디어 모스크바가 히틀러의 관심을 끌었다. 남부 지역의 점령이 너무 빨라서 마지막으로 한 번만 밀어붙이면 독일이 스탈린의 수도를 곧 거머쥘 수 있다고 보였다. 9월 6일에 히틀러는 뱌즈마Viazma와 브랸스크Briansk 지역에서 태풍 작전을 개시하라는 지령 제35호를 내렸다. 태풍 작전은 수도를 지키는 소련군의 마지막 주요 부대를 분쇄하는 작전이었다. 최후의 선을 지키는 과업이 티모셴코에게서 9월 13일에 업무 인계를 받은 이반 코네프 장군에게 떨어졌다. 벌목꾼이었다가 제1차 세계대전 때 부사관이 된 코네프는 걸출한 소련 지휘관 집단의 일원으로, 1941년 후퇴에서 첫 출전 경험을 했다. 그는 키가 크고 살짝 수도승처럼 보이는 인물로 눈에 확 띄는 대머리에 꿰뚫어 보는 듯한 눈초리를 가지고 있었고 아주 엄격하다는 평판을 듣고 있었다. 그는 술을 멀리하고 다른 사람들의 술주정을 싫어해서, 휘하 부대원 앞에서 소박하고 금욕적인 생활 방식을 보여주었다. 그는 러시아 문학을 폭넓게 읽었고, 말할 때 러시아 문학을 인용했으며, 전선에서 자기만의 장서를 휴대했다. 그는 충성스러운 공산당원으로 여겨졌으며, 1950년대에 바르샤바조약군 총사령관으로 경력을 마무리했다.[33]

모스크바 전방에서 코네프가 지휘하는 병력은 긁어모은 부대로, 더 서쪽에서 벌어진 싸움에서 남은 전투에 지친 군인과 제대로 훈련을 받지 못한 민방위대의 혼합체였다. 민방위대에는 쉰 살이 넘은 남자와 더불어 여자도 끼어 있었다. 현대식 전차나 항공기가 거의 없었으며, 차량도 극히 적었다. 소련군의 대다수 사단은 정원에 한참 못 미쳐서, 통상적인 1만 4000명이 아닌 5000명에서 7000명의 병력을 보유했다. 그 사단들은 80만 명을 헤아리고 3개 기갑군으로 편성된 1000대가 넘는 전차를 가진 군대에 용감하게 맞섰다.[34] 독일군의 계획은 6월의 첫 포위 이래로 매우 성공적임이 입증되었던 공식의 재판이었다. 북쪽으로는 뱌즈마 부근에서 그리고 남쪽으로는 브랸스크 부근에서 두 개의 강력한 집게를 움직여 소련군을 잡아서 모스크바로 가는 길을 열어젖힌다는 것이었다.

태풍 작전은 9월 30일에 남쪽에서 개시되었다. 독일 전차군의 설계자인 하인츠 구데리안 장군이 주도하는 태풍 작전은 곧 그 이름값을 했다. 강습은 예료멘코가 지휘하는 소련군의 남쪽 측익 부대에 구멍을 내 열어젖혔다. 키예프를 구하지 못했던 그 군인은 이제는 모스크바마저 잃을 악몽에 맞닥뜨렸다. 독일군의 공격은 너무도 신속해서 구데리안의 부대가 오룔에 들어갔을 때 아직 시내 전차가 운행되고 있을 정도였다. 한 주 뒤에 브랸스크가 점령되고 예료멘코의 3개 군이 덫에 갇혔다. 모스크바로 보낼 수 있는 소식은 거의 없었다. 스탈린의 유일한 지시는 후퇴하지 말고 모든 방어선을 굳게 지키라는 것이었다. 10월 6일에 예료멘코는 독일군의 포위에서 가까스로 벗어났다. 그는 포탄에 크게 다쳤지만 살아남아 스탈린그라드에서 결정적인 싸움을 또 한 차례 벌이게 된다.

더 북쪽에서는 10월 2일에 소련 방어 부대 앞에서 경치를 짙은 연무로 바꾸어놓은 포격, 항공 공격, 연막탄의 엄호 아래 공격이 시작되었다. 코네프 군대의 사정도 예료멘코 군대보다 더 낫지 않았다. 독일군은 소련의 5개 군을 훨씬 더 큰 규모로 포위할 위협을 가하면서 뱌즈마로 모여들었다. 이틀 뒤에 소련군 전선 전체가 다시 한번 위기에 빠졌다. 그 위기는 스탈린이 추정했던 것보다 훨씬 더 빠르게 일어났다. 10월 5일이 결정적인 날이었다. 모스크바에서 날아오른 정례 항공 정찰대가 수도에서 겨우 80마일 떨어진 유흐노프Iukhnov로 12마일 길이의 기다란 대열을 이루며 모여드는 독일 기갑 부대를 발견했다. 비행기가 두 번 더 나가서 확인한 뒤에 이 믿기지 않는 소식이 주코프의 후임으로 참모총장이 된 보리스 샤포시니코프 육군원수에게 상세하게 보고되었다. 사람들은 마침내 그 소식을 믿었다. 그렇다고 해서, 베리야가 그 운 없는 공군 장교를 '도발 행위'를 했다는 이유로 체포해서 심문하라고 NKVD에게 명령하는 것을 막지는 못했지만 말이다. 스탈린은 곧바로 모스크바 지역 사령관에게 전화를 걸어 "귀관이 가진 모든 것을 동원하시오"라고 말했다. 그는 국가방위위원회 긴급 비상 회의를 소집했다.[35] 여름 내내 최후의 저항을 명령해오던 스탈린은 그의 일생에서 가장 중요한 또 한 번의 마지막 저항을 명령했다. 모스크바 앞에서, 드문드문 인력이 배치된 '모자이스크Mozhaisk 선'을 따라서, 궁지에 몰렸지만 투지에 찬 혁명의 군대가 적과 맞섰다.

10월의 첫 며칠 동안 두 독재자는 승리와 패배가 갈리는 순간에 서 있었다. 여름 내내 독일 측의 기대는 높았다. 일찍이 7월에 프란츠 할더 육군 참모총장은 자기의 전쟁 일지에 '러시아 원정에서 보름 뒤에 승리했다고 말해도' 과장이 아닐 것이라고 썼다. 7월 중순에 히틀러는 전쟁을 서방으로 되돌려서 영국과 미국과 대결하려고 새로운 일련의 거대한 공군 및 해군 재무장 프로그램을 명령했다.[36] 두 번째 승리의 물결로 히틀러의 사령부가 마치 다행증多幸症(근거 없이 병적 행복감에 젖는 정신질환)에 걸린 듯한 상태에 빠졌다. 독일군이 레닌그라드와 모스크바에 육박하자, 동방으로 뻗어가는 독일제국에 관한 히틀러의 초기 환상이 실체와 형식을 갖추기 시작했다. 9월 29일에 히틀러는 머지않아 보이는 레닌그라드 점령 뒤에 그 도시를 "지표면에서 쓸어버려야 한다"라고 명령했다. 같은 달에 모스크바 진격을 결심했을 때, 그는 모스크바를 완전히 파괴해서 커다란 인공호수로 바꾸겠다고 맹세하며 "모스크바라는 이름은 영원히 사라질 것이다"라고 말했다.[37] 사령부에서 식사하면서 그는 자기의 동방 계획, 자기가 정복한 아시아 '짐승들'에 관해서 끊임없이 이야기했다. 드디어 10월 2일에 그는 6월에 침공이 시작된 이후로는 처음으로 국민에게 연설하려고 베를린으로 돌아갔다.

독일 대중은 소식을 갈구했다. 10월 4일에 히틀러는 참으로 놀라

운 소식을 보도할 것을 허가했다. 그는 베를린 스포츠 궁전Sportpalast
에 도착했다. 그곳에는 청중이 모여서 나치 동계 구휼 자선 단체에
기부하라는 판에 박힌 권고를 듣고 있었다. 조명이 어두운 강당의 좌
석 첫 줄은 부상자들의 몫으로 예약되어 있었고, 그들은 히틀러와
조금 떨어진 곳에 앉아서 목발을 앞으로 뻗어 그들의 영도자를 가리
켰다. 독일 대중이 주머니를 털어서 더 돈을 내야 한다는 통상적 간
청이 있었다. 그러나 히틀러는 러시아에서 오는 소식에 너무 들떠서
그 소식을 청중에게 알리고 싶은 마음을 누를 길이 없었다. 그는 청
중에게 '세계 역사상 최대 전투'에서 왔다고 말했다. 계획은 들어맞았
으며, 적국 소련은 패했고 "결코 다시 일어서지 못할 것이었다". 그는
200만 명이 넘는 소련군을 포로로 잡고 포 2만 2000문을 노획하거
나 부수고 전차 1만 8000대를 파괴하고 항공기 1만 4500대를 격추
했다며 그 증거를 상세히 열거했다. 환호가 강당에 메아리쳤다.[38]

　엿새 뒤 히틀러는 승리에 날인을 했다. 독일이 이겼음을 독일 국민
뿐만 아니라 전 세계에 말하고자 히틀러의 언론부장 오토 디트리히
가 히틀러의 사령부에서 베를린으로 파견되었다. 10월 10일에 화려
하게 장식한 베를린 선전부 극장 강당으로 외국 언론단이 모였다. 그
곳에 감돌던 긴장감은 십중팔구 의도적으로 회의 시작이 오래 늦춰
지는 바람에 더 고조되었다. 독일 관리들이 앞에 서 있었고, 모두 군
복 차림이었다. 심지어는 군대와 전혀 상관이 없는 민간인 관리도 군
복을 입고 있었다. 드디어 디트리히가 으스대면서 이를 드러내 웃는
모습으로 등장했다. 디트리히 뒤에서 붉은 벨벳 커튼이 뒤로 젖혀지
면서 거대한 소련 전선 지도가 드러났다. 그 지도 때문에 그 앞에 있
는 여러 독일인이 난쟁이처럼 보였다. 디트리히는 히틀러의 말을 그대

로 읽었다. 붉은군대의 마지막 잔존 병력이 지금 두 개의 철제 바이스에 물렸고, 독일군이 날마다 그 바이스를 조이고 있다는 것이었다. 계속해서 디트리히는 소련군이 분쇄되는 것은 확실하다고 말했다. 소련군 뒤에는 완전 무방비 상태인 공간이 있으며, 독일 군단이 그 공간을 채울 태세를 취하고 있다는 것이었다. 청중 사이에 있는 중립국 언론인들은 침울해 보였다. 나머지는, 즉 독일 동맹국의 언론인들은 일어나서 팔을 뻗어 경례하면서 환호했다. 이튿날 독일 신문들은 "동방 원정 완전 성공! 위대한 시대의 종이 울렸다!"라는 표제로 그 소식을 알렸다. 베를린에 있는 사람들의 얼굴에 안도감이 나타났다. 새로운 독일제국의 관리와 식민자를 위해서 서점이 쇼윈도에 러시아어 문법책을 진열해놓았다.[39] 모두 다 부드럽고 달콤한 승리의 맛을 음미하고 있었다. 히틀러가 말했다. 동방의 전쟁에서 이겼노라고.

모스크바에서는 음산하던 분위기가 공황으로 바뀌었다. 모스크바 사람들은 전황에 관해 거의 환상을 가지지 않았지만, 정치선전은 파시스트 무리를 지연시키고 저지하고 있는 즉흥적이면서 격렬한 혁명전의 이미지를 유지했다. 풍문 말고는 전선에서 무슨 일이 일어나고 있는지 무엇이라도 아는 모스크바 시민은 거의 없었다. 심지어 스탈린조차 어떻게 되고 있는지 확실히 알지 못했다. 그는 모스크바와 레닌그라드의 방어를 극히 어렵지만 해내야 할 일로 보았다. 두 도시는 새로운 소비에트 국가의 상징이었다. 소련은 수도와 제2의 도시를 뺏겨도 살아남을지 모르지만, 이로 말미암아 소련 대중과 세계 여론이 받을 영향은 파멸적일 터였다. 그렇더라도 스탈린은 현실을 직시해야 했다. 10월 1일에 정부를 500마일 동쪽으로, 즉 쿠이비셰프Kuibyshev〔오늘날의 사마라Samara〕로 소개하기 시작하라는 명령이 내려졌다. 외국 대사관, 사무직원, 자료보존소, 예술품, 인민위원과 함께 모스크바 주민이 소개하기 시작했다. 스탈린은 자기의 장서와 가족을 보냈다. 마지막으로 레닌을 보내기로 결정했다.

레닌 유해 관리인이 정치국 회의에 호출되었다. 회의에서 스탈린은 그에게 방부 처리된 지도자를 안전한 곳으로 옮기는 데 필요한 것을 모두 가져가라고 말했다. 냉동 장치와 완충 장치를 갖춘 화물 열차가 준비되었다. 그 으스스한 화물을 실은 특별 열차가 모스크바에서 빠져나와 멀리 떨어진 튜멘Tiumen으로 향했다. 레닌의 유해는 군인과 과학자의 호위를 받으며 지난날 제정 시절의 한 학교에서 묵었다. 붉은광장의 능묘에서는 의장대가 마치 아무 일 없다는 양 제자리를 지키고 있었다. 스탈린이 그뒤를 따랐을지도 모른다. 그의 서류가 먼저 쿠이비셰프로 보내졌다. 스탈린 전용 열차와 1개 비행 편대가 대기 중이었다.[40] 그는 사로잡힐 위험을 무릅쓸 수 없었다. 그는 레닌이 1918년에 혁명을 구하려고 브레스트-리톱스크에서 했던 대로 강화를 맺으려 했을지도 모른다.* 10월 초순에 베를린에서는 스탈린이 보리스 불가리아 황제를 통해 휴전을 모색했다는 소문이 돌았다. 휴전은 비합리적 선택이 아니었을 터이며, 레닌의 선택만큼이나 비합리적이지 않을 터였다.

강화 사절에 관한 증거는 전혀 확실하지 않다. 1980년대에 등장한

---

* 1918년 초에 러시아의 혁명 정부는 독일을 상대로 강화 조약을 맺기 위해 노력했지만, 독일 정부는 러시아에 매우 불리한 조건을 내걸었다. 아무리 가혹한 조건이더라도 독일과 강화 조약을 맺지 않으면 혁명 정부의 존립이 위태롭다고 판단한 레닌은 거센 반대를 물리치고 1918년 3월에 국경 도시 브레스트-리톱스크에서 독일과 단독 강화 조약을 맺었다. 이 조약으로 러시아는 상당한 영토와 막대한 자원을 독일에 넘겨주어야 했지만, 혁명을 살릴 수 있었다.

이야기는 10월 7일에 스탈린이 베리야에게 강화를 모색하는 사절을 이반 스타메노프 모스크바 주재 불가리아 대사를 거쳐 히틀러에게 파견하라고 명령했다고 시사했다. 그 특사는 스탈린이 히틀러에게 발트해 연안 국가들, 몰도바, 그리고 벨라루스와 우크라이나의 일부를 주겠다고 말하라는 지시를 받았다는 것이다. 그 이야기에 따르면, 스타메노프는 거절하면서 소련이 끝내는 이길 것이라고 베리야에게, 혹은 몰로토프에게 말했다. 1941년에 어떤 접촉이 있었다는 독일 측의 증거는 존재하지 않는다. 더 최근에 드러난 증거는 조금 다른 상황을 제시한다. 강화 제안을 하려는 시도는 모스크바 전방에 더 견고한 방어선을 구축할 수 있을 정도로 오랫동안 독일을 헷갈리게 만들려는 정치적 선수의 일환일지도 모르며, 그 제안자는 베리야라는 것이었다. 이 설명 방식은 10월 초순에 스탈린이 보여준 행동에 관해 알려져 있는 것, 즉 방어를 조직하고 미국과 영국의 원조를 얻어내려는 필사적 노력과 화급한 위기의 순간에 수도에 남겠다는 스탈린의 후속 결정과 더 잘 맞아떨어진다.[41]

스탈린의 결정은 역사에 길이 남을 결정이었다. 그 결정은 수도에서 더 심해지는 혼란을 배경으로 내렸다. 서류철과 장비를 옮기는 화물차, 옮길 수 없는 문서를 태우는 화톳불에서 피어오르는 연기, 붐비는 열차역을 떠나는 주로 여자와 어린이로 이루어진 소개민의 흐름 등과 같은 광경은 남아 있는 주민에게 아주 많은 것을 증명해주었다. 모스크바는 끊임없이 공중 폭격을 받았다. 심지어는 NKVD의 총알이 주는 위협도 난무하는 풍문을 막을 수 없었다. 저널리스트 일리야 예렌부르크는 모스크바의 "분위기가 역겨웠다"라고 회상했다. 예렌부르크도 더 할 일이 없으니 동쪽으로 가라는 지시를 받은

10월 중순에 갑자기 공황이 폭발했다. 그가 카잔역에서 본 장면은 형용할 수 없는 것이었다. 절망에 찬 모스크바 시민들이 열차에 몰려들어 차지할 수 있는 공간이란 공간은 다 차지했다. 예렌부르크는 이 몸싸움에서 짐 가방을 잃어버렸지만, 운이 좋아서 기다란 교외 열차에 자리 하나를 찾았다. 그 열차가 점령되지 않은 러시아의 수도로 지정된 안전한 장소에 도착하는 데 거의 한 주가 걸렸다.[42] 뒤에 남은 사람들을 위해 베리야는 주민에게 식량을 무료로 나누어주라는 명령을 내렸다. 식량을 독일군에게 넘겨주지 않기 위해서였다. 그러나 이 무렵 사람들은 스스로 알아서 하고 있었다. 약탈자가 빈 가게와 사무실에 들어갔다. 도심에 있는 현대식 아파트에서 건물 관리인이 도둑과 짜고 남겨진 그림과 가구를 훔쳤다. 스탈린은 수도의 통제력을 거의 잃었고, 이제는 고작 하루나 이틀 뒤에 들어올 것 같은 독일군이 아니라 경악한 자기 나라 국민에게 먼저 수도를 넘겨줄 지경이었다.

그 공황을 촉발한 것은 10월 16일에 모스크바에서 방송된 이례적으로 솔직하고 오싹한 정부 성명서였다. 그 성명서는 "10월 14~15일 밤에 서부 전선의 상황이 더 악화되었습니다", 독일군이 엄청난 수의 전차로 "우리 방어 시설을 돌파했습니다"라고 알렸다.[43] 이튿날 죽을 때까지 완강하게 모스크바를 방어할 것이고, (물론 사실이 아니지만) 수도를 포기할 생각을 해본 적이 없으며, 무엇보다도 스탈린이 여전히 모스크바에 있음을 라디오가 알렸다. 왜 그가 남는 쪽을 택했는지 우리는 확실히 알 수 없다. 그러나 17일에 그는 정부 뒤를 따라가는 대신에 일을 좀 하려고 자기 다차로 갔다. 다차 밑에는 폭약이 매설되어 있었다. 그는 경비병들이 건물을 막 날려버리려고 하는 참이라는 것을 알았다. 그는 그들에게 폭약을 제거하라고 명령하고는 서재에서 일하기 시작했다. 모스크바에서는 NKVD가 몰려와 약탈자를 사살하고 질서를 회복했으며, 열의에 차 있다고 보기 어려운 수많은 자원자가 노동 부대로 편성되어 땅을 파 방어 시설을 만들거나 엉성하기 짝이 없는 민방위대로 편성되어 곧바로 전선으로 이동했다. 본보기로 아파트 건물 관리인이 열 명에 한 명씩 총살되었다. 10월 19일에 계엄령이 선포되었다. 도시는 결전을 준비했다. 스탈린은 경비병들에게 자기가 움직이지 않고 자리를 지키고 있음을 알리며 "우리는 모스크바를 넘겨주지 않을 것이야"라고 말했다.[44]

4장

삶과 죽음 사이에서

레닌그라드와 모스크바

시체 안치소 자체가 가득 차 있다. 묘지로 갈 화물차가 없을 뿐만 아니라 더 중요한 점은 화물차에 넣을 휘발유가 모자라다는 것이다. 그리고 가장 중요한 점은 살아 있는 사람에게 죽은 사람을 묻을 힘이 없다는 것이다.
— 베라 인베르, 〈레닌그라드 일기〉, 1941년 12월 26일

이름 하나가 그 끔찍한 1941년 가을의 레닌그라드와 모스크바의 운명과 연결되어 있다. 게오르기 콘스탄티노비치 주코프가 바로 그 이름이다. 스탈린은 주코프에게 군사상의 기적을 일으켜서 그 도시들을 구해달라는 부탁을 두 차례 했다. 한 번은 주코프가 레닌그라드에 파견된 9월 초순이었고, 또 한 번은 모스크바를 방어하라고 되불려 온 10월이었다. 그는 비록 분명 무오류의 인간은 아니었을지라도, 어느 잣대로 재보아도 천재성을 가진 군인이었다. 스탈린은 주코프에게 심하게 의존했는데, 그 정도가 주코프보다 못한 사람이었더라면 분명 용납하지 않을 만큼 심했다. 러시아 최고 사령관 스탈린이 직접 전쟁을 맡았더라면, 전쟁에서 당연히 패배했을지도 모른다. 주코프가 혼자 힘으로 전쟁에서 이긴 것은 아니지만, 소련의 승리에 그보다 더 큰 역할을 한 이는 없다.

주코프는 미천한 출신이었지만 전쟁과 혁명으로 팔자를 바꾼 수많은 이들 가운데 한 사람이었다. 그는 1897년에 모스크바 밖의 작은 마을에서 구두장이의 아들로 태어났다. 그는 총명한 학동이었고, 아버지의 뜻으로 모스크바의 털가죽 가공업자의 도제가 되었다. 그 젊은 장인은 열아홉 살 때 징집되어 제국군 기병대에 들어가서 부사관이 되었다. 그뒤에 혁명이 일어나자 그는 군에 남아 내전기에 갓 태어난 붉은군대에서 복무했으며, 1919년에 스탈린이 지역 군사위원회 의장으로 있던 차리친 방어전에서 싸웠다. 그는 정규군 기병 장교로 남았지만, 말의 시대에서 벗어나 전차의 시대로 들어가기를 열망하는 기병 장교였다. 1930년대에 그는 군사 참관인으로 에스파냐에 파견되었지만, 다른 많은 이와는 달리 소환되고도 살아남았고, 숙청도 무사히 넘겼다. 그는 혁명의 대의와 스탈린에게 헌신하는 충성스러운 공산당원이었다. 비록 그래도 생존이 보장되지는 않았을지라도 말이다. 모르긴 몰라도 그에게는 스탈린이 좋아하거나 존중하는 무엇인가가 있었다. 1939년에 그는 또다른 사명을 띠고 파견되었는데, 이번에는 일본의 침입을 받은 중국이었다. 일본은 중국 북부의 많은 지역을 점령했다. 주코프는 중국에서 소련령 극동으로 배치되었고, 그곳의 할힌-골에서 일본군과 벌인 전면적인 국경전에서 성공적으로 소련군을 지휘했다.[1]

주코프는 전역을 조망하면서도 세부 사항에 몰입할 수 있는 훌륭한 야전 지휘관이었다. 그는 강인하고 결단성 있고 겉으로 차분하고 자신감 넘치는 군인 중의 군인이었으며, 부하에게서 최대한을 기대하고 보답으로 부하에게 자기가 가진 전부를 주었다. 그는 전투에서 이기는 데 필요하다면 군인이든 민간인이든 인명을 희생하는 데 주

저하지 않았으며, 자기의 정치적 주인만큼이나 굳센 심성의 소유자였다. 중요한 것은 승리이지 승리하는 방식이 아니라는 것이었다. 그는 동료 지휘관들에게 그다지 인기가 없었으며, 예절과는 거리가 먼 그 직업에서도 유달리 거친 개성의 소유자였다. 그는 말할 때 군데군데 욕지거리를 되풀이했는데, 지금은 그 욕지거리가 기록에서 삭제되어 있다. 그는 다른 장군들을 닦달하고 군법에 회부하거나 처형하겠다고 으름장을 놓았으며, 스탈린을 만날 때를 이용해서 주저하지 않고 자기의 신임을 잃은 지휘관을 제거했다.[2] 독소전쟁 이후로 주코프의 많은 동료가 회고록에서 그가 자기들의 착상을 훔쳐서 제 것인 양 스탈린에게 내놓았다는 불만을 털어놓았다. 이러한 비난은 조심스럽게 평가해야 한다. 퉁명스러운 태도와 관대하지 않은 성격 탓에 주코프는 원한을 많이 샀다. 주코프가 중요하게 이바지한 점은 어느 한 개인보다는 총참모부에서 대부분 나온 전략상의 통찰력이 아니라 그러한 전략상의 착상이 자라날 수 있게끔 그가 기꺼이 스탈린에게 맞서고 최고위층에 군부의 목소리를 대변하려고 나선 데 있었다.

나이 마흔셋에 그는 갑작스럽게 군 서열상 최고 위치로 뛰어올랐다. 1941년 1월에 그는 자기보다 훨씬 연장자인 장군들을 제치고 참모총장에 임명되었다. 참모총장은 위험이 따르는 직책이었다. 그의 선임자인 키릴 메레츠코프는 몇 달 뒤에 통례의 음모죄로 체포되어 통례의 자백이 나올 때까지—12년 뒤에 베리야가 '쓸 만한 고기 저미는 기계'라고 표현한—혹독한 고문을 받았다.[3] 그 직책은 주코프의 솜씨에 완전히는 어울리지 않는 자리이기도 했다. 그는 서부 지역 방어를 둘러싸고 7월에 스탈린과 언쟁을 했을 때 메레츠코프가 당한 운명은 모면했지만, 참모총장에서 직위 해제되고 야전으로 파견되어 스몰렌스크를 방어하는 예비 전선군을 지휘했다. 그는 스몰렌스크 부근의 옐냐에서 독일군에게 극심한 첫 패퇴를 안겨다주었다. 이것이 왜 스탈린이 9월 초순에 그를 다시 불러 완전한 포위와 파괴에 맞닥뜨린 레닌그라드를 구해내라고 부탁했는지를 설명해줄 법도 하다.[4]

8월 하반기에 레닌그라드로 다가오는 독일군이 수많은 여성과 10대 청소년의 땀으로, 때로는 피로 만들어진 레닌그라드 주위의 방어 진지를 차례차례 들이쳤다. 므가Mga에 있는 남쪽과의 마지막 철도 연결이 8월 30일 무렵에 끊겼다. 북쪽에서는 핀란드군이 1940년에 강요를 받아 돌려주어야 했던 옛 소련-핀란드 국경까지 밀고 내려왔다. 그곳과 레닌그라드의 거리는 60마일에 불과했다. 레닌그라드 동쪽에서는 핀란드군과 독일군이 도시를 최종적으로 완전 포위하려고 움직였다. 8월에 히틀러는 레닌그라드를 들이칠 것이 아니라 단단히 봉쇄해야 한다고 결정했다. 다른 소련 도시들에서 독일군 병사들이 인적이 사라진 거리를 지나 전진하다가 부비트랩과 지뢰에 죽은 경험을 한 뒤, 히틀러는 포격과 공중 폭격, 그리고 궁극적으로는 굶주림으로 레닌그라드를 파괴하고 싶어했다. 일찍이 9월에 독일군은 레닌그라드를 외부 세계로부터 봉쇄하는 작전을 개시했다. 독일군은 시 중심부에서 12마일 내지 22마일 떨어진 곳에 있었다. 치열한 싸움을 한 주 더 치른 뒤에 독일군 선두 부대는 도시 심장부에서 겨우 7마일 떨어진 곳까지 진출했다. 이 싸움에서 중화기를 거의 갖추지 못하고 훈련받은 예비 인력이 거의 없는 방어군이 손에 잡히는 대로 아무것이나 들고 싸워서 독일군의 전진을 늦췄다. 9월 4일에 도심에 첫 포탄이 떨어졌고 이틀 뒤에는 첫 폭탄이 떨어졌다.

스탈린이 위기를 살피려고 주코프를 모스크바에서 레닌그라드로

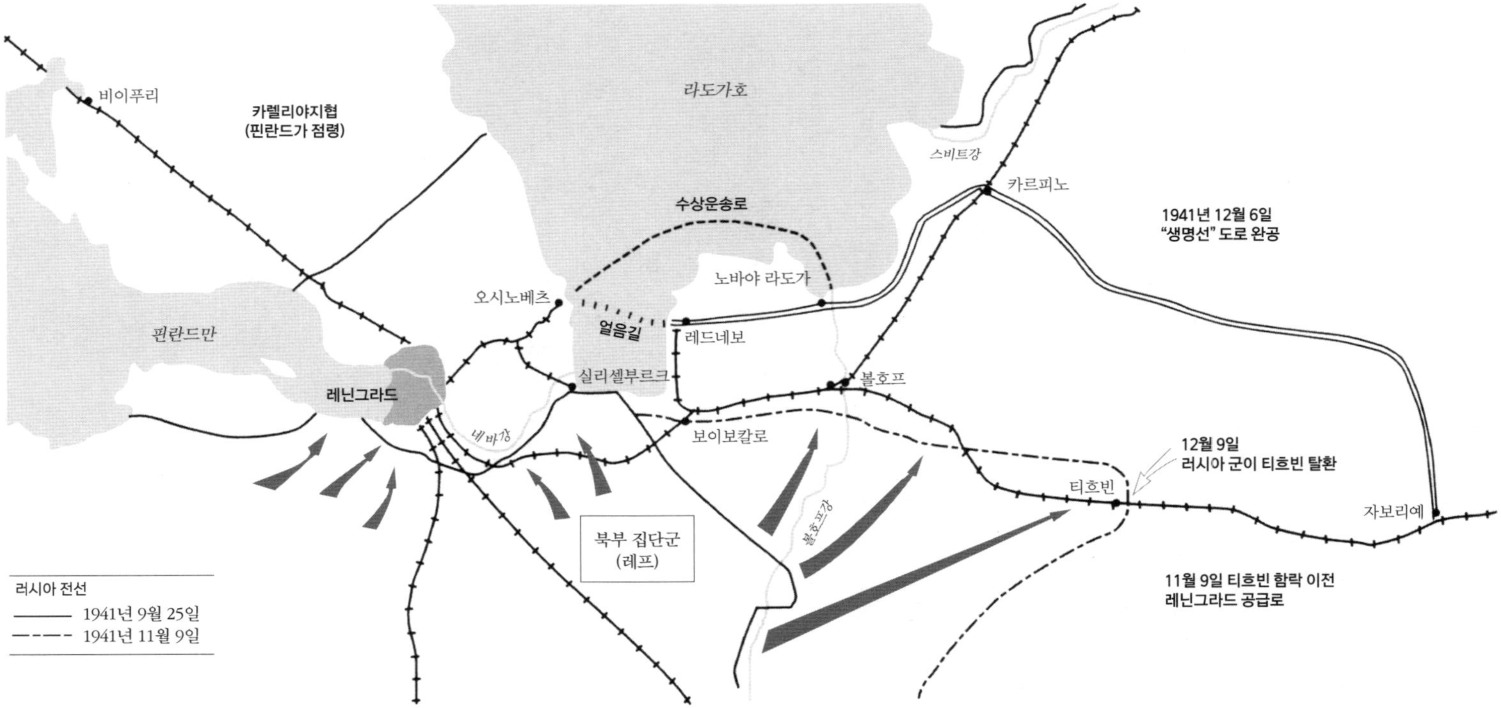
라도가호
비이푸리
카렐리야지협
(핀란드가 점령)
스비트강
카르피노
1941년 12월 6일
"생명선" 도로 완공
수상운송로
노바야 라도가
오시노베츠
얼음길
레드네보
핀란드만
실리셀부르크
볼호프
레닌그라드
네바강
보이보칼로
12월 9일
러시아 군이 티흐빈 탈환
티흐빈
자보리예
볼호프강
북부 집단군
(레프)
11월 9일 티흐빈 함락 이전
레닌그라드 공급로
러시아 전선
1941년 9월 25일
1941년 11월 9일

[지도 2] 레닌그라드 봉쇄

보낸 바로 그날인 9월 8일에 레닌그라드 동쪽에 있는 독일군이 실리셀부르크Shlisselburg라는 소도시에 이르러서 레닌그라드와 이어지는 마지막 육상 연결로를 끊어놓았다. 이제 목에 건 올가미를 조이는 것이 독일군의 과제였다. 주코프는 그 올가미를 끊지는 못했지만, 줄과 목 사이에 손을 끼워 넣는 데에는 성공했다. 그는 은폐를 도와주는 두터운 구름이 낀 모스크바에서 비행기를 타고 출발했지만, 레닌그라드 상공에서는 그 구름이 걷혔다. 그가 방어 지대를 지나서 날아갈 때, 독일 전투기들이 다가왔지만 제대로 된 공격을 하지 못했다.[5] 주코프는 레닌그라드 군사위원회가 회의를 열고 있는 스몰니Smolnyi 학원*으로 직행했다. 시 사령부는 위기에 처해 있었다. 어느 방어선도 버티지 못했다. 7월 이후로 계속 일해온 레닌그라드 시민이 파서 만든 새 안쪽 방어선도 더 나은 것을 거의 기대할 수 없었다. 도시는 스탈린이 8월에 문제를 해결하라고 보낸 보로실로프의 지휘를 받고 있었다. 그는 모든 사람에게, 심지어는 스탈린에게도 무능한 무인으로 여겨졌지만 정치적 투쟁 의지를 불어넣을 노장 공산주의자로서 파견되었던 것이다. 실제 작업은 레닌그라드 당 지도자 안드레이 즈다노프가 수행했다. 독립적 성향의 인기 있는 공산당원인 그는 레닌그라드 사람들에게 용기를 주는 사람이었다.[6] 주코프는 듣고 관찰하고는 모스크바로 돌아갔다. 이 무렵 스탈린은 이른바 붉은 악단Rote Kapelle**으로

* 제정 시절에 귀족의 딸들을 가르치는 학원이었다가 1917년에 볼셰비키당의 본부가 들어섰으며, 그뒤로는 줄곧 레닌그라드 지역 당사로 쓰인 건물.

** 1941년 8월에 나치독일의 방첩기구가 반나치 선전물을 살포하고 나치의 만행을 고발하는 자료를 모으고 유대인을 돕고 첩보를 외국으로 보내는 등의 활동을 하던 400명 남짓한 독일 내 반나치 저항조직에 붙인 이름. 조직은 1942년 여름에 게슈타포에게 발각되어 일망타진되었다.

조직된 베를린의 공산주의 첩보통을 통해 비록 아무것도 확실하지는 않았을지라도 히틀러가 레닌그라드를 들이치기보다는 도시를 봉쇄 상태에 둘 것이라는 점을 거의 분명하게 알고 있었다.[7] 그는 숨이 붙어 있을 때까지 레닌그라드를 방어하라는 명령과 함께 주코프를 보로실로프를 대체하는 사령관으로 돌려보냈다.

주코프는 일을 요란하게 시작했다. 스몰니에 있는 본부에 다시 도착한 그는 군사위원회가 탁자 위에 펼쳐 놓아서 바닥까지 흘러내린 지도를 모조리 내던지고는 눈길을 돌려 시 방어 시설을 그린 벽에 걸린 지도 한 장을 응시했다. 보로실로프가 할 수 있는 한 최대로 위엄을 갖추며 밖으로 나갔고, 주코프와 즈다노프는 일에 착수했다.[8] 이미 일이 많이 이루어져 있었다. 8월 초순까지 어린이 21만 6000명을 포함한 레닌그라드 시민 46만 7000명이 도시에서 소개되었다. 그달 말까지 그 수치는 발트해 연안 국가들에서 온 10만 명이 넘는 피난민을 포함해서 63만 6000명에 이르렀다. 여자와 어린이 50만 명을 더 소개하려는 계획이 독일군의 전진 탓에 어그러졌고, 그 여자와 어린이들은 남자와 함께 에워싸여 갇힌 채로 남았다. 남은 사람은 레닌그라드의 혁명적 과거를 본받아 노동자 민병대를 조직했다. 1917년에 같은 도시에서 트로츠키가 공장 노동자를 혁명군의 핵으로 조직해서 볼셰비키를 위한 권력을 장악한 바 있었다. 이제는 노동자 3만 6000여 명이, 날마다 기초 훈련을 받고 주민이 내놓은 소총과 엽총 2만 2000정으로 무장하고 자기 도시의 거리 하나하나 공장 하나하나 지킬 준비를 했다.[9]

레닌그라드 자체가 거리마다 생겨난 초보적 방어 시설로 몰라보게 달라졌다. 17마일의 바리케이드와 대전차호가 도시의 얼굴에 기다란 흥터를 그어놓은 것처럼 보였다. 상점, 관청, 아파트 건물 낮은 층에 널빤지와 모래주머니가 둘러쳐지고, 창문은 합판이나 나무, 마분지 조각으로 덮였다. 거리마다 혁명의 상징인 간단한 바리케이드가 나타났다. 돌과 나무로 만든 그 바리케이드의 두께는 몇 피트를 넘지 않았고 총을 쏘는 구멍이 송송 뚫려 있었다. 요새화된 기관총좌와 소총좌를 모두 2만 개 넘게 세웠다. 포화와 폭탄으로부터 주민을 보호하려고 방공호와 개인호를 만들었지만, 남은 주민의 3분의 1만이 들어갈 수 있었다. 기괴한 전쟁 설치물 주위에서 레닌그라드 주민은 할 수 있는 한 최선을 다해 일하고 생활했다.

이런 준비 상황을 물려받은 주코프는 자기 나름의 준비를 조금 보탰다. 그는 독일군이 그 유명한 88밀리미터 대공포를 가지고 그랬던 것처럼 대공포를 원래 용도 대신에 대전차 무기로 쓰라고 명령했다. 그는 도시로 들어가는 접근로에 지뢰를 촘촘히 깔고 시 교외에 종심 방어 지대를 완성했다. 발트해 함대의 함선에서 떼어낸 함포를 해안에 설치하거나 장갑 열차에 달았다. 그 포들은 독일군 진지에 강력한 탄막 포사격을 촘촘히 계속 퍼부었다. 1917년 10월에는 겨울 궁전에 포 사격을 할 때의 유명한 역할을 기려 국가 지정 기념물이 된 순양함 아브로라Avrora함의 함포까지 떼어내 전선으로 보냈다[10] 주코프는 휘하 지휘관들과 시 관리들을 닦달하고 몰아댔다. 도처에서 NKVD가 활동하면서 병역 기피자나 무단이탈자로 의심이 가는 이를 사살하고 약탈을 엄중히 단속했다. 9월 중순까지 분위기는 침울하고 절망적이었지만, 모스크바의 공황 같은 일은 전혀 일어나지 않았다. 레닌그라드 시민들에게 그들이 해야만 하는 희생을 상기해줄 필요가 없었다. 남아 있는 증언에서 소개 대상이 된 이들 가운데 가지 않은 사람이 많았음을 알 수 있다. 어린이는 가족과, 아내는 남편과 함께 남았다. 주민의 공포와 나란히 주코프가 훗날 보통 사람들의 '용기, 인내심, 강인성'이라고 기억한 것 또한 함께 있었다. 그는 회고록에서 "1941년 9월은 평생토록 기억에 남았다"라고 회상했다.[11]

레닌그라드 방어는 독일군이 도심을 고립시키기 위해 조여 들어온 9월 셋째 주에 절정에 이르렀다. 고폭탄 40톤이 분배되어 교량, 공장, 군사 거점을 파괴할 준비를 했다. 9월 19일에 독일 포병 부대가 시작한 도시 포격이 18시간 동안 계속되는 한편 항공기가 식량 창고, 상점, 열차를 폭격했다. 같은 날 모스크바에서 폭약을 부설하고 뇌관을 달아놓으라는 명령이 내려왔다. 독일군은 주코프의 외곽 방어선을 휩쓸면서 교외의 소도시를 차례차례 장악했다. 네바Neva강과 도시로 들어가는 길을 따라 만들어진 최후 방어선을 놓고 한 치 땅을 차지하려는 전투가 벌어졌다. 단호하게 한 번만 밀어붙였다면 거의 틀림없이 독일군은 레닌그라드의 어귀에 이르러서, 스탈린그라드에서 그랬던 것과 흡사하게, 거리 하나하나 집 하나하나를 차지하려는 싸움을 벌였을 것이다. 그러나 레닌그라드는 히틀러에게서 구원을 받았다. 9월 20일에 공세가 느려졌다. 독일군 진지선 뒤에서 싸우는 게릴라 집단 사이에서 나온 첩보통은 독일군이 참호를 파고 있음을 보여주었다. 전차와 장갑차가 열차에 실려 레닌그라드에서 떠나가는 것이 목격되었다. 태풍 작전과 모스크바 점령을 위해 병력이 남쪽으로 이동하고 있음이 분명했다. 9월 25일에 전선이 고착되고 휴지기에 들어섰다. 레닌그라드 전투는 레닌그라드 포위가 되었다.[12]

1941년 가을에는 봉쇄가 얼마나 오래 지속될지 아무도 예측할 수가 없었다. 시 남쪽의 소련군이 독일의 방어 진지를 계속 공격해서 포위선을 뚫으려고 시도했지만, 그 무렵에 스탈린으로서는 이용할 수 있는 것을 모조리 써서 소련의 수도를 구해야 했다. 레닌그라드는 완전히 봉쇄되었다. 유일한 접근로는 동쪽으로 20마일 떨어진 라도가 호수를 건너는 것이었다. 남쪽 호반은 아직 소련군의 손에 있었지만, 그 호반에 보급품을 가져다줄 철도선이 독일군의 손에 있었고 호수를 건너 보급품을 가져올 운송 수단을 아직 구할 수 없었다. 10월 초에 330만 명이 넘는 인구가 먹을 식량이 딱 20일분밖에 없었다는 것이 엄연한 현실이었다. 11월 1일에는 7일분 식량이 남았다. 자원이 더 없다면 굶주림은 피할 길이 없었다.

1941~1942년 겨울 동안 레닌그라드의 하루하루 삶은 상상을 뛰어넘는 끔찍한 이야기였다. 도시는 눈과 얼음에 덮인 채 어두움과 정적이 흘렀다. 들려오는 소리라고는 남서쪽 언덕에 있는 독일군 대포 소리, 즉 규칙적으로 계속 쏘아대는 중포 소리뿐이었다. 날마다 아침 8시부터 9시까지, 정오가 되기 전 한 시간 동안, 오후 5시부터 6시까지, 마지막으로 저녁 8시부터 10시까지 시계처럼 포탄이 떨어지곤 했다.[13] 포탄이 터지면 길에 커다란 구멍이 생겨서, 그 탄공에 얼음, 진흙 쓰레기가 찼다. 건물이 무너지고 금이 갔으며, 잔해가 치워지지 않은 채 거리에 놓여 있었다. 교통은 운행 중지되었다. 8월부터 전기는 하루에 몇 시간씩 배급제로 공급되었으며, 11월 무렵에는 가장 긴급하게 필요할 때만으로 제한되었다. 개인 전화는 선이 끊겼다. 야간 통행금지 시간대에는 거리에 인적이 끊겼으며, 낮에는 주민이 방공호 근처에서 멀리 가지 않고 초조하게 이리저리 움직였다. 포격은 날마다 항공 공격으로 이어졌다. 독일 공군은 식량 창고, 발전소, 급수 시설을 폭격해서 도시의 느린 죽음을 의도적으로 앞당기라는 명령을

받았다. 9월에 바다예프Badaev 식량 창고가 완전히 잿더미가 되었다. 포위된 뒤 몇 달 만에 포격과 폭격으로 2만 명이 넘는 사상자가 생겼다. 병원은 감당할 수 없었고, 의약품과 마취제가 동이 났다.[14]

삶이 가장 원시적인 수준으로 떨어졌다. 9월에는 약 280만 명에게만 배급표가 발급되어, 50만 명이나 되는 사람들이 배급받을 자격을 얻지 못했다. 노동자와 군인은 불순물이 섞인 질 나쁜 빵을 하루에 약 1파운드, 고기를 일주일에 1파운드 배급받았다. 나머지 주민은 하루에 빵 8온스로 버텨야 했다. 11월과 12월에 식량 공급이 최저 수준에 이르렀다. 노동자와 군인은 하루에 빵 8온스를 받았고, 나머지 모든 사람은 4온스를 받았다. 이것은 생명을 부지할 수 없는 수준이었다.[15] 레닌그라드 전체가 먹을 것을 더 많이 찾으려고 미친 듯이 노력했다. 심지어 배급표를 훔치거나 거래했다. 가장 허약한 사람의 손에서 빵을 낚아채고는 그 사람 앞에서 꾸역꾸역 먹는 자도 있었다. 사람들은 새, 개, 고양이를 잡고, 의약품을 먹고, 아교와 가죽으로 수프를 만들었다. 굶주림은 사람들 사이에서 착한 사람과 나쁜 사람을 가려냈다. 어머니는 자식을 구하려고 스스로를 희생했다. 어머니가 죽으면 자식들은 그 곁에서 추위에 떨고 먹지 못하다가 죽어갔고, 자포자기한 이웃이 그들의 배급표를 훔쳤다. 배고픔은 새로운 도덕률을 만들어냈다. 죽느냐 사느냐라는.

레닌그라드 시민이 숱하게 죽어갔다. 굶주림과 추위로 모든 사람이 허약해졌다. 질병에 대한 저항력이 약해졌다. 가장 약한 사람이 맨 먼저 죽고, 늙은이와 아기, 그다음에 여자와 아이가 죽었다. 그들은 똑같이 오싹한 과정을 겪으며 죽어갔다. 먼저 팔다리가 약해진 다음 몸통에서 감각이 사라지고 혈액 순환이 느려졌으며, 영양실조의 마지막 단계에 이르면 심장의 고동이 멈추었다. 사람들은 책상과 기계 앞에서 죽고, 길을 걷다가 죽었다. 아직 죽지 않은 사람의 얼굴 표정은 송장 같아졌다. 눈은 퀭하니 생기가 없었다. 얼굴에서 살갗이 꽉 당겨져서 비정상적으로 팽팽해지고 윤기가 돌고 종기로 뒤덮였다. 사람의 몸에서 지방이 모조리 빠져나가 버린 듯했다.[16] 가족은 죽은 사람을 애도하려는 측은한 노력을 했지만, 때때로 작은 나무 썰매를 끌고 묘지까지 갈 힘이 남아 있는 사람이 아무도 없었다. 한 의사는 1942년 1월에 어느 가족을 왕진하고 다음과 같이 기록했다.

내 눈에 끔찍한 광경이 나타났다. 방은 좀 어두컴컴했다. 벽에는 서리가 끼어 있었다. 바닥에는 괸 물이 얼어붙어 있었다. 이어놓은 의자 위에 열네 살 먹은 남자아이의 주검이 있었다. 유아차 안에는 조그만 아기의 두 번째 주검이 있었다. 침대 위에는 방 주인인 반델이 죽은 채로 누워 있었다. 그 곁에 맏딸 미카우가 서서 어머니의 가슴을 수건으로 문지르고 있었다. … 하루 만에 미카우는 굶주림과 추위에 쓰러진 어머니, 아들, 남동생을 잃은 것이다.[17]

도시의 하루 사망자 수가 4000명 내지 5000명으로 치솟자, 사망자를 등록하고 주검을 매장하는 공공 체계가 무너졌다. 주검은 수합 장소에 남겨져 꽁꽁 얼어붙어 산더미를 이루었고, 매장 인부들이 힘을 되찾았을 때 집단 공동묘지에 묻혔다. 굶주림의 광기에 내몰린 일부 사람들은 매장되지 않은 송장의 팔다리나 머리를 먹으려고 잘라 냈다. 당국은 사람 고기를 먹는 행위를 범죄로 보고 잡히는 자를 사형에 처하겠다고 으름장을 놓았다. 식인 행위가 얼마나 널리 벌어졌는가에 관한 추산은 다양하지만, 그런 일이 일어났다는 것은 이제 의심의 여지가 없다. 어쩌면 수천 명이 살아남으려고 주검을 먹었을지도 모른다. 이것은 결코 명백히 밝혀질 수 없는 기아 이야기의 일부다.[18]

사람들이 비참하게 죽어가는 동안 시 당국은 조직화된 생활 비슷한 것을 유지하려고 노력했다. 공장은 가능한 한 오래 가동해서, 시 방어자가 쓸 장비를 만들어냈다. 7월부터 12월까지 공장에서 전차와 전투용 차량 1100대 이상, 박격포 1만 문, 포탄 300만 발이 생산되었다. 믿기지 않게도, 굶주리는 레닌그라드 노동자가 모스크바 방어에 사용할 대포와 박격포 1000문을 만들어냈고, 이 무기는 독일군 진지선을 넘어 레닌그라드 밖으로 공수되었다.[19] 그 유명한 키로프 공장은 전선 가까운 곳에 위치해 있었는데, 그 공장 노동자들은 공장에서 잠을 잤고, 작업하지 않는 시간에는 독일군의 소이탄으로 난 불을 끄거나 공장 방어 훈련을 했다. 공장들은 더 궁색한 가정생활에서 벗어나 먹을 것과 동지애, 심지어는 온기마저 발견할 수 있는 공동체가 되었다. 그러나 12월이 되면 대부분의 공장이 문을 닫았다. 12월 15일에 키로프 공장의 가동이 중지되었다. 연료도 전기도 물도 원료도 없었다. 주물 작업장 하나가 어떻게든 계속 돌아가 파손된 대포를 고쳤지만, 3월까지 생산이 멈췄다.[20] 최고 기술을 가진 노동자는 비행기로 시에서 빠져나가 전선 뒤에 멀리 떨어져 있는 군수 단지에서 계속 작업을 했다.

사기를 올리려고 극장과 관현악단을 할 수 있는 한 오래 운영했다. 작곡가 드미트리 쇼스타코비치가 훗날 어디서나 〈레닌그라드〉로 알려지게 되는 7번 교향곡의 초고를 포탄과 폭탄의 소리에 맞추어 썼다. 10월에 쇼스타코비치는 안전한 상황에서 작품을 완성할 수 있도록 레닌그라드에서 쿠이비셰프로 후송되었다. 그 작품은 1942년 3월에 쿠이비셰프에서 초연되었는데, 정작 레닌그라드에서는 1942년 8월에 가서야 연주되었다. 예행연습을 하고자 음악가들을 전선에서 불러와야 했지만, 그 교향곡이 무대에 올려질 무렵에 연주자 다수가 죽거나 부상 중이었다. 쇼스타코비치는 그 작품을 '레닌그라드 시에' 바쳤으며, 작품은 소련이 독일의 폭력과 맞서는 도전의 예술적 상징이 되었다.

레닌그라드의 유명한 예르미타시Ermitazh 박물관에서는 학예사들이 러시아의 가장 귀중한 예술 수집품들을 재난에서 구하려고 폭탄 및 추위와 싸웠다. 박물관 소장품 250만 점의 절반이 호위대가 딸린 봉인 열차에 실려 우랄산맥의 스베르들롭스크Sverdlovsk[오늘날의 예카테린부르크Ekaterinburg]로 소개되었다. 첫 열차가 출발하자 이오시프 오르벨리 박물관장이 플랫폼에 서서 눈물을 흘렸다. 다음 소장품들을 소개할 준비를 할 무렵에 철도 연결이 끊겨버렸다. 9월에 폭격이 시작되었다. 남은 소장품들이 옮겨진 지하실에서 겨울 내내 예술가, 작가, 학술원 회원 2000여 명이 촛불을 밝히고 작업을 계속했다. 방 하나에는 건물 밖 강가에 정박한 과거 황제의 요트 북극성호의 발전기가 공급하는 조명과 온기가 조금 있었다. 도서관 밑에는 간이 시체 안치소가 만들어져서, 얼어붙은 주검이 묻힐 수 있을 때까지 여러 주 동안 남아 있었다.[21]

만약 봉쇄에 난 틈새 하나—라도가 호수—를 활용하려는 필사적 노력이 없었다면, 거의 틀림없이 봄까지 레닌그라드 주민은 대부분 굶어 죽었을 것이다. 처음에는 작은 배와 너벅선이 레닌그라드에서 약 20마일 떨어진 곳에 있는 서쪽 호반의 오시노베츠Osinovets라는 자그마한 항구로 운행했다. 11월 전에는 이런 식으로 식량, 탄약, 석유 4만 5000여 톤을 가져왔는데, 11월이 되자 호수가 얼어붙기 시작했다.[22] 유일하게 남은 선택은 얼음을 가로질러 길을 내는 것이었다. 11월의 어느 시점에선가 레닌그라드 군사위원회는 '얼음길'로 알려지는 '생명의 길'을 만들기로 결정했다. 11월 중순에 러시아 어부들이 얼음을 건너 관리들을 데리고 가서, 자기들이 간 곳의 두께를 주의 깊게 점검하고 길이 놓여야 할 곳을 가리키는 표지판을 대충 만들어 중간중간에 남겨놓았다. 11월 17일에 얼음 두께가 겨우 100밀리미터여서, 짐을 메지 않은 말이나 건널 수 있었다. 짐을 실은 화물차 한 대를 지탱하려면 두께가 적어도 200밀리미터는 되어야 했다. 이튿날 매서운 북풍이 불기 시작했고, 며칠 안에 얼음의 두께가 거의 두 배로 늘었다. 11월 20일에 말이 끄는 첫 썰매들이 호수를 건넜다. 기진맥진한 동물이 얼음길에서 비틀거리다가 넘어졌다. 쓰러진 말은 죽여서 그 자리에서 토막 내어 레닌그라드로 보내 식량으로 썼다.[23]

11월 22일에 첫 화물차가 얼음 위에 올라 천천히 나아갔다. 군데군데 얼음이 아직 너무 얇아서 화물차가 물의 크레바스에 빠져 운전사와 함께 얼음 밑으로 사라졌다. 그러나 꽤 많은 화물차가 목적지에 이르러서 호수 저편에서 짐을 싣고 하루 뒤에 보급품 33톤을 가지고 돌아왔다. 미미한 양이었지만, 무엇이 가능한가를 보여주었다. 오시노베츠에서 시작해서 약 18마일의 얼음을 건너 카보나Kabona 마을에 이른 다음 거기서 늪과 숲을 거쳐 티흐빈Tikhvin에 있는 독일군 진지선을 넘어서 포드보로비예Podborove와 자보리예Zabore에 있는 철도 수송 종점에서 끝나는 군용 도로를 만들기로 결정되었다. 길이가 총 237마일이었다. 이 도로를 만들기 위해 2주라는 시간이 군에게 주어졌다. 이때 레닌그라드에는 7일분 식량이 남아 있었다. 강제 노동자들이 영하의 기온에서 작업을 해서 14일을 조금 넘겨 도로를 대충 닦아놓았다. 결과는 신통치 않았다. 얼음이 더 두꺼워지지 않았고 화물차는 뒤에 썰매를 매달고도 적재량의 절반만을 나를 수 있었다. 물매가 가파르고 표면이 울퉁불퉁한지라 끊임없이 차가 고장 나고 사고가 일어났다. 12월 한 달 동안 하루 평균 361톤이 날마다 수송되었지만, 이는 레닌그라드 주민을 먹여 살리는 데 필요한 양의 7분의 1이었다. 식량 비축량이 하루나 이틀 치로까지 떨어졌다.[24]

12월에 즈다노프와 레닌그라드에 파견된 스탑카 대표 니콜라이 쿠즈네초프 제독이 나가서 얼음길을 몸소 살펴보았다. 그들은 담당 장군(지은이의 착오. 실제로는 대령)을 해임하고, 도로를 보수하라고 명령하고, 표준 적재물을 정하고, 운전사들에게 높은 상여금을 약속했다. 일일 유입 톤수가 늘어나기 시작했다. 12월 24일에 당국은 뜻밖의 성탄절 선물을 발표했다. 12월 25일부터 일일 빵 배급량을 대다수 레닌그라드 시민에게 약 2.5온스 더, 노동자에게는 약 5온스(지은이의 착오. 실제로는 3.5온스) 더 늘린 것이다. 라디오와 신문이 없어서 레닌그라드 시민은 대부분 상점 계산대에 가서야 배급이 늘어난 것을 알았다. 한 여자는 어느 남자가 빵 가게를 떠나 '가면서 울다가 웃다가 머리를 감싸 쥐는 것'을 지켜보았다.[25] 라도가 호수를 통한 식량 유입이 아직 불안정했기 때문에 배급량을 늘린 것은 성급한 조처였다. 그러나 1941년 12월 초순에 소련군이 라도가 호수로 가는 간선 철도 상에 있는 티흐빈에 공세를 가해 지나치게 길어진 독일군의 진지선을 뒤로 밀어내서 철도를 되찾았다. 그 공격을 지휘한 사람은 다른 사람이 아니라 NKVD와 만나 몸과 마음을 다친 뒤에 복직된 키릴 메레츠코프 장군이었다. 다리를 다시 놓고 선로를 고치는 데 시간이 걸렸지만, 1월이 되면 새 철도가 완전 가동에 들어갔다. 화물차 운행이 3분의 1 줄어들었고, 수많은 운전사, 철도 노동자, 공병대원이 매서운 추위와 휘몰아치는 눈보라 속에서 일하며 레닌그라드를 위한 실질적인 구원을 조직하려고 애썼다. 화물차 운행로 여섯 개가 얼음을 가로질러 만들어졌고, 운행로에는 보초가 늘 배치되어 있었다. 많은 보초가 여성이었다. 얼음이 3피트 이상으로 두꺼워지자, 물방울 듣듯이 이루어지던 공급이 홍수가 되어, 그 양이 하루 1500톤으로, 그 다음에는 2000톤 이상으로 늘어났다. 1월 말에 빵 배급이 늘어났고, 2월에 다시 늘어났다. 곧이어 전혀 다른 화물이 나가기 시작했다. 피난민이 철도 수송 종점으로 돌아가는 화물차에 꽉 들어찼다. 1월에 1만 1000명, 2월에 11만 7000명, 3월에 22만 1000명이 그렇게 빠져나갔다. 넉 달 동안 기진맥진하고 쇠약해진 레닌그라드 시민 50만 명 이상이 '생명의 길'을 따라 고된 여행을 해서 안전한 곳에 이르렀다.[26]

봄 무렵에 레닌그라드는 다른 도시가 되어 있었다. 식량과 함께, 연료, 탄약, 성냥—노동자와 병사에게는 한 사람당 두 갑, 부양가족 한 사람당 한 갑이 주어졌다—그리고 공업 생산을 재개하기 위한 설비와 물자들이 왔다. 자기 집에서 먹을 채소를 재배하도록 레닌그라드 시민들에게 20만 곳이 넘는 텃밭이 주어졌다. 공영 식당이 문을 열어 싸고 따뜻한 끼니를 제공했다. 초중등 학생에게 무료 점심 급식이 주어져서, 많은 학생이 교실로 되돌아갔다.[27] 1942년 여름 내내 라도가 호수의 항로가 확장되었다. 4월에 얼음이 녹자, 주로 배가 운송을 했다. 10월까지 한 달에 15만 톤이 넘는 보급품이 제공되고 있었다. 밤낮으로 흐름이 끊기지 않았으므로, 독일군이 애써 보급로를 폭격해도 효과가 그다지 없었다. 곧 미국, 오스트레일리아, 뉴질랜드에서 상자에 포장되어 '레닌그라드를 위하여' 또는 '모스크바를 위하여'라는 인장이 찍힌 식량이 레닌그라드에 도착하기 시작했다. 1942년 8월에 도시를 점령하려는 독일군의 계획은 소련군의 원기 왕성한 반격으로 틀어졌다. 1943년 1월에 소련군의 공격이 라도가 호수 남쪽에 육상 회랑을 열어젖혔고, 그 회랑을 통해서 열차가 포위된 레닌그라드로 통과해 들어갈 수 있었다. 저널리스트 알렉산더 워스가 레닌그라드 방문을 허락받았을 무렵, 즉 1943년 가을에 그는 주민이 정상으로 되돌아가고 있으며 독일군의 규칙적인 포격과 대응 포격을 하는 소련군 대포의 천둥 같은 교향악에 주의를 거의 기울이지 않는 것을 발견했다. 비록 고아가 많기는 했지만, 아이들은 통통하게 살이 오르고 건강했다. 굶주림의 기억은 이미 희미해지고 있었다.[28]

1942년 봄부터 식량 공급이 재개되었는데도, 여러 주 동안 굶주려서 쇠약해진 수많은 레닌그라드 시민을 구하기에는 때가 너무 늦었다. 5월과 6월에 접어들어서도 사망률은 여전히 높았다. 소련 작가 알렉산드르 파데예프는 4월에 배다른 누이를 찾아갔을 때 예뻤던 모습이 변해버린 것을 발견하고는 다음과 같이 썼다. "내 앞에 거의 할머니가 되어버린 여자가 있었다. 배다른 누이의 눈꺼풀은 부었고, 얼굴은 바싹 여위고 검어졌으며, 다리는 부풀어 올라 있었다. 부드럽게 빗질이 되어 있던 검은 머리카락에는 새치가 아주 많았다. 예쁘장하던 손은 거칠어져서 막일꾼의 투박하고 마디 굵은 손이 되어 있었다."[29] 사람들이 죽고 소개되어 봄 무렵에는 인구가 크게 줄어들어 있었고, 따라서 개인 식량 배급이 빠르게 늘어났다. 레닌그라드에서 사람이 얼마나 많이 죽었는지는 결코 정확하게 알려지지 않을 것이다. 독일군의 올가미로 몰려 들어간 피난민은 결코 계산되지 않았다. 소련의 공식 수치에 따르면, 전 봉쇄 기간 동안 죽은 민간인이 63만 2253명이고, 이들 가운데 1만 6700명은 포격과 폭격으로 죽었다. 100만 명이 넘는 사람들이 소개되어서, 1943년 3월 무렵에는 시의 총인구가 63만 9000명이었다. 300만 명이 넘는 인구에서 100만 명이 훨씬 넘는 수가 계산되지 않은 채로 남아 있다. 그 100만 명의 대부분은 1941~1942년 겨울에 서서히, 고통스럽게, 비극적으로 죽어 사라졌다.[30]

그것은 붉은군대가 독일군의 공격에 저항해서 도시가 포위되는 것을 막기만 했더라면 피할 수 있었을 비극이었다. 레닌그라드는 1940년에 파리가 그랬듯이 비무장 도시*로 선언하거나 아니면 포위군에게 항복할 수도 있었을지 모른다. 그러나 히틀러는 항복을 받아들이려고 하지 않았다. 그는 레닌그라드를 지표면에서 없애버리고 싶어했다. 설사 그가 레닌그라드의 항복을 받아들일 준비를 했다고 해도, 독일 당국은 도시 주민에게 식량을 공급하려고 하지 않거나 심지어 할 수도 없었을 가능성이 높다. 1941년의 전쟁에서 독일군 손에 잡힌 소련군 포로 300만 명 가운데 대다수가 철조망에 갇혀서 그대로 방치된 채 굶어 죽었다. 거의 틀림없이 같은 운명이 레닌그라드를 기다리고 있었을 것이다. 1941년 9월 하순에 히틀러는 "생존을 위한 이 전쟁에서 우리는 이 거대한 도시의 주민을 일부라도 먹여 살리는 데 관심이 없다"라고 선언했다.[31] 급습을 당한 레닌그라드는 바르바로

---

* 적에게 공격을 당했을 때 군사 시설이 없으며 군사 작전에 이용되지 않을 것임을 선언한 도시. 무방비 도시라고도 한다. 국제법상, 무장을 해제하고 저항할 의사를 포기한 비무장 도시를 공격하는 것은 금지되어 있다.

사 작전의 기습과 속도(그리고 도시의 위치)의 제물이었다. 또한 소련이 취한 전략의 제물이기도 했다. 반드시 레닌그라드는 계속 싸워줘야만 했다. 만약 9월에 레닌그라드가 함락되거나 항복했다면, 북부 집단군이 남쪽으로 방향을 돌려 모스크바 포위의 팽팽한 균형을 깨뜨렸을지도 모른다. 러시아 옛 수도의 결사 방어는 새 수도의 결사 방어에 극히 중요했다.

주코프는 굶주림이 덮치기 오래전에 레닌그라드에서 떠나고 없었다. 10월 5일에 그는 즉시 모스크바로 돌아와서 그곳의 전선을 안정시키라는 스탈린의 전신 명령서를 받았다. 이틀 뒤 주코프는 스탈린의 집을 찾아갔고, 맹추위로 말미암아 거기서 머물렀다. 스탈린은 퉁명스러웠고 요점만 말했다. 그는 주코프에게 레닌그라드가 버틸지 여부를 물었고, 버틸 수 있다는 대답을 들었다. 그러자 스탈린은 주코프에게 모스크바 전방의 전선을 둘러보고 실제 상황을 알아보라고 명령했다. 주코프는 혼란한 상황을 발견했다. 소련의 집단군들은 상호 연락이 끊어졌다. 방어 부대는 조그만 무리를 이루어 독일의 포위에서 빠져나와 동쪽으로 온 낙오병들로 구성되고 있었다. 독일군이 어디에 있는지 아무도 확실히 몰랐다. 스탈린은 주코프의 보고에 따라 곧바로 조치를 취했다. 10월 8일에 그는 포위된 서부 전선군과 (주코프가 지휘하다가 9월에 떠난) 예비 전선군의 사령관들을 해임했고, 10월 10일에 모스크바 앞에 있는 소련군 전체를 주코프의 지휘 아래 두었다. 오직 주코프가 개입할 때에만 스탈린은 해임된 코네프를 파블로프를 다루던 식으로 다루지 못했다. 코네프는 주코프의 대리인이 되었다. 두 사람 다 상대방을 그리 좋아하지 않았지만, 그들은 경험과 전술 기술 면에서 풍부한 경험을 나누는 동반자였다.[32]

주코프가 책임을 맡았을 때, 독일군과 모스크바 사이에서 그의 휘하 병력은 겨우 9만 명이었다. 이 인원이 9월에 전투를 벌이기 시작했던 80만 명 가운데 남은 병력 전부였다. 그가 우선시한 것은 모스크바 중심에서 약 60마일 떨어진 곳에 있는 취약한 방위 체계인 모자이스크 방어선을 강화하는 것이었다. 제2방어선이 모스크바 바로 주위에, 즉 중심부에서 10마일 떨어진 곳에 반원형으로 만들어졌다. 레닌그라드 방어 시설과 마찬가지로 수많은 여자와 아이가 이 방어선을 만들었다. 여자와 아이는 징집되어 참호를 파고 대전차 함정, 포화 지점을 만들고, 엉성한 바리케이드를 쌓았다. 모스크바 도처에 대공포가 삐죽삐죽 솟았고, 도시의 잿빛 하늘에 방공 기구가 매달려 있었다. 한 목격자에 따르면, 10월 하순의 분위기는 '침착하고 투쟁적이고 영웅적'으로 변해서, 이전의 공황과 사뭇 달랐다.[33] 스탑카의 명령으로 모자이스크 방어선에 소련군 6개 군이 투입되었다. 그들 가운데 일부는 이전에 전투를 겪어본 부대였고, 모두 다 인원과 무기가 모자랐다. 이때 양측은 가을의 진창 속에서 허우적대고 있었다. 10월 6일에 이상하게 일찍 첫눈이 내렸다. 곧 눈이 녹아서 풍경 전체가 여느 때처럼 길 없는 상태로 바뀌었다. 말 그대로 '길이 없는 때', 라스푸티차rasputitsa였다.

독일군의 모스크바 점령 실패를 급작스러웠던 날씨 변화 탓으로 돌리는 것은 진부한 주장이다. 날씨 탓도 분명히 있지만 독일군의 전진은 이미 소련군의 광적인 저항과 보급품을 점령 지역을 거쳐 멀리까지 옮겨야 하는 문제 때문에 더뎌졌다. 진창 탓에 소련군의 증강도 느려지고 인원과 기계의 신속한 전개도 방해를 받았다. 10월 한 달 동안 전선은 여전히 모스크바 쪽으로 사정없이 움직이고 있었다.

10월 18일까지 독일 기갑 부대가 모스크바 북쪽에 있는 칼리닌Kalinin 〔오늘날의 트베리Tver〕과 모스크바 남쪽에 있는 칼루가Kaluga 두 도시를 장악해서 또 한 번 포위전을 벌일 태세였다. 주코프의 진지선은 측면 공격을 받았으며, 주코프는 어쩔 도리 없이 더 뒤로 물러나야 했다. 그는 독일군에 맞서서 병력을 투입해 그들의 공격 준비 사격을 막아야 한다고 스탈린을 재촉했다. 국지적 승리와 국지적 재앙이 있었다. 몽골 기병 사단이 눈이 쌓인 탁 트인 벌판을 가로질러 공격하다가 기관총 사격에 모두 다 쓰러졌다. 기병대원 2000명이 전사한 데 견줘, 단 한 사람도 독일군은 죽지 않았다. 20세기 무기를 갖춘 소련군은 더 잘 싸웠다. 심지어 가장 뛰어난 독일 전차보다 화력과 전투력이 앞서는 신형 T-34 전차를 사용할 수 있었던 곳에서는 붉은군대가 독일군 부대를 저지할 수 있었다. 1941년에는 T-34 전차가 너무 적었다.

주코프와 그가 거느린 서부 전선군이 서리가 내려 진창이 굳을 때 찾아올 독일군의 더 거센 공격을 기다리는 동안, 스탈린은 10월 혁명 연례 기념행사를 여느 때처럼 치를 결심을 했다. 기념일 전야제 집회는 전통적으로 볼쇼이 극장에서 열렸지만, 극장 바닥에 커다란 폭탄 자국이 있었다. 시 관리들은 지하철 마야콥스키Maiakovskii 광장 역의 화려한 홀을 집회 장소로 제안했다. 무대를 세우고, 그 위에 의자를 배치하고 무대가 꽃으로 치장했다. 열차가 탈의실과 간이식당으로 이용되었다. 회중이 저녁 7시 30분에 모였다. 행사를 방해하기 위해 독일 항공기들이 모스크바의 대공 방어 체계를 깨뜨리려고 다섯 시간 동안 애를 쓰고 있었지만 성공하지 못했다. 신호를 받자, 스탈린이 자리에서 일어나 연설했다. 그는 독일군이 커다란 손실을 입었다고 말했는데, 정확한 수치보다 일곱 배 부풀렸다. 그는 소련군의 엄청난 손실을 인정했지만, 절반 이하로 줄여 말했다.[34] 그것은 혁명적 공산주의자의 연설이 아니라 애국주의적 연설이었다. 전쟁은 러시아의 대의에 전 국민을 결집하는 대조국전쟁이었다. 우크라이나, 벨라루스, 발트해 연안 국가들을 잃음으로써 그들이 방어하고 있는 것은 실제로 러시아였고, 그들은 러시아를 독하게 방어하고자 했다. "독일놈들이 바라는 것이 절멸전이라면, 절멸당하는 쪽은 놈들이 될 것입니다"라는 스탈린의 선언은 길고 요란한 박수를 받았다. "지금부터 우리의 과제는 … 독일 놈들을 마지막 한 놈까지 모조리 처치하는 것입니다. … 독일 침공군에게 죽음을!"[35]

이튿날 붉은광장에서 낯익은 행진이 있었다. 며칠 동안 사전 준비가 비밀리에 이루어졌다. 열병식에 참여하는 부대원들은 전선에서 싸울 훈련을 하고 있는 것이며 열병식이 끝나면 곧바로 전선으로 보내질 것이라는 말을 들었다. 그들은 살을 에는 추위 속에 아침 5시에 집합했다. 열병식이 시작될 때까지 눈이 펑펑 내리고 있어서 독일군의 폭격은 불가능했다. 멀리서 웅웅거리는 러시아군과 독일군의 대포 소리를 들을 수 있었다. 소련군 전투기들이 명령을 받고 상공에서 초계비행을 했다. 지휘권을 막 주코프에게 넘겨준 멋쟁이 기병대 사령관 부뎐니 육군원수가 사열을 했다. 부뎐니가 군복 정장을 하고 크레믈 정문에서 하얀 군마를 타고 나왔다. 특유의 팔자수염에는 눈이 묻어 있었다. 전차와 대포가 미끄러지지 않도록 길 위에 뿌려진 모래가 바람에 휘날리거나 병사의 군화에 밀려났으며, 중장비는 미끄러운 광장을 지나가도록 사람 손으로 밀어야 했다. 그러고 나서 스탈린이 부대원에게 연설을 했다. 몸소 나오지는 않고 크레믈에서 촬영한 필름을 통해서였다.[36] 이번에 그는 연설을 듣는 사람들이 그들의 대의가 긴 세월을 내려온 러시아의 대의임에 의심을 품지 않도록 다음과 같이 말했다. "알렉산드르 넵스키, 드미트리 돈스코이, 쿠즈마 미닌과 드미트리 포자르스키, 알렉산드르 수보로프, 미하일 쿠투조프,* 위대한 우리 선조들의 용맹한 넋이 이 전쟁에서 여러분을 격려하기를!" 이들은 튜턴기사단, 타타르인, 17세기의 폴란드 침략자들, 그리고 마지막으로 나폴레옹을 격퇴했던 인물이었다. 스탈린은 더는 혁명적 열정에 호소하지 않고 더 깊은 민족의식, 그리고 역사의식에 호소하고 있었던 것이다.

열병식을 하는 군인들은 붉은광장에서 행진해 이제는 고작 40마일 떨어진 전선으로 갔다. 심지어 히틀러 자신도 동방의 전쟁이 이듬해로 넘어가리라는 것을 알 수 있기는 했어도, 그는 모스크바 포위를 매조지하고 싶어했다. 10월 27일에 히틀러는 "오로지 길이 말라붙거나 얼기만을 기다리고 있다"라고 괴벨스에게 말했다. 일단 전차가 다시 굴러갈 수 있기만 하면 "소련의 저항은 분쇄될 것이다".[37] 비록 육군 지도부에게는 열의가 없었어도, 11월 초순에 최종 공격 계획이 수립되었다. 11월 중순에 드디어 땅이 딱딱해졌다. 모스크바 북쪽에서

---

* 돈스코이(1350~1389)는 모스크바대공국 지배자로 리투아니아와 몽골에 맞서 싸웠고, 1380년 쿨리코보(Kulikovo) 전투에서 킵차크한국(kipchak汗國)의 부대를 섬멸했다. 그의 통치기에 모스크바대공국이 슬라브인 국가들의 우두머리로 떠올랐다. 포자르스키(1578~1642)는 러시아의 귀족이었고, 미닌(?~1616)은 푸줏간 주인이었다. 러시아의 정치 혼란을 틈타 폴란드 군대가 쳐들어와 모스크바를 포위한 위기 속에서 두 사람은 의병을 조직해서 외국 간섭군을 물리치는 데 큰 공을 세웠다. 수보로프(1730~1800)는 7년 전쟁부터 러시아와 유럽에서 벌어진 수많은 전쟁에서 러시아군을 지휘하면서 한 번도 진 적이 없는 명장이었다. 제2차 나폴레옹 전쟁에서 반프랑스 동맹군의 총사령관을 맡았고 제정의 존립 기반을 뒤흔든 푸가초프(Pugachov) 반란을 진압해서 예카테리나 대제의 신임을 얻었다. 쿠투조프(1745~1813)는 1812년에 나폴레옹의 대군이 러시아에 쳐들어왔을 때, 러시아군 총사령관이 되어 나폴레옹의 대군을 물리쳤다. 그뒤 나폴레옹의 지배 아래 있던 유럽 국가들을 해방하다가 1813년 4월에 전쟁터에서 병사했다.

제3기갑 집단군과 제4기갑 집단군이 클린Klin과 모스크바-볼가 운하를 향해서 공격했다. 독일군은 11월 24일에 마침내 클린을 장악했고, 11월 28일에 운하를 건넜다. 선봉 부대는 이제 모스크바 중심부에서 고작 12마일 떨어진 곳에 있었다. 더 남쪽에서 제2기갑 집단군이 툴라 쪽을 공격했다. 툴라를 점령하면 모스크바 배후 지역으로 가는 길이 열릴 터였다. 이전에 두 차례 포위를 겪었던 볼딘 장군이 그 도시를 방어했다. 그의 부하들이 이번에는 더 견고하게 참호를 파고 들어가 종심이 더 긴 방어 지대를 갖추고 있었다. 하마터면 또다시 포위될 뻔했지만, 볼딘은 툴라에서 굳게 버텼고 독일군 공격의 남쪽 예봉을 꺾었다.[38]

주코프는 공격을 저지하기에는 매우 제한된 병력을 가지고 있었다. 그의 진지선에 있는 병력은 24만 명이었다. 전선 전체에 전차 500대가 있었는데, 그 가운데 다수가 현대전을 견뎌내기 힘든 경전차였다. 모스크바의 초기 방어는 시베리아의 오지에서 온 기운 팔팔한 부대가 아니라 패배한 부대의 잔존 병력, 후방 근무를 하는 비전투원, 모스크바 민병대, 급히 훈련받은 수도 부근 소도시 주민으로 이루어진 잡동사니 군대로 수행되었다. 기동 부대들을 분산하기보다는 '충격'군으로 집중하려고 노력했다. 주코프는 전장이 더 긴밀하고 더 잘 조정되도록 조직했으며, 이전의 전투에서와는 달리 휘하 부대와의 연락이 끊어지지 않았다. 소련군 지휘관은 이제 독일군 전술의 성격을 더 명확하게 이해했다. 예전처럼 부대원에게 많은 것이 요구되었다. 이 결정적 전투가 모스크바 부근에서 벌어지는 동안 '판필로프Panfilov 부대 28용사'의 전설이 탄생했다. 무기라고는 대전차총, 유탄榴彈, 화염병만 가진 붉은군대 소분견대가 처음에는 전차 20대, 나중에는 30대의 공격을 물리쳤다. 그들은 전차 18대를 부수고 독일군의 공격을 격퇴했다. 싸움이 한창일 때 크게 다친 당 정치지도원〔코미사르의 별칭〕 클로치코프가 수류탄 한 다발을 끌어안고서 전차 밑으로 몸을 던졌다. 그에 앞서 그는 얼마 남지 않은 병사 몇 명에게 "러시아는 넓지만 물러설 곳은 없다"라고 말했다고 한다. 1930년대의 스타하노프 운동원 이야기와 마찬가지로 이 이야기에는 명확한 정치선전 목적이 있다. 돌격 노동자는 이제 기준 작업량을 초과해서 죽음을 맞이하는 돌격 병사가 되었다. 그러나 이런 서술이 아무리 허위적인 체제에 봉사했다고 해도 모두 허구라고 내버려서는 안 된다. 압도적으로 우세한 적에 맞서서 죽을 때까지 싸운 수많은 소련 일반 병사의 말 없는 용기를 말해주는 적지 않은 목격자, 특히 적의 자살 행위와도 같은 저항을 이해하기 힘들어하고 또 맞서 싸우기를 두려워한 독일군 가운데에도 목격자가 있다. 그렇지만 판필로프의 이야기에는 더 불운한 측면이 하나 있다. 전투 도중에 그는 사수하든지 아니면 총살대를 맞이하든지 하라고 명령하는 주코프의 전갈을 받았던 것이다〔판필로프는 소련군 서부 전선군 제16군 제8소총사단장이었다〕.[39]

11월 중순 어느 시점—주코프는 이때를 11월 19일이라고 기억했다—에 스탈린이 그에게 전화를 걸어 모스크바의 전망이 어떤지를 다음과 같이 물었다. "귀관은 우리가 모스크바를 지키리라고 확신하는가? 아픈 가슴을 안고서 귀관에게 묻네. 공산주의자답게 솔직하게 말해주게나." 주코프는 "의심의 여지 없이 우리는 모스크바를 지킬 것입니다"라고 공산주의자의 진실을 말해서 그를 기쁘게 했다. 몇 해 뒤에 주코프는 사실 수도의 운명에 관한 '확신'은 자기에게 전혀 없었다고 회상했다.[40] 스탈린은 증원군을 약속했지만 주코프가 원한 전차는 단 한 대도 내놓을 수 없었다. 11월 하순이 되자 독일군의 공격력이 눈에 띄게 약해지고 있었다. 수색대가 수도 교외에 접근했지만, 그것이 한계였다. 최후의 공세는 지친 독일군 병사에게 너무 많은 것을 요구했다. 독일군은 전차와 탄약이 모자랐고 혹독한 동계 상황에 대한 준비가 형편없었다. 완강해지는 소련군의 저항으로 사상자 수가 껑충 뛰었다. 7월 말에 이르기까지 독일군은 소련의 서부 지역 전체를 정복하면서 겨우 4만 6000명밖에 잃지 않았다. 키예프, 레닌그라드, 모스크바 전투에서 또다시 11만 8000명의 목숨을 대가로 치렀다. 11월 말까지 독일군 실 병력의 25퍼센트 이상이 죽거나 다쳤다. 이것은 물론 적군의 손실과 비교하면 아무것도 아니었다. 6월과 12월 사이에 붉은군대는 전사로 266만 3000명을 잃었고, 335만 명이 사로잡혔다. 독일군 한 명이 전사할 때, 소련군 스무 명이 죽었다.[41]

12월 초에 비록 독일군 부대가 기진맥진하기는 했지만, 독일군 총사령부는 소련이 마지막 대대까지 모든 예비 인력을 다 써버렸다고 믿었다. 독일 육군 참모총장은 일기에 "동원 가능한 새 병력은 더 없다"라고 썼다. 12월 1일에 독일 육군 사령관 발터 폰 브라우히치 육군원수는 붉은군대에게 "대규모 예비 부대가 없다"라고 보고했다. 붉은군대는 바닥을 드러낸 군대라는 것이었다.[42] 두 사람 다 틀렸다. 그것도 아주 많이. 11월 30일 이른 아침에 스탈린은 주코프에게 전화를 걸어 소련군이 반격을 개시해서 모스크바에 가해지는 위협을 끝내라고 명령했다. 주코프는 자기에게는 병력도 무기도 없다고 항변했지만, 스탈린은 요지부동이었다. 그날 늦게 주코프는 벨로프 장군과 함께 크레믈에 도착했다. 두 사람은 씩씩하게 걸어서 탄공彈孔들을 지나쳐 경비병이 득시글대는 지하 벙커에 들어갔다. 기다란 복도 끝에 이르러 두 사람은 밝게 불이 켜진 방으로 들어갔다. 스탈린이 그들을 맞이하려고 기다리고 있었다. 1933년에 마지막으로 스탈린을 보았던 벨로프는 변해버린 스탈린의 겉모습을 보고 깜짝 놀랐다. 그의 대중적 이미지는 강인하고 명민하고 단호한 정치 거인이었다. 그 앞에서 벨로프는 꽤 다른 스탈린, 즉 '지치고 초췌한 얼굴을 한 작달막한 사람'을 발견했다. "여덟 해 만에 그는 스무 살은 더 먹은 듯이 보였다. 그의 눈은 과거의 확고함을 잃었고 목소리에는 자신감이 없었다."[43] 성난 간섭은 없었다. 스탈린은 여전히 최고 사령관이었지만, 그 지도자와 장군들 사이의 균형은 느리게 장군들 쪽으로 기울고 있었다.

12월 첫 주에, 즉 독일군 부대들이 레닌그라드 주위에서 그랬던 것처럼 겨울에 대비해서 참호를 파 들어가기 전에 반격한다는 계획이 세워졌다. 바로 그 같은 한 방을 위해서 스탑카는 적에게 전혀 들키지 않고 12개 이상의 군을 예비로 보유하고 있었고, 일부는 11월에 전개되어 모스크바 전방의 전선을 유지했다. 이 사단들은 극한까지 싸울 것이라는 기대를 받았다. 한편 되받아치기를 강화하려고 새로운 58개 사단이 전선 뒤에 도사리고 있었으며, 그 가운데 일부는 러시아 동부에서 빼돌린 사단이었다. 소련을 위해 일하는 간첩 리하르트 조르게가 일본이 영국과 미국에 맞서서 남방으로 이동할 준비를 하고 있음을 확인하자, 동부 국경에서 사단들을 추가로 빼돌렸다. 이들은 앳된 얼굴의 강인한 '시베리아의 아이들'이었고, 그해 12월에 수도의 거리를 지나는 이들을 기억하는 모스크바 시민이 많았다. 새로운 군 전체의 충원과 훈련은 독일군 사령부가 전혀 예상치 못한 상태에서 이루어졌다. 독일군을 저지한 것은 혹독한 겨울철 조건이 아니라 여름과 가을에 처참하게 당한 뒤에 이루어진 소련군 인력의 놀라

운 충원이었다.[44]

주코프의 계획은 제한된 계획이었다. 거대한 쇠갈고리처럼 모스크바 주위에 다다른 두 집게발에 묵직한 타격을 가하는 공세를 펼쳐서 두 집게발이 11월에 원래 시작했던 곳으로 도로 밀어붙이는 것이었다. 기습이 필수적이었지만, 부대원들과 전방 기갑 부대의 이동이 독일 비행기에게 포착되었다. 주코프로서는 운 좋게도, 독일 사령관들은 그 보고를 무시했다. 그들은 소련의 공세가 가능하다고 믿지 않았던 것이다. 주코프가 모은 병력은 상대인 독일군 병력보다 더 많지 않았고, 전차와 항공기에서는 훨씬 열세였다. 소련군이 우세였던 것은 동계 장비였다. 두툼한 흰색 눈옷, 보안경, 난방 기구, 스키와 썰매가 그것이었고, 추위를 잘 견디는 초원 조랑말은 보급 물자를 끌고 기병대를 태우고 이 전투에서 저 전투로 옮겨 다녔다. 소련 공군은 난방이 되는 격납고를 가지고 있었으며, 소련군의 차량은 사계절 구동에 알맞도록 늘 적응되어 있었다. 이것은 사소하지만 중요한 이점이었다.

독일군의 추위 대비는 형편없었다. 동계 복장 보급이 달렸고, 차량은 대부분 극한極寒의 조건에 완전히 속수무책이었다. 화물차는 엔진 밑에 작은 난로를 놓아서 엔진을 달군 다음에야 시동이 걸렸다. 항공기들은 조그만 노천 초지 비행장에 아무런 보호 장치 없이 서 있었다. 비행기에 매달려 일하는 정비병은 얼어붙은 기계에 몸이 달라붙었다. 겨울철 운전에 필요한 효율적인 윤활유와 여유분 연료가 모자라서 기갑군이 누린 전차의 우위가 감소했다. 일반 병사들은 추운 날씨가 건강을 완전히 해친다는 것을 발견했다. 동상이 13만 3000건 넘게 발생해서 독일군의 전선이 약해졌다. 병사들은 발과 손가락을 잃었으며, 살갗에는 진물이 흘렀다. 그들은 추위와 피로로 감각이 없어지고 위장도 제대로 하지 못한 채 빠르게 이동하는 적과 싸워야 했다. 독일군 병사는 적을 볼 수가 없었다. 소련군의 공세가 개시된 날인 1941년 12월 5일에 아침 시간의 기온은 섭씨 영하 25도였다.[45]

12월 5일 새벽 3시에 붉은군대가 높이 쌓인 눈을 헤치고 전진했다. 공격은 모스크바 북쪽의 모스크바-볼가 운하와 작은 마을 클린에 주둔한 기갑 부대를 상대로 시작되었다. 집중된 '충격 부대'의 운용이 독일군의 방어에 구멍을 뚫었다. 열흘 동안 완강한 저항을 물리친 뒤 12월 15일에 클린을 점령했다. 그달 말에는 칼리닌을 되찾았다. 남쪽에서는 툴라의 포위가 풀렸고, 독일군이 80마일 넘게 뒤로 밀려나 칼루가로 후퇴했다. 소련군은 한 주 동안 치열한 시가전을 벌인 끝에 칼루가를 점령했다. 이때 양측은 조금도 양보하지 말고 끝까지 싸우라는 명령을 받았다. 독일군의 집게발이 부러지자 소련군은 더 자신감을 가지게 되었다. 전투는 대부분 눈보라와 에는 듯한 바람 속에서 벌어져 양쪽 다 피해를 많이 입었다. 붉은군대 병사가 추위를 잘 견디기는 했지만 한겨울에 치르는 싸움은 어느 쪽에게도 쉬운 일이 아니었다. 소련군의 공격에 맞닥뜨린 중부 집단군 자체가 포위될 위협에 처했다. 독일군 지휘관은 히틀러에게 더 나은 방어 위치로 물러나게 허락해달라고 간청하기 시작했다. 스탈린과 마찬가지로 히틀러는 총퇴각을 허가하지 않으려고 했다. 그는 주요 지휘관을 해임하고 '군에게 국가사회주의자가 되는 법을 가르치겠다'고 약속하면서 12월 19일에 자기가 직접 군 지휘권을 인수했다.[46] 전쟁에 동원된 단연 사상 최대의 군대를 맡은 아마추어 지휘관인 히틀러와 스탈린이 이제 서로 직접 맞섰다.

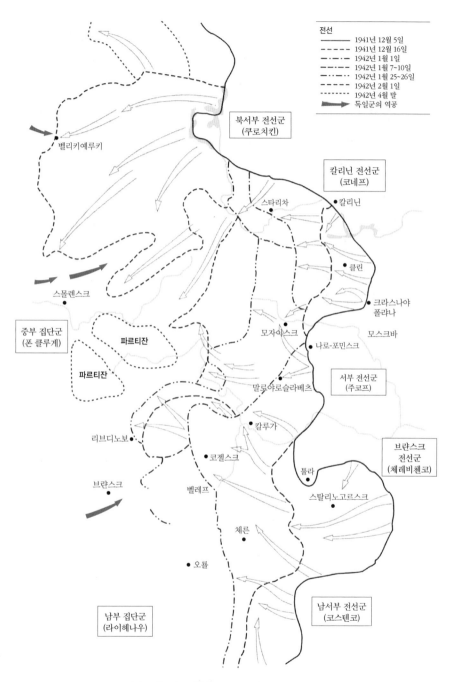

전선
— 1941년 12월 5일
--- 1941년 12월 16일
-·-· 1942년 1월 1일
-··-·· 1942년 1월 7~10일
-···-··· 1942년 1월 25~26일
----- 1942년 2월 1일
······ 1942년 4월 말
➡ 독일군의 역공

북서부 전선군
(쿠로치킨)

칼리닌 전선군
(코네프)

벨리키예루키

스타리차

칼리닌

클린

스몰렌스크

크라스나야
폴랴나

중부 집단군
(폰 클루게)

파르티잔

모자이스크

모스크바

나로-포민스크

파르티잔

말로야로슬라베츠

서부 전선군
(주코프)

리브디노보

칼루가

코젤스크

툴라

브랸스크
전선군
(체레비첸코)

브랸스크

벨레프

스탈리노고르스크

체른

오룔

남부 집단군
(라이헤나우)

남서부 전선군
(코스텐코)

[지도 3] 모스크바 역공(1941년 12월~1942년 4월)

12월 13일에 모스크바 시민은 독일군이 수도를 포위할 위협이 사라졌다는 소식을 들었다. 사실 전투는 1월까지 계속되었다. 날씨가 혹독하고 증원군과 차량이 모자란데도 독일군 부대원들과 지휘관은 끈질기게 그리고 능란하게 싸웠다. 전선의 상황은 모호하기 이를 데 없었다. 독일군 부대는 포위되었으며, 비행기로 보급을 받아야 했다. 소련군 부대가 독일군 진지선 배후로 침투해 들어왔다가 이번에는 그들이 포위되었다. 주코프는 남은 예비 병력을 제2단계 공세에 집중하기를, 즉 아직 모스크바 전방에 있는 강력한 독일군 부대를 뒤로 밀어내고 소련군 진지선을 강화하기를 바랐다. 스탈린의 생각은 달랐다. 달아나는 적의 모습은 더 큰 승리를 거두겠다는 환상을 품게 만들기에 충분했다. 모스크바와 레닌그라드가 구해지자, 이제 스탈린은 소련군의 기세가 봄비와 독일군의 증강으로 사그라지기 전에 모든 전선에서 적을 뒤로 몰아내고 싶어했다.

그것은 너무도 비현실적인 야망이었다. 우리는 스탈린이 생각한 바를 단지 어림짐작할 수 있을 뿐이다. 더 큰 전략적 구도가 12월 동안에 소련에게 유리하게 바뀐 것은 사실이었다. 12월 7일에 일본이 극동에서 미국과 영국을 공격했고, 나흘 뒤에 히틀러가 미국에 선전포고를 했다. 그 결과로 스탈린에게 부유하고 막강한 전우가 생겼다. 12월 16일에 앤서니 이든 영국 외무부 장관이 고작 50마일 떨어진 곳에서 전투가 벌어지는 소리가 들리는 모스크바를 방문했다. 주코프의 공세가 성공한 뒤에 더 느긋해진 스탈린이 정치로 되돌아간 동안 영국과 소련의 군사 조약 초안이 준비되었다. 스탈린은 1941년의 소련 국경을 회복하는 데 동의한다는 조약, 즉 동유럽을 사실상 소련의 지배하로 넘긴다는 조약을 요구했다. 이든은 그 제안에 관해서 생각하는 동안 외출해서 얼마 전에 해방된 클린을 보았다. 어떠한 합의도 보지 못했지만, 스탈린은 입장을 밝힌 셈이었다. 동유럽에 친소련 정권이 들어서야 한다는 것은 영국 및 미국과 협상을 벌인 여러 해 내내 제기된 스탈린의 입장이었다. 수도 바깥에서 결정적인 싸움이 벌어지는 와중에 스탈린은 시간을 내서 연회를 열어 이든을 환송했다. 훗날 이든은 크레믈에 있는 예카테리나 대제의 알현실에서 열린 그 연회가 '당혹스러울 만큼 사치스러웠다'고 묘사했다.[47]

스탈린이 주코프와 여타 군 지도자들에게서 군사 지도권을 빼앗으려 했음이 거의 틀림없다. 스탈린은 모스크바를 구한 영예를 받을 사람들의 명단에서 의도적으로 주코프의 이름을 지웠다. 주코프가 1월 5일에 크레믈에 있는 스탈린의 서재에 호출되었을 때, 그는 총공세를 편다는 생각에 반대했다. 그러나 그 자리에 있던 다른 사람들은 모두 예의상 입을 다물고 있었다.[48] 공세는 지지부진했다. 2월과 3월에 스탈린은 더 빨리 더 열심히 움직이도록 사령관들을 몰아세웠다. 레닌그라드를 구원하고 독일군 중부 집단군을 포위하고 우크라이나의 공업 중심지를 해방할 공세가 개시했으나, 모두 실패했다. 그것도 엄청난 대가를 치르고서. 추가로 소련군 44만 4000명이 전사한 데 견줘 독일군은 8만 명을 잃었다. 이는 공세가 인력 위주였고 무기 면에서 열악했음을 보여주는 지표다.[49] 소련의 전쟁 수행 기구war machine는 독일군에게 결정적 패배를 안기는 데 필요한 무기와 장비 면에서 비참할 정도로 결함이 있었다. 모스크바 전투로 말미암아 스탈린은 또다른 싸움을 기약할 수 있게 되었지만, 모스크바 전투는 흔히 단언되는 바와는 달리 전쟁의 전환점이 아니었다.[50] 1941년 12월에 붉은군대 참모총장 샤포시니코프 육군원수는 러시아에 여전히 필요한 것은 "현대전의 경험을 습득하는 것이다. … 전쟁의 결말이 여기서 그리고 오늘 결정되지 않을 것이다. … 위기는 아직 완전히 가시지 않았다"라고 평했다.[51] 붉은군대가 전투를 벌이기 좋은 여름 날씨에 독일군에게 주요한 패배를 안기는 데 성공한 것은 1943년에나 가서였다. 그때도 여전히 침략자들은 1941년만큼이나 소련 영토 안쪽 깊숙한 곳에 있었다. 심지어 그때도 물적 자원 면에서는 독일이 크게 우세했다. 모스크바는 서툰 첫걸음이었고, 그 짧은 성공은 스탈린 자신의 군사적 무능 탓에 거의 탕진되었다.

반격은 가시지 않는 효과를 한 가지 낳았다. 독일군에게 점령되었다가 해방된 지역은 소련군 일반 병사들에게 자기가 수행하고 있는 전쟁의 본성을 보여주었다. 그들은 마을이 다 불에 타거나 폭파되고 시골 아낙네와 아이가 영하의 기온에 음식 찌꺼기를 찾으려고 폐허 속을 헤치고 있는 것을 발견했다. 모스크바 남쪽에 있는 주코프의 고향 마을 스트렐롭카Strelovka가 독일군이 퇴각하는 동안 불타버렸다. 주코프의 어머니가 살던 집도 함께 타버렸다. 주코프의 가족에게는 사회 저명인사를 둔 행운이 있었다. 독일군이 도착하기 전에 주코프는 어머니와 누이와 외조카들이 모스크바의 비교적 안전한 곳으로 이사하도록 손을 썼다.[52] 적어도 그 피해의 일부는 그해 앞서 후퇴하는 소련군이 가한 것이었다. 소련군은 (비록 체계적으로 수행하기에는 후퇴가 너무 무질서하고 황급히 이루어지기는 했어도) 다가오는 적군의 진로에 있는 모든 것을 파괴하라고 스탈린이 직접 내린 지시를 받았던 것이다.

붉은군대는 가는 곳마다 잔학 행위를 보여주는 오싹한 증거를 발견했다. 열여덟 살 소녀 조야 코스모데미얀스카야의 운명보다 더 가슴 저미는 증거는 없다. 독일군에게 쓸모 있을지도 모르는 것을 파괴하라는 지시를 받은 지역 파르티잔 집단의 일원인 조야는 마구간 몇 군데에 불을 지르다가 잡혔다. 나중에 돈 소문은 마을 사람들이 직접 조야를 독일군에게 넘겼음을 시사했다. 조야는 목에 판자를 걸고 구경거리로 마을을 빙 돈 다음 고문을 받고 난도질을 당하고 교수형을 받았다. 소련군 부대가 도착했을 때 왼쪽 젖가슴이 잘린 조야의 얼어붙은 주검이 밧줄에 매달린 채로 발견되었다. 조야의 시련은 처음에는 시로, 나중에는 연극으로 기록되었다. 그 연극에서 주인공 조야가 처형되는 날 밤에 스탈린의 환영이 조야에게 찾아와 모스크바가 구제되었다고 안심시켜준다. 조야의 전설 뒤에 있는 진실은 덜 가슴 찡하다. 조야의 아버지와 할아버지는 모두 숙청 기간 동안 총살되었고, 십 대의 조야는 마치 두 사람의 죄를 대신 갚으려는 듯 강박 관념에 사로잡힌 청년 공산주의자가 되었다. 조야의 어머니는 아버지의 이름에서 오욕을 거두겠다는 조야의 염원을 같이 나누며 조야가 공산주의 청년 파르티잔에 가입하도록 용기를 북돋워주었다. 조야는 자살 행위와 같은 임무를 띠고 모스크바 전방 지역으로 파견되어 다가오는 독일군 한가운데로 들어갔다.[53]

잔학 행위를 발견하자 부대원의 분위기가 바뀌었다. 모스크바 바깥에서 저질러진 폭력의 결과를 눈으로 본 예렌부르크는 드디어 '적을 향한 증오'를 찾아냈다. 한 독일 보병은 소련군 병사들이 "공격할 때 황소처럼 울부짖는다"라고 썼다.[54] 더 무시무시하게도, 그는 붉은 군대 병사들이 전선에서 포로를 더는 살려두지 않는다고 적었다. 양쪽 다 절멸전을 수행하고 있었던 것이다. 러시아 문화도 목표가 되었다. 독일군은 박물관과 미술관을 약탈했다. 새로운 공화국이 인민을 위해 남겨놓은 황제의 대궁전도 마찬가지였다. 러시아 음악과 문학의 위인을 기리는 기념물이 더럽혀졌다. 톨스토이의 영지였던 야스나야 폴랴나Iasnaia Poliana에서는 독일군이 톨스토이의 원고를 땔감으로 불태워버렸으며, 그 위대한 인물의 무덤 주위에 독일 병사의 주검을 파묻었다. 차이콥스키의 집은 약탈당하고 오토바이 차고로 쓰였다.[55] 한때는 그저 '파시스트 짐승'에 관한 당의 슬로건이었던 것이 이제는 실질적 의미를 띠었다. 1941년에 시인 수르코프는 그 분노의 일부를 자작시 〈어느 용사의 맹세〉에서 포착해냈다.

그 여자들과 아이들의 눈물이 내 심장에서 끓는다.
이 눈물의 대가를 살인마 히틀러와 그 졸개들에게 놈들의 늑대 같은 피로 치러주리라.
복수자의 증오는 무자비하기에.[56]

5장

내부로부터의 싸움

부역, 테러, 그리고 저항

친구 형제 여러분! 볼셰비즘은 러시아 인민의 적입니다. 볼셰비즘은 우리 국가에 헤아릴 수 없는 재앙을 가져왔습니다. … 피는 흘릴 만큼 흘렸습니다! … 굶주림, 강제 노동, 볼셰비키 고문실의 고통도 겪을 만큼 겪었습니다! 들고일어나 자유를 위한 투쟁에 나서십시오! … 독일과의 영예로운 평화 만세!

— 블라소프 장군, 대對국민 호소문, 1942년 12월 27일

1941년 8월에 B 특무기동대 지휘관 아르투어 네베는 문제 하나를 해결하는 데 도움을 얻으려고 범죄학 전문학교 출신의 전문가에게 전화를 걸었다. 얼마 전에 하인리히 힘러가 벨라루스의 수도 민스크를 방문해서 '파괴 책동 행위자' 100명이 처형되는 것을 지켜본 적이 있었다. 그가 빈 구덩이에서 고개를 숙이게 하고 한 번에 열두어 명씩 쏘아서 사람을 죽이는 것을 본 적은 이번이 처음이었다. 그는 네베에게 처형하는 사람이 잔인함을 덜 느끼는 다른 방법을 시험해보라고 요청했다. 전문가들이 폭약과 가스 발생 설비를 가득 실은 화물차를 타고 러시아로 달려왔다. 도착한 이튿날 아침 그들은 차를 몰고 민스크 바깥에 있는 숲으로 갔다. 거기서 그들은 나무로 만든 벙커 두 개에 폭약 250킬로그램과 소련의 한 정신 병원에서 데려온 정신 질환자 스무 명을 채워 넣었다. 그들을 날려버리려는 첫 시도는 실패했고, 다치

고 놀란 제물들을 폭약 100킬로그램을 추가로 더 채운 벙커에 도로 집어넣었다. 이번에는 사람들이 폭발해서 산산조각 났고, 강요를 받은 유대인 수감자들이 사람의 살점을 집어 올리면서 그 지대를 문질러 닦아냈다. 그다음에 그들은 모길료프Mogilev에 있는 한 정신 병원에서 다른 방법을 시험해보았다. 여기서 그들은 창문을 벽돌로 막은 한 실험실에 정신 질환자들을 몰아넣고서, 그 안에 승용차 한 대의 배기관과 연결된 파이프를 집어넣었다. 승용차 매연으로 제물을 죽이는 데에는 시간이 너무 오래 걸려서, 승용차 대신에 더 많은 양의 매연을 내뿜는 화물차를 썼다. 제물은 8분 만에 죽었다. 가스로 죽이는 방법이 선택되었다. 독일이 점령한 영토 전역의 정신 병원에서 통틀어 1만 명으로 추산되는 남자, 여자, 어린이가 죽었다.[1]

이 살인 실험은 동방에서의 인종 청소 및 '게릴라 소탕' 계획의 일부로서, 이데올로기 전쟁과 인종 전쟁의 십자포화에 희생된 유대인, 소련군 전쟁 포로, 체포된 공산당원, 파르티잔, 보통 사람 수백만 명의 죽음을 불러왔다. 이것은 현대 전쟁의 역사에서 필적하는 예가 없는 죽음의 포획이었다. 침공 초기에 마을을 굴러 지나가는 독일군 전차를 목격한 사람들 가운데 어느 누구도 침공군에게 무엇을 기대할 수 있는지 알지 못했다. 발트해 연안 국가들과 벨라루스와 우크라이나에서는 스탈린과 스탈린주의에 대한 적대감이 강했지만, 그 국가들이 소련의 지배에서 벗어난다고 해서 꼭 독일의 지배를 조금이라도 더 반기지는 않을 터였다. 침공군에 부역하는 것조차, 배반과 기회주의의 통상적 함축과 더불어, 늘 액면 그대로 받아들여져서는 안 된다.

동방에서 독일의 통제 아래 들어간 사람들 가운데 일부가 침공군과 함께 일했다는 것은 의문의 여지가 없다. 어떤 이들은 소련 공산주의를 진정으로 미워한 나머지 자원해서 부역했다. 어떤 이들은 독일이 토지 사유제와 자본주의 기업의 복구에 관해 계명된 견해를 가지고 있나는 잘못된 믿음에서 부역을 했다(키예프에서는 많은 상인이 사업을 재개해도 된다는 허가를 내달라고 독일 당국에 탄원하기까지 했다).[2] 어떤 이들은 소련의 탄압으로 오랫동안 부정된 독립 민족 국가를 세울 기회를 보았기 때문에 부역했다. 민족위원회가 발트해 연안 국가들, 우크라이나, 캅카스 지역에 구성되었다. 가장 많은 수의 부역자는 독일 군대를 돕는 자였다. 소련인 군속 노무자의 모집은 침공 이후 꽤나 늦게 시작되었다. 소련군 죄수나 지역 일꾼이 보조 자원자로 이용되었다. 그들은 주로 육체노동—방어 시설 건설, 보급 물자 운반 비행장과 수용소 건설 등—을 했다. 히틀러가 소련인 노동의 사용을 분명하게 금지했기 때문에 그들은 처음에는 비밀리에 고용되었다. 독일군은 전쟁 포로 수백만 명을 노동력으로 전쟁 수행 노력에 활용하기보다는 거대한 노천 수용소에서 먹지도 못하고 병들어 죽도록 내팽개쳤다.[3] 그러나 러시아의 독일 사령관들은 곧 지역 노동자를 모집하는 것밖에는 다른 선택이 없다는 것을 깨달았다. 전선 지역이 드넓고 전진 속도가 빨라서 전선을 지탱하는 군 기구 전체를 운영하기에 독일인 일손을 넉넉히 공급하기가 불가능해졌다. 1941년 여름이 끝나갈 무렵에는 모집된 소련인이 볼셰비즘과 맞서는 십자군에 동원된 전투 부대의 대열에 끼어 있게 된다.

그 신병은 처음에는 주로 소비에트 체제에 더 적대적인 비러시아계 민족에서 나왔다. 독일군은 1941년에 포로수용소를 뒤져서 캅카스나 투르키스탄 출신 포로들을 찾아내어 풀어주고는 그들에게 독일

군복을 입히고 성능이 떨어지는 소련제 무기를 지급해 주로 독일인 장교(풀려난 포로 가운데 겨우 74명에게만 장교 지위가 주어졌다)의 지휘 아래 두었다. 이슬람교도 부대에게는 부대당 이맘(모스크에서 예배를 주간하는 이슬람교 지도자) 한 명이 배치되고, 부대원들 사이에서 높았던 이슬람교 교육 수요를 채워주고자 수니파 및 시아파 수도자들이 드레스덴Dresden과 괴팅겐Göttingen에 있는 신학교에서 훈련을 받았다. 모집된 병사 다수는 기존의 독일군 사단에 추가되어서, 도망을 막는 경비병으로 약간 명씩 이용되었다.[4] 그러나 그들은 전쟁이 지속됨에 따라 더 대규모 부대로 편성되었다. 우크라이나인 2개 사단, 투르키스탄 출신으로 이루어진 1개 사단, 갈리치아에서 양성한 1개 나치 친위대 사단, 라트비아인, 리투아니아인, 에스토니아인 15만 명 이상이 존재했다. 무엇보다도 먼저 카자크kazak가 있었다. 이 전사 부족은 차르에 봉사하는 기나길고도 피비린내 나는 역사를 가진 전설적 전사들이었다. 많은 카자크가 내전에서 볼셰비키와 싸웠으며, 자기들에게 국가로서의 존속을 허용하지 않고 카자크의 생활 전통을 혹독하게 억압하는 체제와 결코 화해하지 않았다. 그들은 조국이 될 나라—카자키야Kazakiia—를 세우겠다는 열망을 숨기지 않았지만, 독일군 사령관에게 전우로서 환영을 받았다.[5]

붉은군대의 카자크 연대들이 적에게 넘어가 복무를 지원했다. 그들은 기동력이 뛰어난 기병대로 편성되어 파르티잔을 추적하는 데 투입되었다. 남부의 카자크 본거지들이 1942년에 독일군에게 해방되었을 때, 마을과 농장 주민 전체가 지역 찬가를 부르고 선물로 줄 음식과 꽃을 들고 독일군을 맞이했다. 남자들은 여러 해 전에 파묻어 두었던 칼, 단검, 소총을 파내 꺼내고는 눈에 익은 십자 탄띠를 두르고 카자크 복장을 갖춰 입고서 기병도를 들고 말을 타고 나가 입대했다. 오랫동안 죽었다고 여겨진 옛 지도자, 아타만(카자크의 세력가이자 군 지휘관을 일컫는 러시아어 칭호) 쿨라코프가 은신처에서 나와 장엄한 부족 행렬을 이끌고 카자크의 수도 폴타바Poltava로 들어갔다. 카자크 기병들은 스탈린그라드에 다가서고 있던 독일군에 들어갔다. 그들은 붉은군대 낙오병 집단을 추적하도록 파견되었으며, 치열하고 가차 없이 효율적으로 그 일을 했다. 1943년에 히틀러조차 아시아 민족에게 품은 편견을 버리고 카자크로만 이루어진 최초의 사단을 만드는 데 동의했다. 그 수는 점차 몇 곱절로 늘어났다. 1944년이 되면 25만 명이 넘는 카자크가 독일군 편에 서서 복무했다.[6]

모두 합쳐서 100만 명으로 추산되는 소련군이 자기 나라에 맞서 싸우게 되었다. 많은 사람은 자포자기해서, 즉 포로수용소에서 죽지 않거나 독일 본토에 강제 노동자로 가지 않을 유일한 방법으로 그 길을 택했다. 강제 노동자로 독일에 간 소련군 포로 가운데 75만 명이 혹사당하고 보살핌을 받지 못해 죽었다고 추산된다.[7] 이것은 비록 전쟁 말기에 패한 쪽에 있었기에 사형 집행 영장이나 수감형을 받을 행위이기는 했지만, 그 용어가 뜻하는 어떤 의미로도 자발적 부역이라고 하기는 힘들다. 나라를 배반한 사람들 일부는 더 적극적으로 조국과 싸웠다. 독일군은 저항자들을 뿌리 뽑는 게릴라 토벌에 소련인 용병 집단과 비적 떼를 고용했다. 독일군은 어떤 방법이 사용되는지 문제 삼지 않았다. 소련군 공병대원이었던 보스코보이니코프는 독일군을 위해 오룔과 쿠르스크Kursk 부근 지역을 지배했다. 그는 부하 2만 명과 전차 24대로 주민에게 테러를 저질러서 완력으로 세금과 식량을 걷고 대드는 사람을 모두 죽였다. 그 지역에 투하된 소련 낙하산

병들이 1942년 1월에 그를 암살했다.[8]

대신할 인물은 많았다. 보스코보이니코프의 뒤를 이어 배반자들 가운데에서도 가장 악명 높은 소련군 공병대원 브로니슬라프 카민스키가 그 지역 전역에 테러와 범죄의 지배를 확립했다. 부하 1만 명과 수용소의 추종자 수천 명의 지원을 받아서 카민스키는 간섭받지 않고 자기가 보기에 적절한 식으로 그 지역을 평정했다. 그의 부대는, 비록 다른 이들의 재산 말고는 거의 아무것도 해방하지 않았어도, 겉만 그럴듯한 명칭이 붙은 러시아 민족 해방군의 일부가 되었다. 카민스키 여단의 평판은 나치 친위대에 필적했다. 카민스키 여단을 관할하는 하인리히 힘러는 1944년에 그 여단을 러시아에서 빼돌려 바르샤바의 폴란드인 봉기를 처리하도록 했다. 소름이 돋을 만큼 잔인한 현장에서 무수히 많은 폴란드 민간인을 도살하는 카민스키 여단의 행태는 심지어는 배짱 두둑한 나치 친위대로서도 감당하기 힘들었다. 카민스키는 제 독일인 상전의 명령에 따라 총살당했으며, 남은 부대원들은 해체되어 공산주의와 최후의 결전을 벌이려고 만들어지고 있던 또다른 러시아 배반자 군대의 중핵을 이루었다. 그들은 약탈한 드레스와 보석으로 휘감은 여자를 대동한 채 군복을 입은 무장한 사람과 무장하지 않은 사람 모두를 다 태운 마차 행렬을 이루었다. 그들은 새 지휘관 세르게이 부냐첸코 장군이 깜짝 놀라서 바라보는 가운데 뷔르템베르크würtemberg의 러시아인 수용소에 도착했다. 장교들은 양 손목에 시계를 줄줄이 차고 있었다. 기가 막힌 부냐첸코는 "당신들이 내게 주는 것이 이 비적, 강도, 도둑 떼입니까?"라고 물었다.[9]

카민스키의 무법자들이 모시게 될 이는 고작 세 해 전만 해도 전에 모스크바 방어전에서 두각을 나타내어 스탈린의 총아들 가운데 한 사람으로 인정받았던 안드레이 블라소프 장군이었다. 그는 이제 러시아 제諸민족해방위원회의 우두머리였고 독일 지배 아래 사는 500만 명이 넘는 소련 시민의 명목상의 지도자였다. 블라소프는 말 그대로 프로이센 장군의 모범처럼 보였다. 키가 크고 거구이며 벗겨지는 머리를 뒤로 착 달라붙게 빗질하고 작은 뿔테 안경을 쓴 그의 외모는 위엄 있고 무인다웠다. 그는 훈장이나 휘장을 달지 않고 이제 자기가 지휘하게 된 러시아 해방군의 백·청·적 삼색 모표만 달았다. 그는 자신을 스탈린의 러시아가 아닌 다른 러시아의 대변인으로 보았지만, 그의 호소는 그가 히틀러의 편에 선 러시아를 추구한다고 다짐함으로써 늘 빛을 잃었다.

블라소프는 1900년에 한 농부의 자식 열셋 가운데 막내아들로 태어났다. 신학교에서 교육받은 뒤에 그는 1919년에 소집되어 갓 태어난 붉은군대에 들어가서 캅카스, 크림, 우크라이나에서 내전의 가장 격렬한 전투를 치렀다. 그는 성공적인 직업 군인이 되었으며, 주코프처럼 운 좋게 숙청당하지 않고 살아남았다. 그는 1930년에 공산당원이 되었고 1940년에 레닌 훈장을 (그리고 금시계를) 받았다. 1941년 9월에 그의 부대는 고립된 키예프에서 퇴로를 뚫고 빠져나온 마지막 부대였다. 11월에 블라소프의 제20군은 소련 수도로 가는 북쪽 접근로를 방어하고 있었으며, 이듬해 1월에 그는 모스크바 전방의 독일군 전체를 포위하려는 반격을 지휘했다. 1942년 3월에 블라소프는 레닌그라드 남쪽의 볼호프Volkhov 전선에서 제2충격군을 이끌고 독일군의 진지선을 깨려고 시도하다가 포위되어 6월에 군이 궤멸되었다. 블라소프는 마을 오두막에 숨어 있다가 7월 12일에 사로잡혔다. 그는 우크라이나의 비니차Vinnitsa에 있는 고위급 포로용 특별 수용소로 이송되었다. 비니차는 히틀러의 전방 사령부가 있는 곳이었다. 여기서 블라소프는 전쟁 포로와 점령 지역 주민 사이에 존재하는 반볼셰비키 정서를 십분 활용해서 반스탈린 러시아 해방군이라는 착상을 제안하는 편지를 독일 당국 앞으로 써 보냈다.[10] 블라소프의 느닷없는 전향을 시사해주는 갖가지 까닭이 있다. 그의 형은 내전 때 반볼셰비키 음모를 꾸몄다고 하여 총살당했다. 블라소프가 늙은 부모에게 선물로 암소 한 마리를 주었는데, 그 암소 때문에 부모가 '부농'이라고 처벌을 받았다. 블라소프는 꽃, 빵, 소금으로 독일군을 환영하는 우크라이나인*을 보고 충격을 받았으며, 이 때문에 스탈린이 얼마나 인기가 없는지 깨닫게 되었다고 한다.[11] 가장 그럴듯한 설명은 거짓말과 속임수를 이용하고 자국민을 살육하고 수많은 병사를 제대로 준비가 되지 않은 전투에 내던지는 체제가 싫어졌다는 블라소프 자신의 설명이다.[12] 그는 곧 자신의 정치적 신임장을 공표했다. 히틀러가 허락하지 않았는데도 주요 외교관들과 장교들이 모의해서 러시아 해방 운동을 수립하고자 블라소프를 풀어주었다. 1942년 12월에 스몰렌스크에서 러시아 해방 운동 창립 회의가 열렸다. '스몰렌스크 선언'은 단지 스탈린만이 아니라 소비에트 체제 전체에 대한 직접적인 정치적 도전이었다. 블라소프는 러시아 해방 운동이 집단 농장과 국가 운영 경제를 폐지하고 모든 사람을 위한 공민권을 확립하겠다고 공약했다. 그러나 그것은 독일의 노선에 따라 만들어진 '새로운 유럽'의 틀 안에서였다. 민주주의에 관한 언급은 없었다.[13]

히틀러는 여전히 블라소프의 계획에 확고부동하게 반대했다. 그는

---

* 환대의 표시로 손님에게 빵과 소금 등을 선물하는 것이 우크라이나의 풍습이다.

러시아 해방 운동이 독일 자체의 동방 계획의 기반을 침해할까 두려워했으며, 누구든 러시아인의 동기를 깊이 불신했다. 1943년 9월에 동유럽인 의용군 부대가 배치된 지점에서 독일군의 진지선이 뚫렸을 때, 히틀러는 벌컥 화를 내면서 부역자들을 전선에서 빼내 서유럽과 남유럽으로 보내야 한다고 고집했다. 이로써 사실상 부역의 기반 전체가 허물어졌다. 블라소프와 전에 소련 군인이었던 여타의 수많은 사람은 독일을 위해서 미국 및 영국과 싸우고 싶어하지 않았다. 그들의 관심사는 오로지 러시아를 스탈린의 손아귀에서 해방하는 것이었다. 그럼에도 수많은 소련 군인이 독일 서부 방벽Westwall*을 경비하게 되었다. 그들은 노르망디 상륙 작전 당일 '루스키, 루스키'['러시아 사람'이라는 뜻의 러시아어 낱말]라고 외치면서 황당해하는 적군에게 항복했다. 소련의 앙갚음으로부터 독일을 구하려고 전투 능력이 있는 모든 사람이라면 누구든지 필요했던 1944년 9월이 되어서야 히틀러는 해방위원회를 받아들였다. 블라소프에게 허약한 2개 사단이 주어졌는데, 동방에서 누군가를 해방할 가망이 전혀 없지도 않았다. 이야기에는 마지막 한 번의 곡절이 있었다. 1945년 3월과 4월에 마지막으로 전투에 나섰을 때, 블라소프의 러시아인 사단은 체코슬로바키아의 봉기를 진압하려고 미쳐 날뛰는 나치 친위대 부대로부터 프라하 사람들을 보호하면서 다시 독일군과 싸우게 되었던 것이다.[14] 그런 다음 블라소프와 부하들은 미국이 제2의 반소 전쟁을 개시하고 자기가 미군과 함께 나란히 싸우도록 허용하리라는 희망을 품고 미군

* 스위스 접경에서 시작해서 네덜란드 접경에 이르는 국경 지대에 설치된 독일의 국경방어선. 프랑스의 마지노선에 맞서기 위해 1936년에 착공해서 1939년에 완공된 요새화 진지였으며, 지크프리트선(Siegfried Line)이라고도 불렸다.

진지선에 닿으려고 시도했다. 하지만 그들은 붉은군대에게 잡혔다. 프라하의 병원에 있는 부상자를 비롯해서 일부는 그 자리에서 총살 당했다.[15] 나머지는 몸서리쳐지는 운명이 기다리고 있는 소련으로 도로 이송되었다. 신념을 철회하기를 거부한 블라소프와 그의 고위급 동료들은 극심한 고문을 받았다. 1946년 7월에 대역죄로 비공개 재판을 받은 블라소프는 8월 1일에 사형 선고를 받았다. 그는 이튿날 교수형을 당했다. 뒤통수에 갈고리가 박힌 채 피아노 줄에 목 졸려 죽었다는 소문이 돌았다. 블라소프는 취조관 한 사람에게 "때가 되면, 사람들이 우리를 칭찬해줄 것이오"라고 말했다.[16]

1945년 이후에 블라소프에 대한 반응은 다양했다. 소련의 공식 노선은 그를 겁쟁이이며 공산주의의 가혹한 응징을 받아 마땅한 반역자로 비난하는 것이었다. 블라소프의 지지자들은 그를 두 독재자 사이에서 불가능한 항로를 잡으려고 시도했던 러시아의 애국자로 보았으며, 그런 까닭에 그의 명성은 소련 공산주의가 무너진 뒤에 되살아났다. 그러나 블라소프와 러시아 해방군이 소련의 다른 반체제 세력과 구별되는 점이 있다면 그것은 해방 운동을 독일의 전쟁 수행 노력에 기꺼이 연계할 용의가 있었다는 것이다. 독일 편에 선 소련 군인들은 러시아 일반인에게 총을 쏘고 러시아 마을을 불태우고 러시아 가정을 약탈했다. 이런 행동은 단순한 반볼셰비즘을 넘어서는 것이었으며, 용서하기가 더 힘들었다. 설령 블라소프와 그의 독일인 동맹자들이 붉은군대를 쳐부수고 스탈린 체제를 타도했다고 해도, 히틀러가 자기의 정복을 추동한 무자비한 제국의 미래상이 들어설 자리에 자유로운 러시아 독립 국가가 생기는 것을 허용했으리라고 시사하는 증거는 없다.

사실상 러시아 해방 운동은 발트해 연안 국가들, 우크라이나, 벨라루스의 민족 운동과 마찬가지로 히틀러에게는 위협으로 여겨졌다. 동방 영토 정복은 거대한 식민 전쟁이었지 유라시아의 민족들을 해방하기 위한 전쟁이 아니었다. 히틀러는 독일이 동방에서 맞이할 미래를 식민지 착취의 관점에서 보았다. 독일인 통치 계급이—얼마간은 로마제국의 요새 도시와 흡사한—수비대 도시의 연결망의 지원을 받아서 그 지역을 지배하고 독일인 농부와 상인의 정주자가 수비대 도시 주위를 떼 지어 둘러쌀 것이었다. 지역 중심지들을 거미줄같이 베를린과 연결하는 자동차 고속도로와 지배 인종을 위해 노동하는 현대판 헤일로타이〔고대 스파르타의 예속민〕인 슬라브인 수백만 명이 일구는 토지로 제국의 새로운 엘리트를 퍼뜨릴 복층 광궤 철도를 건설할 계획이 세워졌다. 제국에게 필요한 것 이상을 넘는 새로운 식민지 원주민은 모두 우랄산맥 너머의 슬라브란트로 수송하거나 죽도록 내버려둘 터였다.[17]

　그것은 공상 과학 소설에서 곧바로 나온 제국의 공상이었다. 정복당한 민족에게는 그것이 사실이 되었다. 토착지의 민족주의 운동은 폭력적인 탄압을 받았다. 우크라이나에서 소비에트 질서가 물러날 때 느껴졌던 일시적인 환희의 분위기는 반독일 분자를 뿌리 뽑는 일을 하는 특무기동대가 1941년 8월 말부터 체계적으로 우크라이나의 민족주의자와 지식인을 일제 검거하기 시작했을 때 흔적도 없이 사라졌다. 검거된 사람은 대부분 처형당했다.[18] 발트해 연안 국가들에서는 독립을 되찾는다는 희망은 힌리히 로제 나치 총독이 담당한 나치 동방 총독령Kommissariat Ostland〔발트해 연안 국가들과 벨라루스에 들어선 나치 행정부〕이 구성됨으로써, 그리고 히틀러가 발트해 연안 국가들은 궁극적으로 더 거대한 독일제국에 병합되어야 한다고 결심함으로써 깨졌다. 나치 운동 초창기부터의 '고참 투사'인 로제는 자기의 새 권력을 사용해서 제국 통치의 부패한 희화화에 탐닉했다. 그는 저택과 한 무리의 자동차를 징발하고 1944년에 그 직위에서 떠날 때까지 버릇없는 탕아의 삶을 영위했다.[19] 우크라이나에서 9월에 두 번째 총독령이 세워졌다. 그 총독령은 계속 확장되는 거대한 지역으로, 전쟁이 한창일 때는 5000만 명을 관할 아래 두었다. 그 통치자는 또 다른 고참 나치 동지인 에리히 코흐 동프로이센 대관구장Gauleiter이었다.

코흐의 임명은 하나의 신호로서 독일 편에 섰든 소련 편에 섰든 새로운 나치 제국의 성격에 관해 어떻게든 의심을 품은 사람을 겨냥한 것이었다. 우크라이나 문화나 역사적 정체성의 중심지가 아니라서 일부러 고른 도시인 로브노Rovno에서 한 취임 연설에서 코흐는 다음과 같이 말했다. "본인은 야수 같은 개로 알려져 있습니다. … 우리가 할 일은 우크라이나에서 우리가 움켜쥘 수 있는 물건을 모두 빨아먹는 것입니다. … 본인은 여러분이 토착민을 최대한 가혹하게 다루기를 기대하고 있습니다."[20] 이 연설은 곧바로 유명해졌다. 우크라이나 사람은 열등 인종, 즉 가장 하등한 종류의 사람으로 여겨졌다. 우크라이나를 없어도 되는 존재로 여긴 이는 결코 코흐 혼자만이 아니었다. 괴링은 우크라이나에서 해결책은 열다섯 살 넘은 남자를 모조리 죽이는 것이라고 생각했다. 힘러는 인텔리겐치아가 '대량으로 처치되기'를 원했다. 코흐의 부관 한 사람은 우크라이나에서 기초 교육 재수립 계획을 세우고 있던 독일인 관리와 맞섰을 때 화가 난 나머지 "우리가 우크라이나인이 절멸하고 싶어하는 이때 당신은 우크라이나 식자층을 만들기를 바란단 말이오!"라고 말했다. 진심을 내뱉은 것이었다. 4000만 명을 절멸할 수는 없다는 항의를 받은 그 부관은 "그것이 우리가 할 일이란 말이오"라고 대꾸했다.[21]

독일 점령자 손에 죽은 우크라이나 사람의 정확한 수는 결코 알려지지 않을 것이다. 살인은 제멋대로 저질러졌다. 읽고 쓸 줄 아느냐는 독일인 관리의 질문에 그렇다고 말한 농민이 '지식인'으로 총살당하기 일쑤였다. 식량 비축분을 가지고 있거나 독일인의 밭에서 일하기를 거부한 농부들은 나머지 농부들에게 보여주는 본보기로 교수형을 당했다. 리브네Rivne 지역에서는 독일인 농장 지배인이 일을 느리게 하기부터 농민이 독일인의 면전에서 모자를 벗지 않기에 이르기까지 모든 것에 태형을 가하는 규정을 도입했으며, 통행금지 시간을 부과했다. 칼을 가지고 다니면 사형으로 처벌을 받았다.[22] 수많은 농민이 파르티잔 활동 혐의로 교수형이나 총살형에 처해졌다. 우크라이나 전역에서 250개 마을과 그 마을 사람들이 나머지 지역이 고분고분 굴도록 만들기 위해 의도적으로 제거되었다.

수천 명 이상이 굶주려 죽었다. 엄청난 수의 독일군과 군마 수십만 마리를 먹여 살리려고 독일인이 식량 공급을 장악함으로써 점령 지역의 도시는 절망적인 식량 부족 사태를 맞이했다. 우크라이나에서는 '군식구'를 없앤다는 결정이 내려졌다. 군식구란 주로 유대인과 도시 거주민이었다. 키예프에서는 얼마 되지 않던 식량 배급이 크게 줄어들었으며(주당 빵 200그램), 도로에 검문소가 설치되어 식량이 도시로 들어가는 것을 차단했고, 도시에 공급을 해주는 집단 농장 시장이 잠정적으로 폐쇄되었다. 식량 공급이 기아 수준에 이르자, 동방 민족에게는 실질적 의료 혜택이 주어지지 않았다. 하리코프Kharkov(오늘날 우크라이나의 하르키우)에서 8만여 명이 굶주려 죽었으며, 키예프에서는 거의 틀림없이 더 많이 죽었을 것이다. 1943년 한 해 동안 식량 강탈이 느슨해져서 봄에 농부가 밭에 씨를 뿌릴 수 있었지만, 다음 가을걷이 때 독일의 요구는 한층 더 많아졌다. 1942년에 키예프에서 사람이 먹은 식량은 생존에 필요한 최소량의 3분의 1에 지나지 않았다. 많은 농민이 기대한 바와는 달리 집단 농장은 해체되지 않고 달아나거나 죽임을 당한 지역 공산당원 자리를 대신한 독일인 관리에 의해 운영되었다. 어떤 곳에서는 곡물 공출 할당량이 소비에트 체제에서 요구된 수준의 두 배로 매겨졌다. 농민은 자기 땅뙈기에서 자라는 식량으로 목숨을 부지하려고 안간힘을 썼다.[23]

노동 프로그램도 못잖게 가혹했다. 전쟁 처음 몇 주 동안 우크라이나 사람들은 독일에서 일하기를 자원했지만, 처우가 너무 나빠서 징용자 할당량을 부과하고 노동자를 강제로 모집해야 했다. 최초의 자원자들은 음식과 위생 시설이 없는 유개 화차에 빽빽이 실렸다. 독일에 도착했을 때 그들은 철조망이 쳐진 엉성한 막사에 갇혔다. 그들에게 주어진 음식은 필요 섭취 수준에 못 미쳤으며, 나머지 주민과 분리되어 오스트Ost(동방)라는 낱말이 박음질된 완장을 차야 했다. 자원자의 유입이 끊기자 총부리를 들이대서 노동자를 무턱대고 잡아들였다. 할당된 징용자를 넘기지 못한 마을은 잿더미가 되고 촌장은 죽임을 당했다. 교회와 영화관이 습격당해서 잡힌 사람들이 독일로 이송되었다. 수많은 우크라이나 젊은이가 잡혀서 일하기보다는 숲과 늪지대로 도망쳐서 파르티잔에 가담했다. 1942년에 히틀러는 18세와 35세 사이의 우크라이나 여자 50만 명을 이송해서 독일 가정에 할당해 독일화하도록 규정하는 명령을 직접 내렸다. 전쟁 말까지 우크라이나는 동방 출신 강제 노동자의 5분의 4 이상을 공급했다.[24] 이런 규모로 착취가 이루어진 결과 동방의 주민 대다수가 스탈린에게서만큼이나 독일군에게서 철저히 멀어졌다.

독일의 정복사에서 가장 피비린내 나는 부분은 인종에 관한 주제였다. 독일제국 개념은 본질적으로 인종 개념이었다. 동방에는 게르만 민족에게 생물학적 위협을 가한다고 간주된 인종 집단이 정주해 있었다. 인종 이념은 단순한 차별을 넘어섰다. 중요성이 떨어지는 민족은 지배 인종보다 못한 생존권을 가진다고 여겨졌다. 러시아인과 우크라이나인 같은 일부 경우에 그 민족은 대거 학살되거나 굶주려 죽거나 다른 지역으로 흩어질 터였다. 독일의 지배 아래에서 옴짝달싹 못하게 된 유대인 수백만 명을 위해서 독일 당국은 특별 대접을 준비해놓았다. 유대인은 독일 인종에게 가장 교활하고 위험한 적이라고 여겨졌다. 히틀러는 늘 마음속으로 볼셰비키와 유대인을 동일시했으며, 소련에게 가한 공격은 구분 없이 둘 다에 맞선 전쟁으로 수행되었다. 전쟁으로 정권의 반유대주의 정책이 이미 격화되었다. 폴란드 유대인 수백만 명이 게토로 들어가야 했으며, 유대인은 그 게토에서 못 먹고 병들어 죽기 시작했다. 폴란드의 독일인 지대를 평정하면서 수많은 유대인이 나치 친위대와 비밀경찰에게 죽임을 당했다. 바르바로사 전역에서 공격 개시에 앞서서 유대인을 '정력적이고 무자비한 조치'의 표적으로 지정한 지침이 군부대, 나치 친위대, 보안 경찰대에게 하달되었다.[25]

유대인 약 500만 명이 1941년 소련에, 그것도 독일 통치로 바로 들어간 서부 지역에서 살고 있었다. 반유대주의는 소련의 유대인에게 낯설지 않았다. 우크라이나와 발트해 연안 국가들에서는 대중적 반유대주의의 역사가 기나길며, 차르 시절까지 거슬러 올라간다. 제1차 세계대전 전에 수많은 러시아 유대인이 포그롬pogrom(조직적으로 유대인에게 폭력을 가하는 행위)을 피해 서유럽이나 아메리카로 이주했다. 반유대주의는—공식적으로 인종 간 평등이라는 사회주의 이상에 부합하는—새로운 소비에트 국가의 공식 정책이 결코 아니었지만, 흐루쇼프가 '골수 반유대주의자'라고 기술한 스탈린의 치하에서 유대 주민과 그 지도자들은 불안정한 미래에 맞닥뜨렸다.[26]

1920년대에 소련 당국은 서부 지역의 유대인이 정주해서 땅을 일굴 수 있는 별개의 유대인 정착 지구를 세우기로 결정했다. 선정된 지역은 나중에 히틀러가 독일인의 식민이 이루어질 곳으로 정한 크림이었다. 1920년대 동안 우크라이나와 벨라루스, 즉 유대인 거주 지정 지역* 출신의 수많은 가난한 유대인이 크림의 초지대로 이주했다. 1930년대에 계획이 변경되었다. 스탈린은 크림에 유대인 정착 지구가 생기기를 바라지 않았다. 크림의 반쪽에는 자체의 자치 공화국이 있는 타타르 사람들이 터를 잡고 있었다. 새 터전이 소련령 극동, 비로비잔Birobidzhan 지역의 아무르강(헤이룽강黑龍江의 러시아식 명칭) 주변에 세워졌다. 이 황량한 지역은 만주의 새로운 일본제국과 맞닿아 있었다. 유대인은 그곳에서 산 적이 없었다. 그러나 새로운 정주자들은 시베리아를 지나 이동해서 유대 신문, 유대 극장, 유대 행정 당국을 갖춘 유대인 자치 지역을 세웠다. 그것은 게토로 여겨지지 않았다. 소련의 정치선전은 정권이 유대 민족의 문화와 정체성을 보호하고 있다고 크게 호도했다. 그러나 그곳은 유대 문화와 정주의 전통적 중심지

---

* 제정 말엽의 러시아제국에서 유대인은 원칙적으로 우크라이나, 벨라루스, 발트해 연안, 몰도바, 폴란드에서만 살 수 있었다.

에서 멀리 떨어져 있기 때문에 매력 있는 전망이 되지 못했다. 서부에서 그곳으로 옮겨 간 유대인은 극소수였다. 비로비잔은 실패한 소련판 아파르트헤이트apartheid 실험이었다.[27]

1930년대에 스탈린주의 테러가 저질러지는 동안 유대인은 잇달아 벌어지는 연출 재판의 제물 명단에서 눈에 띄게 등장했다. 반유대주의가 결코 탄압의 근거로 제시되지는 않았으며, 스탈린이 갑자기 자기의 옛 동료들을 공격했을 때 유대인이 수에 걸맞지 않은 높은 비율로 희생당해야 했던 까닭은 당 고위 서열과 국가 기구에 유대인이 많이 있었기 때문이었다. 반유대주의는 1939년 5월에 외무 인민위원회에서 막심 리트비노프가 해임된 뒤에 벌어진 혹심한 숙청에서 더 뚜렷했다. 유대인인 리트비노프는 목숨을 부지했지만, 그의 참모들은 그렇지 못했다. 그들은 체포되어 모두 리트비노프가 수괴로 있는 반혁명 간첩망의 일부임을 자백하라는 강요를 받았다. 숙청된 사람 거의 모두가 유대인이었다. NKVD는 연출 재판, 즉 '대사들의 재판'을 준비하기 시작했다. 그 재판용으로 뽑힌 사람들은 한 사람 빼고는 모두 유대인이었다.[28] 그 재판은 결코 열리지 않았다. 국제 정세가 불안정해서 더이상의 숙청은 너무 위험했던 것이다. 몰로토프가 지휘하는 외무 인민위원회는 차츰차츰 인종상 러시아인인 사람으로 채워졌다. NKVD는 동시에 숙청되었으며, 그 조직에서 중요했던 유대인이 많이 체포되어 살해되었다. '시온주의 서클'과의 접촉이 루뱐카의 고문자가 작성한 날조된 범죄 목록에 나타나기 시작했다.

1939년 9월에 전쟁이 터진 뒤 소련 정권은 독일의 반유대주의에 갑자기 연루되어 끌려 들어갔다. 수많은 독일 유대인과 폴란드 유대인이 새 독소 국경을 넘어 물밀듯 몰려왔다. 붉은군대는 그들 가운데 다수를 되돌려보내서 두 나라 어디에도 속하지 않는 지대에서 잡힌 무력한 군중에게 독일 경비대가 발포하도록 했다. 1930년대 동안 소련에서 안전한 피난처를 찾았던 독일 유대인이 이제 일제히 검거되어 도로 독일로 이송되었으며, 독일에서 투옥되거나 살해당했다. 독일 점령지에서 빠져나온 다른 유대인 피난민은 시베리아나 카자흐스탄으로 유배되거나 감옥이나 노동 수용소에 내동댕이쳐졌다(그들은 1941년 늦여름에 독일의 소련 침공으로 세계 모든 나라의 유대인이 소련이 내세운 대의의 동맹자가 되었을 때에야 비로소 감옥과 노동 수용소에서 나왔다). 소련이 점령한 폴란드 지역에서 새로운 당국은 이미 폴란드인의 차별에 희생된 적이 있었던 소도시 유대인 공동체—슈테틀shtetl—에 추가로 공격을 개시했다. 정확히 21개월 만에 유대인의 생활 전통이 파괴되었다. 유대인 지도자가 체포되고 유배되었고, 유대인 단체와 청년 운동 조직이 폐쇄되었으며, 수많은 유대 공회당이 폐쇄되어 창고나 마구간으로 사용되었다. 종교와 계급 차별에 반대하는 이데올로기 운동이 유대 종교 관행과 유대인 사회에서 더 많은 재산이나 더 높은 교양을 가진 인자에 반대하는 대중 운동을 정당화하는 데 이용되었다. 유대 도살장이 폐쇄되고 할례와 성인식 같은 대중 관습이 금지되었다. 공식 성일聖日로서의 안식일이 유대인 축제와 휴일과 더불어 폐지되었다. 유대인 경제 특유의 작은 공방과 시장 가게가 폐쇄되었다. 소도시의 인적 끊긴 광장에 스탈린의 동상이 나타났다.[29]

1941년 8월에 갑자기 스탈린이 유대인 문제의 완전한 전환을 명령했다. 투옥된 유대인들이 독일이 침공한 지 한 달이 지난 1941년 7월에 석방되었다. 그 가운데에는 몰로토프-리벤트로프 조약에 반대하는 선동을 했다고 하여 루뱐카에서 18개월을 보내고 사형을 선고받았던 유명한 폴란드 유대인 사회주의자인 헨리크 에를리흐와 빅토르 알테르 두 사람도 끼어 있었다![30] 8월 24일에 모스크바의 한 공원에서 유대인 집회가 열렸고, 영화·미술·문학계의 저명한 유대인 인사들이 연설을 했다. 에를리흐와 알테르는 세계 도처의 유대인을 반나치 대의에 규합할 반히틀러 유대인 국제위원회의 창립을 제안했다. 스탈린에게 이것은 견디지 못할 일이었다. 독일군이 모스크바를 포위할 위협을 가함에 따라 10월에 정부 관청이 쿠이비셰프로 급히 옮겨갈 때, 에를리흐와 알테르는 NKVD의 호위를 받으며 그곳으로 이송되었다. 그들은 멋진 호텔에 자리를 잡았다가 그 지역 NKVD 관저에서 열린 긴급 회의에 호출되었다. 그뒤에 두 사람 모두 다시는 공개석상에 보이지 않았다. 에를리흐는 1942년 5월에 감옥에서 자살했고, 알테르는 이듬해 2월에 처형당했던 것이다.[31] 광범위한 반히틀러 유대인 운동 계획은 물거품이 되었다. 대신에 스탈린은 1942년 4월 반파시즘 유대인 위원회라는 새 조직을 후원했다. 배우 솔로몬 미호엘스가 이끄는 새 위원회는 국가 정치선전 기관인 소련 정보국의 일부였다. 위원회의 목적은 나라 안팎에서 소련의 전쟁 수행 노력을 위한 자금과 지원을 확보하는 것이었다. 위원회의 배후에 숨은 손은 NKVD 관리 세르게이 시피겔글라스였으며, 그가 하는 일은 위원회의 활동을 감시하는 것이었다. 전시 활동 기간 내내 위원회는 소비에트 기구의 한 지부였으며, 침략자에 맞선 싸움에 소련 내 모든 민족의 에너지를 동원하려는 필사적 노력의 일부였다. 전쟁이 끝나갈 무렵에 위원회 지도자들이 소련의 유대인 정착 지구를 위한 준비를 시작했을 때 비로소 스탈린은 그 진짜 목적이 소련 자체 안에 미국의 자본주의와 제국주의를 위한 트로이의 목마를 만드는 것이라고 의심

하며 반대 입장으로 돌아섰다.[32]

스탈린이 시온주의 음모에 품은 환상은 왕년의 동맹국 독일의 이념적 강박 관념과 비교하면 아무것도 아니었다. 스탈린은 반유대주의자였으나, 자기의 편견이 소련의 전쟁 수행 노력에 방해가 되는 것을 허용하기에는 너무나 기회주의자였다. 히틀러와 그의 인종주의자 측근은 이념상의 순수주의자였다. 소련과의 전쟁은 인류사에서 전례가 없는 인종 공학 기획을 완성할 꿈에도 생각지 못한 기회를 제공했다. 정확히 언제 히틀러가 유대 민족의 적극적 절멸을 주도하겠다고 마음속으로 결심했는지는 확실하게 알려져 있지 않다. 가장 가능성 높은 가설은 히틀러가 독일군이 소련 영토 안으로 질주해 들어가서 승승장구하며 거침없이 우크라이나, 발트해 연안 국가들, 벨라루스를 장악한 승리의 첫 환희 속에서 인종 말살을 초래한 여러 결심 가운데 첫 결심을 했다는 것이다. 1941년 6월과 7월에 히틀러의 사령부를 사로잡은 다행증의 고양된 상태에 대한 증언이 존재한다.[33] 히틀러는 절정기에 있는 인물이었으며, 그의 업적은 세계사에 남을 만큼 비범하다고 여겨졌다. 이미 그는 모든 도덕의 문턱을 넘어섰다. 그는 1939년 봄에 정신이나 육체가 불구인 독일인의 말살을 인가하고, 1939년 9월에 수많은 폴란드 민간인의 말살을 허가했으며, 바르바로사 작전을 수행하기 전 몇 달 동안에는 소련의 유대인 공산당 기관원을 말살한다는 '범죄 명령'을 승인했다. 이 범죄 명령의 대상을 확장해서 소련의 모든 유대인을 포함하도록 하는 데에는 급격한 도덕적 비약이 필요하지 않았다. 유럽의 유대인 희생자의 수송을 조직한 자인 아돌프 아이히만은 훗날 히틀러가 '육체적 절멸'을 명령의 대상했다는 말을 1941년 7월 중순에 힘러의 대리인 라인하르트 하이드리히

에게서 들었다고 회상했다.[34]

1941년 가을 무렵에 히틀러가 동방의 유대인을 살육한다는 결정을 독일이 점령한 유럽의 나머지 지역에 있는 유대인 사회에까지 확장해서 본격적인 인종 말살을 서둘렀다는 것은 거의 틀림없다. 홀로코스트Holocaust를 위한 준비는 독일이 러시아로 진격해 들어간 수개월에 걸쳐 발견된다. 그 준비란 단순한 학살이라기보다는 절멸의 가장 합리적인 형태를 결정하는 기괴한 실험, 소각장과 수용소 시설을 준비하기 위한 예비 사전 명령, 새로운 죽음의 수용소에 적합한 장소 물색이었다. 이 모든 것이 모스크바 앞에서 맞이한 최종 위기보다 앞선 시기에 일어났다. 독일이 1941년에 절멸 준비를 했다는 증거가 축적됨으로써 독일군의 진격이 느려지고 모스크바 앞에서 갑자기 역전당했기 때문에 히틀러가 공산주의의 성공에 앙갚음하려고 도를 넘어 유대인 절멸 정책을 폈다는 주장의 근거가 박약해진다. 인종 말살의 방아쇠를 당긴 것은 의기양양한 승리였지 예상하지 못한 패배가 아니었다. 유럽 유대인의 운명은 1941년 소련의 붕괴로 결정된 것이다.

히틀러가 결심하게 된 동기가 무엇이고 그 시기가 언제이든, 독일군은 국경을 넘자마자 유대인을 죽이기 시작했다. 특무기동대가 소련 체제나 공산당을 위해 일하는 유대인 남자를 모두 검거해서 그 자리에서 사살했다. 특무기동대는 그물을 넓게 던졌다. 특무기동대의 상황 보고서는 '유대인', '유대인 지식인', '유대인 활동가', '유대인 떠돌이', '반항하는 유대인', '적대 인자', 또는 '바람직하지 않은 인자'에게도 적용할 수 있었다.[35] 이 범주들은 너무 광범위해서 침공 몇 주 안에 특무기동대가 유대인 성인 남자와 더불어 여자와 아이를 다반사로 죽이고 있었다. 또한 특무기동대에게는 자기을 위해 그 지저분한 일을 해줄 다른 사람들이 있었다. 독일군은 지역 반유대주의자에게 무기를 주어 그들 스스로 행하는 사악한 포그롬에 착수하라고 부추겼다. 그 첫 포그롬은 리투아니아의 도시 코브노Kovno[오늘날의 카우나스Kaunas]에서 6월 25일 밤에 일어났다. 그날 밤 유대인 1500명이 학살되고 유대인의 재산과 유대 공회당이 파괴되었다. 며칠 뒤 라트비아의 수도 리가Riga에서 포그롬이 또 한 차례 벌어졌다. 추가로 아홉 차례의 포그롬이 일어나서, 무력한 유대인 수천 명이 모욕을 당하고 두들겨 맞고 고문을 받고 죽임을 당했다.[36] 그러나 이것은 단지 일시적인 해결책일 뿐임이 판명되었다. 지역 반유대주의 폭력배는 곧 무장 해제되어 특무기동대나 현지 독일 경찰 조직으로 흡수되었다. 그러고 나서 체계적인 소련 유대인 살육이 본격적으로 시작되었다.

살육 활동의 진두 지휘자는 나치 친위대 장군 에리히 폰 뎀 바흐-첼레프스키였다. 1941년 7월 후반기에 그는 나치 친위대 부대원 1만 1000여 명—이 숫자는 특무기동대에 원래 할당된 인원수의 거의 네 배다—의 통솔권을 받아서 살육의 속도를 높일 수 있었다. 일반 경찰 6000여 명이 바흐-첼레프스키의 지휘 아래로 들어갔다. 1941년 말 무렵에는 지역 보조원 3만 3000명이 가담했다. 이로써 총 5만 명이 넘는 자가 유대인뿐만 아니라 집시 그리고 정신이나 육체에 장애가 있는 사람 같은 인종상의 적을 죽이는 일에 종사했다.[37] 희생자의 압도적 다수는 유대인이었다. 그들은 수용소와 게토에서 내몰려, 숲이나 벌판으로 이송되어, 소지품과 옷을 빼앗기고 총에 맞고는 강요를 받아 제 손으로 직접 판 집단 무덤에 묻혔다. 시골에서는 유대인 마을이 차례차례 완전히 파괴되었다. 마을 사람들은 공터로 내몰려져 살육당하고 건물은 철저히 부서졌다. 점령한 동방의 전 지역에서 이제는 유덴라인judenrein임을, 즉 유대인을 말끔히 해치웠음을 알리는 보고서가 몇 주 만에 베를린으로 올라갔다.

그중에서도 가장 악명 높은 범죄는 키예프 외곽의 바비야르Babi Yar[오늘날 우크라이나 바빈야르Babyn Yar]에 있는 한 골짜기에서 단 이틀 만에 유대인 3만 3771명을 학살한 것이다. 독일이 점령한 뒤 얼마 되지 않아 파르티잔이 시 중심부에서 독일군 제6군 사령부로 쓰이는 콘티넨탈 호텔을 폭파했다. 당국은 '앙갚음'하기로 결정했다. 1941년 9월 26일에 유대인은 모두 사흘 안에 재거주 신고를 하라는 고지문이 도시에 나붙었다. 3만 명이 넘는 유대인이 나타났으며, 그들은 대부분 독일 당국의 목적이 재거주 신고 접수라고 생각하고 있었다. 그들은 시 교외의 골짜기로 끌려갔다. 그 골짜기는 모래 둔덕 사이에 파낸 1마일 길이의 대전차호였다. 거기서 그들은 작은 무리로 나뉘어 짐을 들고 골짜기 벼랑으로 갔다. 골짜기 바닥에는 길이 약 60야드, 깊이 8피트의 구덩이가 파여 있었다. 희생자들은 발가벗겨졌고 귀중품을 빼앗겼다. 그다음 그들은 골짜기 벼랑에 놓인 널빤지 위에 세워졌고, 목덜미에 총을 맞았다. 어떤 이들은 일렬로 늘어선 독일 부대원 사이를 달려 지나가라는 강요를 받고 달리다가 총에 맞았다. 살육은 9월 29일과 30일 이틀이 걸렸다. 목격자에 따르면, 소련군 포로 수천 명과 사로잡힌 키예프 도시 사령관들도 바비야르에서 살해되었다. 그런 뒤에 구덩이는 얕은 생석회층으로 덮이고 그 흔적 위에 흙이 흩뿌려졌다.[38] 여섯 달 뒤에 사람들은 골짜기에서 나는 작은 폭발음을 듣고 공중으로 솟구치는 흙기둥을 볼 수 있었다. 부패하는 송장에서 나온 가스로 매장지가 물리적으로 불안정해졌던 것이다. 9월에 학살을 수행한 특무출격대의 지휘관 파울 블로벨은 바비야르와 다른 집단 매장지를 파헤쳐서 송장을 더 효과적으로 처리하라는 하이드리히의 명령을 받았다. 주검을 함부로 마구 태워서 범죄의 흔적을 모조리 지웠다.[39]

바비야르의 학살이 최대는 아니었다. 오데사에서 7만 5000명 혹은 8만 명으로 추산되는 유대인이 독일의 동맹국인 루마니아군과 지역 특무기동대에게 살해되었다. 우크라이나의 도시 드네프로페트롭스크Dnepropetrovsk[오늘날 드니프로페트로우스크]에서는 독일군이 도착했을 때 이곳에 사는 유대인 10만 명 가운데 딱 3만 명만 남아 있었다. 그들은 '재정주' 명령을 받고서 옷가지를 끌어안은 채 8열 종대로 도시를 지나갔다. 1941년 10월 한 차례의 작전에서 이틀 동안에 유대인 늙은이와 아이 1만 1000명이 기관총에 맞아 죽었으며, 사람들은 시 외곽에서 나는 그 소리를 또렷이 들을 수 있었다. 총살은 3월까지 계속되었다. 이름난 대규모 유대인 공동체가 있는 하르홉스크Kharhovsk에는 유대인 2만 명이 남아 있었다. 그들은 한꺼번에 학살당하지는 않았지만, 먹을 것과 입을 것을 공급받지 못했다. 수천 명이 굶주리고 얼어 죽었다. 그들은 커다란 트랙터 공장에서 살도록 강요당했다. 살아남은 사람들은 1942년 3월에 가까운 골짜기로 끌려가 작은 무리로 나뉘어 사살되었다. 죽은 지 오래된 유대인의 주검이 쌓여 높다란 더미가 생긴 그 트랙터 공장은 4월에 완전히 불태워졌다.[40]

절멸 수용소가 세워져 작동에 들어가기 전에 독일 점령군의 손에 죽은 소련의 유대인 대다수는 점령 첫 아홉 달 동안에 살육의 난장판 속에서 살해되었다. 소련의 유대인 500만 명 가운데 약 400만 명이 점령 지역에 살고 있었다. 독일인 침략자가 오기 전에 도망친 유대인은 150만 명으로 추산된다. 나머지에 관해서 총살대의 보고서는

1942년 12월 말까지 총 115만 2000명이 살해되었다고 시사한다. 나치 친위대나 독일군에게 당하지 않은 다른 죽음도 존재했다. 독일 당국은 지역 주민이 유대인 학살과 그들의 재산 탈취에 가담할 만큼 자주 유대인에게 적대적임을 알아챘다. 유대인, 공산당원, 또는 정치적으로 '바람직하지 못한 자'에 대한 지역민의 고발장이 주체할 수 없을 만큼 특무기동대에 밀려들어 왔다. 크림에서는 지역 유지들이 독일 당국에게 유대인을 직접 제거할 수 있도록 허가해달라고 요청했다. 바비야르의 학살에서는 유대인을 잡아들여 죽음을 향한 행진을 하도록 만드는 데 우크라이나인이 도움을 주었다. 독일군은 빵을 주거나 마을을 보호해주는 대가로 파르티잔이나 유대인을 일상적으로 팔아넘기는 밀고자 조직망에 의존하게 되었다.[41] 유대인 살해로 소련과 독일 두 국민의 극악성이 드러났지만, 독일인 침략자의 부추김 없이도 그 같은 규모의 잔학 행위가 유대인 주민을 상대로 저질러졌으리라고는 생각할 수 없다. 무법 상태로의 전락은 독일이 소련의 유대인을 없애버리고 박멸해야 할 해충으로 취급했기에 촉발되었다. 궁극적 책임은 히틀러와 나치 지도부에게 있으며, 그들은 1941년에 상상할 수 없는 야만 행위를 합법화한다는 선택을 했다.

소련에서 독일의 통치가 반발을 받지 않은 것은 아니다. 부역 행위를 한 사람이 많은 반면, 저항한 사람도 많았다. 독일군 진지선 뒤에서 파르티잔 부대가 수행하는 게릴라전은 파시즘에 대한 도전의 상징이 되었으며, 파르티잔은 소련의 정치선전에서 조국의 타격 부대, 히틀러의 악독한 위협에 맞선 혁명 투쟁의 영웅이 되었다. 역사의 실상은 매우 달랐다. 파르티잔은 마지못해서 대의를 위해 싸울 때가 많앉고, 그들의 군사적 영향은 한정적이었다. 그들에게 희생된 사람은 독일 점령자뿐만 아니라 소련의 일반인 사이에서도 생기게 된다. 소련의 일반인은 거의 독일군을 무서워하는 만큼 자기편을 무서워하게 되었다.

러시아에서 파르티잔 전투는 기나길고도 영예로운 역사를 가지고 있었다. 파국으로 끝난 나폴레옹의 1812년 러시아 원정 동안 농민 부대가 그의 대군을 공격했었다. 게릴라는 내전 때 볼셰비키 편에 서서 반혁명 세력에 맞서 싸웠다. 파르티잔 전투는 러시아 군사 전통의 일부였다. 그러나 1930년대 동안 내전기에 이름 높았던 파르티잔 지도자들이 제거되었다. 스탈린은 파르티잔 전쟁을 하나의 위협으로, 즉 고도로 중앙 집권화하고 의심이 많은 국가 기구의 손길이 미치지 못하는 그 어떤 것으로 간주했다. 현존하던 파르티잔 기간 부대원들과 파르티잔을 먹이고 무장하려고 1930년대에 세워졌던 식량 및 무기의 임시 집적소가 모두 폐쇄되었다. 1941년에 독일이 침공했을 때 파르티잔 전쟁 계획은 존재하지 않았다.[42] 파르티잔 운동은 처음에는 구심점 없이 자연 발생적으로 자라났으며, 상황의 산물이었지 혁명 정신의 산물이 아니었다.

스탈린은 곧 대중의 전쟁에 대한 불신을 거두었다. 1941년 7월 3일에 소련 시민에게 보내는 최초의 전시 호소문에서 그는 "적과 모든 부역자들에게 견딜 수 없는 상황이 조성되고, 그들을 추적해서 말살해야 합니다"라고 말하며 침략자에 맞선 파르티잔 투쟁을 다그쳤다.[43] 최초의 비정규군 부대에게 레닌이 1906년에 쓴 논문 〈파르티잔 전쟁〉의 복사본이 보내졌다. 그 글에서 테러리즘은 정당한 계급투쟁 도구로 제시되어 있었다. 모든 파르티잔 대원은 소련의 대의에 최대한의 충성을 바치겠다고 약속하고 "적에게 끔찍하고 무자비하고 가차 없는 앙갚음을 한다. … 피에는 피로! 죽음에는 죽음으로!"라고 맹세하는 입대 선서를 해야 했다. 파르티잔 대원은 항복하기보다는 차라리 죽겠다는 약속을 자신과 가족에게 했다. 신입 대원은 만약 '두려움, 나약함, 개인의 타락으로' 그 맹세를 깨면 동지의 손에 죽는다는 자기의 사형 집행 영장을 미리 인가하라는 요구를 받았다.[44] 다른 어떤 소련 시민 이상으로 파르티잔 대원은 어쩔 수 없이 이래도 죽고 저래도 죽는 상황에 처하게 되었다.

최초의 파르티잔은 자원자라고 볼 수 없었다. 독일군이 소련 서부의 마을과 도시를 지나 놀라운 속도로 신속히 이동함에 따라 수많은 군인과 공산당 관리가 독일의 진지선 뒤에 남게 되었다. 지리멸렬해져서 퇴각하는 부대에서 낙오한 군인이 숲이나 늪지대로 도망쳐 들어갔다. 그 뒤를 이어 독일군이 자기에게 무슨 짓을 할까 두려워하는 공산당원이나 유대인이 지형상 접근하기 힘든 지대로 들어갔다. 그들의 무기와 보급은 형편없었으며, 보통 매복에 걸린 독일군에게서 노획하는 것에 의존했다. 그들은 대개 절망적일 만큼 식량이 모자라서, 처음 몇 달 동안의 '파르티잔 활동'이란 대부분 식량을 내줄 마음이 별로 없는 농민에게서 식량을 강탈하는 것에 불과했다. 이 때문에 파르티잔은 지역 주민의 민심을 얻지 못했다. 1941년 후반기 동안 당원과 콤소몰Komsomol• 소속 청년 공산주의자 3만여 명이 동쪽에서 독일군 진지선을 넘거나 낙하산으로 침투해서 파르티잔 그룹이 활동한다

• '레닌 공산주의 청소년 동맹'의 약칭으로, 공산당원을 양성하기 위해 15~26세 청소년 및 청년을 대상으로 1918년에 조직된 단체.

고 여겨지는 곳으로 들어갔다. 우크라이나의 지역 주민에게는 공산주의자 옛 상전에 대한 애정이 거의 없었으며, 침투한 당원들 가운데 다수가 독일 당국에게 팔아넘겨졌다. 붉은군대 낙오병과 잡다한 민간인 신규 대원에게 모종의 규율을 심어주려는 신참의 노력은 새로운 긴장을 일으켰다. 싸우기보다는 그저 살아남으려고 애쓸 뿐인 파르티잔 부대가 많았다.[45]

초기 파르티잔 운동의 한계가 무엇이든 간에, 독일 당국은 대중 혁명 전쟁의 위협에 가혹하게 대응했다. 독일군은 민간인 레지스탕스와 비정규군을 오로지 군법이 전혀 적용되지 않는 테러분자로 간주했다. 파르티잔과 그 공범자—상황에 따라 고무줄처럼 늘어나는 범주—에게 응당 가해져야 할 것은 오직 즉결 처형이었다. 야만적인 앙갚음이 최고위급에서 허락되었다. 7월 23일에 히틀러는 독일군에게 '모든 저항 의지를 주민에게서 빼앗아버릴 그런 종류의 테러를 퍼뜨릴 것'을 지시했다.[46] 그해 여름 내내 군과 나치 친위대의 지휘관은 파르티잔의 위협에 대응하는 가장 야만적인 해결책을 승인하는 상호 경쟁을 했다. 9월 16일에 히틀러의 참모장이 독일 군인 한 명이 죽을 때마다 50명 내지 100명을 처형해야 한다는 악명 높은 인질 규정을 최종 공표했다. 아량이 들어설 자리가 없었다. 러시아 사람이 알아듣는 것은 당근이 아니라 채찍이라는 것이었다. 참모장은 계속해서 소련에서 사람 목숨은 전혀 중요하지 않기에 테러리즘을 저지하려면 '지극히 가혹한' 처벌이 필요하리라고 선언했다.[47] 어느 쪽도 자비를 전혀 보여주지 않는 전쟁 테러에 형언할 수 없는 테러로 대처하는 전쟁, 통상적 도덕이 완전히 사라진 전쟁의 무대가 마련되었다. 파르티잔은 가장 가혹한 취급을 받으리라고 예상했으며, 따라서 그들에겐

적을 조금이라도 다르게 취급할 도덕적 의무가 없었다.

말살 부대를 지휘하는 바로 그 바흐-첼레프스키의 총괄적 관할로 들어온 독일의 파르티잔 토벌 공세는 1941년에 전혀 상반된 두 가지 결과를 가져왔다. 작전은 군사적인 면에서는 꽤 성공을 거두었다. 점령 지역의 3분의 2 이상에서 조금이라도 의미가 있는 파르티잔 활동이 사라졌으며, 빽빽한 숲과 사람이 살기 힘든 늪지대 같은 북서부의 더 유리한 지형에서 수많은 파르티잔을 몰아 잡아서 총살하거나 목에 나무판을 건 채 나머지에게 본보기로 교수형에 처했다. 파르티잔의 공격에 대한 앙갚음으로 더 많은 사람이 살해되었다. 대부분 독일군이 도착했을 때 마을에는 여자, 아이, 환자, 늙은이만 남아 있었고, 몸 성한 이는 붉은군대가 퇴각할 때 달아나거나 소개되었다. 독일 군인은 자주 지역 민병대나 도움을 주는 카자크의 원조를 받아 지극히 빈약한 근거를 들어 냉혹하게 한 마을 사람을 모조리 죽였다. 눈에 난 스키 자국 때문에 한 마을이 몰살당하고, 다른 마을은 단독 저격수 때문에 몰살당했다. 벨라루스의 독일군 제707보병사단은 소속 부대원 두 명을 잃은 앙갚음으로 한 달 동안 '파르티잔' 1만 431명을 쏘아 죽였다.[48] 이런 규모의 잔학 행위로 말미암아 지역 주민이 독일군에게서 급속히 등을 돌렸다. 복종을 강요하는 독일군의 토벌 활동은 처음에 그 잔학 행위를 불러일으킨 파르티잔보다 전반적으로 더 큰 공포와 분노의 대상이 되었다. 1942년까지 독일군은 파르티잔 전쟁을 조장하는 데 모스크바에서 온 수많은 사기 진작용 책자보다 더 큰 역할을 했다.

1942년 봄에 스탈린은 마침내 파르티잔 전쟁에 공식 구조를 부여했다. 5월 30일에 판텔레이몬 포노마렌코 벨라루스 공산당 간사를 수반으로 하는 파르티잔 운동 중앙 본부가 모스크바에 설치되어, 포노마렌코가 소련의 모든 파르티잔의 참모장이 되었다. 목숨과 운명을 예측하거나 통제하기 힘든 게릴라는 엄격한 중앙 집권화의 제물이 되었다. 파르티잔 그룹은 지역 및 전선 참모진 휘하로 편성되어 지역 붉은군대 장교나 당 관리가 지휘관이 되었으며, 각 파르티잔 부대에는 부대의 활동 노선을 통제하려고 배속된 NKVD 세포가 하나씩 있었다. 비록 순응하기를 거부하는 무정부적인 모습을 보이는 파르티잔 부대가 많기는 했어도, 이제는 군대 규율과 같은 무엇인가가 부과되었다. 당이나 NKVD가 사기에 위협을 가한다거나 그저 너무 게으르거나 겁이 많아서 열성적으로 적과 싸우지 않는다고 여긴 자는 즉석에서 사살되었다. 파르티잔 그룹은 스스로를 테러 업종에 종사하는 스타하노프 운동원으로 보도록 장려되었다. 얄타 여단에게 "각 파르티잔 대원은 적어도 파시스트 다섯 명을 제거해야 한다. 〔그리고〕 각 대원은 한 달에 적어도 세 차례는 교전에 참가해야 한다"라는 일정한 작업 할당량을 받았다. 철도 폭파에서부터 영하의 기온에서 나무껍질과 이끼를 먹고 살아남는 법까지 공산주의 자유 투사의 행동을 상세히 설명해주는 파르티잔 지침서 5만 부가 모스크바에서 발행되었다.[49]

잘 드러나지 않는 조각난 부대에 질서를 부과하려는 시도의 결과에는 성공과 실패가 뒤섞여 있었다. 신규 대원 수가 늘어났고, 독일 당국의 행위 때문에 신규 대원 다수가 진정한 애국심이나 그들이 눈으로 직접 본 것이 일으킨 불같은 증오로 동기 부여를 받았다. 그러나 신참 다수는 달리 갈 곳이 없었기 때문에 파르티잔 전쟁에 떠밀려 들어왔다. 박멸자를 피해 도망쳐 온 유대인이 공급원의 하나였다. 폴란드와 벨라루스에서 유대인은 게토와 소도시에서 도망쳐 나와 벨라루스의 빽빽한 숲으로 들어갔다. 노보그로데크Novogrodek 주위의 숲에서 비엘스키 형제가 유대인 도피자, 무장한 젊은이, 여자, 어린이, 늙은이로 이루어진 커다란 무리를 규합했다. 그들은 주목표가 독일군이 지역 유대인 주민에 가하는 공격에서 살아남는 것이었기 때문에 소련식 파르티잔은 아니었다. 그런데도 그들은 이미 전설적 인물이 되어버린 주코프의 이름을 따서 집단의 명칭을 정했다. 그 집단은 지역 농민에게 부탁해서 얻거나 징발한 것으로 먹고 살았으며, 늘 옮겨 다녀서 독일군의 파르티잔 소탕전을 피하면서 숲에 숨은 러시아 군인 집단이나 폴란드 레지스탕스 부대와 더불어 위태로운 삶을 근근이 이어 나갔다. 두 집단 다 유대인에게 그리 동정적이지 않았다. 다른 무장 집단들이 서로서로 훔치거나 경쟁 상대를 죽였다. 때로는 지역 농민이 독일 당국에게 한 건당 50마르크를 받고 대원을 팔아넘기기도 했다. 첩자나 배반자의 처형은 흔하디흔한 일이었다. 주코프 그룹의 젊은 지도자인 투뱌 비엘스키는 대원들의 목숨을 구한다는 자기 목표를 이루는 데 성공했다. 전쟁 동안 투뱌의 그룹 1만 2000명 가운데 단 50명이 죽었다고 추산된다. 비엘스키는 1945년 이후에 팔레스타인에서 택시 기사가 되었다가 미국으로 이주해서 1987년 여든한 살에 숨졌다.[50]

파르티잔 부대—오트랴드otriad—는 강제 노동의 위협을 피해 달아나거나 사로잡혔다가 탈출한 젊은 남녀를 많이 끌어들였다. 수많은 소련군 포로가 독일군 전선 뒤 멀리 떨어진 곳에 세워진 수용소 조직망에서 탈출했다. 수용소의 조건은 전쟁 첫 여섯 달 만에 포로 200만 명이 죽을 만큼 열악했다. 포로를 기다리고 있는 운명에 관한 소문이 빠르게 퍼져 나갔다. 포위당한 붉은군대 부대원은 항복하기보다는 나중에 지역 파르티잔과 접촉한다는 희망을 가지고 숨으려 들었다. 그해 말 무렵 30만 명으로 추산되는 파르티잔 대원이 있었으나, 제대로 싸우려는 용의나 전투력은 천차만별이었다. 그들에게는 장비가 늘 모자랐다. 파르티잔 부대의 10분의 1만이 전선의 소련군과 정기적으로 무선 연락을 했으며, 숲이나 산, 또는 늪지대 등의 은신처에 대한 의존도가 매우 높았다. 우크라이나의 중부와 남부의 광활한 초지대에는 숨을 곳이 거의 없었다. 지지를 끌어모으려고 그 지역에 파견된 파르티잔 몇 개 여단은 추적을 당해 궤멸되었다.[51]

1942년 8월에 스탈린은 파르티잔 지휘관들을 모스크바에 불러들였다. 그는 그들에게 파르티잔의 의무, 즉 과감한 공격, 끊임없는 활동, 경계심을 늦추지 않는 반파시즘에 관해 강연했다.[52] 파르티잔의 삶은 낭만화되기 쉬웠고, 소련 정치선전은 바로 그 점을 활용했다. 심지어는 할리우드도 가담했다. 1943년에 상영된 영화 〈북극성〉*은 《프라브다》에나 어울렸을 뻔하디 뻔한 영웅으로 가득 차 있는 순수한 허구였다. 현실의 파르티잔 대원들은 엄혹한 생존에 맞닥뜨렸다. 그들은 발견될까봐 늘 두려워하며 살았고, 독일 당국은 푼돈으로 첩자와 밀고자를 살 수 있었다. 파르티잔은 빈약한 무기를 가지고 뮌헨 작전과 코트부스Cottbus 작전 같은 파르티잔 대소탕전에 기갑 사단과 폭격

• 동맹국 소련을 지지해달라는 루스벨트의 호소에 따라 1943년에 루이스 마일스톤 감독이 독일군의 침공과 야만 행위와 맞서 싸우는 우크라이나의 북극성 집단 농장 사람들의 투쟁을 소재로 만든 영화. 우습게도, 마일스톤은 미국 하원 비미(非美) 행위 위원회(House Un-American Activities Committee)의 청문회에서 조사받을 때 〈북극성〉이 소련에 동조하는 내용을 담고 있다는 이유로 곤욕을 치르기도 했다.

[지도 4] 독일 점령 소련 영토의 주요 파르티잔 활동 지대(1943년 여름)

기 편대를 동원하는 적과 싸웠다. 그들은 의료품 보급을 받을 길이 없었고, 심지어는 붕대 같은 필수품이 모자라서 부상을 입은 수많은 파르티잔 대원이 동굴과 숲에서 죽어갔다. 벨라루스의 군데군데에서, 또는 스몰렌스크나 브랸스크 주위에서 파르티잔이 넓은 영역을 통제하게 되었다. 그런 곳에서 파르티잔은 초보적 형태의 공산당 통치권을 다시 세웠지만 적을 공격함으로써 자기들의 국지적 권력을 위험에 빠뜨리기를 싫어했다. 대신에 그들은 지역의 배반자, 독일군에게 부역할 수밖에 없었던 지도자, 적에게 너무 선뜻 식량을 넘겨주거나 독일을 위해 일한 농민에게 총부리를 돌렸다.

어떤 지역에서는 파르티잔의 통치가 환영받았고, 파르티잔에게 숙식이 제공되었다. 그러나 스탈린그라드에서 이겨서 소련이 이길 가망이 더 커질 때까지는 파르티잔과 지역 주민이 긴장 관계를 유지했다. 1942년 초엽에 스몰렌스크 부근에 자리잡은 한 젊은 파르티잔 대원이 쓴 일기에 그런 긴장의 뿌리가 드러나 있다. "빵을 구하러 네카스테레크Nekasterek로 차를 몰았다. 구하지 못했다. 우리는 배반자 한 사람을 쏘아 죽였다. 저녁에 나는 그 배반자의 아내에게 가서 같은 일을 했다. 그 여자가 자식 셋을 남기고 죽은 것은 우리에게 유감이다. 하지만 전쟁은 전쟁이다!!!" 닷새 전에 그는 매복해 있다가 독일군 세 명을 냉혹하게 사살했다. "라이터 하나, 금반지 하나, 만년필 한 자루, 파이프 두 개, 담배, 빗 하나를 노획했다." 일주일 뒤 "아주 값진 것을 노획했다".[53] 파르티잔이 군사 영웅인지 폭력배인지 구분되지 않을 때가 이따금 있었다. 파르티잔 활동에는 언제나 변함없이 앙갚음이 뒤따랐다. 어떤 사람이 독일군의 잔학 행위를 보고 파르티잔에 가담하게 되었다면, 다른 사람은 파르티잔의 출현이 자기에게 가져다주는 위험에 화를 냈다. 파르티잔은 점점 더 완력으로 지역민 남녀를 부대에 징집하기 시작했다. 농민에게는 선택의 여지가 없었다. 저항하면 자기편 총에 맞았고, 파르티잔에 가담하면 독일군의 손에 같은 꼴이 될 가능성이 높았다. 그들은 군사 훈련을 받지 못했다. 강제 징집한—1943이 되면 대다수 파르티잔 여단의 40퍼센트 내지 60퍼센트를 차지한—대원을 많이 거느린 파르티잔 부대는 극히 큰 피해를 입었고 경험 많은 게릴라 기간요원이 있는 부대보다 훨씬 무능했다.[54] 수백 장의 사진에서 강제 징집된 대원들은 바싹 여위고 시무룩하고 헐벗고 무기를 거의 갖추지 못한 모습을 하고 있다. 그들은 지금 내키지 않는 테러 행위에 자기를 극히 단호하게 몰아대는 체제를 위해 싸우고 있었다. 그 체제는 10년 전에 그들을 지금만큼이나 억지로 집단 농장에 몰아넣었던 바로 그 체제였다.

소련 파르티잔과 지역 주민 사이의 긴장이 전체 우크라이나만큼 두드러지거나 위험한 곳은 없었다. 그 지역에는 파르티잔이 있었지만, 그 대다수는 우크라이나의 독립권을 위해 독일군과 소련군 양자와 싸우는 민족주의 게릴라였다. 이 지역의 전투선은 전혀 종잡을 수 없었다. 헤트만* 불바 보라베츠가 거느린 민족주의자들이 있었다. 보라베츠는 1941년에 독일 편에 서서 싸우다가, 1942년에는 우크라이나 봉기군이라는 이름 아래서 독일군과 싸웠고, 그러고 나서는 1943년에 30만 명으로 추정되는 지지자를 가지고 독일과 러시아 양자와 싸우던 스테판 반데라가 이끄는 우크라이나 민족주의자단과 합

---

* 선출된 우크라이나 카자크의 군사 지도자이자 세력가를 일컫는 칭호. 러시아어의 아타만에 해당한다.

체했다. 악명 높은 '반데라의 아이들'은 독일과 러시아 어느 한쪽에게라도 도움을 준 우크라이나 사람을 처벌했다.[55] 이 민족주의 민병대는 1943년 무렵에 우크라이나에 침투해서 독일군의 교통망에 피해를 입히려는 소련 파르티잔의 시도를 물리칠 만큼 강력했다. 소련 파르티잔은 우크라이나 촌락민 사이에서 지지를 거의 얻지 못했다. 촌락민의 기억은 [1930년대에 겪은] 기근과 테러를 떠올리기에 충분할 만큼 또렷했다. 1943년에 독일 당국은 우크라이나 북서부의 60퍼센트가 민족주의 파르티잔의 통제 아래 있다고 계산했다. 우크라이나 민족주의 세력은 독일군이 물리치기에는 너무 컸지만, 독일군은 숲과 산을 포기해버린 뒤 간선 도로와 간선 철도를 굳게 지켰다. 1943년 11월에 반데라는 자신감에 넘쳐서 동유럽 및 아시아 예속 민족 협의회를 개최했다. 이 협의회는 타타르인, 조지아인, 아제르바이잔인, 폴란드인, 슬로바키아인, 체코인, 카자크를 한데 불러 모아 독일과 소련에 맞서 싸운다는 공동 강령을 작성했다. 싸움은 퇴각하는 독일군 대신에 들어온 공산주의 세력에 맞서서 계속되어 전쟁이 끝나고도 오랫동안 이어졌다.[56]

1943년이 되면 나머지 독일 점령 지역에서 파르티잔 운동이 성숙 단계에 들어갔다. 붉은군대의 신뢰가 커지고 군수 보급품을 얻을 기회가 더 늘어나면서 파르티잔 조직이 활발해졌다. 파르티잔 부대는 정규군과 비슷해졌다. 전차, 중포, 심지어는 비행기도 이용할 수 있게 되었다. 훈련받은 군사 전문가 총 2만 2000명이 파르티잔 활동 지역에 파견되었는데, 그 가운데 4분의 3은 폭파 전문가였고, 8퍼센트는 무선 통신병이었다. 1943년 봄에 스탈린은 철도 파괴 운동, 즉 독일군 후방에서 교통망을 교란하는 공조 시도를 명령했다. 수천 건의 폭파로 독일 당국은 필사적 조치를 취해야 했지만, 끊임없는 교란 위협이 있는데도 철도망은 운행을 유지했다.

드넓은 러시아 전선에 빠져든 독일군의 삶은 암울했다. 도로는 더 이상 안전하지 않았다. 차량은 화물차 위에 중기관총을 올려놓고 호위를 받으며 이동해야 했다. 순찰대가 정기적으로 모든 주요 노선을 돌았다. 그런데도 파르티잔에게 꾸준히 피해를 입었다. 차량 대열은 도로에서 보이지 않는 모퉁이에 마구 쳐 놓은 바리케이드에 막혔다. 재수 없는 호위 차량에 총알이 우박같이 퍼부어지는 동안 잘린 나무가 맨 뒤 트럭 뒤에 놓였다. 파르티잔은 차량 6만 5000대와 교량 1만 2000개를 파괴하는 공을 세웠다. 그런 매복에 걸려 나치 돌격대Sturmabteilung, SA〔1921년 나치당 산하에 창설된 준군사 조직〕 지도자 빅토르 루체가 죽었다. 잔인하다는 평판이 자자해서 으뜸 표적이 된 빌헬름 쿠베 벨라루스 총독은 민스크에서 파르티잔 대원인 하녀가 침대 밑에 놓아둔 시한폭탄에 폭사했다. 독일 군인도 새 상전을 위해 일하는 수많은 소련 시민도 안전하지 않았다. 점령군 사이에서 모르는 사이에 사기가 뚜렷이 떨어졌다. 일부 지역에서는 파르티잔을 매수해서 지엽적인 강화를 얻거나 휴전 협상을 하려는 시도가 이루어져서 탄압이 누그러졌지만, 고립되고 겁먹고 어쩌면 죄책감을 느꼈을지도 모르는 수많은 독일 군인에게 가혹한 앙갚음이 계속 가해졌다. 파괴된 수많은 마을과 100만 명으로 추산되는 사망자 수는 '그런 종류의 테러'에 히틀러가 치른 대가를 입증해주는 끔찍한 증거였다.[57]

파르티잔 전쟁은 1944년에 마무리되었다. 붉은군대가 마지막 피점령 지역을 휩쓸자, 파르티잔 부대들은, '파시스트에게 죽음을'이나 '인민의 복수자' 같은 멋진 이름과 더불어, 정규군에 흡수되었다. 5분의

1은 부적격하다고 해서 받아들여지지 않았다. 다른 대원들은 피점령 지역을 탈환하는 군대의 뒤를 따라 들어온 NKVD 부대의 신중한 조사를 받았다. 파르티잔 대원이었다고 해서 체제의 보안벽保安癖에서 제외 대상이 되지 못했다. 통상적 절차로 우크라이나 파르티잔 전원이, 심지어는 공산당원 파르티잔 대원도 당연하다는 듯이 불신을 받았다. 붉은군대가 도착함에 따라 옛 상처가 도지고 새 상처가 드러났다. 부역, 배반, 저항의 고통스러운 역사가 인종 전쟁의 이름으로 침략자에게 살육된 수백만 명 말고도 사망자 수십만 명을 남겼다.

복수욕을 이해하기란 쉬운 일이다. 저널리스트 알렉산더 워스는 1944년에 우크라이나의 소도시 우만Uman의 시장으로 임명된 중년의 러시아인 파르티잔 대원 자하로프와 대화를 나누었다. 살갗이 파리하고 검은 머리카락을 뒤로 벗어 넘긴 단신의 자하로프 시장은 자기를 찾아온 손님에게 고생스러운 파르티잔 생활을 설명해주었다. 그가 모을 수 있었던 것은 고작 작은 무리였고, 그들은 비니차 숲에 들어가 숨었다. 무기가 빈약해서 그들은 계속 큰 피해를 입었다. 자하로프는 1941년 7월에 다쳤고, 독일군에게 사로잡혔다. 탈출한 그는 우만 밖의 파르티잔과 합류했다. 그는 1942년에 게슈타포에게 체포되었고, 게슈타포는 그를 혹독하게 고문하고 때리고 등을 부러뜨렸다. 그는 다시 숲속으로 사라졌고, 숲에서 파르티잔 대원들은 그를 그저 '미탸 아저씨'라고만 알았다. 거기서 그는 철도 공격을 주도하는 한편, 그의 부대는 독일에게 고용된 카자크에게 시달렸다. 그는 워스에게 "혹독하고 음울한 삶이었소. 놈들은 무자비했고 우리도 그랬소. 그리고 우리는 이제 배반자를 무자비하게 다룰 거요"라고 말했다.[58]

북쪽의 발트해 연안 국가들부터 남쪽의 흑해 연안까지의 드넓은 양군 중간 지대 도처에서 지금까지도 상상하기 힘든 인간의 비극이 펼쳐졌다. 발트인, 벨라루스인, 우크라이나인, 유대인 주민이 자기가 만들지도 않은 드라마에 휘말려 들어갔다. 왜 어떤 이는 부역을 선택하고 다른 이는 저항을 선택했는가? 간단한 답은 없다. 중간에 낀 사람 대부분에게는 선택권이 없었고, 공포, 기회주의, 또는 우연 때문에 도리 없이 이쪽 아니면 저쪽에 서야 했다. 수백만 명에게 선택권이 전혀 없었고, 그들은 차별과 파괴의 이념에 희생되었다. 어떤 부역자는 공산주의를 미워했기 때문에 적극적으로 독일 편을 선택했다. 독일이 점령한 지역 가운데 많은 곳이 소련의 지배는 고작 몇 달 동안만 받은 지역이었다. 이런 곳에서 러시아에 대한 애국심이나 사회주의적 헌신의 토대는 존재하지 않았다. 의심할 여지 없이 독일 침공군은 그 같은 반소 감정을 더 많이 활용할 수 있었는데 그러지 못했다. 독일 제국주의의 진정한 본성이 뚜렷해졌을 때조차 민족주의자 수백만 명이 소련 측에 맞서서 계속 싸웠다.

저항은 이해하기가 더 쉽지 않다. 저항에는 엄청난 위험이 따랐으며, 파르티잔은 소련의 전쟁 수행 노력의 가미카제였다. 파르티잔에 가담한 사람들 일부는 소비에트 체제가 복귀했을 때, 또는 복귀할 경우에, 자기에게 무슨 일이 일어날까 하는 두려움 때문에 가담했던 것이다. 다른 이들은 순수한 신념에서 파르티잔에 가담했다. 자하로프 시장은 자기의 선택을 '내 나라 잘되라고 일한 것'이라고 간단하게 설명했다.[59] 자국민에게 그같이 무거운 짐을 부과한 체제를 위해 싸운 사람들의 정치적 이상주의에 회의를 품기 쉽지만, 그 이상주의를 내버려서도 안 된다. 소박한 애국심은 많은 파르티잔의 말과 행동에서 뚜렷하게 나타나며, 우리에게는 그것을 무시할 까닭이 없다. 독일 침략자를 미워하기는 쉬웠다.

스탈린은 레지스탕스가 소비에트의 대의와 사회주의 진보의 힘에 대한 헌신의 표현이라는 이념의 관점에서 전쟁을 보도록 파르티잔을 격려했다. 이 개념은 저항 활동을 혁명 전쟁으로, 파르티잔 투쟁과 아주 흡사하게 전투선이 뒤죽박죽인 내전의 반향이 깊게 울리는 싸움으로, 1920년대와 1930년대 소련의 군사 사고에 배어 있던 프롤레타리아 투쟁 이론에 더 잘 어울리는 전쟁으로 바꾸었다. 또한 파르티잔 운동은 그 운동으로 말미암아 피점령 지역이 계속 모스크바와 연계를 유지하고 잔여 공산당 기구가 지탱되었기 때문에 소련 지도부에게 중요했다. 세 해 동안 독일에게 점령되었는데도 당과 소비에트 국가는 체제의 가느다란 끈을 붙잡고 놓치지 않았다. 그러지 않았다면 그 체제는 완전히 무너졌을지도 모른다.

6장

부글부글 끓는 솥

스탈린그라드 전투, 1942-1943

참호 바닥에는 녹색 군복의 독일군, 회색 군복의 러시아군과 사람 형상의 파편이 꽁꽁 얼어붙어 누워 있었고, 부서진 벽돌 부스러기 사이에는 러시아군과 독일군의 철모가 놓여 있었다. … 누구든지 어떻게 살아남을 수 있었을까 상상하기란 어려웠다. 그러나 마치 미쳐 날뛰던 정신병자가 갑자기 심장마비로 죽은 듯 이제 이 화석화된 지옥 속에서 모든 것이 조용했다.

— 알렉산더 워스, 스탈린그라드에서, 1943년 2월

1942년 봄에 얼음이 녹아 싸움터가 진흙 수렁으로 바뀌었을 때, 양측은 여덟 달 동안 거의 끊이지 않고 계속된 전투로 힘을 소진한 끝에 휴지기에 들어가 숨을 돌렸다. 비록 모스크바와 레닌그라드 두 도시가 히틀러의 의도와는 달리 완전히 파괴될 운명을 모면하기는 했지만, 소련은 심각하게 취약한 처지에 있었다. 극심한 소모전에서 군인 300만 명 이상이 사로잡히고 310만 명이 죽었다.[1] 1941년 6월 무렵에는 사용 가능했던 전차와 공군력이 심하게 고갈되었고, 대체물은 느리게 도착했다. 소련의 경제력은 지난해에 지녔던 경제력에 한참 못 미쳤다. 이제 독일군은 소련의 곡창 지대, 즉 우크라이나의 풍요로운 곡토를 점령하고 있었다. 1942년에 공급량이 절반으로 줄어든 빵과 고기로 점령되지 않은 영토에 사는 1억 3000만 명이 목숨을 연명했다. 철도망 3분의 1이 적의 진지선 뒤에 있었다. 돈바스 공업 지역을 잃어서 소련의 중공업 생산량―석탄, 철강, 철광석―이 4분의 1로 줄어들었다. 현대식 무기 생산에 극히 중요한 물자들―알루미늄, 구리, 망간―이 3분의 1 내지 그 이하로 떨어졌다. 숙련 노동자 수백만 명이 죽거나 사로잡혔다. 네 배나 더 큰 공업력을 보유한 적에 맞선 소련의 전망은 사실상 암울했다.[2]

러시아의 전쟁 이야기에서 가장 놀라운 부분은 여기에, 즉 거의 붕괴점에 이르렀던 소련의 운명이 소생했다는 데 있다. 소련의 몰락을 보여주는 냉혹한 통계 수치에 직면해서 소련이 이기는 쪽에 내기를 거는 이는 극소수였다. 소련의 전쟁 수행 노력은 혁명을 유발한 25년 전 차르 체제의 삐걱거리는 전쟁 수행 구조를 닮아가기 시작했다. 그뒤에 온 상황은 더 나빴다. 전선의 남쪽 끝에 있는 독일군이 모스크바와 레닌그라드를 마주보고 있는 독일군보다 더 약하다고 확신한 스탈린은 1942년 4월에 독일군 전선에 극히 중요한 철도의 결절점인 하리코프를 되찾고자 공세를 명령했다. 첩보 기관의 경고를 받은 독일군은 소련군을 잘 준비된 덫으로 끌어들였다. 소련군 부대들의 준비가 형편없고 일부 부대는 뒤늦은 해빙 때문에 심지어 제 위치에 있지도 않은 상태에서 5월 12일에 공격이 개시되었다. 열흘 뒤 독일군은 소련군을 포위해서 소련군 3개 군에 해당하는 병력을 사로잡았다. 하리코프의 재앙은 스탈린 개인의 지도력에 치욕을 안겨다준 실패였다. 더 남쪽에서는 독일군을 크림에서 몰아내려던 소련군의 시도가 똑같이 비극적인 결말을 맞이했다. 공세는 소련군 제44군, 제47군, 제51군 이렇게 3개 군이 케르치Kerch반도에서 바다로 밀려나는 큰 대가를 치른 채 격퇴되었다. 케르치반도에서 독일군은 무력한 민간인에게 야만적인 앙갚음을 했다. 6월 동안 흑해의 가장자리에 자

[표 1] 소련과 독일의 전시 생산(1941~1945)

A: 군수품 산출량

		1941년	1942년	1943년	1944년	1945년
항공기	소련	15,735	25,436	34,900	40,300	20,900
	독일	11,776	15,409	28,807	39,807	7,540
전차*	소련	6,590	24,446	24,089	28,963	15,400
	독일	5,200	9,300	19,800	27,300	——
	소련	42,300	127,000	130,000	122,400	62,000
포**	(76mm 이상)		49,100	48,400	56,100	28,600
	독일	7,000	12,000	27,000	41,000	——

* 소련의 수치에는 자주포가 포함되어 있다. 독일의 수치에는 1943년과 1944년에 자주포가 포함되어 있다.
** 소련의 각종 구경의 포(별개의 수치는 구경이 76밀리미터 이상 되는 포). 독일의 수치는 구경이 37밀리미터 이상 되는 포.

B: 중공업

		1941년	1942년	1943년	1944년	1945년
석탄	소련	151.4	75.5	93.1	121.5	149.3
(백만 톤)	독일	315.5	317.9	340.4	347.6	——
철강	소련	17.9	8.1	8.5	10.9	12.3
(백만 톤)	독일	28.2	28.7	30.6	25.8	——
알루미늄	소련	——	51.7	62.3	82.7	86.3
(천 톤)	독일	233.6	264.0	250.0	245.3	——
석유	소련	33.0	22.0	18.0	18.2	19.4
(백만 톤)	독일*	5.7	6.6	7.6	5.5	1.5

* 합성 석유 생산과 천연 원유 생산 및 수입.

리잡은 중무장 요새화 도시 세바스토폴이 7월 4일에 항복할 때까지 독일군의 체계적인 폭격과 포격으로 서서히 돌무더기로 바뀌었다. 세바스토폴의 정복자 에리히 폰 만슈타인 장군에게 노고의 대가로 육군원수 지휘봉이 수여되었다.

1941년의 재앙이 되풀이될 무대 장치가 마련되었다. 히틀러는 지난해에 이루지 못한 일을 1942년 여름 동안에 완수하겠다고 굳게 마음먹었다. 히틀러의 사령관들은 전선 중앙에 있는 모스크바의 점령을 마무리하고 싶어했다. 붉은군대 주력의 파괴와 연계해서 소련 수도의 상실이 가져올 심리적 충격으로 전쟁이 조속히 끝나리라고 믿었기 때문이었다. 히틀러는 동의하지 않았다. 그는 더 원대한 것을 꿈꾸고 있었다. 북아프리카의 승리로 에르빈 롬멜 육군원수가 수에즈 운하와 중동의 막대한 석유 비축분을 공격권 안에 두게 되고 극동에서 일본이 미군과 대영제국군에 승리를 거두면서 히틀러의 야망은 훨씬 더 커졌다. 그의 목표는 소련군을 남부 초지대와 캅카스 지역에서 몰아내서 추축군이 중동에서 연결되도록 만들고 또한 소련군의 진지선 뒤에서 북쪽으로 모스크바와 우랄산맥에 최후의 일대 공세를 가해 적을 쳐부순다는 것이었다. 드넓은 남부 지역 전역에는 광물 자원과 그 무엇보다도 석유가 있었다. 석유는 독일이 자원이 풍부한 서방과 마지막으로 벌이는 묵시록적 전쟁에서 핵심이었다. 1942년 4월 5일에 히틀러는 지령 제41호를 발효했다. 그 목적은 '소련에 남은 방어 잠재력을 모조리 쓸어내 버리는 것'이었다.[3]

암호명이 '청색Blau 작전'인 그 계획은 동쪽으로는 스탈린그라드까지, 남쪽으로는 캅카스산맥의 고산 통과로까지 나아간 다음 카스피해의 아스트라한과 그로즈니Groznyi까지 다다르는 것이었다. 그리고 나면 소련은 석유 공급지와 끊어져서 소련의 전쟁 수행 노력은 성과를 이루지 못하고 중단될 터였다. 준비는 극비에 싸여 있었지만, 영국이 독일군의 신호에서 임박한 공세의 세부 사항을 가로채서 소련에게 그대로 전달했다. 스탈린은 바르바로사 작전에 관한 경고와 마찬가지로 이 경고를 대수롭지 않게 여겼다. 독일군의 작전을 위한 세밀한 전투명령서를 싣고 가던 경비행기가 6월 19일에 소련군 진지선 뒤에서 추락했을 때, 스탈린은 그것이 그저 의도적이고 서툰 역정보 유포 시도일 수 있다고 생각했다.[4] 의심이 많은 스탈린은, 지난해 내내 자기의 직관이 그리 도움을 주지 못했는데도, 제 직관에 의존하기를 더 좋아했다. 그는 독일의 주공이 모스크바에 가해질 것이라고 고집했다. 비합리적 예상은 아니었다. 독일 장군들이 원하는 바였으며, 스탈린의 군 지도자 다수도 우두머리와 의견이 일치했다. 묘한 것은 고작 한 해 전만 해도 스탈린은 히틀러가 모스크바보다 석유와 곡물을 더 바란다는 잘못된 믿음으로 남쪽을 강화하도록 고집했었다는 점이다. 이제는 남부가 더 약하고 중부가 강했다.

마침내 1942년 6월 28일에 공세가 시작되었을 때, 소련군은 지난해 6월에 그랬던 것만큼이나 공세에 대처할 준비가 되어 있지 않았다. 독일군은 항공기와 전차의 방패 뒤에서 전진했다. 독일군의 측면은 무장이 더 약하고 덜 광신적인 동맹국 군대, 즉 헝가리군, 이탈리아군, 루마니아군의 지원을 받았다. 7월 9일까지 남부 전선의 최북단 독일군이 보로네시 맞은편 돈Don강에 다다른 다음에 남쪽으로 방향을 틀어 크림 지역에서 이동해 오는 군과 합류했다. 소련군의 저항은 허물어졌다. 지휘관과 연락이 끊긴 낙오병이 작은 무리를 이루어 동쪽으로 이동했고, 그뒤를 절망에 찬 피난민 행렬이 따라갔다. 많은 사람이 드넓은 초지대로 완전히 빨려 들어갔고, 고속으로 이동하는 전차 대열의 궤적을 쫓아가는 추축군 부대원들의 손쉬운 먹잇감이 되었다. 다른 이들은 임시 방어선을 구축하려고 발버둥쳤지만, 이 방어선 또한 스러져 없어졌다. 7월 23일에 공황에 빠진 군인들이 거대한 돈강의 하구에 있는 로스토프Rostov를 내팽개쳤다. 얼마 되지 않는 NKVD 부대가 도시가 독일군의 손에 떨어질 때까지 싸웠다. 지난해에 목격된 소련 도시의 필사적 방어는 재현되지 않았다. 사기 저하가 전염병처럼 퍼져나갔다. 7월 말에 히틀러는 또 한 차례의 승리에 자신이 넘쳐서 병력을 둘로 나누었다. 폰 클라이스트가 캅카스의 유전을 점령하기 위해 A 집단군과 더불어 제1기갑군을 맡았고, 폰 바익스의 B 집단군이 베를린에서 1500마일도 더 떨어진 볼가강의 스탈린그라드를 점령하라는 명령을 받고 동쪽으로 이동해서 돈강을 건넜다.

실패의 새 물결을 소련 인민에게 감출 수는 없었다. 모스크바에서 관찰자들은 새로운 공황 상태가 주민 속에 퍼지는 것을 감지했다. 모스크바와 레닌그라드에서 끔찍한 희생을 치른 뒤 제대로 한 번 싸워보지도 못한 채 로스토프가 함락되었다는 소식이 전해지자 분노와 낙담의 감정이 일었다. 허둥지둥 후퇴하는 가운데 군 규율이 무너지기 시작했다. 부대는 포와 장비를 내팽개쳤다. 병사들은 막강한 독일군과 맞서기보다 자해를 했다. 장교와 군 정치위원의 권위가 사라질 위험에 처했다. 7월 28일에 스탈린은 붕괴를 막으려고 행동을 취했다. 그는 "니 샤구 나자드!Ni Shagu Nazad!", 즉 "한 걸음도 물러서지 마라!"라는 명령 제227호를 내렸다. 그 명령은 격심한 위기의 순간에 공포되었다. 스탈린은 소련군에게 후퇴는 끝나야 한다며 "마지막 피

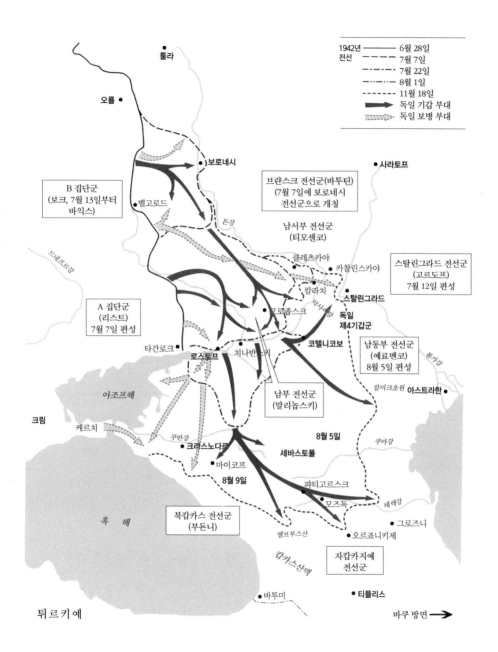

[지도 5] 청색 작전: 독일군의 남방 공세(1942년 6~11월)

한 방울까지 흘려서 진지 하나라도 소련 영토 1미터라도 완강하게 지켜야만 하며, 소련 땅 한 치를 고수하고 그것을 끝까지 지켜내야만 합니다"라고 말했다.[5]

명령 제227호는 모든 전투부대에 배포되었는데도, 전쟁이 끝난 뒤에 그 명령에 관한 어떤 세부 사항의 발표도 금지되었다. 1988년이 되어서야 그 명령의 존재가 처음으로 소련 대중에게 알려졌다. 명령 제227호는 죽을 때까지 싸우라고 요구했을 뿐만 아니라 주춤대는 자에게 가장 가혹한 처벌을 내리겠다고 약속했기 때문에 소련식 영웅주의와 자기희생이라는 전후의 이미지에 걸맞지 않았던 것이다. 그 명령의 그물 안에 걸려든 자, 즉 '공황 조장자'와 '겁쟁이'는 즉결 처형에 처해지거나 시트라프바트shrafbat, 즉 '형벌 대대'에서 복무해야 했다. 임무를 회피한 고위 장교를 위한 형벌 대대와 그 본을 떠서 만들어진 하급 장교와 졸병을 위한 별도의 부대가 존재했다. 이 형벌 대대는 명령 제227호에 의거해서, 독일군이 1941년의 겨울 전투 동안에 행한 사례를 본떠 만들어졌다. 스탈린은 또한 붉은군대 정규 부대로 이른바 '저지 부대'를 만들 것을 인가했다. 저지 부대의 임무는 공황과 무단이탈을 막아서 병사들이 계속 싸우도록 만드는 것이었다. 규정상 저지 부대는 특별 명령 없이 똑같은 임무를 수행해왔던 NKVD 부대원 수천 명과 협조해야 했지만, 실제로는 이 새 부대는 전선에서 이들을 몹시도 필요로 할 때 후방에서 허드렛일을 하거나 경비 임무를 수행하고 있었다. 10월 29일에 새로운 명령으로 저지 부대가 폐지되었다. NKVD 부대가 직무 태만자나 겁쟁이로 기소된 모든 사람을 계속 추적했다. 죄가 있다는 것이 명백할 필요는 없었다. 전쟁 전의 테러 관행이 다시 도입되어 소련 군인을 계속 싸우게 만들었다.[6] 극히 사소한 위반도 파괴 책동으로 해석될 수 있었다. 무단이탈은 사형으로 처벌될 수 있었으며, 수많은 약식 군법 회의에서 사형이 선고되었다. 전쟁 동안 44만 2000명이 형벌 대대에서 복무해야 했으며, 이밖에 43만 6000명이 감금형을 받았다. 총살을 당했든지 형벌 대대에 주어진 자살 행위와도 같은 임무를 수행하다가 사상당했든지, 얼마나 많은 군인이 자기편 손에 죽었는지는 결코 정확하게 알려지지 않을지도 모른다. 최근에 러시아 학자들은 전쟁 동안 총살형을 선고받은 군인 수가 15만 8000명에 이른다고 추산한다.[7] 형벌 대대에게는 가장 위험한 일이 주어졌다. 그들은 지뢰밭을 앞장서서 지나가거나 항공기 공격을 받으면서 독일군의 방어 진지를 향해 돌격했으며, 다쳤을 경우에만 복권될 수 있었다. "자기 피로써 보상했음"이라는 문구가 그들의 보고서에 덧붙여졌다.

소련군은 1942년 여름부터 강요를 받았기 때문에 싸웠다고 주장하기 쉽다. 그러나 명령 제227호의 영향력은 과장되었을 수 있다. 그것은 일반 병사보다는 주로 장교와 정치위원을 겨냥한 것이었다. 일반 병사는 매우 혹독한 규율에 늘 놓여 있었다. 명령 제227호는 또한 무단 후퇴에만 적용되었지 일반적 후퇴에는 적용되지 않았다. NKVD 취조관에게 법률적 엄밀성이 큰 역할을 하지 않았다는 데에는 의심의 여지가 없지만, 그렇다고 해서 명령 제227호가 완전히 마구잡이로 적용된 것은 아니었다. 그때에는 극단적 상황이 극단적 조처를 불러온다는 인식이 있었다. 한 병사는 "한 걸음도 물러서지 마라!"라는 말에 자기가 보인 반응을 훗날 다음과 같이 회상했다. "이 문서의 자구가 아니라 정신과 내용이 그때 그 문서의 낭독을 듣는 모든 이들의 머리와 마음에서 … 도덕적·심리적·정신적 변혁을 아주 거세게 촉진했다."[8] 붉은군대에 규율 부재와 사기 저하가 있었고, 이는 소련군의 군사적 무능 때문에 병사들이 참기 힘든 고통을 받음에 따라 크게 심화되었다는 점도 잊어서는 안 된다. 이번에 스탈린이 공격하고 있던 대상은 반혁명의 환영이 아니라 패배와 불안의 악몽에 빠져들어 가는 현실의 군인들이었다.

군 내부에서 저질러진 테러를 폭로하는 것은 명백한 역사적 진실에 초점을 맞추고 있지만, 또한 우리가 소련의 전쟁 수행 노력을 보는 견해를 왜곡한다. 모든 군인이 등에 총이 겨누어진 상태에 처해 있지는 않았으며, 자기희생과 용맹한 저항의 사례가 모두 강압이나 공포의 산물은 아니었다. 그렇게 믿는 것은 소련의 수많은 보통 남녀의 비범한 영웅적 용기의 가치를 떨어뜨린다. 그들이 소련의 대의에 자발적으로 헌신했음은 거의 의심할 수 없다. NKVD에 대한 공포만은 아니고 그 이상의 것이 1942년 여름과 가을에 소련 인민에게 활기를 불어넣었다. 스탈린은 인민에게 사회 전체의 자원을 동원하고 소련을 하나의 '전시 진영'으로 바꾸자고 호소했다. 소련의 정치선전은 전쟁을 단지 소비에트 체제가 아니라 조국 러시아 자체를 구하는 십자군 전쟁으로 바꿀 준비를 했다. 전쟁은 많은 러시아인이 어색하게 느끼는 단순한 공산주의의 수호가 아니라 두려움과 증오의 대상인 적에 맞선 애국 투쟁이 되었다.

상황상 러시아 대중의 애국심이 동원되어야 했다. 1942년이 되면 공산당 단독으로는 이 같은 심도와 강도를 가진 투쟁을 위해 사람들의 에너지를 고양할 수 없다는 것이 분명했다. 독일과의 전쟁은 쿨라크에 맞선 전쟁이나 1930년대의 생산 증대를 위한 전쟁과 달랐다. 비록 어떤 식으로든 이 캠페인이 유발한 거의 항상적인 대중 동원 상태가 주민들에게 비상사태와 즉흥 대처에 반응할 준비를 하도록 만들기는 했을지라도 말이다. 1942년에 전쟁은 기나긴 역사를 가진 러시아를 구하는 전쟁, 즉 거의 신화에나 나왔을 법한 괴물 같은 적에 맞선 민족의 복수전으로 제시되었다. '소비에트연방'과 '공산주의'라는 낱말이 공식 간행물에 나타나는 빈도가 더욱더 낮아졌다. '러시아'와 '조국'이라는 낱말이 그 자리를 차지했다. 국가 행사 때 연주되던 국제 사회주의 운동가인 〈인터내셔널의 노래〉가 새 국가로 대체되었다.[9] 붉은군대에 배어 있던 군대 내 평등주의 기질이 일소되었다. 과거 러시아의 군사 영웅을 기념하는 새 기장이 만들어졌다. 제정 시절의 넵스키 훈장이 되살아났지만, 오직 장교만 그 훈장을 받을 수 있었다. 13세기에 튜턴기사단을 물리친 모스크바공국의 제후 알렉산드르 넵스키는 기막히게 딱 들어맞는 대응물이었다.[10] 1938년에 스탈린은 세르게이 예이젠시테인에게 넵스키에 관한 영화를 만들라고 주문했다. 스탈린은 각본에 간섭해서 독일의 위협(그리고 권위주의의 장점)에 관한 메시지를 명확하게 만들었다. 그 영화는 1939년에 독소 불가침 조약이 체결된 뒤 도로 거둬들여졌지만, 1942년에는 또다시 반드시 관람해야 할 영화가 되었다.[11]

전통의 동원은 지난날의 영웅에서 그치지 않았다. 무신론을 표방하는 정권에게 끊임없이 핍박받아온 러시아 정교회가 1942년에 갑자기 복권되었다. 여러 해 동안 러시아의 그리스도교도는 어쩔 도리 없이 고대 세계의 그리스도교도처럼 지하 생활을 해야 했다. 교회와 수도원이 폐쇄되고 그리스도교 공동체가 해체되었다. 혁명 전에 러시아 교회에는 사제 5만 명과 주교 163명이 있었다. 1941년이 되면 사제가 100명 안팎이었고 주교는 딱 일곱 명뿐이었다.[12] 그들의 활동은 정권의 엄중한 감시를 받았다. 새로 그리스도교인이 된 많은 사람이 비밀 미사에서 성찬식을 받았지만, 그들이 무릅써야 하는 위험은 엄청나게 컸다. 전쟁이 터지자 정권의 태도가 바뀌기 시작했다. 독일이 침공하던 바로 그날 교회 수장 세르게이 수도 대주교가 승리를 거두기 위해서 모든 일을 하라고 신자들에게 호소했다. 수도 대주교는 다음 두해 동안 스물세 차례가 넘게 사도 서한을 발표해서 회중에게 그들이 살고 있는 신 없는 나라를 위해 싸우라고 호소했다. 과거에 신학교 학생이었던 스탈린은 믿음을 완전히는 잃지 않았을지도 모른다. 그는 영국 대사에게 그 나름대로 "저 또한 하느님을 믿습니다"라고 말했다. 하느님이라는 낱말이 《프라브다》에 대문자로 나타나기 시작했다.[13]

스탈린의 동기는 애초부터 영적이지 않았다. 종교는 러시아의 보통 사람이 원하는 것이기 때문에 다시 융성하도록 허용되었다. 전혀 신앙이 없는 히틀러조차도 정복한 지역의 정교회를 동원했다. 그는 점령 지역에서 정교회가 지역 주민의 마음을 달래고 독일의 지배를 더 괜찮은 것으로 만들기를 바랐다. 꼭두각시 주교들은 독립적 성향이 너무 강해질라치면 제거되었다. 리가의 세르게이 보스크렌스키 수도 대주교가 처음으로 독일군에게 붙어 독일의 승리를 위해 설교했지만, 1944년에 리가와 빌뉴스 사이의 길 위에서 후원자에게 목숨을 잃는 결말을 맞았다.[14] 히틀러와 마찬가지로 스탈린은 종교가 할 수 있는 것을 제대로 포착했다. 그는 교회와 많은 신학교가 다시 문을 열도록 허가했다. 교회 의식을 되살리는 데 쓸 돈을 모을 수도 있게 되었다. 1943년에 스탈린은 1926년 이래로 빈 자리로 남아 있던 최고위직인 정교회 총대주교를 임명하는 데 최종 동의했다. 교회 당국은 이에 호응해서 신자들에게서 돈을 모아 소련군 1개 기갑 부대를 만들 기금을 마련했다. 사제와 주교가 회중에게 신과 스탈린에 대한 믿음을 지키라고 설교했다. 곧 교회에게 수용 능력을 넘어서는 많은 회중이 생겼다. 성당 밖에 서서 안에 들어가려고 기다리는 군중이 모스크바에서 눈에 띄었다. 최종 결과는 전통 그리스도교와 사회주의 신심의 묘한 뒤범벅이었다. 어느 추운 날 모스크바의 한 열차역에서 전선으로 떠나는 늙수그레한 시베리아 사람이 확성기에서 나오는 '낮고 잘 들리지 않았지만 이상하게 귀에 거슬리는' 소리를 열심히 듣고 있는 것이 목격되었다. 그 소리를 듣자마자 그는 성호를 긋고는 '스탈린!'이라고 외쳤다.[15]

1942년에 대중적 애국심이 일으킨 정서는 전혀 그리스도교적이지 않다고 판명되었다. 러시아 사회는 증오와 복수의 병적 흥분 상태에 빠졌다. 독일군과 독일에 관한 모든 것을 증오하는 것이 정치선전 기구의 핵심 메시지였다. '독일'이나 '파시스트'라는 낱말은 악마와도 같은 차원을 띠었다. 시인 콘스탄틴 시모노프는 다음과 같은 시를 썼다.

만약 네가 우리가 조국이라고 일컫는 것을 전부 다
독일 놈에게 넘겨주기를 바라지 않는다면
단 한 놈이라도 죽여라!
독일 놈을 볼 때마다,
그놈을 죽여라![16]

볼셰비키에 반대하는 인사였다가 1939년에 파리 망명에서 돌아와 스탈린에게 복권된 작가 일리야 예렌부르크도 가세해서 불길에 부채질을 했다. 1942년 8월[지은이의 착오. 실제로는 7월 24일]에 그는 군 저 널 《붉은 별》에 다음과 같이 썼다.

> 우리는 독일 놈들이 사람이 아니라는 것을 알았다. 이제부터 '독일 놈'
> 이라는 낱말은 우리에게 가장 심한 욕이 되어버렸다. 우리는 말하지
> 않으리라. 우리는 분개하지 않으리라. 우리는 죽일 것이다. 만약 당신
> 이 독일 놈을 죽이지 않으면, 놈이 당신을 죽일 것이다. … 만약 네가
> 독일군 한 놈을 죽였다면, 또 한 놈을 죽여라! 우리에게 독일 놈들의
> 주검보다 더 기분 좋은 것은 없다.[17]

예렌부르크 자신의 증오는 진심에서 우러나왔다. 그는 모스크바 반격이 벌어지는 동안 해방된 지역을 찾아보았던 것이다. 수많은 다른 보통 러시아인의 증오는 단순히 국가가 만들어낸 것이 아니라 패배를 거듭한 한 해 동안 당한 고통에서 나온 것이었다. 1942년에 전개된 증오의 여름은 적에 대한 응집력 없는 혐오를 이용했고 그 혐오에 힘을 불어넣고 초점을 제공했지만, 애국심과 무시무시한 복수욕은 소련 인민 자체에 그 원천이 있었다. 독소전쟁 참전 용사이며 전후에 이루어진 소련의 전쟁 수행 노력의 신성화를 거세게 비판한 작가인 뱌체슬라프 콘드라티예프는 사기가 되살아난 것이 스탈린과 당과는 별 연관이 없다고 믿었다. 그는 "조국애의 그 순수한 폭발, 조국을 위해 목숨을 바치려는 그 희생적인 열의와 각오는 잊힐 수 없으며, 그 같은 것은 결코 더는 없었다"라고 말했다.[18]

1942년 가을에 사람들은 투쟁을 위해 정신적으로 스스로 무장을 했다. 모스크바에서 여름에 나타난 공황은 누그러진 듯했다. 스탈린

은 몇 해 전만 해도 생각할 수 없었던 애국심 소생의 맨앞에 섰다. 스탈린그라드는 이제 한 해 전에 모스크바가 한 역할을 할 터였다. 스탈린그라드가 살아남아야 할 필요성은 단지 군사적·경제적인 것만이 아니게 되었다. 스탈린그라드는 로스토프의 재앙 뒤에 되살아난 도전적 민족주의의 새 정신을 상징하게 되었다. 그 도시는 스탈린의 이름을 지니고 있었다. 내전기에 차리친으로 불리던 소도시를 구하는 데 스탈린이 수행했다고 하는 역할을 기념해서 고마움을 표시하는 동료 공산주의자들이 1925년에 준 선물이었다.[19] 10여 년 사이에 볼가강의 한적한 항구가 번창하는 공업 도시로 변모해서 기계 공구와 트랙터를 생산해내는—붉은 10월 공장, 바리카디 공장, 트락토르 공장 등—거대한 기계 공장이 들어섰다. 고층 아파트, 육중한 당사, 노동자 주택이 이루는 새로운 도회 풍경이 강변을 따라 40마일 뻗어 있었다. 캅카스에서 석유와 식량이 볼가강을 따라 흘러나와 북부의 공업 도시를 먹여 살렸다. 우크라이나를 잃음으로써 남부의 이 자원이 소련의 전쟁 수행 노력에 극히 중요해졌다. 스탈린그라드와 남부를 잃은 뒤에도 러시아의 나머지 지역이 계속 싸울 수 있었을 터이지만, 승리의 전망은 어두웠을 것이다. 양측은 이것을 알고 있었다. 방어자와 공격자는 스탈린그라드를 둘러싼 싸움이 결정적이라고 보게 되었다.

7월에 독일이 크게 우세했다. 여전히 스탈린은 남부를 1942년의 주요 싸움터로 보기를 거부하면서 막대한 소련군 병력을 더 북쪽에 붙박아 놓았다. 남부 전선의 세력 차이를 결산해보면 공격자에게 훨씬 더 유리했다. 소련군과 독일 및 그 동맹국 군대의 전력 대비를 보면 병력은 18만 7000명 대 25만 명, 전차는 360대 대 740대, 항공기는 330대 대 1200대였다.[20] B 집단군은 거침없이 전진해서 돈강을 건너 스탈린그라드로 향했다. 그들 앞에는 초원이 끝없이 펼쳐져 있었다. 한 독일군 생존자는 다음과 같이 회상했다. "내 눈으로 본 동방 지역 가운데 가장 적막하고 구슬픈 곳이었다. 덤불과 나무 한 그루 없고 몇 마일을 가도 마을 하나 없는 메마르고 생기 없는 불모의 초원이었다."[21] 그 황량한 지형을 가로질러 프리드리히 파울루스 장군이 지휘하는 독일군 제6군이 달려나갔다. 파울루스 앞에서 저항은 스러졌다. 7월 후반기에 소련군이 필사적으로 반격했지만 독일군의 진격을 늦추지 못하고 인력과 전차의 값비싼 희생을 치렀다. 통신망이 무너지면서 소련군 지휘관들은 전투의 통제력을 잃기 시작했다. 7월 하순에 스탈린은 스탈린그라드 전방에 응집력 있는 방어선을 구축하려고 애를 쓰고 있던 티모셴코 육군원수를 해임하고 고르도프 장군을 스탈린그라드 전선군 사령관으로 임명했다. 7월 23일에 독일군 제6군은 치르Chir강을 따라 스탈린그라드에서 80마일 떨어진 곳에서 고르도프 휘하 2개 군, 즉 소련군 제62군과 제64군과 맞부딪혔다. 이 2개 군은 다음 넉 달 동안 격심한 전투의 예봉을 견뎌냈다.

고르도프의 부대는 중무장 기동군에 맞서서 거의 아무것도 할 수가 없었다. 아무리 황량하다고 해도 메마른 초원은 독일 지휘관들에게 편했다. 붉은군대는 날이 갈수록 스탈린그라드 쪽으로 밀려났다. 8월 19일까지 파울루스는 캅카스의 A 집단군에서 파견된 제4기갑군의 지원을 받아서 스탈린그라드에 첫 공격을 가할 태세를 갖추었다. 그 공격으로 사실상 참사가 일어났다. 8월 23일에 독일군은 스탈린그라드 북쪽의 볼가강에 이르러서 강변을 따라 5마일 너비의 돌출부를 만들었다. 같은 날 독일군 부대가 도시 근교에 이르렀다. 독일 공군이 폭격기 600대로 도시에 공격을 개시해서 도심 전역을 활활 타오르는 불지옥으로 만들었으며, 소련 측 추산에 따른다면 거주민 4만 명을 죽였다. 그 거주민은 군 보급선을 막지 말고 도시에 머물러 있으라는 명령을 받았던 것이다.[22] 남방 전략이 고위 장성들의 거센 비난을 불러일으킨 적이 있었던 히틀러의 우크라이나 사령부는, 한 목격자에 따르면, '너무 좋아서 날뛰며 기뻐하는 분위기'였다. 파울루스는 자신만만하게 며칠 안에 도시를 장악해서 볼가강 수로를 끊으리라고 생각했다.[23]

다시 한번 스탈린은 재앙에 맞닥뜨렸다. 주코프는 스탈린이 이번에는 부하들을 탓하지 않았다고 회고했다. 그것이 강하게 시사하는 바는 드디어 그가 전쟁 첫해의 모든 결점을 자기 책임으로 돌렸다는 것이다. 8월 27일에 주코프는 수도를 방어하는 서부 전선군 사령부에서 호출되어 모스크바로 갔다. 그는 그날 저녁 늦게 크레믈에 도착했고, 그곳에서는 스탈린이 국가 방위위원회와 위기를 논의하고 있었다. 스탈린의 서재는 조명이 어둠침침한 방이었고, 커다란 지도 탁자가 버티고 있었다. 방 한쪽 끝에는 커다란 지구본이 있었다. 벽에는 세계 혁명의 지도자들이 아니라 러시아 군사 영웅들의 그림이 걸려 있었다. 스탈린은 결코 둘러말하지 않았다. 그는 주코프에게 직접 스탈린그라드로 가서 상황을 구하려고 노력해야 한다고 말한 다음, 주코프가 최고 사령관 대리가 될 것임을 알렸다. 주코프의 대답은 기록되어 있지 않다. 그는 새 직위를 받아들이고 스탈린과 함께 차를 마시고는 진상을 확인하러 떠났다.[24]

주코프는 늘 그랬듯이 정력적으로 대처했다. 8월 29일에 그는 남쪽으로 비행기를 몰아 볼가강 강변으로 갔다. 그는 스탈린그라드 전선군 본부에서 낙담한 샤포시니코프를 대신해 7월에 스탈린의 신임 참모총장이 된 알렉산드르 바실렙스키를 만났다. 두 사람은 전선 안정화에 나섰지만 병력과 탄약이 심각하게 부족했다. 스탈린이 후방에서 풀어놓은 3개 예비 부대는 독일군 제6군의 손아귀에서 스탈린그라드 북쪽의 볼가강을 빼내려는 시도에 이용될 터였다. 9월 5일에 개시된 공격은 격렬한 독일군의 항공 공격에 맞부딪쳐서 성과가 거의 없었다. 스탈린은 구멍을 틀어막을 방법을 어떻게든 찾아내라고 신임 최고 사령관 대리를 계속 다그쳤다. 9월 12일에 주코프는 다시 모스크바로 날아가서 직접 보고했다. 바실렙스키를 데려간 그는 스탈린에게 기존 병력으로는 전선을 지킬 수 없다고 말했다. 예비 부대가 필요했다. 스탈린이 자기 앞에 펼쳐진 지도들을 심각하게 쳐다보는 동안, 주코프와 바실렙스키는 목소리를 낮추고 '또다른 해결책'을 찾을 필요에 관해 서로 이야기했다. 스탈린이 갑자기 고개를 들고 쳐다보고는 물었다. "무슨 '다른 해결책'?" 그는 스탈린그라드를 구하려면 무엇을 해야 할지에 관한 명확한 구상을 가지고 다음날 오라고 지시한 뒤 두 사람을 돌려보냈다.[25]

9월 13일에 스탈린이 그들을 만났을 때, 군사 원조를 놓고 논란을 벌인 동맹국 영국에게 화가 난 나머지 얼굴이 붉으락푸르락하면서 말했다. "소련 사람 수십 명, 수백 명, 수천 명이 파시즘에 맞서 싸우면서 목숨을 바치고 있는데, 처칠은 허리케인 전투기 스무 대를 놓고 승강이를 하고 있으니."[26] 영국과 미국이 소련에 군사 원조와 경제 원조를 보내주겠다고 서약한 지 한 해가 넘었다. 두 서방 국가에는 비록 공산주의와 협조하는 데 대중적 반감이 존재하기는 했지만, 독일이 동방에서 승리를 거둔다는 대안은 훨씬 더 구미에 맞지 않는다고 여겨졌다. 왜냐하면 독일이 이기면 영국은 그 군사 거인의 손에 내맡겨진 꼴이 되고 미국에게는 자국 해안에서 3000마일 떨어진 곳에서 벌어지는 주요 전쟁을 수행할 현실적 가망이 거의 없어지기 때문이다. 그러나 소련의 저항에 부여된 모든 중요성에도 불구하고 서방 열강은 1942년에 소련의 생존을 확보하는 데 그다지 이바지하지 못했다. 처칠은 이반 마이스키 소련 대사에게 영국이 제공할 수 있는 것은 '바다에 물 한 방울' 격이라고 솔직하게 말했다. 1941년 3월에 영국을 위해 시작되었다가 그해 8월에 소련까지 포함하게 된 미국의 무기 대여 원조 계획으로 1942년 말까지 영국에게는 58억 달러에 상당하는 물품이 제공되었지만, 소련에게 제공된 물품은 겨우 14억 달러 규모였다.[27] 그해 내내 스탈린은 유럽에 '제2전선'을 열어서 독일군이 동부 전선에서 딴 데로 분산되도록 직접적 원조를 해달라고 영국과 미국에 압력을 넣었다. 일본과 전쟁을 벌이고 있었고 미국의 재무장이 미비한 상태에 있었기 때문에 서방이 더 많은 것을 하기란 어려웠다. 영국 육군은 이탈리아와 독일의 소부대가 이집트를 정복하지 못하도록 막느라 심하게 애를 먹었고, 영국 해군은 서방의 전쟁 수행 노력의 앞날이 달린 대서양 전투*를 벌이고 있었다. 유일하게 영국이 가한 직접적 압박은 독일의 서부 공업 도시들에 가해진 장거리 폭격 공세에서 나왔다. 그러나 그 폭격은 규모가 제한되어 있었기 때문에 1942년 말까지 단지 미미한 결과만을 얻었다.

---

* 북대서양에서 영국의 수송 선단을 둘러싸고 독일과 영국 사이에 벌어진 싸움을 말한다. 독일이 유럽 대륙을 석권한 뒤 고립된 영국은 미국으로부터 전쟁 물자와 식량을 공급받아야 했다. 독일은 잠수함을 이용해 미국과 영국을 오가는 수송 선단을 공격했고, 영국 해군은 북대서양에서 안전한 해상 통로를 확보하기 위해 노력했다.

1942년 7월에 처칠은 스탈린에게 두 사람이 얼굴을 맞대고 만나면 연합국 간 제휴의 진로가 순탄해지는 데 도움이 되지 않겠냐는 제안을 했다. 회담 일자는 8월 초순으로 잡혔다. 스탈린은 영국인을 기회주의자이고 겁쟁이라고 여겨 거의 존중하지 않았다. 그는 한 해 전에 마이스키에게 "우리는 영국과의 관계에서 신중해야 합니다. 내가 보기에 그들은 우리가 약해지기를 바라고 있습니다"라고 말한 적이 있었다. 8월 12일에 처칠을 만나 거북살스러운 대면을 했을 때 스탈린은 퉁명스럽고 무뚝뚝했다. 처칠은 안절부절못하고 불안한 모습이었고, 스탈린은 무례할 만큼 감정을 내비치지 않은 채 손님을 멀뚱멀뚱 바라보았다. 그는 남쪽에서 온 암울한 전갈의 개요를 설명하고 자기가 "스탈린그라드를 지키겠다는 결의로 가득 차 있다"라고 손님에게 확인해주었다.[28] 그다음 처칠은 스탈린에게 1942년에는 '제2전선'을 열 수 없다는 힘든 말을 해야 할 부담을 안고 있었다. 스탈린은 눈에 보일 만큼 화가 났다. 그는 손님이 분노를 억누르지 못할 지경에 이를 만큼 영국의 결의와 능력을 깔보면서 모욕을 주었다. 첫 회담 뒤에 처칠은 자기가 '비적'이라고 욕한 사람에게 더한 치욕을 당하느니 차라리 영국으로 돌아가겠다고 했다. 그러나 그는 계속 머물렀고 더 큰 우호 관계를 맺었다. 동맹국이 서쪽에서 대거 공격하더라도 스탈린그라드에 가해지는 압력을 줄일 수 없다는 사실에 대한 스탈린의 명백한 실망감을 어떤 것도 누그러뜨릴 수 없기는 했지만, 스탈린은 처칠이 연합국의 북아프리카 상륙 계획—횃불 작전—과 독일 폭격의 세부 사항을 알려주자 기뻐했다. 그날 밤 크레믈궁의 예카테리나 홀에서 스탈린은 사치스러운 국가 연회를 또 한 차례 직접 열어 손님을 환대했다. 식사를 한 뒤 커피를 마시며 앉아 있을 때, 처칠은 스탈린에게 자기가 소련 체제를 시종일관 적대시한 행위를 용서할 수 있겠냐고 물었다. 스탈린은 그럴 수 있다고 말할 수 없었다. 스탈린은 눈을 가늘게 뜨고 말없이 처칠을 바라본 뒤 대꾸했다. "용서하는 것은 제가 할 일이 아닙니다. 당신네 신이 당신을 용서하도록 만드십시오. 그리고 결국은 역사가 우리를 판단하겠지요."[29]

스탈린은 자력으로 스탈린그라드를 지키게 되었다. 그는 때 이른 유럽 본토 공격의 위험을 무릅써서는 안 된다는 처칠의 논거를 뚜렷한 분개를 드러내며 받아들였다. 바실렙스키와 주코프의 '다른 해결책'이 우위에 섰다. 그들은 크레믈로 지도 한 장을 가지고 와서 탁자 위에 놓았다. 말은 주코프가 했다. 그는 스탈린그라드를 향한 독일군 공세에서 기다랗게 노출된 측면을 가로지르는 반격을 가해서 파울루스를 포위하고 독일군의 전선을 깨뜨릴 것을 제안했다. 현실로 나타나지는 않았지만 예상되던 독일군의 모스크바 공격에 대비해 스탑카가 모아두었던 전략 예비 병력을 이용해서 이루어지는 그 반격은 철저히 준비하는 데 45일이 걸릴 터였다. 소련의 작전은 독일군의 후방을 멀리서 꿰뚫어 파울루스와 나머지 독일군 전선 사이에 있는 강고한 회랑을 확실하게 열어야 했다. 스탈린은 비판적이었지만, 거부하지는 않았다. 명료한 계획을 세우라고 주코프와 바실렙스키를 다시 내보낸 것이다.

그 반격 계획을 처음으로 생각해낸 사람이 누구인지를 놓고 늘 논란이 있어왔다. 휘하 부대가 독일군의 기다란 북쪽 측면 맞은편에 있었던 보로네시 전선군 사령관 바투틴 장군이 첫 주창자일지도 모른다. 바실렙스키는 참모총장으로서 세부 계획을 세우는 데 중심 역할을 했다. 작전 개념은 주코프의 뚜렷한 전장 감각에 얼마간 빚진 결과였다. 계획의 배후에 단일한 영감은 없었으며, 계획은 집단적 노력의 결과였다. 이 자체가 혁명적 발전이었다. 스탈린은 스탈린그라드의 구원을 전문가들에게 맡겼다. 공격 계획은 여전히 그의 최종 인가가 필요했지만, 10월 중순이 되면 계획의 실현이 기술적으로 가능하며 성공할 가망이 있음이 명백했으며 스탈린은 계획을 방해하지 않았다.[30]

그 작전의 이점은 많았다. 전진하는 독일군의 측면에는 취약한 루마니아, 이탈리아, 헝가리 사단이 배치되어 있었다. 그 사단들은 독일군 부대보다 무장이 빈약했으며 분기탱천한 붉은군대와 죽기 아니면 까무러치기식의 대결을 벌일 의욕이 덜했다. 그들은 돌출부의 가장자리를 따라 팽팽하게 당겨져 있었고, 돌출부에는 이제 예비 병력이 거의 없었다. 독일군 자체가 힘이 달리고 있었다. 이용할 수 있는 철도선딱 하나를 가지고 보급 체계가 씨름을 했다. 연료와 예비 부품이 모자란 탓에 독일 전차와 차량의 운행을 유지하기 어려웠다. 항공기는 거친 잔디밭 임시 활주로에서 뜨고 내려야 해서 소모율이 높았다. 캅카스에서는 A 집단군의 신속한 전진이 석유 도시 그로즈니 전방의 전선에서 멈추었다. 독일 군인이 캅카스산맥의 눈 덮인 통로에 이르렀지만 더 멀리는 전진할 수 없었다. 스탈린그라드에서 전력 차이는 아직은 공격자에게 유리했다. 파울루스는 도시 안에 있는 소련 제62군의 병력 부족을 겪는 10개 사단에 맞서서 25개 사단을 운용했다. 그러나 타당성 있는 모든 예측에 어긋나게도, 1942년 후반기에 즉흥적이고 긴급한 소생의 승리인 소련의 잔여 경제rump Soviet economy*는 강

---

* 독일군에게 막대한 영토, 생산 시설, 인구, 자원 등을 빼앗긴 뒤 소련에 남은 경제.

철을 네 배나 더 많이 가진 독일보다 전차, 항공기, 대포를 더 대량 생산하기 시작했다.

1942년과 1943년 소련의 군사적 소생은 난타당한 공업 경제의 회복과 밀접하게 연결되어 있었다. 소련의 전쟁 수행 노력은 오직 1941년에 독일군의 공격을 받은 지역에서 기계, 설비, 인력이 극히 경이로운 대탈출을 했기에 구원을 받았다. 독일 공격 이틀 뒤에 계획 입안자와 관리 85명의 직원을 둔 소개 위원회가 세워졌고, 그 책임자는 당에서 스탈린의 총애를 받는 라자르 카가노비치였다. 그는 그 심각한 비상시국에 대처하지 못하고 7월에 노동조합 지도자 니콜라이 시베르니크로 교체되었다. 소개는 이례적인 어려움 속에서 이루어졌다. 항공기의 공격을 당하면서, 몇 시간이 안 걸리는 거리에 독일군이 있는 상황이 자주 빚어지는 가운데 기술자와 노동자 수천 명이 개미처럼 공장에 달라붙어 기계를 뜯어내고 설비와 주요 물자를 가장 가까운 철도 수송 종점으로 운반했다. 여기서 동쪽으로 장거리 이동을 하기 위해 무개 화차 위나 유개 화차 안에 짐을 실었는데, 사람 손으로 싣는 일이 잦았다. 가능한 곳마다 각 열차는 한 공장과 그 공장 노동자를 통째로 실어 옮겼다. 줄지은 침대와 난로 하나가 갖추어진 화차에 노동자가 빽빽하게 들어찼다. 우랄산맥, 카자흐스탄, 또는 시베리아에 있는 목적지에 이르러 그들은 화차에서 쏟아져 나와 작업장을 재조립하는 고된 일을 시작했다.[31]

그들은 공구도 없이, 거의 참을 수 없는 조건에서, 눈밭이나 영구 동결층에서, 먹을 것과 지낼 곳이 모자란 상태에서 일을 했다. 가능한 곳에서는 피난을 한 공장들이 기존의 공장 하나와 합쳐졌다. 많은 경우에 피난한 공장은 편의시설이 존재하지 않는 미개발지에 세

위졌다. 3분의 2가 노천의 시골에서 재가동되었다. 한 전차 공장에서는 여성 노동자 8000명이 땅을 파내 만든 구덩이, 즉 의도하지는 않았지만 싸움이 벌어지는 전선의 가혹한 참호 환경을 꼭 빼닮은 산업 벙커에서 살았다.[32] 러시아 학자들의 최근 추산은 1941년 후반기 동안에 동쪽으로 옮겨진 기업체의 수로 최저 2593개를 제시한다. 최종 총계는 거의 틀림없이 더 높았을 것이다. 2500만 명이나 되는 많은 노동자와 그 가족이 공장과 함께 갔다. 이것은 견줄 예가 없는 인간의 대탈출이었으며, 공업 경제와 소련 농업의 소생에 극히 중요했음이 판명된다.[33] 징병 연령대의 남자, 숙련 노동자와 공학 기술자, 공산당 당 일꾼에게 우선권이 주어졌지만, 여자와 어린이 수백만 명도 짐승 같다는 평판이 앞서서 들어오는 침략자를 피해 길고도 고된 도보 행진으로 이동했다. 그러한 유입으로 우랄 공업 지역의 노동인구가 36퍼센트 늘었으며, 시베리아 서부와 볼가 분지에서는 증가율이 거의 4분의 1에 달했다.[34]

뒤죽박죽의 상황 속에서 실수를 저지르지 않을 길이 없었다. 기계는 철로 변에 방치되어 녹슬었다. 설비를 실은 열차가 동쪽으로 가는 경로를 찾으려고 애쓰면서 몇 주를 허비하기도 했다. 짧은 거리만 옮긴 몇몇 공장은 독일군의 다음 전진에 위협을 받았고 다시 옮겨야 했다. 그러나 단일한 중앙 계획이 없고 철도 설비가 모자라고 적의 공격에 따른 위협이 있는데도 이루어진 것은 엄청나게 많았다. 1942년 말까지 동쪽으로 옮겨진 1523개 주요 공장 가운데 단 55개 공장을 제외한 나머지는 완전 가동하거나 완전 가동을 하려는 도중에 있었다. 오그라들었던 소련 경제는 거의 모든 민수용 생산을 희생하고 무기를 생산한다는 딱 하나의 과제에 모든 것을 집중함으로써 1941년 후반 여섯 달 동안 전차 4800대와 비행기 9700대를 생산한 데 견줘, 1942년 후반에는 전차 1만 3000대와 비행기 1만 5000대 이상을 생산했다. 이 여섯 달 동안 소련 공업은 그해 한 해 동안 독일 경제가 생산한 것만큼, 또는 어떤 경우에는 더 많이 만들어냈다.

'천왕성 작전'이라는 암호명이 붙은 소련군의 공격 계획은 결정적 요인 하나에 성패가 달려 있었다. 그 요인은 주코프가 전역을 조직하는 데 필요한 45일 동안 스탈린그라드의 방어자가 버텨주어야만 한다는 것이었다. 이것은 당시에는 가능할 성싶지 않은 야망처럼 보였다. 9월 초순에 스탈린은 하루 이틀 안에 스탈린그라드가 함락되리라고 예상했다. 독일군은 스탈린그라드 남쪽을 꿰뚫고 소련군의 방어를 쪼개서 다시 한번 볼가강에 다다랐으며, 도시 안에서 강을 등지고서 포위된 운 없는 소련 제62군이 독일 항공기와 포병에게 무자비하게 두들겨 맞도록 만들었다. 독일군은 스탈린그라드 교외로 연결되는 깊은 골짜기를 거쳐 전진하기 시작해서, 도시의 구역들을 차례차례 봉쇄하고 점령했다. 9월 3일에 독일군 일부 부대는 강에서 딱 2마일 떨어져 있었다. 소련 방어군은 북쪽의 노동자 거주 지구와 공장들, 중심 지대의 중앙 철도역과 강 선착장 주위 지역, 그리고 스탈린그라드 한가운데에 솟아 있는 작은 구릉인 마마이 고지Mamaev kurgan*로 몰렸다. 이들 지역 주위의 시가지는 허물어졌다. 폭격과 포화로 건물이 뒤틀리고 벌거벗은 잔해로 변했다. 나무로 지은 집은 잿

---

* 마마이(?~1380)는 몽골족이 세운 킵차크한국의 군사령관이었다가 나중에는 실질적 지배자가 되었다. 슬라브인 국가를 자주 공격했지만, 1380년의 쿨리코보 전투에서 드미트리 돈스코이에게 대패했다. 마마이 고지는 14세기에 마마이의 정예병 100명이 경계를 서며 수도를 방비하는 망대가 있던 곳이다.

더미가 되었으며, 그 쇠붙이 난로 굴뚝이 아직 잔해 한가운데 솟아 있었다. 소설 《낮과 밤》에서 스탈린그라드 전투를 불멸의 존재로 만든 콘스탄틴 시모노프는 어두워지면 도시가 평평한 파도 모양의 평원처럼 보였다고 회상했다. "집이 땅속으로 가라앉고 그 위에 벽돌 둔덕이 쌓인 듯했다."[35]

전장을 지탱할 수가 없어서 제62군 사령관 알렉산드르 로파틴 장군은 부대원들을 볼가강 건너 동쪽 강변으로 소개하기 시작했다. 그의 상관들은 이것을 직무 유기 행위로 보았고, 로파틴은 면직되었다. 그의 경질은 현명한 선택이었음이 판명되었다. 바실리 이바노비치 추이코프 장군이 9월 12일에 제62군 사령관으로 임명되었다. 7월에 추이코프는 장제스의 군사 고문관 임무를 끝내고 중국에서 되돌아왔다. 그는 스탈린그라드 전방의 초원에서 저항을 강화하는 데 주요한 역할을 했다. 그는 지휘관을 잃고 뿔뿔이 흩어진 병사를 한데 모아 더 효율적인 전투부대로 묶어낼 수 있었으며, 늘 독일군의 군사적 습성에서 배우고 그들의 약점을 탐구했다. 그는 거칠고 억센 사나이였으며, 웃을라치면 줄지어 있는 금니가 드러났다. 그는 부하들이 견뎌내는 것을 견뎌냈고 머뭇거림 없이 죽음과 맞섰다.[36]

그는 결정적 국면에서 스탈린그라드라는 솥에 투입되었다.* 그가 도착한 날인 9월 13일에 파울루스가 소련군을 최종적으로 강 쪽으로 밀어붙이려고 휘하 부대를 모아놓고 있었다. 눈앞에 펼쳐진 광경을 본 추이코프는 경악해서 다음과 같이 썼다. "도시의 거리는 죽어 있었다. 나무에는 푸른 가지가 하나도 남아 있지 않았다. 모든 것이 화

---

* 독일 군인들은 격전이 벌어지는 스탈린그라드를 솥(Kessel)이라고 불렀다.

염에 싸여 무너져 있었다."[37] 그는 군사령부가 들어서 있는 마마이 고지의 비탈에 급조된 엄체俺體[적군의 사격으로부터 몸을 지키려고 만든 설비]로 갔는데, 곧바로 전투에 휘말려 들어가고 말았다. 독일군이 언덕으로 돌격해 와서 추이코프는 어쩔 도리 없이 차리차Tsaritsa천이 볼가강과 만나는 지점의 강둑으로 물러나야 했다. 그곳에서 그는 후텁지근하고 통풍이 안 되는 지하 벙커에 군 지휘 본부를 급히 만들었다. 그는 군의 외곽 부대와 통신을 거의 할 수 없었다. 그의 생명선은 볼가강이었다. 작은 나룻배의 선단이 식량과 탄약을, 이따금씩은 증원군을 실어 왔고 부상병을 가득 싣고서 돌아갔다.

볼가강 저편 강변에는 소련군 전선의 주요 부분이 놓여 있었다. 9월 동안 스탈린은 전선을 개편했다. 8월 23일에 독일군이 볼가강 쪽으로 쑥 밀고 나가서 스탈린그라드 전선의 병력이 시 북동부와 단절되었기 때문에 스탈린그라드 전선군이 돈 전선군으로 이름이 바뀌었다. 스탈린그라드 자체와 시 동쪽에 곧바로 맞닿은 지역은 스탈린그라드 전선군으로 개칭되어 군센 우크라이나 사람인 안드레이 예료멘코 장군의 휘하에 놓였다. 농민 태생인 그는 제2차 세계대전에서 성공을 거둔 여러 사령관과 마찬가지로 제1차 세계대전 동안 기병대 부사관이 되었다가 혁명 뒤에 군에 남았다. 그는 사단장으로서 숙청에서 살아남아 1940년에 동부에 있는 소련 적기군赤旗軍을 지휘했다. 그는 1941년의 붕괴 때 되돌아와 한 전선군의 지휘를 맡았고 크게 다치고도 운 좋게 목숨을 건졌다. 그는 야심만만했고 다혈질이었다. 그가 군인으로서 느끼는 질투의 두드러진 표적이 된 이는 주코프였다. 예료멘코는 용맹하기로 이름이 나 있었으며 반드시 앙갚음하고야 말겠다는 결심을 하고 전투에 임했다. 스탈린그라드에서 그는 일곱 번 부상을 입었는데, 네 번은 중상이었다. 그는 병원 침상에서 계속 지휘하고 결국은 회복되어 전쟁에서 죽지 않고 살아남았다.[38]

파울루스는 예료멘코와 추이코프가 물러서지 않는 적수임을 알았다. 9월의 전투에서 붉은군대는 볼가강의 가장자리로 내몰린 동시에 인간이 가진 지구력의 한계 밖으로도 내몰렸다. 9월 13일에 시작되어 사흘 동안 벌어진 치열한 싸움에서 독일군은 돌무더기와 폐허를 지나 중앙 열차역과 마마이 고지의 비탈로 전진했다. 중앙 열차역은 열다섯 번이나 주인이 바뀌었다. 소련군 소분견대들이 밤에 공격해서 독일군이 낮에 이룬 소득을 무로 되돌려놓았다. 마마이 고지 꼭대기는 한 번은 이쪽 편이, 또 한 번은 저쪽 편이 차지했다. 언덕은 분화구와 회색 재의 달 표면처럼 변했다. 수에서 크게 밀리는 추이코프의 지친 부대들, 한때는 완전한 사단이었지만 이제는 잔존물이 된 각 그룹들은 집을 하나하나, 블록을 하나하나 내주면서 퇴각했다. 볼가강 저편에서는 보내줄 것이 거의 남아 있지 않았다. 가슴이 철렁 내려앉은 스탈린은 소비에트연방 영웅 알렉산드르 로딤체프가 이끄는 제13근위사단에게 빨리 달려가서 구조하라고 명령했다. 제13근위사단은 전선 몇 마일 뒤 메마른 초원에 세워진 한 황량한 철도 수송 종점에서 하차했다. 그들은 고된 강행군으로 지친 채, 어떤 경우에는 무기도 없는 채, 나루터에 도착했다 그러나 그들은 속담에 나오는 기병대처럼 그야말로 제때 도착했다. 전차 단 열다섯 대와 한 줌밖에 되지 않는 병력을 가지고 추이코프가 중앙 선창에 다다르려는 독일군 제6군의 세찬 시도를 막아냈다. 로딤체프의 근위사단은 한 번에 한 척씩 강을 건너 거의 아무런 준비를 갖추지 못한 채 전투 한가운데로 투입되었다. 그들은 거의 100퍼센트 사상자가 되었지만 해야 할 일을 했다. 소련 제62군은 볼가강 서쪽 강변에 얼마 안 되는 지역을 계속 움켜쥐고 놓지 않았으며, 스탈린그라드는 구원을 받았다.[39]

로딤체프의 부하들이 투입된 싸움터는 보통 전장과 닮은 구석이 없었다. 도시는 마치 대지진이 일어난 진앙처럼 보였다. 전 지역에 불타 버린 건물에서 나온 짙고 거무스름한 재가 켜를 이루며 내려앉아 있었고, 포탄이 새로 쿵 하고 떨어질 때마다 또는 초원에서 바람이 불어올 때마다 재가 세차게 휘몰아쳐 회색 먼지 구름이 피어올랐다. 공중에는 그을린 나무와 벽돌에서 나는 매캐한 연기와 불타는 살에서 이따금 나는 악취가 드리워져 있었다. 집중 포격이나 폭격이 새로 이루어질 때마다 폐허가 다시 뒤틀렸다. 소련군 병사들과 독일군 병사들은 지하실에 숨거나 그곳에 살았다. 그들은 돌무더기 사이에서 싸웠다. 그 돌무더기는 그들에게 끊임없는 중기관총과 자동 소총의 사격을 피할 급조된 피난처를 제공해주었다. 전선에는 분명한 테두리가 없었다. 양측이 떨어진 거리는 수류탄 투척 거리를 넘지 않았다. 소련 군인들은 독일군 진지선 뒤에 갇힌 채로 전투를 계속했다. 거의 모두가 다쳤지만, 경상자가 전투에서 더는 열외되지 않았다. 중상자는 가능할 때 이송되었지만, 많은 중상자가 누운 그 자리에서 죽어버려서 산 자와 죽은 자 위에 따듯한 강물처럼 흐르는 쥐 떼의 먹이가 되었다.[40]

그 전투는 추이코프와 파울루스가 추구하는 전략을 아주 단순하게 만들었다. 소련군 사령관은 무슨 일이 있더라도 스탈린그라드에 남아 있어야 했고, 독일군의 목표는 방어자를 뒤로 밀어붙여 볼가강에 처넣는 것이었다. 싸움은 전략이 아니라 전술에 달려 있었다. 추이코프는 금세 시가전의 달인이 되었다. 그는 부하들에게 적이 자기

편을 타격할까 무서워서 우세한 공군력과 화력을 전개하지 못하게끔 소련군 진지선을 할 수 있는 한 최대로 독일군 진지선에 가깝게 유지하라고 지시했다. 독일군의 전방 부대가 강변에서 겨우 몇백 야드 떨어져 있었으므로, 이것은 9월 하순에 피할 수 없는 현실이 되었다. 강 너머 동쪽 강변의 소련 진지에서 날리는 집중 포격과 로켓이 끊임없이 날아왔다. 로켓이 겨냥하는 타격 목표는 훨씬 더 넓었다. 독일군은 도시에서 벌이는 싸움이 초원을 가로질러 빠르게 펼쳐지는 항공 및 전차 작전과는 전혀 딴판임을 깨달았다. 스탈린그라드에서 그들은 짜증나도록 잡기 어렵고 독한 적과 싸워야 했다. 추이코프는 부하들에게 지형과 그들 나름의 고유한 전투 기술을 십분 활용하라는 명령을 내렸다. 소련군은 가능하면 밤에 싸웠다. 그들은 독일군 부대에 침투해 들어갔다가 명령이 떨어지면 일제히 무시무시한 함성을 지르며 겁먹은 적에게 기관총 사격을 퍼부었다. 밤이면 공포가 독일군 부대원을 엄습했다. 소련 편에 선 억센 시베리아 사람과 타타르인이 칼과 총검을 사용해서 백병전에 능하지 못한 고립된 독일군 부대를 살육했다. 낮이면 저격병이 앉아서 독일군 측에서 움직이는 것이면 무엇이든지 노리며 기다렸다. 베를린에서 저격수의 위협을 무력화할 명사수들이 왔지만, 그들도 붉은군대의 보이지 않는 전쟁의 제물이 되어 쓰러졌다. 한 독일군 부사관*은 다음과 같이 썼다. "격렬한 싸움이다. 적은 사방팔방에서, 모든 틈에서 총을 쏘아댄다. 모습을 보여주면 안 된다."[41]

낮에는 주도권이 공격자에게 있었다. 독일군 제6군은 적보다 전차

---

* 독일 육군 제6군 79보병사단 226연대 소속 요제프 샤프슈타인.

와 중무기를 더 많이 활용할 수 있었고, 소련군 진지선을 한 치 한 치 갉아댔다. 9월 하순에 도심 구역 대부분이 함락되었다. 소련 영웅 광장에 있는 초대형 백화점 지하실에 몸을 숨긴 소련 군인들이 백화점을 지키다가 죽었다. 그러고 나서 파울루스는 백화점을 본부로 삼았다. 남쪽에서는 거대한 곡물 창고가 58일 동안의 농성 현장이 되었다. 독일군 전차와 대포가 곡물 창고를 뒤틀린 골조로 만들자 각 층마다 소련군 수비대가 버텼다. 9월 25일에 파울루스가 소련 제62군 잔존 병력 대다수가 포위되어 있는 북쪽 공단으로 주의를 돌렸다. 여기서 기갑군의 돌진과 소련군의 반격이라는 똑같은 전술이 모든 공장 건물과 모든 창고에서 사용되었다. 정원이 모자라는 3개 독일 보병 사단과 2개 기갑 사단이 3마일 길이의 좁다란 전선을 따라 공격해서 한 곳을 제외하고 모든 공장 건물군에서 방어자를 몰아냈다. 살아남은 소련군 부대는 바로 강변에 있는 바리카디 공장으로 몰려들었다. 추이코프의 다른 부대들은 볼가강 강가를 따라서 작은 여러 고립 지역에 달라붙어 있었다. 그들은 수가 줄어들어서 단지 국부적인 급습만을 할 수 있는 소분견대, 즉 '돌격대'로 편성되었다.

붉은군대가 스탈린그라드에서 어떻게 살아남았는가는 군사적으로 설명하기가 불가능하다. 추이코프는 부하들에게 기운을 불어넣었다. 9월에 그의 본부에 폭탄 공격이 한 차례 가해지고 10월에는 불붙은 석유가 밀려와 그의 벙커로 흘러들었는데도 추이코프는 자기가 있는 곳, 부하들 사이에서 전선에 남았다. 그의 결연함은 다른 이들에게도 퍼져 나갔다. 다른 사령관이었다면 부하에게 많은 것을 요구하지 않았을지도 모르지만, 추이코프는 스탈린그라드의 혹독한 도전을 견뎌내지 못하는 이들을 용서하지 않았다. 전투 동안, 비록 그들 모두가 정규 군인은 아니기는 했어도, 1만 3500명이 용기 부족이라는 죄로 처형되었다고 주장되어왔다. 거의 틀림없이 그들 모두 겁쟁이였던 것은 아니다. 추이코프는 결연한 숙명론을 보여주었고, 이것은 그의 지휘를 받는 이들의 사기에 반영되었다.[42] 모든 나라의 군인과 마찬가지로 소련 군인도 자기가 무엇을 위해 싸우고 있는지 알고 자기의 지도자를 신뢰할 때 더 잘 싸웠다. 그다음으로는 시모노프가 러시아 보통 사람의 '굳은 결의'라고 부른 것이 중요했다. 시모노프가 쓴 소설의 주인공 수바로프는 전선에 도착했을 때 멀리서 불타오르는 도시를 주시했다. 소설에는 다음과 같이 묘사되어 있다. "그는 … 자기 자신의 운명이 오직 저쪽 강변에서 도시의 운명과 함께 결정되리라고, 그리고 만약 독일 놈들이 도시를 점령하면 자기는 틀림없이 죽을 것이며, 만약 자기가 놈들이 그렇게 하도록 내버려두지 않는다면 아마도 살아남으리라고 … 느끼고 … 싶었다."[43] 알렉산더 워스도 스탈린그라드에 있을 때 그가 말을 걸어본 참전 용사 사이의 분위기가 바뀐 것을 감지했다. 독일군의 끊임없는 포격 속에서 얼이 빠지고 두려움에 찬 병사들이 강기슭에 도착했다. 어떤 이는 제1차 세계대전에서 싸웠던 50대 남자이고 어떤 이들은 열여덟 살 먹은 소년이었다. 예료멘코는 전투 경험이 거의 없는 후방의 취사병과 정비병마저 보내야 했다. 그들 가운데 4분의 1이 강기슭에서 몇백 야드 떨어진 전선에 이르지도 못하고 죽을 수도 있었다. 그러나 나머지는 강인한 생존 본능을 개발했다. 스탈린그라드 전투 내내 대위로 싸웠던 소설가 빅토르 네크라소프는 그 잡다한 증원군이 곧 '훌륭하게 단련된 군인, 진짜 프론토비키frontoviki〔최전선 병사〕가 되었다고 회상했다.[44]

싸우는 동안 추이코프는 혼자가 아니었다. 남쪽에는 독일군에 의

해 추이코프에게서 분리된 소련 제64군의 잔존 병력이 버티고 서서 독일군의 측면에 맞서 적극 방어를 유지했다. 강 너머에서는 포격과 다연발 로켓 발사 장치, 즉 카튜샤Katiusha*의 지독한 공격이 날아왔다. 독일군은 대포보다 카튜샤를 더 무서워했다. 화물차 뒤에 설치된 발사 장치는 각각 10에이커의 면적에 폭약 4톤의 일제 폭격을 날려 보낼 수 있었다. 날아오는 것을 소리로 알 수 없었고, 일단 발사된 로켓은 그 치명적 장전물을 아주 예측하기 어렵게 흩뿌렸다. 추이코프는 서쪽 강변에 카튜샤를 보유하고 있었다. 최대의 궤도를 확보하고자 위험하리만큼 강가에 가깝게 화물차를 몰고 갔다. 10월이 되면 지상 탄막에 소련 공군이 가담했다. 소련 공군의 비중이 커지고 있었다. 전투에서 또는 사고로 승조원을 잃으면서 독일 공군의 활동이 줄어듦에 따라, 소련 제8공군은 방어자가 애초에 가졌던 비행기 300대 대신에 새로운 대규모 생산에 힘입어 1500대를 운용할 수 있었다. 소련 조종사는 예전에는 모자랐던 야간 비행 훈련을 집중적으로 받았다. 더 효율적인 무선 통신 체계로 소련군의 공중전에서 근본적 개선이 이루어졌다.[45]

주코프와 바실렙스키가 천왕성 작전에 마무리 손질을 할 때, 모스크바는 이 모든 것을 지켜보고 있었다. 공격을 개시하기에 앞서 모든 것이 갖추어져야 한다는 주코프의 결의는 굳건했다. 예전에 소련군의 반격은 안달이 난 지도자의 지시에 따라 설익은 단계에서 시작되었기 때문에 완전히 실패했었다. 스탈린그라드라는 솥 안에서 숱한

• 카튜샤는 소련군 병사들이 다연발 로켓 발사 장치에 붙인 애칭으로, 로켓을 적재한 차량에 붙은 상표(K)와 전쟁기에 유행한 같은 제목의 노래에서 비롯된 이름이다.

인명이 죽어가는 희생을 치르면서도 소련군 예비 병력을 스탈린그라드에 밀어 넣어 추이코프를 구하고 싶은 유혹을 견뎌야 했다. 10월과 11월 동안 예비 병력, 장비, 군마를 양성해내어 독일군의 기다란 돌출부 북쪽과 남쪽에 대한 전선을 강화했다. 그 움직임은 극도의 보안 속에서 이루어졌다. 날씨의 이점과 전쟁 첫해에 고통스럽게 배운 위장과 기만의 교훈을 이용하면서 붉은군대는 병력 100만 명 이상, 중포 1만 4000문, 전차 979대, 항공기 1350대라는 대군을 만들어냈다. 그 대군의 전개는 독일 첩보 기관에게 탐지되지 않고 이루어졌다. 독일 첩보 기관은 스탈린그라드 전투에 모든 병력을 투입해서 힘이 빠진 소련군에게 국부적인 파쇄 전투 이상을 수행할 예비 병력이 별로 남아 있지 않다고 예측했다.[46] 11월 초순 동안 소련군 총사령부는 작전의 정교한 세부 사항을 놓고 토의를 했다. 그 결론이 일선 지휘관과 사단 지휘관에게 하달되어 모든 이가 자기가 해야 할 일들이 무엇인지 분명하게 인식하도록 했다. 이것 자체가 레닌그라드와 모스크바 이전에는 부산하기만 했던 작전 계획 수립에서 나타난 커다란 진전을 대표했으며, 천왕성 작전의 성공을 보장하는 데 도움을 주었다.

11월 13일에 주코프와 바실렙스키는 스탈린을 찾아가 그 앞에 천왕성 작전의 최종 계획을 내놓았다. 스탈린은 이상하게 기분이 좋아서 모든 것에 동의했다. 그는 작전 개시일을 주코프의 재량에 맡겼다. 최종 점검을 한 차례 한 뒤 독일군의 북쪽 측면에 타격을 가할 날짜로 11월 19일이, 남동쪽에서 공격을 가할 날짜로 11월 20일이 잡혔다. 추이코프는 그것을 모르기는 했어도, 도움을 받지 못한 채 단 며칠 동안이라도 더 버텨야 했다. 그 며칠은 결정적인 나날이었다. 실망한 영도자 히틀러의 재촉을 받은 파울루스가 공장 지역 대부분을 정리한 뒤 11월 9일에 도시를 점령하려는 마지막 시도를 했다. 독일 육군 참모총장 차이츨러 장군이 히틀러에게 도시를 포기하고 독일군 진지선의 길이를 단축할 것을 고려해달라고 요청하자, 히틀러는 "나는 볼가강에서 물러서지 않는다!"라고 고함쳤다.[47] 파울루스는 임무 수행을 위해 7개 사단을 소집하라는 명령을 받았다. 아침 이른 시간에 그 7개 사단이 전진해서 소련 제62군을 다시 한번 쪼개는 데 성공했다. 독일군 부대는 500야드 너비의 회랑을 뚫어 볼가강에 이르렀다. 독일군 부대가 건너편 강변에서 쏘는 맹렬한 포화를 받는 동안, 추이코프는 돌격대를 보내서 새 돌출부에서 독일군을 몰아내려고 시도했다. 공격은 실패했고 시 북쪽의 작은 교두보들이 독일군에게 포위되었다. 부빙군浮氷群이 강을 뒤덮기 시작한 탓에 추이코프 부대는 보급을 받기가 어려워졌다. 그들은 적이 기진맥진해졌다는 이유 하나로 구원을 받았다. 11월 12일이 되자 독일군의 공세가 힘이 빠져서 멈추었고 양측은 참호를 파 들어갔다. 붉은군대가 여기저기서 공단과 건물을 천천히 되찾기 시작했다. 베르됭Verdun 전투 이래로 가장 힘든 전투를 두 달 동안 벌인 뒤 양쪽은 휴지기에 들어갔다. 어느 쪽에게도 상대를 이길 수단이 없었고, 어느 쪽도 물러설 수 없었다.

11월 18일에 추이코프는 특별 명령을 기다리라는 전선 본부의 전화 한 통을 받았다. 그와 부하들은 천왕성 작전에 관해 전혀 모르고 있었다. 그들이 계속해서 사생결단의 에너지를 가지고 싸우도록 하려고 그들에게 작전을 비밀에 부쳤던 것이다. 한밤중에 그 특별 명령이 도착해서, 추이코프에게 그가 맞서 싸우고 있는 독일군이 인접한 전선에서 개시되는 묵직한 반격으로 동강 날 참이라고 말해주었다. 그것이 포위된 스탈린그라드 방어자의 사기를 높였겠지만, 그들에게 한숨 돌릴 틈이 생긴 것은 아니었다. 12월 16일에 강이 꽁꽁 얼어붙어서 최초의 작은 썰매가 건너가기 전까지는, 부빙으로 말미암아 보급품 수송이 어려웠다. 포위되었다고 해서 파울루스가 싸움을 멈춘 것도 아니었다. 추이코프와 파울루스는 여섯 주 동안 더 마마이 고지와 바리카디 공장 주위에서 서로 치고받는 결투를 벌였다. 그 사이에 올가미가 독일군 제6군 주위를 조여들어 왔다.

반격은 기대를 훨씬 넘어서는 성공을 거두었다. 11월 19일에 바투틴의 남서부 전선군과 로코숍스키의 돈 전선군이 이동 전진해서 루마니아 제3군과 약간의 독일 예비 부대에 들이닥쳤다. 루마니아군 전선은 몇 시간 만에 무너졌다. 빠른 속도로 움직이는 소련 기갑 부대는 이제는 얼어붙은 초원을 이동하면서 지난해에 독일 기갑 사단이 불러온 종류의 공황을 일으켰다. 11월 21일까지 루마니아군이 항복했고, 그들 가운데 2만 7000명이 포로가 되었다. 남쪽에서는 기갑 부대의 강력한 공격에 얼어맞은 루마니아 제4군이 똑같이 급격한 속도로 무너졌다. 독일군 부대들과 조우하기 시작하면서 저항이 거세졌지만, 추축국 군대는 이런 속도와 중압을 가진 공격에 대비가 되어 있지 못해서 나흘 안에 소련군의 집게발 두 개가 스탈린그라드에서 약 60마일 서쪽에 있는 돈강에서 만났다. 강 위에 있는 다리가 작전의 성공에 극히 중요했다. 소련군은 그곳에 접근하자 전속력으로 달려가 그 다리를 장악할 소규모 기동 부대를 파견했다. 칼라치Kalach라는 소도시에서 필리포프 대령이 소규모 전차 분견대를 거느리고 밤에 전조등을 켠 채 도심으로 들어갔다. 독일 경비대는 틀림없이 아군이라고 생각했다. 그들이 자기들의 실수를 깨닫기에 앞서 필리포프가 다리와 칼라치의 핵심 구역을 장악했다.[48] 그는 소속 사단의 나머

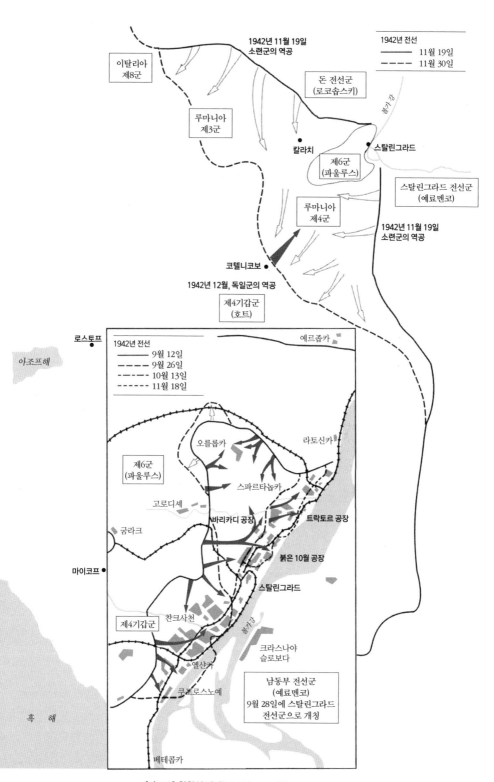

[지도 6] 천왕성 작전(1943년 11~12월)

지 병력이 도착할 때까지 독일군의 반격을 막아냈다. 남쪽과 북쪽에서 전위 부대들이 칼라치 남쪽으로 몇 마일 떨어진 소벳스키Sovetskii 마을에서 만남으로써 포위가 완성되었다.

독일군 남부 전선은 혼란에 빠졌다. 병력, 군마, 대포가 쓰러진 그 자리에 꽁꽁 얼어붙어 기괴한 더미를 이루며 누워 있었다. 붉은군대가 주위 초원을 스치듯 지나쳐 나아가서, 100마일이 넘는 너비의 회랑이 파울루스, 독일군 제6군, 제4기갑군의 잔여 부대 등 총 33만 명이 넘는 병력을 독일군 전선과 갈라놓았다. 첫 반응은 탈출 시도였다. 나중에 파울루스는 자기가 "쉽사리 그렇게 할 수 있었는데"라며 툴툴댔다.[49] 그러나 긴급 사태에 대처하려고 11월 20일에 비행기를 타고 사령부로 되돌아간 히틀러가 그에게 어떤 희생을 치르더라도 위치를 사수하라고 말했다. 히틀러와 함께 있던 헤르만 괴링이 항공기로 하루 500톤씩 보급을 하겠다고 약속했다. 폰 만슈타인 육군원수에게는 회랑을 끊고 스탈린그라드로 들어가서 포위된 군대와의 육로 접촉을 재확립할 책무가 주어졌다. 소련군 참모진은 이것을 미리 예상하고 있었다. 그들은 파울루스를 둘러싼 원 안에 60개 사단과 전차 1000대를 채워 넣었다. 동쪽과 서쪽을 향한 강력한 사주 방어*를 했다. 12월 12일에 드디어 만슈타인의 돈 집단군이 비와 진눈깨비가 휘몰아치는 가운데 그 원을 공격할 때, 그가 성공할 가망은 크지 않았다. 독일군은 치열한 저항에 맞서서 거센 타격을 가했다. 어느 시점에서 그들은 스탈린그라드 쪽으로 40마일을 전진했다. 혼돈 상태와

---

* 방어의 주력을 적의 공격 방향에 지향하면서도 어느 방향에서 오는 공격이든 적의 위협에 대처할 수 있도록 편성한 방어.

혹독한 날씨 속에서 소련군이 예비 기갑 사단들을 가지고 되받아치고 나왔다. 12월 24일에 만슈타인의 구조 부대 자체가 포위될 위협에 놓였다. 부대는 서둘러 퇴각했고 파울루스는 고립무원의 상태에 빠졌다.

소련군의 계획은 잘 준비된 것이었다. 파울루스가 싸워서 스탈린그라드를 빠져나갈 길을 만들 가능성은 미미했다. 차량, 탄약, 연료가 모자라고 지속적으로 항공 공격을 받는 독일군 제6군에게는 아직 싸울 능력은 있었지만 아주 멀리까지 이동할 능력은 없었다. 만슈타인의 받아치기가 붉은군대의 허를 찔렀지만, 능란한 예비 병력 재전개와 상당한 수적 우위로 소련 측이 유리했다. 처음으로 스탈린의 전쟁 수행 기구가 수백만 명을 투입하는 대규모 작전을 준비하고 실행하고 전쟁의 혼란 속에서 작전을 유지할 수 있었다. 스탈린은 더 많은 것을 탐내게 되었다. 이번에는 그의 참모진이 그 생각을 먼저 했다. 새로운 작전 둘이 입안 중에 있었다. 첫째, 즉 토성 작전은 독일군의 남부 전선에 움푹 팬 부분을 만들고 로스토프를 되찾아서 캅카스에 있는 독일군을 끊어놓는다는 더 야심 찬 계획이었다. 둘째 계획은 스탈린그라드에서 포위되어 있는 독일군을 섬멸하는 작전으로, 이름하여 콜초Koltso, 즉 고리 작전이었다. 토성 작전의 성공에는 실패도 섞여 있었다. 상당수의 독일군이 흑해 연안을 따라 좁은 회랑을 통해 빠져나가는 길을 뚫어냄으로써 캅카스에서 사로잡히는 것을 간신히 모면했던 것이다. 독일군의 전선은 돈바스 공업 지대를 가로질러 드네프르강 쪽으로 물러났다. 일단 주코프가 방아쇠를 제공하자, 스탈린은 과거의 지휘 습관으로 되돌아가서 군대가 현실적으로 이룰 수 있는 한계를 넘어서도록 밀어붙였다. 3월까지 만슈타인은 남부의 독일군 전선을 안정화했을 뿐만 아니라 기진맥진한 소련군 부대에게 제한된 반격을 할 수 있었다. 다시 한번 스탈린은 자기 솜씨를 과대평가했던 것이다.

더 동쪽에서는 아직도 해야 할 전투가 있었다. 독일군 제6군은 제4기갑군 일부와 이탈리아군 및 루마니아군의 잔존 병력과 함께 스탈린그라드의 고립 지대에 갇혀 있었지만 아직은 지지 않았다. 구조될 가망이 없었는데도, 오로지 독일군은 항복해서는 안 된다는 히틀러의 고집 때문에 계속 싸웠다. 그 고립 지대는 거대했다. 독일군은 스탈린그라드 전방의 초원을 점령하고 있었으며, 그 둘레에 대포와 전차로 원을 만들어 방어 경계선을 쳐서 적이 접근하지 못하도록 저지했다. 아직 기능을 발휘하는 비행장 세 군데가 있어서, 이곳으로 독일 공군의 느린 수송기들이 보급품을 찔끔찔끔 가져다주었다. 스탈린그라드 상공에서 독일군의 공군력은 흔적도 없이 사라져 버렸다. 신세대 고성능 소련 전투기에게 무자비하게 당했던 것이다. 손실은 수송기 488대, 승조원 1000명 이상이었다. 부상병들이 비행기를 타고 고립 지대를 빠져나갔지만, 그 가운데 다수가 추락해서 죽었다. 보급 작전은 실패작이었다. 보급량은 약속받은 하루 500톤 대신 평균 100톤 미만이었고, 12월과 1월 날씨가 궂은 동안에는 훨씬 더 밑으로 떨어졌다.[50] 파울루스는 가지고 있는 것으로 싸워야 했다.

프리드리히 파울루스 장군은 군사적 전설의 소재가 아니었다. 아직도 독일의 무인 귀족이 지배하는 군대에서 시민 계급 출신 장교였던 그는 조직 업무에 유능한 참모 장교라는 평판을 얻었다. 그가 독일군 제6군의 통솔권을 쥐게 된 것은 오로지 1942년 1월에 화끈하고 강인한 발터 폰 라이헤나우 사령관이 갑자기 죽었기 때문이다.

파울루스는 라이헤나우와 완전히 대조되는 인물로서, 결코 냉정함을 잃거나 지나치게 흥분하지 않으며 베토벤을 좋아하고 군 생활의 거친 측면을 싫어하는, 조용하고 온화하고 나서지 않는 사람이었다. 그는 자기의 외모에 까다로웠고, 심지어는 신경질적이기까지 했다. 한 동료 장교는 '단정하게 꾸미고 가냘픈 손을 가지고서 빛나는 하얀 깃과 티끌 하나 없이 광을 낸 야전 군화를 착용하고 멋진 모습으로 나타나는' 남자를 회상했다. 이 깔끔하고 소심한 사람에게 스탈린그라드는 세상에서 가장 어울리지 않는 곳이었다. 파울루스는 히틀러를 거역할 생각을 품을 수 없었으며, 그의 지휘력은 부하들에게 모범이 되지 못했다. 사람들은 그를 '피곤하고 열의가 없고', 쇠약해져서 발작을 일으키곤 하는 병에 시달리고, 운명이 자기에게 준 역할에 대한 말 못할 쓰라림에 사로잡힌 사람으로 기억했다.[51]

이제는 독일 군인들이 당할 차례였다. 그들은 끊임없는 대포, 로켓, 비행기의 공격을 받았다. 탄약과 예비 부품이 모자랐다. 그들은 1월에 영하 30도까지 내려가는 혹한에서 싸웠다. 온기를 유지하기 위해 그들은 찢어낸 천 조각을 발과 다리에 두르고, 무엇이든지 손에 잡히는 것으로 어깨를 덮었다. 군인의 도덕규범이 적나라한 생존 본능에 밀려났다. 한 참전 군인은 살을 에는 듯한 날씨 속에서 독일 군인들이 '지극히 쓰라린 환멸, 보이지 않는 공포, 깊어 가는 절망'의 감정에 허덕이며 헤어나지 못했다고 회고했다.[52] 식량 배급은 최소한도로 삭감되어, 하루에 빵 2온스, 설탕 0.5온스였다. 가끔 말고기가 나왔다. 운 좋은 병사는 고양이나 쥐를 잡았다. 사람 고기를 먹는다는 소문이 끊이지 않았다.

12월 하순에야 주코프와 스탈린이 다시 스탈린그라드라는 솥으로 관심을 돌렸다. 두 사람은 독일 군인과 비전투원 단 8만 명이 형편없는 보급을 받으며 고리 안에 갇혔고 일단 그들에게 선택권이 주어지면 십중팔구 항복할 것이라고 믿었다. 독일군이 항복하지 않자, 항공기 300대와 전차 179대로 보강된 47개 사단 병력이 전선 돌출부 둘레를 조여들었다.[53] 필요한 보급품 수송로를 바꾸는 데 시간이 걸려 1월 10일까지 공격을 개시할 수 없어서 스탈린의 화를 돋우었다. 이틀 전에 파울루스에게 항복 조건이 전달되었다. 나팔수 한 명을 대동하고 붉은 깃발을 들고서 소련군 장교 두 명이 독일군 진지선으로 다가갔다. 그들은 총알이 날아오기 시작하자 황급히 물러났다. 그들이 되돌아오자, 이번에는 눈가리개를 한 채로 인도되어 가서 고위 장교를 만났다. 항복 조건은 그 자리에서 거부되었다.[54] 이튿날, 전쟁 동안 포격이 스탈린그라드의 마지막 싸움을 예고했다.

독일군은 소련군에 맞서서, 추위에 맞서서, 배고픔과 공포에 맞서서 필사적인 최후의 싸움을 벌였다. 그들은 사형 선고를 받은 자들이었다. 그들은 항복하기보다는 차라리 싸우다가 죽으라 강요당했지만, 죽음을 늦추는 것 말고는 싸우는 목적이 없었다. 지독한 포격으로 눈으로 덮인 솥이 흰색에서 검은색과 회색으로 바뀌었다. 사흘만에 소련군은 초원을 지나서 시 전방에 이르렀으며, 그다음에는 저항이 거세졌다. 독일군 포로를 심문한 결과 8만 명이 아니라 25만 명이 넘는 독일군이 현재 갇혀 있다는 것이 분명해졌다. 고리 작전은 며칠이 아니라 3주가 걸렸다. 1월 17일까지 고립 지대가 원래 크기의 절반으로 줄어들었다. 파울루스는 항복하라는 종용을 다시 받았다. 그는 히틀러의 지시가 없었기에 다시 거부했다. 그의 부하들은 뒤로 밀려나 도시 안으로 들어갔고, 거기서 추이코프의 부대에게 배웠던 방식으로 싸웠다.

의미가 점점 없어지는 전투를 아직 하고 있던 추이코프의 제62군이 강에서 독일군의 진지를 향해 압박을 하는 동안, 1월 22일에 소련군은 마지막 일격으로 시로 진입하고자 재집결했다. 어떤 독일군 부대는 항복이 죽음보다 더 나쁜 것일 수는 없었으므로 자진해서 항복하기 시작했다. 그러나 다른 부대들은 후퇴할 때 부상병을 적의 손에 내주기보다는 차라리 죽였다. 독일군 손에 있는 마지막 비행장인 굼라크Gumrak에서 안전한 곳으로 가는 비행기 편이 막바지에 이르자 자리를 차지하려는 꼴사나운 광란의 쟁탈전이 벌어졌다. 장교들은 비행기에 올라타려고 뇌물을 주고 매수를 시도하기도 했다. 붉은군대는 도시 구역을 차례로 하나씩 고립시키면서 조여 들어갔다.[55] 1월 26일에 전위 부대가 바리카디 공장 근처에서 제62군과 만났다. 두 부대의 병사들은 눈물을 흘리며 얼싸안았다. 마지막 밀어붙이기로 병사들은 혁명 영웅 광장에 다다랐다. 파울루스는 여태껏 자기를 사로잡으려는 시도를 교묘히 피해왔지만, 취조관들은 사로잡은 장교들과 이야기를 나누면서 그가 아직 도심 어딘가에 있다는 것을 알아냈다. 1월 31일에 그가 점령된 혁명 영웅 광장 한쪽에 있는 백화점 건물에 있다는 것이 알려졌다.

백화점 건물에 포격이 가해지고 화염 방사기가 불을 뿜었다. 독일군 참모 장교 한 명이 건물 입구에서 나타나서 젊은 소련군 장교 표도르 옐첸코 대위에게 신호를 보냈다. 다른 군인 두 사람과 함께 옐첸코가 그 독일 군인의 뒤를 따라 안으로 들어갔다. 지하실에서 그는 더럽고 냄새나고 겁에 질린 독일군 수백 명을 발견했다. 여기서 옐첸코는 독일군의 항복 조건에 관해서 파울루스가 아닌 그의 참모진과 합의했다. 드디어 그는 본부 뒤에 있는 어느 방으로 들어갔고, 수염을 깎지 못하고 기분이 언짢은 파울루스가 침대에 누워 있는 것을 발견했다. 훗날 옐첸코는 "자, 끝났습니다"라고 말했다고 기억했다. 파울루스는 그에게 '애처로운 눈길'을 주고는 고개를 끄덕여 동의를 표했다. 얼마 뒤에 차 한 대가 와서 파울루스를 태우고 로코숍스키의 돈 전선군 본부로 달려갔다.[56]

북쪽에서는 2월 2일까지 광적인 저항이 계속되었지만, 그뒤로는 도시가 잠잠해졌다. 항복 소식에 히틀러는 충격을 받았다. 그는 파울루스의 결단을 굳혀주려고 1월 30일에 그의 계급을 육군원수로 올려주었으며, 같은 날 괴링은 전투를 벌이는 부대에게 "스탈린그라드는 마지막 한 사람까지 싸움으로써 우리 역사에 … 최대의 영웅적 투쟁으로 남을 것입니다"라는 공식 성명서를 발표했다.[57] 2월 1일에 히틀러는 자기의 본부에서 파울루스의 배신에 분통을 터뜨리며 다음과 같이 말했다. "평시에 독일에서 한 해에 1만 8000명이나 2만 명가량 자살을 선택했지. 심지어 그런 처지에 있지도 않았는데 말이야. 자기 부하들 5~6만 명이 끝까지 용감하게 자기를 지키다가 죽는 것을 보는 사람이 여기 있어. 그런 사람이 어떻게 볼셰비스트들에게 제 몸을 넘겨줄 수 있을까!"[58] 독일제국 전역에 의기소침한 분위기가 역력했다. 이튿날 독일 라디오는 바그너의 〈신들의 황혼〉에 나오는 지크프리트의 장송 행진곡을 되풀이해서 틀었다.

소련 측에서는 스탈린그라드가 전쟁의 전환점으로 환영을 받았다. 일리야 예렌부르크는 "전에는 승리한다고 억지로 믿으려 들어야 했지만, 지금은 의심의 여지가 없다. 승리는 확실하다"라고 썼다. 한 통신원은 러시아의 분위기가 '시끌벅적하게 의기양양해하는 것'은 아니었지만, '깊은 … 국민적 자부심'을 내비친다고 평했다.[59] 승리하려고 치른 대가는 컸다. 붉은군대는 또 50만 명을 싸움에서 잃었다.[60] 가재도구나 지낼 곳을 찾아서 도시로 스며들듯이 천천히 되돌아온 스탈린그라드 사람들은 거의 모든 것을 잃었다. 독일군도 처음으로 전사 14만 7000명, 포로 9만 1000명이라는 파국적 수준의 손실을 입었다. 독일군은 불패라는 평판을 잃었다. 12월에 만슈타인의 구조 부대를 패배시킨 말리놉스키 장군에 따르면, "우리 군에 이전보다 활기와 생기가 훨씬 더 많이 돌았다."[61] 두 편 사이의 정신적 대조가 물질적 승리만큼 중요했다.

전투가 끝난 뒤 며칠 동안 도시에서 가장 이상한 것은 그 고요함이었다. 새로 내린 눈이 폐허를 덮었다. 꽁꽁 얼어붙은 주검이 여기저기에서 으스스하게 눈에 띄었다. 독일군 패잔병이 지하실에서 나와 잡혔고, 소련군 병사들이 저격병과 부비트랩을 수색했다. 남은 독일 군인 대다수는 너무 허약하거나 병에 걸려 있어서 이동할 수가 없었다. 걸을 수 있는 포로는 후방으로 끌려가서 먹을 것과 입을 것을 받았다. 전투가 끝난 지 며칠 뒤 첫 전쟁 기념물이 도시가 내려다보이는 절벽들 가운데 한 곳에 세워졌다. 그 기념물의 기초는 독일군 포로들이 만들었다. 모스크바에서는 주코프와 다른 장군 다섯 명이 수보로프 1등 훈장을 받았다. 스탈린 자신은 소비에트연방 대원수가 되었고, 이것이 그의 첫 계급이었다. 그 이후 계속 그는 늘 입어온 소박한 상의 대신에 새 군복을 공개 석상에서 입었다.

1924년 1월 레닌 장례식의 이오시프 스탈린(오른쪽). 유언장에서 레닌은 스탈린이 "충분히 신중하게" 권력을 행사하는 법을 알지 못한다고 당에 경고했다.

1933년 우크라이나 기근의 희생자들. 오늘날에는 사망자 수가 400만 명을 넘는다고 추산된다. 식량이 경계선을 넘어 기아에 시달리는 지방으로 가지 못하도록 노상 검문소가 세워졌다.

소련 곳곳의 수백 개 노동수용소 가운데 한 곳에 수감된 우크라이나 민족주의자들. 수용소 재소자 수가 1939년까지 350만 명이었다는 최신 추산이 있다.

1940년 11월에 베를린을 방문해서 의장대를 사열하는 소련의 몰로토프 외무장관. 이 방문 동안 소련은 유럽 남동부의 영토와 중동을 놓고 히틀러와 추가 협약을 모색했다.

독일이 이른 아침에 소련의 모든 서부 국경을 넘어 공격해왔다고 알리는 몰로토프의 1941년 6월 22일자 연설 방송을 듣는 침울한 러시아인 군중.

1941년 여름에 말을 탄 독일 군인들을 반기는 우크라이나인. 스탈린 체제를 미워하고 독일군을 해방자로 보는 이가 많았다. 부역은 광범위했지만 불가피했다.

1942년에 너무나도 필요한 보급품을 가져다주려고 위태로운 '얼음길'을 가로질러 레닌그라드로 가는 화물차들. 1941년 겨울 동안 보급품 36만 톤이 반입되었다. 이 보급품이 없었다면 모든 주민이 죽었을지도 모른다.

레닌그라드에서 독일 소이탄을 끄는 노동자. 일하지 않는 이들은 공장에서 민방위대를 편성해서 폭탄 피해를 복구하고 화재를 막았다.

포위된 도시에서 이루어지는 쇼스타코비치의 7번 교향곡 〈레닌그라드〉의 총 예행연습. 이 곡은 1942년 8월에 레닌그라드에서 연주되었는데, 연주자 가운데 죽거나 전선에서 전사한 이가 많았다.

1941~1942년 겨울에 활동하는 소련군 스키 부대원들. 겨울 장비가 독일 군인보다 더 잘 보급된 소련 군인은 전술을 조정해서 그 이점을 활용했다.

'히틀러는 해방자'라는 알림판을 들고 벨라루스의 한 도시를 지나가는 행렬. 독일군 부대는 전통적인 선물인 빵과 소금으로 널리 환영을 받았지만, 그 선물에 답례로 1천만 톤을 웃도는 곡물을 앗아가서 독일군과 본국 주민을 먹였다.

한 독일인 목격자가 찍은 영화에서 뽑은 희귀한 바비야르 학살 사진. 모두 합쳐 유대인 3만 3700명이 이틀 동안 여기서 학살당했고, 소련군 전쟁포로와 키예프에서 사로잡힌 소련 관리와 함께 대전차호에 묻혔다.

소련 유대인을 가두려고 벨라루스에 세워진 한 게토에서 굶주리는 유대인 어린이들. 1942년 12월 말까지 소련 유대인 110만 명이 살해당했으며, 수십만 명이 기아와 질병에 노출되었다.

독일군 점령자에게 부역하면 곧바로 보복을 받았다. 파르티잔 무리가 혐의자를 총살하거나 목매달아 죽였다. 점령되었던 지역을 붉은군대가 되찾으면, 부역자 수천 명이 즉결 재판을 받았다.

손수레를 끌고 스탈린그라드의 폐허를 지나가는 한 가족. 독일군이 다가올 때 강요를 받아 도시에 남은 민간인이 많았다. 공습으로 4만 명이 죽었다고 추산된다.

스탈린그라드를 지켜내려고 참호에서 총을 들고 있는 여성. 붉은군대의 육군과 공군에서 전선 근무를 하는 여성이 많았다. 남성 전우도 적군도 이들을 보아주지 않았다.

1943년에 전선 가까운 곳에서 수프 한 사발을 움켜쥔 소련 군인. 군 생활은 힘들고 규율은 가혹했지만, 소련군 사령관들이 신뢰감을 되찾고 소련군 병사들이 승리를 맛보자 스탈린그라드 전투 뒤에 사기가 나아졌다.

쿠르스크 전투 전에 소련군 척후대에게 사로잡힌 독일 군인. 소련군 부대는 납치한 적군을 이용해서 적의 병력과 배치에 관한 정보를 많이 얻었다.

전쟁의 연무(煙霧). 쿠르스크 전투 동안 프로호롭카에서 싸우는 전차들. 비가 몰아치고 안개가 끼자 앞이 거의 보이지 않았다. 전차가 다른 전차를 들이받는 거대한 기갑 결투 끝에 싸움터에는 차량 700대가 망가진 채로 남아 있었다.

전쟁 수행 노력에 복을 내리는 모스크바 수도 대주교. 1942년에 스탈린은 소련 인민의 애국적 결집의 일부로서 러시아 정교회를 되살렸다.

무르만스크의 부두에서 무기대여법 물품을 운송하는 화물차들. 소련 당국은 외국의 원조가 이바지한 바를 깎아내렸지만, 스탈린은 사석에서 소비에트연방이 무기대여법이 아니었더라면 "감당할 수 없었을 것"이라고 고백했다.

1944년에 우크라이나 전선 어딘가에서 정면 공격을 하다가 쓰러지는 군인 한 사람. 우크라이나 해방은 소련의 모든 전역(戰役) 가운데 가장 크고 가장 성공한 곳이지만, 100만 명을 웃도는 전사상자가 발생했다.

1944년에 모스크바의 거리를 걸어가는 독일 군인들. 포위 전투에서 독일군이 처음으로 많이 사로잡혔다. 포로들의 종착지는 동부의 노동수용소였다.

독일 군인들이 걸어서 모스크바를 지나간 뒤에 소련을 깨끗하게 만든다는 상징으로 거리에 약을 뿌리는 소독차. 소련의 만평과 포스터에서 적은 해충으로 자주 그려졌다.

붉은군대가 다가오자 독일군이 저지르는 잔혹 행위의 마지막 물결이 일었다. 루블린의 한 의복 작업장의 작업대와 기계 곁에 총살된 유대인 노동자들이 누워 있다. 다른 유대인들은 작업장 밖 마당에서 학살당했다.

"빌어먹을 독일!" 독일 영토로 들어가는 붉은군대의 경로에 붙은 여러 벽보 가운데 하나. 붉은군대가 가는 길에 있는 첫 도시와 마을은 무시무시한 앙갚음의 제물이 되었다.

동프로이센의 한 도시에서 자기 곁을 지나 행군하는 붉은군대 군인들을 지켜보는 한 독일 늙은이. 1945년에 독일인 수백만 명이 서쪽으로 달아났는데, 이렇게 대거 탈주한 이는 종국에는 모두 합쳐서 1300만 명이 넘었다.

베를린 전투 동안 지휘소에 서 있는 게오르기 주코프 육군원수. 제2차 세계대전에서 가장 이름난 소련 장군인 주코프는 할 일을 제대로 못 하는 부하들을 혹독하게 다룰 각오가 되어 있는 강인한 지도자였다.

1945년 5월 초순에 독일 제국청사의 폐허에서 발견된 히틀러 비슷한 주검을 촬영하는 소련 사진가. 히틀러의 유해는 나중에 제국청사 정원에서 시커멓게 탄 채로 발견되었다.

소련 서부에서 가옥 수백만 채가 파괴되었다. 평화가 온 뒤에도 짧게는 몇 달, 길게는 몇 해 동안 많은 사람이 막대기와 진흙을 써서 손으로 지은 오두막, 또는 동굴에서 살았다.

재건 현장에서 일하는 소련 여성들. 파괴된 지역의 모든 시민은 노역 의무를 졌다. 레닌그라드에서 노동자는 한 달에 30시간을, 나머지 주민은 60시간을 채워야 했다.

죄수를 가득 채운 채 언덕 비탈에 새겨진 스탈린 초상을 지나쳐 달리는 시베리아 노동수용소 행 열차. 1945년에 승리한 뒤에 "개인숭배"가 새로이 정점에 이르렀지만, 테러가 심해졌다.

7장

성채 작전

쿠르스크 전투, 1943

머나먼 땅으로 우리 동무가 이제 떠나간다네,
고향의 바람이 불어와 동무 뒤를 따르고
사랑스러운 도시가 푸른 이내 속에서 사라지네,
정든 집, 푸른 동산, 부드러운 눈길도 …

— 전시 대중가요

독일군의 스탈린그라드 전투 패배는 곧 전설이 되었다. 러시아의 삶에서 친숙한—검은 빵과 양배추, 가죽과 저질 담배—냄새가 그득한 러시아 안쪽 깊숙한 곳에서 숨이 콱 막히는 유개 화차에 실려 나온 소련군 병사들은 눈에 띄도록 벌벌 떨면서 스탈린그라드 전선으로 쏟아져 들어갔다. 그러나 승리한 뒤에는 스탈린그라드에서 싸웠다(그리고 살아남았다)는 것이 지위의 상징이 되었다. 영웅적 저항 이야기는 윤색되고, 초기 공황의 기억은 공식적으로 억눌렸다. 스탈린그라드 전투는 제2차 세계대전의 전투들 가운데에서도 견줄 데 없는 전투로 오늘날의 기억에 남아 있다. 그것은 러시아 보통 사람의 자신감에 필요한 승리였다. 그것은 전쟁의 결정적 국면에서 연합국에게 필요한 승리였다. 스탈린그라드는 소련의 운명에 일어난 변화를 상징했다.

그러나 그 전투는 결정적이지 않았다. 스탈린그라드의 승리는 혹독한 겨울이라는 조건 속에서, 지나치게 확장되고 사기가 떨어진 적에게, 그것도 다수 부대가 더 약한 독일 동맹국 군인들로 이루어진 적에게 거둔 승리였다. 하지만 그렇다고 해서 승리의 정도가 줄어들지는 않는다. 왜냐하면 그 승리는 소련군 병사들이 효율적으로 이용되었을 때 발휘한 원초적 전투력뿐만 아니라 세계에서 가장 효율적인 군대에 맞서서 복잡한 대규모 작전을 조직하는 붉은군대의 능력을 보여주었기 때문이다(1942년에 영국군이나 미군이 스탈린그라드 주위의 전투에서 이기리라고 상상하기란 어렵다). 소련의 강점이—더불어 독일의 약점이—스탈린그라드의 결과를 설명해준다. 그러나 붉은군대는 아직 가공할 만한 적과 맞서고 있었다. 1943년 3월에 하리코프 주위에서 벌어진 반격은 비록 독일군이 한 전투에서 패하기는 했어도 아직 전쟁에서는 패하지 않았음을 제때 머릿속에 떠올려주었다. 독일군은 아직 소련 영토 깊숙이 있었다. 독일군은 그들의 고유 상표인 잘 조직되고 집중된 기동전이 가장 큰 효과를 발휘하는 여름 날씨에서는 여전히 불패였다.

1943년과 1944년에 소련군이 거둔 궁극적 승리는 흔히 소련의 압도적 자원, 즉 어느 독일 장군이 훗날 '거대한 러시아가 병력과 물자면에서 지닌 우월성'이라고 기술한 것의 결과로 묘사되어왔다.[1] 더 일반적으로 독일의 패배는 독일의 실수, 즉 히틀러의 전략 이해가 부족하고 첩보가 부실하고 병참선이 지나치게 길어진 것 등의 결과로 해석되어왔다. 두 해석 다 역사의 실상을 제대로 평가하지 않는다. 스탈린그라드 전투부터 1943년 가을까지 벌어진 결정적 전투에서의 수적 불균형은 독일 패망의 마지막 단계에서 나타나게 된 불균형보다 훨씬 덜 두드러졌다. 독일군은 인디언의 매복에 걸린 몇몇 포장마차 대열 마냥 순전히 수에서 압도당하지 않았으며, 단순히 독일군의 힘이 쇠퇴했기 때문에 붉은군대가 이긴 것도 아니었다. 1943년에 독일군이 보유한 작전 경험과 기술 자산들에서 나온 독일군의 전투력은 1940년의 전투력보다 더 뛰어났다. 소련의 승리는 붉은군대가 전쟁을 치르는 방식에 일어난 심원한 변화의 결과였다.[2]

그 변화는 맨위에서 시작되었다. 전쟁이 한창일 때, 독일이 위협적으로 러시아 남부 전체를 거의 장악해가자, 드디어 스탈린은 자기가 최고 사령관으로는 알맞지 않다는 사실을 직시했다. 최고 사령관 대리로 주코프를 임명한 것은 그 독재자가 1941년 6월 이후로 수행해온 군사 방면의 최고 수반 역할에서 차츰차츰 물러난다는 신호였다. 주코프의 임명은 그가 이미 발휘해왔던 뛰어난 지도력이라는 자질 때문이 아니라 그것이 정치가와 군 사이의 관계에서 일어난 또 한 차례의 혁명을 상징하기 때문에 소련의 전쟁 수행 노력의 결정적 전환점 가운데 하나가 되었다. 숙청에 뒤이은, 그리고 재앙과도 같은 1941년 여름에 다시 재개된 정치권의 영향력 행사 요구가 1942년에 번복되었다. 무능하고 앙심이 깊은 레프 메흘리스 붉은군대 정치총국 국장이 6월에 직위 해제되어 업무가 정치선전 활동에 국한되었다. 10월 9일에 정치지도위원 제도가 모든 하급 단위부대에서 폐지되었고, 심지어는 전선군과 군 수준에서도 순전히 군사적인 결정 사항에 간섭할 정치 대표의 권한이 크게 줄어들었다. 10월에는 작전 명령에 정치지도위원의 부서副署가 더는 요구되지 않았고, 12월에는 정치지도위원이 지휘관의 부관이 되었다. 1943년 동안에는 전직 정치관리 12만 2000명이 하급 장교로 전선에 징집되어 전선에서 열심히 군사 지휘 교습을 받았다. 장교단이 주도권을 쥐고 책임을 맡도록 장려되었다. 많은 이에게 이것은 익숙하지 않은 기회였고, 반응은 느렸다. 지휘상의 자립성과 유연성은 하룻밤 새에 생기지 않았다. 마치 최고 사령관이 변화에 관해서 진지하다는 것을 과시하려는 양 익숙한 '동무'보다 '장교'라는 용어가 더 널리 쓰였다. 옛 제국 군대를 상징하는 장식품, 즉 1917년에 혁명 군중이 뜯어 떼어버렸던 금몰과 견장의 착용이 장교에게 또다시 허용되었다. 전투에서 두각을 나타낸 사단에게는 '근위대'라는 제정 시절의 호칭이 주어졌다.[3] 정치가도 같이 참석하는 더 큰 규모의 군사위원회보다는 총사령부가 작전부터 통신과 보급까지 전쟁 수행 노력의 계획과 운영을 점점 더 많이 다루었다. 스탈린은 여전히 참모진이 내린 결정에 관해 알고 있어야 한다고 고집했다. 그는 아침에 전선의 상세한 사정을 알려고 작전부장에게 전화를 걸었고, 전선의 세세한 부분을 훤히 꿰고 있었다. 저녁 11시 무렵에는 참모장이나 참모장 대리가 크레믈로 와서 상세하게 보고를 하곤 했으며, 보고가 밤늦도록 계속될 때도 있었다. 차이점은 스탈린의 태도에 있었다. 그는 좀처럼 보고를 가로막지 않았다. 그는 참모진이 작전을 제안하도록 허용했으며, 일선 사령관들의 견해를 알아보기 위해 우선 그들과 먼저 상의해야 한다고 고집하게 되었다. 군인들은 그럴 만한 연유가 있었던 몸 사리기를 천천히 극복하고 스탈린과 공개적으로 논쟁하기 시작했다. 다른 생각도 설득력 있고 합당하게 피력되기만 하면 스탈린이 받아들일 수 있음이 알려졌다. 그는 아무리 입맛에 맞지 않더라도 진실을 듣기를 좋아했으며, 조언을 받아들이고 다른 사람의 판단에 고개를 숙였다.[4]

스탈린 주위에 포진한 전문가들은 전투가 한창일 때 실력에 따라 진급한 비상한 인물이었다. 스탈린은 그들의 능력을 믿고 책임을 아래로 내려보냈고, 그들은 성공해야만 버텨낼 수 있었다. 1942년 7월 알렉산드르 바실렙스키 장군의 참모총장 임명이 그 전형적 사례다. 제1차 세계대전과 내전의 참전 용사인 바실렙스키는 숙청에서 살아남은 젊은 세대 장교의 일원이었다. 그는 참모 장교의 모범이었다. 전투의 추세를 신속 정확하게 설명해주는 능력을 갖춘 사람으로서 스탈린에게 발탁되었으며, 그는 전쟁 초기 대부분을 전선에서 전선으로, 때로는 사격을 받으며 돌아다니면서 모스크바에 실상을 보고했다. 그에게는 타고난 지휘관의 재능이 있어서, 일선 전체와 일선의 가능성 있는 전개 방향을 파악할 수 있었지만 전투를 뒤바꿔놓을 수 있는 수백 가지 수많은 세부 사항도 꿰고 있었다. 그는 각각의 주요 작전에 자기 나름의 뚜렷한 견해를 밝혔지만, 기꺼이 다른 사람의 말을 꼼꼼하고 참을성 있게 들었으며, 판단을 내리면 단호하고 일관성 있게 그 판단을 고수했다. 그의 착상은 수백 차례의 저녁 모임에서 요령껏 굽힘 없이 스탈린에게 전달되었다. 모든 사람의 말에 따르면, 그는 고생스럽게 18시간씩 교대제 근무를 할 때 함께 일했던 사람들에게서 호평을 받았다.[5]

바실렙스키는 다른 누구보다도 한 부하에게 기대게 되었다. 그 부하는 작전부장 알렉세이 안토노프 장군이었다. 스탈린은 1942년 6월과 12월 사이에 그 직책에 일곱 명 이상의 다른 사람을 차례차례 임명했다. 마흔여섯 살의 안토노프는 12월 11일에 다른 어느 역할보다도 스탈린의 꼬치꼬치 캐묻는 지도 방식에 더 직접적으로 노출된 그 역할을 차지했다. 안토노프는 그 어려운 일에 도전했다. 그는 모스크바에 도착해서, 스탈린에게 달려가 신고하는 대신에 총참모부와 전선의 상태를 철저하게 익히며 첫 주를 보냈다. 그는 완전하게 사전 준비를 갖추었을 때야 비로소 자기 상관을 보러 갔다. 두 사람은 전쟁에서 가장 효율적인 업무 관계를 개발했다. 안토노프는 엄청난 정력과 비상한 근면성과 결합된 냉정한 총명함을 발휘했다. 그의 대리인 세르게이 시테멘코 장군에 따르면, 안토노프는 성이 나서 냉정함을 잃거나 상황에 휘둘린 적이 없었다. 그는 엄하고 매섭고 좀처럼 칭찬하지 않는 모진 감독이었지만, 그가 자기 참모진에 부과한 활력 있는 관리 체제는 그들의 존중을 받았다. 무엇보다도 그는 스탈린을 다루는 데 능숙했다. 그는 자기가 올리는 보고서를 달콤하게 꾸미지 않았다. 시테멘코는 '용감하게 사실대로 말하기'를 자기 색깔로 내세워 스탈린에 맞설 각오를 했다. 간결하고 정확하게 저녁에 상황 보고를 하는 그의 솜씨가 너무 뛰어나서 심지어는 주코프조차 그의 능력에 고개를 숙이고 자기 대신에 안토노프가 보고서를 제출하도록 허락했다. 스탈린이 안토노프에게 품게 된 신뢰감은 그가 직위를 유지해나간 데에서 알 수 있다. 그는 계속 자기 직위를 유지하다가 1945년 2월에 바실렙스키의 자리에 올라 참모총장이 되었다.[6]

　새로 떠오른 군인 스타 가운데 전쟁이 끝난 뒤에 오랫동안 버틴 이는 없었다. 그들은 스탈린의 편집병과도 같은 질시의 제물이 되었다. 그러나 그들은 전쟁 동안에는 소련의 전투력을 근본적으로 바꾼 군대 경영자와 고안자의 중심 팀을 만들어냈다. 그들의 모델은 1920년대에 그랬던 것처럼 다시 독일 모델이었다. 1941년 여름에 소련 공군과 전차 부대는 비록 수적으로는 대군이기는 했어도 적의 집중된 전차 부대와 공군에 국부적 손상 이상을 입힐 능력을 갖추지 못했다고 판명되었다. 전차들은 소규모 단위로 나뉘어져 보병 연대를 지원했고, 그 결과 전차가 제공했어야 할 타격력과 기동성이라는 이점을 잃었다. 1942년 봄에, 전쟁의 중압 아래, 붉은군대 지도자들은 육군과 공군의 편성과 기술적 성능을 뜯어고치기 시작했다. 전차 168대, 대전차 대대, 카튜샤 로켓, 대공포로 무장하고 빠르게 이동하는 부대인 전차 군단 개념에 따라 새로운 육군이 만들어졌다. 2개 전차 군단과 1개 보병 사단이 독일의 1개 기갑 사단에 해당하는 1개 전차군을 이루었으며, 이 부대는 차량, 소총수, 방어 병기, 제병과를 완비한 자체 완결적이고 기동력이 뛰어난 전투 기구였다. 보병은 전차 양옆 궤도 덮개 위에 위험하리만큼 착 달라붙은 채 싸우러 갔다. 이를 통해 보병은 상당한 기동성을 얻었다. 1942년 9월에 육군은 독일의 차량화 사단에 해당하는 것을 만들었다. 그것은 기계화 군단으로 불렸으며, 전차군보다 보병은 더 많고 전차는 더 적었다. 기계화 군단은 정규 사단보다 기동성과 중무장이 더 뛰어났다. 1942년 12월부터 기계화 군단에 중자주포가 가세해서 소련군의 공세에 가속을 붙였다. 새로운 사단들의 타격력을 높이려고 보병이 전차 및 자주포와 나란히 공격에 임했다. 그들은 심한 손해를 입었지만, 적이 재편성할 시간을 가지기 전에 독일군 진지를 제압할 수 있었다.

1942년부터 전쟁이 끝날 때까지 붉은군대는 43개 전차 군단과 22개 기계화 군단을 편성했다. 1943년과 1944년에 더 많은 양의 전차와 대포가 추가되면서 이 기갑 부대가 크게 강화되었다. 이제 1개 전차 군단은 전차 228대와 더 적은 병력을 보유했으며, 전선 1킬로미터당 전차 70대 내지 80대, 대포 250문을 집중할 수 있었다. 1941년 말엽에는 그 밀도가 1킬로미터당 전차 3대 남짓했다. 말의 견인력을 주로 이용했던 나머지 육군 부대도 전쟁 후기로 갈수록 무기와 인력 사이, 즉 자본 집약적 전쟁과 노동 집약적 전쟁 사이의 균형에서 전자가 더 풍부해지고 후자는 훨씬 더 줄어들면서 추가로 변화를 맞이했다. 전형적인 1개 보병 사단의 화력이 전쟁 기간 동안 네 배로 늘어나서, 1941년에 일제 포격 1회당 250파운드 미만이었다면 1944년 무렵에는 900파운드 이상이었다. 하급 지휘관이 현대 기갑전 전술에 더 익숙해지고 병참 보급과 무선 전화에 기반을 둔 통신에서 주목할 만한 개선이 이루어지면서 붉은군대는 독일군의 전장 성과 계수에 근접하기 시작했다. 1941년에 독일군 전차 한 대를 잡는 데 소련군 전차 예닐곱 대를 잃었지만, 1944년 가을 무렵에는 그 비율이 내려가 1대1이 되었다.[7]

소련 공군도 적에게서 배웠다. 1941년에 소련 공군은 각각의 육군 소부대를 지원하면서 전선에 걸쳐 퍼져 있었다. 항공기들은 집중되지 않았으며, 현대 공중전의 원칙도 제대로 이해되지 않았다. 1942년 봄에 젊은 공산당원 공군 장교 알렉산드르 노비코프가 개혁을 개시했다. 그는 1941년 가을에 레닌그라드를 방어하면서 공훈을 세웠고, 그 보답으로 1942년 4월에 스탈린은 그를 소련 공군 총사령관에 임명했다. 노비코프는 또다른 행운의 선택이었다. 그는 공군광이었다. 그는 소련 비행술의 결함이 기술 면만큼이나 조직 면에 있음을 간파했다. 그는 항공 전력이 전선의 소규모 교전에 질금질금 투입되어 낭비되기보다는 적의 항공 대비행대와 마찬가지로 항공 전력을 집중해서 괴멸적인 장거리 항공 타격을 수행할 능력을 갖추어야 한다고 고집했다. 새로운 공군 부대는 전투기, 폭격기, 지상 공격용 항공기로 구성되었다. 공군 부대는 중앙의 긴밀한 통제를 받고, 중앙에서는 전투의 결정적 국면에서 쓸 대규모 전략 예비 병력이 조성될 터였다. 각각의 공군 항공대가 1개 전선군 사령관에게 할당되었으나, 공군은 항공 공격의 수행에서 상당한 유연성을 유지했다. 목적은 우선 적의 항공력을 분쇄한 다음에, 전쟁 동안 보통 가장 훌륭한 일선 항공기들 가운데 하나라고 여겨진 가공할 일류신Iliushin Il-2 전폭기를 이용해서 긴밀한 협조를 이루며 적군 본거지에 공격을 가함으로써 지상군을 지원하는 것이었다.[8]

조직과 타격력에 대한 노비코프의 강조로 소련군에게 모자랐던 항공/전차 펀치력을 얻었다. 그러나 그는 또한 공군력이 대규모 병참과 수리 서비스 지원의 효율성에 정비례한다는 점을 깨달았다. 그는 공대공 및 공대지 무선 연락을 도입해서 통신을 재조직했다. 차츰차츰 레이더가 설치되었다. 형편없던 정비 체제를 완전히 뜯어고쳐서 파손된 비행기가 신속하게 전투에 복귀할 수 있었다. 거창한 비행장 건설 프로그램도 실행되었다. 건설될 여러 비행장에는 적을 속이기 위한 가짜 비행장도 상당 비율 들어 있었다. 1941년 6월에 크게 당한 뒤 노비코프는 비행장 위장을 최우선시해야 한다고 역설했다. 항공기는 숲과 농장 건물에 은폐되었고, 튼튼한 설계와 구조로 말미암아 전선에 가까이 있는 거친 풀밭에서도 이륙할 수 있었다. 후방에서 어렵사리 전방으로 가져온 보급 연료는 일선 비행장에 은밀히 비축되었다. 그 보급으로 전투가 한창일 때 각 항공기가 스무 차례의 작전을 펼치기에 넉넉한 휘발유가 제공되었다. 1943년 동안 소련 공군은 마침내 더 대등한 조건에서 제공권을 놓고 다툴 수 있는 수준에 이르렀다.[9]

조직 개혁은 소련군의 군사 설비가 크게 개선되고 있던 바로 그때 이루어졌다. 1941년에 벌어진 전투에서 소량이 처음 모습을 드러냈던 소련군의 다부진 주력 전투 전차, 즉 T-34는 독일군 전차보다 더 나은 장갑과 구경이 더 큰 포(76밀리미터)를 가지고 있었지만, 그 장점을 죽이는 자잘한 결함을 안고 있었다. T-34에는 무선 통신기가 없어서, 주변의 전투 상황을 모르는 채로 각자 독자적으로 전투를 해야 했다. 포탑이 비좁아 승조원 딱 두 명만이 들어갈 수 있어서, 전차장戰車長이 지휘 임무 말고도 포에 장전을 하고 기관총을 작동해야 했다. 잠망경 성능이 좋지 않아 시계는 불량했다. 전차 해치가 앞으로 열렸기 때문에 주위를 살펴보기가 어려웠다. 1943년에 전투가 벌어질 무렵에 T-34는 훨씬 더 효율적인 전투 차량이 되어 있었다. 재설계된 기실機室에는 승조원 세 명이 들어갈 수 있었고, 새 회전 포탑으로 사주 시야가 확보되었으며, 전차들이 지휘관과 연락을 유지하도록 무선 통신기가 설치되었다. 1943년에 소련의 공장에서 전차 2만 4000여 대가 생산되었는데, 이 가운데 1만 5812대가 T-34였다. 1943년에 독일이 생산한 전차는 1만 7000대였다.[10]

1943년 동안 T-34 전차에 신세대 이동식 포가 가세했다. SU-76 자주포는 1942년에 전투에 첫선을 보였을 때 장갑이 부실해서 승조원을 거의 보호해주지 못했다. 초기의 결함을 수정한 개량 모델인 SU-76M은 1943년 5월부터 모습을 드러냈다. 구경이 더 큰 포를 장착한 모델인 SU-122는 1943년 1월부터 대량 생산에 들어갔으며, 초대형 대전차포인 SU-152는 딱 25일 뒤 1943년 2월부터 생산에 돌입했다. SU-152는 신세대 독일 중전차 '판터Panther'와 '티거Tiger'를 쳐부수는 성능 때문에 '맹수 사냥꾼'이라는 별명을 얻었다(판터는 '표범', 티거는 '호랑이'). 1944년에 독소전쟁에서 가장 효율적인 기갑 차량이 된 거대한 '이오시프 스탈린' 전차 IS-1과 IS-2가 완성 단계에 있었다. 우중충한 녹색으로 도색되고 군데군데 콘크리트로 강화된 두껍고 거칠게 만든 동체와 마치 전차가 앞으로 엎어질 듯이 보이게 만들 만큼 커다란 포를 가진 IS-2는 무시무시한 원시적 힘을 발휘했다.[11]

전쟁이 시작되었을 때 소련의 군사 장비에서 가장 심각한 공백은 무선 통신과 첩보에 있었다. 전쟁 처음 몇 달 동안 무선 장비가 절망적일 만큼 모자라서, 수많은 항공기와 전차를 효율적으로 지휘 통제하기가 불가능하고 1개 정규 보병 사단을 통솔하기가 어려웠다. 그리고 무선 통신이 사용될 때 독일군 감청병이 통신문을 잡아서 그것을 중계한 운 없는 전투 지휘소에 타격을 가하도록 항공기나 전차를 보냈다. 소련군 지휘관은 일단 무선 통신을 하면 자기 위치가 드러날수 있다는 것을 깨닫자 곧 무선 통신 이용을 꺼리게 되었다. 통신 초소가 차례차례 적에게 유린당함에 따라, 1941년과 1942년의 고속 이동 방어전에서 체계가 무너졌다. 1942년에 효율적 통신을 제공하려는 노력은 1943년과 1944년에 소련군이 벌인 대규모 작전의 최종 성공에 핵심적이었다.

그 노력은 미국과 영연방에서 온 보급 물자가 없었다면 이루어질수 없었을 것이다. 1941년에 미국 및 영국과 맺은 무기 대여 협정으로 소련은 무선 통신소 3만 5000개, 야전 전화기 38만 대, 전화선 95만 6000마일을 얻었다.[12] 소련 공군은 1943년까지 항공기를 전장의 목표물로 신속하게 유도할 수 있는 무선 통신 관제소 조직망을 전선보다 약 1.5마일 뒤에 설치할 수 있었다. 전차군은 새로운 무선 통신을 사용해 전차 부대를 통솔해서 가장 간단한 혁신으로 전투 능률을 높였다. 마지막으로 붉은군대는 1942년에 자체적인 무선 통신 감청반을 편성하기 시작했다. 1943년까지 5개 특수 무선 통신 대대가 양성되었는데, 그 기능은 독일군의 무선 통신을 도청하고 독일군의 주파수에 전파 방해를 하고 공중파에 역정보를 퍼뜨리는 것이었다. 1943년 여름에 벌어진 전투들에서 특수 무선 통신 대대가 독일군의 작전 무선 전보 송달의 3분의 2를 줄였다고 주장했다. 전쟁 마지막 몇 해 동안에 소련의 통신 첩보는 비상하고도 꼭 필요한 개선을 이루었다. 무선 통신 감청, 간첩, 항공 정찰로 얻은 첩보를 평가하는 체계가 1943년 봄 무렵에 완전히 개편되어서 독일군의 배치와 의도를 훨씬 더 선명하게 그려낼 수 있었다.[13] 더군다나 무선 통신이 기만과 역정보의 복잡한 전술의 진전에서 주요한 역할을 하게 되었으며, 이로써 적이 소련군의 규모, 소재, 또는 의도를 추측할 수조차 없게 된 경우가 다반사였다.[14]

전쟁 동안 소련이 연합국의 원조에 보인 반응은 일관되지 않았다. 소련 당국은 서방 열강에게 엄청난 쇼핑 목록을 보내는 한편, 공급 지연과 보내오는 일부 무기의 질에 관해 끊임없이 투덜댔다. 장비의 사용 및 수리 방법에 관한 조언으로 물자 인도를 마무리하겠다는 영국과 미국 공학 기술자들의 제안을 매몰차게 거절하기도 했다.[15] 1941년 8월에 약속이 이루어진 뒤 15개월 동안 얼마간은 효율적 보급선을 정하는 데 겪은 어려움 탓에, 얼마간은 미국 자체의 재무장 수요 탓에 원조 물자 인도가 느리게 진행되었다는 것이 사실이다. 그러나 루스벨트도 처칠도 대對소련 원조가 반反추축국 연합에 극히 중요하다는 데에는 조금도 의문을 가지지 않았으며, 소련 측의 불평을 참아내서 심각한 관계 악화는 없었다. 1941년 10월에 마침내 최초의 원조 프로그램이 결정되었을 때, 당시 워싱턴 주재 대사이던 막심 리트비노프는 자리에서 벌떡 일어나면서 "이제 우리가 전쟁에서 이긴다!"라고 외쳤다.[16] 그러나 1945년 이후에 무기대여법은 소련의 공식 전쟁사에서 소련의 소생에 사소한 요인 가운데 하나로 다루어졌다. 무기대여법에 관한 이야기는 냉전의 희생물이 되었다. 심지어 1980년 대 말엽에도 무기대여법은 여전히 정권이 공개 논의를 허용하지 않으려고 한 주제였다. 흐루쇼프는 자기 회고록에 이용한 녹음 인터뷰에서 서방이 소련의 전쟁 수행 노력에 원조한 보급 물자의 중요성을 인정했지만, 다음과 같은 부분은 1990년대에 들어서야 비로소 공개되었다. "나는 스탈린이 주위 측근에게만 [무기대여법을] 인정하는 것을 여러 번 들었다. 그는 … 만약 우리가 독일과 1대1로 상대해야 했더라면 우리는 산업을 너무 많이 잃었으므로 감당하지 못했으리라고 말했다." 1963년에 한 대화에서 주코프 육군원수는 원조가 없었다면 소련이 '전쟁을 지속할 수 없었을 것'이라는 견해를 지지했다. 도청된 그 대화 내용은 30년이 지난 다음에야 해제되었다. 이 모든 것은, 무기대여법이 "어느 모로 보나 의의가 없었으며 전쟁의 결과에 결정적 영향을 미치지 않았다"라고 결론내리는 공식 대조국전쟁사와는 거리가 멀었다.[17]

소련의 대량 생산의 놀라운 재기와 견줄 때 송달된 무기의 양이 많지 않은 것은 사실이었다. 정제되지 않은 통계는 서방의 원조가 전쟁전 기간에 걸쳐 소련 군수품의 단 4퍼센트만을 공급했음을 보여주지만, 중대한 원조는 공격 무기의 형태로 오지 않았다. 무선 통신 장비 말고도 미국은 50만 대가 넘는 차량, 즉 지프 7만 7900대와 경화물차 15만 1000대, 그리고 20만 대가 넘는 스튜드베이커Studebaker 군용 화물차를 공급했다. 소련군 차량 전체의 3분의 1이 해외에서 왔으며, 비록 대다수가 1943년과 1944년에 오기는 했지만 전반적으로 성능과 내구성이 뛰어났다. 스탈린그라드 전투 때에는 소련 군용

[표 2] 소련에 대한 미국의 무기 대여 공급량(1941~1945)

A: 주요 생산물 형태에 따른 분류

	1941년	1942년	1943년	1944년	1945년
(전체 공급량의 백분율)					
항공기	—	22.4	17.4	16.3	12.7
포와 탄약	—	15.8	12.8	5.6	2.6
전차	—	13.1	2.6	4.9	4.0
기타 차량	—	11.0	14.1	14.7	19.3
선박	—	0.8	3.2	2.5	2.1
군수 물자 총량	20	63.2	49.9	43.8	40.7
공산품	80	23.1	29.6	39.3	39.5
농산품	—	13.7	20.5	16.9	19.8

B: 장비 공급에 관한 일부 통계

항공기	14,203
전투기	9,438
폭격기	3,771
전차	6,196
화물차	363,080
지프	43,728
오토바이	32,200
폭약(톤)	325,784
무선 통신소	35,089
야전 전화기	380,135
라디오 수신기	5,899
전화선(마일)	956,688
고기 통조림(톤)	782,973
군화(켤레)	14,793,000
혁대	2,577,000
구리(톤)	339,599
알루미늄(톤)	261,311

자료: H. D. Hall, *North American Supply* (London, 1955), p. 430; M Harrison, *Soviet Planning in War and Peace 1938-1942* (Cambridge, 1985), pp. 258-9; H. van Tuyll, *Feeding the Bear: American Aid to the Soviet Union 1941-1945* (New York, 1989), pp. 156-61.

차량 정비고의 단 5퍼센트만이 수입품 재고에서 왔다. 그러나 수입은 붉은군대의 보급 체계에 결정적인 기동성을 제공했는데, 이 기동성은 1944년이 되면 적보다 더 나았다. 스튜드베이커 차는 소련군에서 총아가 되었다. 옆에 찍힌 'USA'라는 글자는 'Ubit sukina syna Adolfa', 즉 '아돌프 개새끼 죽이기'라고 번역되었다.[18] 소련의 보급 노력에 못잖게 중요한 다른 공급물의 목록이 인상적이다. 다른 공급물로는 항공 연료 요구량의 57.8퍼센트, 모든 폭발물의 53퍼센트, 전시에 공급된 구리, 알루미늄, 고무 타이어의 거의 절반가량 등이 있다. 논란이 없지는 않아도 아마 가장 결정적인 이바지는 무리한 하중이 가해지던 소련 철도망에 대한 공급일 것이다. 1941년에 소련 철도망의 많은 부분이 피점령 지역에 있었다. 전쟁 동안 사용된 모든 레일의 56.6퍼센트뿐만 아니라 기관차 단 92대라는 소련의 미미한 산출을 보충할 기관차 1900대, 그리고 소련 국내에서 생산된 객차 1087대에 보탤 객차 1만 1075대가 미국에서 왔다. 무게로 따지면 공급물 거의 절반이 음식의 형태로 왔고, 그 양은 0.5파운드로 추산되는 농축 영양분을 전쟁 기간에 모든 소련군 병사에게 날마다 주기에 넉넉했다. 끈적이는 분홍색 응축 고기인 스팸의 반짝이는 통조림통은 '제2전선'이라는 별칭으로 널리 알려졌다.[19]

무기대여법에 따른 공급품 제공은 전쟁 초기 단계에서는 느렸지만, 1942년 후기부터 블라디보스토크를 거쳐서 소련 동부의 여러 주를 거치거나, 페르시아만에서 육로로, 영국의 항구에서 무르만스크나 아르한겔스크로 가는 더 혹독한 기후 속에서 더 위험한 호송 선단 여행으로 꾸준히 흘러 들어오게 되었다. 그 같은 규모로 외국의 원조를 받았기에 소련은 자체 생산을 기계류, 물자, 또는 소비품보다 전선용 장비 공급에 집중할 수 있었다. 서방의 원조가 없었다면, 침공을 받은 뒤 더 궁색해진 경제로 더 부유한 독일 경제가 전쟁 내내 이룩한 그 어떤 것도 넘어서는 엄청난 양의 전차, 대포, 비행기를 생산해낼 수 없었을 것이다. 철도 설비, 차량 연료가 없었다면 소련의 전쟁 수행 노력은 거의 틀림없이 변변찮은 기동성과 힘이 떨어진 운송 체계 탓에 무너졌을 것이다. 기술 및 과학 원조—전쟁 동안 소련 관리와 공학 기술자 1만 5000명이 미국 공장과 군사 시설을 방문했다—가 없었다면, 소련의 기술 진보는 훨씬 더 느렸을 것이다. 이렇다고 해서 소련 경제가 전쟁 동안 이룬 비상한 성과가 깎이지는 않는다. 그 성과는 오로지 단순한 대량 생산 기술을 이용하고 계획 수립에서 임기응변을 솜씨 있게 구사하고 공장 지배인과 공학 기술자에게 독립성과 주도권을 더 많이 허용했기에 가능했다. 생산에서 개선이 이루어진 결과로 1943년에 붉은군대는 1941년 이후 어느 때보다도 더 대등한 조건으로 독일군과 맞섰다. 대등해진 관계에서 없어서는 안 될 요소 하나가 소련군 전투력의 현대화였다. 조직과 기술에서 양쪽 사이에 있었던 격차는 그전까지는 독일군 지휘관들이 월등히 앞섰던 기동과 화력이 핵심을 이루는 방식의 접전에서 붉은군대가 여름철 전역적기戰役適期 동안 독일군에게 대적할 준비를 하는 수준으로까지 좁혀졌다.

1943년 3월에 얼음이 녹고 비가 내리자 양쪽은 한숨 돌리면서 올한 해에 취해야 할 전략적 선택을 숙고했다. 히틀러는 독일의 전망에 관해서 한 해 전보다 훨씬 더 우울해했고, 스탈린과 마찬가지로 작전을 입안하고 계획하는 일에서 휘하 사령관에게 더 큰 재량권을 주었다. 폰 만슈타인 육군원수가 '성채'라는 암호명이 붙은 계획을 수립했다. 그 작전은 독일군 전선 안으로 쑥 내밀고 들어온 쿠르스크 주위의 넓이 120마일, 길이 60마일의 소련 측 대형 돌출부를 겨냥했다. 여기에 붉은군대의 주력이 집중되어 있었다. 만슈타인은 그 돌출부의 목을 남쪽과 북쪽에서 끊어버리고자 중무장한 집게발 두 개로 전선 팽창부를 감싸 안겠다는 계획을 세웠다. 목적은 전선의 결정적 국면에서 붉은군대의 커다란 부분을 쳐부숴서 독일군이 남부 지역을 재탈환하거나 북동쪽으로 휘돌아 모스크바 뒤로 갈 수 있도록 만드는 것이었다. 만슈타인은 4월이나 5월에, 즉 소련군이 재편성해서 참호를 파들어 갈 시간을 확보하기에 앞서 공격하고 싶어했지만, 히틀러는 또 한 차례의 위험성 높은 전역을 피하기를 바라면서 전차를 더 많이 입수할 수 있는 6월까지 기다려야 한다고 고집했다. 끝내 히틀러는 우세를 확신하게 된 7월 초순까지 공세 개시를 미루었다.

소련군 사령관들은 결정적 난제에 맞닥뜨렸다. 그들은 전에 두 차례, 즉 1941년과 1942년에 독일군 공격의 중압과 방향이 어디에서 올지를 오판했다. 이번에는 추측이 맞아야 했다. 총참모부는 히틀러의 입장에 서 보았다. 그들은 입수한 비밀 첩보를 통해 독일군이 전면전을 벌일 준비를 아직 갖추지 못했음을 알 수 있었다. 독일군이 쿠르스크 돌출부 북쪽의 오룔 주위와 남쪽의 하리코프 주위에 집중된 것으로 미루어 보아 주요 돌파는 그곳에서 시작되리라는 것이 분명한 듯했다. 두 해 동안 경험한 독일군의 전투 계획 양상을 통해 총참모부는 뒤쪽에서 돌출부를 끊어 전선 팽창부를 가로질러 줄줄이 늘어선 소련군을 에워싸는 두 개의 강력한 기갑 돌파로 공격이 이루어지리라고 올바르게 추정했다. 주코프는 모스크바가 최종 목표라고 추측했다. 아무도 그 판단에 이의를 제기하지 않았다. 처음으로 소련 고위 사령부의 추측이 맞아떨어졌던 것이다.[20]

더 어려운 결정은 어떻게 대응하는가였다. 스탈린은 자기의 본능에 따라서 독일군 진지선이 공고해지기 전에 선제공격을 하라고 요구했다. 머리를 써서 주코프는 종심 방어를 통해 독일군의 오른쪽, 왼쪽 갈고리를 흡수해서 적의 힘을 뺀 뒤 후방에 있는 대규모 예비 부대를 전방으로 투입해 결정타를 먹여야 한다고 주장했다. 1941년에 일부 고위 군인들이 옹호했던 전략이었다. 의견 차이의 결과는 사뭇 다른 스탈린을 여실히 보여준다. 1943년 4월 8일에 스탈린의 '선제공격 계획'을 받아들이지 않고 쿠르스크 돌출부가 독일군의 목표라는 첩보를 확인하는 주코프의 보고서가 도착했을 때 스탈린은 총참모부와 함께 있었다. 시테멘코의 회상에 따르면, 스탈린은 견해를 밝히지 않았으며, 1941년과 1942년에 적의 의도에 관한 첩보 평가에 그랬던 것과는 달리 오정보와 기만책이라고 툴툴대지도 않았다. 대신에 그는 4월 12일에 협의회를 소집해서, 독일군 의도 분석을 주의 깊게 듣고 하나 빼고는 모두 주코프의 선택을 지지하는 일선 사령관들의 보고서를 검토하고는 주코프 계획을 최종 승인했다. 스탈린은 가능성 높은 독일의 목표가 모스크바를 포위하는 것이라는 주장이 제기될 때에만 초조해했다. 주코프는 쿠르스크 주위의 중앙 전선을 따라 뚫리지 않는 방어 진지를 구축하라는 지시를 받았다.[21]

스탈린이 그답지 않게 전문가들에게 기꺼이 고개를 숙였기에 붉은군대가 또 한 차례의 파국적인 여름 전투를 반복하지 않았음이 거의 틀림없다. (사실상 주코프가 세운 계획은 아니기는 했어도) 주코프 계획이 설득을 받아낸 것이다. 스탈린그라드의 반격에서 그랬듯이, 쿠르스크 전투의 토대가 되는 구상이 누구에게서 나왔는가에 관한 의혹이 남아 있다. 중요한 점은 주코프가, 지역 일선 사령관들에게 어떤 빚을 지고 있든, 스탈린이 나름대로 선호하는 것에 도전해서 스탈린이 이것이 올바른 노선임을 납득하도록 만들 수 있었다는 것이다. 주코프 계획은 '종심 전투' 개념에서 표현된 소련의, 사실은 러시아의 전통적 군사 사고로 되돌아갔음을 대변했다. 방어지는 철저하고 완벽하게 준비되었다. 그전까지 소련군은 그런 철저함과 완벽함을 제대로 갖추지 못했다. 방어지는 소련군의 화력을 극대화하고 방어 부대가 효과적으로 기동해서 독일군의 돌파를 맞받아칠 수 있도록 조성했다. 전체 작전은 이전에 소련군 사령관 어느 누가 구사했던 것보다 더 거대한 전장의 정교한 운영에 달려 있었다.[22]

준비는 즉시 시작되었다. 방어의 주된 부담은 돌출부의 북쪽과 남쪽을 맡은 소련 중앙 전선군과 보로네시 전선군이 졌다. 중앙 전선군은 스탈린그라드 고립 지대를 제압했으며 양쪽을 통틀어 가장 걸출한 전시 사령관의 대열에 끼는 콘스탄틴 로코솝스키 장군이 지휘했다. 로코솝스키는 자기와 거북한 경쟁 관계에 있는 주코프와 마찬가지로 러시아 노동 계급 출신이었다. 열차 기관사의 아들이었던 그는 열네 살에 고아가 되어 건설 인부로 일하기 시작했다. 그는 1914년에 군 복무를 시작해서 기병대 부사관으로 진급했고, 1918년에 붉은군대에 가담해서 기병대 장교로 경력을 시작했으며, 1936년에는 군단장이 되었다. 숙청의 그물에 걸릴 만큼 도드라진 승진이었다. 그는 세 해 동안 감옥에 있었으며, 그 경험은 상처를 남겨서 그는 군 언저리를 맴돌며 먹잇감을 찾는 정치관리들을 아주 미워했다. 그는 설득력이 있고 말하는 데 거리낌이 없는 사람으로서, 그래야 한다고 생각할 때면 스탈린의 뜻도 감히 거스를 수 있는 이들 가운데 한 명이었다. 그리고 주코프에게도 마찬가지였다. 보로네시 전선군 사령관 니콜라이 바투틴은 주코프와 더 친했으며, 1941년에 그의 대리로 일한 적이 있었다. 그는 스탈린그라드의 반격에 핵심 전선을 지휘하려고 파견될 때까지 총참모부 장교로서 일했다. 그는 스탈린그라드 전투 계획을 세우는 데 핵심 역할을 했으며, 그의 전략 능력이 입증되었기 때문에 주코프의 강권에 따라 자리를 옮겨 쿠르스크에서 전선군을 지휘했다. 그는 러시아의 전통대로, 즉 야전에서 이룬 성공을 기반으로 명성을 드날린 여러 고위 사령관 가운데 한 명이었다.

바투틴과 로코솝스키는 쿠르스크 주위의 전선 팽창부 안으로 7개 군을 쑤셔 넣었다. 돌출부 남쪽과 북쪽에서 브랸스크 전선군과 남서부 전선군이 반격의 발판을 제공하도록 증강되었다. 전선에서 150마일 이상 떨어진 곳에 있는 예비 부대가 초원 전선군에 집중되었는데, 1개 전차군, 2개 보병군, 공군 제5군으로 구성되어 있었으며 주코프가 1941년에 스탈린의 앙갚음에서 구해준 적이 있는 코네프 장군의 지휘를 받았다. 방어 지역은 돌출부 내부의 여섯 개 진지선으로 이루어져 있었고, 추가로 2개 방어 지대가 예비 부대 전방에 있었다. 돌출부 지역의 주민에게 있는 그 자리에 머물라는 명령이 내려졌다. 그들은 군부대가 도와서 3000마일이 넘는 참호를 파는 일을 돕는 데 필요했다. 참호는 방어자가 한 사격 위치에서 다른 사격 위치로 쉽게 이동할 수 있도록 십자형으로 교차되어 있었다. 돌출부에는 그 지역에 있는 숲에서 잘라낸 말뚝으로 만든 전차 덫이 빽빽이 세워졌다. 독일 기갑 부대가 말 그대로 '탄막'에 마주치도록 대포와 대전차포가 자리를 잡았다. 40만 개가 넘는 지뢰가 깔렸다.[23] 하천에는 시위가 난 물이 적 전차를 꼼짝 못하게 만들도록 장애로 하나가 몇 마일에 걸쳐 기름진 농토와 과수원을 가로질러 뻗어 있었다. 여기저기에 비행장 150개가 흩어져 있었고, 적의 주의를 끌려고 가짜 공군 기지 50개가 만들어졌다. 모든 것이 마무리되었을 때 병력 133만 6000명, 전차 3444대, 비행기 2900대, 대포 1만 9000문이 이동해서 제자리를 잡았다. 바실렙스키는 "그것은 엄청나고 참으로 거대한 작업이었다"라고 회상했다.[24] 그들은 전선 건너 50개 사단으로 편성되고 전차 2700대, 비행기 2000대, 대포 1만 문 이상을 갖춘 독일군 90만 명과 마주 보고 있었다.[25] 그들은 정교한 계획에 따라 진행된 전투로서는 사상 최대의 전투를 바야흐로 벌일 참이었다.

양측은 앞으로 벌어질 결정적인 싸움이 되리라고 느꼈다. 붉은군대는 인력의 40퍼센트와 기갑 부대의 75퍼센트를 전투 지역에 밀어넣었다. 이 전력을 잃어버리면 재앙이 닥쳐왔을 것이다. 히틀러 측으로서는 성채 작전의 성공이 결정적이었으며, 이것이 그가 독일군의 힘에 더 큰 자신감을 가질 때까지 작전 개시일을 미룬 까닭이었다. 이때 독일의 영도자 히틀러는 동방의 전쟁과 더 폭넓은 전쟁 수행 노력의 요구 사이에 균형을 맞춰야 했다. 1943년 여름부터 독일은 영국 및 미국의 폭격기 부대의 격심한 공습에 맞닥뜨렸다. 그 때문에 공습이 없었더라면 동부 전선에서 사용되었을 점점 더 많은 수의 군인, 비행기, 대포의 발이 묶였다. 지중해에서는 북아프리카의 도박이 실패했으며, 추축군은 마침내 5월에 튀니지에서 져서 독일군과 이탈리아군 15만 명이 항복했다. 성채 작전이 준비되는 동안, 독일 지도자들은 서방 연합국이 북아프리카를 이탈리아나 발칸반도에 남부 전선을 여는 발판으로 삼을 법하다는 것을 알고 있었다. 동방에서 여전히 독일군에게 주도권이 있었지만, 그 주도권은 여름의 패배로 완전히 사라지게 된다.

소련군은 무엇보다도 한 가지를 반드시 알아내야 했다. 독일군의 공격이 언제 시작될지였다. 독일군의 공세가 머지않았다는 강한 암시가 5월부터 나타나기 시작했다. 소련군의 방어 전선이 아직 완성되지 않았지만, 상급 경계령이 내려졌다. 그러나 히틀러는 5월 3일로 계획된 공격을 6월 12일로 미루었다. 소련 고위 사령부는 점점 더 초조해졌다. 소련군은 독일군의 준비를 방해하려고 독일군의 진지와 비행장에 항공 공격을 개시했다. 새로운 첩보 하나하나마다 새로운 공포가 일어났다. 공격이 5월 10일과 5월 12일 사이에, 그뒤에는 5월 19일과 26일 사이에 있으리라 예견되었다. 스탈린은 각각의 공포가 누그러졌다가 다시 다른 공포로 대체되기를 반복하면서 신경이 곤두서고 짜증이 났다.[26] 행동하라는 그의 재촉을 억제하기란 힘이 들었다. 소련 국경 너머에서 들어오기 시작한 첩보는 1941년에 스탈린이 맞닥뜨렸던 것과 똑같은 모순의 양상을 그렸다.

한 정보통은 공격이 6월 12일쯤 개시되리라고 암시한 스위스의 공산주의자 간첩망이었으며, 그 날짜는 맞았다. 그러나 그런 다음 그 간첩망은 성채 작전이 연기되었음을 시사하는 독일의 역정보를 전달하기 시작했다. 소련 첩보 조직은 두 정보통으로부터 영국 울트라Ultra 독일 통신 암호 해독반에 접근했다. 하나는 (버제스, 필비, 블런트, 매클린이 포함된 케임브리지 간첩망의 '다섯 번째 사나이'인) 공산주의자 간첩 존 케언크로스였다.* 그는 블레칠리파크Bletchley Park에 있는 영국 암호 본

---

* 이 케임브리지 대학생 다섯 명은 소련 정보기관이 포섭한 가장 뛰어난 외국인 간첩들이었으며,

부에서 일자리를 구하는 데 성공했다. 그는 비번인 날 자기를 포섭한 NKVD 요원 아나톨리 고르스키가 내준 차를 타고 런던으로 가서 동부 전선의 독일 공군비행장에 관한 세부 사항을 넘겨주었다. 이 정보로 독일군 기지에 파상 공격을 세 차례 가해 독일 비행기 500대를 파괴한 선제공격의 발판이 마련되었다 케언크로스는 끊임없는 긴장을 견뎌낼 수 없어서 쿠르스크 전투가 시작되기 전에 자기 임무를 포기했다. 또한 영국 정부도 암호명을 비롯해서 성채 작전의 세부 사항을 4월 30일에 전달해주었지만, 나중에 오시마 히로시 베를린 주재 일본 대사에게서 가로챈 각서를 이용해서 성채 작전이 포기되었음을 모스크바에 시사했다.[27]

그들이 더 오래 기다릴수록, 독일의 지연은 더 큰 초조감을 자아냈다. 쿠르스크 돌출부에 있는 병사들에게 그 고요함은 신경을 곤두서게 만드는 경계 상태와 한동안의 지루한 군 일상생활 사이를 여러 주 동안 왔다 갔다 함을 뜻했다. 폭풍이 다가오고 있으며 많은 사람이 그 폭풍에 휩쓸려 가리라는 것을 알고 있는 부대원들은 두 달이 넘는 기다림 탓에 사기가 떨어졌다. 6월 마지막 주에 육군 자체 첩보부서가 갑작스러운 변화를 감지했다. 가로챈 메시지와 소련군 정찰대가 몰래 붙잡아 온 독일 병사에게서 얻은 정보로 적이 전투 배치 준비를 하고 있음이 분명해졌다. 상급 경계 태세가 선포되었다. 공격이 7월 3일과 7월 6일 사이에 시작되리라 예상되었다. 7월 2일에 소련군은 완전 경계 태세에 들어갔다.

영국에서 흔히 '멋진 다섯 사나이'로 불렸다. 전쟁 뒤에 네 명은 탄로가 났지만, 케언크로스만은 1980년대 말까지 신원이 밝혀지지 않아서 그때까지 '다섯 번째 사나이'로 불렸다.

그러고는 7월 4일에 적진에서 활동이 갑자기 멈추었다. 참기 힘든 정적이 엄습했다. 돌출부 남부 전선에서 잡힌 포로 한 명이 독일군의 공세가 7월 5일 새벽으로 잡혔다고 자백했다.[28] 일제 포격을 개시해서 독일군 전선을 방해하라는 명령이 벨고로드Belgorod와 하리코프 맞은편 진지선을 지키는 바투틴 장군의 보로네시 전선군에게 내려졌다. 로코솝스키의 중앙 전선군이 진지선을 지키는 북쪽에서는 주코프가 전투를 조정하려고 군 본부에 있었다. 7월 5일 오전 2시쯤에 사로잡은 독일 보병 공병대원 한 명이 정확한 시간을 불었다는 전갈이 왔다. 독일군이 3시에 공격한다는 것이었다. 스탈린을 기다리지 않고 주코프가 항공 공격과 포격을 명령했다. 아무도 잠들 수 없었다. 주코프가 모스크바에 전화했을 때 스탈린의 걱정이 주코프에게 뚜렷하게 느껴졌다. 오전 2시 30분에 '무시무시한 굉음'이 들렸다. 대포, 로켓, 폭탄의 소음이 한데 어우러져서 주코프의 귀에 '지옥에서 들려오는 교향곡'이 되었다.[29]

독일군 사령관들은 완전히 기습을 당했다. 그들은 얼마 동안 자기들이 낌새를 채지 못한 소련군 공세의 제물이 되었다고 생각했다. 자기들이 파쇄 공격 이상의 목표가 아님이 분명해졌을 때 작전 개시 명령이 나왔다. 7월 5일 오전 4시 30분에 성채 작전이 개시되었다. 티거 중전차와 새로 나온 페르디난트Ferdinand 자주포의 지원을 받는 발터 모델 육군원수의 제9기갑군이 주코프의 요새 벽에 구멍 하나를 뚫으려고 좁은 전선으로 기세를 올리며 전진했다. 그들은 독일군이 여태껏 마주친 그 무엇과도 다른 거미줄 같은 방어 화력과 만났다. 항공기들이 폭격을 가해 돌파로를 열기를 기다리는 동안 전차와 병사들이 움직이지 못했다. 그들은 한 번에 몇 야드씩 앞으로 나아갔다. 장애물 수백 개가 대전차 이동 특공대로 강화되었다. 그 특공대는 적 전차에 자살 공격을 개시해서 화염병을 던지고 투박한 도구를 전차 궤도에 쑤셔 넣어 움직이지 못하게 만든 다음에 대전차포를 가져와서 적 전차의 더 취약한 뒤쪽과 옆구리를 노렸다. 병사들은 호에 숨어서 지나가는 차량 아래에 유탄을 던졌다. 독일군 자주포와 전차의 중장갑 때문에 소련군 부대는 근거리에서 교전해야 했다. 첫날 이후 공격으로 거둔 전과는 지상 4마일 전진이었다.

7월 6일에 모델이 전차를 더 많이 가져왔다. 대포 3000문과 전차 1000대의 병력이 단 6마일 너비의 전선을 공격했다. 돌출부 안 더 깊은 곳에서 이동해 온 예비 기갑 부대가 공격을 저지하고 심한 손해를 입혔다. 다음날이 결정적이었다. 7월 7일에 독일군 전차들이 7마일 넘게 이동해서 포니리Ponyri라는 마을로 몰려들었다. 전투가 계속되었다. 포와 폭탄의 굉음과 자욱한 연무로 말미암아 얼마 안 되어 듣기도 보기도 다 어려워졌다. 독일 기갑 부대가 주요 방어 시설에 밀려서 멈추어 섰다. 이튿날 두 번째 마을인 올호바트카Olkhovatka가 독일군의 돌파 장소로 선정되었다. 그 마을로 가는 좁은 접근로에 몰린 전차가 기다리고 있던 소련의 급강하 폭격기와 대전차포 및 중포의 정확한 집중 십자포화의 손쉬운 먹이가 되었다. 7월 9일에 북쪽의 독일군이 한계에 이르렀다. 주코프는 스탈린에게 때가 왔다고 말했다. 북쪽의 반격은 7월 12일로 날이 잡혔다. 반격이 시작되자 독일군의 공격이 허물어졌다. 전투를 위해 건설한 새 철도선으로 가져온 막대한 보급품과 병력으로 보강된 로코솝스키 휘하 사단들이 공격자를 몰아붙여 패한 전투의 음울한 파편을 지나 일주일 전에 공격자가 돌파한 구덩이와 참호로 되돌아가도록 만들었다.[30]

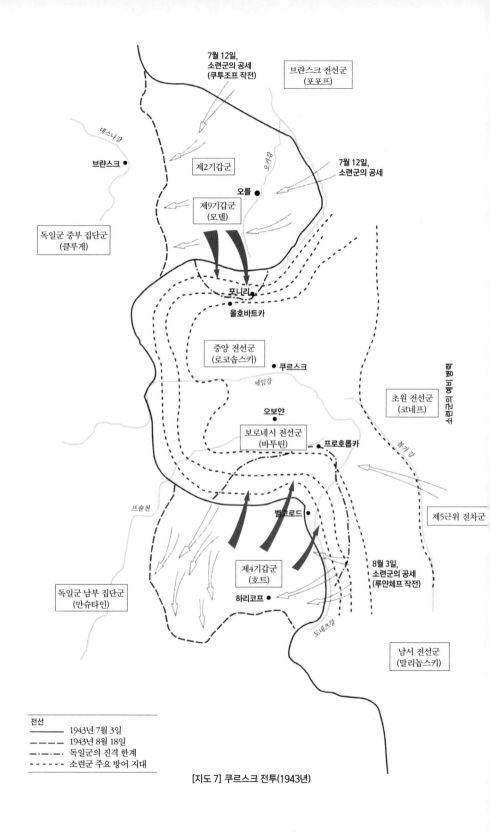

[지도 7] 쿠르스크 전투(1943년)

돌출부의 남부 전선에서는 상황이 덜 고무적이었다. 독일군의 의도에 대한 소련의 첩보가 비록 한 해 전보다 더 수준이 높아지기는 했어도, 독일군의 병력 분포를 크게 오판했다. 주공이 북쪽이라고 예상했고, 소련군의 방어는 그곳이 더 강했다. 독일군은 사실 남쪽이 더 강력했다. 소련군의 두 전선 가운데 방어가 더 약한 전선에 헤르만 호트 장군의 제4기갑군이 들이닥쳤다. 붉은군대는 북쪽에서 발휘한 필사적인 에너지를 가지고 적을 막으려고 싸웠지만, 바투틴 장군에게는 로코솝스키가 모델을 옭아맨 기갑 부대의 중압과 포화의 밀도가 모자랐다. 호트에게는 독일군의 최정예 부대인 9개 기갑 사단이 있었으며, 이 사단들의 선두에 선 부대는 독일군에서 가장 막강한 부대인 3개 나치 친위대 기갑 사단, 즉 '해골' 사단, '라이히' 사단, '아돌프 히틀러 근위' 사단이었다. 그들의 타격은 실로 대단해서 그들은 치열한 싸움을 벌인 지 이틀 만에 핵심이 되는 오보얀Oboian-쿠르스크 도로를 향해서 거의 20마일을 달려 나갔다. 독일군 본부에서 만슈타인은 점점 커지는 자신감을 가지고 소련군 전선이 전에 그토록 자주 그랬던 것처럼 무너지기를 기다렸다.[31]

소련군은 이번에는 꿋꿋했다. 7월 7일에 나치 친위대 사단들이 예비 장애물에 지나지 않는 것에 공세를 한 차례 가해 힘을 소진한 뒤 주 방어선에 다다랐다. 이제 그들 앞에 힘이 절정에 이른 소련 제1전차군이 막아섰다. 전진 속도가 줄어들어 기어가는 듯했다. 7월 9일에 기갑 사단이 한데 모여서 강력한 무쇠 주먹을 형성해 전선에 구멍을 하나 더 뚫었다. 그들은 독일군과 쿠르스크 사이에 있는 마지막 천연 장애물인 프숄Psel천을 건넜다. 해골 사단의 선발 부대가 작은 교두보에 참호를 팠다. 그곳이 그들이 가장 멀리 나아간 지점이었으며, 두 해 전에 시작된 독일군 공세의 마지막 몸부림이었다. 더는 전진할 수 없자 호트는 주공을 북동쪽으로, 즉 프로호롭카Prokhorovka에 있는 작은 철도 교차점을 향해 돌렸다.[32]

7월 9일부터의 닷새가 쿠르스크 전투 전체에서 가장 결정적이었다. 나치 친위대 기갑 군단이 재집결해서 소련군에게 결정적 타격을 입히고자 기동 작전을 준비했다. 소련군의 병력 및 기계의 막심한 손실은 어둑어둑해진 광경을 압도하는 까맣게 탄 주검과 뒤틀린 대포에서 알아볼 수 있었다. 500대를 웃도는 중전차가 앞으로 굴러갔다. 그 가운데 다수가 T-34를 포로 제압할 수 있는 막강한 판터와 티거였다. 소련군 사령부는 결정적 역공을 가할 태세를 갖추고 전투 지역 뒤 저 멀리에 비축해둔 귀중한 예비 병력의 일부를 불러들여 대응했다. 7월 6일에 스탈린이 제5근위 전차군 사령관 파벨 로트미스트로프 장군에게 손수 전화를 걸어 프로호롭카 쪽으로 전진하라고 명령했다. 사흘 동안 230마일이 넘는 거리를 고되게 강행군해야 했다. 그날은 로트미스트로프의 생일이어서 만찬이 준비되었다. 손님들이 도착했으나, 그들은 지도로 뒤덮인 탁자밖에는 아무것도 발견하지 못했다. 로트미스트로프는 행군의 세부 사항을 전달했다. 한 독일 부대에게서 노획한 샴페인으로 그의 건강을 위해 축배를 들었으며, 7월 7일 오전 1시 30분에 제5근위 전차군이 이동하기 시작했다.[33]

참기 힘든 여정이었다. 소련 기갑 부대에게 이미 크나큰 피해를 안겨다준 대전차포로 무장한 독일 융커-87 급강하 폭격기가 위협하는데도 제5근위 전차군은 밤낮으로 행군해야 했다. 소련 공군이 상공을 날아다니며 독일 비행기가 다가오지 못하도록 저지했다. 전체 부대가 너비 20마일의 거대한 밀집 대형을 이루며 전진함에 따라 로트미스트로프는 무선 통신으로 부대 전체를 통솔하면서 본부로 개조한 화물차를 타고 부하들과 함께 이동했다. 예비 전선 사령관 코네프 장군은 비행기 한 대를 타고 눈에 띄지 않도록 거리를 유지하면서 뒤를 따르며 이동하는 증원군을 지켜보았다. 1개 전차군 전체가 철도가 아니라 자체 동력으로 이동하기는 이번이 처음이었다. 상황이 곧 나빠졌다. 아침 8시가 되자 벌써 열기가 참을 수 없을 정도로 높아졌다. 끝없는 차량의 흐름으로 말미암아 짙은 회색 먼지가 피어올라 사람, 차량, 말에 지저분한 막이 뒤덮였다. 군인들은 곧 땀에 흠뻑 젖었고 숨 막히는 목마름에 시달렸다. 소련군 차량의 견고성과 내구성의 놀라운 시험이었다. 거친 지형과 먼지에도 불구하고 놀랍게도 극소수 차량만을 잃은 것이다. 7월 9일에 전선에서 60마일 떨어진 곳에서 멈추었을 때, 제5근위 전차군은 아직 쌩쌩한 전투부대였다. 그날 로트미스트로프는 휘하 부대를 데리고 전투 배치로 들어가서 남은 거리를 즉시 주파하라는 명령을 받았다. 7월 10일에 기진맥진한 부대원들이 전선에 도착했다.[34]

로트미스트로프는 대규모 전차전에 대비하라는 명령을 받았지만, 일이 어떻게 될지 전혀 알 수 없었을 것이다. 로트미스트로프는 우세한 적의 티거 전차와 페르디난트 자주포에 맞서서 휘하의 T-34를 이용해 기계화 부대의 백병전을 벌이라는 지시를 받았다. T-34는 기동성이 더 뛰어나서 바짝 다가서면―근거리에서 실질적 피해를 입힐 수 있는―독일 장갑 차량의 옆구리와 뒤쪽을 공격할 수 있었다. 포병이 진지를 파고 전차 부대가 준비를 갖추는 데 이틀이 걸렸다. 독일군의 압박이 프로호롭카 서쪽과 동쪽에 가해졌고, 그 측면을 지켜 예비 부대가 태세를 갖추기 전에 독일군이 돌파하지 못하도록 막으려는 필사적 시도가 이루어졌다. 주코프는 10개 포병 연대에 프로호롭카 주위에 전차 파괴 부대를 만들라는 명령을 내렸다. 스탈린은 전투 지휘권을 몸소 넘겨 받으라고 바실렙스키 붉은군대 참모총장에게 명령했다. 7월 12일 아침에 거대한 두 전차 부대가 서로 마주 보았다. 600대가 넘는 독일군 전차와 소련군 전차 850대가 맞선 독소전쟁 최대의 전차전이었다.

로트미스트로프는 싸움터가 내려다보이는 한 과수원에 있는 엄체로 달려갔다. 그의 아래에는 솟아오르는 해로 노랗게 물든 드넓은 옥토가 펼쳐져 있었다. 그 너머에 어두운 삼림이 있었고 로트미스트로프는 그곳에 독일 전차 부대가 숨어 있음을 알았다. 나치 친위대 사단들이 기세 좋게 움직여 진지로 들어감에 따라 밤에 엔진 수백 개가 부릉대는 소리가 수색대에게 들렸다. 통신선의 소음을 빼고는 이제 현장 전체가 이상하게 고요했다. 6시 30분 정각에 첫 독일 비행기가 나타났다. 30분 뒤 독일 폭격기 부대가 윙윙거리는 소리를 더욱더 크게 내며 머리 위에 모여들어 겁을 주는 어떤 외계의 곤충 떼처럼 무리를 이루며 나타나서 프로호롭카를 둘러싸고 있는 숲과 마을에 폭탄을 토해냈다. 폭격이 끝나기 전에 소련군 전투기가 떼를 지어 독일 폭격기를 공격했다. 양쪽의 비행기가 하늘에서 떨어지기 시작했으며, 피격된 비행기의 폭발음이 폭탄 떨어지는 소리를 대신하는 듯했다. 폭격기들이 기수를 돌려 기지로 돌아갔다.[35]

물결처럼 밀려온 소련군 폭격기와 전투기가 자리잡고 독일군보다 앞서서 숲에 폭탄과 로켓 포화를 퍼부었다. 소련 포병이 포문을 열었고, 대피호로 몸을 숨긴 나치 친위대 부대원 위에 포탄과 폭탄이 쉬지 않고 내리는 비처럼 떨어졌다. 그러고 나서 8시 30분에 로트미스트로프가 러시아어로는 스탈린(지은이의 착오. 실제로는 스탈stal)인 '강철, 강철'이라는 암호로 공격 명령을 내렸다. 그 낱말이 부대에 좍 퍼졌다. T-34 전차가 숨어 있던 곳에서 나와 벌판을 가로질러 움직였다.

로트미스트로프가 서 있는 언덕 위에서는 뒤이어 벌어지는 전투가 거의 보이지 않았다. 연기와 먼지가 곧 싸움을 가려버린 것이다. 자연도 드라마에 한몫을 하느라 낮 동안 세찬 비와 사나운 우레가 쏟아졌다. 로트미스트로프에게는 훤히 보이지 않아서 다행이었으니, 뒤이어 그의 지친 부대에 재앙이 일어났기 때문이다. 여러 해 동안 그 전차전은 소련의 역사 서술에서 양쪽이 전차 몇백 대를 잃은 거대한 전투로 묘사되었다. 그날의 실상은 사뭇 달랐다. 독일군 전차들이 앞으로 나아가 툭툭 찔러보기 시작했지만 준비된 대전차 방어 진지에 맞부딪쳤다. 그 전차들이 프로호롭카에 다다라서 그곳을 우회할 때, 로트미스트로프의 소련 전차 500대가 기계화 부대의 기병대식 돌격을 하며 앞으로 나아갔다. 정찰을 제대로 하지 않은 탓에 소련 측의 대전차호 하나가 탐지되지 않아서 제5근위 전차군의 전차 여러 대가 그 안에 빠졌고, 떨어져버린 그 전차에 뒤따르던 전차가 부딪쳤다. 이틀 동안의 싸움에서 로트미스트로프의 군은 전차 500대 가운데 359대를 잃었는데, 절정이었던 7월 12일에 나치 친위대 부대가 잃은 전차는 딱 3대였다.[36]

이것은 공허한 전술적 승리임이 드러났다. 나치 친위대 부대는 밀어붙이려고 애썼지만 굳건해지는 방어 진지에 맞닥뜨렸고, 호트는 그 부대를 프로호롭카의 남동쪽으로 돌려서 맞싸우는 소련군을 에워싸려고 시도했다. 독일군 부대는 진을 빼는 싸움을 한 주 동안 벌인 끝에 거의 탈진해버렸다. 프숄천 도하지가 독일군 집게발의 남쪽

집게가 가닿아야 할 곳이었다. 7월 15일이 되었을 때 양쪽은 출발했던 곳 부근으로 되돌아와 있었다. 독일군의 기갑 전력 손실이 커서 몇몇 사단에는 쓸 만한 전차가 열일곱 대밖에 남지 않았지만, 전차전에 초점을 맞추면 포병과 보병이 기갑과 항공만큼이나 전투에서 결정적 역할을 했다는 점을 놓친다. 소련군의 방어선은 북쪽에서 그랬듯이 남쪽에서도 버텨내서, 독일군의 공격을 우선은 흡수하고 나서 되치기를 해야 한다는 주코프의 고집이 옳았음을 보여주었다. 그 대가는 실로 컸다.

한 전쟁통신원이 서술한 대로, 전투가 끝나고 4주 뒤까지 길이 30마일 너비 30마일인 지역 전체가 '끔찍한 사막'으로 남아 있었다. 묻히지 않아서 여름의 열기에 부풀어 오른 주검의 악취가 몇 마일 떨어진 곳까지 풍겼다.[37] 일리야 예렌부르크가 그해 여름을 묘사하려고 만들어낸 잊지 않는 표현, 즉 '처절한 전쟁'을 여기 쿠르스크에서 이해할 수 있었다.[38]

동부에서 독일이 승리한다는 어떤 현실적 가망도 쿠르스크 전투로 사라졌다. 프로호롭카의 접전이 벌어지기 며칠 앞서 영미군이 이탈리아를 침공해서 히틀러는 어쩔 도리 없이 귀중한 육군 부대를 동부 전선에서 빼돌리기 시작해야 했다. 7월 13일에 성채 작전이 공식 취소되었고, 호트의 기갑군에게는 소련군과 싸우면서 퇴각해서 7월 5일 이전에 지켰던 진지선으로 되돌아가라는 명령이 내려졌다.[39] 이때 주코프와 바실렙스키의 계획 2단계에 시동이 걸렸다. 독일군 측에서는 소련군이 독일군의 공격을 멈추게 하는 것 이상의 어떠한 공식 목표도 가지고 있지 않다는 데에 거의 아무런 의심이 없었던 듯하며, 독일 사령관들도 소련군 방어자가 막대한 손해를 입은 뒤인지라 위협적인 반격 능력이 있다고 믿지 않았다. 그러나 쿠르스크 전투의 실질적 중요성은 돌출부의 확고부동한 방어가 아니라 소련군의 뒤이은 공세에 있었다.

7월 12일에 쿠투조프 작전이 돌출부 북쪽 가장자리에서 시작되었다. 이번에는 소련군이 지뢰밭, 참호, 철조망, 토치카가 줄지어 있어서 방어력이 강력한 전선을 공격해야 했다. 목표는 오룔과 브랸스크 주위의 독일군 집결지들을 분쇄해서 독일군 중부 전선을 흐트러뜨리는 것이었다. 공격은 거센 저항에 부딪혔지만, 놀라울 만큼 성공적이었다. 충격군이 좁은 전선에 집중되어 독일군 진지선의 얇은 틈을 힘으로 열어젖혔다. 1개 전차군 전체가 그 틈으로 쏟아져 들어가 부챗살처럼 퍼져 나가서 독일군의 방어 진지를 쳐부수었고, 항공기의 강력한 지원을 받으며 보병과 전차의 합동 공격이 그뒤를 이었다. 이것은 10년 전 투하쳅스키의 선견지명에 크나큰 신세를 진 공격이었다. 8월 5일에 소련군이 오룔을 되찾았고, 8월 18일에는 브랸스크가 다시 소련의 손에 들어왔다. 루먄체프Rumiantsev 작전이라는 암호명이 붙은 남쪽의 역공은 주코프의 직접적 통제 아래서 이루어졌다. 7월에 독일군의 공격을 물리치느라 지친 부대들을 지원하는 초원 예비 전선군을 이용해서 8월 3일에 공격이 개시되었다. 목표는 하리코프였는데, 이곳에서 소련군은 독일군의 능란한 역습을 당해 두 차례 패주했다. 8월 5일에 벨고로드가 붉은군대에게 넘어왔다. 그러나 하리코프로 가는 접근로에서 재집결한 독일 기갑 사단들이 위험에 노출된 소련 전차군에게 반격을 개시해서 독일군이 앞서 거둔 성공을 되풀이하려 위협을 가했다. 이번에는 소련군이 훨씬 더 효과적으로 전개해서 공격을 받아넘겼고, 8월 28일에 하리코프가 함락되었다.

러시아 전역에서 분위기가 점점 고양되었다. 스탈린이 승리에 고무되어 소련군 전선을 찾았는데, 이것은 그의 유일한 전선 시찰이었다. 8월 1일에 그는 특별 열차를 타고 쿤체보에 있는 다차를 떠났다. 기관차, 열차, 플랫폼이 나뭇가지로 위장되었다. 그는 이 무렵에 모스크바에서 서쪽으로 수마일 떨어진 곳에 있는 서부 전선에 도착해서 그곳에서 별다른 일 없는 하룻밤을 보냈다. 이튿날 그는 북쪽의 칼리닌 전선으로 가서는 그곳에 있는 한 농가에서 묵었다(이 방문지에는 아직도 기념판이 붙어 있다). 그는 장교나 병사를 찾아보지 않고 이튿날 모스크바로 되돌아갔다.[40] 그의 동기는 단지 추측만 할 수 있을 뿐이다. 어쩌면 그는, 비록 그런 제한된 과시가 그리 충분할 수는 없었을지라도, 자기 측근에게 어떤 인상을 심어주기를 바랐을 수도 있고, 어쩌면 자기가 겪어보지 못한 전투 지역으로 그토록 많은 동포를 보낸 데에 진정으로 심기가 불편했을 수도 있다. 무척이나 많은 다른 사람을 겁쟁이라고 비난한 그로서는 자기가 손가락질을 받는 일을 모면하고 싶어하는 강한 동기가 있었다. 그의 의도가 무엇이든 스탈린은 곧 그 방문을 써먹었다. 며칠이 지난 뒤 그는 루스벨트에게 편지를 써서 전갈에 답장이 늦는 까닭을 다음과 같이 설명했다. "저는 더 자주 여러 전선 지역을 몸소 방문해야 합니다."[41] 전선에서 돌아온 뒤 이틀이 지나서 그는 오룔과 벨고로드의 해방을 기념하는 승리의 축포를 모스크바에서 쏘라고 명령했다. 8월 5일 한밤중에 대포 120문에서 나는 열두 발의 축포 소리가 시에 울려 퍼졌다. 1945년까지 300번 넘게 진행된 축포의 시작이었다. 스탈린의 공식 성명서는 이랬다. '우리 국가의 자유를 위해 싸우다 쓰러진 영웅에게 영원한 영광을.'[42]

1943년의 승리들은, 비록 희생이 한 해 전보다는 훨씬 더 적기는 했어도, 영웅을 많이 잃는 큰 희생을 치르며 거두었다. 스탈린그라드는 소련 육군과 공군 47만 명의 목숨을 앗아갔다. 쿠르스크 전투에서는 단 7만 명 전사라는 희생을 치르고 승리했다. 독일군 진지선은 다시 18만 3000명을 잃고 돌파되었다. 그러나 이것은 여전히 엄청난 수치였다. 두 달 동안의 싸움에서 붉은군대는 미국과 대영제국이 전쟁 전체 기간에 잃은 군인과 거의 같은 수의 군인을 잃었다.[43] 소련 인민에게 부과된 희생의 수준은 다른 사회를 작동 불능으로 만들었을지도 모른다. 소련 인력의 엄청난 대량 출혈이 두 해 넘게 지속되었다. 그 기간 동안 470만 명이 죽고 수백만 명이 불구가 되거나 흉하게 다쳤다. 이 손실은 1943년의 가을철 공세까지 소련군의 사단 병력이, 비록 대포와 전차의 대규모 증강으로 강화되기는 했어도, 2000명으로까지 내려갈 만큼 막심했다. 전쟁 동안 소련군 부대에서 노동-자본 대차 대조가 노동의 대량 투입에서 자본의 대량 투입으로 옮아갔다. 소련이 동부에 무한한 공간을 가지고 있었고 여기에서 인력을 빨아들였기 때문에 전쟁에서 승리했다는 것은 신화다. 동부에는 사람보다 공간이 더 많았다. 소련은 오로지 소련 여성의 3분의 2를 동원해서 공장과 농장을 운영했기에, 그리고 그저 무턱대고 병사의 숫자에 더는 의존할 필요 없이 미군처럼 대량 생산되는 무기에 의존할 수 있도록 군을 현대화했기에 살아남았다.[44]

그러나 답을 얻지 못한 의문점이 남아 있다. 소련이 전쟁 수행 노력을 지탱하고 끝끝내 승리한 데 대한 지배적인 설명은 무수한 소련 시민이 레닌그라드, 키예프, 모스크바, 스탈린그라드 그리고 그밖의 다른 십수 개 도시를 위해 자살 행위와도 같은 전투에서 목숨을 바쳤다는 사실에 맞추어져 있다. 죽음을 무릅쓰고 방어했다는 이야기가 너무나도 많아서 그것이 다 스탈린주의 정치선전의 산물일 리는 없다. 사상자 비율이 왜 그토록 높았을까? 붉은군대 육군과 공군의 군인은 왜 그리 자주 자기가 맞닥뜨린 실제 위험을 결연히 무시하면서 싸웠을까?

쉬운 답이 있다. 높은 사망률과 광적인 저항은 첫째로는 억압적 정치체제의 산물, 둘째로는 소련의 전쟁 방식의 산물이라는 것이다. 이 두 논지에 진실이 얼마간 들어 있다. 각 부대에 배속된 정치장교를 통해서, 그리고 사회주의자만이 지니는 용기의 표상을 보여주라는 특별 지시를 받은 군 내부의 수많은 공산당원과 당 일꾼을 통해서 군과 당의 접촉이 항상 유지되었다. 정권은 그들을 군을 통솔하는 도덕적 접착제로 여겼다. 그들의 임무는 승리한다는 자신감을 유지하고 '죽음을 두려워하지 않는 마음'을 주입하는 것이었다.[45] 전쟁 동안 당원 300만 명이 전투에서 목숨을 잃었다. NKVD도 있다. NKVD 부대원 100만 명 가운데 4분의 3이 바로 일선에서 테러를 수행했다. 그들은 1941년과 1942년에 전투가 계속 벌어지도록 만드는 역할을 했다.[46] 정치선전과 힘을 통해서 희생을 강요하는 정치체제의 능력이 틀림없이 어떤 역할을 했지만, 참전 용사 유리 벨라시의 아래와 같은 시는 정권과 병사 사이의 연계가 끝이 없는 사기 진작용 이야기에서 나오는 내용보다 실은 더 미약했음을 시사한다.

솔직히 숨기지 않고 터놓자면,
참호에서 우리는 스탈린을 거의 생각하지 않았어.
주님을 더 자주 생각해냈지.
스탈린은

우리 병사들의 전쟁하고는 조금도 상관이 없었어.[47]

　두 번째 논지를 뒷받침하는 논리는 더 있다. 소련의 전쟁 방식은 과
도한 사상자를 만들어냈다. 심지어는 전쟁 전에도 가혹한 규율 규정
이 존재했다. 소련군 장교는 군에게는 수행해야 할 임무가 있으며 목
적 달성이 목표인 만큼 인명 아끼기는 최우선 사항이 아니라는 견해
를 취했다. 다른 참전 용사 한 사람은 다음과 같이 툴툴댔다. "우리
국가에서는 어떤 결과가 늘 무엇보다도 더 중요하다. 사람은 그렇지
않다. 러시아에는 사람이 넘쳐난다. 많아서 넉넉히 남아돈다."[48] 장
교들은 이것을 자기 자신의 입지에 적용했다. 전쟁 동안 장교 97만
3000명이 죽거나 사로잡혔고, 사상자 비율이 35퍼센트를 넘었다.[49]
그들은 부하를 다그쳤고, 러시아의 군 전통에 따라 솔선수범으로 지
휘했다. 그러나 떼죽음이 그들의 첫 번째 선택이었을 수는 없었다. 그
보다는 전쟁의 근본 성격, 그리고 무능한 당 일꾼을 군사 책임을 지
는 자리에 놓은 정치체제의 요구 때문에 어쩔 수 없이 사상자 비율이
높았던 것이다.

　무기 공급은 형편없고 지휘 조직은 심하게 무너지고 열을 지어 선
소총수들이 총에 착검하고 질서정연하게 발맞추면서 독일군의 기관
총을 향해 나아가는 것으로 상징되는 것처럼 전술적으로는 놀라우
리만큼 무능한 상태에서 잔혹하고도 효율적인 적군에 맞서서 임기
응변식의 방어전을 결사적으로 벌일 때 손실은 높기 마련이었다. 이
러한 초기의 손실은 악순환을 야기했다. 1942년이 되면 육군 기간
병 가운데 단 8퍼센트만이 남았다.[50] 장교든 병사든 새로 충원된 군
인은 풋내기였고, 그 결과로 한층 더 큰 손실을 입었다. 살아남은 장

교들이 고속으로 진급해서 공석이 된 고위직을 채웠고, 충분한 훈련을 받지 못한 하급 장교들이 그들을 대체했다. 그들은 전투로 재빨리 단련되었지만, 경험이 없어서 큰 피해를 입었다. 1943년 무렵에 무기 공급이 개선되고 전쟁에서 단련된 질 높은 지휘와 조직이 부대원들 사이에서 점점 더 큰 자신감을 불러일으키자, 손실이 크게 줄어들었다. 쿠르스크 전투가 벌어질 무렵에 소련군 고위 사령부는 사상자 수를 견딜 만한 수준으로 유지할 수 있는 전투 조건을 만들어냈다. 포병, 전차, 보병 사이의 알맞은 균형이 부대원 손실을 줄이고 포화의 효과를 곱절로 늘릴 수 있다는 '포화장field of fire'에 관한 소련군의 이론은 1930년대에 잘 알려져 있었다. 1943년이 되어서야 비로소 그것을 달성할 수 있는 무기가 입수 가능해졌다. 쿠르스크에서 사상자 비율은 모스크바의 절반이었으며, 그 비율은 1944년에 벌어진 전투 즈음해서는 4분의 1이 된다.[51] 전장 성과 계수에서 그런 개선이 이루어지지 않았다면 소련의 전쟁 수행 노력은 1943년에 붕괴했을 것이다. 1941년에 당한 붕괴의 폐허 위에서 공격자에 맞서 스스로를 지킬 능력을 갖춘 거의 완전히 새로운 군대를 재건한 것은 전쟁 가운데 가장 놀라운 위업의 반열에 오른다.

만만치 않은 사실 하나 때문에 소련 체제 그 자체가 전쟁에서 인력을 허투루 낭비했다는 식으로 말하기가 어려워진다. 그 사실이란 1914년과 1917년 사이에 러시아 제국군에서 하루 평균 7000명의 사상자가 난 데 견줘, 1941년과 1945년 사이에는 그 숫자가 7950명이었다는 것이다.[52] 그 수치는 전적으로 믿을 만하지는 않지만, 비례감을 준다. 제1차 세계대전 동안 이길 수 없음이 입증된 전쟁에서 발생한 인명 희생이 제2차 세계대전의 인명 희생 못잖았다. 이것은 그 설명이 소련 체제에 있다기보다는 러시아 삶의 전통, 특정하게는 군 생활의 전통에 있음을 강력히 시사해준다. 러시아 제국군에서 자기희생을 하려는 군인의 용의는 힘의 도덕적 각오에 대한 진정한 시험으로 여겨졌다. 직무 유기나 무단이탈은 1941년 이후에 그랬던 것만큼이나 가혹하게 즉결 처형과 '형벌 대대'로 다루어졌다. 적절한 군사 교육이 집단을 위해 선천적인 자기 보존 본능을 억누르는 능력을 주입한다고 주장한 사람은 바로 1914년 이전의 탁월한 군사 사상가인 드라고미로프 장군*이었다.[53] '우리'와 '나' 사이의 구분은 집단주의가 개인주의보다 선호되는 러시아의 삶에 나타나는 더 심원한 사회관의 징표였다. 이 문화 전통을 소비에트 공산주의가 차용해서 확대했다. 여러 해 뒤 1942년에 어느 군 코미사르는 자기 주변의 많은 사람의 이기주의에 관해 투덜대면서 "들을 수 있는 것이라고는 다 '나', 다시 또 '나'뿐이다. 사람들은 오랫동안 '우리'를 잊어왔다"라고 말했다.[54] 이 전통만으로 러시아의 전쟁에서 나타난 사망률을 설명할 수는 없지만, 그 전통은 마을이든 사회이든 또는 조국이든 개인보다 전체가 훨씬 더 중요하다고 인식된 사회적·문화적 환경이 공유되었음을 시사해준다.

물론 이것들은 추상적 개념이다. 그것들은 늘 드리워져 있는 비명횡사의 그림자 속에서 여러 해를 살아야 했던, 절반 이상이 원래 농민이었던 평범한 수백만 소련 시민의 고통을 있는 그대로 나타내주지

---

* 1830~1905. 1877년 러시아-튀르크 전쟁에 참가해서 전과를 올렸으며, 1878년에 총참모부 학술원장이 되었다. 1850년대부터 군사 교육 문제에 천착한 그는 전쟁에서 사기라는 요소에 커다란 의미를 부여했으며, 가혹한 훈련에 반대하면서 병사 개개인에게 임무를 완수하려는 의지를 불어넣는 데 중점을 두었다. 또한 장교가 모범을 보여야 한다고 강조한 동시에 엄격한 규범을 도입했다.

못한다. 예렌부르크는 "나의 시대는 시끄러웠고, 사람들은 빠른 속도로 소멸되었다"라고 썼다.[55] 이 현실에 소련군 병사는 여러 방법으로 대처했다. 혹독하고 매몰찬 생활 방식에 이미 익숙해진 병사가 많았다. 시골에서든 공장에서든 몸이 고달프고 혹독한 나날의 삶은, 비록 그 같은 차이점이 충분하게 인식되지는 않았을지라도, 서방의 삶과는 매우 달랐다. 서른 해가 채 넘지 않는 기간 동안 수많은 사람이 제정 치하의 근대화, 전쟁, 혁명, 잔인한 내전이라는 격변을 견뎌냈다. '위로부터의 혁명'으로 많은 소련 시민이 수백만 명이나 되는 동포의 죽음이나 강제 이주에 익숙해졌다. 전쟁은 심각한 것이었지만, 숙명론적인 강인한 인민은 이전의 고통을 견뎌낸 것처럼 전쟁도 견뎌냈다.

　죽음은 피할 수 없었고 언제나 존재했지만, 예렌부르크가 전선을 여러 차례 찾으면서 발견한 대로 병사들은 애써 죽음에 개의치 않았다. 예렌부르크는 "사람들은 더는 아무것도 느끼지 못할 만큼 … 죽음과 가깝게 살았다. 그런 생활 방식이 생겨났다"라고 썼다.[56] 아무도 죽음에 관해 이야기하지 않았다. 전쟁 시, 전쟁 문학, 전시 대중가요에 포착된 충만한 정서가 존재했다. 예렌부르크가 본 병사들은 지난날이나 미래의 희망에 관해 생각하기를 더 좋아했다. 그들은 각자 미신 같은 신념을 가지고 다른 사람은 죽어도 자기는 살아남으리라고 믿었다. 미래는 엄청나게 많은 병사를 계속 싸우게 만들었다. 그 미래란 어떤 사람에게는 적 독일군을 쳐부수고 조국을 되찾는 것이었지만, 대다수 병사에게 미래는 더 현세적으로 유혹했다. 한 시는 다음과 같이 읊었다.

나는 내 운명을 푸념하지 않아.

다만 보고 싶은 것이 있어.

단 하루라도 아무 일이 없는 날을.

짙은 나무 그늘의 어두움이

여름, 한적함, 낮잠밖에는,

다른 아무것도 뜻하지 않는 그런 날을.[57]

일반 병사들 가운데 다수가 전쟁 내내 보여준 자기희생을 기꺼이 하려는 자세의 뿌리에는 그들의 숙명론이 있었다. 러시아의 극기 정신을 낭만화하기 쉽다. 미술가 알렉산드르 지카야는 1990년에 글을 쓰면서 전쟁 동안에 "그 모든 상실, 고통, 희생에도 불구하고 거기에는 뭐랄까 빛이 있었다"라고 주장했다.[58] 병사들이 실제로 어떤 순간에 강렬한 영성, 영혼의 움직임, 멋진 죽음에 대한 염원을 느꼈을지도 모른다. 이런 정서는 유럽의 나머지 많은 지역보다 러시아 문화의 맥락에서 더 어울리는 듯하며, 그 정서를 무시해서는 안 된다. 그러나 한 병사의 일상적 현실은 덜 고상했다. 그들은 무서워하고 지치고 장교에게 시달리고 툭하면 먹을 것이 모자라고 끊임없이 고향 생각에 젖었지만, 상실의 풍조에도 불구하고 대다수는 일상의 생존 경쟁에서 강인한 위기 극복 능력과 몰아의 순수한 애국심을 보여주었다. 그들은 스탈린과 공산주의가 아니라 더 사소한 수많은 소망을 위해서 계속 싸우고 죽었다.

쿠르스크 전투 이후에 전쟁은 소련 대중에게 더 커다란 의미가 되었다. 전쟁의 목적은 아직 독일군의 손에 있는 소련 땅, 즉 우크라이나, 벨라루스, 크림에서 독일군을 몰아내는 것이었다. 1943년 8월에 스탈린은 적군이 두 달 전에 입은 손실에서 회복하기 전에 레닌그라드부터 흑해까지 모든 곳에서 총공세에 나서라고 다시 다그쳤다. 독일군이 18개월 동안 철저히 방어 준비를 한 중부 지역에서 붉은군대의 전진은 느렸다. 붉은군대는 희생이 큰 복잡한 작전을 벌인 뒤 9월 하순에 스몰렌스크를 장악했다. 스탈린의 주목표는 키예프 북쪽에서 흑해로 흘러 내려가는 드네프르강이었다. 이곳은 히틀러의 목표이기도 했다. 이때 쿠르스크에 있는 소련군의 규모와 종심을 오판했던 독일 첩보 기관은 소련이라는 거인이 약화된 독일군 전선을 밀어 붙이고 있다는 식의 음울한 그림을 그렸다. 히틀러의 참모장은 아내에게 보내는 편지에서 "동부 전선은 완전히 아수라장이라오"라고 썼다.[59] 히틀러는 마침내 총퇴각을 승인했다. 소련군의 대량 병력 공세의 진격 속도를 늦추려고 적극 방어를 추구하는 동안 독일군은 드네프르강 서쪽 강변으로 이동해서 어떤 희생을 치르더라도 그곳을 굳게 지키라는 명령을 받았다. 소련군은 독일군이 내놓는 그림만큼 무시무시하지 않았다.

소련군의 병력과 전차 수가 쿠르스크 전투를 치른 뒤 크게 줄어들었다. 로트미스트로프의 제5근위 전차군의 전차는 500대에서 50대로 줄어들었다. 그는 드네프르강을 향해 전진하면서 전차 50대를 세 개의 별개 부대로 나누고는 가공의 무선 통신망을 만들어서 독일 감청병이 그가 온전한 1개 전차군을 거느리고 있다고 믿게 만들었다. 남부에서는 독일군이 얼마 되지 않는 취약한 기갑 부대를 보유한 대규모 소련 보병군과 맞섰다. 붉은군대의 사단 병력은 1942년에 보유했던 병력의 대략 절반이었다. 소련군이 약점 탓에 더 결정적인 공격을 하지 못했으며, 비록 돈바스 공업 지역을 대부분 수복하기는 했어도 독일군이 포위를 피해 빠져나가서 자포로지예Zaporozhe〔오늘날 우크라이나의 자포리자Zaporizhzhia)부터 흑해까지의 드네프르강 하류 지역 방어를 위해 강력한 1개 기갑 집단군을 재편성했다.

그러나 움직임은 거의 모두 한 방향이었다. 붉은군대는 이후로 일련의 승리를 거두었다. 독일군은 이탈리아에서 작전을 수행하고 영국 해협을 건너오는 침공의 위협을 받는지라 이제 동부에서 모든 것을 저지할 병력을 준비할 수 없음을 알고 있었다. 붉은군대는 9월 셋째 주까지 키예프 남북으로 드네프르강에 이르렀다. 스탈린은 가장 먼저 드네프르강 맞은편으로 건너가는 병사에게 선망의 대상인 소비에트연방 영웅 칭호를 상으로 주겠다고 발표했다. 그다음 주까지 맞은편 강가에 마흔 개가 넘는 작은 교두보들이 만들어졌다. 병사들은 할 수 있는 한 최선을 다해 임기응변을 다했다. 히틀러의 방어 요새를 깨려는 일념에 끊임없는 적의 포화를 받으면서 수백 명이 작은 배에 올랐다. 몇몇 병사는 헤엄쳐서 강을 건넜다. 독일군이 교두보들을 에워쌌지만 격퇴할 수 없었다.[60]

독일군이 주의를 쏟지 않은 교두보가 한 곳 있었다. 키예프 북쪽, 류테시Liutezh 마을 부근에서 독일군이 통과 불가능하다고 본 지형인 드네프르강 상류의 늪과 소택지를 1개 보병 사단이 헤치고 들어가서는 그곳에서 대기했다. 쿠르스크를 방어하는 전투를 개시했었던 바투틴의 보로네시 전선군이 드네프르강 동쪽 강가에 자리잡고 이제는 여러 마일 후방에 있었다. 보로네시 전선군의 이름이 새로운 목적지를 표시해서 제1우크라이나 전선군으로 바뀌었다. 바투틴은 키예프 공격의 디딤돌로서 그 별난 늪투성이 지대 안으로 기갑 부대와 병사들을 들여보내라는 명령을 받았다. 소련군의 기만술과 은닉술이 이제는 아주 교묘해져서 독일군은 무슨 일이 벌어지고 있는지 전혀 추측하지 못했다. 맨 먼저 도착한 전차 군단이 T-34의 모든 구멍을 봉하고 전속력으로 진창을 헤치고 나아가서 늪지를 건넜다. 10월에 두 번째 그룹인 제3근위 전차군이 극비리에 그 교두보로 이동해 들어갔다. 악천후가 독일군의 항공 정찰을 방해했으며, 키예프 방어 부대를 지휘하는 폰 만슈타인 육군원수는 더 남쪽에서 벌어진 광범위한 기만책에 넘어가서 적이 키예프 아래쪽에 있는 더 크고 늪이 적은 교두보에서 치고 나와 공격할 것이라고 생각했다. 그러나 11월 3일에 소련 2개 군 전체가 소택지에서 나와 키예프 북쪽으로 쏟아져 들어갔고, 독일군은 완전히 기습을 당했다.[61] 이틀 뒤 소련군이 키예프에 진입했다. 러시아 혁명 연례 기념일에 딱 맞아떨어지게도 11월 6일 아침 4시에 우크라이나의 수도를 점령했다.

모스크바에서 키예프 해방을 축하하는 불꽃놀이가 비용을 아끼지 않고 벌어졌다. 스탈린은 기념 연설에서 '대전환점의 해'라고 말했다. 11월 7일에 소련군이 만슈타인의 기갑 사단들과 회전을 벌여 키예프에서 점령 지역을 확장하는 동안, 뱌체슬라프 몰로토프 소련 외무부 장관이 커다란 축하연을 열었다. 훗날 전쟁 동안 열린 잔치 연회 가운데 가장 성대했다는 말이 나왔다. 소련 관리들은 새로 디자인한 진주색 제복을 입고 금몰을 달았다. 영국 대사가 테이블 위에 얼굴을 부딪치며 고꾸라져서 다칠 만큼 부어라 마셔라 하는 분위기였고 술이 넘쳐났다. 다른 외교관들은 의식을 잃고 실려 나갔다. 쇼스타코비치는 야회복 정장을 하고 나타났다. 사람들은 연합군의 성공과 국제 친선을 위해 끊임없이 건배했다. 분위기가 흥겹다 못해 난장판이기까지 했다는 말이 있다.[62]

다섯 달 동안 쉼 없이 전투가 벌어진 뒤, 한때 추축국에게 점령되

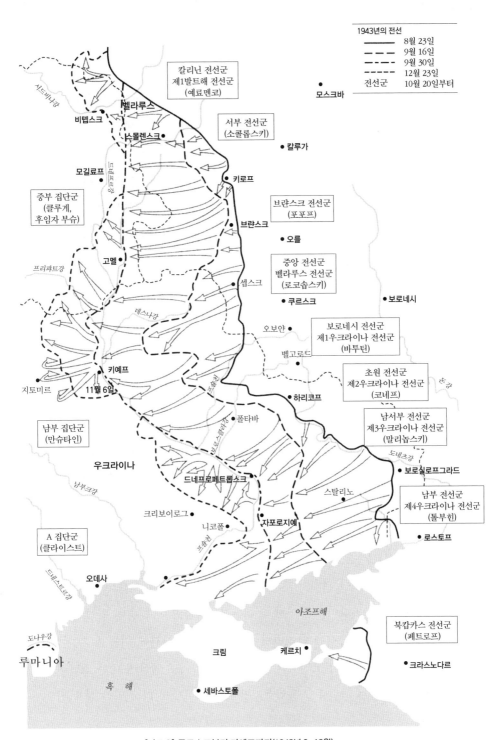

칼리닌 전선군
제1발트해 전선군
(예료멘코)

● 모스크바

서부 전선군
(소콜롭스키)

● 칼루가

시트바나강

벨라루스

비텝스크

스몰렌스크 ●

모길료프

● 키로프

중부 집단군
(클루게,
후임자 부슈)

브랸스크 전선군
(포포프)

브랸스크

● 오룔

프리파트강

고멜

셉스크

중앙 전선군
벨라루스 전선군
(로코솝스키)

● 쿠르스크

● 보로네시

데스나강

오보얀

보로네시 전선군
제1우크라이나 전선군
(바투틴)

벨고로드

키예프

11월 6일

지토미르

하리코프

초원 전선군
제2우크라이나 전선군
(코네프)

폴타바

남부 집단군
(만슈타인)

우크라이나

남부크강

남서부 전선군
제3우크라이나 전선군
(말리놉스키)

드네프로페트롭스크

도네츠강

보로실로프그라드

크리보이로그

니코폴

자포로지예

스탈리노

남부 전선군
제4우크라이나 전선군
(톨부힌)

● 로스토프

A 집단군
(클라이스트)

오데사

드네스트르강

아조프해

북캅카스 전선군
(페트로프)

도나우강

루마니아

크림

케르치

크라스노다르

흑 해

세바스토폴

[지도 8] 쿠르스크부터 키예프까지(1943년 8~12월)

었던 지역의 거의 3분의 2가 수복되었다. 스탈린은 이제 미래에 관해, 즉 독일 패망 이후를 생각할 수 있는 위치에 있었다. 그는 소련 영토 밖에서, 즉 이란의 수도 테헤란에서 만나 연합군의 향후 전략과 전후 세계 정치를 논의하자는 루스벨트의 초청을 받아들였다. 그는 11월 24일에 몰로토프, 보로실로프, 총참모부 장교들을 데리고 특별 열차에 올라 남쪽으로 향했다. 열차는 부서진 스탈린그라드를 거쳐 갔다. 스탈린은 간간이 참모 장교들을 불러서 싸움이 벌어지는 전선에서 온 최신 정보를 전달받았다. 열차는 석유 도시 바쿠에 도착했고, 그곳에는 일행을 테헤란으로 실어 나를 비행기가 대기하고 있었다. 스탈린은 더 상급 조종사가, 즉 장군이 모는 비행기를 타라는 권고를 받았다. 그는 "대장은 비행기를 자주 몰지 않는다"라는 까닭을 들어 거절하고는 소련 전투기 스물일곱 대의 호위를 받으며 대령이 조종대를 잡은 비행기를 탔다.[63]

테헤란 회담은 세 연합국 열강의 관계에 뚜렷한 변화가 일어났음을 보여주었다. 처칠은 새로운 두 초열강 사이에서 자기가 고립되었음을 깨달았다. 스탈린그라드 전투와 쿠르스크 전투 이후에 스탈린은 이제 주장이 잘 먹혀들었고, 동맹국들이 공약을 존중해서 독일군의 전투력 일부를 흡수해 소련의 인력 소모를 줄여주기를 바랐다. 루스벨트는 호기심에 차서 자기의 소련 측 상대를 만나려고, 그리고 더 항구적인 관계의 토대를 마련하기를 염원하며 회담장에 왔다. 회담 첫날 스탈린은 루스벨트 대통령에게 독일이 대통령 암살 음모를 꾸몄을 가능성을 알리면서 그에게 소련 대사관에 머물고 그곳에서 회담을 열자고 요청했다. 루스벨트는 아마도 암살에 대한 스탈린의 변함없는 편집증을 몰랐겠지만 소련 대표단과 더 긴밀한 실제 접촉을 할 수 있다고 기뻐하면서 동의했다. 스탈린과 그 일행은 대사관 영내, 즉 대사의 관저에서 묵었다. 나머지 소련 대표단은 그 근처에 있는 지난날 하렘이었던 곳에 묵었다.[64] 스탈린과 루스벨트는 11월 28일에 처칠이 배제된 비공식 사적 대화로 회담을 시작했다. 통역관의 회고에 따르면, 두 사람은 금세 의기투합했다. 루스벨트는 일상적인 한담을 한 뒤 자기의 목표가 '30개에서 40개 독일 사단을 독소 전선에서 딴 데로 빼돌리도록' 할 전선을 또 한 군데에서 여는 것이라고 스탈린에게 밝혔다. 스탈린은 "그렇게 할 수 있다면 좋겠죠"라고 짧게 대답한 뒤에[65] 광범위한 영역의 더 작은 쟁점으로 옮아갔다.

서부 전선 문제가 핵심 쟁점이었다. 루스벨트는 영국에게 1944년에 영국해협을 건너 침공을 하겠다는 확언을 억지로라도 받아낼 결심을 하고 테헤란에 도착했다. 초기의 이 대화가 그 기초를 놓았다. 세 지도자가 그날 오후 늦게 만났을 때, 스탈린은 회담장 전체가 그의 말을 들으려고 쥐 죽은 듯이 조용해질 만큼 낮은 목소리로 한 머리 발언에서 서부 전선 문제를 던졌다. 스탈린은 동맹 파트너들에게 가능한 한 빨리 북프랑스를 침공하겠다는 확고한 언질을 해달라고 요청했다. 그 침공 계획, 즉 오버로드Overlord 작전은 여러 달 동안 준비되어왔지만 처칠은 개인적으로 루스벨트와 그의 고문들보다 그 계획에 덜 이끌렸다. 오버로드 작전을 확약해달라는 스탈린의 고집 때문에 처칠의 입장이 난처해졌다. 스탈린은 말하면서 궐련 두 개를 풀어헤쳐 그 담뱃가루를 파이프에 넣어 불을 붙이고는 눈을 가늘게 뜨고 루스벨트와 처칠을 빤히 쳐다보았다. 루스벨트가 스탈린에게 윙크하는 것이 목격되었다. 처칠이 드디어 말했을 때, 그는 자기가 수에서 밀리는 것을 알고 있었다. 그는 지중해에 다른 전선을 만들 가능성을 설명했다. 스탈린은 고위 사령관을 대하는 양 처칠에게 캐묻듯이 질문을 했다. 토론은 거북해지고 긴장감이 흘렀으며, 연기되었다.

처칠은 오버로드 작전이 스탈린이 바라는 시기인 이듬해 봄에 개시될 수 없다고 계속 주장했지만, 회담 이틀째 날에 처칠은 성난 스탈린에게서 단도직입적인 질문을 받고는 회중 앞에서 자기도 봄에 영국해협을 건너는 침공을 지지한다고 인정하지 않으면 안 되었다. 이튿날 루스벨트 대통령은 1944년 5월에 대대적 침공을 하겠다는 서방 연합국의 의도를 대담하게 천명하면서 회담 회기를 시작했다. 스탈린은 그 소식을 듣고 겉으로는 별다른 표시를 하지 않았다. 그가 살짝 창백해지고 "나는 이 결정에 만족합니다"라고 말할 때 목소리가 그 어느 때보다도 낮다는 것을 눈치챘다. 반대급부로 스탈린은 독일이 패망한 뒤에 소련이 일본을 침공하겠다고 공약했다. 유럽의 전후 처리와 독일 및 독일 지도자들의 운명에 관해 매듭을 짓지 못한 약간의 토론이 시작되었다. 주요 결정이 내려지고 회담 분위기가 밝아졌다. 그날 밤 영국 대사관이 처칠의 예순아홉 살 생일 축하연을 주최했다. 연회가 끝난 뒤 스탈린이 '나의 전우 루스벨트', '나의 전우 처칠'을 위해 축배를 했다. 처칠은 회담 테이블 주위에서 스탈린과 기분 상하는 다툼을 벌인 뒤인지라 더 신중했다. 그는 '나의 친구 루스벨트 대통령!'이라고 말했지만 스탈린에게는 '강자 스탈린'이라고 하며 축배를 했다. 해석이 필요 없는 강조점의 변화였다. 회담에서 대부분 중재자 역을 맡아 온 루스벨트는 파트너들을 위해서가 아니라 세계 협력이라는 자기 이상을 위해 "우리의 단결, 전쟁과 평화를 위하여!"라고 외쳤다. 회담은 친선의 상호표현으로 끝을 맺었다.[66]

스탈린은 비행기를 타고 바쿠로 돌아가서 일반 병사가 입는 두터운 외투와 모표 없는 모자를 착용해서 변장했다. 그를 태우고 모스크바로 돌아가는 열차가 잠시 스탈린그라드에서 정차했고, 스탈린은 열차에서 내려 파괴된 도시를 둘러본 뒤 모스크바행 여행을 계속했다. 소련 측은 테헤란에서 끌어낸 약속에 큰 신뢰를 두지 않았다. 붉은군대에게 가해지는 긴장을 줄여줄 제2전선이 필요했다. 그러나 스탈린은 자기의 군대가 대서양 방벽Atlantikwall*에 배치된 군대보다 세 배 더 큰 군대에게 패배를 안겨주었음을 알고 테헤란을 떠나왔다. 테헤란에서 돌아오는 길에 그는 주코프에게 다음과 같이 말했다. "루스벨트가 1944년에 프랑스에서 광범위한 군사 활동을 전개하겠다고 확약했어. 루스벨트는 약속을 지킬 것이라고 생각하네. 하지만 그 사람이 약속을 지키지 않더라도, 우리에게는 히틀러의 독일을 쳐부술 힘이 충분히 있지."[67] 이것은 대담한 발언이었다. 쿠르스크 전투로 전쟁에서 이긴 것은 아니지만, 패배의 그림자 속에서 두 해를 보낸 뒤 소련이 승리의 가능성으로 가는 문이 열렸다.

• 영미군의 침공을 막기 위해 독일군이 1942년과 1944년 사이에 노르웨이, 벨기에, 북프랑스의 대서양 해안에 세운 방어선.

8장
거짓 새벽

1943-1944

> 비 오는 음산한 가을날 아침 5시다. 감독이 누더기를 걸치고 찢어진 장화
> 를 신은 채 비에 흠뻑 젖고 분노에 떠는 굶주린 사람들을 몰아대고 있었
> 다. 그 가운데 상당수는 기진맥진해서 거의 발을 옮기지 못했다. 정문 부
> 근에 있는 단상 위에서 악대가 경쾌한 행진곡을 연주하고 있었다.
>
> — 어느 굴라크 수감자

'총력전'이라는 용어가 어떤 실질적 의미를 가지고 있다면, 그 용어는
틀림없이 독일과의 전쟁이 한창일 때 소련을 묘사하는 말일 것이다.
그토록 많은 국민을 전쟁 수행 노력을 위한 작업으로 내몬 국가는 없
었으며, 사람들에게 그토록 힘겹고 기나긴 희생을 요구한 국가도 없었
다. 후방 국민의 삶은 전쟁이 벌어지는 전선의 고통스러운 싸움을 빼
닮은 분투였다. 1943년 이후의 여러 승리는 크나큰 대가를 치른 결과
였다. 소련을 단일 전시 병영으로 바꾸겠다는 스탈린의 약속은 단순
한 수사가 아니었다. 전쟁은 일상생활의 모든 영역을 지배했다.

전쟁이 시작된 바로 그때부터 민간인의 정상적인 삶은 멈추었다.
농민은 전쟁을 위해 식량을 재배했고, 공장 노동자는 전쟁을 위해 무
기를 생산했고, 과학자와 공학 기술자는 새로운 전쟁 수행 방법을 고
안했고, 관료와 경찰은 나머지 사람들을 조직하고 억압했다. 1941년

과 1942년의 임박한 패배의 그림자 속에서 개인의 목숨과 이해관계는 조금도 중요하지 않았다. 76개가 넘는 연구소에서 차출된 소련 과학자들이 살던 곳에서 끌려 나와 우랄의 스베르들롭스크로 이송되어 정착하고 1942년 5월에 공표된 국가과학계획 아래 조직되었다. 여러 과학자 위원회에게 전쟁 수행 노력의 갖가지 분야에 대한 책임이 부여되었다. 예를 들어 일부는 전차, 일부는 항공, 일부는 농업 등 이런 식이었다. 광물 및 석유의 새로운 원천을 찾아내서 우크라이나에서 잃은 것을 메우려고 지질학자가 시베리아 오지로 파견되었다.[1] 심지어는 1930년대에 정권에게 밉보여 노동 수용소로 끌려간 몇몇 전문가마저 징모되었다. 항공기 설계자 알렉산드르 투폴레프와 그의 작업팀은 그들이 설계한 대형 다발 항공기를 스탈린이 반대했기 때문에 투옥되었는데, 이들은 1941년에 수용소 안의 제도판에서 작업을 했다.[2]

하루하루의 삶은 농촌에서 가장 가혹했다. 시골 마을은 자기 마을 장정들을 군대에 내주었다. 1944년 무렵에는 집단 농장에서 일하던 남성의 거의 4분의 3이 사라졌다. 남은 남성들은 병자나 노약자, 또는 전선에서 불구가 된 농부였다. 도시와 싸움이 벌어지는 전선에 극히 중요한 공급 식량을 생산하는 일 대부분을 러시아 여성들이 했다. 여성이 1941년 농촌 노동력의 절반을 차지했으며, 1944년이 되면 그 수치가 거의 5분의 4였다.[3] 그들의 일상은 혹독하고 비참했다. 다른 주민과는 달리 농민에게는 배급표를 받을 자격이 주어지지 않았다. 집단 농장에서 농민들은 빵 몇 덩어리 또는 가끔 나오는 감자를 받았다. 그들은 작은 텃밭에서 직접 재배할 수 있는 것으로 먹고 살라는 요구를 받았다. 재수 좋은 농민은 정부가 할당량을 가져간 뒤에 남은 것을 공개 시장에서 팔 수도 있었다. 어떤 농민은 암시장을 활용해서 일시적으로 부유해졌다. 그러나 대부분의 농민 여성과 그들을 돕는 소년과 노인에게 전쟁 기간은 한결같이 처절했다. 그들에게는 땅을 갈고 씨를 뿌릴 농기구와 말이 없었다. 그들은 막대기와 나뭇가지로 땅을 파헤쳐 씨를 뿌렸으며, 여성들이 조를 짜서 쟁기를 끄는 모습이 낯익은 광경이 되었다. 어떤 농민은 하루의 작업 시간을 마치면 지역 벌목조에 가담해서 여름에든 겨울에든 자주 먼 거리까지 나무를 끌고 가서 도시에 극히 중요한 땔감을 공급해야 했다. 많은 농민이 자기가 다른 사람을 위해 생산한 식량과 땔 나무가 모자라서 굶주리고 추위에 떨었다. 농민들은 자기 마을 장정 수백만 명을 전선에서 잃었다. 그들은 서쪽에서 온 수많은 피난민을 마지못해 맞아들였다. 그 피난민 가운데 다수가 전쟁 처음 몇 해 동안 정권에게 버림받은 불청객을 먹여줄 까닭을 알지 못하는 마을 사람에게 희생되어 굶어 죽었다.

도시의 삶은 가혹했지만, 중요한 한 측면에서는 견디기 더 쉬웠다. 일을 하면 먹을 것을 얻었다. 완전 고용된 모든 사람에게 배급표를 받을 자격이 주어졌다. 일하지 않으려고 들거나 일할 수 없는 사람은 가족에게 얹혀살든지 아니면 굶어 죽었다. 1942년에, 전쟁 기간 가운데 가장 암울했던 여러 달 동안 가장 약한 사람이 죽어갔다. 여기에는 잔인한 합리성이 있었다. 일하고 싸우는 사람은 보상을 받았다. 나머지는 없어도 되는 존재였다. 일을 회피하기는 어려웠다. 1942년 2월 13일에 최고 소비에트는 전쟁 수행 노력에 신체 건강한 시민 전원을 동원한다는 포고령을 공표했다. 모든 공장에 군법이 적용되지는 않았지만 NKVD 부대원이 공장에 상주했다. 노동 조건이 새로 정해졌다. 한 주에 66시간 일하고 한 달에 하루 쉬기가 표준이 되었다. 휴가는 중지되었다. 초과 근무 의무제가 도입되었다.[4] 공장 노동자 절반 이상이 여성이었고 많은 공장 노동자가 작업복을 군복으로 갈아입기에 충분할 만큼 나이가 들기를 기다리는 소년이었다. 과중한 노동 시간, 기껏해야 기초 수준인 공장의 안전 기준, 가혹하게 부과되는 작업 기준량은 한결같이 그들의 건강을 해쳤다. 의료진과 의약품이 모자란 상태에서 도시민이 티푸스, 이질, 결핵, 괴혈병에 걸려 전쟁 기간 동안 건강이 나빠졌다.

체제의 작동을 지탱하는 것은 식량이었다. 양은 적었고 불순물이 자주 섞였으며 공급을 예측할 수 없었지만, 정권은 1917년에 혁명을 유발했던 바 있는 실수를 하지 않으려고 무던히 애를 썼다. 포괄적인 배급 기준 체계가 1941년 7월에 도입되었다. 기준은 동일하지 않았다. 어린이와 나이 든 피부양자는 하루 700칼로리 정도로 아주 조금 받았고, 탄광에서 문자 그대로 노동하는 사람은 4000칼로리 이상을 받았다. 일반 노동자 대다수는 1300칼로리와 1900칼로리 사이를 받았고, 이것은 끝없는 일상 작업을 효율성 있게 지탱하는 데 필요한 양에 한참 못 미쳤지만 작업이 이루어지도록 하는 데에는 넉넉했다.[5]

곧바로 주민은 저질 빵, 감자, 어쩌다 한 주에 한 번 나오는 고기와 지방 4분의 1파운드라는 단조로운 식사를 보충하는 방법을 찾았다. 정부는 도시에 채소밭을 만들어도 된다는 허가를 내주었다. 공원과 공공 유원지, 또는 도시 진입로 길섶을 따라 뻗은 기다란 땅뙈기에 씨를 뿌린 채소밭이 1942년까지 500만 군데가 넘었고, 1944년까지는 1600만 군데가 넘었다.[6] 노동자가 과외 농부로 일할 시간을 어떻게 냈는지 이해하기는 어려운 일이다. 더더욱 이상한 것은 그 산출량이었다. 1944년이 되면 그런 채소밭이 소련의 감자 수확량의 4분의 1을 공급했던 것이다. '승리를 위한 땅 일구기'가 도시 생활의 일상적 일부가 되었다. 좀도둑질도 그랬다. 먹을 것을 얻기 어려워지자 러시아 전역에 범죄가 들끓었다. 채소밭은 지키기가 어려웠고, 식량 창고가 주기적으로 털렸다. 1943년에 '사회 감시원' 60만 명이 임명되어 식량 재고 파수를 보거나 도둑을 당국에 고발했다. 식량 절취는 사형 감이었다.[7]

또다른 식량 구입처는 암시장이었다. 당국은 식량 거래에 눈을 감고 모르는 체했다. 국가 고정 할당량―집단 농장은 생산량의 90퍼센트가량―을 낸 뒤에 남은 것은 받을 수 있는 어떤 값으로든 내다 팔라고 농민에게 주어졌다. 농민은 도시 식량시장에 모여서 1941년 가격의 스무 배를 받으며 대놓고 식량을 팔았다. 1944년에 모스크바 중앙 시장을 찾은 한 미국인 방문객은 빵 1킬로그램의 값이 일주일치 임금과 거의 맞먹는다는 것을 발견했다. 천막을 친 일대 전체가 거대한 시장이었으며, 물물 교환을 하려는 모스크바 시민으로 붐볐다. 여자들은 엄청나게 뛰어오른 값으로 꿀이나 꽃을 팔았다. 나이 든 한 여자는 파리가 꾀는 '털이 달려 있고 흐리멍덩한 눈을 뜬' 송아지 머리를 내놓았다. 다른 여자들은 공산주의 윤리에 대들어서 식량을 받고 농부에게 몸을 팔았다. "다 큰 소녀들이 … 입술연지를 바르고 빨간 신발을 신고 모자에 붉은 리본을 달고 난로 검댕으로 속눈썹을 칠해 단장했다."[8]

거래할 만한 귀중품을 가지지 않은 이상 그 값을 감당할 만한 러시아 보통 사람은 극소수였다. 아무리 혹독하고 기운이 소진되는 일상 작업이 이루어진다 해도, 공장은 많은 노동자에게 먹을 것과 온기를 얻을 수 있는 장소였다. 공공 식당에서 하루에 적어도 한 번은 따뜻한 식사가 제공되었다. 어머니가 일할 수 있도록 탁아소가 만들어졌다. 공장은 자체 농장을 세우고 노동자에게 상여금으로 줄 식량을 저장했다. 시장에서 돈이 거의 아무런 의미가 없었기 때문에 기준 작업량을 초과해서 받는 상여금이 식량으로 지불되었다. 전시 스타하노프 운동원의 새 물결을 일으키고자—그리고 스타하노프 운동원이 많이 있었다—꾸준히 높은 성과를 올린 특별 노동자에게 특별 식탁에 자리를 마련해서 특식을 먹게끔 했다. 전선의 의료 서비스를 위해 자원해서 정기적으로 헌혈을 하는 노동자는 한 달 치 봉급이나 3품 요리 한 끼, 버터나 설탕 500그램, 추가 배급표 한 장을 받았다. 모스크바에서만 30만 명에 이르는 사람이 헌혈을 했다. 식량표를 받을 자격이 없는 수많은 사람은 목숨을 부지하려고 헌혈을 했다. 식량에는 피로, 피에는 식량으로였다.[9]

싸움터에서 막대한 손실을 입고 가족은 뿔뿔이 흩어지고 피난민과 이주민이 흘러들고 먹을 것과 생필품을 구하려고 끊임없이 발버둥치고 노동 관리 체제가 가혹했는데도 소련의 후방은 계속 굴러갔다. 서방에서 흔히 단순하고 취약하다고 여겨진, 그리고 강압적인 국가 계획이 지배하는 체제로서는 비상한 집단적 성취였다. 전쟁 처음 몇 달 동안의 혼란한 상황 속에서 정권은 비상 대책과 열띤 임기응변에 매달렸다. 이런 조처는 필사적이었던 군사 대책보다 더 효율적으로 작동했는데, 그 이유는 부분적으로 민간 관리는 군 관리와는 달리 조치를 취할 때마다 군 지도위원에게 보고하지 않아도 되기 때문이었다. 더 확정적이고 중앙 집권화된 계획 체계가 느릿느릿 세워졌다. 이 체계는 전시 조직화라는 특수 상황에 쉽사리 적응할 수 있음이 입증된 평시 경제 체제에 기반을 두었다.[10] 여러 차례의 5개년 계획으로 말미암아 관리와 생산자는 전국 차원의 계획과 자원 할당에 익숙했다. 침공 뒤에 존재한 상황을 고려할 때 다른 어떤 체제가 식량이나 무기를 추출하는 데 성공했을 가능성은 별로 없다. 계획이 완벽하게 작동하지는 않았다. 쿠이비셰프에서는 노동자가 때때로 빵 대신에 질릴 때까지 초콜릿을 받았다. 선망의 대상인 고기 배급 대신에 절임이나 잼 또는 어떤 것이든 시 당국이 내놓을 수 있는 것이 나왔다.[11] 그러나 식량과 물자와 노동력이 심하게 모자라고 쪼그라든 경제가, 더 번영하고 생산성이 높아보이는 적보다 더 많이 생산해낼 능력을 소유했다는 것은, 모든 것을 감안하면, 오로지 희소 자원과 그 자원 할당을 통제하는 힘을 유지하는 소비에트 국가의 해당 능력으로만 설명될 수 있다.

국가권력이 휘두르는 불길한 면모는 결코 그리 멀리 떨어져 있지 않았다. 일체의 반체제 행위나 태만, 배급표나 식량의 절도, 또는 생산 목표량 '저해 책동'은 굴라크 수용소행 감이었다. 수용소 조직이 나머지 소련 사회와 더불어 전쟁 수행 노력에 끌려 들어갔다. 수용소는 1930년대에 그랬던 것처럼 감금된 노동자를 국가의 대사업에 기꺼이 제공했다.[12] 1980년대에 소련의 자료보존소가 열리기 전까지 수용소 체제의 성격과 범위는, 비록 그 희생자의 회상이 오래전에 소련판 노예제의 처참한 대가를 폭로하기는 했어도, 추정만을 할 수 있었다. 지금은 수용소 체제 자체의 세부 사항에 관해서 훨씬 더 많은 것이 알려져 있다. 굴라크(이것은 노동 교도소 총국의 머리글자를 조합해 만든 이름이다)는 노예 노동력의 일부만을 관리했다. 영양 부족과 질병으로 말미암아 전시 사망률이 높고 수감자 일부가 풀려나서 53개

수용소의 굴라크 재소자 수가 1942년에 120만 명에서 1945년에는 66만 명으로 줄었다.[13] 단기수를 위해서는 별도의 '노동 교도소' 조직이 있었다. 노동 교도소에는 1945년 무렵에 죄수 85만 명이 수용되어 있었는데, 조건이 굴라크보다 자주 더 나빴다. NKVD 감옥 재소자 인구가 또 25만 명을 보탰다. 가장 큰 집단은 시베리아나 카자흐스탄에 재정주한 강제 이주민으로 이루어져 있었고, 총 140만 명이었다. 이 범주와 다른 모든 범주의 강제 노동력 총수는 1942년에 430만 명이었다가 1945년에는 390만 명으로 조금 떨어졌다. 그들은 총 131개 수용소와 교도소, 그리고 더 작은 1142개 수용소 지부에 수감되어 있었다. 수용소 지부는 효율적 감독이 이루어지지 않아서 조건이 자주 더 나빴다.[14]

수용소 노동력 규모에 관한 이 수치들은 1000만 명부터 2000만 명까지 오르내리던 더 오래된 평가치보다 훨씬 낮지만, 증거는 더 낮은 총합을 압도적으로 지지한다. 있는 그대로의 통계 수치도 매우 음울하다. 통계 수치에는 1941년과 1945년 사이의 어느 시점에서 수용소 체제에 들어갔다가 나온 사람이 모두 망라되어 있지는 않다. 전쟁 동안 240만 명이 굴라크로 보내졌고 190만 명이 풀려났다. 이 수치를 보면 어느 한 시점의 수감 인구 규모에 관한 수치가 제시하는 것보다 상당히 더 많은 사람이 전쟁 동안의 어느 시점에서 감옥 생활을 겪었음이 분명해진다. 수용소 안에 있는 사람들에 관한 수치가 이송 중에 죽거나 의도적으로 살해되거나 추위, 굶주림, 또는 질병으로 죽은 사람 수를 가리키는 것은 아니다. 공식 수치는 굴라크에서 62만 1000명이 죽었음을 보여준다.[15]

이것은 그 정확한 규모가 결코 알려지지 않을지도 모르는 빙산의 일각이다. 노동 교도소의 사망률이 전쟁 대부분의 기간 동안 굴라크 수용소보다 더 높았다. 사망률이 1941년 전반기에 단 2.4퍼센트였던 데 견줘 1942년에는 27퍼센트에 이르렀다.[16] 대부분은 영양실조와 질병으로 죽었다. 시베리아로 강제 이송된 수백만 명이 유난히 고생을 심하게 했다. 그들은 먹을 것과 마실 것이 거의 또는 전혀 없는 채 열차에 실렸고, 죽은 자의 주검은 아무렇지도 않게 철로 변에 내던져졌다. 그들이 도착했을 때, 비바람을 막아줄 천막만을 가진 채 철조망이 쳐진 노천의 벌판에 내팽개쳐졌다. 죽음은 살해보다는 방기에서 비롯되었다. 변사는 전쟁 기간에 더 흔치 않았다. 수용소에서는 봉기나 수용소 내 범죄로 죽임을 당했다. 가장 극악한 범죄자가 수용소로 보내져 정치범과 함께 지냈으며, 감옥 안에서 일종의 마피아를 형성해서 다른 수감자를 협박하고 살해하고 강탈했다. 진짜 반체제범은 늘 위험을 안고 지냈다. 비록 실제로 얼마나 많이 살해되었는가는 미지수로 남아 있기는 하지만, 1942년에 NKVD는 트로츠키주의 동조자로 의심되는 죄수를 모조리 죽이라는 명령을 받았다.

수용소 및 교도소 수감 인구는 소련 각지에서 그리고 각계각층에서 나왔다. 과반수는 인종상 러시아인이었고, 1944년에는 거의 3분의 2를 차지했다.[17] 많은 죄수가 진짜 범죄자거나 반사회적 성격 이상자였다. 일부는 포병 장교이자 미래의 소설가인 알렉산드르 솔제니친이나 공학 기술자 드미트리 파닌처럼 정권의 눈에 진짜 반체제 인사로 보인 사람이었다. 솔제니친과 파닌 두 사람은 수용소 내부의 삶을 생생하게 설명해주는 글을 남겼다. 그러나 대부분은 정치적 범죄나 다른 어떤 범죄도 저지르지 않은 죄 없는 이들이었다. 그들은 곡물 공출 할당량을 채울 수 없었던 농민, 시간을 지키지 못한 노동자, 외국인과 이야기를 나눈 것말고는 위험한 죄를 짓지 않은 수많은 사람이었다. 무기대여법 물품을 부리는 중계항에서 서방 사람이나 모스크바의 외국 공사관 직원과 사귄 여성이 간첩으로 분류되어 수용소와 노동 교도소에서 여성의 수가 점점 부풀어 올랐다. 정권에게 일탈의 성격은 대수가 아니었다. 수용소는 편리한 비상시 노동력 공급원으로 여겨지게 되었다. 몹시 시달린 어느 굴라크 관리가 노동자를 더 많이 달라는 요청을 받자 다음과 같이 답변했다. "우리가 어떻게 해야 할까요? 실은 우리도 아직껏 우리 투옥 계획을 달성하지 못했습니다. 수요가 공급보다 더 많아요."[18]

수용소 생활의 묘사는 전부 다 박탈과 비참함의 끊기지 않는 순환을 드러내준다. 비록 수많은 사람이 추위, 형편없는 식사, 질병 탓에 죽기는 했어도, 그 수용소는 아우슈비츠 같은 절멸 수용소는 아니었다. NKVD는 목덜미에 제식 총탄을 맞을 운명에 놓인 죄수를 가두는 별도의 '처형 수용소'를 가지고 있었다. 노동 수용소의 목적은 너무 외지고 추워서 다른 사람 어느 누구도 일하려 들지 않는 지역에 있는 채석장에서 돌을 떼어내거나 운하나 도로를 내거나 광산에서 일을 하는 불운한 수감자의 노동력을 거저 이용하는 것이었다. 많은 사람에게 이것은 천천히 죽는다는 뜻이었다. 1943년에 가장 나쁜 위반 사례에 새로운 범주의 징역(카토르가katorga)이 도입되었다. 징역은 쉬는 날 없이 감자와 국을 조금 먹고 하루 24시간 교대 작업을 한다는 뜻이었다. 한 추산에 따르면, 이 조건은 적용 첫해에 보르쿠타Vorkuta 광산으로 이송된 죄수 2만 8000명이 죽을 만큼 나빴다.[19]

수용소 생활은 원시적이고 혹독했다. 죄수들은 자주 난방이 되지 않는 나무 막사에서 살았다. 그들은 짚이나 대팻밥으로 속을 채운 거친 침구를 덮고 2층이나 3층으로 된 침대에서 잠을 잤다. 그들은 아침 5시에 호출되어 점호를 받은 다음에 투박한 장화와 조끼를 입고 작업조를 짜서 출발했다. 기온이 영하 30도 위로는 잘 올라가지 않는 겨울에도 제대로 된 옷을 입지 못했다. 음식은 형편없었고 배급 간격이 들쭉날쭉했다. 식사 한 끼도 주어지지 않고 24시간 교대 작업이 이루어졌다. 죄수는 먹을 것을 더 얻으려고 훔치거나 물물 교환을 했다. 수용소 안에서는 죄수 사이에서 그리고 죄수와 간수 사이에서 기묘한 잉여 거래가 번성했다. 저녁에 2차 점호가 있었다. 아픈 사람, 죽은 사람, 탈출한 사람, 또는 그냥 곯아떨어져서 도저히 깨울 수 없는 사람까지 모두 만족스럽게 소재가 파악될 때까지 숫자 세기가 계속되었다. 송장이 대충 만든 관에 넣어져 수용소 정문 밖으로 실려 나갈 때, 파넌이 있는 수용소의 경비병들이 송장으로 가장해서 탈출하는 자가 한 사람도 없도록 총검으로 송장의 머리를 하나하나 푹푹 찔러댔다. 수용소의 일상생활이 날마다 되풀이되었다. 이런 일상생활은 대다수 죄수에게 생기 없는 체념을 안겨다주었다. 수용소에서 하루가 끝나갈 때 솔제니친의 주인공답지 않은 주인공 이반 데니소비치는 "자기가 자유를 바라는지 바라지 않는지" 몰랐다. "그에게는 집으로 갔으면 하는 바람이 있었다. 하지만 그들은 그가 집에 가도록 내버려두지 않을 것이다."[20]

전쟁 동안 수용소 수감 인구는 노동력의 비상 공급원이 되어서, 위급한 상황이 발생하면 이 계획에서 저 계획으로, 이 부서에서 저 부서로 옮겨졌다. 일하는 것밖에는 다른 수가 없었다. 일하기를 거부하면 처음에는 공개적으로 몰매를 맞고 배급이 끊겼다. 세 번 거부하면 수용소의 다른 재소자들이 보는 가운데 사형에 처해졌다. 오로지 중병—단순히 가혹한 일상 작업으로 말미암은 쇠약이 아니다—이 들었을 때만 면제를 받았지만, 중병은 목숨을 앗아갈 소지가 컸다. 따라서 정권 반대자들은 무너지는 것을 보았으면 하는 체제의 승리를 위해 일하지 않으면 안 되었다. 이로써 정권 반대자들은 새로운 위험에 처했다. 처음에 그들을 수용소에 집어넣은 독단적 테러 체제를 수용소가 더 작은 규모로 재생산했기 때문이다. 수용소의 밀고자와 첩자는 동료 죄수를 늦장 부리고 파괴 책동을 한다고 일러바치고는 식량과 편의를 제공받았다.

이런 '이중의 희생자들' 가운데 한 사람인 공학 기술자 드미트리 파닌은 카프카의 소설이 생각나게 하는 상황에 처했다. 신중하지 못하게 정권을 비판한 파닌은 1939년에 아는 사람에게 고발당해서 체포되어 뱌트카Viatka 노동 수용소에 갇혔다. 교육받은 기술자였기 때문에 그는 수용소의 기계 작업장을 관장하게 되어 수용소의 기계 생산을 감독하는 책임을 맡았다. 정권을 미워하는데도, 그는 무엇이든 실수를 하면 자기나 다른 노동자 일부가 징벌방에 갇힐 수도 있었기 때문에 작업장에서 생산되는 물품의 질을 꼼꼼하게 조사했다. 대인 지뢰 외피 주문이 처음 들어왔을 때, 그는 군수 생산으로의 전환을 감독하고 24시간 만에 첫 기계가 돌아가게 만들었다.[21] 수용소장이 날마다 찾아와서 파닌에게 생산 할당량을 채웠는지 여부를 물었고, 채우지 못했을 때에는 상세한 해명을 요구했다. 파닌은 어떤 실수에도 책임을 떠맡게 되리라는 것을 깨달았다. 그는 계속해서 개선책을 도입하고 생산 속도를 높였지만, 끝내 옙코라는 이름의 수용소 기술부장의 화를 돋우게 되었다. 전직이 비밀경찰 대원이었던 옙코가 작업장에 맞지 않는 기계를 한 대 들여놓으려고 시도했는데, 파닌이 이에 반대했던 것이다. 몇 달 뒤 파닌에게 원한을 품은 수용소 밀고자 몇 사람이 인정머리 없는 옙코에게 파닌을 팔아넘겨서 파닌은 다른 죄수 27명과 함께 '난동자'로 체포되었다. 그는 무장한 병사들에게 체포되어 먹을 것을 거의 가지지 못한 채 징벌방에 갇혔다. 작업장의 생산은 곧 떨어졌다. 파닌은 "저는 죄수지만, 군수 생산을 조직하고 가동했습니다"라고 말하면서 자기가 소중한 전문가임을 내세워 자기 변호를 했다. 아무 소용이 없었다. 그는 기소되어 그럴듯하지도 않은 일련의 죄를 지었다는 판결을 받고 10년 징역형에 처해졌다(외딴 망루에서 반소 정치선전을 퍼뜨리고 있었다는 가능성이 희박한 죄목으로 먼저 수감되어 있던 전직 등대지기가 파닌과 함께 판결을 받았다). 그는 징벌방에서 굶어 죽을 뻔했고, 같이 한 감방을 써야 했던 미치광이 연쇄 살인범의 살해 기도를 받고도 살아남았다가, 전쟁이 끝난 뒤 악명 높은 보르쿠타 광산으로 이송되었다.[22]

수용소는 부분적으로는 파닌 같은 사람들 덕택에 전쟁 수행 노력에 대단한 이바지를 했다. 굴라크 수용소는 대인 지뢰 920만 개와 대구경 포탄 2550만 개를 비롯해서 소련 탄약 전체의 약 15퍼센트를 생산했으며, 군복, 가죽 제품, 방독면 170만 개, 다량의 식량을 생산했다. 200만 명이 넘는 죄수가 철도와 도로, 광산과 제재소에서 이용되었다. 죄수들은 신종 농노였다. 그들의 할아버지들 가운데 많은 이가 그랬듯이 오로지 부려먹기 위해 이 손에서 저 손으로 넘어가는 부자유한 소모품에 지나지 않았다.[23]

1944년 동안, 점령되었던 각 지역이 소련군의 전진으로 말미암아 탈환되면서, 스탈린은 내전의 정신과 관행을 되살려서 파시스트 적에게 부역했다는 혐의를 받은 소련 사람 수백만 명에게 혹독한 앙갚음을 하기 시작했다. 독일 당국을 위해 일하거나 독일군이 조직한 군 부대에서 싸운 적이 있는 사람들 가운데 다수가 즉결 처형되었는데, 보복의 칼날은 그런 개개인에게만이 아니라 민족 전체에게 떨어졌다. 스탈린은 많은 비러시아계 민족에게 우호적인 적이 없었다. 스탈린은 민족 인민위원회 의장으로서 그 민족들을 러시아 공산주의 통치 아래 결집하려고 난폭한 힘을 사용한 1920년대 초엽 이래로 민족주의에 깊은 불신을 품어왔다. 어정쩡한 대책을 채택할 인물이 결코 아닌 스탈린은 그가 보기에 충성심이 의심스러운 민족에게 앙갚음할 기회로 전쟁을 이용했다.

첫 제물은 볼가 독일인이었다. 그들은 수세기 전에 볼가강 유역에 정착했던 독일인을 선조로 둔 러시아인이었다. 그들은 어떤 실질적 의미로도 '독일인'이 더는 아니었지만, 모스크바에게 그들의 독일 뿌리는 단죄할 까닭으로 충분했다. 1941년 8월에 독일 군복을 입은 소련 낙하산병들이 볼가 독일 민족 자치구 마을에 투하되었다. 그들은 독일 침공군이 도착할 때까지 숨겨달라고 부탁했다. 마을 사람들이 순순히 따른 곳은 NKVD가 거주민을 일소해버렸다. 충성심 시험 통과에 실패한 것이다. 1941년 8월 28일에 독일 민족 자치구가 공식 폐지되었으며, 전쟁이 시작된 이래로 공안 당국이 볼가 독일인을 상대로 제기한 소송이 딱 아홉 건에 지나지 않았는데도 '파괴자와 간첩'의 무리를 이루었다는 이유로 60만 명이 넘는 주민이 시베리아 서부와 카자흐스탄 북부로 강제 이송되었다.[24] 모두 합쳐서 94만 8000명이 넘는 소련 전역의 독일계 소련 시민이 낯익은 가축 운송용 화물차에 실려 숨이 턱턱 막히고 제대로 먹지도 못하는 기나긴 고난의 여정에 올라 동부로 보내져 아무것도 없는 지방에 내버려졌다. 그곳에서 그들은 가져가도 된다는 허락을 받았던 작은 소지품 보따리 정도의 것들로 굶주림과 비바람과 싸워야 했다.[25] NKVD는 그들을 이따금씩만 관리했다. 수많은 사람이 익숙한 사망 원인, 즉 굶주림, 추위, 질병 탓에 목숨을 잃었다. 강제 이주의 그 엄청난 참상은 키르키즈Kirkiz 초원으로 유배된 어느 여자가 써 보낸 다음과 같은 편지 한 장에 드러난다.

회색의 빈 공간밖에는 아무것도 없습니다. 우리는 오두막에서 삽니다. 해는 이글이글 타오르고, 비가 내릴 때면 오두막이 줄줄 새서 우리가 가진 물건들이 모두 젖죠. 우리는 땅바닥에서 잠을 잡니다. 쓰러질 때까지 하루 내내 일을 하고요. 우리는 하루 여덟 시간 손으로 똥을 비료에 섞으면서 똥 더미 위에서 일을 해야 합니다. 심지어는 뙤약볕이 가장 심하게 내리쬘 때도요. 유일한 보상은 열흘에 한 번 받는 시큼한 맛이 나는 거무스름한 밀가루 1킬로그램입니다.[26]

유배자들은 수용소보다 덜 엄하고 야만적인 관리 체제 아래서 살았지만 역설적으로 더 치명적이었다.

1943년과 1944년에 흑해와 캅카스 접경 지역에서 온 다른 민족, 즉 크림 타타르인, 체첸인Chechens, 인구시인Ingushi, 카라차이인Karachai, 발카르인Balkars, 칼미크인Kalmyks, 메스헤티인Meskhetians의 흐름이 볼가 독일인과 합류했다. 일부는 침략자에게 실제로 부역했고 기꺼이 그랬다. 나머지는 연대 책임으로 유죄가 되었다. 베리야가 행동을 취하도록 스탈린을 부추겼고 집단 처벌을 속행하라는 지시를 받았다. 체치냐Chechnia에서는 작전이 군사적 엄밀성을 띠고 벌어졌다. 1944년 2월에 NKVD 부대가 마치 군사 연습을 하는 양 그 조그마한 공화국에 들어갔다. 해마다 오는 붉은군대의 날인 2월 22일 저녁에 축하 행사를 하라고 마을 광장에 주민을 불러 모았다. NKVD 부대가 갑자기 군중을 에워싸고는 그들에게 이송 명령서를 낭독했다. 무장을 하지 않은 체첸인이 도망치려고 싸우면서 난투가 벌어졌다. 일부는 총에 맞아 쓰러졌다. 나머지는 한 가족당 100파운드를 넘지 않는 짐을 즉시 꾸리라는 명령을 받았다. 폭설과 추위가 작전을 방해했지만, 24시간 안에 체첸 주민 대부분이 시베리아행 화물차와 열차에 실렸다. 한 소도시에서는 뒤에 남겨진 이들이 사살되어 구덩이에 매장되고는 모래로 덮였다. 체첸인이 유형 중에도 자기 정체성을 지키다가 1956년 이후에 고향으로 돌아가라는 허가를 드디어 받아내어 민족 정착 지구를 재건했다는 사실은 불굴의 민족정신에 관해서 많은 것을 말해준다.[27]

　모두 합쳐서 150만 명이 넘는 남자, 여자, 어린이가 고향에서 쫓겨나 근거를 잃었다. 53만 명이나 되는 많은 사람이 살기에 부적당한 새 정착 지구의 험한 조건 탓에 죽었다고 추산되어왔다. 그러나 최근에 이용할 수 있게 된 NKVD 자료보존소에서 나온 수치는 1943년과 1949년 사이에 모두 합쳐서 23만 1000명, 즉 강제 이송된 사람의 4분의 1 이상이 죽었음을 보여준다.[28] 죽은 사람의 재산은 NKVD 부대원에게 약탈당했다. 유형에서 탈출하려다 잡히면 25년 수용소 감금형으로 처벌받았다. 유형지의 공동체를 관장하는 NKVD 지역 사령관들이 신왕국을 다스리는 소군주가 되었으며, 그들의 백성은 하는 모든 일, 즉 직업 선택, 교육, 거주·이전에서 제한을 받았다. 심지어는 결혼을 허가해달라고 사령관에게 탄원을 해야 하기도 했다. 크림 타타르인은 크림이 해방되었을 때 그들 가운데 일부가 여전히 독일군과 함께 나란히 싸우고 있다는 이유로 가장 가혹한 대우를 받을 민족으로 선정되었다. 희생자 수 추정치는 다양하다. 타타르 지도자들은 40만 명이 이송되었다고 주장하는데, 거의 절반이 18개월 안에 죽었다는 말이 있었다.[29] 베리야는 19만 1000명이 강제 이송되었고 1949년까지 이 가운데 5만 2000명, 즉 27퍼센트가 죽었다고 보고했다. 크림에서 소탕이 끝나자 베리야는 스탈린에게 편지를 써서 '매국노'와의 전쟁에서 '가장 탁월했던' NKVD 부대원에게 기장을 줄 것을 요청했다. 413명이 상을 받았다.[30]

현실의 적에 맞선 다른 전쟁은 아직도 치러야 했다. 겨울철 동안 키예프 해방에 뒤이어 거의 끊임없이 전투를 치러서 남부 전선에서 독일군을 몰아냈다. 1월에 코네프는 히틀러가 어떤 희생을 치르고서라도 지키고 싶어한 드네프르 선이라는 마지막 영역을 점령할 만반의 준비를 했다. 독일군의 돌출부는 소련군의 정교한 공세를 받았다. 그 공세는 어떻게 하면, 심지어 혹독한 겨울 조건에서도, 새로 터득한 기동전 기술이 전개되어 치명적 결과를 가져오는가를 예증해주었다. 코네프는 잠깐 동안의 기만책으로 독일군 방어자가 자기의 의도를 전혀 모르도록 만드는 데 성공했다. 돌출부 남쪽 부분에 제한된 공격을 한 차례 가해서 코네프 부대의 더 큰 부분이 북쪽으로 극비리에 이동하는 것을 감춘 것이다. 1월 24일에 코네프 부대가 갑작스럽고 격렬한 타격을 가했다. 독일군 전선이 3마일 뒤로 밀려났고, 제5근위 전차군이 소련 보병 부대를 헤치고 움직여서 그 균열을 더 벌려 독일군의 배후로 가는 길을 열었다. 이틀 뒤에 돌출부 북서부의 또다른 전차군이 지름길로 와서 제5근위 전차군에 가세하고는 코르순-체르카시Korsun-Cherkassy 고립 지대로 알려지게 된 곳에 있는 독일군을 포위했다. 코네프 부대는 얇은 외곽 엄호를 남겨두어 포위를 유지하고는 혹한의 날씨 속에서 고립 지대로 치고 들어가 차근차근 좁혀 들어갔다. 덫에 갇힌 독일군을 구하려고 4개 기갑 사단이 동원되었다. 그 사단들은 경험 없는 소련 전차군과 싸워서 외부 포위망을 뚫는 데에는 성공했지만, (스탈린의 고집에 따라 소련 공군 총사령관이 직접 지휘한) 소련 공군이 집중되고 새 예비 부대가 투입되면서 독일군 구원 부대는 봉쇄당했다.

2월 중순에 심한 눈보라가 몰아치는 가운데, 도시를 불태워버리는 소이탄 공격으로 고립 지대의 잔존 독일군 부대가 몸을 숨기고 있던 도시에서 내몰려 나왔다. 독일군 지휘관 슈테머만 장군이 부하들에게 쌓인 눈말고는 아무것도 없는 지대를 2열 종대로 행군해서 가로질러 빠져나가라고 명령했다. 그들은 무엇이 자기들을 기다리고 있는지 모른 채 구원군이 있는 곳에 다다르고자 출발했다. 그들은 전진해서 적이 있다는 낌새가 없는 탁 트인 지형에 들어서자 긴장을 풀었다. 어떤 이는 고함을 치고 다른 이는 자동 소총을 쏘아댔다. 갑자기 어디서인지도 모르게 코네프가 휘하 부대를 풀어놓아 전율을 일으키는 대단원을 장식했다. 독일군 부대는 중화기 없이 개활지에서 걸려들었다. 소련군 대포가 그들에게 불을 뿜고 전차가 그들을 궤도로 짓이기는 동안 카자크 기병 부대가 독일군 병사들을 쫓아다니며 자기 조상이 러시아 황제를 위해 복무하면서 여러 세대에 걸쳐 그랬듯이 기병도로 살육했다. 한 목격자는 "끝나기 전까지는 어떤 것으로도 막을 수 없는 일종의 도살이었다"라고 회상했다. 살아남은 자들은 벗어나려고 애를 썼지만 눈을 헤치고 나아간 3만 명 가운데 앞서 소련군이 내놓은 항복 제안을 거부했던 슈테머만을 비롯해 2만 명이 죽고 8000명이 사로잡혔다. 스탈린이 그 살육에 기뻐했다고 한다. 코네프는 육군원수로 진급했지만, 포위 초기의 주인공 니콜라이 바투틴은 고립 지대를 일소하는 데 시간이 걸렸다는 스탈린의 비난을 받고 아무런 인정을 받지 못했다. 그는 2월 28일에 우크라이나 분리 독립주의자들의 매복에 걸려 입은 부상 때문에 몇 주 뒤에 죽었다.[31]

주코프와 코네프가 지휘하는 6개 주요 전차군이 집중된 일련의 강타를 가해서 1944년 5월까지 우크라이나 대부분과 크림이 해방되었다. 붉은군대는 이제 남쪽에서 루마니아 국경선에 있었고 카르파티아산맥을 돌파해 헝가리 쪽으로 막 나아가려고 했다. 저 북쪽에서는 여러 해 동안 참호전을 벌인 뒤인지라 소련 지휘관들이 쿠르스크 전투와 그뒤의 전투에서 큰 효과를 본 장갑 부대의 돌파와 전과 확대라는 새로운 전술을 전혀 파악하지 못해서 작전이 서툴게 펼쳐졌는데도 레닌그라드가 마침내 시련에서 벗어났다. 2월 26일에 레닌그라드가 해방되었다고 공식 선언되었다. 1944년에 소련군이 여전히 맞닥뜨리고 있던 주요 난관은 벨라루스에 집중되어 있는 추축국의 대군이었다. 독일 중부 집단군은 겨울 공세를 버텨내고 심한 피해를 끼쳤다. 개편된 붉은군대가 이제껏 수행한 것 가운데 가장 큰 작전을 벌이기로 소련 지도부가 결정한 곳이 바로 여기였다.

전쟁 마지막 해에 동부 전선에서 벌어진 군사 전역은 이전의 어느 작전보다 더 규모가 컸다. 주로 붉은군대와 소련 공군의 규모가 매우 크게 불어났기 때문이었다. 1943년 말까지 독일군의 대손실, (독일이 전투기 3분의 2, 대포 3분의 1, 전체 탄약 20퍼센트를 독일 본토 방위에 돌리도록 만든) 커지는 폭격 위협, 서유럽 침공 가능성이 한데 합쳐져서 소련군을 막는 데 쓰일 병력이 계속 줄어들었다.[32] 동부 전선에서 추축국군인 310만 명이 거의 640만 명에 이르는 적과 맞섰다. 독일군 비행기 3000대는 대적하는 소련군 비행기 1만 3400대에 수적으로 크게 밀렸다. 독일군 전차 2300대는 소련군 전차 5800대에 상대가 될 수 없었다. 1944년 동안 격차가 계속 벌어졌다. 스탑카에서 스탈린 예하 사령관들은 자기들이 결정적 우위를 누린다는 점을 알고 있었다. 목표는 그 우위가 적에게 효과를 발휘하도록 만드는 것이었다. 적은 적극 방어에 숙달되고 최고 성능의 야전 무기를 보유했으며, 이제 그 병사들과 지휘관들은 붉은군대가 자기 나라를 지키면서 보여주었던 것과 같은 숙명론적 도전에 불타올랐다. 소련군 사령관들은 가능한 한 조속히 전쟁을 끝내기를, 그리고 병력과 장비를 덜 소모하고 전쟁을 끝내기를 바랐다. 스탈린으로서는 적을 거꾸러뜨리겠다는 열망을 넘어서는 동기가 있었다. 동유럽으로 진군해 들어가기 시작할 태세를 갖춘 그는 소련이 곧 독일의 '신질서'를 소련식으로 재구성할 위치에 있게 되리는 것을 알고 있었다.

1944년 3월에 소련군 총참모부와 국가 방위위원회는 다음 타격을 어디에 가할지를 정하고자 전선 전체를 철저히 평가하기 시작했다. 스탈린조차 심지어 뚜렷한 수적 우위를 가지고도 '총공세'가 효과를 내지 못한다는 것을 받아들이게 되었다. 총참모부의 견해는 획득할 수 있는 목표에 공세를 차례차례 가해야 한다는 것이었다. 이로써 병력을 집중할 수 있게 되었고, 독일군이 주요 공격 장소를 추측할 수 없도록 만들었다. 소련 영토에 아직껏 남아 있는 유일한 주요 병력인 에른스트 폰 부슈 육군원수 휘하의 중부 집단군에 공세를 가한다는 결정이 5월에 내려졌다.[33] 중부 집단군은 그 형태 때문에 벨라루스식 발코니라는 별명을 얻은 거대한 돌출부의 속에 있는 민스크 주변에 퍼져 있었다. 독일군은 주공이 남쪽에서, 즉 소련 기갑 병력 대부분이 집중되어 있는 우크라이나에서 오리라고 예상했다. 벨라루스 공격의 성공은, 동부 전선에서 자주 그랬듯이, 적으로 하여금 주요 공격이 다른 곳에서 올 것이라고 믿게 만드는 데 달려 있었다.

이런 의미에서 소련군의 여름 공세는 서부에서 미군과 대영제국군이 준비하고 있었던 거대한 오버로드 상륙 작전과 퍽 닮았다. 5월이나 6월 초순으로 일정이 잡힌 북프랑스 침공의 성패는 결정적으로 독일군이 침공 주력의 정확한 위치와 상륙 기도 장소를 눈치채지 못하도록 만드는 데 달려 있었다. 동부와 서부에서 벌어진 두 작전이 완벽한 기습으로 이루어지는 데 성공했다는 것은 독일 첩보망이 허술했음을 말해준다. 소련 측은 은닉 계획을 최우선시했다. 딱 다섯 사람만이, 즉 주코프, 바실렙스키, 안토노프, 시테멘코, 작전부장 대리 한 사람만이 작전의 전모를 알고 있었다. 그들 사이의 서신, 전화, 또는 전신 교환이 일절 금지되었다. 두세 사람 이하가 전선에서 올라오는 보고서를 처리했다. 다른 어느 누구도 계획에서 자기가 맡은 특정 부분을 위해 알 필요가 있는 것 이상은 어떤 것도 듣지 못했다. 마지막 준비 단계 직전까지 명확한 날짜가 정해지지 않았다.[34]

기만책은 바로 소련군 전선까지 확장되었다. 5월에 지휘관들은 거의 아홉 달 동안 끊임없이 교전을 치른 뒤에 붉은군대가 참호를 파서 진지 강화를 하고 있다는 인상을 주고자 방어 태세를 갖추는 척하라는 명령을 받았다. 모든 전선에서 주요 무선 통신소를 폐쇄하고, 무선 통신을 완전히 중단시켜 은폐를 강화했다. 파드칼레Pas de Calais 맞은편 영국 남부에 세워진 유령 부대처럼 완전히 가짜인 부대 하나를 남쪽에 세워서 남쪽 측면이 위협받고 있다는 인상을 주었다. 가짜 전차와 대포의 정비장을 '보호'하는 대공포 부대가 주둔하고 전투 초계기가 그 상공을 정기적으로 비행해서 그 모조 부대에 신빙성을 보태주었다. 북쪽에, 즉 발트해 전선에 두 번째 가짜 부대가 만들어졌다. 독일 첩보 기관은 그 기만책을 그대로 덥석 받아들였다. 소련군의 제공권을 감안할 때 항공 정찰이 어려웠지만, 독일군이 보아주기를 소련군 사령관들이 바라는 지역은 예외였다. 붉은군대가 더 가까이 다가옴에 따라 독일 첩보 기관이 과거에 의지했던 현지인 간첩과 밀고자의 조직망이 고갈되었다. 늦봄에, 즉 소련군이 공격하기 고작 몇 주 전만 해도 독일의 동부 전선 첩보부장이 중부 집단군에게 '조용한 여름'이 예상된다고 말했다.[35]

이 첩보는 독소전쟁 최악의 실수 가운데 하나로 손꼽힌다. 독일군 사령관들은 적이 쉬운 통로를 택해서 남쪽에서 오리라고 예상했으며, 소련군에게는 참호 진지에 있는 노련한 독일 부대를 상대로 복잡한 대규모 작전을 벌일 능력이 없다는 일관된 믿음을 버리지 않았다. 소련군의 기만 계획의 성공은 그 계획의 수행 능력뿐만 아니라 속아 넘어가려는 의향이 적에게 있는가에 달려 있었다. 중부 집단군에 공격이 가해지기 시작할 무렵 소련 첩보 기관은 기만책이 효과가 있다는 것을 알고 있었다. 독일군은 남부와 북단에서 더 강했고, 중앙부의 외곽은 견고했지만 그 안은 비어 있었다.

소련군의 여름 계획은 별개 공세를 잇달아 다섯 차례 펼치는 것이었다. 북부에서 이루어질 1차 공세는 소련-핀란드 국경에 제한된 공격을 가해 핀란드군의 저항을 깨뜨리고 독일 증원군을 발트해 연안 국가들로 꾀어 들이는 것이었다. 2차, 3차 공세는 민스크 주위의 독일군 주 집결지에 맞서서 (둘로 나뉘어서 제2, 제3벨라루스 전선군으로 이름이 바뀐) 서부전선군이 개시할 터였다. 이것이 주요 작전의 핵이었다. 목적은 독일군 전선이 무너질 경우에 발트해 연안과 동프로이센 쪽으로 추가 전과 확대를 하는 것이 가능해지도록 만들려고 입안되었다. 그다음은 코네프의 제1우크라이나 전선군이 4차 공세를 수행해서 폴란드 도시 르부프Lwów〔오늘날 우크라이나의 르비우Lviv〕와 루블린을 향해 나아가서 퇴각하는 독일 중부 집단군 부대의 퇴로를 끊으려고 시도하는 것이었다. 핵심 목적이 이루어졌을 때만 속개될 마지막 공세가 저 남쪽의 루마니아와 플로이에슈티 유전에 가해질 터였다.[36]

불필요한 위험을 피하려는 계획이 입안되었다. 공세의 각 단계는 후속 단계를 가능하게 만드는 조건을 조성하도록 예정되어 있었다. 열쇠는 민스크 공격이었다. 독일군 주 집결지들을 공격할 준비를 한 2개 전선군이 드러나지 않도록 병력과 비축 물자를 지원받아 증강되었다. 어디로 왜 가는지를 부대에 알려주지 않을 만큼 다가오는 전역은 비밀이었다. 전선을 향해 가는 열차가 도중에 정차할 때 초병선에 둘러싸였으며, 끊임없는 감시 아래 작은 무리의 병사들에게만 하차 허가가 내려졌다. 열차 기관사는 몰아야 할 열차의 번호만을 들었고 행선지는 듣지 못했다.[37] 계획이 펼쳐지자, 주요 2개 전선군이 수행하기로 되어 있는 임무를 맡기에는 너무 취약하다는 점이 분명해졌다. 2개 전선군에게는 1개 전차군도 없었기 때문에 신속한 돌파에 필요한 기동 타격력이 모자랐던 것이다. 5월의 마지막 며칠 동안에 그 부대들에게 쿠르스크 전투에서 극적 역할을 한 바 있는 로트미스트로프의 제5근위 전차군이 주어졌다. 5월 20일에 스탈린이 크레믈에서 마지막 최고위급 회의를 열어서 계획 전체를 비판적으로 꼼꼼히 점검했다. 개시일은 6월 15일과 20일 사이로 잡혔다. 작전에 이름이 없었다. 참석자들이 스탈린에게 의견을 물었고, 그는 같은 조지아 출신으로 1812년 나폴레옹 전쟁의 영웅 '바그라티온Bagration•• '이라는 이름을 골랐다.[38]

독일군은 1944년 5월에 두 공세에, 즉 하나는 서쪽에서, 또 하나는 동쪽에서 밀려오는 공세에 대처해야 하는 상황에 맞닥뜨렸다. 독일군은 어느 공세에 대해서도 맞서 싸우게 될 전력의 규모, 공세가 들이닥칠 장소나 시기에 관해 확실한 견해를 전혀 가지고 있지 못했다. 소련에서는 제2전선에 관해 끊임없이 실망한 나머지 서방의 의도에 관한 냉소가 생겨 널리 퍼졌다. 스탈린 스스로가 그런 투였다. 그는 오버로드 작전 전야에도 서방의 결의를 여전히 의심하면서 "그 사람들이 독일군 몇 명하고 마주치면 어떻게 될까! 그러면 아마도 상륙은 없고 여느 때처럼 약속만 남겠지"라고 말했다.[39] 제2전선에 관한 농담이 모스크바에 퍼졌는데, 그 농담이란 한 러시아 사람이 "구교도•• 가 뭐지?"라고 물으면 다른 사람이 "아직도 제2전선이 열릴 거라고 믿는 사람이지"라고 대꾸하는 것이었다.[40] 실제로 제2전선은 열렸다. 6월 6일 아침에 서방 연합국이 노르망디 해안을 침공해서 저녁 무렵 해안에 좁은 교두보를 확보했다. 그날 밤에 모스크바의 레스토랑은 축

• 1765~1812. 러시아제국의 군인. 조지아 태생이었으며, 수보로프와 쿠투조프의 문하생이자 전우였다. 1812년에 러시아로 쳐들어온 나폴레옹의 대군에 맞서 러시아의 제2서부군을 지휘했으며, 보로디노(Borodino) 전투에서 크게 다쳐서 숨졌다.

•• 17세기 중엽에 러시아 정교회 지도부가 단행한 전례개혁에 따르지 않고 옛 전례서와 전례의식을 고수한 러시아 그리스도교의 한 종파. 정교회와 통치자의 모진 핍박을 받으면서도 개혁 이전의 믿음에 충실했다.

하주를 마시는 사람으로 붐볐다. 6월 7일자 《프라브다》는 작전 소식을 서방 최고 사령관 아이젠하워 장군의 사진을 곁들여 4단 기사로 실었다. 그러나 그뒤로는 그 뉴스가 사라졌다. 신문은 '서유럽의 군사 활동'에 관한 사실 기사를 조그맣게 실었다. 모스크바 주재 영국 저널리스트에 따르면, 신문 논조는 "흠집을 잡고 깔보는 식이었다".[41] 전반적 시각은 노르망디 작전의 기세가 역부족이며 서방의 성공은 독일군 사단들이 아직도 대부분 동부 전선에 배치되어 있다는 사실에 크게 기인한다는 것이었다.

이 점은 어찌 되었든 사실이었다. 동부에는 독일군 200여 개 사단과 독일 동맹국의 28개 사단이 있는 데 견줘서 서부에는 58개 사단이 있었으며, 그 가운데에서도 겨우 15개 사단이 노르망디 전투 초기 단계의 전투 지역에 있었다. 프랑스에서 사용할 수 있는 것보다 더 많은 인력과 대공포가 독일 본국에 가해지는 폭격에 맞서 배치되었다. 독일군은 더 큰 위협을 잘 알고 있었다. 인력을 서쪽으로 이동해 프랑스 침공에 대처하는 주요한 움직임은 없었다. 현지에 이미 있는 부대를 가지고 노르망디의 연합군 교두보를 비록 없애지는 못했어도 견제는 했다. 그뒤를 이어 며칠 뒤에 동부에서 첫 공격이 개시되었다. 초기 공세는 속임수, 즉 주공이 중부 집단군을 향하지 않고 북쪽과 남쪽에서 오리라는 독일의 의심을 굳히려는 기만 계획의 일부였다. 6월 10일에 핀란드군과의 전투가 시작되었다. 소련군은 겨울 전쟁의 실수에서 교훈을 얻었다. 소련군은 이번에는 아주 철저하게 전지戰地를 준비해서 1939년에 입었던 피해의 3분의 1만을 치르고 한정된 목표를 이룰 수 있었다. 저 남쪽에서는 주공을 조정할 임무를 맡은 주코프와 바실렙스키가 최종 준비를 감독했다. 부대들은 훈련을 받고 또 받았다. 모의탄을 가지고 훈련하자 부대원들이 실감을 못 느낀다는 사실이 알려졌다. 주코프는 실탄을 사용하라는 명령을 부대원들에게 내렸다. 거의 100만 톤에 이르는 보급 물자와 30만 톤의 석유가 후방에서 주문되었다.[42] 전차 증원군의 이동이 지연되어 바그라티온 작전 날짜가 바르바로사 작전 개시 3주년인 6월 22일로 늦추어졌다.

실제로 새 전역의 시작은 비밀리에 몇 달 동안 이루어진 준비로 기대되었을지 모를 수준보다는 응집력이 떨어졌다. 시테멘코가 일컫은 대로, 그 '거대한 산사태'는 흔히 그렇듯이 돌과 얼음이 조금씩 떨어지면서 시작되었다.[43] 그런데도 소련군이 독일의 중부 집단군을 쳐부수었다는 사실은 전쟁 초반 두 해에 얻은 교훈을 얼마나 잘 배웠는지를 보여주었다. 아마도 전쟁 동안 실시된 소련군 작전술의 가장 훌륭한 사례였을 것이다. 그 전역은 1930년대 초엽에 투하쳅스키가 최초로 윤곽을 그린 작전, 즉 집체를 이룬 항공기와 장갑 무기의 '종심 작전'과 아주 흡사했다. 먼저 6월 19일 밤에 파르티잔 부대들이 독일군의 교통망을 체계적으로 공격해서 운송 목표물 1000군데에 맹타를 가하고 독일군의 보급 체계와 재전개를 불능으로 만들었다. 이 뒤에 무시무시한 강도의 항공 공격이 이어졌다. 바르바로사 작전 개시 기념일 전날인 6월 21일에 소련 폭격기들이 공조해서 독일군의 후방지대에 항공 타격을 개시했다. 한 독일 측 설명에 따르면, 독일 공군 제6대비행대는 작전을 벌일 수 있는 전투기를 겨우 마흔 대 정도만 모을 수 있었다.

일부 폭격은 조종석에 덮개가 없는 복엽기로 야간 비행을 하는 여성 조종사가 수행했다. 남성 비행사들이 반발하는데도 1944년 무렵에 여성이 실전에 대거 투입되었다. 제46 야간 경폭격기 여성 근위 연대는 병기계원부터 조종사와 정비병에 이르기까지 전적으로 여성이 운영했다. 연대원 가운데 스물세 명이 소비에트연방 영웅이 되었다. 다른 여성들은 육군에서 복무했다. 1945년 무렵 전선에는 여군 24만 6000명이 있었다. 봐주는 것은 거의 없었다. 제1벨라루스 전선군은 여성 질환 전문의를 한 명 두고 있다고 자랑했지만, 전선에서 여성을 위한 위생 및 의료 편의 시설은 초보적이거나 전무했다.[44] 남성 동료와 장교는 여성이 자기가 하는 것과 똑같이 힘든 일을 감당할 것을 기대했으며, 한편 여성은 자기가 해낼 수 있다는 것을 남성에게 입증하려고 더 위험한 일을 맡겠다고 지원하는 일이 잦았다.

소련군 주공의 목표를 효과적으로 잡는 데 필요한 첩보를 얻어내고자 바르바로사 작전 개시 기념일 바로 그날 소련군 수색 대대들이 독일군 전선으로 대거 이동해 들어가서 독일군 순찰병들을 잡고 독일군 포 진지를 수색했다. 드디어 6월 23일에 총력 공격이 독일군 돌출부 북쪽에서 개시되었고 다음 이틀 동안 남쪽으로 천천히 옮겨갔다. 모종의 공격이 개시되리라는 증거가 있는데도, 독일군 방어자는 자기들을 치는 군대의 규모와 강도를 막아낼 준비가 되어 있지 않았다. 무엇이 닥치고 있는가를 독일군에게 경고했을지도 모르는 통상적인 일제 포 사격이 총공격을 위해 잦아들자, 보병과 전차와 포병이 어두움을 틈타 한꺼번에 전진했다. 1차 공격의 물결은 지뢰밭에 통로를 내는 특수한 쟁기가 달린 전차로 이루어졌다. 그뒤를 자주포와 그보다 더 많은 전차의 지원을 받는 보병이 따랐다. 앞에 있는 길은 화염으로 훤했으며 전조등을 이용해서 독일군 방어자의 눈을 부시게 만들었다. 독일군의 방어가 허물어지자 뒤따르는 기계화 부대가 그

틈새를 벌리고 다음 목표물로 이동할 공간을 남겼다.[45] 이번에는 소련 지휘관들이 독일군의 저항 고립 지대를 그대로 내버려두고 진지선이 공고해지기 전에 돌진하라는 명령을 받은 상태였다. 1939년과 1941년 사이에 독일군이 구사해서 매우 놀라운 성공을 거둔 바로 그 전술이었다.

지형은 방어자에게 유리했다. 늪지대와 구릉 지대가 번갈아 나타났으며, 신속한 부대 이동에 알맞지 않은 넓은 하천계河川系가 있었다. 그런데도 소련군은 지형 문제를 같은 시기에 노르망디의 수풀bocage에 걸린 서방 연합군보다 더 가볍게 해결했다. 로코솝스키의 제1벨라루스 전선군이 6월 24일에 이동 공세의 일부를 개시했을 때, 그의 휘하에 있는 전차와 대포가 프리퍄트Pripiat 늪지대의 북쪽 가장자리에 있는 소택지에서 튀어나와 독일군 방어자를 깜짝 놀래켰다. 적에게 들키지 않고 소련 공병대원이 나무로 둑길을 만들어 전지에 대비를 해놓았던 것이다. 그 임시변통 도로를 타고 소련 기갑 부대가 쏟아져 내려가 하루 만에 25마일을 전진하는 전과를 올렸다.[46] 독일군은 부대 전체가 포위될 위기에 빠졌으며, 무자비한 항공 폭격에 두들겨 맞고 적이 다음에는 어디서 나타날지 불확실했기에 점점 지리멸렬해지는 상태에서 응전했다. 세 해 전에 당하는 쪽이었던 붉은군대로서는 달콤한 앙갚음이었다.

일주일이 조금 넘는 기간이 지난 뒤에 바그라티온 작전이 놀라운 성공작임이 판명되었다. 민스크 주위에 있는 급조된 몇 개 부대가 독일군 전선에 남아 있는 전부였다. 7월 3일에 벨라루스의 수도가 점령되었지만, 소련군은 이미 그 도시를 지나쳐서 모든 희생을 무릅쓰고 밀고 나아가서 독일군 전선이 참호를 형성해 더 강력한 방어선을 만들지 못하도록 만들었다. 히틀러의 본부에서는 무슨 일이 있더라도 굳게 버티거나 궤멸된 이후에도 방어 위치를 오랫동안 고수하라는 필사적 요구를 보냈다. 붕괴를 막으려는 시도로 6월 29일에 모델 육군 원수에게 중부 집단군 지휘권이 위임되었지만, 모델은 (비록 히틀러에게 대놓고 말할 수는 없었어도) 후퇴 말고는 다른 합당한 대안을 찾지 못했다. 보름 만에 독일군 전선에 너비 250마일, 깊이가 거의 100마일이나 되는 구멍이 뚫렸다. 처음으로 독일군 포로가 대량으로 잡혔다. 민스크 주위에서 30만 명이, 그리고 다음 몇 주 동안 추가로 10만 명이 포로가 되었던 것이다. 붉은군대가 앞에 있는 모든 것을 보름 만에 휩쓸어버린 반면 서방 연합군은 좁은 교두보에서 여전히 허우적거린다는 사실에서 스탈린은 틀림없이 각별한 만족감을 얻었을 것이다.

다음에 어디로 이동해야 할지를 생각하기 위해 멈출 필요가 있다고 판명될 만큼 소련군의 성공은 너무 신속했다. 7월 8일에 스탈린은 참모진을 모두 불렀다. 도착한 주코프와 안토노프는 스탈린의 "기분이 좋다"는 것을 발견했다. 협의 도중에 "그는 익살마저 떨었다."[47] 최고 사령관의 전혀 낯선 모습이었다. 낮 2시인데도 스탈린은 두 사람에게 같이 아침 식사를 하자고 했다. 세 사람은 소련군의 전략을 의논했다. 스탈린은 붉은군대만의 힘으로 일을 끝낼 수 있지만 전쟁을 더 빨리 끝낼 한 방법으로 제2전선을 반긴다고 역설했다. 그런 다음 그는 주코프에게 현행 공세에서 휘하 부대가 폴란드 동부를 해방하고 비스와Wisła강에 다다를 수 있는가를 물었다. 주코프는 어렵지 않게 할 수 있다고 말했다. 추가로 병력 100만 명, 전차 2000대, 항공기 3350대가 소련군 공세의 남쪽 끝에서 태세를 갖추고 있었다. 스탈린은 주코프에게 그 병력을 바르샤바, 그리고 베를린으로 가는 길쪽으

로 풀어놓으라고 명령했다.[48]

7월 13일에 5개 공세 가운데 네 번째 공세가 폴란드 도시 르부프를 향한 돌진으로 개시되었다. 이번에는 비가 심하게 오는 악천후인 데다가 초기에 독일군의 거점을 제대로 정찰하지 못해서 전진이 느렸다. 7월 18에 루블린에 두 번째 공격이 가해졌다. 이 공격은 훨씬 더 큰 성공을 거두어서 일주일 만에 독일군이 또다시 혼란에 빠졌다. 루블린은 7월 23일에 함락되었고, 1918년 3월에 트로츠키가 독일에게 항복하는 문서에 서명했던 곳으로 이름만 브레스트-리톱스크가 7월 26일에 함락되었다. 7월 16일에 르부프를 향한 돌진이 리발코Rybalko 장군의 제6근위 전차군단을 선봉으로 개시되었다. 독일군의 전선에 좁은 회랑이 뚫렸고, 리발코는 독일군 진지선 배후로 신속하게 이동해서 우치Łódź 앞에 있는 독일군 부대를 포위하려고 끊임없는 포화를 맞으며 제3근위 전차군을 일렬로 전진하게 하는 위험을 무릅썼다. 다른 전차 부대들이 회랑이 열려 있도록 지키는 동안, 과감하게 후려치는 공격 한 번으로 브로디Brody 가까이에 있던 독일군 8개 사단의 포위가 완료되었다. 7월 22일까지 고립 지대가 제압되었고, 소련군 전차 부대가 이동해서 르부프를 에워쌌다. 독일군이 비스와강으로 퇴각함에 따라 7월 27일에 도시가 함락되었다. 소련군의 기동 작전으로 열흘 뒤에 폴란드 남부의 전선 전체가 무너졌다.

독일군 고위 사령부로서는 재앙으로 점철된 한 주였다. 7월 25일에 서방 연합군이 드디어 노르망디 해안에서 빠져나왔고, 소련군과 마찬가지로 미군이 약해진 독일군을 휩쓸기 시작했다. 같은 날 붉은군대의 첫 부대가 폴란드를 가로지르는 대수로이며 바르샤바를 말 그대로 두 쪽으로 나누는 비스와강의 기슭에 다다랐다. 며칠 안에 비

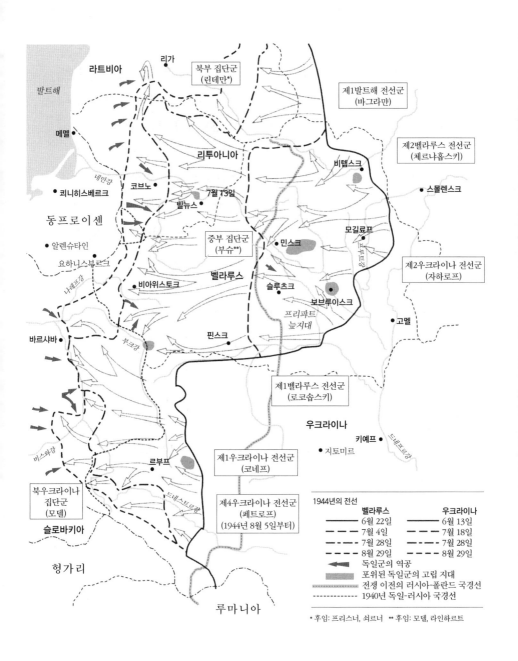

[지도 9] 바그라티온 작전(1944년 6~8월)

스와강 건너편 마그누셰프Magnuszew와 푸와비Puławy에 작은 교두보가 만들어졌다. 두 교두보는 독일군의 거센 반격을 받았다. 마그누셰프의 지휘관은 스탈린그라드 농성의 영웅 추이코프 장군이었다. 뒤로 밀릴 사람이 아닌 그는 어떤 시점에는 병사 열 명 남짓과 대포 몇 문으로 줄어든 작은 교두보를 굳게 지켰다. 이제 스탈린은 소련군에게 바르샤바로 모여들어서 독일 중부 집단군의 잔존 병력을 쳐부수라는 명령을 내렸다. 그러나 4주 만에 수백 마일을 주파해 온 소련군의 공격 속도가 완만해지기 시작했다. 전차와 병력이 심하게 마손되어서 소련군 전위 부대가 반격에 취약해졌다. 7월 하순에 독일군이 필사적인 파쇄 전투를 개시했다. 헤르만 괴링 사단과 나치 친위대 비킹Wiking 사단을 비롯해서 크게 보강된 기갑 부대가 소련군의 전진을 저지했으며, 선두 전차 군단에 막대한 손실을 안겨주어서, 제2전차군은 바르샤바에 다다르기는커녕 물러나서 재정비해야 했다. 바그라티온 작전이 드디어 폴란드 수도의 동쪽에 이르러 한계에 부딪혔다.

폴란드 수도는 전쟁에 낯설지 않았다. 1939년 9월에 독일 공군이 폴란드에 항복을 강요하는 시도의 일환으로 바르샤바의 여러 지역을 파괴했다. 살아남은 바르샤바 게토 주민이 1943년 4월에 봉기를 했지만, 나치 무장 친위대원 2000명에게 진압당했다. 끔찍한 보복 행위로 쑥대밭이 되고 2만 명을 웃도는 남자, 여자, 어린이가 목숨을 잃었다. 살아남은 사람 4만 9000명은 수용소로 이송되어, 일부는 가스로 빨리 죽었고 일부는 노동 수용소에서 천천히 죽었다. 패한 듯 보이는 적군을 붉은군대가 힘껏 뒤쫓자 1944년 8월에 바르샤바에서 다시 싸움이 벌어졌다. 폴란드 국내군Armia Krajowa으로 조직된 폴란드 저항 세력이 소련군이 도착하기에 앞서 바르샤바를 해방하려는 시도로

8월 1일에 수도에서 봉기를 일으켰다.

봉기는 타데우시 부르-코모로프스키 장군과 빈약하게 무장한 애국자 2만 명이 이끌었다. 8월 1일 오후 5시에 국내군 전사들에게 신호가 떨어졌다. 독일군은 곧바로 현관, 창문, 발코니에서 쏘아대는 우박 같은 총알 세례를 받았다. 사제 폭탄과 지뢰가 도시 주위에서 터졌다. 반군은 독일 수비대 일부를 제압하고 바르샤바 중앙의 커다란 부분을 장악했지만, 철도역 또는 비스와강 위에 놓인 어느 다리도 접수하지 못했다. 그들은 도시를 완전히 파괴하고 주민을 말살하라는 명령을 받고 움직이는 독일군 부대에 맞서서 대포와 전차, 또는 심지어는 적정량의 휴대 화기와 탄약도 갖추지 못한 채로 두 달 동안 싸운 끝에 마침내 격파되었다. 민간인 22만 5000여 명이 죽었으며, 전쟁 중에 단일한 잔학 행위로는 최대 규모였다. 독일군은 미쳐 날뛰었다. 그들은 1941년에 특무기동대를 지휘하고 전선 뒤에서 야만스러운 파르티잔 소탕전을 수행했던 바로 그 바흐-첼레프스키의 지휘를 받았다. 직원과 환자를 안에 가두어놓은 채 병원에 불을 질렀고, 하수도를 타고 도망치는 폴란드인을 몰아내려고 가스를 사용했으며, 여자와 어린이를 수천 명씩 살해했다. 더이상의 고통에서 도시를 구하려고 부르-코모로프스키가 10월 2일에 항복했다. 그의 부하들은 사로잡혔고 남은 바르샤바 주민은 독일의 수용소로 이송되었다. 유서 깊은 도시가 돌 하나하나, 거리 하나하나까지 완전히 파괴되었다.[49]

서방에서는 바르샤바에 닥친 참사의 책임을, 에둘러서, 스탈린과 붉은군대에게 지우는 것이 오랫동안 관례였다. 처칠은 자필 회고록에서 자기의 지난날 동맹국이 '명예감, 인류애, 적절한 상식선상의 신의'가 없으며 스탈린은 이런 특성을 사실상 제대로 갖추지 못했다고 꾸짖었다.[50] 폴란드 국내군이 소련의 도움을 기대했다는 말이 있다. 붉은군대는 도움을 주는 대신에 비스와강에 앉아서 자기들 앞에 있는 도시가 파괴되는 꼴을 지켜보았다는 것이다. 처칠은 스탈린이 폴란드 민족주의자들을 손수 없애는 대신에 독일군이 그들을 없애버리도록 내버려두려고 그렇게 한 것이 사실이라고 본 수많은 이 가운데 한 명일 따름이다. 이런 의미에서 바르샤바의 고통은 나치와 소련이 맺은 불가침 조약의 마지막 고조나 냉전의 첫 전투장으로 간주될 수 있었다.

진실은 이보다 훨씬 더 복잡하다. 바르샤바 봉기는 소련군의 진격을 돕기 위해서가 아니라 진격을 미리 막기 위해서 추진되었다. 폴란드 민족주의자들은 붉은군대가 아니라 자기들이 해방 투쟁과 향후 폴란드 독립의 상징으로서 바르샤바를 해방하기를 바랐다. 이 포부는 며칠 전인 7월 21일에 공산주의자의 후원을 받는 폴란드 민족해방위원회가 스탈린의 승인을 받으며 세워졌기 때문에 더더욱 급박해졌다. 루블린에서 7월 22일에 그 위원회가 새 임시 정부로 선언되었고, 나흘 뒤 우호 조약이 체결되어 소련이 새 정부를 인준했다.[51] 이것은 모두 다 적어도 엄밀히 따지면 테헤란 회담에서 합의를 본 조건 안에서 이루어졌다. 테헤란에서 처칠과 루스벨트는 1941년의 국경과 독소 불가침 조약에서 분할한 폴란드의 소련 몫을 유지한다는 스탈린의 요구에 마음 내키지 않는 묵인을 했었다. 폴란드 민족주의자들과 서방 연합국이 용인할 수 없었던 것은 독일의 패배로 태어나는 어떤 새 폴란드 국가도 소련의 지배를 받으리라는 거의 틀림없는 사실이었다. 스타니스와프 미코와이치크가 이끄는 런던의 폴란드 망명 정부는 국내군에게 민족주의자의 선제 봉기를 개시하라고 다그쳤고,

소련이 1939년에 차지한 영토를 유지해야 한다는 여하한 생각에도 단호히 반대했다.[52]

실제 문제는 정치적인 것이 아니라 — 소련 지도자들과 폴란드 민족주의자들 사이의 적대감에 관해서는 전혀 새로운 것이 없었다 — 군사적인 것이었다. 붉은군대가 1944년 8월에 바르샤바를 장악해서 독일군이 저지르는 더이상의 야만 행위에서 주민을 구할 수 있었을까? 이제 그 답은 확연하게 '아니오'인 듯하다. 소련군은 바르샤바가 불타는 동안 앉아서 놀지는 않았다. 바르샤바는 그들의 손이 미치지 않는 곳에 있었다. 8월 초에 소련군 최선두 부대가 도시 접근로에서 치열한 전투를 벌였으며, 비스와강 너머의 작은 교두보들이 독일군의 격렬한 공세를 받았다. 북쪽에서는 폴란드 수도로 가는 또 하나의 길을 열어주었을지도 모를 부크Bug강과 나레프Narew강의 교차 지점을 놓고 양쪽이 필사적으로 싸웠다. 소련은 비록 폴란드인에게 어떤 이익을 가져다주지는 못했을지라도 결코 수수방관한 것은 아니었다. 스탈린은 완전히 그리고 의문의 여지 없이 올바르게도 폴란드군의 군사적 잠재력을 무시하는 태도를 취했다. 그는 8월 초순에 모스크바를 방문하고 있던 미코와이치크에게 이렇게 말했다. "맙소사, 저런. 대포도 없고 전차도 없고 비행기도 없다니…. 현대전에서 이런 것이 없으면 아무것도 못할 거요."[53] 소련군 사령관들은 바르샤바가 키예프나 민스크와 같지 않다는 것을 알고 있었다. 그들의 군대는 지치고 무기가 모자랐으며, 독일군은 바르샤바 지역 방어를 최우선시했다. 휘하 부대가 바르샤바 전선에 묶여 있던 로코솝스키 장군은 1944년 8월 하순에 영국인 전시 통신원에게 다음과 같이 말했다. "봉기는 오로지 우리가 바르샤바에 바야흐로 진입하려는 시점에 일어날 때에만 이치에 맞을 것입니다. 그 시점에는 어느 단계에서도 이르지 못했습니다. … 우리는 뒤로 밀렸습니다."[54] 주코프가 바르샤바의 혼란한 상황에 관해서 스탈린에게 보고하려고 9월 초순에 바르샤바 전선에 파견되었을 때, 그는 군사적 견지에서 비스와강을 아직은 대거 도하할 수 없다는 결론을 내렸다. 사료로서 신빙성이 없지 않은 독일의 여러 전쟁 회고록은 독일군의 방어가 갑자기 강화되어서 붉은군대가 바르샤바를 돕기 어려웠음을 확인해준다.[55]

봉기자를 도우려는 노력도 조금은 있었다. 처칠과 루스벨트는 봉기를 대하는 스탈린의 태도에 충격을 받았다. 그들은 중폭격기로 무기와 보급품을 떨어뜨리기 시작했지만, 그 양은 미미했다. 8월 4일에 비행기 두 대, 8월 8일에는 겨우 네 대가 바르샤바에 간신히 이르렀다. 높은 고도에서 낙하산으로 떨어뜨렸기 때문에 정확도는 형편없었고, 물자는 대부분 독일군의 손에 떨어졌을 가능성이 높다. 이것이 스탈린이 보급 물자를 투하하지 않은 까닭이었다.[56] 서방의 계획 배후에는 군사적 현실론이 별로 없었다. 연합군의 공중 투하로 바르샤바의 폴란드 저항 세력이 오래 지탱되었을 수 있다는 것은 어불성설이다. 공중 투하는 인도주의에서 발동한 제스처였지만, 더불어 정치의 동기도 작용했다. 스탈린이 마침내 9월에 누그러져서 바르샤바에 살아남아 있는 저항 세력의 고립 지대에 보급 물자를 투하하기 시작했을 때, 그에게는 오직 정치적 동기만 있었음이 거의 틀림없다. 의문의 여지 없이 그는 반소 폴란드 민족주의가 분쇄되는 것을 반겼고, 분쇄되었다는 것은 이 단계에서 확연했다. 그러나 스탈린의 폴란드 공산주의자 동맹자들조차 앞으로 자기들의 수도가 될 도시의 운명에 대한 모종의 제스처를 원했으며, 9월 초순이 되면 전황도 바뀌었다. 베를링 장군 휘하의 폴란드 제1군이 8월 20일에 바르샤바 맞은편 전선에 가담했다. 9월 10일에 공격이 재개되었고, 이번에는 소련군이 차지하고 있던 비스와강 동쪽의 바르샤바 외곽에 있는 프라가Praga를 점령했다. 낮은 고도에서 낙하산으로 투하하는 공중 수송이 시작되었다. 그러자 폴란드 제1군이 자체 공격을 개시해서 비스와강을 건너 바르샤바 안으로 들어갔지만, 막심한 손실을 입은 뒤 9월 23일에 어쩔 도리 없이 도로 강을 건너 후퇴해야 했다. 심지어는 이 막바지 단계에서도 폴란드 국내군은 새 공격군과 협조해서 작전을 벌이기를 거부할 만큼 친공산주의적인 동포를 깊이 불신했다.[57] 일주일 뒤 국내군은 항복했다. 그들은 스탈린의 냉소적인 사전 계산의 제물이라기보다는 그들 자신의 민족주의적 열정, 즉 자기 나라에 대한 사랑 그리고 공모를 해서 자기 나라를 산산조각 냈던 두 인접 대열강을 향한 증오의 제물이었다.

바그라티온 작전은 바르샤바 해방으로 이어지지 않았다. 바르샤바 해방이 원래 계획의 일부가 아니었기 때문이다. 작전은 다른 모든 면에서는 대성공작이었다. 벨라루스가 해방되었고, 폴란드 동부도 해방되었다. 8월에 5개 공세 가운데 마지막 공세가 전선의 남쪽 구역, 즉 독일군과 루마니아군이 6월에 소련군의 타격을 흡수할 태세를 갖추었던 그 지점에서 개시되었다. 이제 추축군은 주코프의 계획이 의도했던 바대로 더 북쪽에서 벌어지는 싸움에 증원군을 보내는 바람에 크게 약해졌다. 소련군은 공격 대상이 된 군대보다 더 컸지만, 북쪽에서 두 달 동안 싸움이 벌어지면서 소련군의 예비 병력도 소진되었다. 일부 병사들은 겨우 몇 달 전에 소련군이 해방한 바로 그 지역에서 급하게 충원되어서 형편없는 훈련을 받았다. 이때에도 재편된 붉은군대는 맨손의 인력보다는 전차, 대포, 항공기에 의존했다.

남쪽에서 날린 타격은 다시 한번 기대를 넘어섰다. 8월 20일과 29일 사이에 독일 남부 집단군이 완전히 무너졌다. 40만 명이 넘는 포로가 사로잡혔다. 여기에는 스탈린그라드 전투 뒤에 재편되었다가 루마니아 북부에 있는 시레트Siret강 유역에서 또 한 번 포위되어 궤멸된 독일군 제6군의 대다수가 포함되어 있었다. 8월 23일에 루마니아의 친독일 정부가 무너졌고, 루마니아는 편을 바꾸었다. 어떤 루마니아 군부대는 단 몇 주 뒤에 전투에 복귀해서 붉은군대 편에 서서 싸웠다. 9월 2일에 독일의 마지막 원유 주 공급지인 플로이에슈티 유전이 소련 손에 들어갔으며, 부쿠레슈티가 함락되었다. 붉은군대는 불가리아를 휩쓸고 지나가 유고슬라비아로 들어갔으며, 10월 초순에는 헝가리 국경선에서 부다페스트로 치고 들어갈 채비를 했다. 12월이 되면 헝가리의 수도가 포위되었고, 독일군에게 남아 있던 전차 전력 다수를 헝가리의 피바다 속으로 빨아들인 치열한 장갑전이 벌어진 뒤 2월 14일에 부다페스트가 함락되었다.

소련군의 발칸반도 진격은 1944년 여름에 세워진 소련 군사 계획에서 확고한 근거를 가지고 있었지만, 그 실질적 영향은 정치적이었다. 스탈린은 한 해를 조금 넘는 기간 만에 자기 나라의 3분의 2만을 다스렸던 일개 지도자에서 동유럽의 커다란 부분의 주인이 되었다. 소련 지도자들은 독일의 패망을 이용해서 전쟁 이전의 체계에서 얻지 못했던 안보를 보장해줄 정치구조를 동유럽에 만들겠다고 굳게 결심했다. 사실상 그것은 독일 대신에 소련이 지배한다는 뜻이었다. 그 지배가 실제로 어떨지는 1939년과 1941년 사이 폴란드 동부와 벨라루스 서부의 대우에서 이미 확연했다. 스탈린은 유고슬라비아의 공산주의자 밀로반 질라스에게 전쟁의 성격이 그러기를 요구한다면서 다음과 같이 말했다. "이 전쟁은 지난날의 전쟁과 다릅니다. 영토를 점령하는 자는 누구든지 그 영토에 자기의 사회 체제도 부과합니다. 모든 사람이 자기 군대가 닿을 수 있는 한 자기 체제를 부과합니다. 달리 될 수는 없습니다."58 소련 지도자들은 서방 동맹국이 똑같이 할 것이라고 예상했다.

스탈린의 분석에서 옳은 면이 분명히 하나는 있었다. 영국과 미국은 유럽에서 해방된 나라들이 공산주의 국가가 되기를 바라지 않고, 가능한 한 서방 진영과 세계 시장 안에 남기를 바랐다. 전쟁 기간 대부분 루스벨트는 전후 세계에서 미국-소련 추축이 형성될 가망성이 높으며 그 추축으로 두 나라가 협조해서 평화를 지키리라고 진심으로 믿었다. 처칠은 더 냉소적인 견해를 가지고 있었다. 그는 고작 몇 해 전만 해도 세계에서 가장 효율적이었던 군대를 쳐부순 소련을 동유럽에서 무력으로 쫓아낼 수 없음을 알고 있었다. 그는 빈틈없는 거래를 할 준비를 훨씬 더 많이 했다. 스탈린은 처칠에게 실질적인 호감을 품지 않아서, 1944년 여름에 질라스에게 자기는 영국인과 처칠이 누구인지 잊은 적이 없다며 다음과 같이 말했다. "그들은 자기네 동맹자들을 속이는 일보다 더 즐거운 일을 찾지 못합니다. … 처칠은 만약 당신이 지켜보지 않으면 당신 주머니에서 푼돈을 슬쩍 꺼내 갈 그런 부류입니다."59 처칠이 유럽의 미래를 논의하려고 1944년 10월에 모스크바를 방문할 채비를 갖출 때, 스탈린은 그가 루스벨트보다 더 현실주의적임을 깨달았다.

10월 9일 저녁에 크레믈에서 열린 두 사람 사이의 회담에서 유럽의 두 대열강이 여러 세기 동안 해왔던 것, 즉 제 이익 외에는 어떤 원칙도 그다지 존중하지 않고 더 작은 열강의 미래를 처리하고 있음이 밝혀졌다. 처칠은 자기가 어떻게 종이 한 장 위에 동유럽 국가들의 목록을 적었는가를 자필 회고록에서 극적으로 이야기했다. 그는 그 종이에 소련에게 주어질 영향력의 백분율, 영국에게 주어질 영향력의 백분율을 정해서 써놓았다. 루마니아에서는 90퍼센트, 헝가리와 유고슬라비아에서는 50퍼센트, 불가리아에서는 75퍼센트가 스탈린 몫이었다. 처칠이 원한 것은 그리스였다. "그리스에서는 달랐다. 영국은 지중해의 주도 열강이어야 했다."[60] 그는 종이를 스탈린에게 건네주었고, 스탈린은 파란 색연필로 큼지막한 갈매기 표시를 건성으로 그려 넣고는 아무 말 없이 그 종이를 돌려주었다고 한다. 실상은 조금 달랐다. 협상은 더 길게 연장되었다. 관련된 협상은 폴란드 건이었는데, 처칠은 폴란드의 운명을 폴란드 민족주의자와 폴란드 공산주의자에게 맡겨 그들 사이에서 처리되도록 하자고 제안했을 뿐이다.[61] 그 종이 위의 갈매기 표시는, 만약 그런 것이 있었다면, 승인이나 동의를 가리키는 것이 아니라 스탈린이 무엇인가를 읽었다는 것을 보여주는 그의 버릇이었다. 그러나 본질적으로는 그 이야기에 관한 처칠의 관점이 맞았다. 논의 전체가, 루스벨트와의 관계를 훼손했던 것과 마찬가지로, 처칠이 나중에 얻은 냉전의 전사로서의 그의 명성을 웃음거리로 만들었다. 그 논의가 스탈린이 동유럽에서 바란 것보다 더 많은 것을 사실상 받아들인 셈이 되었으니 말이다.

나중에 처칠에게는 모스크바에서 자기의 개입이 지닌 성격을 깊이 뉘우쳐야 할 까닭이 있었다. 공식 합의서에 서명하지도 않았고 합의서가 요구되지도 않았다. 그 '종이 한 장'은 1938년 9월에 뮌헨에서 히틀러가 밤늦은 시간에 체임벌린에게 준 더 유명한 그 '종이 한 장'

보다 정치적 무게가 더 나가지 않았다. 소련 지도자들에게는 소련이 해방한 지역에서 소련의 지배를 확립하는 데 영국의 허락이 필요하지 않았다. 한편 영국의 묵인으로 소련의 입장이 간편해졌다. 영국과 미국은 소련이 해방된 이탈리아를 점령하는 데 어떠한 역할을 맡지 못하도록 해서 스탈린의 화를 거세게 돋우었다. 처칠의 꾸밈 없는 솔직함 탓에 소련의 동부 독차지와 스탈린 독재를 본뜬 정권의 수립을 문제 삼기가 더더욱 어려워질 터였다.

동과 서 사이에 점점 벌어지는 틈은 독일과 일본에 맞선 전쟁이 지속되는 한 드러나지 않은 균열로 남았다. 연합국의 세 지도자 사이에 또 한 차례의 정상 회담에서 만난다는 합의가 이루어졌다. 스탈린이 크림의 휴양지 얄타Ialta를 회담 장소로 제안했다. 1945년 4월 당시 목숨을 빼앗은 병환의 마지막 고통에 시달리던 루스벨트는 의사와 동료의 강한 권고를 물리치고 그 제안에 동의했다. 스탈린은 스코틀랜드의 한 장소, 다음에는 (이 무렵의 전쟁 단계에서도 위험한 선택이었던) 몰타나 아테네를 회담 장소로 하자는 제안을 받았지만 주치의의 권고에 따라 모두 거절했다. 이제 루스벨트는 4883마일을 항해하고 '거룩한 암소The Sacred Cow'라는 괴상한 이름이 붙은 새 대통령 전용기로 1375마일을 더 비행해야 했다. 처칠에 따르면, 10년 동안 연구를 해도 '세계에서 더 나쁜 곳'을 찾을 수 없었을 것이다.[62] 루스벨트 대통령은 러시아 황제를 위해 만들어진 리바디야Livadiia 궁전에서 묵게 되었다. 그를 태운 자동차 행렬이 공항에서 얄타에 도착하는 데 다섯 시간이 걸렸다. 자동차들이 휙 지나갈 때 군화 뒤꿈치를 맞부딪쳐서 경례하는 소련군 남녀 병사가 줄지어 선 길을 따라서 일행이 탄 차가 전쟁의 잔해를 지나갔다. 궁전에서 루스벨트는 모스크바의 세 호텔에서 데려온 직원들의 시중을 받았다. 가구는 혁명 전에 쓰던 어두운 색의 육중한 나무 가구였다. 외투 옷걸이부터 재떨이까지 모든 것을 찾아서 사람들이 그 지역을 헤집고 다녔다.[63]

회담은 양쪽 사이에 커지는 불신감을 가리는 우호와 협력으로 시종일관 진행되었다. 스탈린은 미국 국무성 고위 관리인 앨저 히스를 비롯한 NKVD 요원에게서 나오는 기밀 첩보와 리바디야 궁전 여기저기에 숨겨 놓은 수많은 마이크로폰을 통해 드러난 정보를 가지고 있다는 점에서 자기 동맹국보다 유리한 입장에 있었다.[64] 향후 전쟁 수행에 관해 이루어진 합의점에는 거의 확실히 이 기밀 첩보의 영향이 반영되어 있었다. 스탈린은 사할린과 쿠릴열도에 있는 옛 러시아 영토의 반환이 보장된다면 일본과 전쟁을 벌이겠다고 동의했다. 그가 알기로는 미국은 그 영토를 기꺼이 양보하려고 했다. 이것은 아무 염려 없이 인정되었다. 미국은 일본을 이기는 데 한두 해가 더 걸릴 것이고 소련의 도움이 그 시간을 줄여줄 것이라고 확신했다. 독일에 관해서는 우려가 더 많았다. 독일을 비무장화하고 독일에서 나치를 청산하며 3대 주요 연합국과 프랑스의 세력권이 설정된다는 데 합의가 이루어졌다. 소련은 200억 달러 배상금 청구서를 독일에게 요구했고, 볼멘 승인을 받아냈다. 스탈린은 연합국의 대독일 정책을 기술하기 위해 '분할'이라는 말을 집어넣어야 한다고 고집했다. 처음에는 이에 반발이 있었지만 끝내 용인되었다. 폴란드의 미래에 관해서 격론이 벌어졌지만, 슐레지엔과 동프로이센의 독일 영토를 폴란드에게 넘겨주는 대가로 동부의 폴란드 영토 일부를 소련에게 준다는 원론적 협정이 다시금 이루어졌다. 스탈린에게서 억지로 얻어낸 유일한 양보는 더 폭넓은 임시 정부에 폴란드 민족주의자의 입각을 허용한다는 데 스탈린이 동의한 것이었다.(이 쟁점이 서방에게 얼마나 중요한가를 소련 간첩들이 밝혀냈다). 그것은 전술적 행보였고, 때가 무르익으면 파기될 터였다.[65]

루스벨트에게는 그 무엇보다도 앞서는 포부가 하나 있었다. 그는 국제연합에 실질적 형태를 부여하고 싶어했다. 1918년의 우드로 윌슨과 마찬가지로 루스벨트는 국제 문제에서 그가 '일방적 행위 체계, 배타적 연맹, 세력권, 세력 균형 …'이라고 일컬은 것을 새로운 이상주의가 끝낼지도 모른다고 믿었다. 스탈린은 이 전망을 그 자리에서 거부—할 필요가 없었다—하지는 않았지만 민족 자결주의 원칙을 받아들이기는 거부했다. 루스벨트가 속내를 터놓은 친우이자 루스벨트보다 훨씬 더 나쁜 건강 상태로 얄타에 도착한 해리 홉킨스는 얄타 회담이 '새날의 새벽'을 알린다고 믿었다. 이어서 그는 "우리 가운데 누구라도 상상할 수 있는 가장 먼 미래까지 우리가 그들과 함께 살고 그들과 함께 평화롭게 지내리라"는 데 의심을 품은 이는 미국 측에 없다고 말했다.[66]

서방이 얄타에서 스탈린에게 속았다는 주장이 가끔 나온다. 분명히 루스벨트와 홉킨스는 스탈린과의 동맹 3년으로 더 빨리 제거되었어야 했던 그릇된 이상주의를 기획했다. 그러나 심지어는 더 냉소적인 처칠조차도 얄타 회담 뒤에 감동한 나머지 자기가 스탈린이 '서방 민주주의 국가'들과의 영예로운 우정과 평등 속에서 살기를 바란다는 인상을 받고 회담장에서 떠났다고 영국 하원에서 말했다. 처칠은 이어서 "또한 본인은 소련의 말이 맹약이라고 느꼈습니다"라고 말했다.[67] 소련 측의 얄타 이야기는 여전히 자료보존소 안에 잠겨 있지만, 늘 그랬듯이 이상주의가 더 비중이 낮은 역할을 했다고 자신 있게 가정할 수 있다.

스탈린이 서방을 속인 것이 아니라 서방이 스스로를 속인 것이다. 스탈린의 기록에 담긴 그 어떤 것도 그가 정치적 기회주의와 국가 이기주의를 오랫동안 포기할 것이라고 시사하지 않았다. 1944년에 그는 1939년에 소련의 동유럽 팽창이 시작되었던 그곳에서 다시 출발했다. 그가 최우선시한 것은 소련의 안전 보장이었으며, 그에게 폴란드가 그토록 문제가 되었던 까닭이 이것이었다. 얄타에서 그는 "역사 내내 폴란드는 러시아를 공격하는 적이 늘 거쳐 지나가는 회랑 지대였습니다"라고 말하며 동맹자들의 기억을 되살렸다.[68] 얄타의 거의 모든 논의에서 서방은 스탈린이 원한 것에 동의했으면서도 자기들의 조건에 대한 철두철미한 협약을 이끌어내지 못했다. 회의록을 다시 읽어보면, 그 기록에 스탈린을 찾아온 방문자들[루스벨트와 처칠]이 나중에 달았던 낙관적 주석을 회의록에 달기는 어렵다. 스탈린이 스무 해 넘도록 그 험악한 소련 정치판에서 거저 살아남은 것이 아니었다. 그는 상황이 허락할 때 신중하게 움직이는 데 익숙한 기회주의자였다. 유럽을 접수한다는 어떤 종합 기본 계획이 있었을 가능성은 없다. 소련이 미국의 경제 원조가 확장되어 산업 재건에 도움을 받기를 바라고 있었기 때문에 스탈린은 그 시점에서 공개적 결렬이라는 위험을 무릅쓸 수 없음을 알고 있었다. 그러나 그는 중요한 사항은 거의 양보하지 않았다. 스탈린은 얄타의 여러 만찬 석상에서 오간 숱한 건배 가운데 한번은 "전쟁이 끝난 뒤 이런저런 갖가지 이해관계가 연합국들을 갈라놓으려 할 때 어려운 과업이 나타날 것입니다"라고 말하며 경종을 울렸다.[69] 여기에 현실론의 목소리가 있었다.

9장

스바스티카의 추락

1945

승리

천국이 아니라 저기 지상의 공간에서,
한 걸음 뗄 때마다 고통, 고통, 고통이 있는 그곳에서,
나는 사랑에 빠졌을 때만 기다릴 수 있는 것처럼 그 여인을 기다렸다.
나는 나 자신을 알 수 있는 것처럼 그 여인을 알았다.
나는 피 묻은, 진창에 빠진, 슬픔에 찬 그녀를 알았다.
시간이 되었다.
전쟁이 끝났다.
나는 집으로 갔다.
그 여인이 마중 나왔다. 그러나 우리는 서로를 알아보지 못했다.
　　　　　　　　　 — 일리야 예렌부르크, 1945년 5월 9일

히틀러의 수도 베를린이 자기 전리품이 되어야 한다는 스탈린의 결심
은 단호했다. 그는 주코프에게 "중대한 싸움이 임박해 있다고 생각하
네"라고 말했다.[1] 베를린 점령은 상징적 의미로 중대했다. 스탈린은 히
틀러에 맞선 전쟁의 중압을 짊어지고 거의 네 해 동안 끊임없이 싸운
보상으로 붉은군대가 베를린을 점령하기를 바랐다. 그는 또한 마지
막 전역을 직접 지휘하고 싶어했고, 1944년 11월에 스탑카를 복원해

서 전선의 통제를 관장했다. 바실렙스키 참모총장이 옆으로 밀려나서 2월에 직위에서 사임했다. 주코프가 베를린을 포위 공격할 전선군의 사령관으로 선정되었지만, 그 영예는 지휘권을 다시 손에 쥐려는 스탈린의 명백한 의향으로 빛을 잃었다. 베를린은 주코프의 승리일 뿐만 아니라 스탈린의 승리여야 했다.

독일 수도의 점령은 끝이 뻔한 결말이 아니었다. 스탈린은 서방 동맹국들이 선수를 쳐서 베를린으로 치고 들어가지는 않을까 의심했다. 그는 독일군이 공산주의에 맞선 전쟁에 모든 것을 집중하려고 서부에서 싸움을 포기하지는 않을까 의심했으며, 그가 믿기에 '무슨 짓이든지 다 할 수 있는' 처칠이 바로 이것을 위해 별도로 독일 항복을 모색하지는 않을까 하는 의구심을 강하게 품었다.[2] 독일군이 독일 땅과 독일 수도를 지키려고 완강하게 싸우리라는 점에서는 스탈린이 옳았다. 나치 지도자들이 연합국들을 갈라놓으려고 시도하리라는 점에서도 그가 옳았다. 독일은 전진하는 서방 국가 군대 위에 독일군에게 가담해서 '아시아' 야만주의의 물결을 막으라고 호소하는 정치 선전 전단을 뿌렸다. 그러나 그의 동맹국에 관해서는 스탈린이 틀렸다. 베를린으로 돌진하자고 드높이던 목소리가 잠잠해졌고, 베를린을 소련의 권역에 둔다는 얄타 협약은 존중되었다. 그렇더라도 영국군과 미군은 당시 그들이 원래 1944년 12월에 독일 서부 국경에 있을 때에 예상했던 것보다 베를린에 더 가까이 있었다. 서부에서 독일의 저항이 무너져서 독일을 향한 경주가 가능해진 것이다. 마침내 스탈린은 베를린 정복을 굳히고자 베를린 작전 시간표를 앞당겼다. 1943년 말 이후의 다른 주요 작전들과는 달리 베를린 공격은 황급하게 그리고 즉흥적으로 이루어졌다.

스탈린이 11월에 일선의 통솔권을 잡았을 때, 비스와강을 따라 길게 뻗쳐 있는 소련군과 독일 수도와의 거리는 거의 500마일이나 되었다. 이제 전쟁의 성격이 바뀌었다. 처음으로 소련군이 소련 땅에서 벗어나서 싸우고 있었다. 러시아군이 승리자로서 유럽의 심장부를 횡단한 것은 독일군과 함께 나란히 싸워서 나폴레옹을 무너뜨린 1813년이 마지막이었다. 제1차 세계대전에서는 제정 러시아의 대군이 서쪽으로 이동하다가 타넨베르크Tannenberg와 우치에서 패배했다. 1920년에는 어린 붉은군대가 바르샤바로 가는 접근로에서 유제프 피우수트스키 원수의 폴란드군에게 그 자리에서 저지당하는 치욕을 맛보았다. 어쩌면 패배의 기억이 점점 커지는 스탈린의 신중함을 설명할지도 모른다. 그는 되풀이를 바라지 않았다. 그에게는 설사 독일의 성공이 1944년 12월에 서부에서 실패로 끝난 히틀러의 마지막 공세인 벌지Bulge 전투*만큼 단명이라고 해도 마지막 승리에 초를 칠 여유가 없었다. 이런 까닭에 서쪽을 향한 각각의 새 돌진이 측면을 확보하고 소련군 전선을 곧게 펴고자 중지되었다. 몇 달 동안 조심스러운 준비를 한 뒤, 1945년 1월에 바그라티온 작전보다는 덜 위압적이었지만 엄청난 규모의 거대한 2차 대작전이 비스와강과 오데르Oder 강 사이에서 개시되어 소련군이 독일 수도 40마일 이내로 다가갔다.

비스와-오데르 작전이라는 밋밋한 이름이 붙은 작전은 1월 12일에 시작되었다. 동부 전선 전체에 걸쳐 600만 명이 넘는 소련군이 두 해 전 군대의 줄어든 잔존 병력, 즉 독일군 200만 명과 독일 동맹국

• 독일이 1944년 12월 16일 서부 전선에서 마지막으로 감행한 반격전. 이듬해 1월 28일에 끝이 났다. 독일군은 초기에 숲이 울창한 산악 지대인 아르덴(Ardenne)에서 대대적으로 반격을 해서 영·미군을 궁지에 몰아넣었으나, 물자 부족을 끝내 이겨내지 못하고 패주했다.

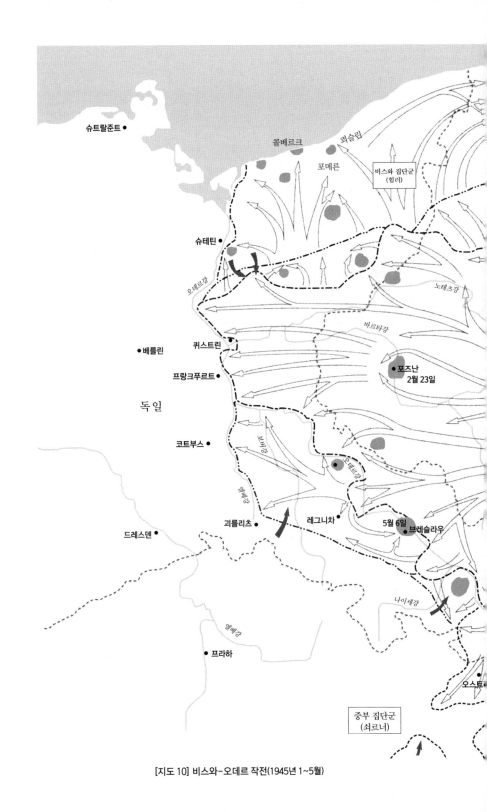

[지도 10] 비스와-오데르 작전(1945년 1~5월)

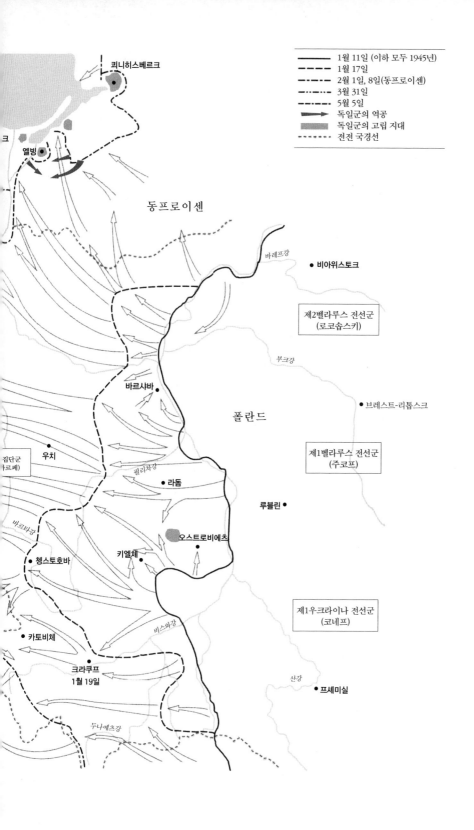

1월 11일 (이하 모두 1945년)
1월 17일
2월 1일, 8일(동프로이센)
3월 31일
5월 5일
독일군의 역공
독일군의 고립 지대
전전 국경선

쾨니히스베르크

엘빙

동프로이센

바레프강

비아위스토크

제2벨라루스 전선군
(로코솝스키)

부크강

바르샤바

폴란드

브레스트-리톱스크

집단군
(바르페)

우치

필리차강

라돔

제1벨라루스 전선군
(주코프)

루블린

바르타강

오스트로비에츠

쳉스토호바

키엘체

비스와강

제1우크라이나 전선군
(코네프)

카토비체

크라쿠프
1월 19일

산강

프셰미실

두나예츠강

군대 19만 명과 대치했다. 일부 독일군 부대는 질이 높았고 최신식 방어 무기로 중무장하고 있었지만, 다수가 나이 어린 징집병이나 나이 든 지원병을 긁어모아 만든 부대로 연료와 탄약이 모자랐고 전차와 차량의 부족은 절망적이었다. 그 부대들은 준비된 방어 시설 뒤에 버티고 있었지만, 그 방어 시설은 전투에서보다는 서류상에서나 위협적임이 판명되었다. 소련군도 훈련된 인력이 모자라고 수많은 사단의 병력이 규정 병력에 한참 못 미쳤지만, 무기와 차량과 항공기에서는 이제 몇 배의 우위를 점했다. 소련군은 기습이라는 요소도 누렸다. 독일군 사령관들이 또다시 적의 의도에 관해 거의 오리무중이었기 때문이다. 독일군을 한층 더 헷갈리도록 만들고자 공세가 다시 엇갈리면서 이루어졌다. 전선 하나가 전진하면 그 공격을 물리치려고 독일군 예비 부대가 부랴부랴 전개되었지만, 두 번째 전선 하나가 멀리 북쪽이나 남쪽에서 터져 나오는 것을 발견하게 될 뿐이었다. 코네프의 제1우크라이나 전선군이 1월 12일에 전투를 시작했고 보름 뒤에는 슐레지엔에 깊숙이 들어가 있었다. 주코프의 제1벨라루스 전선군은 1월 14일에 공격해서, 보름을 조금 넘겨 독일군을 폴란드 한복판에서 소탕했다. 1월 29일에 주코프는 베를린이 시야에 들어오는 오데르강 기슭에 서 있었다.

때로 소련군은 하루에 50마일을 주파했는데, 소련군의 돌진을 피하려고 점점 조직이 무너지고 사기가 떨어지는 독일군과 겁에 질린 독일 피난민의 물결이 밀려 나왔다. 피난민은 해소되지 않는 끔찍한 앙갚음에 목말라하는 적의 손아귀에서 어떻게든 벗어날 길을 찾았다. 1월 13일에 북쪽에서 제2, 제3벨라루스 전선군이 동프로이센을 해치우는 작전을 개시했을 때 소련군은 드디어 독일 영토 깊숙이 들어갔다. 독일군의 저항은 필사적이었고, 심지어는 자살 행위와도 같았다. 2월 2일이 되면 독일의 한 대규모 독일군 수비대가 쾨니히스베르크와 그 해안선에서 수많은 민간인에게 가로막혀 끊임없는 항공 공격과 포격을 받았다. 동프로이센 나머지 지역은 소련군의 앙갚음에 무방비 상태였다. 독일 주민이 받은 대가를 숨길 수 없다. 전쟁 초기에 저질러진 야만 행위가 줄줄이 그대로 어김없이 되풀이되었다. 1944년 10월에 점령한 마을들에서 병사들이 주민을 살육했고 젊은 여자든 늙은 여자든 가리지 않고 강간하고 고문했다. 피난민은 포격과 폭격을 당했고 전진하는 전차 궤도 밑에 깔렸다. 슐레지엔과 오데르강 양안에서 폭력의 향연이 벌어져 전투의 결정적 시점에 부대원들의 규율을 위협하자 지휘관들은 잔학 행위의 물결과 약탈의 확산을 억제하고자 엄한 조치를 취했다.[3]

왜 앙갚음을 하는지 이해하기는 쉬운 일이었다. 부대원들은 국경에 이르자 길에 나붙은 공고문을 읽었다. 그 공고문은 독일과 연관된 것에 대한 증오를 떠올리게 만들었다. 여러 해 동안 소련군 병사들은 적은 오로지 죽여버려야 마땅한 짐승이라고 배워왔다. 1942년 여름에 지은 증오에 찬 시의 작자인 일리야 예렌부르크는 "파시스트 놈들은 야만성, 만행, 힘의 숭배, 죽음을 가져왔다"라고 썼다. 1944년에 민스크 외곽에서 예렌부르크는 새까맣게 탄 러시아 여자와 소녀의 주검 더미와 마주쳤다. 붉은군대 병사들 또한 그것을 발견하고 길에서 마주친 독일인에게 그 자리에서 앙갚음했다. 예렌부르크는 "전쟁이 그토록 격렬한 곳은 어디에도 없었다"라고 썼다. 동프로이센에서 그는 같은 심도의 증오를 발견했다. 그는 제정신이 아닌 듯한 벨라루스인 병사에게 말을 걸었는데, 그 병사는 아내의 죽음으로 헛된 복수심에 사로잡혀 상점에 진열된 마네킹을 총검으로 연거푸 찔러대고 있었다.[4]• 파괴되고 인적이 사라진 벨라루스와 폴란드 동부의 풍경을 지나 전진한 소련군은 1944년 7월에 마이다네크Majdanek에서 절멸 수용소를 처음 보았다. 그들은 병들고 말라 빠진 재소자 1000여 명을 발견했다.[5] 유대인 수감자가 죽음의 행진을 해서 서쪽으로 끌려갔고, 그런 행진이 수백 건이었다. 남은 수감자는 대부분 소련군 전쟁 포로였다. 추이코프 장군은 부하들에게 줄지어 행진해서 수용소를 통과하라고 명령했다. 훗날 그는 "우리 병사의 가슴에서 증오심이 얼마나 많이 일었는가"라고 썼다.[6] 소련군 병사들은 수용소보다는 죽음을 맞이한 수감자에게서 빼앗은 옷, 손가방, 신발, 아이들 장난감이 들어찬 창고를 보고 더 심하게 질렸다. 폭격당한 독일 도시에서 빠져나온 소개민을 위해 방한용 아동복을 요청하는 독일 본국의 상세한 요구 사항을 담은 목록이 발견되었다.[7]

마이다네크는 부대원 사이에서 널리 알려졌다. 붉은군대가 베우제츠Bełzec, 소비부르Sobibór, 트레블링카Treblinka에 닿을 무렵 독일 당국이 이 수용소들을 완전히 없애버리고는 땅을 갈아엎어 다시 한번 농경지로 바꾸어 놓았다. 이렇게 해서 수용소 가운데 가장 악명 높은 아우슈비츠가 남았다. 1945년 1월에 붉은군대가 아우슈비츠 수용소에 다가오자 노예 노동자 수감인이 나치 친위대 소속 경비대에 둘러싸여 눈을 해치고 끌려갔다. 남은 사람은 대부분 행군을 하기에는 너무 병약한 자였고, 소련군의 포성이 더욱 가까워지자 독일 포획자들은 그들을 내팽개쳤다. 1월 27일 오후에 소련군 정찰대가 수용소

• 이 병사의 아내는 독일군에게 고문받다가 살해되었다.

에 도착했다. 재소자들은 옷이나 이불로 그 자리에서 만든 붉은 깃발을 흔들며 병사들 주위로 몰려들었다. 단 2819명의 수감자가 남아 있었고, 그들 가운데 수백 명은 죽기 직전이었다. 붉은군대는 주위 도처에서 대량 살육의 으스스한 증거를 발견했다. 병사들이 옷을 찾아냈(고 개수를 셌)다. 남성복 34만 8820벌과 여성복 및 외투 83만 6255벌이었다.[8] 해방된 수감자 일부는 소련 시민이었다. 그들로서는 끔찍하게도 그들은 방금 전에 풀려난 아우슈비츠 수용소 바로 그 건물에서 스메르시Smersh 요원에게 심문을 받았다. 스메르시는 소련군 안에서 그리고 소련군이 진군하는 동안 풀려난 포로들 사이에서 간첩과 반혁명 분자를 뿌리 뽑으려고 1943년에 세워진 군 방첩국이었다. 그 명칭은 스탈린이 생각해냈는데, "간첩에게 죽음을!"이라는 러시아어 낱말들(smert' shpionam)을 축약한 것이었다. 아우슈비츠는 그것을 해방한 소련 군인에게 충격을 주었다. 독일의 잔학 행위에 관한 소식을 듣고서 붉은군대가 무자비하게 앙갚음할 가능성이 훨씬 더 커졌다. 그러나 당국은 이 일에 침묵을 지켰다. 아우슈비츠 해방에 관한 세부 사항은 1945년 5월 7일에야, 즉 유럽에서 전쟁이 끝났을 때에야 알려졌다. 소련 측 보고서에는 유대인에 관한 언급이 없었다. 희생자는 '유럽 여러 나라 시민 400만 명'이었다.[9]

스탈린은 붉은군대 병사의 행위를 모르지 않았지만, 그다지 걱정하지 않았다. 그는 독일 피난민에게 가해지는 대접에 관한 이야기를 들었을 때 "우리는 우리 병사에게 잔소리를 너무 많이 했습니다. 병사가 어느 정도는 알아서 하도록 만드시오"라고 대꾸했다고 전해진다. 유고슬라비아 공산주의자 밀로반 질라스가 스탈린의 면전에서 붉은군대가 유고슬라비아 여자들을 강간하고 있다고 불만을 토로했을 때, 그는 전쟁을 대하는 러시아의 태도에 관한 다음과 같은 훈시를 들었다.

당신은 당연히 도스토옙스키의 소설을 읽었겠지요? 당신은 인간의 정신, 인간의 심리가 얼마나 복잡한지 알겠죠? 그렇다면 스탈린그라드부터 베오그라드까지 전우와 가장 소중한 사람의 주검을 넘어서 쑥대밭이 된 자기 나라 땅 수천 킬로미터를 지나며 싸워온 남자를 상상해보았습니까? 그런 남자가 어떻게 정상적 반응을 보일 수 있습니까? 그리고 그런 참상 뒤에 그가 여자하고 재미를 보는 것이 무에 그리 심한 일인가요? 당신은 붉은군대를 이상적이라고 상상해왔습니다. 붉은군대는 이상적이지 않고, 그럴 수도 없습니다. … 붉은군대가 독일과 싸운다는 점이 중요합니다.[10]

스탈린은 동방 전제정의 언어를 받아들였다. 사로잡힌 여자를 윤간하고 죽이는 것이 그저 '여자하고 재미를 보는 것'에 지나지 않았고, 약탈은 '사소한 물건을 조금' 가진 것으로 탈바꿈했다. 스탈린은 독일 주민에게 잔학 행위를 저지르라는 명령을 붉은군대에게 내리지는 않았지만, 그것을 막지도 않았다. 일반 병사는 잔학 행위를 일상사, 전쟁의 잔혹한 부수입으로 취급했다. 체포되기 직전 1945년에 동프로이센에서 포병 장교로 있던 알렉산드르 솔제니친은 훗날 의견을 달지 않고 동료들의 태도를 다음과 같이 회상했다. "우리 모두는 그 아가씨가 독일 여자로 판명되면 강간한 뒤 곧바로 사살할 수 있으며 이것은 전공戰功이나 다름없다는 점을 잘 알고 있었다. 그 아가씨가 폴란드 여자거나 이송된 러시아 여자로 판명되었다면 발가벗겨 정원

주위를 뒤쫓아 다니면서 엉덩이를 찰싹 때렸을 것이다."[11] 파시즘으로부터 해방된 수많은 독일 포도주 저장소가 마구 부채질한 이 폭력과 무질서가 군 규율에 위협이 될 때에만 〔조치가 취해져〕 야만 행위의 물결이 잠잠해졌다.

붉은군대의 잔학 행위는 마지막 몇백 마일을 지나 베를린으로 가기 위한 싸움이 치열했다는 데에도 얼마간 그 원인이 있었다. 1944년 동안 급격히 떨어졌던 소련군 사상자 비율이 독일 땅에서 몇 달 동안 전투를 치르면서 다시 오르기 시작했다. 동프로이센 공세에는 사상자 58만 4000명이라는 대가를 치렀으며, 1944년 10월부터 1945년 4월까지의 전투에서 모두 31만 9000명을 웃도는 소련 군인이 죽었다.[12] 장교들은 전쟁을 빨리 끝내라는 압력을 받고 있었고 과잉 산개된 부대에게 자살 행위와도 같은 진격 명령을 내렸다. 독일 군인들은 버티다 죽으라는 영도자 히틀러의 일반 지령 아래 있었다. 소련 군인과 그 가족으로서는 최종 승리가 가까운 상황에서 입는 심한 손실이 의문의 여지 없이 견디기 더 힘들었다. 승리를 딱 며칠 앞두고 베를린을 점령하는 데에 더 많은 붉은군대 병사의 희생이 요구되었다.

1945년 2월 초에 스탈린은 딜레마에 맞닥뜨렸다. 베를린 점령이 소련군의 손아귀에 들어온 듯했다. 그러나 쾨니히스베르크, 슐레지엔의 브레슬라우Breslau〔오늘날 폴란드의 브로츠와프Wrocław〕, 포즈난Poznań 등에 독일군이 거세게 저항하는 지점이 섬처럼 남아 있었고, 베를린 접근로에 놓인 퀴스트린Küstrin에는 거대한 오데르 요새가 있었다. 주코프의 전선군이 2월 2일에 오데르강에 이르렀다. 가장 먼저 오데르강에 다다라서 위험할 정도로 얇은 얼음을 가로질러 강을 건넌 불같은 성격의 소유자 추이코프 제8근위군 사령관이 멈추지 않고 베를린으로 치고 들어가고 싶어했다. 그는 남은 독일군의 거점은 나중에 쓸어버릴 수 있다고 주장했다. 수도를 방어하는 병력이 이 단계에서 소련군의 지속적 공세를 감당할 수 있었을지는 논란의 대상이다. 추이코프의 제안은 누구만큼이나 히틀러 수도의 정복자가 되고 싶어하는 주코프에게 매력적이었지만, 고려해야 할 다른 요인이 있었다. 소련군의 전선은 2월 초순에 취약한 처지에 있었다. 주코프 휘하 여러 군의 북쪽에는 포메른Pommern에 독일군 한 무리가 있었다. 그들은 처음에는 긁어모은 나치 친위대 소속 부대로서, 전투에 억지로 투입된 행정병과 괴멸된 다른 부대의 찌꺼기로 이루어져 있었다. 그 부대가 1월과 2월 동안에 주코프 부대의 노출된 북쪽 측면에 파쇄 공격을 가할 목적으로 증강되었다. 스탈린은 포메른에 집결하는 병력을 평상시보다 더 걱정했다. 소련군 첩보 기관은 그 병력에 자잘한 잔여 부대가 많아서 늘어나는 독일군 무선 신호를 실제로 존재하는 것보다 훨씬 더 큰 병력이 있다는 증거로 해석했다. 더 남쪽 슐레지엔에서는 코네프의 전선군이 주코프의 전선군과 연계를 잃었으며, 여기에도 독일군이 집결하고 있었다. 코네프의 전선군 아래에서는 헝가리 그리고 빈으로 가는 접근로를 차지하려는 싸움이 프로이센에서 벌어진 어떤 전투만큼이나 치열했다.

스탈린은 군사적 현실에 고개를 숙이고 베를린으로 곧장 돌격하기를 포기했다. 2월 8일에 코네프가 슐레지엔에서 공세를 개시해 브레슬라우를 포위하고 오데르강에서 주코프와 만나 합류했다. 동프로이센에 있던 로코솝스키 예하 여러 군에 2월 10일에 포메른의 위협을 없애라는 명령이 내려왔다. 보름 뒤 그들은 주코프의 부대와 합류했다. 독일군으로서는 놀랍게도, 주코프 부대는 베를린으로 전진하는 대신에 측면의 위협을 없애려고 북쪽으로 돌았다. 포즈난 요새를 차지하려는 싸움은 2월 20일에 추이코프의 부하들이 중앙 요새, 즉 성채에 강습을 가한 다음에야 끝이 났다. 2월 22일 저녁 10시에 독일 수비대가 항복했다. 4만 명 가운데 싸울 수 있는 병사는 1만 2000여 명이었다. 그들은 요새에서 걸어 나와 포로가 되었으며, 그들 가운데 일부는 어쩌면 생포자에게서 더 나은 대접을 받을지도 모른다는 희망에서 가는 곳마다 '히틀러 카푸트'Hitler kaputt('히틀러는 망했다')라는 말을 외쳤다.[13] 섬에 있는 거대한 퀴스트린 요새를 차지하는 싸움도 추이코프에게 맡겨졌다. 스탈린은 퀴스트린이 2월 초순에 함락되었다고 들었지만, 사실은 포위조차 되어 있지 않았다. 3월 22일에 소련군이 마침내 그 지역을 차단했는데, 오데르강의 프랑크푸르트Frankfurt an der Oder에서 급히 모은 독일군이 소련군에게 격렬한 반격을 가했다. 소련군의 쇄도를 막으려는 마지막 노력의 일환으로 히틀러는 훈련받지 못한 나이 든 독일인으로 이루어진 이 엉성한 사단들을 내몰았다. 3월 27일에 이 사단들이 거의 엄호를 받지 못한 채 개활지를 가로질러 공격했지만, 소련 포병의 손쉬운 먹잇감이 되어서 8000명이 죽었다. 3월 29일에 퀴스트린 요새에 지독한 포격이 가해졌다. 그런 다음 숱하게 많은 소련 보병이 배를 타고 강을 건너 섬으로 들어갔다. 수비대 병사 총 1000명이 분투를 벌여 서쪽으로 빠져나갔다. 29일 오후가 되면 섬은 소련군의 손에 있었다. 추이코프가 주코프에게 전화를 걸어서 드디어 퀴스트린이 함락되었다고 보고하자, 주코프가 "그놈들에게 뜨거운 맛을 보여주었습니까?" 하고 물었다. 추이코프는 "최대한 뜨거운 맛을"이라고 대꾸했다.[14]

소련군 전선의 정리는 소련 지도자들의 바람보다 훨씬 더 오래 걸렸지만, 2월 초순에 베를린으로 치고 들어간다는 추이코프의 생각이 깨끗한 일격보다는 뒤죽박죽으로 끝났음 직하다는 것을 보여주는 지표였다. 3월의 첫째 주말이 되어서야 주코프가 스탈린에게 불려가서 베를린 작전 계획을 수립하기 시작했다. 주코프는 최고 사령관의 기분이 우울하고 그답지 않게 상념에 잠겨 있다는 것을 발견했다. 주코프는 회고록에서 스탈린이 자기에게 건넨 말을 회상했다. "참으로 고통스러운 전쟁이지. 전쟁이 이 나라 사람 목숨을 얼마나 많이 앗아갔는가. 이 나라에는 일가친척이 죽지 않은 가정이 십중팔구 거의 없을 걸세."[15] 그것은 스탈린이 경계심을 푼 몇 안 되는 경우 가운데 하나였다. 주코프는 스탈린이 '건강이 아주 좋지 않아서' 거의 탈진해 있는 듯했다고 회상했다. 두 사람이 같이 식사를 할 때 스탈린은 여느 때와는 달리 음식에 달려들어 먹지 않고 한동안 말없이 앉아 있었다. 마침내 그는 베를린 작전의 상세한 계획 수립을 시작하라는 명령을 내리고 주코프를 내보냈다. 주코프는 그날 밤늦게까지 안토노프와 함께 앉아서 지난해 11월에 대강 짜놓았던 계획안을 마무리하는 손질을 했다. 3월 8일에 그 계획안이 스탈린에게 제출되어 승인을 받았다. 다음 3주에 걸쳐 병참부가 마지막 열차분 탄약, 연료, 식량을 토해냈다. 소탕 작전이 끝나자마자 부대들이 베를린 축선에 재배치되었다. 4월 1일에 스탈린은 모스크바에서 열린 한 협의회에 주코프와 제1우크라이나 전선군 사령관 코네프 장군을 불렀다. 그 협의회에서 세부적 작전 계획이 제출되고 승인을 받고 작전 개시일이 4월 16일로 정해졌다. 두 소련 전선군에게는 준비를 마칠 시간이 겨우 보름밖에 없었다. 왜냐하면 스탈린이 바란 것은 당시에 베를린에서 80마일이 안 되는 거리에 있던 동맹국 군대 앞에서 과시하기 위한 본보기 전투였기 때문이다.

작전 계획은 간단했다. 주코프는 오데르강의 교두보에서 치고 나와 젤로Seelöw 고지 위에 있는 도시에 정면 공격을 가하고, 더 북쪽에서는 소련군이 베를린 주위를 빙 돌아 서쪽에서 베를린을 공격할 의도로 폭넓은 측면 공격 작전을 벌일 터였다. 코네프의 임무는 휘하 전선군을 라이프치히와 드레스덴 쪽으로 이동해서 주코프와 이웃한 북쪽 측면을 베를린 남쪽 외곽을 향해 북서쪽으로 전개해서 베를린 포위를 완결하는 것이었다. 베를린을 스탈린에게 바치는 특전을 놓고 두 사령관 사이에 심한 경쟁이 벌어졌다. 4월 1일 회의에 관한 두 사람의 회고는 사뭇 달랐다. 주코프는 스탈린이 두 작전 계획을 보다가 코네프에게 만약 주코프가 허덕이며 전진하지 못하면 코네프가 남쪽에서 베를린 안으로 치고 들어가야 한다고 말했다고 회고했다. 코네프는 그런 지시를 기억하지 못했다. 다만 그는 자기의 전선군과 주코프의 전선군 사이에 스탈린이 경계선을 그었을 때 스탈린이 갑자기 잠시 머뭇거리더니 독일 수도 남쪽 구역을 지우고는 일부러 그 선을 잇지 않고 내버려두었다고 기억했다. 코네프는 이것을 상황이 허락하면 베를린 공격에 참여하라는 초대장으로 받아들였고, 나중에 그렇게 해서 주코프의 격분을 샀다. 그 이야기에 관한 다른 해설 하나에 따르면, 스탈린은 두 사령관에게 "누구든지 먼저 밀고 들어가는 사람이 베를린을 차지하도록 합시다"라고 말했다. 그러나 주코프도 코네프도 스탈린이 그런 말을 했다고 회고하지 않았다.[16]

진실이 무엇이든, 두 사람은 서둘렀다. 코네프는 자기에게 베를린을 점령하고픈 '강렬한 욕망'이 있음을 인정했다. 두 사령관은 4월 3일 아침에 모스크바의 중앙 비행장에 도착해서 비행기를 타고 여행 내내 걷히지 않은 짙은 봄 안개를 뚫고 2분 간격으로 날아올랐다.[17] 그뒤 4월 16일로 정해진 마감일을 맞추려고 보름 조금 안 되는 기간 동안 미친 듯이 준비했다. 모두 합쳐서 소련 29개 군이 재배치되어야 했으며, 일부 군은 포탄, 폭탄, 연료, 사료 수요로 포화 상태에 이른 철도망으로 200마일 넘게 이동했다. 베를린을 점령하는 과업은 붉은군대가 우크라이나와 폴란드를 거쳐 오면서 벌인 전투들과는 달랐다. 베를린은 시와 교외의 면적이 320제곱마일이나 되는 독일 최대의 도시였다. 전쟁 전에는 400만 명이 베를린에 거주했지만, 1945년 무렵에는 주민이 연합국의 폭격을 피해 빠져나가면서 인구가 절반이 되었다. 베를린의 지리가 싸움을 스탈린그라드만큼 어렵게 만들 가능성이 잠재되어 있었다. 그 지역은 하천과 운하가 교차했고 요새화된 거점들로 둘러싸여 있었다. 대략 100만 명이 수도 방위에 내몰렸으며, 그들 가운데 약 4분의 3이 일선 정규 부대였다. 이 병력은 전차 1519대, 대포 9303문, 비행기 약간 대의 지원을 받았다. 방어자 가운데 다수가 열다섯이나 열여섯 살 먹은 어린 징집병이거나 제국을 지키려고 만든 의용 민병대인 국민 돌격대Volkssturm의 나이 든 사람이었다. 그들은 급히 세운 방어 시설—자동차와 가구로 만든 바리케이드—의 연결망 뒤에 도사리거나 소련군의 위협이 더 가까이 다가옴에 따라 만든 벙커와 토치카의 연결망에 숨어 있었다. 그 한가운데에는, 즉 제국 정부 청사의 벙커에는 항복하기보다는 국민과 함께 마지막 죽음의 고통을 나누고 싶어하는 그들의 영도자 아돌프 히틀러가 있었다.

독일군 방어자가 맞닥뜨린 것은 무기의 견고한 장벽이었다. 주코프의 전선군 하나만 해도 거의 1만 4600문에 이르는 대포를 가지고 있었고, 보유한 포탄이 714만 7000발이었으며, (각각 4000여 명으로 줄어든) 77개 사단, 전차와 자주포 3155대, 로켓 발사 장치 1531대의 지원을 받았다. 200만 명이 넘는 전투원과 전투용 항공기 7500대가 베를린 작전에 할당되었다.[18] 주코프는 탐조등 143대의 힘으로 방어자의 눈을 부시게 만들면서 야간 공격으로 휘하 부대를 전진시킬 계획을 세웠다. 주코프 앞에는 오데르강 기슭 위로 솟구친 200피트 높이의 젤로 고지가 놓여 있었으며, 전진할 들판 모든 곳에 포화를 퍼부을 수 있는 독일군 대포들이 있었다. 이 위협을 크게 걱정한 주코프는 애초의 계획을 바꿔서 측면 공격에 전차군을 이용하는 대신에 고지를 직접 공격하려고 추이코프의 제8근위대 뒤에 휘하 전차 부대를 집중했다. 스탈린은 그 변경을 이의 없이 승인했다.[19] 서류상으로는 코네프가 주코프보다 더 어려운 임무를 맡았다. 코네프의 부하들은 슐레지엔을 점령하는 오랜 전투로 기진맥진해 있었다. 코네프 군대는 1월 중순 이후로 격심한 싸움을 벌여왔다. 그들의 출발점은 나이세Neisse강 동쪽 기슭이어서, 넓게 펼쳐진 강을 가로질러 견고한 방어 시설을 갖춘 더 높은 서쪽 강기슭으로 건너가야 했다. 코네프는 적군의 발사 지점들을 신중하게 정찰했고, 따라서 공격이 시작되었을 때 아주 정확한 포 사격으로 그 발사 지점을 무력화했다.

돌파가 이루어지는 보름 동안 스탈린은 사방팔방에서 압력에 맞닥뜨렸다. 서방 동맹국의 의도에 관한 소문과 역소문이 떠돌았고, 서방 연합군 총사령관 아이젠하워 장군이 자기의 주축선은 독일의 남쪽과 북쪽에 있으며 베를린은 붉은군대에게 내맡긴다고 직설적인 메시지를 발표해서 그런 풍문을 부분적으로만 잠재웠을 뿐이다.[20] 폴란드 문제는 폴란드 정부의 구성에 관한 얄타 협약의 해석을 놓고 교착

상태에 빠졌다. 4월 5일에 소련은 일본과 맺은 불가침 조약을 파기했다. 4월 12일에는 루스벨트가 숨졌다. 소련 지도부는 진정으로 슬퍼하고 충격을 받은 듯한 반응을 보였다. 비단 스탈린이 처칠보다 훨씬 더 신뢰하던 사람을 잃어서 그러지는 않았다. 전쟁의 대단원이라는 아주 민감한 단계에서 들어온 신참인 해리 트루먼 미국 부통령은 반소 감정을 가지고 있다는 의심을 받았다. '크게 상심한' 스탈린이 이튿날 미국 대사에게 애도와 친선의 뜻을 표했지만, 루스벨트의 죽음이 결실을 거두는 협력에서 손실을 불러일으키는 불신으로의 이행을 상징한다는 느낌을 감추기는 어려웠다.[21]

베를린이 훨씬 더 강하게 유혹했다. 동맹국들에게 스탈린은 베를린이 더는 아무런 전략적 중요성을 띠지 않은 척했다. 그에게는 아이젠하워가 그랬던 것만큼 상대의 의혹이 풀리도록 시원하게 자기의 즉각적 계획을 드러낼 의향이 없었다. 4월 14일 무렵에 군인 수백만 명과 포와 전차 수천 대가 독일 수도 둘레의 넓은 반원에 몰려 들어갔다. 독일군은 오데르강과 베를린 중심지 티어가르텐Tiergarten 공원 근처의 관청 구역 사이에 있는 여덟 겹의 외곽 방어지에 배치되었다. 그 긴장감은 소련군 부대원들이 세 해 전에 모스크바 외곽에서 느꼈던 것과 마찬가지로 극히 팽팽했다. 땅에 초목이 거의 없고 물이 넘치고 모래가 많아서 깊은 참호나 개인호를 팔 수 없는 탓에 주코프 부대는 여느 때보다 더 위험에 노출되었다. 밤에 독일군의 탐조등과 조명탄이 소련군 진지를 찾아 땅을 환하게 밝혔다. 마지막 날 밤까지 추이코프는 초조한 긴장감에 달아올라서 잠을 이룰 수가 없었다. 그는 훗날 다음과 같이 썼다. "4월 16일 밤은 내게 아주 길게 느껴졌다. 당신이 결정적 사건을 기다리고 있을 때면 늘 그러기 마련이다."[22]

동트기 바로 전에 주코프가 추이코프의 본부에 도착했다. 그는 정확히 5시에 포격 명령을 내렸다. 대포 수천 문의 포성에 폭탄과 폭격기의 굉음이 뒤따랐다. 심지어 탐조등을 켜지 않았는데도 주코프의 전방 시야가 대낮처럼 환해졌다. 반 시간 뒤 독일군 전방 진지가 대응하지 않자, 주코프는 일제 포격 중지 명령을 내렸고 첫 부대가 전진했다. 결과는 뒤죽박죽이었다. 기적을 불러일으키던 주코프의 솜씨도 소용이 없었다. 탐조등 143개가 제시간에 켜졌지만, 자욱한 연기와 먼지 탓에 빛이 뻗어 나가지 못하고 반사되어 전진하는 소련 보병의 눈을 부시게 만들었다. 포격이 너무 집중된 나머지 지표면이 지나갈 수 없을 만큼 갈아엎어졌다. 차량과 대포가 교두보에서 나오는 좁은 통로에서 뒤엉켜 차곡차곡 쌓였다. 엎친 데 덮친 격으로 4월 15일에 퀴스트린 근처에서 잡은 소련 병사에게서 얻은 정보에 따라 독일군이 전방 방어선을 포기해버린 뒤였다. 독일군 사령관 고트하르트 하인리치 장군은 부하들을 뒤로 빼 2차 방어선에 배치했고, 따라서 빈 참호와 대피호에 떨어진 폭탄과 포탄이 많았다. 갑자기 풍향이 바뀌었을 때 지휘소 위에 장막 같은 짙은 먼지가 날아와 추이코프와 운 없는 주코프는 전투를 제대로 볼 수 없었다.[23]

만약 그들이 전투를 볼 수 있었다고 해도 흥이 나지 않았을 것이다. 딱 1마일을 나아간 뒤에 공격이 운하 가장자리에서 움찔했다. 장갑차량은 고지의 가파른 비탈을 타고 올라갈 수 없었다. 한낮까지 전선군의 일부가 전혀 움직이지 못했으며, 전선군 대부분이 끊임없는 포격을 받으면서 고지 기슭에서 옴짝달싹하지 못했다. 주코프는 그가 범한 몇 안 되는 오류들 가운데 하나를 저질렀으며, 그것도 가장 두드러지는 오류였다. 전차군이 적의 후방을 방해받지 않고 꿰뚫어 돌파해 들어가기 전까지는 전개해서는 안 된다고 가르친 전차군 운용상의 엄연한 경험을 무시하고 주코프는 휘하 2개 전차군에게 전진해서 신속하게 고지를 점령하라는 명령을 내렸다. 추이코프가 주코프에게 경고한 바대로, 문제가 복잡해졌다. 전차들이 이미 차량과 군인들로 붐비는 도로를 꽉 막아버렸다. 전차들이 지표가 늪과 모래인 지대에 이르렀을 때 어쩔 도리 없이 달팽이처럼 느려졌다. 병사들과 장갑차량이 그들을 모두 지탱하기에는 너무 좁은 지역으로 몰리자, 적이 양자에게 심한 손해를 안겨줄 수 있었다. 신속한 이동과 즉각적 성공을 보고하는 데 그리 익숙하던 주코프가 스탈린에게 전화를 걸어 스탈린이 그토록 바라던 돌파를 해내지 못했다고 말해야 했다. 주코프는 푸대접을 받았다. 그에게 스탈린은 그날 코네프가 더 큰 성공을 거두었으며 급기야 코네프에게 휘하 전차군을 북쪽으로 이동해서 남쪽에서 베를린 점령을 시도하라는 명령을 내리겠다고 말했다. 주코프는 사흘 동안 스탈린에게서 그 이상은 아무 말도 듣지 못했다.[24]

주코프에게는 신속한 성공이 필요했지만, 둘째 날의 진전은 더 큰 손실을 입으면서도 느리기만 했다. 후방 지역을 샅샅이 뒤져 보충 병력을 찾았다. 많은 경우에 군사 훈련을 거의 또는 전혀 받지 못한 러시아인 노무자와 더불어 풀려난 전쟁 포로가 징집되었다. 소련이 징집 연령층에 있는 인력을 거의 다 징집했기 때문에 소련 병사는 독일 병사와 마찬가지로 더 낮은 연령 집단에서 나왔다. 사상자 비율 상승은 전투 가능한 병사의 질이 낮음을 반영했다. 둘째 날이 끝날 무렵 젤로 고지에 강습을 가했지만, 방어자는 대부분 3차 방어선으로 퇴각했다. 이 방어선은 전투가 벌어지기 전에 정찰을 제대로 하지 못했던 곳이었다. 셋째 날에 격렬한 포화와 간헐적 반격을 받으면서 추이

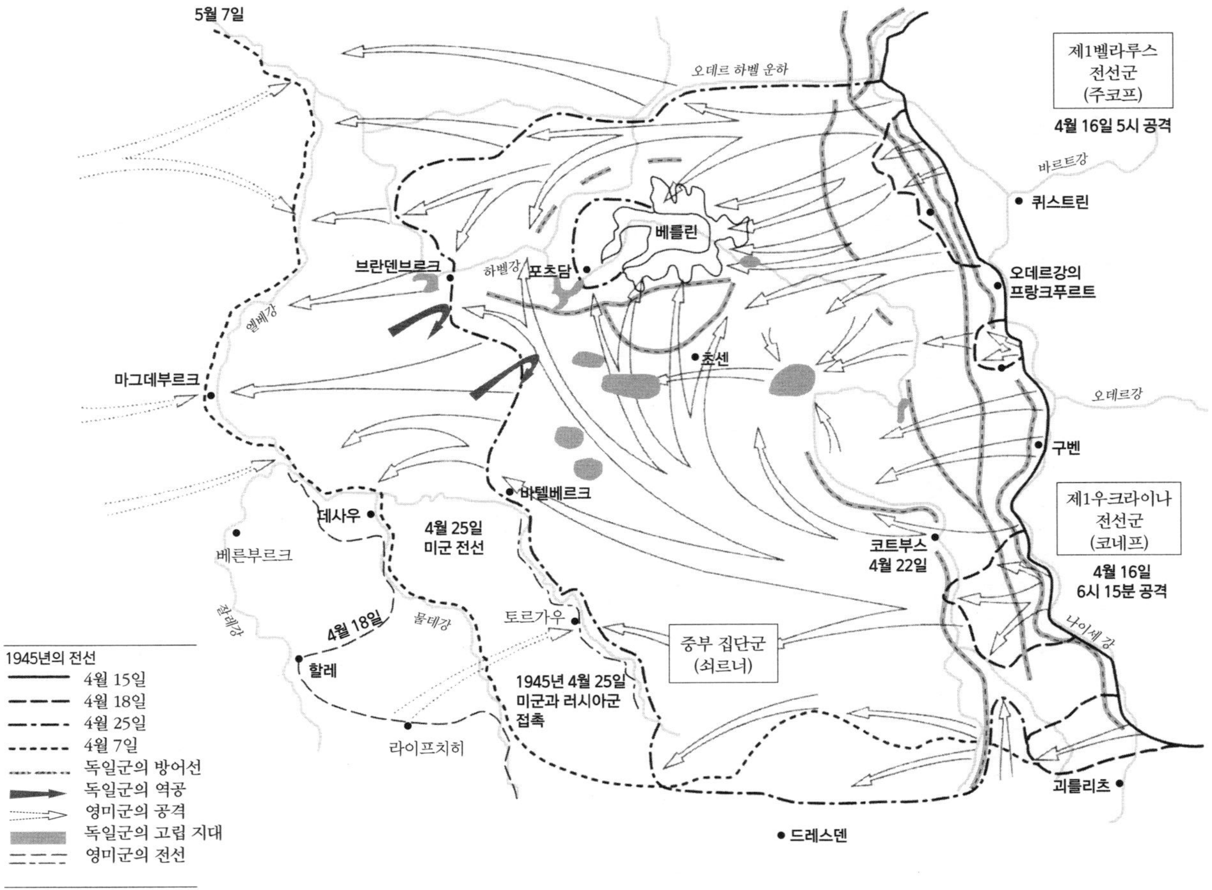
5월 7일
제1벨라루스
전선군
(주코프)
4월 16일 5시 공격
오데르 하벨 운하
바르트강
퀴스트린
베를린
브란덴브르르크
하벨강
포츠담
오데르강의
프랑크푸르트
엘베강
초센
마그데부르크
오데르강
구벤
바텔베르크
데사우
4월 25일
미군 전선
제1우크라이나
전선군
(코네프)
베른부르크
코트부스
4월 22일
4월 16일
6시 15분 공격
잘레강
4월 18일
물데강
토르가우
나이세 강
중부 집단군
(쇠르너)
1945년의 전선
4월 15일
4월 18일
4월 25일
4월 7일
독일군의 방어선
독일군의 역공
영미군의 공격
독일군의 고립 지대
영미군의 전선
할레
1945년 4월 25일
미군과 러시아군
접촉
라이프치히
괴를리츠
드레스덴

[지도 11] 베를린 공격

코프는 자기 뒤에 여전히 마구 뒤엉켜 있는 2개 전차군으로 이 선을 돌파해야 했다. 4월 20일까지 마침내 전방 부대가 베를린의 동쪽 교외에 이르렀으며, 소규모 공격 집단을 이용해서 방어자를 한 구역 한 구역 뒤로 밀어붙이기 시작했다. 같은 날에 베를린 도심이 장거리포 사정권 안으로 들어왔다. 주코프의 전선군이 기세를 회복하기 시작했다. 이때 북쪽 측면 부대가 도시 전방에 있는 취약한 독일군 방어 진지를 열어젖히고 수도 둘레를 돌아 지나서 시 너머에 있는 엘베Elbe 강에 이르렀다. 베를린에 있는 독일군이 비록 죽음을 무서워하지 않는 용기로 구하기 불가능한 도시를 방어하기는 했어도, 수도의 서쪽에 퍼져 있는 부대들이 적군 사이에서 짓눌리며 급속하게 쪼그라들어 미약해졌다. 수도 자체 안에서 추이코프의 부하들이 도심 쪽으로 밀고 나아가기 시작했다.

주코프는 치고 나아가라고 예하 지휘관들을 다그쳤다. 다시 한번 그는 전차군에게 보병 뒤를 따라서 이번에는 시가지로 들어가라고 명령했다. 시가지에서는 기동전이 거의 불가능했고 독일군의 판처파우스트Panzerfaust 대전차총이 소련군 기갑 부대에게 막심한 피해를 입혔다. 그 위협에 대처하고자 전차에 얇은 주석판이나 철판을 비스듬히 대놓거나 모래주머니를 쌓아놓으면 그 신무기의 최대 충격력을 비껴가게 할 수 있다는 것이 발견되었다. 전차들이 운하와 하천을 건너며 기동하기는 어려웠다. 전차들은 심한 포화를 받으면서 수로 장애물마다 부교浮橋를 놓은 공병대원들에게 의존했다. 4월 24일 무렵에 추이코프 부대가 슈프레Spree천과 다메Dahme천을 건너서 도심 지역으로 다가가고 있었다. 이튿날 아침 6시에 부대들이 쇠네펠트Schönefeld 비행장에 접근했는데, 비행장을 이미 소련군이 점령했음을 발견했다.

코네프의 제1우크라이나 전선군에 배속된 리발코 장군의 제3전차 군 소속 부대였다. 추이코프가 그 사실을 주코프에게 보고하자, 사람들은 경악했다. 주코프는 휘하 장군들에게 코네프의 전진을 면밀하게 지켜보라고 요구했었지만 코네프 군대가 그토록 멀리, 그토록 빨리 움직였다는 것을 전혀 몰랐던 듯하다. 국회의사당 건물에서 겨우 300야드 떨어진 곳에서 리발코와 직접 마주쳤을 때, 주코프가 "이곳엔 왜 나타났나?" 하고 소리쳤다.[25] 두 전선군이 이제 베를린 남부에서 나란히 싸우고 있었으며, 베를린을 향한 경주는 새로운 의미를 띠었다.

4월 16일에 시작된 코네프 군대의 공격은 주코프가 맞닥뜨렸던 문제에 전혀 부딪히지 않았다. 우레 같은 오랜 포 공격이 이루어지는 동안 인공의 연무가 끼었다. 그 틈을 타서 작은 배들이 개미 떼처럼 나이세강을 건넜는데, 일부는 보병이 건널 공격용 교량을 끄는 배였다. 딱 15분 만에 바리케이드와도 같은 넓은 강을 건너서 작은 교두보들이 마련되었다. 두 시간 뒤에 짐 30톤을 옮길 수 있는 부교들이 놓였으며, 네 시간 뒤에는 짐 60톤을 견디는 교량들이 만들어졌다. 공격 몇 시간 안에 모두 합쳐서 도하시설 133개가 설치되었다. 코네프 군대는 첫날에 독일군 방어자를 80마일 넘게 뒤로 밀어붙였다. 4월 17일에 전차들이 돌진해서 3피트 깊이의 물을 헤치고 슈프레천을 건넜다. 4월 18일 무렵에 그들은 슈프레천 너머 거의 30마일 되는 곳에 있었고, 베를린으로 다가갔다.[26]

주코프와 달리 코네프는 베를린 접근로 상에서 벌어진 전투를 우크라이나와 폴란드에서 치렀던 전투처럼 치를 수 있었다. 즉, 신속하게 방어선을 꿰뚫은 다음 뒤따르는 기갑 부대를 재빨리 전개했다. 스탈린은 그 대조적인 모습을 보고, 주코프가 전차에게 보병 공격을 지원하라는 명령을 내렸다고 꾸짖었고, 코네프에게는 베를린으로 치고 들어가라고 명령해서 상을 주었다. 다음 이틀에 걸쳐 제3, 제4근위 전차군이 쉬지 않고 밀고 나아가서 놀랍게도 60마일을 전진했고, 4월 21일에는 베를린 안에 있었다. 리발코의 제3근위 전차군이 초센Zossen에 있는 독일군 본영을 점령하는 통에 오도 가도 못하게 된 독일군 사령관들은 최선을 다해 임기응변으로 대처해야 했다. 코네프는 휘하 2개 전차군을 북쪽으로 돌려 시 심장부와 독일 의회가 자리잡고 있는 국회의사당을 겨누었다. 주코프 부대가 마침내 따라잡은 것은 바로 이 시점에서였다. 다음 사흘에 걸쳐 두 부대는 도시 남부 지대를 장악하려고 전투를 벌였다. 주코프 부대가 정확히 어디에 있는지 확실히 알지 못한 코네프가 4월 25일에 중심부를 가로질러 티어가르텐 공원과 국회의사당에 최후의 맹공격을 하라고 명령했다. 코네프부대가 사격을 시작했을 때 부대 전방에 독일군이 아니라 소련군이 있음이 곧 분명해졌다. 추이코프가 전날 하루를 서쪽으로 치고 나아가는 데 써서 코네프의 진격선을 질러갔던 것이다. 두 부대가 티어가르텐 공원을 감싸는 란트베어 운하에 다다랐지만, 추이코프가 먼저 자리를 잡았고 바로 여기서 주코프와 리발코가 맞부딪쳤다. 코네프가 리발코에게 전화를 걸어 그에게 멈춰서 서쪽으로 방향을 돌려 도시 나머지 지역을 평정하라고 명령했다. 리발코는 거세게 항의했지만 결국에는 명령에 따랐다. 코네프는 회고록에서 아무런 원한을 내비치지 않았지만, 그가 리발코만큼이나 크게 실망했음을 감지하기는 쉬운 일이다.[27] 열매는 주코프에게 떨어지게 된다.

4월 29일 아침에 추이코프의 제8근위군이 남쪽에서 티어가르텐 공원을 강습할 태세를 갖추었다. 북쪽에서는 주코프 예하 여러 군 가운데 하나인 쿠즈네초프Kuznetsov 장군의 제3충격군이 슈프레천을 건너 같은 방향으로 이동했다. 제8근위군이 가로질러야 할 거리는 딱 400야드였지만, 그 거리에는 고층의 정부 청사 및 당사 건물로 들어차 있었고 영도자 히틀러를 옹위하는 군대와 민병대의 마지막 잔존 병력이 밀집해 있었다. 그 한복판에 제국 청사가 있었으며, 그 건물의 동굴 같은 지하실에는 히틀러가 제국의 환몽이 돌이킬 길 없이 완전히 무너졌음을 생각하며 앉아 있었다. 국회의사당의 널따란 고전풍 건물 정면은 북쪽을 바라보고 서 있었다. 국회의사당은 주위에 있는 대다수 건물보다 더 민주주의적인 성격을 띠고 있기는 했지만, 소련 측이 나치 제국의 상징적 심장부로 선정한 것은 난타당한 히틀러의 정부 청사가 아니라 바로 이 건물이었다. 부대원들은 누구든지 국회의사당 건물 위에 승리의 깃발을 올리는 사람에게 소비에트연방 영웅 훈장이 주어질 것이라는 말을 들었다.

마지막 공세를 개시하기 전날 밤에 추이코프는 또다시 잠을 이룰 수 없었다. 그는 초조해서 줄담배를 피웠다. 4월 29일 밤사이에 고립된 공세 그룹들이 운하의 저편으로 건너가 다리 하나를 확보했다. 그들이 받은 명령은 중심부에 최후의 강습을 퍼부을 발판으로 쓸 수 있는 주요 건물 한 채를 장악하라는 것이었다. 그들은 목숨을 내건 저항에 부딪히며 느릿느릿 전진했다. 그러나 국회의사당은 그들의 전리품이 되지 않았다. 북쪽에서 페레베르트킨 장군의 제150소총사단이 맨 먼저 국회의사당 건물에 다다랐다. 4월 30일 1시에 포문이 열렸다. 엄호 사격 아래서 소련 보병 작은 무리가 가장 가까운 부대들에게 배분된 붉은 깃발 아홉 개 가운데 하나를 들고 포복해서 전진했다. 그들은 국회의사당 중앙 현관을 밀치고 들어가서 무시무시한 백병전을 벌인 끝에 1층을 확보했다. 독일 군인 수천 명이 위층과 지하실을 점거하고 있었다. 2시 30분쯤에 2층 창문에서 깃발이 휘날렸다. 소련군 공격 부대가 위층을 다 평정하고 지붕에 다다르는 데 여덟 시간이 더 걸렸다. 소련 군인 300명이 수류탄과 기관총으로 싸운 끝에 그들보다 훨씬 더 많은 독일군을 몰아내는 데 성공했고, 소련군 상사 두 사람, 예고로프와 칸타리야가 11시 10분 전에 마침내 국회의사당에 깃발을 꽂는 데 성공했다. 나중에 비행기에서 사진으로 찍힌 그 장면은 독소전쟁의 가장 유명한 이미지 가운데 하나가 되었다.[28]

같은 날 히틀러가 스스로 목숨을 끊었다. 그의 주위 사방팔방 베를린 도심지가 숨이 턱턱 막히는 짙은 회색의 먼지와 연기의 장막으로 뒤덮였다. 사방에서 불길이 걷잡을 수 없게 타올랐다. 대포와 로켓 포화의 끊임없는 굉음과 새된 기관총 소리가 대기를 찢는 듯했다. 1930년대에 새 독일제국에 바치는 거대한 기념물로 만들어진 제국 청사는 대리석 바닥과 기둥이 깨지고 부서져 폐허가 되어 있었다. 3월 하순 이래로 히틀러가 경호원과 비서들, 그리고 몇 안 되는 충성스러운 당원들에 둘러싸여 기거해왔던 벙커의 분위기는 일선에서 보고가 올 때마다 깊은 침체에서 극단적 낙관론으로 왔다 갔다 했다. 통신이 제대로 이루어지지 않았기 때문에 히틀러는 마음속으로 소련이라는 용으로부터 수도를 해방하려고 끝까지 싸우는 지크프리트의 군대 전체를 불러냈다. 그가 더 침울할 때 진실은 견디기 힘들도록 현실적이었다. 4월 20일에 그는 베를린에서 마지막으로 빠져나갈 비서들 가운데 한 사람에게 작별을 고하면서 말했다. "이제 다 끝났다네."[29]

그에게는 수도를 내주고 포로가 될 의향이 없었다. 마지막 몇 주 동안 그는 독일 민족이 자기의 영광스러운 포부를 뒷받침하지 않았다면서 그들을 미워했다. 비서 마르틴 보어만이 정성껏 받아 적은 긴 독백에서 히틀러는 뮌헨과 폴란드의 들뜬 시절부터 베를린에서 벌어지는 아마겟돈의 싸움터까지 자기가 걸어온 기나긴 여정을 살펴보았다. 그는 여느 때처럼 유대인을 비난했지만, 이번에는 독일 민족도 자기가 그들에게 쏟았던 신뢰를 받을 가치가 없다고 비난했다. 그는 베를린 코앞까지 오게 만든 위기 극복 능력과 전투력의 소유자인 슬라브인을 새로운 지배 종족으로 치켜세웠다. 독일은 기다려야만 할 터였다.[30] 괴벨스는 아직 벙커에 있는 자기 참모들에게 전쟁에 졌으며 독일 민족은 "지금 그들한테 닥칠 운명을 당해도 싸다"라고 말하면서 자기 주인의 말을 그대로 되풀이했다.[31] 4월 29일에 모든 희망이 사라지자 히틀러는 절대 베를린을 넘겨주지 말라는 명령을 사령관들에게 내렸다. 그는 달아나기를 거부하고, 그 대신에 대본에 따라 마지막 장을 연기했다. "나는 이제 운명의 여신이 명하는 바에 따라야 한다. 설령 내 목숨을 구할 수 있다고 해도, 나는 그러지 않으리라."[32]

28일 저녁 늦게 그는 벙커의 회의실로 타자수를 불렀다. 보통 물건들로 덮여 있던 지도 탁자에는 아무것도 없었다. 그는 탁자 앞에 서서 마지막 정치 유언을 타자수에게 구술했다. 그는 유럽 민족들을 심히 타락하게 만들었다고 유대인을 한 차례 더 매도한 뒤 자기는 베를린에서 죽기로 마음먹었다고 천명했다. 자신의 희생에서, 그리고 다른 수백만 독일인의 희생에서 국가사회주의 재생의 씨앗이 나오리라는 것이었다. 그는 독일 해군의 수장인 카를 되니츠 제독이 이끄는 새 독일 정부가 자기를 계승한다고 선언했다.[33] 그러고 나서 그는 두 번째로 작성한 개인 유언장에서 자기의 오랜 연인이었던 에바 브라운과 죽기 전에 결혼하겠다고 선언했다. 결혼식은 자정 직전에 치러졌다. 히틀러는 이튿날 점심때, 비록 음식을 먹을 이유가 없음이 거의 틀림없기는 했지만, 비서 두 사람과 전속 요리사와 함께 마지막 식사를 했다. 그런 다음 그는 벙커에 있는 사람들과 진지하게 악수하고는 신부와 함께 자기 방으로 들어가 나오지 않았다. 오후 3시 30분에, 소련 군인들이 국회의사당 건물의 상층을 차지하려고 싸우고 소련군 전차가 제국 청사 주위 도로를 내달리는 동안, 에바 브라운은 독약을 먹고 히틀러는 자기 머리에 총을 쏘았다.[34]

그날 저녁에 독일군 수비대가 협상을 벌이려고 백기를 든 특사를 보냈다. 중요한 사회주의 연례 축일인 5월 1일 아침 3시 30분에 히틀러가 임명한 마지막 독일 육군 참모총장 한스 크렙스 장군이 추이코프의 본부에 도착했다. 그는 히틀러가 자살했다고 전한 다음 자기는 오로지 소련 지도부와만 협상하겠다고 애써 고집했다. 그는 군사적 항복 명령을 내리기를 거부했다. 추이코프는 주코프에게 전화했고, 주코프는 무조건 항복 말고는 어떤 것도 안 된다고 말했다. 그런 뒤 주코프는 스탈린에게 전화했지만, 스탈린이 잠들어 있다는 답을 받았다. 그는 당직 사관을 시켜 스탈린을 깨우게 한 뒤 아직 확증은 없었지만 히틀러가 죽었다고 그에게 보고했다. 스탈린은 "끝장나 버렸구나, 후레자식! 그놈을 사로잡지 못해 아쉽군" 하고 대꾸했다.[35] 그는 오직 완전 항복만을 받아내라고 명령한 다음 잠을 자러 돌아갔다. 크렙스는 히틀러의 마지막 유언장에 자세히 기술된 새 독일 정부와 협상이 이루어지려면 휴전을 해야 한다고 완강하게 버텼다. 비록 패한 독일군이 기대하는 유리함이 무엇인지 자세히 설명하지는 않았어도, 그는 강화 조약이 "양쪽에 … 유리하다"라고 말했다. 추이코프가 완전 항복을 하라고 다그치자, 그는 "우리는 마지막 한 사람까지 싸울 것입니다"라고 대꾸했다.[36] 두 사람은 이런저런 이야기를 나누기 시작했다. 아침 5시 무렵 두 사람은 기진맥진했다. 그들은 승자와 패자 사이에 어울릴 것 같지 않은 우의를 나누며 같이 앉아서 코냑을 마시고 샌드위치를 먹었다.

쟁점은 그날 아침에 해결될 수 없었다. 거의 열한 시간 뒤에 크렙스가 떠났고, 베를린 점령을 마무리하라는 소련군의 명령이 나왔다. 대포와 로켓의 격렬한 일제 포격이 정부 청사 구역과 베를린 동물원Zoologische Garten에 한 차례 퍼부어졌고, 소련군이 최후의 저항자들을 일소하면서 한 구역 한 구역 차근차근 전진했다. 4시에 다시 크렙스가 괴벨스가 부서한 답신을 보내서 항복을 거부했다. 전쟁은 다시 시작되었다. 오후 6시 30분에 모든 소련군 대포와 로켓 발사 장치가 마음껏 화력을 자랑하며 불을 뿜었으며, 저항하는 독일군 수비대는 좁은 지대에 고립되었다. 잠이 모자란 추이코프는 밤새 두 번 깼다. 1시 30분에 수비대 사령관이 더이상의 떼죽음을 막고자 항복하기를 바란다는 소식이 들어왔다. 5월 2일 아침 6시에 방어자가 무기를 내려놓았다. 그 바로 앞서서 괴벨스의 대리인 한스 프리체가 이끄는 민간인 대표단이 추이코프를 보러 와서는 괴벨스가 자살했고 크렙스는 (밝혀진 대로, 그 또한 자살하려고) 사라졌으며, 기꺼이 항복하겠다고 말했다. 7시가 되기 전에 주코프가 소련군의 교전 행위가 중지되리라고 확언했다. 한낮이 될 무렵 싸움이 끝났다. 마지막 총성은 무선 통신이나 전화 연락이 미치지 못한 독일 군인들이 낸 것이었다. 추이코프는 거리로 나갔을 때 소란스러운 전투 뒤에 자기 귀에 울리는 정적에 깊은 인상을 받았다. 회고록에서 그는 베를린에 갑자기 평화가 온 데 흥분해서 성급하게 "세계대전의 불길은, 치솟은 그곳에서 꺼졌다" 라고 생각했다고 회상했다.[37]

그러나 전쟁은 아직 끝나지 않았다. 베를린을 차지하려는 싸움이 절정에 이르고 있는 동안, 동쪽과 서쪽에서 온 연합군이 엘베강에서 한데 모였다. 4월 25일에 토르가우Torgau에서 양쪽이 처음으로 접촉 했다. 다음 한 주에 걸쳐 엘베강 전선 전체가 점령되었다. 더 남쪽에 서는 독일군 60만 명이 체코슬로바키아로 들어가서 헛된 저항을 계 속했다. 그들은 코네프의 제1우크라이나 전선군의 추격을 받았고, 베를린에서 분투를 한 뒤 다시 남쪽으로 이동했던 코네프 부대는 한 번 더 임무를 완수해야 했다. 남쪽의 싸움은 모스크바에서 공식적 으로 유럽 전쟁이 끝났다고 선언된 지 이틀이 지난 뒤인 5월 11일에 야 드디어 끝났다.[38]

전쟁은 베를린 전투가 그랬던 것만큼 깔끔하게 끝나지 않았다. 추 이코프와 주코프 두 사람 다 히틀러의 수도가 함락됨으로써 전쟁이 끝났다고 생각했다. 주코프는 베를린의 정복자로서 국회의사당과 정 부 청사를 둘러보았다. 그는 히틀러의 주검을 찾기를 간절히 바랐지 만, 벙커를 찾아갔을 때 괴벨스와 그의 아내, 그리고 여섯 자녀의 주 검의 신원이 확인되었을 뿐이었다. 그는 히틀러가 자살했다는 것이 사실인지 의심하기 시작했다. 5월 3일자 《프라브다》는 히틀러가 베를 린에 있지 않다면서 "만약 놈이 도망쳤다면 어디에 숨어 있든 우리 는 그놈을 찾아낼 것이다"라고 선언하는 기사가 1쪽[지은이의 착오. 실 제로는 4쪽]에 실렸다. 그뒤 곧바로 발표된 여론 조사는 모스크바 시 민 대다수가 이 의심을 공유하면서 히틀러가 숨어 있다고 생각한다는 것을 보여주었다.³⁹ 본부에서 스탈린은 최고위급 보안 장교 한 사람에게 베를린으로 가서 히틀러를 찾아내라는 명령을 내렸다. 살아 있는 히틀러가 다시 나타나면 꺼져가는 저항의 재에서 다시 불길이 일지도 모른다는 두려움이 대중 사이에서 자라나기 시작했으며, 스탈린이 같은 두려움을 느끼는 것도 당연했다.

5월 초순에 제국 정부 청사는 잔해가 불타오르고 있어서 제대로 조사하기 어려웠다. 5월 2일에 소련군 분견대가 히틀러의 시체처럼 보이는 주검 하나를 찾아냈지만, 옷이 해진 것으로 보아 높은 지위에 있는 인물은 아니었다. 1968년에야 해제된 소련 측 보고서에 따르면, 스메르시 소속 이반 클리멘코 대령이 5월 4일에 제국 정부 청사 뒤에 있는 작은 포탄공에서 주검 두 구를 찾아냈다. 하나는 남자고 하나는 여자였다. 둘 다 형체를 알아볼 수 없을 만큼 불에 타 있었다. 히틀러가 정원에 그냥 내버려질 리 없다고 여겨졌기 때문에 그 두 주검은 수의에 싸여 재매장되었다. 그러나 이튿날 클리멘코가 되돌아와서 부검을 위해 유해를 파내서 가지고 갔다. 히틀러의 치과 의사 한 사람이 치아를 살펴서 히틀러와 에바 브라운 두 사람의 신원을 확인했다. 보고서는 히틀러가 청산가리 중독으로 죽었다는 결론을 내렸다. 전쟁이 끝난 뒤 영국이 히틀러가 사실은 총으로 자살했다는 모든 증거를 모았는데도 (그리고 거의 50년 동안 모스크바에서 봉인된 채 보관된 히틀러의 것이라고 하는 두개골 일부에 총알이 관통한 구멍이 나 있는데도) 그 보고서에는 영웅다운 권총 자살은 없었다고 되어 있었다.⁴⁰ 그 보고서가 만들어진 뒤 곧바로 그것에 관해 알고 있었음이 틀림없는데도, 스탈린은 계속해서 자기가 히틀러의 행방을 알지 못하는 체했다. 심지어는 주코프에게도 말하지 않았다. 스탈린이 죽은 뒤 15년이 지난 다음에야 세부 사항이 공식 해제되었다.

스탈린이 침묵한 까닭은, 비록 그가 히틀러를 참칭하는 자의 정체를 밝힐 증거가 필요한 경우에 대비해서 '그것을 간직해두기'를 바랐기 때문이라는 공식 설명이 전혀 믿지 못할 바는 아니어도, 추측만을 할 수 있을 뿐이다.[41] 히틀러의 턱뼈와 두개골 일부가 상자에 담겨 모스크바에 보관되다가, 1991년에 소련이 무너진 다음에야 비로소 그의 모자, 철십자 훈장, 개인 휴대품과 함께 공개되었다. 불에 탄 그의 나머지 유해는 다른 행로를 걸었다. 암호명 신화 작전에서 스메르시는 1945년과 1946년에 히틀러의 운명을 집중 조사했다. 그들은 자기들이 찾아낸 주검이 그의 주검이라는 데 만족스러워했다. 그의 유해, 그리고 에바 브라운과 괴벨스 가족의 유해는 빈 탄약 상자에 포장되어 스메르시 부대의 수하물에 넣어져 1946년 2월까지 옮겨 다니다가 소련군 기지가 있는 마그데부르크Magdeburg 클라우젠 거리Klausenerstrasse에 있는 어느 집의 창고 옆에 묻혔다. 1970년 4월에 국가안전위원회KGB 총수 유리 안드로포프의 명령으로 그 주검들을 파내어 미라가 된 유해를 다시 불에 태우고는 빻아서 가루로 만들어 근처에 있는 강에 흩뿌렸다. 소련 당국은 히틀러의 매장지가 신나치의 순례지가 될 약간의 가능성도 남기지 않고 싶었던 것이다.[42]

1945년 5월 첫째 주에 살았든 죽었든 히틀러 추적이 진행되는 동안, 독일의 일괄 항복 문제가 가장 중요해졌다. 베를린 점령이 독일 정부의 종말을 뜻하지는 않았다. 히틀러가 지명한 승계자인 되니츠 제독과 다른 장관들은 독일 북부에 있는 플렌스부르크Flensburg로 달아났다. 서방 연합국과 교섭한 끝에 소련 당국이 아니라 아이젠하워에게 항복한다는 결정이 내려졌다. 5월 7일에 되니츠는 히틀러의 작전부장 요들 장군에게 무조건 항복 문서에 서명할 권한을 위임했다. 조인식은 조촐했다. 아침 2시 40분에 아이젠하워가 본부로 삼았던 랭스Reims의 한 작은 학교 건물에서 미국의 월터 베델 스미스 장군, 연합군 참모장 한 무리, 그리고 선정된 신문 기자 열일곱 명이 배석한 가운데 요들이 금도금한 펜으로 항복 문서에 조인을 했다. 그다음 아이젠하워의 참모장인 스미스가 다른 순금제 펜으로 서명했고, 뒤이어 소련 대표 수슬로파로프 장군과 프랑스의 세베 장군이 서명했다. 불운한 수슬로파로프는 대비를 못해서 난처해졌다. 4월에 참관인으로 아이젠하워의 본부에 파견된 그는 모스크바의 특별한 지시를 받지 못했다. 서명을 하지 않으면 그는 명백히 소련이 참여하지 않은 가운데 독일의 항복이 이루어질 위험을 무릅써야 하고, 서명을 하면 허가 없이 행동했다고 스탈린의 격분을 살 위험이 있었다. 마침내 그는 모스크바가 조인식을 다시 할 수 있게 허용하는 예고 기재를 달고 조인을 했다. 서명을 한 뒤 얼마 되지 않아서 스탑카에서 그 앞으로 보낸 지령이 도착했다. 그 내용은 아무 것에도 서명하지 말라는 것이었다.[43]

랭스의 조인식은 스탈린에게는 짜증 나는 일이었다. 스탈린은 자기를 상급 동맹자로 보고, 그럴 만하게도, 소련의 전쟁 수행 노력을 독일에게 거둔 승리의 참된 원동력으로 여겼던 것이다. 모욕감이 한층 더하게도 스탈린은 소련 측의 독일 항복 선포 날짜를 미국 및 영국 측과 같이 조정해서 5월 8일로 하자고 요청하는 모스크바 주재 미국 군사 사절단장의 편지를 받았다. 스탈린은 군 참모진과 고위 관리들을 모두 크레믈로 불렀다. 그는 성이 나서 카펫에서 왔다 갔다 했다. 그는 서방 동맹국이 패한 적과 '수상한 거래'를 했다고 욕했다. 그는

"항복은 가장 중요한 역사적 사실로 처리되어야 하며, 승자의 영토가 아니라 파시스트의 침략이 발생한 곳, 즉 베를린에서 받아야 합니다"라고 말하면서 랭스의 항복을 인정하려 들지 않았다.[44] 그는 히틀러의 몰락에서 소련 인민과 그들의 지도자가 한 중요한 역할을 세계에 과시할 독일 수도의 2차 조인식을 받아들이라고 동맹국들에게 압력을 가했다. 그는 주코프에게 전화를 걸어 아직 온전히 서 있는 건물을 찾아내어 자기를 대행해서 항복 조인식을 거행하라고 지시했다.

주코프는 베를린 동부의 카를스호르스트Karlshorst에 있는 2층 건물 하나를 찾아냈다. 한때 독일 공병 학교 식당이 있던 건물이었다. 그곳으로 연합국 대표들이 5월 8일 자정이 되기 조금 전에 모여들었다. 항복 문서가 모스크바에서 새로 작성되었고, 1930년대 모스크바 재판의 주임 검사였으며 외무부 차관이 된 비신스키가 그 문서를 부리나케 그곳으로 가져왔다. 소련 판본과 서방 판본을 일치시키려 애쓰는 데 몇 시간이 소비되었다. 정전이 되어서 촛불을 밝히고 그 문건을 작은 휴대용 타자기로 치고 다시 또 쳤다. 드디어 시계가 정확히 자정을 알릴 때 주코프가 다른 연합국 대표, 즉 아서 테더 영국 공군 대장, 칼 스파츠 장군, 드 라트르 드 타시니 장군을 이끌고 홀로 들어왔다. 그들은 기다란 녹색 탁자에 앉았고, 히틀러의 참모본부장 빌헬름 카이텔 육군원수를 선두로 해서 독일군 지도자들이 안내를 받아 들어왔다. 카이텔은 위엄을 지키려고 애를 썼다. 그의 얼굴은 붉은 반점으로 뒤덮여 있었고 손은 떨렸다. 그가 탁자로 걸어가 항복 문서에 서명할 때 외알 안경이 눈에서 떨어져 끈에 대롱대롱 매달렸다. 비록 다른 목격자들은 독일인들이 "오만하고 품위가 있다"라고 생각하기는 했어도, 훗날 주코프는 카이텔이 "창백했다"라고 회상했다. 자정에서 정확히 43분이 지났을 때 조인식이 끝났다. 주코프는 스탈린이 이토록 역사적인 날에 걸맞지 않게 밋밋하다고 생각한 연설을 한 다음 연회를 주최했고, 연회는 밤새도록 열린 뒤 자기 나라 전통에 따라 주코프를 비롯한 소련 장군들이 춤을 추면서 끝났다.[45]

5월 9일 아침 이른 시간에 모스크바에서 승리가 선포되었다. 그날은 승전일로 선언되고 공휴일이 되었다. 거리는 "전쟁이 끝났다"라고 연호하는 중고등학생과 대학생으로 가득 찼다. 군중이 미국 대사관 밖에 모여들어 "루스벨트 만세!"를 외쳤다.[46] 저녁에는 이삼백만 명이 붉은광장과 주위 거리에 모였다. 축포가 1000발 발사되고 비행기 수백 대가 도시 상공을 낮은 고도로 날면서 붉은빛, 황금빛, 보랏빛 조명탄을 떨어뜨렸다. 몇몇 관찰자는 제어되지 않은 광란의 환희가 있었으며 그 환희는 마치 종교와도 같은 엄숙성의 분위기를 띠었다고 언급했다. 도시 근교 공단 지역에서 온 남녀 노동자는 가장 좋은 외출복을 입고 다녔다. 경찰과 경비원은 술에 취해 흥청망청대는 사람을 가만 내버려두었다. 일리야 예렌부르크는 "기쁨에 차 있으면서도 슬픔에 찬, 평소와는 다른 날 … 아무 일도 일어나지 않았지만, 모든 것이 의미로 충만했"던 날을 기억했다.[47] 팬 한 무리가 그를 알아보고는 헹가래를 쳤다. 그는 자기가 얼마나 전쟁을 미워하게 되었는가를 깨달았다. 5월 9일에 그는 마치 오늘이 죽은 이들의 기일인 것처럼 죽은 사람들을 애도하는 이들을 발견했다. 한 시인[알렉산드르 트바르돕스키]은 나중에 다음과 같은 시를 썼다.

대포 소리 속에서 처음으로 우리는 작별을 고했다.

전쟁에서 죽어간 모든 이들에게,

산 사람이 죽은 사람에게 작별을 고하듯이.[48]

승리는 스탈린을 독재자 경력의 최정점에 올려놓았다. 수많은 일반 소련 시민에게는 정치선전에 나타난 최고 군 지도자의 이미지가 그들이 아는 전부였다. 전쟁이 시작될 때 청년이었던 표트르 그리고렌코는 스탈린의 지도력에 의혹을 품기 시작했던 적이 있었다. 그 의심은 전쟁으로 말끔히 사라졌다. 그는 다음과 같이 썼다. "나는 전쟁 경과의 역전을 스탈린과 연관 지었다. 나는 비록 전쟁이 시작되었을 때 스탈린이 보여준 지도력의 '타당성'에 의심을 품기는 했어도, 전쟁이 끝났을 때는 우리가 운이 좋았다고, 스탈린의 천재성이 아니었더라면 승리를 거두는 데 훨씬 더 오랜 시간이 걸렸으리라고, 승리가 찾아왔더라도 훨씬 더 큰 피해가 따랐으리라고 믿었다."[49] 스탈린은, 비록 새 제복이 자기를 호텔 종업원처럼 보이게 만든다고 투덜거리기는 했어도, 새로운 계급인 대원수에 임명되었다. 승전 기념행사가 한 달 넘게 띄엄띄엄 계속되었다. 스탈린은 군사 지도자 역을 하면서, 자기 군대가 쟁취한 영광을 대견스러워했다.

절정은 1945년 6월 25일에 붉은광장을 지나가는 개선 퍼레이드였다. 스탈린은 장군들이 영예를 누리도록 허용했다. 6월 19일에 그는 자기 다차로 주코프를 불러서 아직도 말을 탈 수 있냐고 물었다. 주코프가 탈 수 있다고 말하자 스탈린은 그에게 개선 분열 행진에서 일동의 경례를 받으라고 말했다. 주코프가 스탈린이야말로 최고 사령관으로서 그 직책을 맡아야 한다고 주장하자, 예순다섯 살 먹은 독재자는 "열병식을 하기에는 나는 이미 늙었다네"라고 대꾸했다.[50] 행사는 폭우 속에서 거행되었다. 공중 분열식은 취소되어야 했다. 소련 영웅 로코숍스키 육군원수가 이끄는 연대들이 분열 행진을 하는 동안 비에 흠뻑 젖은 주코프가 말에 올라타 있었다. 회고록에서 주코프는 야릇한 초조함을 느꼈다고 고백했다. 흠뻑 젖은 군인이 줄지어 레닌 능묘 앞에 와서 패한 독일군의 부대기들을 내던졌다. 저녁에 스탈린은 원수와 장군 2500명을 위해 연회를 열었고, 거기서 소련의 보통사람들, 즉 승리를 가능하게 만든 전쟁 수행 기구의 '작은 나사'를 칭찬하는 이례적 행보를 취했다.[51] 승전 축하 연회는 낯익은 방식으로, 즉 사회주의의 진보와 스탈린의 천재성을 위한 축배를 주고받으면서 진행되었다. 그러나 틀림없이 심사숙고한 끝에 스탈린이 의도적으로 배제한 집단이 있었는데, 바로 금몰과 종군 기장으로 번쩍이는 측근의 원수와 장군의 회중이었다. 군사 영웅들이 그들의 새 대원수를 가리도록 내버려둘 뜻이 스탈린에게 없음을 보여주는 첫 번째 징후였다. 전쟁이 한창인 몇 해 동안은 스탈린에게 장군들의 전문 지식과 협조가 필요했고, 그동안 스탈린과 장군들 사이에 조성된 좋은 관계는 끝나가고 있었다.

마무리되지 않은 일이 아주 많이 남아 있었다. 얄타에서 협의된 독일의 미래는 항복 문서로 결정되지 않았다. 동유럽 처리가 해결되지 않았다. 일본과의 전쟁이 아직 끝나지 않았다. 3대 전시 동맹국들은 만나서 추축국 열강의 패배로 남겨진 많은 정치 쟁점을 점검할 회담을 열자는 데 동의했다. 합의한 날짜는 7월 15일이었다. 스탈린은 베를린에서 만나 항복의 상징적 의미를 높이자고 동맹자들을 설득했다. 선정된 장소는 프로이센 군국주의의 본산인 포츠담이었다. 다시 한번 주코프는 모임에 적당한 장소를 찾으라는 요청을 받았다. 그는 과거에 프로이센 왕가의 궁전이었던 체칠리엔호프Cecilienhof를 택했다. 국가수반들의 뒤를 이어 열차 편으로 따라온 관리 수천 명을 위해서 다른 저택들이 징발되었다. 주코프는 궁전의 방 서른여섯 개와 회의 장을 재단장하도록 했다. 요청을 받고 트루먼의 본부에는 담청색 페 인트칠을 했고, 처칠은 장미색을 부탁했으며, 소련 대표단은 순백색 을 택했다. 회담에 쓸 통짜 대형 원탁을 베를린에서 구할 수가 없어 서 모스크바의 류스Liuks 가구 공장에 회담용 탁자를 빨리 만들라고 요청했다.[52]

스탈린은 다코타Dakota 여객기를 타고 포츠담으로 이동하라는 권 고를 받았지만, 테헤란으로 갈 때 딱 한 번 비행기를 탄 뒤로는 다시 는 비행기를 타지 않겠다고 거절했다. 베리야가 장갑 열차와 무장 경 비대를 대동한 열차 편 여행을 준비했다. 보안 준비는 여태껏 본 그 어떤 사례도 넘어섰다. 이제 겨우 몇 주 전만 해도 적의 영토였던 곳 의 심장부로 여행을 하기 때문에 스탈린은 신변 안전에 관해 그 어 느 때보다도 더 심한 강박 관념을 가지고 있었다. NKVD 부대원 1만 7000명과 정규 군인 1515명이 노선에 도열해서, 행로 1킬로미터마다 여섯 명 내지 열다섯 명이 있었다. NKVD 부대원이 탄 장갑 열차 여 덟 대가 노선을 순찰했다. 베를린에서는 7개 연대 병력의 NKVD 부 대원이 동심원 세 개를 이루며 소련 대표단이 머무는 52개 저택이 모 인 단지를 철저히 방비했다. 베리야가 소련 측이 쓸 비행장 두 곳, 그 리고 빵 공장과 농장을 세웠고, 모두 모스크바에서 온 직원들이 운 영했다. 7월 16일에 높은 깃에 번들거리는 견장이 달린 하얀 상의, 즉 대원수 제복을 입어 빛이 나는 스탈린이 도착했을 때 역에서 주코프 가 그를 맞이했다.[53]

세 거두, 즉 스탈린과, 처칠 그리고 루스벨트의 후임자 트루먼이 1939년의 구세계에서 탈바꿈해 나온 유럽 질서의 중심에서 만났다. 1930년대에 유럽의 정치, 그리고 세계 대부분의 정치는 유럽의 대열강인 영국, 프랑스, 독일, 이탈리아가 주도했다. 1945년에는 주도적 열강이 소련과 미국이었다. 영국이 계속해서 열강의 지위를 세차게 주장했지만, 세력 균형에서 일어난 변화는 처칠 자신의 우울한 신경질에서 확연했다. 미국과 소련의 지배에 평화 시의 새로운 협력인가 아니면 새로운 대결인가의 씨앗이 있었다. 동맹 관계에서 긴장이 고조되기는 했어도, 일정한 형태의 협력이 전혀 불가능하지는 않았다. 회담 원탁 둘레에 모인 당사자들은, 드미트리 볼코고노프의 말을 빌리면, '벗이면서 적'이었다.[54] 이번에 나타난 차이는 독일이 졌기 때문에 어느 쪽도 상대방이 필요하지 않다는 점이었다. 포츠담 회담 즈음해서 소련은 1941년에 시작된 미국 물자의 아낌없는 공급이 줄어들고 있고 재개되지 않으리라는 점을 알고 있었다. 재건은 미국의 도움 없이 계획되어야 했다. 게다가 이제는 일본과의 전쟁에도 소련의 원조가 필요하지 않았다. 트루먼은 군대를 제공하겠다는 처칠의 제안을 거절했고, 꽤 상황이 달랐던 얄타 회담에서 도출된 스탈린의 무장 원조 약속을 개인적으로는 달가워하지 않았다. 포츠담에 모인 세 당사자의 자기 이해관계는 우호 관계의 지속을 요구하지 않았다. 평화 시의 단결은 결국 선의에 달려 있었다.

이것은 장래성 없는 상품이었다. 포츠담의 온정과 찬사의 제스처에도 불구하고, 1917년 이후 거의 모든 시기 동안 그랬던 것처럼 양측은 불신과 혐오의 골짜기로 갈라져 있었다. 스탈린에게 그랬듯이 서방인에게도 이것은 낯익은 싸움터로의 복귀였다. 히틀러와의 싸움으로 스탈린은 제국주의적 자본주의를 즐겼었지만, 그는 그것을 진정한 적으로 보았다. 전쟁이 끝나면서 소련의 안보 기관은 보고서에서 미국을 '주적'으로 표현하기 시작했다. 1945년 가을에 스탈린은 몰로토프에게 다음과 같은 편지를 썼다. "나는 지금 친선의 장막을 치워버릴 수 있다고 생각하네. 미국인은 그 친선의 겉치레를 유지하고 싶어하지만 말일세."[55]

이 견해는 서방의 입장을 과대평가한 것이 틀림없다. 1945년 5월에 유럽에서 전쟁이 끝나고 나흘 뒤에 처칠은 트루먼에게 편지를 쓰면서 미주리주 풀턴Fulton에서 유럽의 분단에 관해 1946년 3월에 한 유명한 연설의 내용을 미리 밝혔다. 편지의 내용은 다음과 같았다.

철의 장막이 그들의 전선 위에 드리웁니다. 우리는 그뒤에서 무슨 일이 벌어지는지 알지 못합니다. 뤼베크Lübeck─트리에스테Trieste─코르푸Corfu〔그리스의 케르키라Kerkira〕를 잇는 선의 동쪽 지역 전체가 곧 완전히 그들의 손에 들어가리라는 데에는 의심할 여지가 거의 없는 듯합니다. … 러시아가 북해와 대서양의 바다로 진군하는 것은 만약 그들이 바란다면 앞으로 얼마 지나지 않아서 가능해질 것입니다.[56]

처칠은 포츠담 회담 내내 소련의 의도에 대한 끊임없는 비판자로 남았다. 트루먼은 루스벨트의 선린 정책의 형식은 존중했지만 내용은 존중하지 않았다. 그는 개인적으로 소련 대표단을 '고집불통'으로 보았고, 협력할 까닭을 찾지 못하는 사람들에게 둘러싸여 있었다. 헨리 스팀슨 육군부 장관은 '바탕이 전혀 다른 두 국가 체제' 사이에는 '영구히 안전한 국제 관계'가 들어설 자리가 없다고 주장했다. 소련과 함께 일하려고 애쓴 오랜 경험을 지닌 조지 케넌은 '완전한 회의와 절망에 차서' 포츠담을 보았다. 주코프는 회담이 "매우 긴장되어 있다"라고 평했다.[57]

이 불신의 직접적 이유는 쟁점 그 자체로 드러났다. 스탈린은 폴란드 문제에 관해서 양보하려 들지 않았다. 그의 발트해 연안 국가 통제권은 사실상 도전받을 수 없었다. 그는 1944년에 처칠과 했던 '퍼센트 거래'를 무시했다. 그에게는 그렇게 할 모든 권리가 있었기 때문이었다. 양측은 패망한 독일의 탈나치화, 민주주의화, 탈군사화라는 공동 정책에 합의했지만, 스탈린에게 민주주의가 서방의 관례와는 사뭇 다른 그 무엇을 뜻한다는 데에는 그 누구도 착각하지 않았다. 배상금을 둘러싸고 길고 거센 논란이 벌어졌다. 트루먼과 처칠은 얄타 회담에서 소련에게 준다고 논의된 배상금 200억 달러라는 수치를 준수하기를 거부했다. 독일의 공업 대부분이 서방의 손에 들어갔기 때문에 흥정거리가 있었던 것이다. 소련 측은 다른 점령 지역으로부터 받아내는 배상금 액수의 삭감을 받아들일 수밖에 없었다. 스탈린이 그것을 수용한 것은 오로지 서방이 폴란드 문제를 극한까지 밀고 나가지 않았기 때문이다. 독일과의 강화 처리가 언급되었지만, 양측이 상대가 공산주의를 서쪽으로, 또는 자본주의를 동부로 가져오지 않는다고 서로를 신뢰하지 않는 한 그 무엇도 확고하게 결정될 수 없었다. 독일은 포츠담 회담에서 이름을 빼고는 모든 것이 분할되었다. 비록 회담이 끝날 때 스탈린이 회담이 성공작이라고 여겨질 수 있다고 말하기는 했지만, 최종 선언문은 분단된 유럽이라는 현실을 드러내주었다.

이것은 아직은 냉전과는 조금 거리가 있었고, 더 치열한 어떤 것과는 아직 한결 더 멀었다. 어느 쪽도 폭력 대결을 무릅쓸 입장이 아니었다. 서방은 미군이 유럽에서 빠져나간 그날로 더 강해진 소련의 지상군 전력을 알고 있었다. 미군이 밀고 들어가서 바르샤바나 부다페스트를 해방할 가능성은 없었다. 처칠이 두려워한 것과는 달리, 붉은 군대 군인들이 영국해협 해안에 있을 전망도 없었다. 소련은 하늘과 바다에서 영국과 미국이 가진 힘을 알고 있었다. 스탈린에게는 이미 얻어낸 것을 위태롭게 만들 의향이 없었던 것이다. 그는 물건값을 놓고 옥신각신했지만, 그에게는 받아들이고자 하는 가격이 있었다. 또한 미국에게는 원자폭탄이 있었다. 포츠담 회담이 열리는 동안 그 신무기의 첫 번째 실험이 성공리에 이루어졌다. 트루먼은 흥정에서 자기가 가진 패를 세게 만들려고 스탈린에게 원자폭탄에 관해 말하고 싶어했다. 영국에서 치러진 선거에서 자기가 졌음을 처칠(얄타에서 스탈린은 삐지며 처칠에게 "일당—黨이 더 낫습니다"라고 말한 적이 있다)이 안 날인 7월 24일의 회기가 끝나자, 트루먼은 스탈린에게 걸어가서 미국이 이제 엄청난 파괴력을 지닌 폭탄을 가지고 있다는 중대한 소식을 말했다.[58] 지켜본 이들은 스탈린이 아무런 반응을 보이지 않았다고 회상했다. 그는 트루먼이 그것을 쓰는 법을 알기를 바란다고 대꾸했다. 트루먼 대통령은 스탈린이 겉으로는 아무렇지도 않아 하는 데 놀라서 움찔했다. 그러나 다음 회의에서 트루먼의 동료들은 스탈린을 대하는 대통령의 행동에 새로운 활력, 즉 새로운 자신감이 있음을 눈치챘다. 풀이 죽은 처칠을 비롯해서 그 장군 멍군을 지켜본 사람들의 해석은 트루먼이 무슨 말을 하고 있는지 스탈린이 이해하지 못했다는 것이었다. 그러나 스탈린은 모든 것을 너무도 잘 알고 있었다. 그날 밤에 그는 베리야에게 전화를 걸어서 NKVD 관할 아래 있던 소련의 핵무장 계획의 속도를 높이라고 말했다. 몰로토프가 "그 자들이 값을 올리려 드는군"이라고 말하자, 스탈린은 웃으면서 "올리 도록 내버려 두지" 하고 말했다.[59]

원자폭탄은 일본에 쓰기로 예정되어 있었다. 일본이 태평양과 중 국에서 벌이는 전쟁은 일본 본토에 격심한 폭격이 무자비하게 가해지 는 가운데 막바지로 치닫고 있었다. 트루먼을 처음 만났을 때 스탈린 이 그에게 일본을 끝장내는 데 도움을 주겠다고 약속했는데, 이 약 속은 8월 2일에 포츠담 회담이 끝난 지 일주일 뒤에 지켜졌다. 중국 북부에 있는 일본군에게 가한 소련군의 공격은 군사적 대가를 별로 치르고 않고 확실한 전략적 이익을 얻을 전망을 불러왔다. 스탈린이 바란 영토 획득은 한정되어 있었지만, 그는 이보다 훨씬 더 많은 것을 바랐다. 소련은 일본을 쳐부수는 데 참여함으로써 중국 국가의 재수 립에서 강력한 위치에 섰으며, 이로써 미국과 더불어 태평양의 양대 주요 열강의 하나가 될 가능성이 높았다. 1904년의 전쟁에서 러시아 제국이 당한 치욕적 패배를 설욕할 기회이기도 했다.

소련군과 일본군은 만주 국경에서 1938년에 처음으로, 그리고 1939년에 다시 충돌한 바 있다. 1939년의 승자는 더 젊었던 주코프 였지만, 승리를 얻는 데에는 그가 가진 모든 작전 기술이 필요했다. 그런 다음 독소전쟁으로 군사력에서 양측 사이에는 메울 수 없는 격 차가 벌어졌다. 만주 공격 준비는 6월에 시작되었다. 세 거두가 포츠 담에서 만날 무렵 준비가 착착 진행되고 있었다. 90여 개 사단이 일 본과 싸우려고 러시아를 횡단했다. 8월이 되면 소련군이 150만 명 인 데 견줘 일본군은 100만 명을 조금 넘었으며, 일본군 다수는 가장 질이 낮은 등급의 신병이었다. 소련군 중전차 5만 5000대에 맞서서 일본군은 경전차 1155대만을 모을 수 있었다. 붉은군대의 대포 2만 6000문에 맞서서 일본군은 겨우 5000문을 모을 수 있었다.[60] 그런데도 작전은 어려웠다. 소련군 부대는 여러 달 동안 전투를 치르느라 지쳐 있었다. 그들이 맞서 싸울 적의 방어선은 가공할 지리적 장애물, 즉 고산 장벽 사이에 난 협곡으로 보강되어 있었다. 북쪽과 북서쪽에서는 만주의 천연 방어물이 항구적 콘크리트 요새 시설로 인공적으로 보완되어 있었다.

그러나 소련군의 승리는 두드러졌다. 8월 6일에 첫 원자폭탄이 히로시마에 터진 뒤에 스탈린은 일본이 어쩌면 항복할지도 모르니 즉각 공격하라고 명령했다. 8월 9일에 공격이 시작되었다. 일본군은 1930년대의 붉은군대를 예상했지만, 그들이 마주친 것은 유럽의 혹독한 전장에서 터득한 정교함으로 병력을 구사하는 숙련된 장교들이 이끄는 대규모 중무장 군대였다. 딱 열흘 만에 일본군의 저항은 끝났다. 아시아 본토에서 벌어진 전쟁은 두 번째로 터진 원자폭탄에 뒤이어 8월 14일에 일본이 항복한 뒤 닷새 동안 계속되었다. 어떤 일본 군인은 소련 군인이 가끔 그랬듯이 마지막 한 사람까지 싸우다 죽었지만, 대부분은 항복을 해서 60만 명이 넘는 일본군이 포로가 되었다. 소련군은 엄청난 거리를 주파해 만주를 점령했다. 8월 23일까지 소련군은 쿠릴열도, 남부 사할린, 선양瀋陽 부근의 태평양 연안을 점령했다. 소련을 일본의 전후처리 당사자로 만들고자 스탈린은 동맹자들에게 말하지 않고 일본 북부 홋카이도에 상륙할 계획도 세웠지만, 미국과 불화를 빚고 이미 얻은 좋은 성과를 망칠까 두려워서 마지막 순간에 그 작전을 취소했다.[61] 몽골은 소련의 실질적 위성 국가로 남았다. 만주와 북한이 소련의 영향권으로 들어왔다. 뤼순항은 소

[표 3] 제2차 세계대전에서 소련이 입은 인명 손실

A: 군인 피해	
동원 군인 총수	29,574,900
동원 인력 총수(기타 정부 부처 포함)	34,476,700
총 손실(사망/전쟁 포로/행방불명)	11,444,100
전사와 부상으로 인한 사망자	6,885,100
행방불명/전쟁 포로	4,559,000
1941~1945년의 사망자 총수	8,668,400
의학상 사상자 총수	18,344,148
부상/심리 장애	15,205,692
질병	3,047,675
동상	90,880

B: 민간인 인명 손실 추산*		
소콜로프(Sokolov)	민간인 사망자 총수	16,900,000
코롤(Korol)	민간인 사망자 총수	24,000,000
코즐로프(Kozlov)	인구학적 총 손실**	약 40,000,000
쿠르가노프(Kurganov)	인구학적 총 손실**	약 35,500,000

* 모든 수치는 군인 사망자 수 860만 명을 뺀 것이다.
** 온갖 원인으로 말미암은 민간인 사망, 그리고 사상(死傷)으로 비롯된 인구학적 성장 잠재력의 손실을 포함한다.

련의 해군 기지가 되었다. 9월 3일에 소련 전역에 두 번째 국가 공휴일이 선포되었다. 드디어 평화가 왔고, 스탈린은 1941년 이후 처음으로 휴가에 들어갔다.

전쟁이 끝났을 때 소련은 과거 차르 국가가 20세기 초기 전쟁에서 잃어버린 영토를 대부분 되찾았다. 스탈린은 그 성취를 잘 알고 있었다. 몰로토프는 스탈린의 다차를 찾아가서 대원수에게 새로운 소련 영토 지도 한 장을 선사했을 때를 회상했다. 스탈린은 그 지도를 핀으로 벽에 붙이고는 서서 바라보면서 "그러면 우리에게 무엇이 생겼는가 한번 봅시다"라고 말했다. 그는 북쪽에서 핀란드를 희생해서 얻은 새 영토, '예로부터 러시아 영토'였던 발트해 연안 국가들, 폴란드에게서 도로 빼앗은 벨라루스 서부, 루마니아의 족쇄에서 벗어난 몰도바를 나열했다. 동쪽에서 그는 담배 파이프로 중국과 몽골을 쫙 그은 다음 자못 만족스럽게 쿠릴열도와 사할린까지 갔다. 남쪽에서만, 즉 흑해 주위에서 튀르키예를 희생해 추가로 더 얻을 여지를 발견했다. 이것 또한 1917년보다 훨씬 거슬러 올라가는 러시아 전진의 역사적인 축선이었다.[62]

스탈린의 제국은 소련인의 피를 엄청나게 흘리고 얻었다. 전쟁의 그 대가는 전쟁에 참여한 다른 어떤 열강의 희생도 왜소하게 만들었다. 만주에서 마지막 일제 포격이 가해질 때까지 소련군의 사상자만 해도 2900만 명이 넘었다. 620만 명이 죽고, 부상자가 150만 명이 넘고, 440만 명이 사로잡히거나 행방불명이었으며, 300만 내지 400만 명이 질병이나 동상으로 불구자가 되었던 것이다. 동원된 남녀 3450만 명 중에서 믿기지 않게도 84퍼센트가 죽거나 다치거나 사로잡혔다. 최근에 발표된 공식 수치에 따르면, 각종 원인으로 죽은 군인의 총수는 860만 명이었다. 러시아 역사가들이 최근에 내놓은 다른 평가는 훨씬 더 높은 수치를 제시하는데, 어떤 경우에는 2300만 명이고 다른 경우에는 2640만 명이다. 더 높은 이 총계는 공식 수치에 동원된 사람, 특히 전쟁 첫해나 그 이듬해에 대중 민방위대를 구성하려는 필사적 노력 속에서 동원된 사람이 모두 들어 있지는 않았으며 후퇴 기간 동안 산출하기가 어려워서 사망자 명단에 오르지 못한 채 죽은 사람이 많다는 근거에서 나온 것이다. 이 두 요인을 다 감안해야 하지만, 이로 말미암아 공식 총계의 두 배가 넘는 수가 나오기는 힘들 듯하다. 당분간은 860만 명이라는 수치가 가장 믿을 만하다고 여겨야 한다. 이 수치에 민간인 사망자 추산치가 보태져야 한다. 피살된 수많은 남녀나 굶어 죽은 무수한 사람의 완전한 통계 기록은 있을 수 없기 때문에 정확한 수치에 합의가 이루어질 수 없다. 많은 사람이 소련이 저지른 만행의 제물이었으며, 전쟁이 있었든 없었든 어떻게든 죽었을 것이다. 얻을 수 있는 최선의 평가는 추가해서 각종 원인으로 1700만 명이 죽었다고 제시한다. 군인 사망자와 합치면, 전쟁에서 죽은 소련인 총수는 2500만 명이나 된다. 이 수치는 1956년에 흐루쇼프가 발표한 2000만 명이라는 공식 수치보다 4분의 1이 더 많지만, 1991년에 미하일 고르바초프가 공개 선언한 숫자와는 맞아떨어진다.[63] 기록상의 정확성은 그다지 필요하지 않다. 소련인이 소련 동맹국의 고통과는 전혀 비교될 수 없을 만큼 어마어마한 고통을 겪었다는 데, 그리고 많은 경우에 폭탄이나 총알에 맞아 즉사하는 것이 아니라 굶주림으로, 또는 고문으로, 또는 노예화로, 또는 무수한 잔학 행위로 괴로워하며 죽어갔다는 데에는 논란이 없다. 거의 60년 동안 전 세계에 참사가 더 쌓인 뒤에도 여전히 소련인이 겪었던 그 고통은 그저 듣기만 해도 상상력이 마비되어 보잘것없게 된다.

10장

개인숭배

스탈린과 독소전쟁의 유산

> 신격화된 스탈린은 너무나도 강력해져서 자기를 떠받드는 사람들의 변화
> 하는 요구와 욕구를 더는 제때 주의를 기울이지 않았다. … 그는 자기가 인
> 류사에서 가장 잔인하고 가장 전제적인 인물 가운데 한 사람임을 알고 있
> 었다. 그러나 그는 이에 조금도 개의치 않았다. 자기가 역사의 심판을 집행
> 하고 있다고 확신했기 때문이다.
>
> — 밀로반 질라스

스탈린에게 1945년의 승리는 하나의 역설이었다. 소련의 정치선전이
여러 해 동안 틀림없는 암흑의 세력이라고 주장한 적에게 거둔 총체
적 승리와 스탈린이 동일시됨으로써 소련 시민 수백만 명에게 그를
신성에 접근하는 존재로 바꾸는 개인숭배가 일어났다. 다른 지도자
라면 그것을 즐겼을지도 모를 일이지만, 스탈린은 그러지 않았다. 현
실이든 가공이든, 국내이든 국외이든, 그가 적에게 품는 편집증적인
공포는 광포한 절정에 이르렀다. 그의 강렬하고 비이성적인 질투로 말
미암아 측근에 있는 모든 사람이 위험에 빠졌다. 누구든지 그 거룩한
용안에 약간의 그림자라도 드리워서는 안 되었다. 스탈린 자신의 공
포가 솟구쳐서 체제 전체를 뒤덮어, 테러와 의혹의 장막이 체제의 숨
통을 짓눌렀다. 승리에 뒤이어 더 좋고 더 자유로운 미래라는 약속
은—패배한 독일과 일본에게 예약되었고—소련에게는 찾아오지 않

았다. 그 대신에 소련 인민은 제2의 암흑시대에 빠졌다.

전쟁이 끝났을 때 독재자의 나이는 예순다섯이었다. 숱이 적어지는 머리와 혈색 나쁜 얼굴에서 지난 네 해 동안의 과로가 나타났다. 호리호리하던 몸매는 몸무게가 불어서 더 아저씨 같아졌고, 가끔은 친근하기조차 했다. 내내 스탈린은 사뭇 다른 두 성격을 개발해왔다. 다는 몰라도, 그는 조현병 환자는 아니었다. 그러나 웃으면서 겸손하게 나서지 않고 루스벨트나 처칠을 환영하는 스탈린은 자기 가족이나 친한 벗과 동료도 봐주지 않고 수많은 사람을 죽이라는 명령을 아무렇지도 않게 내리는 사람과는 다른 인간이었다. 그 분열된 성격에는 러시아의 고유한 과거에 나타난 더 깊은 분열, 즉 서구주의자와 슬라브주의자, 현대와 고대, 개방과 압제 사이의 분열이 반영되었다. 이 분열로 말미암아 스탈린 이전의 두 세기에 걸친 러시아 역사에서 명료하게 나타나는 긴장이 조성되었다. 소련의 독재자의 모습 속에서 러시아의 과거가 지닌 두 요소가 거북살스럽게 가까이 맞붙어 서로 다투었다.

현대의 스탈린은 즉시 알아볼 수 있었다. 전쟁 동안 루스벨트의 특사로서 그리고 그다음에는 대사로서 스탈린의 많은 부분을 본 애버렐 해리먼은 그에게서 다음과 같이 깊은 인상을 받았다. "그의 높은 지능, 세부 사항에 대한 아주 뛰어난 이해, 용의주도함 … 루스벨트보다 더 견문이 넓었고, 처칠보다 더 현실적이었으며 … 전쟁 지도자들 가운데 가장 유능했다."[1] 포츠담에서 트루먼 대통령은 곧 스탈린에게 홀려버렸다. 트루먼은 '자기가 말할 때〔자기〕눈을 바라보는' 스탈린의 모습을 좋아했다.[2] 테헤란에서 대영제국군 참모총장 앨런 브룩 장군은 전략에 대한 스탈린의 이해가 '단연 최고 성능을 지닌 군사 두뇌'의 결실이라고 생각했다. 테헤란에서, 브룩 경이 보기에, 스탈린은 결코 어떤 실수도 하지 않았다.[3] 스탈린은 제멋대로 구는 군주가 아니었다. 스탈린은 대소를 막론하고 국정에 매달려 무척이나 오랜 시간 일했다. 그는 현대 기술을 꽤 많이 이해했고, 자기 스스로가 완전히 신봉하게 된 현대전에 무기와 보급과 수송이 필요하다는 점을 알고 있었으며, 전쟁 수행 노력의 이 영역들을 군사 전역 수행과 동등한 수준에 놓았다. 소련의 전쟁 수행 노력의 현대화와 그 궁극적 승리에 이바지한 스탈린의 역할은 무시할 수 없다. 그는 1941년 전에 더 현대적인 국가를 만들려고 일했고, 그것을 이룩함으로써 소련이 승리할 수 있었다.

현대 추구는 1945년 이후에도 계속되었다. 스탈린이 우선시한 것은 전쟁으로 입은 물적 손해를 복구하는 것이었다. 그것은 마을 7만 개, 도시 1700개, 공장 3만 2000개, 철도 4만 마일이라는 엄청난 손실의 목록이었다. 소련의 국부가 3분의 1 넘게 파괴되고 2500만 명이 집을 잃었다.[4] 전쟁의 참화를 입은 소련 서부 모든 곳에서 1930년대의 현대화 기획 전체가 거의 처음부터 다시 시작되어야 했다. 스탈린은 그 기획을 또다른 종류의 전쟁으로 보았다. 전시든 평시든 거의 스무 해 동안 동원에 익숙해진 국민이 한 차례 더 결실을 위해 소집되었다. 레닌그라드에서 신체 건강한 모든 주민이 재건 작업을 할 의무를 졌다. 한 달에 청소년은 열 시간, 노동자는 서른 시간, 나머지는 예순 시간이었다. 군대식으로 편성된 노동력이 저임금, 물자 부족, 인플레이션, 불편한 주거 환경을 견뎌냄으로써 재건 경비가 줄어들었다. 세 해 만에 공업 생산이 전쟁 전 수준으로 회복되었다. 통계 수치가 믿을 만하다면, 1950년의 경제 규모는 1945년의 두 배였다. 소련

도시를 재건하기 위한 시멘트 생산량은 1000퍼센트 늘어났다.[5]

스탈린의 다른 얼굴은 대중의 눈길이 미치지 않는 곳에 있었다. 해리먼은 '정중함과 심사숙고'의 가면, 즉 서방을 향한 얼굴에 속아 넘어가지 않았다. 그는 스탈린이 작정하면 '섬뜩한 잔인성'을 발휘할 수 있는 '흉악한 폭군'임을 알고 있었다.[6] 그 다른 스탈린은 소련 인민에게도 똑같이 인식 가능했을 것이다. 스탈린은 괜히 러시아의 과거, 즉 훨씬 더 오래된 아시아적 과거에 젖어 있지 않았다. 그의 독서, 즉 칭기즈칸, 이반 뇌제, 표트르 대제에 관한 책이 그의 면모를 드러내준다. 이것은 마르크스주의자의 서가가 아니었지만, 스탈린이 전기 작가 에밀 루트비히에게 말한 바대로 "마르크스주의는 걸출한 개인의 역할을 조금도 부정하지 않"았다. 스탈린은 자기의 전제정을 러시아에 필요한 무언가로 보았다. 그는 루트비히에게 "내 자리에 다른 사람이 있을 수 있습니다. 누군가는 여기에 앉아 있어야 했기 때문입니다"라고 말했다.[7] 스탈린은 러시아의 삶과 러시아 전통의 본질 바로 그것 때문에 통치자와 피통치자 사이의 그런 관계가 불가피하다고 믿었던 듯하다. 그는 "인민에게는 차르가 필요합니다"라고 말했다.[8]

모질고 악랄한 전제자 스탈린은 겁에 질려 아첨을 해대는 조신들 위에 군림했다. 그는 주위 사람들을 골리고 모욕했다. 그는 그들의 공포를 감지해서, 반은 익살맞게 반은 위협적으로 그 공포를 이용했다. 그들은 자기를 잡으려고 놓은 덫을 피하고 총애를 얻으려고 다투고 주군이 슬기롭고 너그럽다고 아양을 떨면서 모든 것이 질라스가 나중에 '끊임없는 무시무시한 투쟁'이라고 일컬은 것으로 전락한 세계에서 살았다.[9] 폭정의 기예는 전후 시기에 쉽사리 발휘되었다. 식사를 하다가 스탈린이 그냥 하는 말을 그의 열성적인 참모진이 율법으로 만들었다. 목격자들은 스탈린이 위압적으로 호통을 치거나 꾸짖을 때마다 손님들의 얼굴이 허예지거나 붉어지고 부들부들 떨거나 진땀을 흘리는 꼴을 지켜보았다.

스탈린에게는 눈에 띄는 약점이 하나 있었고, 그 약점은 전후 시기에 더 뚜렷해졌다. 그는 죽음을 지나치게 무서워했다. 여기에는 불길한 역설이 들어 있었다. 그의 병적인 두려움은 다른 사람들이 맞이하는 죽음에 대한 의도적인 냉담함과 어깨를 겨루었다. 그 둘이 연관되지 않았을 성싶지는 않다. 죽을 운명에 있다는 그의 느낌은 그의 독재 치하 소련의 인명 경시로 강조되었다. 그 근원은 그가 받은 신학 교육 어딘가에, 즉 끊임없이 따라다니는 영원한 벌에 대한 공포, 비옥한 미신의 토양에 뿌려진 근심의 씨앗에 있을지도 모른다. 그가 늙어가고 죽는 것에 푹 빠져 있다는 것을 그저 우연이라고 보기에는 그의 사적 대화에서 너무도 자주 나타났다. 한번은 만찬이 끝날 때 그가 레닌의 추억에 건배를 들었다. 너도나도 따라서 건배했지만, 스탈린은 여전히 '진지하게, 차분하게, 우울하게' 생각에 잠겨 있었다. 손님들이 일어나서 춤을 추자, 스탈린은 몇 걸음 떼어 보다가 "나도 나이를 먹었구나. 나는 이미 늙은이야!"라고 투덜거렸다. 그가 자기에게 "말도 안 됩니다"라든지 "건강해 보이시는데요"라든지 "정정하십니다"라고 하며 비위를 맞추었다고 전해지는 아첨꾼 조신들의 이름을 적어 두었을까?[10] 과도한 경호 대책, 암살에 대한 광적인 공포, 아무리 권세가 있다고 해도 인간은 죽음에 맞선 끊임없는 몸부림에서 벗어날 수 없다는 오싹한 홉스적 세계관이, 모든 것이 격심한 병적 상태에 빠진 한 인물을 드러내준다. 그가 조금은 무의식적인 길을 따라서 자기 아닌 다른 이의 죽음을 바쳐서 신을 달래려고 들었을까? 나이를 먹어감에 따라 그는 더 모질어지고 더 잔인하게 앙갚음을 하려고 들었다. 격언에 있는 대로 이겼을 때 베풀라는 아량*은 조금도 없었다. 소련이 경제를 재건하고 새 초열강이라는 지위의 기반을 다지는 동안, 스탈린은 전후의 징벌에 대한 변덕스러운 열망을 채웠다.

앙갚음하려는 그 갈망에는 매우 합당한 부분도 있었다. 그는 포츠담에서 주요 나치들이 재판을 받아서 저지른 범죄에 책임을 져야 한다는 데 동의했다. 이 결정에는 야릇한 곡절이 있었다. 미국 정부의 마지못해하는 지지를 받아서 영국 정부는 총살 집행으로 짧고 빠르게 끝내버리기를 선호했다. 그 목적은 정치적 이견과 독일 대중의 항의가 예상되니 길고 복잡한 법적 절차를 회피하자는 것이었다. 처칠에 따르면, 재판을 하자고 고집한 이는 스탈린이었다. 스탈린은 사형에 처하려면 재판이 필요하고 그렇지 않으면 고위급 나치 죄수들에게는 그저 종신형만을 내릴 수 있다고 주장했다.[11] 트루먼 또한 적절한 국제법 소송 절차를 주장하자, 약식 처형의 착상은 사라졌다. 논란거리가 많이 남아 있었다. 서방 정치가들은 자기 생각에 정작 비난받아 마땅한 소련 정권의 대표와 더불어 '평화에 반한 죄'나 '인도人道에 반한 죄'로 독일 지도자를 재판한다는 것이 어렵다는 사실을 깨달았다.

1945년 11월과 1946년 10월 사이에 뉘른베르크Nürnberg에서 열린 재판의 운영은 사법 절차에 사뭇 다르게 접근하는 두 방식을 생생하게 보여주었다. 소련 검사들은 피고를 여러 주 동안 쉬지 않고 고문

• 이 격언은 처칠이 한 말이며, 전체는 다음과 같다. "전쟁 시에는 결단. 패배 시에는 도전. 승리 시에는 아량. 평화 시에는 친선(In war: resolution. In defeat: defiance. In victory: magnanimity. In peace: goodwill)."

해서 자백을 받아내지 못한 불리한 조건 속에서 일을 했다. 그들은 모스크바에서 조심스럽게 구성한 소송을 제기했고 그것을 엄격하게 고수했다. 1939년 8월의 독소 불가침 조약과 폴란드 분할에 관한 언급은 없었다. 소련-핀란드 전쟁에 관한 언급도 없었다. 소련 검사들은 그들이 전혀 의심하지 않은 '파시스트 범죄자'의 유죄를 입증하는 선고문을 낭독할 때 공산주의 정치선전의 언어를 사용했다. 반인도적 범죄를 입증하려고 소련 측은 목격자의 증언에 기초를 두었다고 하는 준비된 각본에서 발췌한 장황한 설명서를 내놓았다. 그 설명서는 이루 말할 수 없는, 거의 이해할 수 없는 잔학 행위를 드러냈고, 동일한 목격자가 재판정에 없었는데도 별로 문제시되지 않았다. 그 설명서는 완전히 꾸며낸 것일 법하며, 소련이 다른 어느 국가보다 더 심한 야만 행위의 희생자임을 과시하기 위해서 거의 틀림없이 (하지만 쓸데없이) 윤색되었을 것이다.[12]

1946년 2월에 소련 측 검사단은 스탈린그라드 점령에 실패한 다음 스스로 목숨을 끊지 않았던 파울루스 육군원수를 법정에 호출해서 연합국 측 검사들을 깜짝 놀라게 만들었다. 포로가 된 파울루스는 모스크바에서 독일 전쟁 포로와 독일 공산주의자 사이에서 설치된 자유독일위원회를 지지하겠다는 선택을 했고, 이전의 자기 전우들에 맞서서 주요 밀고자가 되었다. 뉘른베르크 재판의 소련 측 주요 검사인 로만 루덴코 장군의 반대 심문을 받으면서 그는 '의문의 여지 없이' 독일 정부와 독일군이 소련을 공격해서 식민지로 삼으려는 음모를 꾸몄다고 증언했다. 소련 당국은 뉘른베르크에서 기소된 자들이 유죄임을 전혀 의심하지 않았고 그들이 모두 처형되기를 바랐다. 1945년 11월에 콘스탄틴 고르셰닌 소련 검찰청장과 함께 비신스키가 뉘른베르크에 도착했을 때, 그는 환영 만찬 석상에서 피고인들을 위한 건배를 제안하면서 "그들이 재판소에서 무덤으로 곧장 가기를 빌면서!"라고 말했다. 영국과 미국의 판사들은 자기들이 사법적 불편 부당성의 전통에서 재판을 받은 사람들에게 내려진 사형 선고를 승인해야 하는 거북한 입장에 처해 있었다.[13] 비록 독일의 전범을 재판하려고 설치된 국제군법재판소가 독자적 판결을 내리는 독자적 기구여야 했어도, 스탈린은 재판소 운영에 개입하려고 비밀리에 비신스키를 '뉘른베르크 재판 지도위원단'의 단장에 임명했다. 비신스키의 주임무는 재판에서 1939년에 맺은 독소 협정과 소련 당국 측의 부당성이 일절 언급되지 않도록 만드는 것이었다. 소련 검사들은 '반소'적 증언을 하는 모든 증인의 말문을 막으라는 비신스키의 지시를 받았다.[14]

모스크바의 뉘른베르크 재판 조율은 대단히 성공적이었다. 단 한 명의 증인만이 소련–핀란드 전쟁에 관해 간단히 언급했다. 가장 악명 높은 사기인 카틴 숲의 학살을 비롯해서 나머지 소련 이야기는 조사되지 않은 채로 남았다. 소련 측 검사단은 독일의 전쟁 범죄 공식 기소장의 일부로서 카틴의 잔학 행위를 집어넣어야 한다고 고집했다. 다른 검사들은 폴란드 장교 살해를 둘러싼 상황에 관해 불확실한 점이 너무 많이 남아 있어서 공개 법정에서 조금만 논란이 일어도 소련이 의혹을 살 수 있다고 주장했다. 소련 검사들은 요지부동이었다. 아마도 세계 여론이 침묵을 유죄 인정으로 해석할지도 모른다고 걱정했을 것이다. 폴란드 장교 925명의 살해에서 1만 1000명의 살해로 기소장이 변경되는 동안 재판 개정 자체가 사흘 연기되었다. 이것은 독일 당국이 카틴 숲에서 집단 매장지를 발견했다고 세계에 발표한 1943년 4월에 독일 당국이 내놓은 숫자와 비슷했다. 1943년의 소련 공식 노선은 '괴벨스의 중상 모략꾼'과 '히틀러의 거짓말쟁이'를 부인하고 독일 부대에게 책임을 전가하는 것이었다. 1943년 9월에 붉은 군대가 카틴 지역을 되찾았을 때 소련 정부는 '독일 파시스트 점령군이 카틴 숲에서 저지른 폴란드 장교 전쟁 포로 총살의 상황 확인 조사 특별위원회'를 설치함으로써, 독일에게 책임이 있다는 것 말고는 다른 어떤 결론도 사전 봉쇄했다.[15]

이 특별위원회의 보고서가 뉘른베르크에서 소련 측 '증거'로 제출되었고, 소련 측 변호사들은 거칠게 어떤 추가 논의도 막으려고 했다. 다른 검사들은 이번에는 협조하기를 거부했고, 각각의 편에서 목격자 세 사람의 이야기를 들었고, 목격자들은 예상한 바대로 전혀 다른 두 가지 이야기를 내놓았다. 쟁점은 미제로 남았다. 재판소는 카틴에 관해 어떤 결론에도 다다르지 못했다. 소련 당국은 소련의 공식 보고서말고는 그 어떤 것도 인정하기를 거부했다. 뉘른베르크에서 활약하는 소련 측 변호사 일부는 실제로 이 결론이 확고한 법의학상의 증거에 근거를 두고 있다고 보였기에 사실을 구성하고 있다고 믿었을 법도 하다. 소련이 무너지기 전까지 카틴 관련 서류철은 비공개로 남았고, 독일에게 책임이 있다는 것이 계속해서 공식 노선이었다. 소련 붕괴 이후에 드디어 어떠한 의문도 더는 제기할 수 없게끔 NKVD에게 책임이 있음을 입증하는 문서가 폭로되었다. 1995년 4월에 러시아 비밀경찰 대변인이 폴란드 군인 2만 1857명이 각기 다른 장소 세 군데에서 NKVD 총살 집행대에게 살해되었음을 공개적으로 인정했다. NKVD 서류철에 1940년 4월에 스몰렌스크 지역에서 폴란드 '민족주의자'들을 제거해서 훈장을 받은 자들의 이름이 들어 있었던 것이다.[16]

침략자 독일에게 책임을 돌린 소련의 잔학 행위는 카틴 숲 사례만이 아니었다. 1957년에 새 고속도로를 굴착하고 있던 도로 인부들이 벨라루스의 쿠로파티Kuropaty 숲에서 사람의 유해를 파냈다. '고대의 묘지'라는 해명이 나왔다. 1987년에 초등학생 두 명이 공동묘지 하나를 우연히 찾아냈다. 그들이 발견한 것은 민스크 부근 산림지 500여 군데로 추산되는 집단 매장지의 하나였으며, 매장지들은 모두 NKVD 테러의 제물로 채워져 있었다. 그 매장지들을 조사한 이들의 추정에 따르면, 거기에는 주검 15만 구 내지 20만 구가 들어 있었다. 특별 조사위원회를 인가한 벨라루스 정부의 공식 입장은 독일군에게 죄를 돌리는 것이었고, 계속 발뺌해온 소련 공산주의 체제가 허물어진 뒤에도 유지되었다. 시체 발굴에서 나온 증거는 NKVD를 범인으로 지목했다. 총알이 공식 지급품인 나간Nagan 권총에 사용되는 총알이었으며, 사망자들은 카틴에서 그랬던 것과 똑같이 총알이 뒤통수를 관통해서 죽었던 것이다. 목격자들이 존재했다. 그들은 들어가지 못하도록 막아놓은 숲 지대 뒤에서 무자비한 일련의 살인을 지켜보았고, 가득 싣고 왔다가 텅 빈 채로 나가는 화물차들이 끊임없이 지나다녀서 산림 도로가 다져지는 것을 보았고, 처형 시간표가 새벽, 낮 2시, 어둑어둑해질 때였다고 회고했다.[17] 소련의 점령 지역 도처에서 독일이 범죄를 저질렀음을 보여주는 뚜렷한 증거를 고려하면, 1940년대에는 카틴의 책임을 침략자 독일에게 돌리기는 쉬운 일이었다. 1980년대에 증거가 문자 그대로 표면 위로 드러났을 때 50년 동안 거짓을 유지하고 더 많은 거짓을 쌓아 올린 것은 설명하기 더 힘들다. 독일의 침공 뒤에 정치선전으로 지탱된 '소련은 정의롭다'는 이미지로 스탈린, 그리고 그다음에는 소련 체제 전체가 전쟁 이전 세계와 전쟁 이후 세계 사이에 망각의 장막을 드리울 수 있었다. 스탈린

사후의 국가는 스탈린 자신과 마찬가지로 잔학 행위를 했다고 깨끗이 인정하는 데 관심을 더 갖지 않았다. 그 같은 쟁점에서 정직한 것은 해롭다고 여겨졌다.

뉘른베르크에서 재판정에 선 주요 전범 말고도 일반 독일 군인 수백만 명이 소련의 손에 있었다. 포로가 되었다고 독일 측이 주장하는 숫자와 1940년대와 1950년대에 차츰차츰 독일로 되돌아간 숫자 사이에 커다란 불일치가 여러 해 동안 존재했다. 1947년에 몰로토프가 100만 명이 넘는 독일 포로가 본국으로 송환되었으며 추가로 90만 명이 소련에 남아 있다고 밝혔지만, 당시의 평가는 독일 포로의 수를 300만 내지 400만 명으로 잡았다. 계산에 들어가지 않은 100만 내지 200만 명 중 대다수가 틀림없이 소련에서 포로 생활을 하다가 죽었을 것이라는 가정도 터무니없지만은 않다. 전쟁 포로 총수에 관한 소련 측의 공식 수치는 글라스노스트의 시대에 입수 가능해졌다. 그 수치는 몰로토프가 이번만은 진실을 말하고 있었음을 드러내주었다. 소련은 1941년과 1945년 사이에 238만 8000명의 독일 포로를 잡았으며, 그들 대부분은 전쟁 마지막 18개월 동안에 잡혔다. 이들 가운데 총 35만 6000명이 죽고, 200만 명이 조금 넘는 포로가 본국으로 송환되었다. 추가로 독일 편에 서서 싸운 민족, 주로 헝가리인, 루마니아인, 오스트리아인에서 109만 7000명의 포로가 생겼고, 이들 가운데 16만 2000명이 죽었다. 또한 일본군 포로 60만여 명이 잡혔고, 이들 중 6만 1855명이 포로 생활 동안 죽었다. 포로 대다수는 굶주림, 질병, 추위, 쇠약 때문에 죽었다고 가정해야 한다. 일본군에게 잡혀서 버마 철도*를 건설하다가 목숨을 잃은 운 없는 포로들과 마찬가지로, 독일 포로들은 쿠이비셰프의 볼가강에서 시작해 시베리아의

바이칼Baikal 호수까지 이르는 간선 철도를 완성하는 작업에 투입되었다.[18]

독일 포로가 처한 조건은 처음에 당국이 그들을 담당하는 조직을 설치하기 전까지는 나빴으며, 수많은 죽음은 틀림없이 첫 몇 달 동안 방치되어서 일어났을 것이다. 일본 포로 가운데에서 사상률이 가장 높은 시기는 포로가 된 뒤 첫 여섯 달 동안이었으며, 그뒤로는 개선되었다. 포로들은 마침내 천막이나 임시 막사로 대충 만든 수용소에 들어갔으며, 수용소에는 편의 시설과 의료 시설이 거의 갖추어져 있지 않았다. 독일 포로들은 독일 군복을 입을 수 있도록 허용되었으며, 수용소 생활은 독일 장교들이 운영했다. 그밖에 대부분의 측면에서 그들은 굴라크 수감자와 같은 일상생활을 했다. 그들은 하루에 열 시간 내지 열두 시간 동안 일을 했다. 먹을 것은 하루에 빵 600그램과 감잣국 세 그릇이었으며, 고기나 동물성 지방, 채소는 거의 없거나 전혀 없었다. 그들은 노동의 대가로 하루에 1루블을 받는다고 규정되어 있었지만, 지급이 불규칙적이었다는 말이 있다. 지역 수용소 두목이 자주 돈과 식량 모두를 착복했다. 그것들은 수용소 수감자를 말살하려고 의도적으로 만든 조건이 아니었다. 소련 경제를 재건하는 데 죄수의 노동력이 필요했기 때문이었다. 모범수, 즉 정규 공산주의 정치선전과 포섭 수업을 진지하게 들은 이는 반파시즘 교육 과정을 밟고서 공산주의 교육가로서 독일의 소련 점령 지구로 되돌아갈 수 있었다.[19]

• 제2차 세계대전 때 버마(오늘날의 미얀마) 침공에 필요한 물자를 운송하려고 일본 육군이 1942년에 착공한 철도 노선. 타이 동남부의 반퐁과 버마 남부의 탐비자야를 잇는 415킬로미터 길이의 철도였으며, 건설에 강제 투입된 연합군 포로 6만 2000여 명 가운데 1만 2000여 명이 사고, 질병, 부상 등으로 목숨을 잃은 탓에 '죽음의 철도'라고도 불린다.

독일 및 다른 추축국의 포로와 더불어 소련 시민이 흘러 들어왔다. 500만 명을 웃도는 소련 시민이 독일이 점령한 유럽에서 발이 묶였었다. 그들 가운데 어떤 이는 전쟁 포로였고, 수백만 명은 노예 노동자였다. 다른 이들은 자발적 망명자였는데, 독일군을 도왔다가 독일군이 퇴각함에 따라 서쪽으로 이동했던 소련 노동자, 또는 독일 편에 서서 유럽 각지에서 싸운 러시아 해방군 소속 군인이었다. 그들 모두에게 본국 송환의 대가는 패한 독일인에게, 심지어는 철도 부설 작업을 하는 독일인에게 부과된 것보다 가혹했다. 붉은군대와 싸운 자들에게 내려지는 판결은 반역죄였다. 수많은 이가 잡힌 그 자리에서 사살되었으며, 다른 이들은 소련으로 되돌아가서 사살되었다. 살아남아서 가차없는 노동력 수요를 채운 사람들은 10년형이나 25년형을 받았고 배반의 오욕이 그들을 평생 따라다녔다. 그들은 최북단에 있는 굴라크 수용소로 보내져 극소수의 죄수만이 견뎌낼 수 있는 극한 조건 속에서 석탄과 광물을 파냈다.

그들의 강제 본국 송환은 얄타에서 연합국이 합의를 본 사항이었으며, 영국과 미국 두 나라 다 본국 송환이 분명히 죽음이나 투옥을 뜻함을 알기는 했지만 협약을 준수했다. 서방 국가들은 유럽의 전후 처리를 협상하는 민감한 시점에서 스탈린과 불화를 빚지 않으려고 애를 썼다. 또한 두 나라는 소련의 본국 송환 요구에 응하지 않으면 소련이 독일로 전진하면서 자기 손아귀에 들어온 이전의 서방인 전쟁 포로 및 노예 노동자를 모두 다 되돌려보낼지 확신할 수 없었다. 둘 다 강력한 정치적 논거였다. 실질적 쟁점도 있었다. 독일 편에 서서 싸운 소련 군인은 적이었으며 적으로 취급되었다. 카자크 부대는 겨우 몇 주 전만 해도 영국과 미국의 동맹자였던 소련 시민과 유달리 격렬하게 싸웠다. 그들을 먹이는 데 돈이 많이 들었고 규율을 잡기 힘들었으며, 전쟁 말기의 맥락에서 그뒤로 어떠한 도덕적 가책을 불러일으킨다 해도 서방 열강이 그들을 감시하는 부담에서 벗어난다는 전망도 물리치기 힘들었다.

혁명과 내전을 피해 달아났으며 소련 시민이었던 적이 없는 러시아인 망명자의 반환에 대한, 또는 자기의 의지와는 상관없이 독일에서 어쩔 도리 없이 노동을 했고 이제는 눈치 빠르게도 되돌아가면 무엇이 자기들을 기다리고 있을까 두려워하는 소련인 노동자와 전쟁 포로의 강제 본국 송환에 대한 소련의 요구를 서방이 선뜻 들어준 것은 이해하기 쉽지 않다. 망명자 다수는 그들이 1920년대에 터전을 잡은 다른 나라의 국민이었다. 1917년 혁명에 뒤이은 러시아 내전에서 반혁명군을 지휘했던 카자크 장군들을 비롯한 어떤 사람들은 자원해서 붉은군대와 싸웠다. 그 누구도 소련으로 돌아가고 싶어하지 않았다. 엄밀하게 말해서 그 누구도 얄타의 협정에 따라 본국 송환되어야 한다고 규정되어 있지 않았다. 그러나 소련 정권이 그들을 되돌려보내라고 요구하자, 영국은 수많은 사람을 그들이 스물다섯 해 전에 피해 도망쳤던 그 붉은 무리의 손에 넘겼다.

많은 강제 본국 송환 사례 가운데 가장 유명한 것은 1945년 5월과 6월에 여자, 어린이, 노인 1만 1000명을 비롯한 카자크 5만 명의 반환이었다. 이제는 일흔여덟이 된 반혁명군의 노장군 아타만 표트르 크라스노프와 예전에 반혁명군 장군이었던 안드레이 시쿠로*가 이

---

* 1887~1947. 1918년에 북캅카스에서 반혁명 무장 투쟁을 개시한 군인. 반혁명군이 패한 뒤 국외로 도주해서 반소 활동을 했다.

끈 카자크 부대는 오스트리아 서부로 후퇴한 뒤 그곳에서 영국군에게 투항했다. 전쟁의 유랑민, 즉 그들의 가족이 그뒤를 좇았다. 그 지역 영국 사령관들은 망명객 장군을 비롯해서 그 집단 전체를 넘겨달라는 독일 동부 주둔 소련 당국의 요청을 받았다. 그들은 소련 시민이 아니었다. 비록 처칠 자신이 깊이 연루되기는 했어도, 그 요청에 응한다는 최종 결정을 누가 내렸는지는 아직 확실히 알려지지 않고 있다. 현지 영국군 사령관들은 분열되었다. 어떤 사령관은 카자크 부대에 반송 요구 대상이 아닌 남녀와 어린이가 포함되어 있음을 알고 있었고, 다른 사령관은 러시아인 포로 문제를 빨리 해결하고 싶어했다. 영국 당국은 그들을 모두 감싸 안기보다는 소련의 요구에 응하기로 했다.

1945년 5월 27일에 연로한 크라스노프를 비롯한 카자크 장교들은 그들의 운명에 관해 논의할 회담을 하려고 영국의 알렉산더 육군 원수를 만나게 될 것이라는 말을 들었다. 그 초청은 스메르시가 꾸며내고 잘 속아 넘어가는 영국군 사령관들에게 통보된 속임수였다. 스메르시 요원들이 영국 관할 지역 출입 허가를 받아 카자크 장교들의 양도를 참관했으며 도망치려고 시도하는 몇 안 되는 카자크를 다시 잡는 데 가담했다. 5월 29일에 카자크 장교 1475명이 화물차에 실려 갔다. 그들을 기다리는 것은 알렉산더와의 회담이 아니라 스메르시와 NKVD와의 만남이었다. 그들 가운데 많은 이가 가는 길에 스스로 목숨을 끊었다. 나머지는 슈피탈Spittal에 있는 철망 우리로 들어갔다. 이튿날 그들은 유덴베르크Judenberg에서 소련 보안 부대에게 넘겨졌다. 그들은 끌려가서 문초를 받았으며, 잊히거나 수용소로 갈 운명이었다. 크라스노프와 다른 장군 세 사람은 가족과 함께 루뱐카로 끌려가서 특별 대접을 받았다. 크라스노프의 아들과 손자는 베리야의 대리인 니콜라이 메르쿨로프와 면담했다. 그는 다음과 같은 말로 그들을 맞이했다. "스물다섯 해 동안 우리는 당신들과의 기쁜 만남을 기다려왔습니다! … 승리는 우리 차지, 붉은 상것들 차지요! 1920년에도, 지금도 그렇소."[20] 두 사람은 수용소로 보내졌고, 크라스노프의 아들은 그곳에서 죽었다. 나이 든 크라스노프와 다른 카자크 지도자들은 잇달아 고문과 모욕을 견뎌야 했으며, 재판을 받고 교수형을 당했다.

아직 영국군의 손에 있던 수많은 카자크에게 자기 장교들이 갑자기 사라지자 공황이 일어났고 점점 더 심해졌다. 일부는 산으로 달아났다가, 영국군과 소련군의 정찰대에게 추적당해서 사살되거나 도로 잡혔다. 몇몇은 강제 이송이라는 끔찍한 일을 당하기보다는 차라리 자기 아내와 아이들을 죽이고 자살을 했다. 6월 1일에 수많은 카자크가 종교 행사에 참석하려고 페게츠Peggetz의 연병장에 꽉 들어차 있을 때, 영국군이 그들을 에워싸서는 비명을 지르고 싸움을 벌이는 카자크를 소총과 몽둥이로 때려서 열차에 몰아넣었다. 난투를 벌이다가 스물일곱 명이 죽었다. 그라츠Graz에 있는 강의 인도 지점에 도착하자, 카자크들은 다리를 건너가 대기하고 있는 스메르시 경비대에게로 가야 했다. 한 여자가 대열에서 빠져서 달려 나가 아기를 안고 다리 난간에 뛰어 올라섰다. 그 여자는 아기를 강에 내던지고는 자기도 뛰어내렸다. 일부 카자크는 열차 안에서 칼이나 면도칼로 자기 목을 그어 피를 흘리며 죽었다. 그들은 소련 측 다리에 이르자, 철조망으로 둘러쳐진 수용소로 끌려갔다. 그들의 정확한 운명은 설명되지 않은 채로 남아 있지만, 거의 틀림없이 일부는 죽음, 나머지는 노예 노

동, 어린이는 국영 고아원행이었을 것이다.[21]

독일의 전쟁 수행 기구의 비자발적 죄수가 된 소련 시민 수백만 명이 소련 체제로부터 비슷한 대접을 받았다. 이들은 독일에 가담하거나 동포와 싸운 사람이 아니었다. 그들은 전투에서 사로잡히거나 점령 지역 전역에서 이루어진 여러 차례의 색출에서 끌려가 노무자가 된 사람들이었다. 그 가운데에는 수많은 소련의 애국자, 즉 다쳐서 스스로 어떻게 할 수 없는 상태에서 사로잡히거나 더이상의 저항이 가망 없을 때까지 싸운 군인이 있었다. 많은 경우에 그들은 나라를 버리고 반공 십자군에 가담하라는 독일인이나 배신자들의 종용을 모두 거절한 소련 시민이었다. 카자크나 블라소프의 군인들과는 달리, 이들은 대부분 본국 송환을 희망한 소련 사람이었다.

그들이 실제로 받은 대접은 의도적으로 독일 편을 선택했던 자에게 주어진 가혹한 처벌과 거의 다르지 않았다. 소련 정권의 눈에, 그들은 모두 조국에 반역죄를 지은 자였다. 1941년에 발표된 명령 제270호는 적에게 잡힌 포로 전원이 사실상의 반역자로 간주되리라는 점을 분명히 했다. 소련의 군 범죄 규정에 따르면, '사전 계획한 항복'에 가해지는 형벌은 총살 집행대에게 당하는 사형이었다.[22] 그들은 과장되고 역설적인 사회주의 외국인 혐오증의 희생자이기도 했다. 스탈린은 스메르시에게 모든 방법을 다 동원해 유럽에서 발이 묶인 소련 사람을 모두 도로 데려와야 한다는 지시를 내렸다. 그들은 국경 너머에 있었다는 것만으로도 감염이 되어 '공산주의에 적대하는 바람직하지 않은 목격자'였기 때문이다.[23] 아무리 악의가 없더라도 온갖 부류의 외국인과의 접촉을 막는 데 모든 노력이 기울여졌다. 나중에 영화 〈이반 뇌제〉를 놓고 그 영화를 만든 감독인 세르게이 예이젠시테인과 이야기를 나누면서 스탈린은 그에게 이반 뇌제가 지도자로 서 지닌 커다란 강점은 그가 "민족적 관점을 견지해서 외국인이 나라에 들어오지 못하도록 했다는 것입니다"라고 말했다.[24]●

1945년에 돌아온 소련 시민 수백만 명은 스탈린의 눈에는 불결하고 더럽혀진 잠재적 반역자였다. 따라서 그들은 환영받지 못했다. 그들은 수용소에, 때로는 독일인에게 감금당한 희생자들이 불과 얼마 전에 비운 건물에 수용되었다. 그들은 무장 경비대에 둘러싸여 외부 세계와 고립되었다. 곧이어 그들에게 닥친 운명은 그들과 같은 처지에 있던 사람인 한 육군 대위의 이야기에서 생생하게 재현되었다. 그가 겪은 시련의 이야기는 그가 1940년대 후반기에 서방으로 탈출한 뒤에 쓰였다. 그는 1941년 10월에 오룔에서 폭탄에 한쪽 손의 손가락 세 개가 날아갔고 휘하 부대가 마지막까지 싸운 뒤 잡혀서 포로가 되었다. 그는 자기가 택했어야 할 길을 알고 있었다.

나는 어떻게 해서 장교이며 후보 당원인 내가 지침과는 달리 총으로 자결하지 못하는 일이 일어났는지 그리고 어떻게 해서 나 자신이 포로로 잡히도록 내버려두었는지를 설명할 길이 없다. 어쩌면 내 손의 격통 탓에 주저했든지, 아니면 아마도 열하루 동안 쉬지 않고 싸운 뒤에 지칠 대로 지친 나머지 완전히 무감각해져서 그랬을 것이다.

그는 광산에서 일하게 되었고, 다음에는 하노버Hanover 근처의 한

● 여기서 스탈린의 역사 지식은 사실과 어긋난다. 이반 뇌제는 외국인 영입에 반대하지 않았고, 반대한 세력은 오히려 그의 적대 세력이었다.

무기 회사에서 일하다가 1945년 미군에게 해방되었다. 그는 고국으로 돌아가게 되어서 기뻤다. 그의 동료 수감자 일부는 서방에 남겠다는 선택을 했지만, 그는 그들을 '어처구니없고 병적'이라고 여겼다. 그는 다른 귀환자 수백 명과 함께 소련 점령 지구에 도착했다. 환상은 곧바로 깨졌다. 그들은 무장 경비대에게 에워싸인 채 줄 맞춰 서서 견장을 뜯기고는 남자는 반역했고 여자는 타락했다고 비난하는 장교의 열변을 들어야 했다.[25]

　이튿날 장교들은 지저분한 임시 막사에 들어가 28시간 동안 먹을 것도 없이 내버려졌다. 그들은 차례로 불려가 심문을 받았다. 절반이 그 자리에서 총에 맞았다. 다른 절반은 강요를 받아 누더기가 된 독일 군복으로 갈아입었다. 그다음에는 나흘 동안 거의 아무것도 먹지 못한 채 강제 행군을 했다. 그들은 차량 한 대에 예순 명씩 화물 열차에 실렸다. 탈출을 기도하다 잡힌 사람이 처형당하는 것을 탑승자들에게 보여줄 때만 문이 열렸다. 열차는 옴스크Omsk에서 20마일 떨어진 어느 곳에 도착했다. 여기서 그들은 나무로 된 임시 막사가 줄지어 있는 수용소로 끌려갔고, 수용소에서 굴라크 노동자와 추축국 포로로 이루어진 재소자에게 합류했다. 외국어를 할 줄 아는 사람은 통역으로 이용되었다. 열렬히 해방을 기다렸던, 손을 다친 그 육군 대위는 독일군과 나란히 일하면서 적과 구분되지 않는 처지가 되었다. 그들은 배상금 조로 가져온 독일제 기계 공구로 채워진 새 공장을 세웠다. 이 특별 기획은 신독일로 명명되었다. 그 대위는 운이 좋았다. 그는 사촌을 만났고, 그 사촌이 위조 서류와 통행 허가증을 마련해주어서 독일의 소련 점령 지역으로 들어갔으며, 거기서 서방으로 탈출했다. 여기에도 위험이 따랐다. 1951년 이전에는 미국 정부가 조국을

등진 소련 사람에게 정치 망명자의 지위를 내주지 않았기 때문이다.[26]

1945년과 1947년 사이에 본국 송환 계획이 완료되었을 때, 서방 연합국은 소련 시민 227만 2000여 명을 본국으로 돌려보냈다. 그 가운데 다수는 저 멀리 미국 서부 해안의 전쟁 포로 수용소에서 본국으로 송환되었다. 1953년까지 모두 합쳐서 545만 7856명이 본국으로 송환되었다. 사실이든 가상이든 적에게 부역했다는 유죄 판결을 받은 사람은 오데르강의 프랑크푸르트에 있는 혁명 법정으로 보내져서, 총살형 선고를 받거나 일정 기간 강제 노동형에 처해졌다. 소련 역사가들은 돌아온 사람들의 5분의 1가량이 처형되거나 최고 25년 굴라크형을 받았다고 추산해왔다.[27] 다른 이들은 강제 노동 부대와 함께 소련의 사회간접시설을 건설하는 작업이나 시베리아 유형에 보내졌다. 남녀 300만여 명이 수용소 복역형을 선고받았다. 되돌아온 이들 가운데 겨우 5분의 1만이 집으로 돌아가라는 허락을 받았으며, 이들은 주로 노인, 여자, 어린이였다. 그들은 지역 NKVD 사무소에 정기 보고를 해야 했으며, 일하기에 알맞다고 여겨진 이는 두 해를 재건 노동을 하면서 보내야 했다. 풀려난 이들의 기록에는 모두 '사회 위험 분자sotsialno opasnyi'라는 문구가 남았다. 그들은 고등 교육을 받거나 행정직에 나아갈 수 있는 자격을 빼앗겼으며, 1945년 이후 여러 해 동안 부역자 또는 겁쟁이라는 불명예를 안고 지냈다.

스탈린은 자기와 맞서 싸웠던 사람이나 독일군의 손에 들어가서 외부와 접촉해서 '감염'된 사람이 아니라 전쟁이 벌어진 네 해 동안 가까이에서 자기와 함께 일해왔으며 승리를 거두는 데 나무랄 데 없이 이바지한 사람을 위해서 가장 기괴한 운명을 남겨놓았다. 그 제물에는 전쟁의 최대 영웅 주코프 육군원수가 끼어 있었다. 스탈린의 동기는 오로지 그가 1920년대 이후로 만들어온 정치체제의 뒤틀린 관점에서만 합리적이었다. 그는 전쟁이 끝난 뒤에, 즉 여러 해 동안 다른 이들의 충성과 능력에 의존한 뒤에 자기의 개인 권력을 복원하고 싶어했다. 그의 눈에는, 그리고 기타 당 우두머리들의 눈에는, 군 지도자들이 순수한 소비에트 독재의 복원에 위협을 가했다. 군 지도자들은 대중에게 인기가 있었고, 독립적 심성의 소유자들이었으며, 1945년의 진정한 승리는 그들의 것이었다. 이 모든 것이 거의 10년이 흐른 뒤에 스탈린이 숙청이라는 노골적 테러리즘으로 되돌아가기에 충분한 사유였다.

주코프는 스탈린이 겨냥한 가장 두드러진 표적이었다. 스탈린이 주코프를 존중했다는 것은 거의 틀림없었고, 아마도 좋아하기조차 했을 것이다. 전쟁이 끝날 무렵에 스탈린은 그답지 않은 포근할 만큼 진솔한 태도로 주코프에게 말을 건넸다. 두 사람은 전쟁, 또는 스탈린의 가족, 또는 전쟁 다음의 미래를 논하면서 몇 시간을 함께 보냈다. 자기의 유력한 대리이자 속내를 터놓는 벗을 파멸로 이끄는 스탈린의 음모에 불을 붙인 것은 사적인 반감이 아니라 순수한 국가 이성이었다. 1946년에 NKGB(1943년 4월 보안부가 내무 인민위원회에서 떨어져 나가면서 NKGB로 개칭되었고, 1946년 인민위원회가 부로 바뀐 뒤에 MGB가 되었다)의 우두머리가 되는 스메르시 총수 빅토르 아바쿠모프는 일찍이 1943년에 모든 고위급 장군과 원수의 전화 통화를 감청하라는 명령을 받았다. 나중에 주코프에게 죄를 덮어씌우는 데 이용될 수 있을지도 모르는 발언으로 가득 찬 주코프 관련 서류철이 공개되었다. 1945년 5월에 주코프가 독일의 소련 점령 지구 군정 장관으로 임명되었을 때, 베리야가 자기의 대리인 이반 세로프를 민정 장관 자리에 앉히는 데 성공했다. 세로프는 베리야와 스탈린 두 사람에게 주코프를 비방하는 정기 첩보를, 심지어는 주코프가 스탈린에 맞서 군사 쿠데타를 계획하고 있다는 소문까지 귀띔해주었다.[28]

주코프가 스스로 원인을 제공한 것은 사실이다. 그는 겸손한 사람이 아니었으며, 자기의 군사적 성공이 내뿜는 광채를 즐겼다. 1945년 6월에 그는 베를린의 반제Wannsee에 있는 자기 관저의 베란다에서 기자 회견을 가졌다. 여기서 더 많은 세계인에게 소련이 치른 전쟁에서, 즉 모스크바, 레닌그라드, 스탈린그라드, 우크라이나, 바르샤바, 베를린에서 자기가 주역이었음을, 어쩌면 유일한 주역이었음을 머릿속에 떠올리게 만드는 기회를 가졌다. 그는 뒤늦게 생각이 나서 스탈린에게 보내는 찬사를 덧붙였으며, 동료 군인은 한 사람도 언급하지 않았다. 기자 회견 현장에 있던 비신스키가 "모스크바, 레닌그라드, 스탈린그라드, 쿠르스크, 바르샤바 등등해서 바로 베를린까지, 참 대단하시군요!"라고 짓궂은 의도로밖에 볼 수 없는 감탄을 했다.[29] 주코프는 그 조짐을 알아채지 못한 듯하다. 1945년 막바지에 크레믈에서 열린 한 회의에서 주코프는 자기가 전쟁에서 승리를 거두었다고 주장했다고 말해 스탈린에게 비난을 당했다. 주코프는 자기 군사 조직의 숙청을 개시하려고 베를린에 파견된 아바쿠모프와 한 차례 충돌한 뒤 1946년 4월에 모스크바로 소환되었다.

주코프의 명성이 그의 목숨을 구했다. 아무리 제 자랑이 심하다고 해도 그는 나라 안팎에서 엄청난 위신을 가진 인물이었다. 아마도 스탈린 또한 주코프를 죽음에서 구해낼 만큼 그를 좋아했을 것이다. 그의 추락은 늘 그랬듯이 조심스레 계획되었다. 전쟁 기간 동안 소련 공군력의 구원자였던 소련 공군 총수 알렉산드르 노비코프 원수는 1946년 4월의 어느 날 밤에 문 두드리는 소리에 문을 열어준 뒤 KGB 요원들이 자기를 기다리고 있음을 알았다. 그는 차로 실려 가서 심한 문초를 받았다. 본국으로 송환된 소련군 포로처럼 발가벗겨져 누더기 같은 웃옷과 바지를 입고서 고문을 받아 소련의 항공기 생산을 저해하는 데 자기가 역할을 했다고 자백했다(주코프의 쿠데타보다 훨씬 더 앞뒤가 맞지 않는 혐의였다). 같은 식으로 그는 주코프를 비롯한 다른 장교들을 고발했다. 장교 일흔 명이 더 체포되고 문초를 받아서 기소장을 채워 넣었다. 6월 어느 날 주코프가 군사위원회 본회의 출석 명령을 받았다. 같은 날 밤 보안 요원들이 그의 다차를 뒤지려고 왔지만, 화가 난 그 다차 주인에게 쫓겨났다. 며칠 뒤에 다른 비밀경찰 한 무리가 무장 경비대를 데리고 와서 주코프가 독일에서 약탈했다는 귀중품을 찾는다면서 그의 모스크바 아파트를 뒤졌다. 그들은 주코프의 딸이 가진 인형을 비롯해 거의 모든 것을 가져갔다.

정치국 위원과 주요 군사령관이 참석한 군사위원회 본회의 모임에서 스탈린은 편지 한 장을 낭독하라고 지시했는데, 그것은 주코프가 당 중앙위원회와 정부에 적대 행위를 했다고 고발하는 편지였다. 그러자 자리에 있던 장군들 가운데 한 명을 뺀 모든 이가 주코프를 감싸는 발언을 했다. 정치국 위원들은 모두 주코프가 국가를 위협하는 보나파르트주의자라고 규탄했다. 내내 고개를 떨군 채 앉아 있던 주코프는 발언권이 주어지자 그 진술을 부인하고 공산주의에 충성한다고 맹세하고는 자기가 자만심에서 승리에 이바지한 공헌을 부풀렸음을 인정했다. 회의에 긴장된 분위기가 흘렀다. 그 고발을 인정하는 것, 심지어 어쩌면 그 고발이 사실임을 받아들인 것은 스탈린다운 일이었을 것이다. 그러나 한 회고에 따르면 스탈린은 사석에서 주코프에게 자기는 그 진술을 조금도 믿지 않지만 그가 잠시 모스크바를 떠나는 것이 나으리라고 말했다. 군사위원회 본회의 모임에 참석한 정치가들이 거세게 반발하는데도 스탈린은 주코프에게 귀양살이나 다름없는 것을 제안했다. 주코프는 오데사 군관구 사령관으로 전출되었고, 나중에는 더 한직인 우랄 군관구 사령관에 임명되었다.[30]

주코프란 이름은 언론에서 사라졌고, 스탈린이 승리의 주역이 되었다. 베를린 함락에 관한 영화 한 편이 만들어졌는데, 전달하려고 애쓰는 메시지는 터무니없는 지경이었다. 영화에 나오는 스탈린은, 참모진도 없고 장군도 없이, 오로지 충성스러운 비서만을 데리고 대전투를 지휘하고 있었다.* 오랫동안 소련 체제는 역사에서 사람을 빼버리는 기술에 능했다. 1956년에 상급 학생용으로 준비한 두 가지 제2차 세계대전 검인정 교과서에서 주코프의 이름은 모스크바 전투 이전 서부 전선군 사령관으로서, 그리고 베를린 전투에서 제1벨라루스 전선군 사령관으로서 딱 세 번 (그리고 지나가면서) 언급되었다.[31] 인기 있는 다른 군인도 같은 운명을 겪었다. 안토노프 참모총장은 주코프보다 훨씬 더 심하게 좌천되어 자캅카지에 군관구 사령관으로 내려갔다. 로코솝스키, 보로노프, 코네프, 바투틴 그리고 다른 일군의 장군의 이름이 대중의 눈에 띄지 않는 곳으로 사라졌다. 운 없는 사람은 주코프보다 더 심한 꼴을 당했다. 1946년과 1948년 사이에 상급 지휘관들이 날조된 반역 혐의로 처형되거나 투옥되었다. NKGB가 불

---

* 이 영화는 미하일 챠우렐리가 1950년에 만든 〈베를린 함락〉. 그의 딸인 소피코에 따르면, 스탈린은 이 영화에 그려진 자기 모습에 매우 만족해했다. 제20차 공산당 대회에서 흐루쇼프는 개인숭배를 비판하면서 스탈린을 '천재적 군사령관'으로, 독소전쟁의 '모든 승리는 스탈린의 용기, 헌신, 천재성의 결과'였다는 식으로 역사를 왜곡한 대표적 예술로 이 영화를 꼽았다.

명예 퇴임을 한 주코프의 사건을 계속 맡았다. 블라디미르 크류코프 장군이 독일에서 사치품을 약탈했다는 혐의로 1948년에 조사를 받을 때 그는 "당이나 정부를 적대시하는 주코프의 발언을 다시 해줄 수 있느냐?"라는 질문을 받았다.[32] 왜곡된 증거가 추가로 축적되었는데도, 귀양살이하는 주코프는 더는 위협을 받지 않고 목숨을 부지했다. 그는 1953년에 복권되었지만 1957년 말에 흐루쇼프가 과도한 자화자찬을 이유로 주코프를 다시 한번 은퇴하게 만들었다. 역사는 더 인정 많은 판관이었다.

스탈린은 다음으로 레닌그라드의 영웅들에게로 고개를 돌렸다. 러시아 제2의 도시는 현대 포위전이라는 참사를 겪었고 이겨냈다. 그 방어자는 모범 공산당원으로 칭송을 받았다. 전쟁 뒤에 레닌그라드는 1930년대 초엽에 키로프의 지도 아래서 그랬던 것처럼 모스크바를 압도할 위협을 가했다. 작가, 미술가, 시인이 독자적이고 융성한 문화생활을 확립했다. 전쟁 직후에 국내 정치에서 스탈린 다음으로 가장 영향력 있는 인물이 된 전직 레닌그라드 당 지도자 안드레이 즈다노프의 강력한 후원을 누리는 젊고 진취적인 공산주의자들이 도시를 운영했다. 즈다노프가 1948년에 심부전증으로 죽었을 때, 소련 국가 기구에는 수많은 레닌그라드 출신이 들어가 있었다. 그들 가운데 니콜라이 보즈네센스키와 알렉산드르 쿠즈네초프는 스탈린의 후계자로 유력했다. 보즈네센스키는 전쟁 동안 주코프처럼 눈이 아찔해지는 높은 위치로 솟아올랐다. 그는 소련 전시 경제를 계획하는 책임을 맡고, 1942년 이후 소련 전시 경제의 놀라운 소생은 국가의 생존 자체에 결정적 역할을 했다. 전쟁 뒤에 그는 스탈린 동무의 경제 사상의 계승자로 공산주의 정치·경제의 주요한 이론적 개요를 쓰기 시작했다. 1948년 무렵에 그는 각료 회의에서 스탈린 바로 다음의 2인자였다. 쿠즈네초프는 레닌그라드 포위의 지도자들 가운데 한 사람이었으며, 키로프처럼 잘 생기고 정력적이고 공산주의 이상에 충실한 부지런한 책임 일꾼이었다. 그는 당 서열에서 스탈린 바로 다음가는 제2위였다. 주코프와 마찬가지로 보즈네센스키와 쿠즈네초프는 자기들의 성공과 인기 탓에 스탈린에게서뿐만 아니라 다른 후계 경쟁자에게서도 위협을 받을 만한 처지가 되었다.

1949년에 그 경쟁자들이 스탈린의 부추김을 받아서 숙청의 새 물결을 일으키기 시작했는데, 그 숙청은 맨 먼저 레닌그라드를 겨냥했다. 스탈린은 레닌그라드 지역 당 위원회가 선거 조작을 시도하고 있다는 구실로 편협하고 야심에 찬 스탈린주의자인 게오르기 말렌코프를 보내 조사를 했다. 레닌그라드 방어 박물관이 폐쇄되고 박물관장이 체포되었으며 박물관 소장품이 압수되었다는 점이 의미심장하다. 레닌그라드의 영웅적 행위에 관한 기억이 남지 않도록 일반인이 도서관에서 전시 기간의 신문을 열람할 수 없게 되었다. 베리야와 아바쿠모프가 쿠즈네초프와 보즈네센스키 그리고 레닌그라드 당 조직 거의 전체를 고발하는 데 필요한 증거를 내놓았다. 그들 모두가 체포되어 영국을 위한 간첩 행위부터 부패와 타락까지 일련의 날조된 범죄 혐의로 기소되었다. 연출 재판은 1950년 9월에 상연되었다. 연출 재판답지 않게, 그리고 거듭해서 두들겨 맞았는데도, 쿠즈네초프도 보즈네센스키도 꾸며낸 혐의를 재판정에서 인정하려 들지 않았다. 레닌그라드대학 총장인 보즈네센스키의 형과 누이 마리야를 비롯해서 주요 피고 전원이 유죄 판결을 받았다. 형이 선고되자 KGB 요원들이 형사 피고인들을 흰 포대기에 싸서 통째로 법정에서 들고 나갔다. 그들은 한 시간이 채 지나기도 전에 총살되었다(한 설명에 따르면, 보즈네센스키는 석 달 더 살도록 허용되었다가 모스크바로 가는 도중에 화물차에서 죽었다). 이들이 죽음으로써, 그리고 주코프가 귀양을 감으로써, 스탈린은 독소전쟁이 낳은 가장 성공적인 소산을 제거했다.[33]

어느 누구도 모스크바에 늘 감도는 의혹과 공포의 안개에서 자유롭지 못했다. 다른 전시 지도자들이 그 안개에 가려졌다. 몰로토프는 1949년에 외무부 장관에서 해임되었고, 베리야는 1946년에 NKVD 총수직에서 물러나 세르게이 크루글로프로 교체되었다. 두 사람 다 정치국에 유임되었지만, 이제는 자기 나름의 권력 기반보다는 스탈린의 변덕에 따라 움직였다. 1940년대 말엽에 스탈린은 예전의 테러 분위기를 되살려냈다. 재산을 모은 농민은 극소수였는데도, 농민이 전쟁 기간 동안 부자가 되었다고 벌을 받았다. 그들은 채우기 불가능한 생산 할당량을 채우라는 강요를 받았으며, 그 때문에 수많은 농민이 기아선상에서 헤매야 했다. 노동자는 가혹한 규율, 긴 노동 시간, NKVD의 감독 아래 놓였다. 지식인은 새로이 일어난 문화 길들이기 물결의 표적이었다. 레닌그라드 재판으로 당 자체가 다시 숙청의 위협에 처했다. 굴라크 수감 인구는 점점 불어났다. 1944년과 1950년 사이에 재소자 수가 110만 명에서 250만 명 이상으로 늘어났다. 강제 이주자, 전쟁 포로, 기타 범주의 노예 노동자를 모두 합쳐서 희생자의 총합은 1000만 명이나 되었을지도 모른다.[34]

음침하고 생기 없는 독재 정권은 마지막 몇 해 동안 특별 제물로 소련의 유대인을 골랐다. 그들의 핍박은 독일의 점령 아래서 유럽 유대인에게 무슨 일이 일어났었는지 잘 알고 있는 상태에서 이루어졌다. 소련의 반유대주의는 심지어 전쟁 기간 동안에도 비공식적으로 번성했으며, 독일의 반유대주의의 인종 말살 명령과는 단지 정도의 차이만 있었을 뿐이다. 그것은 어느 정도 독일의 인종주의의 여파 속에서 발트해 연안 국가들, 벨라루스, 우크라이나에서 다시 솟아난 반유대주의 전통에서 영향을 받은 것이었다. 유대인은 반유대주의 전통의 또다른 계승자인 군대에서 차별을 받았다. 유대인에게는 훈장이 잘 수여되지 않았고, 일부 부대는 유대인을 쫓아냈으며, 정치선전 기구는 유대인이 파르티잔으로서 수행한 역할을 알리는 데 인색했다. 비록 혁명 이후로 금지되기는 했어도, '지드zhid'(유대인을 경멸해 일컫는 말)라는 말이 더 자주 들렸다. 피난을 가거나 군대에 들어간 유대인들이 고향에 돌아왔을 때, 그들은 (1943년에 키예프가 해방되었을 때 살아남은 유대인은 딱 한 명이었다는) 인종 청소에 관한 적나라한 진실을 발견했을 뿐만 아니라 이번에는 유대인의 재산을 착복한 지역민이나 구호물자와 새로 살 집을 달라는 유대인의 요청을 들어주지 않는 지역 관리에게 희생되었다.[35] 가장 결정적인 타격은 독일의 인종 전쟁이 유대 민족 자체를 대상으로 저질러졌음을 정권이 끝끝내 인정하려 들지 않았다는 데에서 왔다. 인종 말살이 언급되지 않았으며, 관리는 '유대인의 순교'를 과장하거나 '자민족 중심주의'에 탐닉하는 사람을 비난했다. 키예프에서 나온 바비야르 보고서에 언급된 것은 '평화를 사랑하는 소련 시민'의 죽음이었지 유대인의 죽음이 아니었다. 반유대주의 잔학 행위 흑서Black Book를 펴내려는 유대인의 노력은 철저한 거부에 부딪혀 끝이 났다.[36] • '세계주의'에 겨누어진 새로운 대중 공포

• 이 흑서는 1980년에 이스라엘에서 발간되었으며, 영어 번역본도 나왔다. I. Ehrenburg and V. Grossman, *The Complete Black Book of Russian Jewry* (London, 2002).

의 시작으로 1947년에 반유대주의가 거세졌다. 캠페인은 미 제국주의와의 냉전 대결에서 희생양을 찾으면서 시작되었다. 세계주의자면 소련의 이상에 불충한 자였고, 자본주의 적을 위해 암약하는 간첩이었으며, 전쟁 도발자와 국수주의자에게 이용되는 뿌리 없는 자였다. 조지프 매카시 미국 상원 의원이 하느님을 믿지 않는 공산주의자의 미국 내 제5열을 색출하는 동안 스탈린의 경찰은 미국의 돈을 받은 부르주아 민족주의자와 일탈자의 간교한 음모를 날조해냈다. 전쟁 동안 미국의 유대인과 접촉했고 해외에서 유대인이 보내는 원조가 흘러들어왔기 때문에 유대인 사회는 이미 용의자였다. 홀로코스트와 맞닥뜨려서 되살아난 것이라 해도 어쨌든 민족 감정에 스탈린이 품은 불신벽이 소련 유대인의 운명을 정해놓았다.

첫 제물은 전쟁 기간 동안 반파시즘 유대인 위원회를 설립했던 유대인 지식인들이었다. 그들의 주대변인은 국제적 명성을 지닌 극작가 솔로몬 미호엘스였다. 스탈린의 사주로 미호엘스는 벨라루스어 연극에 관해 논의하기 위해 민스크로 유인되었다. 1948년 1월 12일에 그는 묵고 있는 호텔에서 전화를 받고 차를 타고 나갔다. 그가 탄 차는 지역 당 책임자인 라브렌티 차나바의 다차로 갔고, 그는 그곳에서 살해당했다. 그의 주검은 호텔 부근 길가에 내버려졌고, 사고로 가장하기 위해 그곳에서 화물차에 치었으며, 그것이 나중에 공식 사인이 되었다. 그는 인기인이었고, 스탈린은 신중하게 움직였다. 추가로 이루어진 공식 조사는 미호엘스가 미국 간첩망을 폭로하는 것을 막으려고 미국 비밀기관이 그를 죽였다는 의심스러운 결론을 내렸다.[37]

이후 몇 달 동안 저명한 유대인이 해임되거나 체포되었다. 신생 국가 이스라엘의 대표(이자 미래의 이스라엘 총리인) 골다 메이르가 속죄의 날Yom Kippur 기념행사에 참석하자 10월에 모스크바의 유대인 공회당 바깥에서 5만 명으로 추산되는 소련 유대인이 자발적으로 시위를 벌였다. 스탈린은 유대인들의 격한 정서에 놀라서 어찌할 바를 몰랐다. 그가 "그자들을 삼킬 수도 없고 내뱉을 수도 없고", "그들은 절대로 동화되지 않는 유일한 집단이란 말이야"라고 말했다고 한다.[38] 태평양 연안 비로비잔*의 유대인 정착 지구라는 생각이 전쟁이 끝난 뒤에 되살아났지만, 그곳에 도착한 정착자는 극소수였다. 스탈린이 또 한 차례의 대량 강제 이송을 고려했다는 증거가 있다. 마침내 그는 테러를 택했다. 1948년 11월에 반파시즘 위원회 활동이 갑자기 멈추었다. 위원회 지도자들이 체포되고 또 한 차례의 대형 연출 재판이 준비되었다. 이디시어[동유럽 유대인이 주로 쓰는 언어]를 쓰는 학교가 폐쇄되고, 유대 문학과 신문이 금지되고, 이디시어 활자가 부서지고, 유대 도서관이 폐쇄되고, 책방에서는 규정에 위반되는 유대 문헌이 사라졌다. 소련 유대인의 문화 생활과 종교 생활이 뿌리 뽑혔고, 유대인 작가와 예술가는 투옥이나 추방, 또는 처형되었다.

반유대주의가 유대인이 있는 모든 영역에 파급되었다. 유대인이 고등학교와 대학교에서 내쫓기고 경제계나 관료 기구의 모든 직책에서 해임되었다. 유대인에게는 외국 여행이 허용되지 않았다. 반유대주의의 물결은 사정을 봐주는 것 없이 철두철미하게 적용되어서 10년 넘도록 루뱐카에서 사디스트 역을 맡아온 일단의 악명 높은 유대인 취조관 스스로가 1951년에 전근되거나 제거되었다. 재판을 기다리는 유대인 수백 명을 다룰 신임 간수나 고문자가 모자라지는 않았다. 그

---

* 지은이의 착오. 비로비잔은 극동에 있지만, 바다에서 500킬로미터 넘게 떨어진 곳에 있다.

들을 취조하는 가운데 정권이 현재 최우선시하는 사항이 드러났다. 그들은 시온주의 음모, 부르주아 국수주의, 서방을 위한 간첩 행위 등으로 기소되었으며, 희한하게도 어떤 이는 소련이 반유대주의 국가라고 말했다 해서 소련을 비방했다는 혐의로 기소되었다. 재판은 1951년에 시작되어 1953년 3월에 스탈린이 죽을 때까지 계속되었다. 반파시즘 위원회 위원들의 주요 재판은 1951년 7월에 열렸다. 피고들 가운데 딱 한 명만이 욕설과 몰매를 이겨내고 용감하게도 동료가 아니라 검사와 판사를 비난했다. 연로한 의사 리나 시테른 빼고 피고 전원이 사형 선고를 받았다. 시테른은 카자흐스탄 유형에 처해졌다.[39]

소련의 유대인은 그들 모두가 전쟁 기간 동안 공동의 적이었던 것의 손에서 고통을 당한 뒤에 자국 정부에게서 더 나은 것을 기대했다. 우크라이나나 발트해 연안 국가들의 다른 민족주의자는 그 같은 환상을 갖지 않았다. 그들은 전쟁 동안에 시작된 싸움, 즉 독립 민족국가를 세우려는 싸움을 계속했고, 독일 점령군에게 했던 것만큼 재정복에 나선 소련 정권에 거세게 저항했다. 1944년과 1950년대 초엽 사이에 소비에트 국가에 맞서서 게릴라전이 벌어졌다. 이 새로운 내전의 역사 대부분은 아직 쓰이지 않았다. 그것은 엄청난 규모로 벌어졌고, 혁명에 뒤이은 옛 내전의 격렬함과 격정을 고스란히 지닌 채로 치러졌다. 소련 정보통은 리투아니아에서 3만 명으로 추산되는 민족주의 군대와 싸우다가 2만 명을 잃었음을 인정했다. 폴란드에서는 바르샤바 봉기 뒤에 국내군이 되살아나서 1948년에 가서야 최종적으로 일소되었다. 폴란드 민족주의자 5만 명이 시베리아로 유배되었다. 많은 소련군 부대와 폴란드 부대가 1945년에 2만 명을 헤아린다는 우크라이나 인민공화국군의 비정규 부대를 뿌리 뽑으려는 시도에 투입되었다. 게릴라전이 폴란드와 체코슬로바키아의 근거지에서 전개됐고 집단화에 적대적인 수많은 우크라이나 농민과 폴란드 농민의 지원을 받았다. 정부는 1930년대의 전술, 즉 대량 강제 이송, 전통적 촌락 생활의 근절, 수많은 농민의 죽음과 투옥에 의존했다. 1946년과 1950년 사이에 우크라이나 서부에서만 30만 명으로 추산되는 사람들이 강제 이송되거나 투옥되었다. 오로지 엄청난 규모의 탄압으로만 변경 지대를 소련의 통제 아래에 둘 수 있었다. 1950년대 초엽까지 평정이 대체로 끝이 났다. 1959년에는 우크라이나 민족주의 지도자 스테판 반데라가 서독에서 소련 요원들에게 피살되었다.[40]

동유럽에서 이 2차 재정복 전쟁을 치르느라 소련은 독일 및 일본과의 전쟁이 끝난 다음에도 오랫동안 싸움을 벌이고 있었다. 큰 희생이 따른 야만적 평정은 관_(官)_이 내부의 적에게 느끼는 편집병과 스탈린이 새로운 소련제국의 향후 안보에 품은 공포를 설명하는 데 도움을 준다. 소련 지도자들은 날조된 위험의 세계에 살고 있지 않았다. 그들은 이제는 소련 땅이 된 곳, 즉 소련 공산주의에 대한 대중의 적대감이 만연한 새로운 지역에서 무장 저항 세력과 싸우고 있었다. 붉은군대가 해방한 나라들 전역에서 친소 세력은 소수파였다. 이 영토들에 대한 취약한 통제력은 서방과의 갈등을 날카롭게 만들고 전쟁과 내부 전복의 위협에 대해 항상 경계 태세를 갖추도록 했다. 서방을 대하는 소련의 태도가 1946년 이후로 확연하게 경직된 것은 강한 소련보다는 약한 소련의 한 결과였다.

전쟁으로 소련은 초열강이 되었다. 승리를 거둠으로써 공산주의는 세계 정치의 한 세력으로서 확고하게 생존할 수 있었다. 겨우 몇 해 전만 해도 모스크바와 레닌그라드의 코앞까지 독일군이 진격해 있어서 소련과 국제 공산주의는 완전히 소멸될 판이었다. 소련의 전화위복으로도 소련이 어렵사리 얻은 지위를 유지하는 데 맞부딪친 어려움이 감추어지지는 않았다. 스탈린은 또 다시 전쟁을 무릅쓰고 싶어 하지 않았으며, 소련을 공격할 의사나 능력이 서방에게 있다고 생각하지도 않았다. 그는 중국 공산당 사절단에게 "제3차 세계대전은 누구에게도 전쟁을 시작할 힘이 없기 때문에라도 일어날 성싶지 않습니다"라고 말했다고 한다. 중국 공산주의자들이 1949년에 타이완 정복을 위해 소련의 도움을 요청하자, 스탈린은 소련의 개입으로 결국은 새로운 세계대전이 터질지도 모른다는 근거를 들어 거절하면서 다음과 같이 말했다. "만약 우리가 지도자로서 그렇게 한다면, 러시아 인민이 우리를 이해하지 않을 것입니다. 그보다 더할 것입니다. 인민은 우리를 내칠 수도 있습니다. 전시와 전후에 인민이 겪은 불행과 노고를 제대로 평가하지 않았다는 이유로. 생각이 모자라다는 이유로."[41]

소련이 안고 있는 취약성의 주요 근원은 미국이 원자폭탄을 보유했다는 데 있었다. 소련의 재래식 전력은 막강했다. 동원 해제가 완료되면서 1947년에 상비군은 거의 300만 명을 헤아렸다. 소련군 전차, 항공기, 대포의 전개는 서방이 유럽에 즉각 투입할 수 있는 어떤 것도 왜소하게 보이도록 만들었다. 하지만 핵 위협은 매우 달랐다. 비록 소련 지도자들은 미국이 원자폭탄을 몇 발밖에 보유하지 못했고 벼랑 바로 끝까지 밀리기 전에는 그것을 사용할 가능성이 낮다는 사실을 알기는 했어도, 미국이 소련에게 끔찍한 피해를 입힐 수 있는 반면 미국민은 공격에서 안전하다는 사실은 그대로 남았다. 훗날 흐루쇼프는 "이 상황이 스탈린을 심하게 짓눌렀다. 그는 전쟁에 끌려 들어가지 않도록 자기가 신중해야 한다는 것을 이해했다"라고 회상했다.[42] 핵으로 파괴당할 위협으로부터의 안전 보장은 오로지 핵무기의 보유를 통해서만 가능하다는 역설이 나타났다. 그것은 핵 시대의 주된 역설이었다.

소련의 원자력 개발 계획은 전쟁 동안에 시작되었다. 1930년대의 핵 연구는 외국의 과학 발전에 크게 의존했다. 우라늄을 이용하는 핵분열의 가능성에 관한 연구가 1939년에 외국에서 발표되었을 때, 여러 해 동안 그것이 실제로 응용되리라고 생각한 소련 물리학자는 거의 없었다. 1940년 5월에 이고르 쿠르차토프가 이끄는 레닌그라드 물리 기술 연구소의 연구원들이 핵분열이 군사적 중요성을 가진다고 시사하는 논문을 소련 최초로 발표했다. 독일의 침공으로 모든 원자력 연구가 미뤄지고 쿠르차토프를 비롯한 과학자들이 다른 기술 프로젝트로 이전 배치되었다. 1941년에 영국인 간첩 존 케언크로스가 영국이 원자폭탄을 개발하고 있다는 상세한 정보를 베리야에게 제공했다. 과학자였다가 간첩이 된 클라우스 푹스가 1941년 막바지에 자기의 연구원 직위를 이용해서 영국의 원자력 기획, 나중에는 미국의 원자력 기획에 관한 상세한 기술 정보를 베리야의 조직에게 줄줄이 주기 시작했다.[43]

1942년 여름 동안 정부는 원자 전쟁의 가능성을 탐색하기 시작했다. 선임 과학자들은 소련이 자체 핵 개발 계획을 개시해서 독일과 서방의 수준을 따라잡아야 한다는 결론을 내렸다. 원자폭탄 계획을 개시한다는 결정은 그해 여름 어느 시점에서 스탈린이 내렸지만, 1942년 11월에야 비로소 쿠르차토프가 소련 원자폭탄 기획 본부가 되는 모스크바의 제2호 연구실을 지휘하도록 임명되었다. 진전은 여전히 느렸다. 쿠르차토프에게는 입자 분리에 필요한 원자핵 파괴 장치가 없었다. 전쟁 전에 레닌그라드에 지어진 원자핵 파괴 장치는 포위선에서 딱 2마일 떨어져 있었다. 1943년 3월에 과학자 두 명이 비행기를 타고 레닌그라드로 가서 포위된 방어자에게 열린 좁은 생명선을 통해 열차로 75톤짜리 기계를 옮기는 일을 처리했다. 소련의 원자력 연구에 배정된 직원들은 미국의 맨해튼 기획[미국이 1942년부터 수행한 원자폭탄 개발 작전에 붙여진 암호명]에 견줘 매우 소규모였다. 1944년에 과학자 25명과 기타 직원 49명만이 제2호 연구실에서 일하고 있었다. 우라늄은 거의 없었다. 그 광물을 많이 달라고 미국을 애써 설득했는데도, 저질 우라늄 금속 단 1킬로그램만이 그보다는 더 많은 우라늄 분말과 함께 제공되었다. 상심해서 소련의 지질 탐사가 이루어졌다. 1945년에 쿠르차토프에게 공급된 우라늄은 대부분 독일에서 포획한 비축분에서 나왔다.

원자폭탄 기획의 더 집중적인 진행에 놓인 주요 장애물은 소련 지도부의 회의론이었다. 핵 개발 계획 전반을 책임지는 몰로토프와 원자력 연구 관련 해외 첩보를 책임지는 베리야 두 사람 가운데 어느 누구도 원자폭탄이 가능성 있는 무기라고, 또는 맨해튼 기획이 1945년에 그 최초의 폭발에 다가가 있다고 확신하지 않았다. 스탈린과 베리야는, 버릇처럼, 얼마간은 미국에서 나오는 다량의 비밀 과학 첩보가 정교한 속임수의 일부라고 생각했다. 베리야는 소련 연구단에게 "만약 이것이 역정보라면, 네 놈들을 모두 지하실에 처넣겠다!"라고 말했다.[44] 따라서 스탈린에게 히로시마 원자폭탄 투하는 포츠담에서 그가 보여준 침착한 행동이 시사하는 바보다 더 경악스러운 일이었다. 원자폭탄 공격이 있고 보름이 지난 1945년 8월 20일에 베리야가 '원자폭탄 특별위원회'를 책임지게 되었다. 스탈린은 재원을 무제한 투입해서 소련의 원자폭탄을 만들어내라고 명령했다. 충성스러

운 과학자에게는 보상, 즉 자가 소유 다차, 자가용 승용차, 봉급 대폭
인상이 약속되었다. 충성심이 의심스러운 과학자에게는 조건이 달랐
다. 베리야의 감독 아래, 핵 개발 계획에 종사하는 노동자 절반이 샤
라시sharashi로 알려진 특수 감옥에서 조직되었다. 조지아에서 베리야
의 출생지 가까운 곳에 소련의 핵 개발 계획을 도우려고 징모된 일군
의 독일 물리학자가 경찰의 끊임없는 감시를 받으며 바깥세상과 완
전히 단절되어 활기 없이 살았다.

1946년 성탄절에 최초의 원자로 실험이 성공했다. 현장에 있던 베
리야가 성공에 흥분한 나머지 방사능 건물에 들어가려고 했다. 비록
그 자리에 있던 사람들 가운데 많은 이가 그가 들어가기를 틀림없이
바랐더라도, 그러지 말라고 제지당했다. 그뒤 세 해가 채 안 되어 소
련의 첫 원자폭탄이 터졌다. 그 설계는 미국의 플루토늄 폭탄에 바탕
을 두었는데, 그 폭탄에 관한 세부 사항은 1945년 6월에 푹스가 제
공했다. 100마일이 안 되는 거리에 있는 가장 가까운 대도시의 이름
을 따서 세미팔라틴스크-21 Semipalatinsk-21 *이라고 불리는 과학 단지가
새로 건설되었는데, 이 과학 단지에서 멀리 떨어지지 않은 카자흐스
탄의 초원에서 실험이 이루어졌다. 과학자들이 폭발의 충격을 평가
할 수 있도록 폭탄이 든 탑 주위에 벽돌이나 나무로 된 건물, 다리,
터널, 급수탑이 만들어졌다. 같은 목적에서 전차, 대포, 기관차가 그
지역 곳곳에 배치되었다. 방사능의 효과를 연구할 수 있도록 동물을
우리와 헛간에 가두어 놓았다. 쿠르차토프가 과정 전체를 감독했고,

---

* 오늘날의 쿠르차토프. 쿠르차토프가 죽은 뒤 그의 이름을 따서 도시가 쿠르차토프로 불리기
시작했다.

실험 시기를 1949년 8월 29일 아침 6시로 잡았다. 과학자들은 제 목숨이 실험의 성공에 달려 있음을 알고 있었다. 베리야가 일주일 앞서 나타나서 날마다 진행을 지켜보았다. 폭탄이 든 탑에서 6마일 떨어진 곳에 흙으로 만들어진 누벽으로 폭풍 효과를 피하는 작은 지휘소가 세워져 있었고, 이곳에 29일 아침에 쿠르차토프와 베리야가 직원들과 함께 모여 실험을 지켜보았다. 북풍이 세게 부는 구름 긴 날씨였다. 탑은 저 멀리 겨우 보였다. 쿠르차토프가 초읽기를 시작하라고 명령했고, 손에서 땀이 나는 30분 동안의 대기 시간이 뒤따랐다. 만사가 계획한 대로 정확하게 진행되었다. 초읽기가 영에 이르자 탑 꼭대기에서 강렬한 밝은 빛이 뿜어 나와 주위 지역을 환하게 비추었다. 30초 뒤에 '마치 산사태가 일어나는 소리 같은' 굉음과 함께 충격파가 지휘소에 이르렀다. 연기와 분진이 하늘 높이 솟구쳐 올라서 잠시 머물러 있다가 바람이 불자 먼 남쪽 초원 상공으로 흩어졌다. 용도 변경된 전차 한 대가 과학 장비를 싣고 보건부 차관을 태워 현장을 향해 덜컹거리며 나아갔다. 모래땅이 유리로 변해서 전차가 지나가면 밑에서 찌그럭찌그럭 소리가 나며 깨졌다. 철제 탑은 증발되어 사라져 버렸다.[45]

실험 전에 극도로 신경이 곤두서 있었던 베리야는 쿠르차토프를 껴안고 입을 맞추었다. 걱정이 된 베리야는 결과가 미국의 실험 결과와 똑같이 보이는가를 점검하고 싶어하다가 귀중한 시간을 흘려보낸 다음에 스탈린에게 의기양양하게 전화를 했다. 그가 통화를 했을 때는 스탈린은 이미 통보를 받은 뒤였고 곧바로 전화를 끊었다. 베리야는 크레믈에 통보를 한 장군에게 주먹을 날리고는 "네놈들이 지금 내 일을 망치고 있다, 배신자들 박살을 내버릴 테다"라고 말했다.[46]

베리야가 걱정할 필요는 없었다. 스탈린은 실험에 즐거워했다. 과학자들은 푸짐한 상을 받았다. 쿠르차토프는 소련제 리무진 한 대와 크림에 별장 한 채를 얻었고, 그가 선택하는 학교에서 자녀들이 무료로 교육을 받고 소련 내 어느 곳이든지 자유로이 여행할 수 있게 되었다. 실험을 주도한 과학자 전원이 사회주의 노동 영웅이 되었다. 스탈린주의 국가의 압력을 받으며, 그리고 과학을 모르는 무자비한 사람들의 지휘를 받으며 일한 소련 과학자들은 미국 연구단이 소비한 시간보다 조금밖에 더 길지 않은 시간에 원자폭탄을 개발했다. 그들은, 비록 보통 주장되어온 것만큼 많지는 않았어도, 간첩 활동의 도움을 받았다. 푹스가 플루토늄 폭탄의 설명서를 제공했지만, 완제품을 만드는 방법에 관한 상세한 정보는 거의 제공하지 못했다. 훨씬 더 빨리 생산하는 데 주요한 장애가 된 것은 우라늄 부족이었다.

소련의 원자폭탄으로 전략상의 격차가 곧바로 바뀌지는 않았다. 1950년 무렵에 미국은 원자폭탄 298기와 그것을 실어 나를 장거리 항공기 250대를 보유했다. 그러나 스탈린은 (히로시마와 나가사키로 대표되는) 양측 사이의 기술 격차를 단숨에 뛰어넘는 도약이 이루어졌다는 인식을 가지게 되었다. 1949년에 그는 또한 재래식 무기 재무장 계획도 개시해서 1949년 4월에 북대서양조약기구NATO를 결성한 서방 국가의 자라나는 위협에 맞섰다. 이때부터 1953년에 스탈린이 죽을 때까지 서방을 대하는 소련의 면모는 점점 비타협적이고 도전적으로 바뀌었다. 스탈린 스스로가 전쟁의 위협과 자기 자신의 질환 악화에 정신이 쏠려 여념이 없었다. 1947년에 그는 약한 발작을 일으켰고, 고희 생일인 1949년 12월 21일 전날에는 심한 어지럼증 발작에 시달렸다. 그는 혈압이 늘 높았지만 의료 전문가에 대한 불신이 너무 심해서 의사들이 자기를 치료하도록 허락하지 않으려 들었다. 그는 담배를 끊고 여름철에 더 길게 휴가를 보냈지만, 다른 점에서는 일상 업무를 거의 줄이지 않았다. 스탈린의 딸이 쓴 글에 따르면, 말년의 스탈린은 신경과민이었고 자기가 불러일으킨 원한이 너무 많고 너무 깊어서 비명에 죽으리라고 확신했다. 흐루쇼프는 1951년에 스탈린이 "나는 끝났어. 나는 어느 누구도, 심지어는 나 자신도 믿지 않아"라고 말하는 것을 들었다.[47]

이 심적 상태가 아마도 1950년대 초 서방과의 대결이라는 더 위험한 상황과 그의 통치 말년에 소비에트 국가를 휘감은 테러의 마지막 폭발을 설명해줄 것이다. 1946년 2월에 스탈린은 1939년에 터진 전쟁, 그리고 미래의 모든 전쟁의 진정한 원인은 '전면적 위기와 호전적 충돌'의 씨앗을 배태한 자본주의 체제 자체라고 선언했다.[48] 1949년부터 그는 자기가 다시 한번 이데올로기적 진리의 요체를 볼 수 있다고 생각했다. 그 진리란 결국 새로운 세계대전을 피하기 어려우리라는 것이었다. 1951년 2월에 《프라브다》에 스탈린의 대담 기사가 실렸고, 그 주요 메시지는 '미국의 지배층이 조직하는' 세계대전의 새로운 위협이었다. 1939년 이후로 처음 열리는 1952년 10월의 제19차 당대회에서 말렌코프는 다시 '제3차 세계대전'이라는 주제로 되돌아갔다. 대회 이튿날 스탈린이 당 중앙위원회에서 연설을 했다. 그는 중앙위원회 위원들에게 자기는 나이가 들었고 곧 죽으리라고 말했다. 그는 위원들이 자기 필생의 과업을 계속해주기를 바랐다. 신임 위원인 콘스탄틴 시모노프에 따르면, 스탈린은 위원들에게 다음과 같이 경고했다. "자본주의 진영과의 어려운 싸움이 앞에 놓여 있고, 이 싸움에서 가장 위험한 것은 떨고 놀라서 뒷걸음질 치다가 항복하는 것입니다."⁴⁹ 군에서는 온통 전쟁 이야기였다. 새로운 전쟁 공포로 일반 대중 사이에서는 의기소침의 분위기만이 감돌았다.

스탈린이 러시아 역사에 영원히 자기의 족적을 남길 최후의 묵시록적 전쟁을 추구했을까? 스탈린이 전쟁이 즉시 일어난다고 생각했다거나, 비록 훗날 흐루쇼프가 "미국이 소련을 침공하리라"는 공포를 전 지도부가 느꼈다고 서술하기는 했어도, 스탈린이 선제공격을 고려했음을 시사해주는 실질적 증거는 없다. 흐루쇼프의 설명에 따르면, 스탈린은 "그 전망에 몸을 떨었고 … 전쟁을 무서워했"으며, "자기의 약점을 알고 있었다". 이것은 1941년에 전쟁을 회피하려는 그의 필사적 노력을 설명하는 데 도움이 될지도 모르는 증거다.⁵⁰ 더 가능성 높은 설명은 전쟁의 광기가, 1920년대와 1930년대에 그랬듯이, 국내 정치의 한 요소로서 활용되었다는 것이다. 1952년에 나라가 의도적으로 계획된 폭력의 새 물결에 바야흐로 잠길 참이라는 불길한 징조가 모든 방면에서 나타났다. 스탈린은 제19차 당대회를 택해서, 적에게 강경하게 맞서지 못했다는 이유로 몰로토프를 비롯한 일부 고위 각료들에게 뜻밖의 날카로운 공격을 개시했다. 비난 연설 내내 그 각료들은 하얗게 질린 낯빛을 하고서 꼼짝하지 않고 앉아 있었다. 그뒤 두 달이 지나자 새로운 테러의 형태가 가시화되었다. 미국 중앙정보부CIA의 지원을 받아 소련의 정치인과 군 지도자를 죽이려는 시온주의자의 음모가 발각되었다. 반유대주의와 반미주의가 이용되어 새로운 숙청에 속이 뻔히 들여다보이는 정당화를 부여하는 대중 히스테리가 창출되었다.

시온주의 음모라는 착상은 이미 거론되었다. 1949년 이후로 체포된 유대인 지식인은 일률적으로 미국 유대인과 미국 중앙정보부에 고용되어 소비에트 국가의 토대를 해치려는 음모를 꾸몄다는 혐의로 기소되었다. 1952년 여름에 반파시즘 유대인 위원회 재판이 종결되었다. 6월 4일에 크레믈 종합 병원의 소아과 의사 예브게냐 립시츠가 체포되었지만, 립시츠는 고문과 협박을 받고서도 자기의 유대인 동료들을 고발하기를 거부했다. 립시츠는 세릅스키Serbskii 법정신 의학 치료소로 끌려가 특별 치료를 받았다. KGB의 표적은 전쟁 동안 붉은 군대의 선임 외과의였던 메예르 봅시였다. 증거는 1948년 심부전증으로 말미암은 안드레이 즈다노프의 사망을 둘러싼 이른바 미스터리에서 발견되었다. 그때 KGB 첩자인 심전도 측정사 리디야 티마슈크가 의사들이 오진했다고 비난하는 보고서를 써서 보안 기관에 냈다. 검시 결과 의사들의 혐의가 벗겨졌지만 보고서는 철해서 보존되었다. 1952년 가을에 그 보고서가 다시 나타나서—어떻게 다시 나타났는지는 전적으로는 확실하지 않다—KGB 총수, 그리고 스탈린의 개인 비서로 오랫동안 일해온 알렉산드르 포스크료비셰프를 경계심이 모자랐다는 이유로 강등하는 데뿐만 아니라 의사들을 공격하는 데에도 이용되었다. 티마슈크는 모범 시민으로 칭송을 받았고《프라브다》가 '조국의 적'을 적발하는 데 발휘한 '애국심, 결단성, 용기'라고 일컬은 것을 인정받아 스탈린이 몸소 주는 레닌 훈장을 받았다. 운이 없는 봅시는 11월 11일에 체포되었고, 이 무렵 보안 세력은 시온주의 테러 음모의 심장부에 있다고 하는 일단의 수석 의사들에게 공격을 개시하는 데 필요한 것을 모두 가지고 있었다.[51]

'의사들의 음모'는 스탈린 치하에서 날조된 여러 음모 가운데 마지막이었고 여러모로 가장 환상적이었다. 비록 숙청이 진행되려면 스탈린의 승인이 필요하기는 했어도, 그가 그 새로운 숙청의 교사자였는지는 확실하지 않다. 정확한 책임 관계가 결코 뚜렷하게 확인되지 않을지도 모른다. 숙청은 베리야를 지분거리고 그 후임에 한 걸음 더 가까이 다가가려는 조야한 시도로서 흐루쇼프가 조작했을지도 모른다.[52] 숙청에 걸려든 제물들은 유대인 의사나 유대인 지식인만이 아니었다. 스탈린의 주치의인 블라디미르 비노그라도프가 11월 7일에 체포되었다. 스탈린이 자기에 대한 비노그라도프의 의료 메모를 발견했다고 한다. 그 메모는 '모든 일에서 벗어날 것'을 시사했다. 격분한 스탈린은 "그놈 다리에 사슬을 채워"라고 소리쳤다. 심하다 싶을 만큼 말을 잘 듣는 루뱐카 간수들이 수인을 다루는 통례를 깨고 노교수에게 족쇄를 채웠다. 오랫동안 스탈린의 경호원으로 일해온 니콜라이 블라시크가 처음에는 강등되었다가 12월에 체포되었다. KGB 총수를 지냈던 빅토르 아바쿠모프가 음모를 적발하지 못했다는 이유로 체포되었다. 크레믈 내 진료소와 다른 주요 의학 기관의 수석 의사들이 붙잡혀서 루뱐카나 모스크바의 레포르토보 감옥에 갇혔다.[53]

1953년 1월 13일에 타스통신이 대중에게 의사들의 음모를 발표했다. 수석 의사 아홉 명이 주모자로 지명되었고, 이 무렵 수백 명이 수감되었다. 그들은 시온주의 테러 단원으로 기소되었다. 봅시는 "소련의 지도급 정치가들을 없애라"라는 명령을 받았음을 자백했다고 주장되었다.[54] 스탈린의 주치의 비노그라도프가 영국의 고정간첩이었음이 탄로났다. 그 자백이 새로운 체포 수백 건으로 이어졌다. 도처의 유대인이 파도처럼 갑자기 일어나는 자연 발생적 반유대주의의 제물이었다. 모스크바 지하철에 대한 유대인의 음모가 적발되었으며, 모스크바 자동차 공장에서도 음모가 적발되었다. 걷잡을 수 없는 기세였다. 유대 부르주아 민족주의는 새로운 쿨라크였다. 의사들의 음모가 복잡다단해졌다. 스탈린은 유대인을 동방으로 강제 이송하는 더 광범위한 계획에 동의했거나, 아니면 계획을 부추겼다.

강제 이송은 조금도 새삼스럽지 않았고, 1930년대 이후로 정권의 습관과 완전히 일치했다. 유대인 청년으로서 1953년 봄에 반유대주의 난동을 직접 겪은 아르카디 바크스베르크°가 집대성한 증거를 반박하기는 어렵다. 감옥 수용량 확충 명령이 내려졌고, 철도 차량이 모스크바역에 모여들었고, 비로비잔에 나무 오두막이 급하게 지어졌으며, 모스크바 유대인 명단이 작성되어 모스크바의 각 구區 비밀경찰에 송부되었다. 2월 중순에, 의사들과 그 공범들이 얼토당토하지 않은 범죄를 자백하라는 강요를 받고 있는 동안 스탈린주의식 정치 간계의 특성을 모조리 지닌 계획 하나가 꾸며졌다. 저명한 유대인 지식인과 지도자가 《프라브다》에 보내는 공개 서한에 서명하라는 권고를 받았다. 그 서한에는 위협받지 않는 안전한 곳인 동방으로 유대인을 이송해서—한 줌밖에 되지 않는 유대 민족주의자의 범죄적 일탈 행위가 원인이 되어 발생한—더이상의 핍박에서 유대 민족을 구원해 달라고 스탈린에게 호소하는 내용이 담겨 있었다. 서명 요청을 받은 사람은 대부분 자기가 투옥될 위험을 무릅쓰기보다는 서명을 했다. 의사들의 재판은 3월로 날짜가 잡혔다. 증거는 곧이어 강제 이송이 예정되어 있음을 시사해준다.[55]

폭력적인 유대인 핍박의 부활은 스탈린이 죽으면서, 비록 완전히 중단되지는 않았을지라도, 멈추었다. 독재자의 마지막 날들에 관한

• 1927~2011. 러시아의 문필가. 노보시비르스크에서 태어났고 모스크바 국립대 법학부를 졸업했으며, 1973년 소련작가동맹에 가입했다. 브레즈네프 집권기의 부패상을 고발하는 글을 써서 탐사 저널리스트로 이름을 날렸다.

빠짐없는 세부 사항은 1989년에 최종 발표되었다. 스탈린은 크레믈의 집무실에서 2월 17일을 보내고 쿤체보의 다차로 떠났다. 그날이 크레믈 집무실에서 보낸 마지막 날이었다. 2월 27일에 그는 눈길을 피해 볼쇼이 극장의 칸막이 좌석에서 혼자 〈백조의 호수〉 공연을 보았다. 이튿날 그는 영화 한 편을 보고 흐루쇼프, 말렌코프, 불가닌, 베리야와 함께 자기 다차로 되돌아갔다. 그들은 너무 묽어서 스탈린이 '주스'라고 부른 조지아산 포도주를 마시면서 다차에 새벽 4시까지 머물러 있었다. 그들이 떠나자, 스탈린은 경호원들에게 가서 자도 좋다고 말했다. 이런 일은 처음이었다고 하며, 또한 이 사실로 말미암아 그들이 조는 동안 무슨 일이 일어났을까에 관해 근거 없는 추측이 난무하게 되었다. 이튿날 경호원들이 기다렸으나 아무런 소리도 들리지 않았다. 저녁 6시에 스탈린의 침실에 불이 켜졌다. 더는 아무런 소리가 들리지 않았고, 저녁 10시가 되자 경호원들이 전전긍긍한 나머지 잠든 두목을 깨울 각오를 했다. 스탈린은 거의 의식을 잃은 채 마룻바닥에서 발견되었다. 그는 말을 못하고 팔을 들어 올려 도움을 청했고, 바지가 더럽혀져 있었다.[56]

경호원들이 그를 들어 올려 소파에 뉘었고, KGB 수장을 불렀다. 그뒤에 어떤 일이 일어났는가에 관해서는 여러 해설이 있다. 쿤체보 다차 부사령 표트르 로즈가초프가, 비록 긴 시일이 흐른 뒤에 한 회상이기는 해도, 가장 그럴듯한 증언을 내놓았다. 스탈린이 쓰러진 채로 발견된 지 몇 시간이 지난 뒤 베리야와 말렌코프가 맨 먼저 도착했다. 의사는 호출되지 못했다. 크레믈 수석 의료진 대다수가 감옥에 있었던 것이다. 불안해진 베리야가 성을 내면서 "호들갑 떨지 마. … 그리고 스탈린 동무를 괴롭히지 말란 말이야"라고 말했다.[57] 흐루쇼프가 나타난 이튿날 아침에야 의사들이 불려 왔다. 스탈린은 열세 시간 동안 의사의 치료를 받지 못했다. 이것이 고의였는지, 즉 폭군의 죽음으로 이득을 보기를 바란 자들이 그의 종말을 재촉하려고 꾀했는지 여부는 입증하기가 불가능하다. 베리야와 말렌코프가 가볍게 코를 골면서 잠자는 스탈린이 경호원이 생각했던 것보다 덜 위험한 상태에 있다고 진심으로 생각했을 가능성도 높다. 설령 그날 밤 동안 의료진의 도움을 곧바로 받았더라도 스탈린이 목숨을 구했을 가능성도 없다. 그는 심한 뇌출혈을 일으켰던 것이다.

스탈린은 사흘을 더 살았다. 그는 이따금 의식을 되찾았지만, 결코 언어 능력을 되찾지 못했다. 의사들이 그의 머리와 목에 거머리를 붙였다. 베리야가 의사들을 지켜보면서 욕을 해대자 그들의 손이 떨렸다. 스탈린의 승계자들은 베리야를 빼놓고는 모두 서서 지켜보았다. 베리야는 자기 주인에게 욕을 하다가 그가 뒤척일 때마다 키스와 충성의 맹세를 퍼부어대는 행동을 번갈아 했다. 스탈린의 딸이 3월 5일 저녁에 그의 마지막 단말마를 지켜보았다. 그는 다음과 같이 썼다. "마지막 순간에 아버지가 갑자기 두 눈을 떴다. 광기 어린 것인지, 아니면 분노 어린 것인지 어쨌든 무시무시한, 그리고 죽음을 앞둔 두려움이 가득 찬 눈길이었다."[58] 스탈린은 마지막 몸짓으로 왼손을 들었다가 숨을 거두었다. 베리야가 급히 방에서 빠져나가 자기 차를 불러 크레믈로 가서 새 정부를 조직했다. 그는 석 달 뒤 동료 각료들에게 체포되어 처형되었고, 그가 처형된 날짜는 아직도 알려지지 않고 있다. 스탈린의 마지막 순간을 지켜본 다른 이들은 죽은 주인을 쳐다보며 서 있다가 더 점잖게 자리를 떴다. 방부 보존 처리를 위해 주검이 차에 실려 나갔다. 망연자실한 국민에게 뉴스가 발표되었다. 스탈린이 소련 인민에게 가했던 그 모든 것에도 불구하고 수백만 명이 그를 애도했다. 주검이 크레믈에 안치되어 있는 동안 밖에서는 수천 명이 한 번이라도 주검을 보려고 다투고 있었다. 사람들이 군중 속에서 깔려 죽었다. 스탈린은 크레믈의 능묘 속에 레닌 옆에 놓였다.

슬픔은 진정이었다. 개인숭배가 효과를 발휘했던 것이다. 러시아의 보통 사람들에게 스탈린은 그들을 지켜주고 가르치고 도와주는 사람이었다. 스탈린을 역사의 괴물로 만들어버린 후대의 평가는 당시에는 그의 직접적인 그림자 속에서 살면서 목숨을 부지한 사람*에게만 가능했다. 스탈린은 말 그대로 우상이 되었으며, 이것을 서방인이 이해하기는 힘들다. 러시아의 전쟁에 참전한 군인들에게 스탈린은 역사에 길이 남을 만한 적에 맞서서 그들을 러시아 역사상 견줄 예가 없는 승리로 이끈 사람이었다. 거기에는 진실이 존재하지만, 부분적 진실일 뿐이었다. 승리는 승자와 패자에게 터무니없이 심한, 막대한 희생을 안겨주고 얻은 것이었다. 희생은 스탈린의 인민이 그가 죽을 때까지 계속 치러야 했다. 1914~1918년의 전쟁에서 자라난 내전과 마찬가지로 소련의 전쟁은 1945년에 정적이 전쟁터를 감싼 뒤에도 오랫동안 좀처럼 끝나지 않았다.

---

* 스탈린 치하에서 목숨을 잃지 않은 반체제 인사를 일컫는 표현.

에필로그

러시아의 전쟁, 신화와 실상

그 누구도 잊히지 않고, 그 무엇도 잊히지 않을 것입니다.
— 미하일 고르바초프, 1990년 승전 기념일

1956년 2월에 공산당 중앙위원회[지은이의 착오. 실제로는 제20차 소련 공산당 대회] 비공개 회의에서 니키타 흐루쇼프가 엄청난 연설을 했다. 이제는 고인이 된 스탈린을 둘러싼 신화가 처음으로 벗겨져 떨어져 나갔다. 흐루쇼프는 둘러 말하지 않았다. 그는 스탈린이 기괴한 폭정을 양성했다고 비난했고, 깜짝 놀란 대회 참석자들에게 영도자의 범죄를 적은 오싹한 목록을 내놓았다. 그는 대체로 침묵을 지키는 회의장에서 몇 시간 동안 연설을 했다. 그가 독소전쟁을 거론하기 시작하자 비로소 대의원들이 생기를 띠었다.

흐루쇼프는 스탈린의 군사적 명성을 산산조각 냈다. 그는 독일군의 초반 승리를 초래한 스탈린의 무능을 폭로했고, 전선이나 폐허가 된 도시를 찾지 않은 스탈린이 개인적으로는 겁쟁이임을 시사했으며, 최고 사령관 스탈린의 완고함과 고집 센 맹목성으로 말미암아 무수한 사람이 쓸데없이 죽었다고 발언했다. 흐루쇼프는 격분해서 스탈린의 천재성이 소련을 구했다는 공공연한 거짓말을 비난했다. 대신에 그는 이어서 '무수히 많은 인민의 장엄한 영웅적 행위'로 승리를 얻었다고 말했다. 결코 스탈린이 아니라 당, 정부, 군, 소련 전체 국민, "바로 이들이 대조국전쟁에서 승리를 확보했다"라는 것이었다. 속기록에 따르면, 그 발언이 끝나자 '우레 같은 오랜 박수'가 이어졌다.[1] 그것은 대단한 행위였다. 비록 공식적으로는 비밀이었어도, 대회에 참석한 외국인 대의원들이 곧 그 연설을 흘렸고 연설문이 소련 전역의 열성 당원에게 낭독되었다. 효과는 마치 소련 인민의 처진 어깨에서 무거운 물건이 갑자기 사라진 것처럼 즉시 나타났다.

다음 네 해에 걸쳐 스탈린의 유산이 대부분 폐기되었다. 여전히 소련의 도시와 강당에 있던 동상과 초상화 수천 점이 소리 없이 제거되었다. 소련이 벌인 저항의 위대한 상징인 스탈린그라드는 볼고그라드Volgograd로 개명되었다. 하룻밤 새에 개인숭배가 사라졌다. 1961년 10월에 당은 최대의 모욕에, 즉 방부 보존 처리된 스탈린의 주검을 크레믈 능묘에서 빼내고 능묘 입구에 새겨진 그의 이름을 지운다는 데 합의했다. 그의 주검은 밤에 부근 묘지에 재매장되었다. 스탈린 스스로는 죽은 뒤에 자기가 맞을 운명에 관해 환상을 품지 않았다. 1941년 4월에 한 연설에서 그는 다음과 같은 음울한 감상으로 청중을 놀라게 했다.

사람들에게는 나쁜 버릇이 있습니다. 옛날에 말해지는 바로는 우상으로, 요새 사람들 말로는 영도자로 산 자는 기리지만 … 죽은 자는 망각하는 버릇, 살아 있는 한 그들을 기리고 공감을 표명하지만 죽으면

그들을 잊어버리는 버릇 말입니다.[2]

스탈린은 물론 잊히지는 않았지만 허물어진 우상이 되었다.

탈스탈린화로 소련의 대중은 전쟁을 스탈린의 전쟁이 아닌 자기의 전쟁으로서 돌이켜볼 수 있게 되었다. 흐루쇼프의 연설에 뒤이어 온 '진실의 해'에 전쟁의 실상을 가려온 스탈린주의 신화의 켜 일부를 벗겨낼 수 있다고 판명되었다. 공식적으로 인정된 작가로서 그 신화를 영속화하는 데 일조해온 콘스탄틴 시모노프는 체제의 진실을 혹독하게 비판했다. 그는 재앙과도 같은 패배에 대한 공식 해설을 다음과 같이 인용했다. "'전혀 예상하지 못한 상황이 일어났다'* … 무슨 이런 식의 표현이 다 있는가?"라고 시모노프는 물었다. "기차가 연착하거나 가을에 추위가 일찍 온 것에 관해서는 그렇게 이야기할 수 있지만 전쟁에 관해 그렇게 말할 수는 없다. 전쟁의 전 과정은 우리에게는 매우 불행하게도 애초부터 '예상치 못한 상황'이었다."[3] 허위가 아닌 진실을 엿보는 것이 허용되었고, 심지어는 1942년에 팽배했던 사기 저하와 패배주의, 그리고 모든 지휘관의 어깨 너머로 주시하는 정치관리 때문에 입은 손실, 또는 소련을 가로질러 수용소로 이송된 수많은 사람의 가혹한 운명을 언급하는 것까지도 허용되었다.

'진실의 해'로 말미암아 전쟁의 고통과 고뇌에 관한 쓰라린 기억이 표면으로 떠오를 수 있었던 것은 다만 잠깐 동안뿐이었다. 당은 죽은 스탈린을 희생양으로 삼을 태세는 갖추었지만, 독소전쟁사의 역사 전체를 뒤집으려고는 하지 않았다. 당은 그 전쟁을 독차지했으며,

---

* 알렉산드르 파데예프의 소설 《젊은 근위대》를 비평하기 위해 인용된 소설의 한 구절.

공식 역사가와 검열관이 여러모로 스탈린식 진실과 그다지 구별되지 않는 새로운 진실을 세웠다. 시모노프처럼 전쟁 수행 노력을 위해서 글을 썼던 바실리 그로스만이 1960년에 어느 나라 말로 쓰인 것이든 가장 위대한 전쟁 소설 가운데 하나이며 소련의 전쟁 수행 노력의 실상에 대한 정직한 기록물인 《삶과 운명》*을 간행하려고 시도했을 때 원고가 퇴짜를 맞았다. 그로스만은 그 소설이 적어도 2~3세기 동안은 간행될 수 없으리라는 말을 들었다. 1961년 2월에 그의 아파트가 수색당하고 소설 원고, 소장 도서, 심지어는 문제가 되는 낱말이 찍힌 타자기 먹줄까지 KGB에게 빼앗겼다. 아나톨리 쿠즈네초프가 1966년에 용감하게도 바비야르에 관한, 그리고 스탈린주의자들의 반유대주의에 관한 진실을 폭로하는 소설을 쓰자, 그 소설은 검열관의 연필이 반소적이라고 여겨지는 것을 모두 없앤 뒤에야 비로소 간행되었다. 스탈린 이후의 소련판 독소전쟁은 개인숭배를 털어냈지만, 여전히 무미건조하고 뒤틀린 진실로 남았다.[4]

새로운 독소전쟁 이야기는 파시스트의 배신에 맞서는 공산주의자들의 영웅적 행위의 단순한 이야기였다. 군은 스탈린 개인의 실패는 기꺼이 인정했지만, 군사적 불운에 대한 책임을 나누고 싶어하지는 않았다. 저널리스트 알버트 악셀이 1985년에 퇴역 공군 사령관 세르게이 루덴코 원수와 인터뷰했을 때, 루덴코는 1941년에 "공격할 만반의 준비가 되어 있었"으며 독일에게 초기에 타격을 입은 뒤 "정부와 국민 양자가 간신히 상황을 주도하게 되었다"라고 말했다.[5] 공식 해설은 여전히 시모노프에게 비웃음을 산 그 해설이었다. 즉 당이 결

---

* 최근에 한국어판이 나왔다. 바실리 그로스만 지음, 최선 옮김, 《삶과 운명》(전2권), 창비, 2024.

집하고 규율을 잡은 인민이 대량 반격이라는 새로운 공산주의 전략으로 침략자를 물리치기에 앞서 예상하지 못한 복잡한 사태가 몇 가지 있었다는 것이다. 당에게 공식 노선은 그 자체로서가 아니라 스탈린 이후 시대에 체제를 단합하는 수단으로서 중요했다. 본보기 전쟁 이야기 수백 편에서 찬양되는 희생의 분담과 엄청난 용기는 당 일꾼들에게 승리로 가는 길과 사회주의 건설의 찬란한 경로로 가는 길을 가리켜주었다. 승리는 군사적 승전이 아니라 소련과 동유럽 형제 국가들이 이제 다져놓은 역사적 경로의 옹호로서 전용되었다.

1960년대 동안 전쟁의 기억은 거의 종교와도 같이 열렬하게 경축되었다. 승전 기념일인 5월 9일은 대중의 축제가 되었다. 엄숙한 집회가 사무실과 공장에서 열렸다. 한 참전 용사는 "승전 기념일은 11월 7일(10월 혁명 기념일)이나 5월 1일보다 훨씬 더 신성하게 … 치러졌다. … 모두가 전쟁의 기억을 불러내면서 전쟁에서 살아남은 데 놀랐다"라고 회상했다.[6] 소련 전역에서 학생들이 "소련 시민은 독일 파시즘이 획책하는 절멸과 노예화에서 인류를 구했으며, 세계 문명을 보존했다"라는 똑같은 찬가를 큰소리로 외웠다. 학생들은 독소전쟁으로 전 세계가 '영구성과 위대한 생명력'이 사회주의 사회의 핵심에 있음을 확신했다고 쓴 글을 읽을 수 있었다.[7] 전쟁—스탈린의 전쟁이 아니라 인민의 전쟁—은 러시아 혁명 자체의 광채를 가리면서 현대 소비에트 국가의 창건 신화로 이용되었다. 러시아 혁명의 창건자들은 이제 죽은 지 오래였다.

환상에서 벗어나는 대가를 체제가 감당하기에는 용감하게 싸우고 한 점 오류 없이 수행된 정의의 전쟁으로서의 독소전쟁에 대한 몰입이 너무나도 강렬했다. 그러나 글라스노스트가 도래함으로써 수문이 열렸다. 1988년에 《삶과 운명》이 마침내 소련에서 간행되었다. 진실의 발견은 교과서의 이미지를 배우며 자라난 세대에게는 고통스러웠으며, 참전 용사 자신에게는 아마도 훨씬 더 고통스러웠을 것이다. 전쟁의 실상을 속으로만 간직해온 참전 용사의 수가 줄고 있었다. 제2차 세계대전에 참전한 각 국가는 전쟁에 관해 신화든 그와 비슷한 것이든 자국 나름의 서술을 유지해왔지만, 그 어느 나라도 이 서술을 거의 완전히 파기하고 그 후속 국가들에서만큼 공개적으로 그리고 거칠게 진실을 증언하도록 요구받은 적이 없었다. 독소전쟁사는 더이상 사회주의에 대한 충성의 시험이 아니라 과거로부터의 해방의 상징이다.

구소련에서 전쟁 경험을 제대로 평가할 수 있는 새로운 역사가 나타나기에는 아직 때가 이르다. 드러나는 사실에 대한 반응은 되받아치기와 사기 저하다. 오랜 세월 동안 독소전쟁에 관한 신화와도 같은 해설을 들은 대중은 진실이 절망을 불러일으킨다는 것을 깨달았다. 죽기 직전에 흐루쇼프는 "나는 아직 이 기억의 고통을 느낀다. 나는 아직도 러시아 인민의 아픔을 뼈저리게 느낀다"라고 회상했다.[8] 독소전쟁에 관한 문헌은 이제 고통을 견디고 버텨낸 러시아 인민의 엄청난 능력에 초점을 맞춘다. 전쟁은 더는 그저 군사적 승리의 증언이 아니라 참담하고 이해하기 어려운 폭로의 도가니가 되어버렸다.

소련의 전쟁에 관한 진실은 이것보다 더하다. 소련 시민 세대가 배운 것과는 달리 '위대한 공훈'이 '고마워하는 인류의 기억에서 결코 사라지지' 않으리라는 것은 진실이라고 판명되지 않을지도 모르지만, 소련의 전쟁 수행 노력은 아직도 여전히 비길 바 없는 위업, 진정한 의미에서 세계사적 위업으로 남아 있다. 전쟁이 '소련 체제 전체에 대한 시험'이라고 말한 스탈린은 옳았으며, 그는 나라가 낙제에 얼마나 가까이 가 있었는가를 대다수 사람보다 더 잘 알고 있었다.[9] 소련이 히틀러의 독일에게 이길 가망은 심지어는 전쟁이 터지기 전에도 별로 없었으며, 전쟁 처음 몇 달이 지난 다음에는 더 없었다. 독일의 정치선전 기구는 소련의 실상이 원시적이라고 강조했다. 독일군은 독일 군인에게 소련이라는 적이 "현대전에 적합하지 않다", "단호하게 저항할 능력이 없다"라고 가르쳤다.[10] 눈먼 열광자 무리를 빼고 외국에서 소련을 보는 통상적 시각은 숨 막히는 관료제와 야만적 탄압으로 무기력해진 체제라는 시각이었다. 소련의 상대는 18개월 만에 유럽을 대부분 석권한 세계에서 가장 무시무시한 군대였다. 바르바로사 작전에 관한 소식이 워싱턴에 도착하자, 헨리 스팀슨 육군부 장관은 미국 합동참모본부의 거의 일치된 견해를 루스벨트에게 보고했다. 스팀슨 자신도 공유한 그 견해는 이랬다. "독일은 가장 짧게는 한 달 동안 러시아에게 승리를 거두는 데 온통 정신이 쏠려 있을 것입니다. 가장 늘려 잡아 석 달이 걸릴 수도 있습니다."[11]

소련은 거의 공통된 예상을 뒤엎고 승리했다. 구소련에서 전쟁 초반에 두드러진 터무니없는 무능과 의미 없는 억압에 퍼부어진 모든 비판에도 불구하고, 소련 체제는 가장 혹독한 시험을 통과했다. 이것이 역사가에게 아주 풀기 어려운 문제를 내놓는다. 즉 소련은 전쟁에서 당연히 졌어야 하는데, 의기양양한 포괄적 승리를 거두었다. 물론 소련이 홀로 다 하고 있지는 않았다. [영국과 미국의] 폭격전 수행이나 지중해 전역戰域으로 독일의 에너지가 분산되지 않았더라면 결과는 훨씬 덜 확실했을 것이고, 어쩌면 사뭇 달랐을지도 모른다. 그렇더라도 독일군이 입은 피해는 대부분 동부 전선에서 당한 것─독일군 전투 전사상자의 80퍼센트―이며, 1944년까지 독일 국방군의 압도적 전력이 집중되어 있었던 곳은 바로 동부 전선이었다. 독일 측의 요인도 무시될 수 없다. 전쟁이 끝난 뒤에 독일 장군들은 재빨리 히틀러의 변덕스러운 지도 방식과 장비 부족으로 패배가 불가피했다고 주장했다. 독일이 전쟁에 졌지 소련이 이기지 않았다는 것이다. 이 견해는 사실과 잘 맞아떨어지지 않는다. 1941년에 독일 장군들은 '무식한 반+아시아' 전사인 러시아인, 그리고 '제정 러시아 장군 … 보다 훨씬 덜 위협적인' 소련 지휘관을 상대로 한 승리는 (기껏해야 8주 내지 10주가 걸릴) 시간 문제라는 자신감에 차서 출전했다.[12] 이런 판단은 일어난 사건들로 거의 입증되었다. 독일군이 패하려면 독일 지도자들이 전혀 예기치 못한 그 어떤 것이 필요했다. 바로 소련이 경제력을 회복하고 군대를 개혁하고 출중한 자질을 지닌 지도자를 키워내는 것이었다. 이런 것이 없었다면 독일은 질 수 없었을 것이다. 소련은 전쟁에서 **승리**해야 했다.

이제는 소련 시민의 내부 깊숙한 곳에서 답을 찾는 것이 더 일반적이다. 그들은 전후방의 참상을 넘어서고 싸우기에 넉넉한 엄청난 순수 애국심과 지구력을 발휘했다. 이것은 당연히 최종 승리를 위한 하나의 필요조건이었지만, 강압을 받아 싸우거나 일한 사람, 또는 앙갚음과 자기희생의 집단 광풍에 마음속으로 공감할 수 없었던 사람 수백만 명을 별로 감안하지 않는다. 결국 훌륭한 무장을 갖추고 규율이 잘 잡힌 적과 벌이는 서사시적 전쟁에서 정의감에 찬 열정 하나만으로는 승리가 설명될 수 없다.

적어도 해답의 일부는 스탈린과 그의 밑, 즉 소련의 전쟁 수행 노력을 운영한 정치체제에 있음이 틀림없다. 스탈린은 변덕스러운 전제정 이상의 것을 내놓았다. 그가 기꺼이 군사 전문가에게 고개를 숙인 것은, 그러기가 틀림없이 어렵기는 했겠지만, 결국은 전제의 한계를 똑똑히 인식했음을 보여주었다. 대중에게 제시된 스탈린의 이미지, 즉 용감하고 만사를 꿰뚫고 꿋꿋한 지도자의 이미지는, 그것이 아무리 실상과 거리가 있다고 해도, 필요했다. 전쟁 수행 노력에 대한 그의 개입과 서른 해 전 황제의 개입 사이의 대조가 이해를 돕는다. 스탈린은 수복收復 기구에 없어서는 안 될 일부였는데, 니콜라이(러시아 제국의 마지막 황제인 니콜라이 2세)는 그 기구에 군더더기로 남았다.

스탈린 밑에는 주요 국가 기구와 당 자체가 있었다. 승리를 거두는 데 당이 한 역할이 전후에 부풀려졌다고 해서, 우리가 후방 조직화의 성공이 그 실패만큼이나 공산당 기구 덕분이며, 자주 적나라한 광신적 행위로 노동자, 농민, 병사를 고무한 열정적 공산당 간부 덕분이라는 입맛에 맞지 않는 결론에 눈감아서는 안 된다. 원시적이라고 비난을 받은 한 체제가 보여준 현대적 능력은 그저 NKVD가 존재했다는 것만으로는 충분히 설명될 수 없다. 사실, NKVD가 개입한 곳에서 나타난 결과는 전쟁 수행 노력을 활성화하는 것이 아니라 저해하는 것이었다. 소련식 계획 체제는 그 관료적 이미지에 어긋나는 유연성과 조직력을 보여주었으며, 엄청난 다수 국민을 단일한 공동 목표에 동원하는 데 필요한 능력을 거의 기적에 가까울 정도로 과시했다. 전쟁이 끝난 뒤 낡은 버릇이 되돌아왔다. 당도 관료제도 사회주의 낙원을 계획할 수 없었다.

이 명백한 역설을 설명해주는 해석이 적어도 하나는 있다. 전쟁 동안 비상사태로 수많은 소련 관리, 경영자, 군인이 수동적 분위기, 책임지기를 두려워하는 분위기에서 벗어났다. 한 퇴역 군의관은

1941년 이후에 사람들이 번번이 '스스로 결정을 내리고 책임을 맡지 않으면 안 되었던' '자연 발생적 탈스탈린화' 시기가 왔다고 회상했다.[13] 마침내 1942년 가을에 일선 정치기관원apparatchik이 강등되고 장교가 매시간 정치적으로 올바른가 점검받지 않는 상태에서 행동할 수 있었을 때 군에서 개인의 책임감이 고양되었다. 1990년 승전 기념일에 소설가이자 참전 용사인 뱌체슬라프 콘드라티예프는 "마치 오로지 그대만이 러시아의 운명을 손에 쥐고 있다, 그런 느낌이 있었다"라고 말하면서 전쟁이 개개 군인에게 커다란 책임을 부여했다고 회상했다. 전쟁이 끝난 뒤에는 그런 도취적 의무가 더는 중요하지 않았다. 콘드라티예프는 이어서 "내가 있든 없든 만사는 여느 때처럼 굴러간다"라고 말했다.[14] 심지어는 후방에서도 전쟁이 가져온 해방감이 존재했다. 레닌그라드 봉쇄에서 살아남은 시인 올가 베르골츠는 포위된 레닌그라드에서 '그야말로 거칠 것 없는 자유'를 찾을 수 있었다고 썼다.[15] 죽음이 도처에 널려 있었기에 그런 자유를 자극했고, 그 자유는 자연 발생적 융통성, 삶의 강렬함, 섬뜩한 극기 정신을 불러일으켰다.

심지어는 전쟁이 끝나기 전에도 꼬치꼬치 따지는 기구가 부활함에 따라 책임을 맡아 명령을 기다리지 않고 주도적으로 행동할 기회가 줄어들기 시작했다. 그렇더라도 개인의 더 큰 책임감은 분명히 붉은군대의 전투력에 도움을 주었다. 왜냐하면 그것은 정치적 통제의 무의미한 중압에서 수많은 지휘관을 풀어주어서 그들이 실질적으로 지휘를 할 수 있도록 해주었기 때문이다. 그것은 또한 일반 병사에게 자기를 지휘하는 이의 능력에 대한 훨씬 더 큰 신뢰감을 주었고, 최종적으로는 1917년과 페트로그라드 소비에트에서 나온 그 유명한 명령 제1호까지 거슬러 올라갈 수 있는 심성, 즉 지휘를 받는 이들이 지휘하는 위치에 있는 이에게 해명을 요구할 수 있다는 심성을 없앴다. 군 코미사르가 강등된 뒤에 1942년 늦여름부터 소련의 전투력이 크게 나아진 것은 결코 우연일 수 없다.

소련의 성공은 이 모든 요인에 무엇인가를 빚지고 있다. 그 요인이란 대중의 애국심과 타고난 인내심, 스탈린의 역할, 계획 수립 및 동원의 정치환경, 그리고 창의성과 노력의 일시적 만개 등이다. 마지막 요인은 매우 강력해서 대숙청 이후 사회를 괴롭혀온, 복종할 팔자를 타고났다는 암울한 풍조를 극복하기에 충분했다. 전쟁 수행 노력은 단지 자기가 속해 사는 체제에 반항하는 사람들의 노력으로만 지탱되지 않았으나 소비에트 국가, 그 지도자, 당의 산물도 아니었다. 두 요소가 상대를 완전히 신뢰하지 않으면서도 독일의 공세가 부과한 상호 필요성으로 말미암아 한데 결합되어 불안정하게 공생하면서 작동했다. 대가를 더 적게 치르고 더 인간적으로 덜 억압하고 무수한 사람이 죽지 않고도 승리를 얻을 수 있었다는 데 의심을 품는 이는 없다. 그러나 바로 그것이 소련이 치른 전쟁의 비극이었다. 고통받은 한 민족의 희생이 승리는 가져왔지만 노예 상태의 해방은 가져오지 못했던 것이다. 상실의 기나긴 역사 속에서 달콤하면서도 쌉쓸한 승전의 순간에.

독소전쟁 기간, 독일과 소련의
육군 주요 사령부 규모 비교

	독일	소련
구 성	육군: 동부 전선에 4~5개 집단군 집단군: 2~4개 군이 1개 집단군 구성 군: 2~7개 군단으로 1개 군 구성 군단: 2~7개 사단으로 구성	육군: 10~12개 전선군 전선군: 3~9개 (평균 5~7개) 군이 1개 　전선군 구성 군: 평균 3개 소총 군단이 1개 군 구성 소총 군단: 2~3개 사단으로 1개 소총 　군단 구성
사 단 정 원	기갑 사단: 14,000~17,000명 (전차 　103~125대) 차량화 사단: 14,000명 (전차 48대) 보병 사단: 15,000명 (9개 대대) 　　　　　12,700명 (6개 대대) 포병 사단: 3,380명 (포 113문)	전차 군단: 10,500명 (전차 189대) 기계화 군단: 16,000명 (전차 186대) 소총 사단: 9,375명 근위 소총 사단: 10,585명 포병 사단: 6,550명 (포 210문)

자료 : Earl F. Ziemke, *Stalingrad to Berlin: The German Defeat in the East* (Washington: Office of the Chief of Military History, US Army, 1968), p. 518; Earl F. Ziemke and Magna E. Bauer, *Moscow to Stalingrad: Decision in the East* (Washington: Center of Military History, US Army, 1987), p. 506.

부록 2

주요 인물 약력

각 인물의 약력은 주로 이 책의 주제인 독소전쟁 기간을 제외한 나머지, 즉 독소
전쟁 이전과 이후의 행적에 초점을 맞추었다.

Bol'shaia Sovetskaia Entsiklopediia 제3판 (Moscow: 1970-78); *Kto by kto v
Velikoi Otechestvennoi voine 1941-1945: Liudi, sobytiia, fakty; spravochnik*
(Moscow: 2000); *The New Encyclopaedia Britannica* 제15판 (London:
2002); I. C. B. Dear et al. (eds.), *The Oxford Companion to the Second
World War* (Oxford University Press, 1995)를 주로 참고했다.

괴링, 헤르만 Göring, Hermann (1893~1946) 독일의 정치가. 제1차 세계대전 때 공군 지
휘관으로 활약했다. 1922년에 나치당원이 되었고, 1923년에는 히틀러와 함께
쿠데타를 기도하다 실패한 뒤 1927년까지 망명객으로 떠돌았다. 나치당이 집
권한 뒤에는 게슈타포를 창설하고 반정부 분자를 수감하는 수용소를 세웠다.
1935년에 독일 공군 책임자가 되어 적극적 팽창 정책을 추진했지만, 독일이 전
쟁에 돌입한 뒤부터 권력 중심에서 밀려났다. 전쟁 말기에는 정변을 꾀하다가
사형 선고를 받고서 탈출했다. 뉘른베르크 전범 재판소에서 사형 선고를 받았
지만, 처형 직전에 자살했다.

괴벨스, 요제프 Goebbels, Joseph (1897~1945) 독일의 정치가. 1922년에 나치당원이 되
었고, 당내 분쟁에서 히틀러를 지지해서 히틀러가 당을 장악하는 데 공을 세
웠다. 1926년 이후 베를린 지부당을 이끌고 당의 선전부장을 맡아 당세를 늘

리는 데 크게 이바지했다. 1933년에 공보부 장관이 되었다. 제2차 세계대전 동안에는 독일 국민을 독려하면서 전쟁 수행 노력을 지휘했으며, 1944년에 총력전 추진 전권 위원에 임명되었다. 히틀러를 보좌하다가 패배 직전에 베를린의 벙커에서 가족과 함께 자살했다.

구데리안, 하인츠 Guderian, Heinz (1888~1954) 독일의 군인. 1908년부터 군인 경력을 쌓기 시작했으며, 제1차 세계대전 뒤에는 군에 남아 항공기와 보병의 지원을 받는 독립 기갑 부대의 창설을 주장했다. 1935년에 히틀러의 눈에 띄어 등용되면서 자기의 구상을 실현할 수 있었다. 1938년에 기갑 부대 지휘관이 되었으며, 전쟁이 일어난 뒤 여러 전선에서 빛나는 무공을 세웠다. 그러나 히틀러와 자주 마찰을 빚어 해임과 복직을 되풀이했다. 1945년에 포로가 되었으나 석방되었고, 그뒤로는 집필에 몰두했다. 회고록 《한 군인의 회상》을 남겼다.

노비코프, 알렉산드르 Novikov, Aleksandr (1900~1976) 소련의 군인. 1919년에 붉은군대에 들어가서 반혁명군과 싸웠고, 1920년에 공산당원이 되었다. 1930년에 프룬제 사관학교를 졸업했고 1939년에는 핀란드와의 겨울 전쟁에서 소련 공군을 지휘했다. 독소전쟁 기간에는 공군력 강화에 공을 세워 1944년에 최초의 공군원수가 되었다. 전쟁이 끝난 뒤 스탈린의 둘째 아들 바실리가 소련 공군기보다 미국 공군기가 더 낫다고 말한 것이 기화가 되어 비밀경찰에게 체포되었으나 스탈린이 죽은 뒤 곧바로 복직되었다. 회고록 《레닌그라드의 하늘에서》를 남겼다.

로딤체프, 알렉산드르 Rodimtsev, Aleksandr (1905~1977) 소련의 군인. 농부의 아들로 태어나 1927년에 붉은군대에 들어갔다. 1929년에 공산당원이 되었으며, 1939년에 프룬제 사관학교를 졸업했다. 에스파냐 내전에서 공화국군을 도우며 시가전 전술을 터득했다. 독소전쟁 동안 공수 여단, 소총 사단, 소총 군단을 지휘하는 야전 지휘관으로 용맹을 떨쳤고 전후에는 군 요직을 두루 거쳤다.

로제, 힌리히 Lohse, Hinrich (1896~1964) 독일의 정치가. 나치당 초창기부터 당원이었다. 1925년부터 슐레스비히-홀슈타인 대관구장을 지냈고 1941년부터 1944년까지 동방 총독이었다. 1945년에 체포되어 10년형을 받았지만, 1951년에 방면되었다.

로코솝스키, 콘스탄틴 Rokossovskii, Konstantin (1896~1968) 소련의 군인. 폴란드인 아버지와 러시아인 어머니 사이에서 태어났다. 제1차 세계대전 때 러시아 제국군에서 복무하다가 1917년에 혁명이 일어나자 붉은군대에 가담하여 내전기에 기병으로 활약했다. 그뒤로 출세 가도를 달렸지만 1930년대 후반에 숙청으로 투옥되기도 했다. 독소전쟁 때 주코프와 함께 붉은군대에서 가장 뛰어난 야전 사령관으로 이름을 날렸으며, 1944년에 육군원수가 되었다. 전쟁 뒤에는 폴란드 주둔 소련군 최고 사령관과 폴란드 정부 국방부 장관을 지내다가 1956년에 폴란드에서 반소 소요가 발생하자 폴란드 정치 무대에서 물러났고 소련에서 국방부 차관을 지냈다. 회고록으로 《군인의 의무》(1975)가 있다.

로트미스트로프, 파벨 Rotmistrov, Pavel (1901~1982) 소련의 군인. 1919년에 붉은군대에 들어가 공산당원이 되었다. 1931년에 프룬제 사관학교를 졸업했다. 독소전쟁 때 기갑군 지휘관으로 맹활약했고 1948년부터 군사학교 원장을 비롯해서 군내의 요직을 두루 거쳤다. 1972년에 《시대와 전차》라는 저서를 남겼다.

루스벨트, 프랭클린 Roosevelt, Franklin (1882~1945) 미국의 정치가. 1907년에 변호사가 된 뒤 촉망받는 정치가로 출세 가도를 달렸다. 1921년에 소아마비에 걸렸지만 재기에 성공해 민주당 후보로 대통령에 당선되어 뉴딜 정책으로써 미국을 공황에서 구해냈다. 제2차 세계대전이 터진 뒤에는 전쟁에 휘말려 들기를 바라지 않는 국내 여론을 고려해서 참전을 유보하면서도 무기대여법을 통해 영국과 소련에게 막대한 전쟁 물자를 지원했다. 1941년에 일본이 진주만에 있는 미국의 태평양 함대를 기습 공격하자, 추축국에 선전포고를 하고 전쟁에 돌입했다. 1943년에 테헤란, 1945년에 얄타에서 스탈린 및 처칠과 만나 전후 세계 질서를 논의했다. 독일이 항복하기 3주 전에 병사했다.

리벤트로프, 요아힘 폰 Ribbentrop, Joachim von (1893~1946) 독일의 정치가, 외교관. 제1차 세계대전이 터지자 기병으로 복무했다. 전후에 거상의 딸과 결혼했으며, 국제 상인으로 재산을 모았다. 1932년에 나치당원이 되었으며, 히틀러의 외교 보좌관으로 일했다. 1936년에 주영 대사가 되었고 1938년 이후로는 외무부 장관직을 맡았다. 1945년에 영국군에게 붙잡혀 뉘른베르크 전범 재판에서 유죄 판결을 받고 처형되었다.

리트비노프, 막심 Litvinov, Maxim(1876~1951) 소련의 외교관. 폴란드 태생의 유대인으로 제국군에서 일하다 1898년부터 러시아 사회민주노동당에서 활동했고 1903년부터 볼셰비키에 가담했다. 혁명 뒤에는 주영 외교 대표로 일했고 러시아와 영국의 관계가 악화되자 영국 정부에 체포되었다가 러시아에 억류된 영국 요원과 교환되어 러시아로 돌아갔다. 그뒤에 주로 외교 업무를 맡았으며, 히틀러의 위협에 대처해 소련과 서방 국가의 관계를 개선하는 데 주력했고 냉전 시기에도 서방 국가와의 협력을 옹호했다.

만슈타인, 에리히 폰 Manstein, Erich von(1887~1973) 독일의 군인. 1939년 독일군이 폴란드를 점령할 때에는 룬트슈테트 장군의 참모장이었다. 이듬해 아르덴 숲을 통과해서 프랑스군을 기습하자는 제안을 했는데, 독일 최고 사령부의 반대에도 불구하고 히틀러의 관심을 끌어 그의 제안이 실현되었다. 제56기갑군단 지휘관으로 독소전쟁에 참여했다. 1942년에 육군원수가 되었으나, 1943년에 해임되어 고향에서 칩거하다가 1945년에 영국군에게 체포되어 복역하던 중 1953년에 풀려났다. 1955년에 회고록《잃어버린 승리》를 남겼다.

메레츠코프, 키릴 Meretskov, Kirill(1897~1968) 소련의 군인. 농부의 아들로 태어나 1917년에 볼셰비키 당원이 되었으며, 이듬해 붉은군대에 들어가 반혁명군과 싸웠다. 내전기 이후로 군내 요직을 두루 거쳤으며, 1936년에 에스파냐 내전에 군사 고문관으로 참여했다. 독소전쟁 동안 야전군을 지휘했으며, 1944년에 육군원수가 되었다. 1945년 8월에 제1극동전선군 사령관이 되어 만주와 북한에서 일본군을 쳐부쉈다. 전쟁 뒤에도 군내 요직을 두루 지냈다.

메흘리스, 레프 Mekhlis, Lev(1889~1953) 소련의 관료. 유대인. 교사로 일하다가 1907년 유대 사회민주당에 가입했다. 1918년에 공산당원이 되었으며, 내전기에는 붉은군대에서 정치 업무를 맡았다. 1930년에《프라브다》편집자, 1937년에 붉은군대 정치총국장이 되었다. 1942년 5월에 크림 전선 최고 사령부 대표로 임명되었으나 방어에 실패하고 면직되었다. 무능하기로 유명했으나, 스탈린에 대한 맹목적 충성으로 요직에 남았다.

모델, 발터 Model, Walther(1891~1945) 독일의 군인. 1909년에 군문에 들어가 제1차 세계대전 때 대위로 참전했고 1944년에는 육군원수가 되었다. 히틀러의 열렬한 지지자였으며, 방어전에 탁월한 솜씨를 보여서 '히틀러의 소방수'라는 별명을 얻었다. 패색이 짙어지자 휘하 군대를 해산하고 자살했다.

몰로토프, 뱌체슬라프 Molotov, Viacheslav (1890~1986) 러시아의 혁명가이자 소련의 정치가. 본명은 스크랴빈 Skriabin. 1906년에 볼셰비키당에 가입한 뒤 여러 번 체포되었다. 1917년 이후 스탈린의 최측근이 되어 당과 정부의 요직을 두루 거쳤다. 제2차 세계대전이 끝난 뒤로는 대서방 강경책을 주도해서 냉전의 서막을 열었다. 스탈린 체제 말기에 스탈린의 신임을 잃는 듯했으나, 끝까지 스탈린에게 충성을 바쳤다. 흐루쇼프 집권기에 잠시 권력을 잃기도 했지만, 계속 공직에 남아 있다가 은퇴했다.

미코와이치크, 스타니스와프 Mikolajczyk, Stanislaw (1901~1967) 폴란드의 정치가. 독일에서 폴란드 망명객의 아들로 태어났지만, 제1차 세계대전이 끝난 뒤 폴란드로 돌아가서 정계에 입문하고 1931년에 농민당의 지도자가 되었다. 제2차 세계대전이 터진 뒤 런던의 폴란드 망명 정부에서 활동하다가 1943년에 망명 정부 총리가 되었다. 전쟁이 끝난 뒤 농민의 지지를 얻고 폴란드 정부 부총리가 되었지만, 친소 공산주의자들의 권력 장악에 맞서다가 1947년에 쫓겨나서 미국에서 살았다.

미호엘스, 솔로몬 Mikhoels, Solomon (1890~1948) 소련의 인민 배우. 유대인. 심오한 철학을 담은 연기로 유명했으며, 연극 이론도 강의했다. 1929년에 모스크바 유대인 극장의 예술 감독이 되었다. 독소전쟁 기간에 반파시즘 유대인 위원회를 이끌면서 소련이 전 세계 유대인들의 후원을 받도록 노력했다. 소련 비밀경찰에게 살해되었다.

바실렙스키, 알렉산드르 Vasilevskii, Aleksandr (1895~1977) 소련의 군인. 사제의 아들로서 러시아 제국군 장교로 제1차 세계대전에 참전했으며, 1919년에 붉은군대에 들어가 반혁명군과 싸웠다. 1920년대와 1930년대에 참모 업무에서 두각을 나타냈으며, 1940년에 참모총장 대리가 되었다. 공산당에는 1938년에 들어갔다. 1945년에는 극동 소련군 최고 사령관이 되어 일본군에게 승리를 거두었다. 전쟁이 끝난 뒤에는 소련군 개편 업무를 감독했다. 흐루쇼프의 군사정책에 불만을 느끼고 1959년에 공직에서 물러났다.

바투틴, 니콜라이 Vatutin, Nikolai (1901~1944) 소련의 군인. 농부의 아들로 태어나 러시아 제국군 장교로 제1차 세계대전에 참전했으며, 내전기에는 반혁명군과 싸웠다. 1921년에 공산당원이 되었다. 1929년에 프룬제 사관학교를 졸업했으며, 그뒤 군 요직을 두루 거쳤다. 독소전쟁 초기에는 전선 사령부에서 근무하다가 1942년 후반부터 야전 지휘관이 되었다. 1944년에 입은 부상으로 죽었다.

베네시, 에드바르트 Beneš, Edvard (1884~1948) 체코슬로바키아의 정치가. 프라하에서 사회학 교수로 있다가, 제1차 세계대전 때 파리로 망명해서 체코 민족의 독립을 위해 일했다. 1918년에 탄생한 체코슬로바키아의 외무부 장관이 되었고, 1935년에는 대통령이 되었다. 그러나 1939년에 뮌헨 협정이 체결된 뒤 서유럽으로 망명했으며, 전쟁 동안 런던에 망명 정부를 세웠다. 1945년에 귀국해 이듬해 다시 대통령이 되었지만, 1948년에 공산당이 권력을 접수하자 사임했다.

베리야, 라브렌티 Beriia, Lavrenti (1899~1953) 소련의 정치가이자 비밀경찰의 총수. 조지아에서 가난한 농부의 아들로 태어나 학생 때부터 혁명 운동에 적극 가담했다. 1917년에 볼셰비키 당원이 되었고, 그뒤 캅카스 지역 당 활동가로 두각을 나타냈으며, 1938년에 NKVD 총수가 되었다. 독소전쟁 동안에는 국가 방위위원회 부의장으로도 활약했다. 스탈린이 죽은 뒤에 벌어진 권력 다툼에서 밀려나 총살당했다.

보로실로프, 클리멘트 Voroshilov, Kliment (1881~1969) 소련의 정치가. 노동자 출신으로 1903년에 러시아 사회민주노동당에 가입해 활동하던 중 체포되어 시베리아 유형에 처해졌다. 1917년 혁명이 일어나자 우크라이나 루한스크 지역 소비에트 의장으로 활약했다. 차리친 방어전의 지휘관으로 일하던 1919년에 스탈린과 친밀해졌다. 1926년에 공산당 정치국원이 되었고, 1935년에 육군원수가 되었다. 1940년에 겨울 전쟁의 실패로 국방 인민위원에서 물러났다. 스탈린이 죽은 뒤에 최고 소비에트 상임위원장을 지냈는데, 흐루쇼프를 축출하려는 시도를 벌이다가 실패하고 1960년에 은퇴했다.

부됴니, 세몬 Budennyi, Semen (1883~1973) 소련의 군인. 가난한 농부의 아들로 태어나 1903년에 제국군에 들어갔다. 러일 전쟁에 참전했으며, 1914년에는 독일군과 싸웠다. 1917년에 혁명이 일어나자 적극 가담했으며, 1919년에 공산당원이 되었다. 1918년부터 기병 부대를 조직해서 반혁명군과 싸우기 시작해서 이듬해 기병대 지휘관으로 차리친 방어전에서 활약했고 돈바스 지역을 되찾는 데 공을 세웠다. 1937년에 모스크바 군관구장을 지냈다. 독소전쟁 때에도 여러 전선에서 소련군을 지휘했지만, 후배들에게 차츰 밀려났다. 팔자수염을 기른 멋쟁이 사령관으로 유명했다.

블라소프, 안드레이 Vlasov, Andrei(1900~1946) 소련의 군인. 농부의 아들로 태어나 1919년에 붉은군대에 들어가 반혁명군과 싸웠다. 1930년에 공산당에 가입한 뒤 1938년에 장제스의 군사 고문관으로 중국에서 일했다. 스탈린의 총애를 받았고 독소전쟁 초기에는 방어전에서 두각을 나타냈으나, 1942년에 독일군에게 포위된 끝에 포로가 되었다. 그해 말 심경의 변화를 일으켜 스탈린 체제 타도의 기치를 내걸고 소련군 포로들로 의용군을 조직해 독일의 전쟁 수행에 협력했다. 1945년에 미군에게 항복했으나, 소련 당국에 인도되어 처형되었다.

블류헤르, 바실리 Bliukher, Vasilii(1890~1938) 소련의 군인, 정치가. 농민의 아들로 공장 노동자가 되어 1910년에 파업을 주도하다가 투옥되었다. 1917년 혁명에 적극 가담했으며, 내전에서는 야전 지휘관으로 활약했다. 1921~1922년에는 극동에서 일본군을 축출하는 데 큰 공을 세웠다. 그뒤 중국 국민당 정권의 군사 고문관을 지내고 1929년 이후로 극동 주둔 소련군을 지휘했다. 숙청으로 블류헤르가 제거되면서, 소련은 일본에게 취약성을 드러내게 되었다.

비신스키, 안드레이 Vyshinskii, Andrei(1883~1954) 소련의 법관, 정치가, 외교관.1902년부터 혁명 활동에 가담했으며, 1920년에 공산당원이 되었고, 모스크바대학에서 형법 교수로 있으면서, 법 이론가로 명성을 얻었다. 1930년대 중엽에 시작된 대숙청 때 많은 정치재판에서 검사로 활약하면서 스탈린의 정적들을 제거하는 데 앞장섰다. 독소전쟁 뒤에 국제연합 소련 대사를 두 차례, 외무부 장관을 한 차례 지냈다.

샤포시니코프, 보리스 Shaposhnikov, Boris(1882~1945) 소련군의 군인. 제국군 참모장교로 있다가, 1917년 10월 혁명 뒤에 볼셰비키에 가담했다. 붉은군대에서 고속으로 진급해서 1928년에 참모본부장, 1932년에 프룬제 사관학교 교장, 1937년에 참모본부장이 되었다. 독소전쟁 때에는 후배들에 가려 두드러진 역할을 하지 못했다.

솔제니친, 알렉산드르 Solzhenitsyn, Aleksandr (1918~2008) 소련의 작가. 1945년에 동 프로이센 주둔 소련군 포병 장교로 근무하다가 독소전쟁 기간에 스탈린이 보인 행태를 비판하는 내용이 담긴 사신私信이 문제가 되어 수용소에 여덟 해 동안 수감되었다. 석방 뒤 발표한 《이반 데니소비치의 하루》(1962)가 국내외에서 찬사를 받았지만 소련의 검열 체제를 비판해서 정권과 갈등을 빚었고, 끝내 1969년에 소련 작가 동맹에서 쫓겨났다. 1970년에 노벨 문학상을 받았으나, 1974년에 외국으로 추방되어 미국에서 지내다가 1994년에 러시아로 돌아갔다. 대표작으로 《수용소 군도》와 《암병동》 등이 있다.

쇼스타코비치, 드미트리 Shostakovich, Dmitrii (1906~1975) 소련의 음악가. 어려서부터 음악에 재능을 보였다. 레닌그라드 봉쇄 초기에 소방대원으로 근무하기도 했다. 레닌그라드 봉쇄를 주제로 한 〈7번 교향곡〉으로 1942년에 두 번째 스탈린상을 받았다. 전쟁 뒤에는 즈다노프에게서 "타락한 유럽 부르주아지의 형식주의를 추종한다"라는 비판을 받았으나, 1950년대 초에 다시 인기를 회복하고 세 번째 스탈린상을 받았다.

시모노프, 콘스탄틴 Simonov, Konstantin (1915~1979) 소련의 소설가. 독소전쟁 때 공산당에 가입했으며, 붉은군대의 신문인 《붉은 별》의 전선 통신원으로 활약했다. 스탈린그라드 전투를 주제로 한 소설 《낮과 밤》을 비롯해서 그가 독소전쟁 기간 동안 쓴 글들은 소련 시민 사이에서 대단한 인기를 끌었다. 전쟁 뒤에는 《문학 신문》, 《신세계》 등과 같은 유명 간행물의 편집장을 지냈으며, 소련 공산당 중앙위원회 후보 위원이 되기도 했다.

시테멘코, 세르게이 Shtemenko, Sergei (1907~1976) 소련의 군인. 농부의 아들로 태어나 1926년에 입대했다. 1940년부터 참모본부에서 직책을 맡았다. 독소전쟁 뒤에도 군내의 요직을 두루 거쳤다. 독소전쟁 기간의 붉은군대 참모본부의 여러 면모를 다룬 회고록 《전쟁기의 참모본부》를 남겼다.

예렌부르크, 일리야 Erenburg, Il'ia (1891~1967) 소련의 문필가. 키예프 태생의 유대인. 10대에 혁명 활동에 가담했다가 체포된 뒤 파리로 망명해서 소설을 쓰기 시작했다. 혁명이 일어나자 러시아로 돌아왔지만, 볼셰비키와 갈등을 빚고 다시 망명길에 올랐다. 그러나 1924년에 볼셰비키 지지자가 되어 소련 신문의 통신원으로 활동했다. 특히 독소전쟁 기간에 많은 글을 써서 대중의 인기를 누렸고, 서방에서 가장 영향력 있는 소련의 대변자였다. 1954년에 《해빙》을 써서 사회와 문화에서 스탈린주의를 떨쳐내는 운동을 주도했다. 1963년부터 비판을 받기 시작했지만, 계속 명성을 누렸다.

예료멘코, 안드레이 Eremenko, Andrei(1892~1970) 소련의 군인. 우크라이나인 농부의 아들로 태어나 1913년에 군대에 들어갔다. 10월 혁명 뒤에는 파르티잔 부대를 이끌다가 1918년 말에 붉은군대에 흡수되었고, 부돈니 휘하의 기병 부대에서 반혁명 세력과 싸웠다. 1935년에 프룬제 사관학교를 졸업하고 기병 부대장으로 근무하다가 1940년에 기계화 군단장이 되었다. 독소전쟁 때에는 몸을 사리지 않는 야전 지휘관으로 맹활약하다가 여러 차례 중상을 입었다. 전후에는 소련 여러 곳에서 군관구장을 지냈으며, 죽은 뒤 붉은광장 옆 크레믈 성벽에 묻혔다.

예이젠시테인, 세르게이 Eizenshtein, Sergei(1898~1948) 소련의 영화감독, 영화 이론가. 토목 전문학교에 들어갔다가 진로를 수정했다. 내전기에는 붉은군대의 오락 업무를 맡았다. 그뒤 영화에 몰두하면서 1924년에 첫 작품 〈파업〉을 만들었다. 이듬해 몽타주 기법을 사용해 만든 〈전함 포툠킨〉이 국내외에서 찬사를 받았다. 제2차 세계대전 직전에 〈알렉산드르 넵스키〉를 만들고 독소전쟁 동안 〈이반 뇌제〉를 만들었다.

요들 알프레트 Jodl, Alfred(1890~1946) 독일의 장군. 제2차 세계대전 동안 독일 최고 사령부에서 작전 참모장으로서 바르바로사 작전을 제외한 거의 모든 작전을 입안했다. 뉘른베르크 전범 재판소에서 유죄 판정을 받고 처형되었다.

조르게, 리하르트 Sorge, Richard(1895~1944) 독일의 공산주의자. 제1차 세계대전에 참전한 뒤 함부르크대학에서 정치학 박사 학위를 받았다. 1919년에 독일 공산당에 가입했으며, 1924년에 모스크바를 방문했다. 1933년에 나치당에 가입했다. 코민테른의 지시로 일본으로 가 주일 독일 대사의 정치고문으로 일하면서 도쿄의 소련 간첩망을 이끌다가 10월 18일에 체포되어 처형되었다. 1964년에 소련 영웅 칭호를 받았다.

주코프, 게오르기 Zhukov, Georgii (1896~1974) 소련의 군인. 1918년에 붉은군대에 가담해서 기병 장교로 활약했으며, 1939년에 외몽골에서 소련과 일본 사이에 국경 분쟁이 벌어지자 소련 기갑군을 지휘하여 일본군을 물리쳤다. 독소전쟁 동안에 붉은군대에서 가장 탁월한 야전 사령관으로 이름을 날리다가 스탈린의 신임을 얻어 소련군 최고 사령관 대리가 되었다. 이후 주요 작전을 입안하고 전선을 감독했으며 1945년에 베를린을 점령해서 독일 제3제국을 무너뜨리는 영광을 안았다. 전쟁 뒤에는 군부의 세력 확대를 두려워한 민간 정치인들의 견제를 받아 한직으로 좌천되는 수모를 겪었다. 흐루쇼프 집권기에 잠시 국방부 장관이 되었으나 1957년에 해임되었다. 회고록으로 《회상과 상념》을 남겼다.

즈다노프, 안드레이 Zhdanov, Andrei (1896~1948) 소련의 행정가, 정치가. 1915년에 볼셰비키당에 가입해서 1917년 혁명과 뒤이은 내전기에 활약했으며, 그뒤 레닌그라드 지역의 최고 실권자가 되었다. 1934년에 소련 공산당 중앙위원회 간사, 1939년에 공산당 정치국원이 되었다. 독소전쟁 기간에는 레닌그라드 봉쇄를 이겨내는 데 커다란 역할을 했다. 전쟁 뒤에는 스탈린의 최측근으로서 막강한 권력을 누렸으며, 문화를 통제하는 데 앞장섰다. 석연치 않은 상황에서 심장병으로 죽었다.

질라스, 밀로반 Djilas, Milovan (1911~1995) 유고슬라비아의 정치가, 작가. 몬테네그로 태생으로 1930년대에 유고슬라비아 공산당에 가입해서 활동하다가 투옥되었으며, 제2차 세계대전 기간에는 티토 Tito와 함께 항독 파르티잔 지도자가 되었다. 전쟁 뒤에 유고슬라비아의 부통령이 되었지만, 공산 체제를 비판하다가 공산당에서 쫓겨났다. 두 차례 투옥되었다가 사면을 받았으며, 1989년에 정식 복권되었다.

체임벌린, 네빌 Chamberlain, Nevile (1869~1940) 영국의 보수당 정치가. 정부 각 부처 장관직을 지내다가 1937년에 총리가 되었으며, 독일과 이탈리아에게 유화 정책을 폈다. 제2차 세계대전의 발발과 전쟁 초기의 패배를 책임지고 총리 자리에서 물러났다.

추이코프, 바실리 Chuikov, Vasilii (1900~1982) 소련의 군인. 1919년에 공산당원이 되었고, 내전기에 연대장으로서 반혁명군과 싸웠다. 1925년에 프룬제 사관학교를 졸업했다. 중국에 군사 고문관으로 파견되었고, 1929년부터 1932년까지 블류헤르 장군 예하의 극동 주둔군에서 근무했다. 1939년에 겨울 전쟁에 참여한 뒤 1942년까지 중국에서 대사 육군 무관으로 근무했다. 스탈린그라드 전투 이래 베를린 점령까지 야전 지휘관으로 이름을 떨쳤다. 전쟁 뒤에는 독일 주둔 소련군 최고 사령관을 지냈으며, 죽은 뒤 볼고그라드의 마마이 고지에 묻혔다.

카이텔, 빌헬름 Keitel, Wilhelm (1882~1946) 독일의 군인. 1901년에 군인이 되어 제1차 세계대전 때 참모 장교로 복무했다. 전쟁 뒤에 열렬한 나치당원이 되었으며, 1938년에 독일군 최고 사령관이 되었다. 1940년 6월에 프랑스의 항복 문서에 독일 측 대표로 서명하기도 했다. 전술 능력이 미숙했으나, 독일군 안에서 히틀러에게 가장 충성스러운 고위 장교였다. 뉘른베르크 전범 재판소에서 유죄 판결을 받고 처형되었다.

코네프, 이반 Konev, Ivan (1897~1973) 소련의 군인. 농부의 아들로 1916년에 러시아 제국군에 징집되었다. 1918년에 붉은군대에 가담하고 공산당원이 되었으며, 내전기에 시베리아의 반혁명군 및 일본군과 싸웠다. 1926년에 프룬제 사관학교를 졸업한 뒤 본격적인 군인의 길을 걸었다. 독소전쟁 중 야전 사령관으로 활약하면서 무공을 많이 세웠다. 1944년에 육군원수가 되었고, 전쟁 뒤에는 육군 최고 사령관, 국방부 차관, 바르샤바 조약군 최고 사령관을 역임했다.

코흐, 에리히 Koch, Erich (1896~1986) 골수 나치당원. 제1차 세계대전에 참전한 뒤 철도 사무원으로 일하다가 1922년에 나치당에 가입한 뒤 루르 지방 당 지도자로 활동했다. 독소전쟁 동안 동프로이센 대관구장과 우크라이나 총독을 지냈다. 인종 이론의 신봉자로, 무고한 인명을 무수히 죽음에 이르게 했다. 동프로이센이 붉은군대에게 점령된 뒤 잠적했으나, 1945년 5월에 함부르크에서 영국군 보안 부대원들에게 잡혔다. 폴란드 정부에 인도되어 사형을 선고받았지만, 결국 감옥에서 일생을 마쳤다.

쿠르차토프, 이고르 Kurchatov, Igor (1903~1960) 소련의 과학자. 1927년부터 레닌그라드의 소련 학술원 산하 물리 기술 연구소에서 일했다. 1933년부터 핵물리학에 몰두했으며, 1939년에 독자적으로 핵분열에 관한 연구 논문을 발표했다. 1944년부터 원자폭탄 개발 계획을 지휘해서 다섯 해 뒤에 소련 최초의 원자폭탄을 만들어냈다. 1953년에는 그가 이끄는 연구단이 수소폭탄을 만들어냈고, 이듬해에는 핵 발전소를 건설했다.

크라스노프, 표트르 Krasnov, Petr (1869~1947) 러시아의 반혁명 지도자. 카자크 장군의 아들로 제1차 세계대전 때 사단장이 되었다. 제정이 무너진 뒤 들어선 임시 정부에서 기병 군단장에 임명되었으나, 코르닐로프 장군의 반혁명 쿠데타군을 이끌고 페트로그라드로 들어가려다가 실패했다. 10월 혁명 직후에는 볼셰비키 정부를 무너뜨리기 위해 페트로그라드 근교에서 노동자 민병대를 상대로 전투를 벌이다가 체포되었다. 다시는 혁명 정부에 반항하지 않겠다는 서약을 하고 방면되었으나, 곧바로 돈 카자크군 사령관이 되어 독일군의 지원을 받으며 혁명 정부와 싸웠다. 혁명군에게 패한 뒤에도 독일로 망명해서 계속 반혁명 활동을 벌였고 독소전쟁이 벌어지자 일부 카자크 부대를 이끌고 붉은군대와 싸웠다. 1945년 영국군에 투항했지만, 가족과 함께 소련에 인도되어 교수형에 처해졌다.

크렙스, 한스 Krebs, Hans (1898~1945) 독일의 군인. 1914년에 입대해, 1930년대에 참모 장교로서 경력을 쌓았다. 독소전쟁 기간에는 여러 전선의 참모본부에서 근무했다. 1945년 구데리안의 후임으로 참모총장에 임명되었다. 히틀러가 자살한 이튿날인 31일에 추이코프 장군을 만나 독일의 무조건 항복을 면해보려고 애썼으나 허사였다. 자살한 것이 확실하지만, 주검은 발견되지 않았다.

키로프, 세르게이 Kirov, Sergei (1886~1934) 러시아의 혁명가, 정치가. 1905년 이후 여러 번 투옥되었고, 1917년 혁명과 뒤이은 내전 동안 혁명가로 활약했다. 1923년에 공산당 중앙위원에 선출되었고 1934년에 공산당 정치국원이 되었다. 완만한 집단화 노선을 옹호했으며, 당내에서 인기가 높았다. 석연치 않은 상황에서 암살되었는데, 스탈린은 그의 죽음을 대숙청 개시의 구실로 이용했다.

투하쳅스키, 미하일 Tukhachevskii, Mikhail (1893~1937) 소련의 군인. 귀족의 아들. 제1차 세계대전 때 제국군 장교로 독일군과 싸우던 중 포로가 되었다가 탈출했다. 1918년에 공산당에 들어갔으며, 내전기에 붉은군대의 탁월한 야전 사령관으로 떠올랐다. 1920년에 러시아를 침공한 폴란드군을 물리친 뒤 폴란드로 진격하여 바르샤바 점령을 눈앞에 두었으나, 보급 부족으로 패주했다. 1926년에 붉은군대 참모장이 되어, 붉은군대의 현대화를 추진했으나, 스탈린의 의심을 사서 처형되었다.

트루먼, 해리 Truman, Hany (1884~1972) 미국의 정치가. 법률가로 일하다가 1934년에 민주당 후보로 상원 의원이 되었다. 1945년에 루스벨트 대통령이 죽자 부통령으로서 대통령직을 승계했고, 1948년에 재선되었다. 소련 봉쇄 전략을 취하고 나토NATO를 만들어 냉전 시대를 열었다.

티모셴코, 세묜 Timoshenko, Semen (1895~1970) 소련의 군인. 1915년에 제국군에 입대했고, 1917년에 혁명이 일어나자 붉은군대에 가담했다. 차리친 방어전에서 야전 사령관으로 활약했다. 1940년에 겨울 전쟁에서 핀란드군에게 고전을 면치 못하던 붉은군대를 추슬러 끝내 승리를 이끌어냈지만, 독소전쟁에서는 우크라이나에서 독일군의 진격을 막아내지 못했다. 1960년에 은퇴했다.

파울루스, 프리드리히 Paulus, Friedrich (1890~1957) 독일의 군인. 시민 계급 출신의 군인으로 히틀러의 신임을 받아 장군이 되었다. 1940년에 독일 참모본부장이 되어 바르바로사 작전의 초안 작성에 관여했다. 스탈린그라드 전투에서 패하고 소련군에게 항복했다. 1945년에 뉘른베르크 전범 재판에 증인으로 나섰다. 1953년에 석방되어 동독에 정착했으며, 군사 문제에 관해 동독 정부에게 조언을 했다.

프룬제, 미하일 Frunze, Mikhail (1885~1925) 러시아의 혁명가이자 군인. 1904년에 볼셰비키당에 가입하여, 1905년 혁명과 1917년 혁명에서 큰 활약을 했으며, 내전기에 혁명군을 이끄는 뛰어난 지휘관이 되었다. 붉은군대의 발전 방향을 놓고 트로츠키와 마찰을 빚기도 했다. 위장 수술을 받다 죽었다.

하인리치, 고트하르트 Heinrici, Gotthard (1886~1971) 독일의 군인. 1906년에 입대해서 1936년에 장군이 되었다. 1940년에 프랑스의 마지노선을 돌파했고, 독소전쟁 초기에 모스크바 공격에 참여했다. 방어전에 탁월한 솜씨를 보여 베를린 동쪽의 오데르강 전선을 방어하는 임무를 맡게 되었다. 1945년에 베를린을 사수하라는 히틀러의 명령을 거부해서 해임되었으며, 영국군에게 항복했다.

할더, 프란츠 Halder, Franz (1884~1972) 독일의 군인. 1938년에 육군 참모총장이 되었다. 히틀러 정권 초기부터 히틀러를 제거할 계획을 여러 번 추진했으나, 번번이 실패했다. 1944년에 일어난 히틀러 폭살 거사에 연관되지 않았지만, 체포되어 수감되었다. 전쟁 뒤에는 미 육군 전사국戰史局에서 14년간 근무했다.

해리먼, 애버렐 Harriman, Averell(1891~1986) 미국의 정치가, 외교관 1943년에 소련 대사, 1946년에 영국 대사를 역임했으며, 트루먼 대통령의 특별 보좌관으로 일하면서 나토 창설을 도왔다. 1960년대까지 미국의 대공산권 정책의 실무자로 일했다.

호트, 헤르만 Hoth, Hermann(1885~1971) 독일의 군인. 탁월한 기갑군 사령관으로서, 독소전쟁 초기에 모스크바 20킬로미터 전방까지 진격했다. 스탈린그라드 전투와 쿠르스크 전투에 참여했다. 1943년에 히틀러의 신임을 잃고 해임되었다. 1948년에 전범 재판에서 15년형을 받았지만, 여섯 해 뒤에 풀려났다.

흐루쇼프, 니키타 Khrushchev, Nikita(1894~1971) 소련의 정치가. 가난한 집안에서 태어나 정규 교육을 거의 받지 못했지만, 뛰어난 지력으로 러시아 혁명 이후에 공산당에서 두각을 나타내면서 스탈린의 신임을 얻었고 1939년에 정치국원이 되었다. 제2차 세계대전 때 여러 전선에서 정치지도원으로 활약했다. 스탈린이 죽은 뒤 공산당 제1 간사장이 되어 1950년대 후반기에 최고 권력을 구축했다. 1956년에 열린 제20차 당대회에서 스탈린의 행적을 비판하고 탈스탈린화 개혁 정책을 추진했지만, 보수 세력의 반격을 받아 1964년에 권력을 잃고 은퇴했다.

히스, 앨저 Hiss, Alger(1904~1996) 미국의 관리. 얄타 회담에서 루스벨트의 보좌관 역을 맡았다. 1940년대 말에 의회 산하 비미(非美) 행동 위원회에서 국제 공산주의 간첩망에 국가 기밀문서를 넘겨주었다는 혐의를 부인하다가 위증죄로 네 해 동안 수감되었다. 그는 풀려난 뒤에도 자기의 결백을 입증하려고 애썼다. 히스의 요청을 받은 러시아 역사가 드미트리 볼코고노프가 소련 붕괴 뒤 해제된 국가 기밀문서를 조사한 끝에 히스가 소련에 미국의 기밀 정보를 넘겼음을 입증하는 문서는 발견되지 않았다는 보고서를 발표했다.

힘러, 하인리히 Himmler, Heinrich(1900~1945) 독일의 정치가. 1925년에 나치당원이 되었고 1929년에 나치 친위대의 우두머리가 되었다. 1936년에 경찰 총수가 된 뒤 유대인 말살 작업을 총지휘했다. 1945년에 연합군에게 사로잡혔지만, 음독 자살했다.

옮긴이의 말

이 책은 Richard J. Overy, *Russia's War* (London: The Penguin Press, 1997; 2010)의 한국어판이다.[*] 지은이 리처드 오버리는 영국의 런던 퀸스칼리지 및 킹스칼리지를 거쳐 엑서터대학의 역사학과 교수를 지내며 1930~40년대 유럽의 정치, 외교, 사회를 다룬 뛰어난 연구서를 여러 권 쓴 역사학자다.

이 책의 전체 주제는 독소전쟁이지만, 지은이의 탐구 영역은 단순히 전선에서 벌어진 전투에 국한되지 않고 전쟁 전후기와 전쟁 기간 소련의 정치, 경제, 외교, 사회에 걸쳐 있다. '독소전쟁 시기의 러시아를 알려면 영국 학자가 아니라 러시아 학자가 쓴 책이 더 낫지 않을까?' 하는 물음을 가질 독자도 있을 것이다. 영국 학자가 쓴 책을 고른 데에는 그럴 만한 사정이 있다. 이 책의 머리말과 맺음말에 상세한 설명이 나오지만, 소비에트연방이 건재할 때에는 공산당의 역사해

• 첫 한국어판은 2003년에 《스탈린과 히틀러의 전쟁》이라는 제목으로 선을 보였다. 지은이 오버리는 영어 원서 1997년 판 7장의 쿠르스크 전투 프로호롭카 전차전 서술을 2010년 판에서 조금 수정했다. 이 밖에 두 판 사이에 다른 부분은 없다.

석 공식노선이 학자들을 옭아매어 훌륭한 연구 성과가 나오기 쉽지 않았다.* 미하일 고르바초프가 개방정책을 내세운 뒤에는 러시아에도 자유로운 토론과 연구가 이루어질 토대가 마련되기는 했지만, 독소전쟁에 관한 새로운 사료와 증언이 쏟아져 나오고 있을 뿐만 아니라 전쟁 서술을 둘러싸고 러시아의 다양한 사회 세력 사이에 심각한 갈등과 주도권 다툼이 벌어진 탓에 러시아에서 흠잡을 데 없는 독소전쟁 개설서가 나오기는 어려운 실정이었다. 소비에트연방 해체 직후의 러시아에서 독소전쟁이 기억되는 양상을 연구한 러시아 출신 유태계 미국인 학자 니나 투마킨Nina Tumarkin은 독소전쟁의 러시아 측 이야기는 "러시아 땅에서 더욱더 안정된 정체성이 형성될 때까지 연기되는 것이 최선일지도 모른다"라고 짚었다.**

이런 까닭에 러시아 학계의 연구서를 배제하고 나니 자연스레 일종의 제3자에 해당하는 서방학자들의 연구서 중에서 번역할 책을 찾게 되었다. 서방 역사학계에도 냉전으로 말미암아 소련과 붉은군대를 낮춰 보는 사팔뜨기 시각이 배어 있지만, 좋은 연구서를 배출한 학자가 적지 않은 것도 부정할 수 없는 사실이다. 서방학계에서 나온 연구서 가운데 편견이 스며들지 않고 균형을 잘 잡은 책으로 폭을 좁힌 뒤에도 선정하기는 쉽지 않았다. 분량의 문제도 있었다. 독소전쟁

• 이런 맥락 속에서 미국의 군인 출신 군사사가이자 독소전쟁 권위자인 데이비드 글랜츠가 1995년에 러시아에서 열린 독소전쟁 승리 50주년 기념 학술대회에서 러시아 학자들에게 근본적으로는 러시아어로 된 좋은 연구서가 없었기 때문에 서방에서 편견이 유지되었다고 일갈했다. David M. Glantz, "Nedostatkii storiografii: Zabytye bitvy Germano-Sovetskoi voiny, 1941–1945 gg.," in *Vtoraiamirovaiavoina: Aktual'nyeproblemy: K 50-letiiu pobedy* edited by Oleg A. Rzheshevskii et al. (M.: Nauka, 1995), pp. 339–40.

•• Nina Tumarkin, *The Living and the Dead: The Rise and Fall of the Cult of World War II in Russia* (New York: Basic Books, 1995), p. 225.

연구에서 데이비드 글랜츠와 쌍벽을 이루는 권위자인 존 에릭슨이 쓴 개설서*는 대단한 역작이기는 하지만, 2000쪽에 이르는 분량 앞에서는 번역에 나설 엄두가 나지 않았다. 그러나 다른 무엇보다도 대부분의 책이 전투사 위주여서, 독소전쟁 시기 러시아의 정치, 경제, 사회, 외교, 문화, 심성에 관한 설명과 분석이 만족스럽지 못하다는 맹점이 있었다. 이런 상황에서 리처드 오버리의 책은 독소전쟁 개설서로 그야말로 안성맞춤이었다.

이 책은 개설서가 마땅히 지녀야 할 미덕을 고루 갖췄다. 우선 기본적인 사실이 빠짐없이 서술되어 있어서, 독소전쟁이라는 낯선 영역에 처음 들어서는 독자도 어떤 일이 언제 어디서 왜 일어났는지를 어렵지 않게 파악할 수 있다. 그리고 지금까지 수많은 학자의 노력으로 축적되어온 기존의 연구성과는 물론이고 새로 제기된 여러 쟁점도 일목요연하게 정리되어 있다. 무엇보다도 역사서가 지녀야 할 최고의 덕목, 즉 재미라는 측면에서도 이 책은 흠잡을 데가 없다. 이 책을 우연히 집어들었다가 독소전쟁이라는 엄청난 역사의 소용돌이 속에서 인간성의 다양한 모습을 적나라하게 보여주는 인간군상을 생생하게 그려낸 묘사에 이끌려 단숨에 읽어버린 뒤에 먹먹한 가슴을 안고 마지막 쪽을 덮는 독자가 적지 않으리라고 예상한다. 오버리의 책은 치밀한 논증 덕에 전문가들에게서도 호평을 받았지만, 박진감 넘치는 이야기 구사에 힘입어 영미권 일반인 사이에서도 큰 인기를 끌었다.

• John Erickson, *Stalin's War with Germany* in 2 vols.; vol. 1: *The Road to Stalingrad*; vol. 2: *The Road to Berlin* (London: Weidenfeld & Nicolson, 1983).

독소전쟁은 가장 심한 편견에 시달리는 20세기 최대 사건들 가운데 하나이다. 러시아 밖에 사는 이들에게 독소전쟁은, 데이비드 글랜츠의 말마따나, "수수께끼 투성이 … 전쟁"이었다. 늘 깔보아왔던 러시아에 무릎을 꿇어서 자존심에 씻을 수 없는 상처를 입은 독일은 전쟁 뒤에 상대방 소련이 "가진 장점이라고는 엄청난 규모의 군대와 무제한의 인적자원밖에 없었다"라는 식으로 회상했고, 영미권에서도 기본적으로 이 시각의 연속선상에서 독소전쟁을 바라보는 틀이 형성되었다.* 이런 사정은 우리나라에서는 더 심했다. 제2차 세계대전의 이미지가 대개 독일군과 미군의 싸움으로만 각인되어 있는 우리나라에 정작 전쟁 승리의 최고 주역이었던 소련/러시아의 투쟁과 희생, 그리고 고통은 전혀 알려져 있지 않다고 해도 지나친 말이 아니다.** 그들이 전쟁으로 입은 인명 피해의 규모는 통계표의 천문학적인 수치보다는 당대인의 증언을 통해서 더 절실하게 느낄 수 있다. 독소전쟁 참전용사였던 그리고리 바실리예비치라는 한 러시아인 조각가는 1998년 5월 23일에 자기를 찾아온 미국인 역사학자에게 다음과 같이 말했다.

제가 어렸을 때 한 학급에 두 반이 있었고, 옆 마을에 두 반, 가예보에 한 반이 더 있었습니다. 그러니 다 합쳐서 다섯 반이었는데, 그래도 우리는 서로 다 알고 지냈지요. … 그래서 저는 제 또래가 전쟁에서 얼마나 많이 죽었는지 압니다. 우리 100여 명 가운데 아흔두 명은 전선에

• David M. Glantz, "Nedostatkii storiografii…," pp. 339-340.
•• 제2차 세계대전에 참여한 교전국 10여 개국에서 전쟁 동안 사망한 사람의 5분의 3이 소련 시민이었다. Albert Axell, *Russia's Heroes* (London: Constable, 2001), pp. 249-250.

서 죽은 게 틀림없고요, 대여섯 명은 크게 다쳐서 불구의 몸으로 귀향했어요. 어떻든 몸 성히 살아남은 이는 저뿐이었습니다.

그리고리 바실리예비치의 사례는 소련/러시아에서 드물거나 극단적인 경우가 결코 아니었다.

우리에게 알려져 있는 독소전쟁의 통념은 극심한 편견에 차 있다. 오합지졸 붉은군대를 격파하며 파죽지세로 전진한 뒤 바야흐로 모스크바를 점령해서 승리를 거두려는 찰나에 있던 독일군이 나폴레옹의 러시아 원정군이 당한 운명처럼 러시아 동장군의 위세에 밀려 패퇴했다거나, 독일의 막강한 기계화 부대가 러시아의 끝도 없이 드넓은 공간에서 허우적대다가 굼뜨지만 무한대의 참을성을 지닌 러시아인의 무지막지한 인해전술에 밀려서 지고 말았다는 식이다. 이런 통념은 문명화된 독일이 러시아의 자연, 그리고 문명과는 거리가 멀기에 오히려 강점을 지닌 러시아에게 졌다는 식의 차라리 신화라고나 할 잘못된 인식이지만, 일반인은 말할 것도 없고 심지어는 식자층 가운데에서도 엄연한 역사의 실상인 양 통하고 있다. 서유럽 이외의 문화를 문명과는 거리가 먼 문화라고 깔보는 편견, 더 자극적으로 말한다면 아시아에 사는 인간은 문명의 세례를 받지 못한 열등인간이라는 인종주의적 시각이 아시아로 분류되는 지역에 사는 한국인 사이에 더 널리 퍼져 있는 것이다. 희비극이 아닐 수 없다. 한국에서는 독소전쟁에서 독일군이 러시아의 추위 때문에 졌다는 식으로 알려져 있다는 말을 해주자, 한 러시아인은 "전쟁은 사람이 하는 건데…!"라며 어이없다는 표정을 지었다. 그렇다! 전쟁은 사람이 하는 것이다.

독소전쟁 시기 소련을 보면서 우리 사회는 당시 최강이라는 평을 듣던 프랑스 육군이 독일군에게 저항 한 번 제대로 못 하고 항복한 데 비해 붉은군대는 크게 밀리면서도 굽히지 않고 저항했다는 사실, 상상하기 힘들 정도의 극심한 피해를 입으면서도 소련의 전쟁지도부가 능력 있는 군사전문가를 양성하고 유연한 전투기술을 적용했다는 사실, 후방의 소련 시민이 다른 나라의 국민이라면 도저히 견뎌내지 못했을 혹독한 조건을 묵묵히 참고 기계를 돌려 군수품을 만들어냈다는 사실, 장정이 전선으로 떠나고 말을 징발당한 상태에서 농촌 아낙네들이 사람 힘으로 쟁기를 끌어 곡식을 키웠다는 사실을 깡그리 무시한다.[•]

이 책은 독소전쟁에 덕지덕지 달라붙어 있는 그 강고한 편견을 단숨에 날려버린다. 오버리가 묘사하는 붉은군대의 서사시적 규모의 분투를 읽다 보면, 유럽전선의 주 무대가 북아프리카나 이탈리아나 노르망디나 아르덴이 아닌 동부전선이었으며 독일의 패망에 가장 결정적인 몫을 해낸 국가는 미국이나 영국이 아니라 소련/러시아였다

[•] 붉은군대의 승리를 제대로 평가하지 못하게 방해하는 편견을 깨뜨리는 짧은 글로는 Michael Cherniavsky, "Corporal Hitler, General Winter and the Russian Peasant," *The Yale Review*, vol. 51, no. 4 (Summer 1962), pp. 547~558이 있다. 아울러 국내 연구로는 다음과 같은 논문이 있다. 류한수·유승현, 〈"진흙발의 거상"인가? "붉은" 스팀롤러인가?: 러시아/소련 군대에 관한 서방 세계의 편견과 실상〉, 《중소연구》 41-1, 2017, 293~322쪽; 류한수, 〈제2차 세계대전의 "잊힌 전선": 한국 사회와 학계의 독소전쟁 인식〉, 《러시아연구》 27-1, 2017, 109~140쪽; 류한수, 〈제2차 세계대전 시기 붉은군대 전투 역량의 실상과 허상〉, 《슬라브연구》 33-3, 2017, 31~61쪽; 류한수, 〈제2차 세계대전 시기 소련군과 영미군의 작전 수행방식의 비교: 유럽의 1944년 여름-가을 전역〉, 《역사문화연구》 65, 2018, 269~304쪽; 류한수, 〈무기대여법은 소비에트 연방의 승리에 얼마나 이바지했는가?: 제2차 세계대전 시기 미국의 대(對)소련 군수물자 원조를 둘러싼 쟁점과 역사 서술의 동향〉, 《슬라브연구》 39-1, 2023, 81~119쪽.

는 사실이 뇌리에 자연히 각인된다. 또한 오버리는 소련의 전쟁 수행 기구의 효율성을 부각한다. 소련은 무한대의 자원을 가지고 있었기 때문이 아니라 한정된 자원을 효율적으로 배분하고 활용하는 방법을 터득했기 때문에 극도로 불리한 상황에서도 독일보다 더 좋은 무기를 더 많이 만들어내고 더 많은 병력을 동원해서 유지할 수 있었다. 이런 능력이 없었다면 소련은 그 무시무시한 독일 국방군을 이길 수 없었을 것이다.

여기서 의문 하나가 떠오른다. 소련 사회는 어떻게 독일보다 더 효율적으로 전쟁 기구를 유지할 수 있었을까라는 물음이 제기될 수 있다. 이 의문은 소련을 최종 승리로 이끈 궁극적 원인에 대한 탐구와 이어진다. 독소전쟁 시기 소련 경제의 권위자 존 바버John Barber 는 제2차 세계대전을 연구하는 모든 역사학자를 괴롭히는 물음을 다음과 같이 요약한다. 소련/러시아 시민이 "그토록 파괴적인 침입에서 살아남아 그러한 어려움을 견뎌내고, 끝끝내는 그토록 완전한 승리를 거두는 일이 어떻게 가능했을까?"* 언뜻 쉬워 보일지 모를 이 질문의 답을 얻기는 그리 만만한 작업이 아니다. 독소전쟁을 연구하는 역사학자는 전쟁 전의 상황과 전쟁의 경과를 살펴볼수록 독소전쟁은 도저히 소련이 이길 수 없다고 보이는 전쟁이었다고 한결같이 입을 모아 말한다.

서방 역사학계가 그리는 1930년대 소련 사회의 모습은 스탈린 체

---

* John Barber, "The Image of Stalin in Soviet Propaganda and Public Opinion during World War 2," in *World War II and the Soviet People* edited by John & Carol Garrard (Basingstoke : Macmillan, 1993), p. 39.

제의 억압 속에서 일체의 자율성이 사라진 비효율적인 체제다. 그런 소련이 유럽의 양대 민주주의 국가인 프랑스와 영국을 쳐부수고 꼼짝 못하게 만든 나치 독일에게 완벽한 승리를 거두었다. 이 책은 소련이 도저히 이길 수 없어 보이는 싸움에서 이긴 까닭이 무엇인지에 관한 진지한 논구다. 지은이는 소련의 전쟁 수행 기구가 효율적이었음을 강조하지만, 그렇다고 해서 소련 지도부의 통치체제와 기구가 반드시 효율적이었다고 주장하지는 않는다. 지은이도 짚은 사실이지만, 스탈린 체제는 많은 경우에 그 경직성으로 소련의 전쟁 수행을 적잖이 저해했다.

지은이는 여러 요인 가운데에서 체제와 그 체제에 완전히는 길들여지지 않은 세력의 일시적인 공존과 협조라는 요인을 부각한다. 스탈린 체제는 그 잠재력을 일정 정도 동원해내는 데 성공했지만, 동시에 그 억압적 성격은 그 잠재력을 최대로 발휘하는 데 심각한 제동을 걸기도 했다. 소련 사회를 짓눌러왔던 스탈린 체제가 전쟁으로 말미암아 느슨해졌고, 소련 지도부도 경직된 체제로는 소련의 생존을 보장할 수 없음을 깨닫고 변화를 허용했다. 소련 시민은 전쟁은 지극히 고통스럽지만 전쟁을 통해 체제가 바뀔 수도 있다는 희망을 품게 되었고, 이런 희망 속에서 유례없는 고통을 견뎌낼 힘을 얻었다. 이런 설명틀은 공산당의 지도 아래 일치단결한 소련 시민의 영웅적 애국심이 승리의 원동력이었다거나 무수한 사람을 사지에 뛰어들도록 강요한 스탈린 체제의 테러가 승리의 비결이었다는 양극단의 단선적 설명 방식보다 훨씬 더 정교하게 소련의 승리라는 수수께끼를 풀어준다. 매력적인 이 설명틀은 앞으로 충분한 양의 실증적 증거로 뒷받침되어야 한다.

독소전쟁은 소련/러시아 시민들에게 최대의 비극을 안겨다주었다. 단지 숱한 사람이 목숨을 잃었다는 이유만으로 비극은 아니었다. 독소전쟁 다큐멘터리를 주의 깊게 본 사람이라면, 독일인 참전용사들은 호화로운 자택에서 인터뷰를 하는 데 견줘 러시아인 참전용사들은 서방에서는 난민 수용 시설로나 보일 옹색한 자택에서 인터뷰를 하고 있음을 눈치 챌 수 있을 것이다. 독소전쟁에서 소련 시민은 더 자유롭고 나은 미래를 그리며 싸웠으며, 스탈린주의가 부과하는 숨막히는 통제에서 벗어나기를 바랐다. 그러나 그 큰 희생을 가져온 전쟁 뒤에 다시 스탈린주의 체제는 오히려 더더욱 강고해졌다.* 그 궁극적인 결과는 융성하는 서방과 대조되는 파산한 소련이었다. 독소전쟁의 진정한 비극은 바로 여기에 있다. 소련 시민은 전쟁에서 엄청난 피를 흘리고 승리했으나, 그 승리가 자유와 해방을 가져다주지는 못했던 것이다.

번역에 관해서 덧붙일 말이 있다. 원서에서는 많은 러시아어 사료와 독일어 사료가 영어로 번역되어 인용되어 있다. 이 때문에 한국어판에서는 문제가 생길 수 있었다. 러시아어 사료나 독일어 사료가 영어로 번역된 것을 다시 우리말로 옮기게 되므로 어쩔 수 없이 중역重譯이 되어 버릴 수밖에 없다. 중역에는 오역이 따르기 마련이다. 이를 피하고자 옮긴이는 영어판에서 러시아어 사료나 독일어 사료가 영어로 번역되어 인용된 부분이 나오면 그 원사료를 일일이 찾아내 원문을 보고 우리말로 옮겼다. 다행히도 옮긴이에게 러시아의 상트페테르부르크

---

* 독소전쟁 기간 도중에 헐거워졌던 스탈린체제가 전쟁이 끝난 뒤에 다시 강화되는 과정과 이에 소련 시민이 보인 반응은 오늘날 역사학자의 중요한 연구 주제다. Elena Zubkova, *Russia after War: Hopes, Illusions and Disappointments, 1945-1957* (New York: M. E. Sharpe, 1998).

국립도서관에서 연구를 할 기회가 생겼을 때 다른 곳에서는 구하기 힘든 러시아어 자료를 마음껏 볼 수 있었다. 중역에서 비롯되는 의도하지 않은 잘못을 피하는 데 품이 꽤 많이 들기는 했지만, 이 일을 하는 과정에서 더 정확한 번역이 되는 성과를 확인하면서 고됨을 이겨냈다. 어쨌든 이런 까닭으로 꼼꼼한 독자가 한국어판을 영어 원서와 대조해서 읽다 보면 가끔 맞지 않는 부분이 있을 터인데, 그럴 경우에 그 차이가 옮긴이의 실력 부족이나 게으름 탓이라고 여기지 않기를 바란다.

우리나라에서는 아직도 워낙 생소한 주제를 다룬 학술서라 상업상의 이윤을 낼 가능성이 그리 커 보이지 않는 마당에서도 우리 사회가 세계 현대사를 더 넓고 더 깊이 이해하는 데 이바지할 가치를 알아보고 선뜻 한국어판을 재발간하기로 결정한 도서출판 책과함께에 그저 고마울 따름이다.

2024년 8월
류한수

주

프롤로그

1. W. J. Spahr, *Zhukov: The Rise and Fall of a Great Captain* (Novato, California, 1993), pp. xi-xii, 56, 261-3.
2. J. L. Schecter and V. V. Luchkov, eds., *KhrushchevRemembers: The Glasnost Tapes* (New York, 1990)의 머리말을 보라.
3. Spahr, *Zhukov*, pp. 103-5.
4. 자세한 사항은 D. Glantz, "From the Soviet Secret Archives: Newly Published Soviet Works on the Red Army 1918-1991: A Review Essay," *Journal of Slavic Military Studies*, 8 (1995), pp. 319-32에 있다.
5. B. V. Sokolov, "The Cost of War: Human Losses of the USSR and Germany, 1939-1945," *Journal of Slavic Military Studies*, 9 (1996), pp. 156-71; V. E. Korol, "The Price of Victory: Myths and Realities," 같은 책, pp. 417-24에 있는 수치에 관한 논의를 보라.
6. M. P. Gallagher, *The Soviet History of World War II: Myths, Memories, and Realities* (New York, 1963), p. 151.
7. J. Lucas, *War on the Eastern Front: The German Soldier in Russia 1941-1945* (London, 1991), p. 28.
8. I. Ehrenburg, *Men - Years -Life*, 5권: *The War 1941-1945* (London, 1964), p. 16.
9. A. Solzhenitsyn, *The GulagArchipelago 1918-1956* (London, 1974), p. 605.
10. N. Tumarkin, *The Living and the Dead: The Rise and Fall of the Cult of World War II in Russia* (New York, 1994), p. 81. 인용문은 알렉산드르 트바르돕스키의 《어느 병사에 관한 책》에서 나온 것이다.
11. D. Dallin and B. Nicolaevsky, *Forced Labour in Russia* (London, 1947), pp. xiii-xiv.
12. Ibid., pp. 300-3.
13. J. Garrard and C. Garrard, eds., *World War 2 and the Soviet People* (London, 1993), p. 17.

1장 어둠이 내려앉다: 1917-1937

1. 내전에 관한 이런저런 세부 사항을 알려면 O. Figes, *A People's Tragedy: The Russian Revolution, 1891-1924* (London, 1996), pp. 662-74; I. Deutscher, *Stalin* (London, 1966), pp. 191-202; D. Volkogonov, *Stalin* (New York, 1991), pp. 38-45를 보라. 최근에 나온 가장 훌륭한 러시아 내전사는 E. Mawdsley, *The Russian Civil War* (London, 1987).
2. M. von Hagen, *Soldiers in the Proletarian Dictatorship: The Red Army and the*

Soviet Socialist State, 1917-1930 (Ithaca, 1990), pp. 334-5.

3. 히틀러의 견해에 관해서는 E. Jäckel, *Hitler's Weltanschauung* (Middletown, Connecticut, 1972); J. P. Stem, *Hitler, the Führer and the People* (London, 1976) 을 보라. 당시 만연했던 문화적 비관론에 관해서는 F. Stern, *The Politics of Cultural Despair* (London, 1974)를 보라.

4. T. J. Uldricks, "Russia and Europe: Diplomacy, Revolution and Economic Development in the 1920s," *International History Review*, 1 (1979), p. 73.

5. J. Stalin, *The Problems of Leninism* (Moscow, 1947), p. 160.

6. E. R. Goodman, *The Soviet Design for a World State* (New York, 1960), pp. 31-2.

7. Stalin, *The Problems of Leninism*, pp. 157-9, 1926년 1월 25일 팸플릿 〈레닌주의의 문제들에 관하여〉에서.

8. von Hagen, *Soldiers in the Dictatorship*, pp. 204-5.

9. Ibid., pp. 158-60.

10. Ibid., p. 213, 주 19. E. O'Ballance, *The Red Army* (London, 1964), pp. 96-7도 보라.

11. von Hagen, *Soldiers in the Dictatorship*, pp. 212-9.

12. Volkogonov, *Stalin*, pp. 64-5.

13. W. A. Harriman and E. Abel, *Special Envoy to Churchill and Stalin, 1941-1946* (London, 1976), p. 266.

14. L. Samuelson, "Mikhail Tukhachevsky and War-Economic Planning: Reconsiderations on the Pre-War Soviet Military Build-up," *Journal of Slavic Military Studies*, 9 (1996), pp. 805-9.

15. Y. Dyakov and T. Bushuyeva, *The Red Army and the Wehnnacht: How the Soviets Militarized Germany, 1922-33* (New York, 1995), pp. 17-8.

16. E. R. Hooton, *Phoenix Triumphant: The Rise and Rise of the Luftwaffe* (London, 1994), pp. 44-9; Dyakov and Bushuyeva, *The Red Army*, pp. 20-3.

17. Ibid., p. 25.

18. C. A. Roberts, "Planning for War: The Red Army and the Catastrophe of 1941," *Europe-Asia Studies*, 47 (1995), pp. 1302-4. 소련군의 작전 사고에 관한 가장 훌륭한 개설서로는 D. Glantz, *Soviet Military Operational Art: In Pursuit of Deep Battle* (London, 1991).

19. Samuelson, "Tukhachevsky," pp. 816-21.

20. Roberts, "Planning," pp. 1304-7; R. R. Reese, *Stalin's Reluctant Soldiers: A Social History of the Red Army 1925-1941* (Lawrence, Kansas, 1996), pp. 52-61.

21. R. Schiness, "The Conservative Party and Anglo-Soviet Relations 1925-27," *European Studies Review*, 7 (1977), pp. 385-8.

22. G. Gorodetsky, *The Precious Truce: Anglo-Soviet Relations 1924-27* (Cambridge, 1977), pp. 222-34; Uldricks, "Russia and Europe," p. 75.

23. Deutscher, *Stalin*, p. 276에서 재인용. 레닌의 견해에 관해서는 D. Shub, *Lenin* (London, 1966), p. 435를 보라.

24. Deutscher, *Stalin*, pp. 22-3.

25. 스탈린의 통치 방식에 관해서 우리가 가진 가장 훌륭한 증거는 그가 몰로토프와 주고받은 정치 서한집 최신판에서 얻을 수 있다. L. Lih, O. Naumov and O. Khlevniuk, eds., *Stalin's Letters to Molotov 1925-1936* (New Haven, 1995)을 보라.

26. Shub, *Lenin*, p. 435. 레닌은 1922년 12월 25~26일에 구술한 자신의 이른바 유언에서 '동지들에게 더 관대하고 더 충직하고 더 정중하고, 더 친절하고 덜 변덕스러운' 총간사를 고르라고 동지들에게 촉구했다.

27. J. Stalin, *Works*, 제13권 (Moscow, 1955), p. 108, 1931년 12월 13일에 독일 작가 에밀 루트비히와 나눈 대화.

28. "Russia's War," 제1편 볼코고노프와의 인터뷰에서 재인용.

29. A. Amba, *I Was Stalins Bodyguard* (London, 1952), p. 69.

30. M. Harrison, *Soviet Planning in Peace and War 1938-1945* (Cambridge, 1985), pp. 46-51, 250-3; S. Wheatcroft, R. W. Davies and J. M. Cooper, "Soviet Industrialisation Reconsidered," *Economic History Review*, 2nd Ser. 39 (1986).

31. 세부 사항은 L. Siegelbaum, *Stakhanovism and the Politics of Productivity in the USSR, 1935-1941* (Cambridge, 1988), pp. 69-76, 307에 있다.

32. 수치들은 R. W. Davies, "Soviet Military Expenditure and the Armaments Industry 1929-1933: A Reconsideration," *Europe-Asia Studies*, 45 (1993), pp. 585-601; J. Sapir, "The Economics of War in the Soviet Union during World War II," in I. Kershaw and M. Lewin, eds., *Stalinism and Nazism: Dictatorships in Comparison* (Cambridge, 1997), p. 213에 나온다. W. S. Dunn, *The Soviet Economy and the Red Army 1930-1945* (London, 1995), 1-2장도 보라.

33. Stalin, *The Problems of Leninism*, p. 356: 제1차 전 연방 사회주의 공업 활동가 협의회에서 1931년 2월 4일에 한 연설.

34. Samuelson, "Tukhachevsky," pp. 831-9. 소련 전차의 개발에 관해서는 G. F. Hofmann, "Doctrine, Tank Technology, and Execution I. A Khalepskii and the Red Army's Fulfillment of Deep Offensive Operations," *Journal of Slavic Military Studies*, 9 (1996), pp. 283 ff를 보라.

35. O'Ballance, *The Red Army*, pp. 116-8.

36. OGPU의 취조에 관한 생생한 서술은 V. Brunovsky, *The Methods of the OGPU* (London, 1931)을 보라. 수용소 체제의 배경에 관해서는 E. Bacon, *The Gulag at War: Stalin's Forced Labour System in the Light of the Archives* (London, 1994), pp. 43-7을 보라.

37. von Hagen, *Soldiers in the Dictatorship*, pp. 327-8; O'Ballance, *Red Army*, pp. 118-20.

38. 수치는 S. Rosefielde, "Stalinism in Post-Communist Perspective: New Evidence on Killings, Forced Labor and Economic Growth in the 1930s," *Europe-Asia Studies*, 48 (1996), pp. 962-3, 975; S. Wheatcroft, "More Light on the Scale of Repression and Excess Mortality in the Soviet Union in the 1930s," in J. A. Getty and R. T.

Manning, eds., *Stalinist Terror: New Perspectives* (Cambridge, 1993), pp. 277-90;
A. Nove, "Victims of Stalinism: How Many?" in Getty and Manning, pp. 270-1;
R. J. Rummel, *Lethal Politics: Soviet Genocide and Mass Murder since 1917* (New Brunswick, 1990), pp. 115-6에서 찾을 수 있다. 로즈펠드는 기근으로 말미암은 사망자의 수가 70만 명에서 1180만 명 사이라고 제시한다. 새로운 추정치의 토대가 되는 인구학적 증거들은 280만 명에서 450만 명에 이르는 사망자 수를 제시한다.

39. Nove, "Victims," pp. 265-7.

40. A. Nove, ed., *The Stalin Phenomenon* (London, 1993), pp. 30-1; Nove, "Victims,"
p. 269; R. Thurston, "The Stakhanovite Movement: Background to the Great Terror in the Factories 1935-38," in Getty and Manning, *Stalinist Terror*, p. 155. 또한 서스턴은 1938년에 구류 수감자의 18.6퍼센트만이 반혁명죄로 기소되었음을 지적한다. 나머지 수용소 수감자 다수는 일반범이었다.

41. 자세한 사항은 J. A. Getty, *The Origins of the Great Purges: The Soviet Communist Party Reconsidered* (Cambridge, 1985)에 있다.

42. Volkogonov, *Stalin*, pp. 208-10. R. Conquest, *Stalin and the Kirov Murder* (London, 1989)도 보라.

43. B. Bonwetsch, "Stalin, the Red Army and the 'Great Patriotic War'," in Kershaw and Lewin, *Stalinism and Nazism*, pp. 202-3에 있는 스탈린의 군사 지도 방식에 관한 평가를 보라.

44. 비신스키에 관해서는 A. Vaksberg, *The Prosecutor and the Prey: Vyshinsky and the 1930s Moscow Show Trials* (London, 1990), 3-4장을 보라. 처형에 관해서는 Nove, "Victims," pp. 270-1을 보라. 로즈펠드는 1930년대에 감옥에서 모두 72만 2000건의 처형이 이루어졌다는 수치를 제시한다("Stalinism," p. 975). 1930년부터 1950년까지 발생한 전체 처형 수에 관한 NKVD 공식 수치는 78만 6098명으로 제시되며, 법정에서 사형이나 감금형을 선고받은 인원은 377만 8234명이다.

45. C. Andrew and O. Gordievsky, *KGB: The Inside Story* (London, 1990), p. 106; A. C. Brown and C. B. Macdonald, *The Communist International and the Coming of World War II* (New York, 1981), pp. 437-9.

46. Volkogonov, *Stalin*, p. 319.

47. Ibid., pp. 319, 324.

48. Andrew and Gordievsky, *KGB*, p. 106; 1939년에 런던에서 처음 나온 W. Krivitsky, *I Was Stalin's Agent* (Cambridge, 1992), pp. 239-44의 증언도 보라. 1938년에 죽임을 당한 시피겔글라스는 크리비츠키에게 NKVD가 전에 독일과 접촉을 가진 투하쳅스키와 다른 사람들에 관한 자료를 '여러 해 동안' 모아왔다고 말했다. 그는 계속해서 "우리는 군인만이 아니라 다른 많은 사람에 … 관한 자료도 많이 가지고 있었다"라고 말했다.

49. A. Bullock, *Hitler and Stalin: Parallel Lives* (London, 1991), pp. 545-6.

50. Volkogonov, *Stalin*, pp. 323-4; E. Radzinsky, *Stalin* (London, 1996), p. 407.

51. Volkogonov, *Stalin*, p. 319.

52. A. Antonov-Ovseyenko, *The Time of Stalin: Portrait of a Tyranny* (New York,

1981), pp. 184-5; Radzinsky, *Stalin*, p. 361.

53. Vaksberg, *The Prosecutor and the Prey*, pp. 104-5.

54. Volkogonov, *Stalin*, p. 324. 안토노프-옵세옌코는 자기가 쓴 책 *The Time of Stalin*, p. 186에서 야키르가 처형될 때 마지막으로 한 말이 "스탈린 동무 만세!"였다고 밝혔다.

55. Ibid., pp. 188-9; Volkogonov, *Stalin*, pp. 327-8. 블류헤르의 죽음에 관한 해설은 여러 가지다. 어떤 설명은 그가 취조를 받다 입은 부상으로 감방에서 죽었다, 또는 고문을 받은 뒤에 처형되었다고 시사한다. 더 상세한 사항은 B. Bonwetsch, "The Purge of the Military and the Red Army's Operational Capability during the 'Great Patriotic War'," in B. Wegner, ed., *From Peace to War: Germany, Soviet Russia and the World, 1939-1941* (Oxford, 1997), pp. 396-8; R. E. Tarleton, "What Really Happened to the Stalin Line?," *Journal of Slavic Military History*, 6 (1993), pp. 37-8에 있다.

56. Reese, *Stalin's Reluctant Soldiers*, pp. 134-46.

57. Antonov-Ovseyenko, *Time of Stalin*, p. 186.

58. Sapir, "Economics of War," pp. 213-6을 보라.

59. Dyakov and Bushuyeva, *The Red Army and the Wehrmacht*, pp. 287, 290: 모스크바 주재 독일 육군 무관의 1933년 3월 27일자 보고서: 붉은군대 관련 1933년 2월 19일자 독일 첩보 보고서.

60. O' Ballance, *The Red Army*, p. 118; Reese, *Stalins Reluctant Soldiers*, pp. 140-9. S. Bialer, *Stalin and His Generals* (New York, 1969), p. 63에 따르면, 단위 부대 및 하부 단위 부대 지휘관직의 5분의 1가량이 빈자리였다.

61. Reese, *Stalin's Reluctant Soldiers*, pp. 148-9. 이밖에도 팽창하는 군대의 소부대를 지휘할 준비를 하려고 1938년과 1939년에 하급 장교 7만 8000명이 단기 훈련 과정을 받았다.

62. Tarleton, "What Really Happened to the Stalin Line?," p. 38; Antonov-Ovseyenko, *The Time of Stalin*, pp. 118-9; H. Moldenhauer, "Die Reorganisation der Roten Armee vor der "Grossen Säuberung" bis zum Deutschen Angriff auf die UdSSR (1938-1941)," *Militärgeschichtliche Mitteilungen*, 55 (1996), p. 137.

63. A. Werth, *Russia at War* (London, 1964), p. 9. Sapir, "Economics of War," p. 214도 보라. 사피르는 탱크와 항공기를 이용하는 종심 작전 개념이 "나쁜 평판을 받았다. … 심지어는 파괴 책동으로 불렸다"라고 한 1960년대의 자하로프 원수의 견해를 인용한다. 군사 훈련 부족에 관해서는 Moldenhauer, "Die Reorganisation der Roten Armee," p. 145. 정치 교육에 관해서는 Reese, *Stalin's Reluctant Soldiers*, p. 144를 보라.

2장 한밤이 되기 전 그 시간: 1937-1941

제사: A. Knight, *Beria: Stalin's First Lieutenant* (London, 1993), p. 109.

1. 메모에 관해서는 A. Kube, *Pour le mérite und Hakenkreuz: Hermann Göring im Dritten Reich* (München, 1986), pp. 153-4를 보라. 미래의 갈등에 관한 언급으로는 R. Fröhlich, ed., *Die Tagebücher von Joseph Goebbels* 총 4권 (New York, 1987), 제3권, pp. 26, 55를 보라.

2. 메모의 원문은 W. Treue, "Hitlers Denkschrift zum Vietjahresplan, 1936," *Vierteljahreshefte für Zeitgeschichte*, 3 (1955), pp. 184-210을 보라. 이 책에서 이용된 번역은 J. Noakes and G. Pridham, *Documents on Nazism*, 2권 (Exeter, 1980), pp. 281-7에 있다.

3. Noakes and Pridham, *Documents on Nazism*, p. 282. 독일의 군사력 증강에 관해서는 R. J. Overy, *War and Economy in the Third Reich* (Oxford, 1994), pp. 191-3, 294를 보라.

4. G. Roberts, *The Soviet Union and the Origins of the Second World War 1933-1941* (London, 1995), p. 19; J. E. Davies, *Mission to Moscow* (New York, 1941), p. 60, 데이비스가 코델 헐에게 보낸 1937년 2월 6일자 편지.

5. J. Hochman, *The Soviet Union and the Failure of Collective Security 1934-1938* (Ithaca, 1984), pp. 29, 32.

6. M. Heller and A. Nekrich, *Utopia in Power: The History of the Soviet Union from 1917 to the Present* (London, 1982), pp. 310-1; Roberts, *The Soviet Union and the Origins*, pp. 43-7.

7. Heller and Nekrich, *Utopia*, pp. 312-3; C. Andrew and O. Gordievsky, *KGB: The Inside Story* (London, 1990), pp. 126-7; W. G. Krivitsky, *I Was Stalin's Agent* (Cambridge, 1991), pp. 244-8.

8. Roberts, *The Soviet Union and the Origins*, pp. 50-1.

9. G. Jukes, "The Red Army and the Munich Crisis," *Journal of Contemporary History*, 26 (1991), pp. 196-8; Roberts, *The Soviet Union and the Origins*, p. 58.

10. Roberts, *The Soviet Union and the Origins*, p. 57.

11. I. Lukes, "Stalin and Beneš in the Final Days of September 1938," *Slavic Review*, 52 (1993), pp. 28-48.

12. Jukes, "The Red Army and the Munich Crisis," p. 199; Hochman, *The Soviet Union and the Failure of Collective Security*, pp. 166-7. 한 독일인 목격자에게서 나온 증거를 보려면 J. von Herwarth, *Against Two Evils* (London, 1981), pp. 122-3.

13. Davis, *Mission to Moscow*, p. 194.

14. A. Vaksberg, *Stalin against the Jews* (New York, 1994), pp. 83-8. 바크스베르크는 1940년에 스탈린이 소련 외교관 대형 재판을 계획하고 있었지만 국제 정세가 악화되고 있었기 때문에 재판을 취소했다고 주장한다. 베리야가 재판을 받으면서 증언한 바에 따르면, 리트비노프는 보안부가 꾸민 자동차 사고로 1951년 12월에 죽었다.

15. 몰로토프에 관한 자세한 사항은 B. Bromage, *Molotov: The Story of an Era* (London, 1956)에 나온다. 베리야에 관해서는 A. Knight의 탁월한 전기인 *Beria: Stalin's First Lieutenant* (Princeton, 1993), pp. 5, 14-6, 21-8을 보라.

16. J. Stalin, *The Problems of Leninism* (Moscow, 1947), p. 606: 제18차 소련 공산당 대회 1939년 3월 10일자 보고서.

17. 친선 회복에 관한 자세한 사항은 J. Herman, "Soviet Peace Efforts on the Eve of World War II: A Review of the Soviet Documents," *Journal of Contemporary History*, 15

(1980), pp. 583-4에 있다.

18. Stalin, *The Problems of Leninism*, p. 602.

19. P. Sudoplatov, *Special Tasks: The Memoirs of an Unwanted Witness −A Soviet Spymaster* (New York, 1994), p. 95; Herman, "Soviet Peace Efforts," pp. 594, 597.

20. A. Read and D. Fisher, *The Deadly Embrace: Hitler, Stalin and the Nazi-Soviet Pact 1939-1941* (London, 1988), pp. 157-8.

21. Ibid., p. 158.

22. Ibid., p. 160. 스탈린의 반응은 L. Namier, *Europe in Decay: A Study in Disintegration* (London, 1950), p. 242에 기록되어 있다.

23. Roberts, *The Soviet Union and the Origins*, pp. 73-5.

24. 아스타호프의 1939년 5월 12일자 보고서를 인용한 G. Roberts, "The Soviet Decision for a Pact with Nazi Germany," *Soviet Studies*, 44 (1992), p. 61.

25. Roberts, *The Soviet Union and the Origins*, p. 88.

26. M. Bloch, *Ribbentrop* (London, 1992), pp. 246-7.

27. E. Radzinsky, *Stalin* (London, 1996), p. 428.

28. 이 소식에 히틀러가 보인 반응에 관해서는 여러 설명이 있다. 이 설명은 D. C. Watt, *How War Came* (London, 1989), p. 462에 인용되어 있다.

29. Namier, *Europe in Decay*, p. 246.

30. J. L. Schecter and V. Luchkov, eds., *Khrushchev Remembers: The Glasnost Tapes* (Boston, 1990), pp. 46, 53.

31. G. Kennan, ed., *Soviet Foreign Policy 1917-1941* (New York, 1960), 문서 32, p. 179에 있는 소련의 1939년 9월 17일자 대(對)폴란드 성명서.

32. J. Gross, *Revolution from Abroad: The Soviet Conquest of Poland's Western Ukraine and Western Belorussia* (Princeton, 1988), pp. 172-4. 다른 자세한 사항 은 G. Malcher, *Blank Pages: Soviet Genocide against the Polish People* (Woking, UK, 1993), pp. 7-10; K. Sword, *Deportation and Exile: Poles in the Soviet Union 1939-1948* (London, 1996), pp. 1-12에 나온다. 에스페란토 사용자는 K. Sword, ed., *The Soviet Takeover of the Polish Eastern Provinces 1939-1941* (London, 1991), 부록 3c: '반소 분자' 관련 NKVD 지침, p. 307에 나온다.

33. Sword, *Deportation*, pp. 13-26; Malcher, *Blank Pages*, pp. 8-9. 200만 명이라는 수치는 전쟁 포로를 포함해서 동쪽으로 이전한 폴란드인 전부를 말한다. 네 차례의 강제 이송 조치로 끌려간 사람의 추산치는 105만 명에서 111만 4000명 사이다.

34. 자세한 사항은 Malcher, *Blank Pages*, pp. 23-35에 있다. 전쟁 포로 수치는 J. Erickson, "The Red Army's March into Poland, September 1939," in Sword, *The Soviet Takeover*, p. 22에 나온다.

35. Bloch, *Ribbentrop*, p. 249.

36. 자세한 사항은 Heller and Nekrich, *Utopia*, p. 353; H. Schwendemann, *Die wirtschaftliche Zusammenarbeit zwischen dem Deutschen Reich und der Sowjetunion von 1939 bis 1941* (Berlin, 1993), pp. 373-5에 나온다. 또한 W.

Birkenfeld, "Stalin als Wirtschaftsplaner Hitlers," *Vierteljahresbefte für Sozial- und Wirtschaftsgeschichte*, 51 (1966)도 보라.

37. Radzinsky, *Stalin*, p. 429. 몰로토프의 연설은 R. Medvedev, *Let History Judge: The Origins and Consequences of Stalinism* (London, 1971), p. 442에 있다; 공산주의자 800명은 Heller and Nekrich, *Utopia*, p. 355에 나온다.

38. 스탈린의 인용은 V. A. Nevezhin, "The Pact with Germany and the Idea of ah 'Offensive War' (1939-1941)," *Journal of Slavic Military History*, 8 (1995), p. 811에 나온다. '마지막 행동'은 R. Tucker, *Stalin in Power: The Revolution from Above, 1928-1941* (New York, 1990), p. 49에 나온다. 1934년 연설은 J. Degras, ed., *Soviet Documents on Foreign Policy*, 제3권 (Oxford, 1953), p. 68, 제17차 소련 공산당 대회에서 스탈린이 1934년 1월 26일에 한 연설에 있다. 몰로토프의 말은 Nevezhin, p. 821에 있다.

39. C. Roberts, "Planning for War: The Red Army and the Catastrophe of 1941," *Europe-Asia Studies*, 8 (1995), pp. 1308, 1315; R. Tarleton, "What Really Happened to the Stalin Line? Part II," *Journal of Slavic Military Studies*, 6 (1993), p. 30-1, 34-5; J. Sapir, "The Economics of War in the Soviet Union during World War II," in I. Kershaw and M. Lewin, *Stalimsm and Nazism: Dictatorships in Comparison* (London, 1997), pp. 215-7.

40. Tarleton, "What Really Happened to the Stalin Line?," pp. 37, 39. 다른 자세한 사항은 Heller and Nekrich, *Utopia*, pp. 343-6에 있다.

41. W. Spahr, *Zhukov: The Rise and Fall of a Great Captain* (Novato, California, 1993), pp. 27-30. 덜 낙관적인 전투 묘사로는 R. H. Reese, *Stalin's Reluctant Soldiers* (Lawrence, Kansas, 1996), pp. 169-70을 보라.

42. Tarleton, "What Really Happened to the Stalin Line?," p. 39; Schecter and Luchkov, eds., *Khrushchev*, p. 64.

43. C. van Dyke, "The Timoshenko Reforms March-July 1940," *Journal of Slavic Military Studies*, 9 (1996), p. 87.

44. Ibid., pp. 89-90; Tarleton, "What Really Happened to the Stalin Line?," p. 39. 메레츠코프 인용구는 S. Bialer, ed., *Stalin and His Generals* (New York, 1969), p. 139, 카자코프 장군의 회고에 있다. 훈련에 관해서는 H. Moldenhauer, "Die Reorganisation der Roten Armee vor der "Grossen Säuberung" bis zum deutschen Angriff auf die UdSSR (1938-1941)," *Militärgeschichtliche Mitteilungen*, 55 (1996), pp. 134-5, 146-7; Reese, *Reluctant Soldiers*, pp. 174-5를 보라.

45. Tarleton, "What Really Happened to the Stalin Line?," p. 29.

46. Schecter and Luchkov, eds., *Khrushchev*, p. 46.

47. Roberts, "Planning for War," pp. 1311-12.

48. 주코프가 루마니아 정복에서 한 역할에 관한 자세한 사항은 Spahr, *Zhukov*, pp. 33-5에 있다. 라트비아에 관해서는 R. J. Rummel, *Lethal Politics: Soviet Genocide and Mass Murder since 1917* (New Brunswick, 1990), p. 133; V. Vardys, "The Baltic States

under Stalin: The First Experiences 1939-1941," in Sword, *The Soviet Takeover*, pp. 268-87을 보라.

49. F. Taylor, ed., *The Goebbels Diaries 1939-41* (London, 1982), p. 124: 1940년 8월 10일자 일기.

50. M. Cooper, *The German Army 1933-1945* (London, 1978), pp. 252-3; J. Toland, *Adolf Hitler* (New York, 1976), pp. 624-5.

51. Ibid., p. 626. 바르바로사 작전 계획 수립에 관한 독일 문헌은 이제 아주 풍부하다. 최고의 입문서는 B. Wegner, ed., *From Peace to War· Germany, Soviet Russia and the World, 1939-1941* (Oxford, 1997)이며, 특히 7장이 훌륭하다. 그러나 H. Boog et al, *Der Angriff auf die Sowjetunion* (Stuttgart, 1983)을 보라.

52. 점령 계획에 관해서는 A. Dallin, *German Rule in Russia, 1941-1945* 2판 (London, 1981); R-D. Müller, *Hitlers Ostkrieg und die deutsche Siedlungspolitik* (Frankfurt-am-Main, 1991)을 보라.

53. Roberts, *The Soviet Union and the Origins*, pp. 126-8. 또한 B. Pietrow-Ennker, "Die Sowjetunion und der Beginn des Zweiten Weltkrieges 1939-1941: Ergebnisse einer internationalen Konferenz in Moskau," *Osteuropa*, 45 (1995), pp. 855-6을 보라. 이 것은 모스크바에서 열린 종전 50주년 기념 역사 학술 대회에 관한 폭넓은 보고서다. 참석한 러시아 역사가들은 스탈린과 몰로토프가 진심으로 제2차 조약을 원하고 있었다고 확언했다.

54. Roberts, *The Soviet Union and the Origins*, pp. 129-31; Bloch, *Ribbentrop*, pp. 313-16.

55. R. G. Reuth, *Goebbels* (London, 1993), p. 282.

56. J. Förster, "Hitler Turns East – German War Policy in 1940 and 1941," in Wegner, *From Peace to War*, p. 127.

57. Bloch, *Ribbentrop*, p. 317.

58. Tarleton, "What Really Happened to the Stalin Line?," pp. 43, 48-9.

59. Ibid., pp. 45-6; Roberts, "Planning for War," pp. 1308-9.

60. Roberts, "Planning for War," pp. 1315-8.

61. Spahr, *Zhukov*, pp. 35-7; Bialer, *Stalin and His Generals*, pp. 140-1, 카자코프 장군의 회고.

62. Bialer, *Stalin and His Generals*, pp. 142-5와 146-8, 예료멘코 육군원수의 회고.

63. Spahr, *Zhukov*, pp. 42-4; Roberts, "Planning for War," pp. 1307; Reese, *Stalin's Reluctant Soldiers*, pp. 175-85.

64. 문서의 성격에 관한 논쟁으로는 Spahr, *Zhukov*, pp. 47-9; Roberts, "Planning for War," pp. 1315-18을 보라. 소련의 선제공격에 관한 주장으로는 V. Suvorov, "Who was Planning to Attack Whom in June 1941, Hitler or Stalin?"과 Pietrow-Ennker, "Die Sowjetunion," pp. 856-67에 있는 수보로프의 선제공격론에 대한 평을 보라. 소련의 공격 계획이라는 견해에 대한 지지는 R. Raack, "Stalin's Plans for World War II," *Journal of Contemporary History*, 26 (1996), pp. 215-27; J. Hoffmann, *Stalins*

Vernichtungskrieg 1941-1945 (München, 1995), 1-2장; E. Topitsch, *Stalins Krieg* (München, 1985)에 있다.

65. Roberts, "Planning for War," p. 1319; Tarleton, "What Really Happened to the Stalin Line?," p. 50.

66. Nevezhin, "Pact with Germany," pp. 832-3.

67. Spahr, *Zhukov*, pp. 51, 59.

68. G. Gorodetsky, "The Hess Affair and Anglo-Soviet Relations on the Eve of Barbarossa," *English Historical Review*, 101 (1986), pp. 405-20; PietrowEnnke, "Die Sowjetunion"은 헤스의 도주가 스탈린의 생각에 깊은 영향을 미쳤다는 현행 러시아 측 견해를 보고했다. 첩보 기관의 경고에 관해서는 Andrew and Gordievsky, *KGB*, pp. 209-13; D. Glantz, *The Role of Intelligence in Soviet Military Strategy in World War II* (Novato, California, 1990), pp. 15-9를 보라.

69. F. W. Deakin and G. A. Stony, *The Case of Richard Sorge* (London, 1966), pp. 227-30; Andrew and Gordievsky, *KGB*, p. 213.

70. Medvedev, *Let History Judge*, p. 450.

71. Andrew and Gordievsky, *KGB*, p. 211. 또한 Knight, *Beria*, pp. 107-9를 보라.

72. R. McNeal, *Stalin: Man and Ruler* (London, 1992), p. 237에서 재인용.

73. Schecter and Luchkov, eds., *Khrushchev*, p. 56.

74. McNeal, *Stalin*, p. 238.

75. Spahr, *Zhukov*, p. 49; G. K. Zhukov, *Reminiscences and Reflections* 총 2권 (Moscow, 1985), 1권, pp. 217-29.

3장 동방을 유린하는 고트족: 바르바로사 작전, 1941

1. D. Volkogonov, *Stalin* (London, 1991), p. 402; O. P. Chaney, *Zhukov* 2판 (Norman, Oklahoma 1996), p. 110.

2. A. Axell, *Stalin's War through the Eyes of His Commanders* (London, 1997), p. 162.

3. W. J. Spahr, *Zhukov: The Rise and Fall of a Great Captain* (Novato, California, 1993), p. 49.

4. A. G. Chor'kov, "The Red Army during the Initial Phase of the Great Patriotic War," in B. Wegner, ed., *From Peace to War: Germany, Soviet Russia and the World, 1939-1941* (Oxford, 1997), pp. 417-8.

5. R. C. Nation, *Black Earth, Red Star* (Ithaca, 1992), p. 106. 돌틴의 언급은 M. Kitchen, *British Policy Towards the Soviet Union during the Second World War* (London, 1986), p. 56에 있다. 또한 S. Olsen, ed., *Harold Nicolson: Diaries and Letters 1930-1964* (New York, 1980), p. 213: "[영국] 육군부 전문가의 80퍼센트는 러시아가 열흘 만에 나가떨어지리라고 생각한다"라는 6월 24일자 일기도 보라.

6. C. Roberts, "Planning for War: The Red Army and the Catastrophe of 1941," *Europe-Asia Studies*, 47 (1995), p. 1307. 비행장 숫자를 보려면 Chor'kov, "Red Army," p. 416.

7. R. Stolfi, *Hitler's Panzers East: World War II Reinterpreted* (Norman, Oklahoma, 1991), pp. 88-9.

8. S. Bialer, ed., *Stalin and His Generals* (New York, 1969), pp. 208-9, 보로노프 원수의 회고. 첫째 주에 관해서는 S. J. Main, "Stalin inJune 1941," *Europe-Asia Studies*, 48 (1996), pp. 837-9를 보라.

9. E. Radzinsky, *Stalin* (London, 1996), pp. 451-2.

10. Ibid., pp. 453-4.

11. S. A. Mikoyan, "Barbarossa and the Soviet Leadership," in J. Erickson and D. Dilks, eds., *Barbarossa: The Axis and the Allies* (Edinburgh, 1994), pp. 127-8(아나스타스 미코얀의 회고에 관한 약간 다른 해설이 Volkogonov, *Stalin*, p. 411에 있다). 보로실로프의 인용을 보려면 Radzinsky, *Stalin*, p. 455.

12. J. Stalin, *The Great Patriotic War of the Soviet Union* (New York, 1945), pp. 9-15, 1941년 7월 3일 라디오 방송. 《프라브다》의 인용구는 Nation, *Black Earth*, p. 115에 나온다.

13. A. Werth, *Russia at War 1941-1945* (London, 1964), pp. 166-7에서 재인용.

14. J. L. Schecter and V. V. Luchkov, eds., *Khrushchev Remembers: The Glasnost Tapes* (New York, 1990), p. 57. 민방위대에 관해서는 J. Barber and M. Harrison, *The Soviet Home Front 1941-1945* (London, 1991), pp. 60, 73-6을 보라. 전쟁 동안 200만 명으로 추산되는 지원자들이 민방위대에 가입했다.

15. Chor'kov, "Red Army," pp. 422-3; Barber and Harrison, *Home Front*, pp. 163-4.

16. 명령 제270호에 관해서는 A. Sella, *The Value of Human Life in Soviet Warfare* (London, 1992), pp. 100-2를 보라. 야코프의 이야기는 Volkogonov, *Stalin*, p. 430; Radzinsky, *Stalin*, pp. 461-2에 있다.

17. Spahr, *Zhukov*, pp. 59-60. 이 부분의 주코프 회고록 제10판 원문은 O. P. Chaney, *Zhukov* 수정판(Norman, Oklahoma, 1996), pp. 122-3에 전재되어 있다.

18. A. Knight, *Beria: Stalin's First Lieutenant* (Princeton, 1991), pp. 113-4. 7월 20일자 명령은 모든 군부대에서 '믿을 수 없는 분자를 숙청'해야 한다는 것이었다.

19. G. C. Malcher, *Blank Pages: Soviet Genocide against the Polish People* (Woking, UK, 1993), pp. 13-4; O. Subtelny, "The Soviet Occupation of Western Ukraine, 1939-41: An Overview," in Y. Boshyk, *Ukraine during World War II History and Its Aftermath* (Edmonton, 1986), pp. 11-3.

20. B. Krawchenko, "Soviet Ukraine under Nazi Occupation, 1941-44," in Boshyk, *Ukraine*, pp. 16-7.

21. Ibid., pp. 19-23; I. Kamenetsky, *Hitler's Occupation of Ukraine (1941-1944): A Study of Totalitarian Imperialism* (Milwaukee, 1956), pp. 52-6.

22. Kamenetsky, *Hitler's Occupation of Ukraine*, p. 45.

23. J. Förster, "The Relation between Operation Barbarossa as an Ideological War of Extermination and the Final Solution," in D. Cesarani, ed., *The Final Solution: Origins and Implementation* (London, 1994), pp. 90-5; C. Streit, "Partisans,

Resistance, Prisoners of War," in J. L. Wieczynski, ed., *Operation Barbarossa: The German Attack on the Soviet Union* (Salt Lake City, 1992), pp. 262-70. 히틀러의 인 용문은 Kamenetsky, *Hitler's Occupation of Ukraine*, p. 35에 나온다.

24. Chor'kov, "Red Army," pp. 417-26. 소련 원정의 개시에 관한 광범위한 논의로는 D. Glantz and J. House, *When Titans Clashed: How the Red Army Stopped Hitler* (Lawrence, Kansas, 1995), pp. 52-64를 보라.

25. M. Cooper, *The German Army* (London, 1978), p. 314.

26. Soviet Embassy, London, *Strategy and Tactics of the Soviet-German War* (London, 1942).

27. J. Lucas, *War on the Eastern Front: The German Soldier in Russia 1941-1945* (London, 1979), pp. 61-2.

28. Ibid., pp. 31-3.

29. M. van Creveld, *Supplying War: Logistics from Wallenstein to Patton* (Cambridge, 1977), pp. 150-3; R. L. di Nardo, *Mechanized Juggernaut or Military Anachronism? Horses and the German Army in World War II* (London, 1991), pp. 37-40.

30. Von Hardesty, "Roles and Missions: Soviet Tactical Air Power in the Second Period of the Great Patriotic War," in C. Reddel, ed., *Transformations in Russian and Soviet Military History* (Washington, 1990), pp. 154-5.

31. Barber and Harrison, *Home Front*, p. 67에서 재인용.

32. Glantz and House, *When Titans Clashed*, pp. 76-7; J. Erickson, *The Road to Stalingrad* (London, 1975), pp. 207-10.

33. Werth, *Russia at War*, pp. 785-6.

34. Glantz and House, *When Titans Clashed*, pp. 78-9.

35. Erickson, *The Road to Stalingrad*, pp. 216-7.

36. Cooper, *The German Army*, p. 312. 재무장에 관해서는 R. J. Overy, "Mobilization for Total War in Germany 1939-1941," *English Historical Review*, 103 (1988), pp. 631-2를 보라.

37. J. Toland, *Adolf Hitler* (London, 1976), p. 685.

38. Ibid., p. 684.

39. A. Fredborg, *Behind the Steel Wall Berlin 1941-43* (London, 1944), pp. 48-9; H. K. Smith, *Last Train from Berlin* (London, 1942), pp. 59-64.

40. Radzinsky, Stalin, pp. 465-6.

41. Volkogonov, *Stalin*, pp. 412-3에서 볼코고노프는 스타메노프와 만난 날짜를 1941년 7월로 보고 있는데 이것은 10월보다 덜 그럴듯하다. J. Barros and R. Gregor, *Double Deception: Stalin, Hitler and the Invasion of Russia* (Dekalb, Illinois, 1995), pp. 219-21에 있는 논의를 보라. P. Sudoplatov, *Special Tasks: The Memoirs of an Unwanted Witness* (New York, 1994), pp. 146-7, 376-85, 397-401에서 수도플라토프 는 그 '강화 모색'이 베리야의 지시로 퍼뜨려진 더 광범위한 역정보 프로그램의 일부였다 고 주장한다.

42. I. Ehrenburg, *Men - Years - Life*, 5권: *The War 1941-1945* (London, 1964), pp. 17-8.

43. Werth, *Russia at War*, p. 235.

44. Volkogonov, *Stalin*, pp. 434-5.

4장 삶과 죽음 사이에서: 레닌그라드와 모스크바

제사: V. Inber, *Leningrad Diary* (London, 1971), p. 38.

1. 주코프의 초기 생애에 관한 자세한 사항은 O. P. Chaney, *Zhukov* 2판 (Norman, Oklahoma, 1996), 1-4장에 나온다.

2. W. J. Spahr, *Zhukov: The Rise and Fall of a Great Captain* (Novato, California, 1993), pp. 270-1. 과거 동료들이 전쟁 뒤에 주코프에게 보여준 일관된 적대감에 관해서는 Chaney, *Zhukov*, pp. 451-65를 보라.

3. C. Andrew and 0. Gordievsky, *KGB: The Inside Story* (London, 1990), pp. 220-1; A. Vaksberg, *The Prosecutor and the Prey: Vyshinsky and the 1930s Moscow Show Trials* (London, 1990), pp. 221-4.

4. Chaney, *Zhukov*, pp. 121-3, 125-6.

5. G. Zhukov, *Reminiscences and Reflections* 총 2권 (Moscow, 1985), 1권 pp. 416-7.

6. Ibid., p. 418; Chaney, *Zhukov*, pp. 145-7.

7. J. Erickson, *The Road to Stalingrad* (London, 1974), p. 194.

8. Ibid., p. 192.

9. H. Salisbury, *The 900 Days: The Siege of Leningrad* (London, 1969), p. 206.

10. A. Werth, *Russia at War*, 1941-1945 (London, 1964), p. 308.

11. Zhukov, *Reminiscences*, 1권 p. 453.

12. Erickson, *The Road to Stalingrad*, pp. 194-5.

13. A. Werth, *Leningrad* (London, 1944).

14. D. V. Pavlov, *Leningrad 1941: The Blockade* (Chicago, 1965), pp. 56-7. 폭격의 충격에 관해서는 Inber, *Leningrad Diary*, pp. 16-25.

15. Pavlov, *Leningrad*, pp. 75, 79, 84, 88.

16. L. Goure, *The Siege of Leningrad* (Stanford, 1962), pp. 219-20.

17. Ibid., p. 219.

18. Salisbury, *900 Days*, pp. 474-6. 식인 행위를 확증해 주는 문건이 페테르부르크에서 최근에 해제되었지만, 그 규모는 심지어는 공식 보고서로도 산정될 수 없다.

19. Zhukov, *Reminiscences*, 1권 pp. 438-9.

20. Goure, Leningrad, p. 223. 키로프 공장의 이야기에 관해서는 Werth, *Leningrad*, pp. 111-5.

21. L. Nicholas, *The Rape of Europe: The Fate of Europe's Treasures in the Third Reich and the Second World War* (London, 1994), pp. 187-90, 194-6; N. Kislitsyn and V. Zubakov, *Leningrad Does Not Surrender* (Moscow, 1989), p. 138. 〈레닌그라드〉 교향곡은 8월까지 레닌그라드에서 상연되지 않았다. 포위가 시작된 이후로 러시아 음악 첫 연

주회는 1942년 3월에 열렸다.

22. Pavlov, *Leningrad*, pp. 96-104.

23. Kislitsyn and Zubakov, *Leningrad*, p. 111; Pavlov, *Leningrad*, pp. 136-8; Werth, *Russia at War*, pp. 329-30.

24. Goure, *Leningrad*, pp. 152-3, 204-5.

25. Pavlov, *Leningrad*, pp. 78-9, 145-6; Inber, *Leningrad Diary*, p. 37.

26. Kislitsyn and Zubakov, *Leningrad*, pp. 116-8.

27. Goure, *Leningrad*, pp. 259-61.

28. Werth, *Leningrad*, 1-3장.

29. Goure, *Leningrad*, p. 262.

30. Salisbury, *900 Days*, pp. 515-7.

31. Werth, *Russia at War*, p. 356. 소련군 전쟁 포로에 관해서는 C. Streit, *Keine Kameraden: Die Wehrmacht und die sowjetischen Kriegsgefangenen 1941-1945* (Stuttgart, 1981)를 보라.

32. Zhukov, *Reminiscences*, 2권 pp. 12-9.

33. Werth, *Russia at War*, p. 254.

34. Radzinsky, *Stalin*, pp. 467-8.

35. J. Stalin, *The Great Patriotic War of the Soviet Union* (New York, 1945), pp. 33-4: 1941년 11월 6일 연설. Werth, *Russia at War*, pp. 244-9도 보라.

36. S. Bialer, *Stalin and His Generals* (New York, 1969), pp. 306-9, 아르테미예프 장군과 시닐로프 장군의 회고. 촬영된 연설에 관해서는 Radzinsky, *Stalin*, p. 468.

37. R. G. Reuth, *Goebbels* (London, 1993), p. 297.

38. 전투에 관한 이 묘사와 후속 묘사는 Erickson, *The Stalingrad*, pp. 250-66; Zhukov, *Reminiscences*, 2권 pp. 33-40에 나온다.

39. 판필로프 이야기는 Werth, *Russia at War*, pp. 254-5에 나온다.

40. Spahr, *Zhukov*, pp. 74-5; 주코프의 대답은 다큐멘터리 〈Russia's War〉 4회에 있는 인터뷰에서 나온다.

41. 독일 측 수치는 *Kriegstagebuch des Oberkommandos der Wehrmacht* 총 5권 (Frankfurt am Main, 1961-3), 1권 pp. 1120-1에 있다. 소련 측 산정치는 J. Erickson, "Soviet War Losses," in J. Erickson and D. Dilks, eds., *Barbarossa: The Axis and the Allies* (Edinburgh, 1994), pp. 264-5에 나온다.

42. *Kriegstagebuch*, 1권, p. 1120.

43. Bialer, *Stalin and his Generals*, pp. 295-6, 벨로프 장군의 회고.

44. L. Rotundo, "The Creation of Soviet Reserves and the 1941 Campaign," *Military Affairs*, 65 (1985), pp. 21-7; D. Glantz, *The Military Strategy of the Soviet Union: A History* (London, 1992), 부록 1, 제2차 세계대전 시기 소련의 동원, pp. 308-10.

45. J. Lucas, *War on the Eastern Front: The German Soldier in Russia 1941-1945* (London, 1979), pp. 78-94; Cooper, *The German Army*, pp. 233-4. 기온은 Bialer, *Stalin and his Generals*, p. 324에 있다.

46. Cooper, *The German Army*, p. 344.

47. G. Gorodetsky, *Stafford Cripps' Mission to Moscow 1940-42* (Cambridge, 1984), pp. 280-8.

48. Zhukov, *Reminiscences*, 2권 pp. 52-3.

49. Erickson, "Soviet Losses," p. 254.

50. 특히 K. Reinhardt, *Moscow-The Turning Point: The Failure of Hitler's Strategy in the Winter of 1941-42* (Oxford, 1992)와 R. Stolfi, *Hitler's Panzers East: World War II Reinterpreted* (Norman, Oklahoma, 1991)를 보라.

51. Erickson, *The Road to Stalingrad*, p. 287.

52. Spahr, *Zhukov*, p. 67.

53. N. Tumarkin, *The Living and the Dead: The Rise and Fall of the Cult of World War II in Russia* (New York, 1994), pp. 76-8; Werth, *Russia at War*, p. 273. 조야 숭배에 관해서는 K. Hodgson, "Soviet Women's Poetry of World War 2," in J. Garrard and C. Garrard, eds., *World War 2 and the Soviet People* (London, 1993), pp. 80-1을 보라.

54. I. Ehrenburg, *Men - Years - Life*, 5권: *The War 1941-1945*, pp. 29, 35.

55. Nicholas, *The Rape of Europa*, pp. 193-4.

56. Werth, *Russia at War*, p. 274.

5장 내부로부터의 싸움: 부역, 테러, 그리고 저항

제사: C. Andreyev, *Vlasov and the Russian Liberation Movement: Soviet Reality and Emigré Theories* (Cambridge, 1987), p. 209.

1. M. Burleigh, *Death and Deliverance, "Euthanasia" in Germany 1900-1941* (Cambridge, 1994), pp. 230-1.

2. B. Krawchenko, "Soviet Ukraine under Nazi Occupation," in Y. Boshyk, *Ukraine During World War II* (Edmonton. 1986), p. 17.

3. A. Dallin, *German Rule in Russia* 2판 (London, 1981); S. Kudryashov, "The Hidden Dimension: Wartime Collaboration in the Soviet Union," in J. Erickson and D. Dilks, eds., *Barbarossa: The Axis and the Allies* (Edinburgh, 1994), pp. 240-1.

4. O. Caroe, *Soviet Empire: The Turks of Central Asia and Stalinism* (London, 1967), pp. 247-8.

5. N. Heller and A. Nekrich, *Utopia in Power: The History of the Soviet Union from 1917 to the Present* (London, 1985), pp. 428-9. 수치는 M. R. Elliott, "Soviet Military Collaborators during World War II," in Boshyk, *Ukraine*, pp. 92-6에 나온다.

6. Elliot, "Soviet Military Collaborators," p. 94; S. J. Newland, *Cossacks in the German Army, 1941-1945* (London, 1991), pp. 105-6, 116-17; W. Anders, *Hitler's Defeat in Russia* (Chicago, 1953), pp. 177-9. 25만 명이라는 수치에는 카자크 사단(나치 친위대 소속 제15 카자크 기병 군단)으로 편입된 5만여 명과 파르티잔 소탕 부대에 징모된 다른 카자크들, 추가된 12개 예비 연대, 약간 명씩 독일 부대에 복무한, 계속 비전투 원조 부대원으로 복무한 카자크들이 포함되어 있다. 카자크 전투원으로 흔히 제시되는 수치는

1943년에 2만 명 내지 2만 5000명이며, 더 높은 수치에는 1941년과 1945년 사이 어느 시점에서 독일군을 위해 싸우거나 일한 카자크 전원이 포함되어 있다.

7. Elliot, "Soviet Military Collaborators," p. 93.

8. Kudryashov, "The Hidden Dimension," pp. 243-5; Elliot, "Soviet Military Collaborators," pp. 95-6.

9. Anders, *Hitler's Defeat*, p. 191.

10. 자세한 사항은 Andreyev, *Vlasov*, pp. 19-29; J. Erickson, *The Road to Stalingrad* (London, 1976), pp. 352-3에 나온다.

11. Andreyev, *Vlasov*, pp. 38-40.

12. Ibid., pp. 210-5, 부록 B, 블라소프의 공개 서한, '나는 왜 볼셰비즘과 싸우기로 결심했는가'.

13. Ibid., pp. 206-8, 부록 A, 1942년 12월 27일 스몰렌스크 선언.

14. J. Hoffmann,*Die Geschichte der Wlassow-Armee* (Freiburg, 1984), pp. 205-36.

15. Heller and Nekrich, *Utopia*, pp. 437-8; Hoffmann, *Die Geschichte der Wlassow-Armee*, p. 244.

16. Andreyev, *Vlasov*, pp. 78-9.

17. 독일의 동방 계획에 관해서는 R-D. Müller, *Hitlers Ostkrieg und die deutsche Siedlungspolitik* (Frankfurt am Main, 1991); M. Burleigh, "Nazi Europe," in N. Ferguson, ed., *Virtual History* (London, 1997), pp. 317-9; N. Rich, *Hitler's War Aims: The Establishment of the New Order* (London, 1974), pp. 322 ff를 보라.

18. Krawchenko, "Soviet Ukraine," pp. 22-3.

19. Rich, *Hitler's War Aims*, pp. 359-60.

20. I. Kamenetsky, *Hitler's Occupation of Ukraine, 1941-1944: A Study in Totalitarian Imperialism* (Milwaukee, 1956), p. 35.

21. Ibid., pp. 43-6.

22. 농민 '지식인'에 관해서는 R. Bosworth, *Explaining Auschwitz and Hiroshima: History Writing on the Second World War* (London, 1993), pp. 149-51을 보라. Krawchenko, "Soviet Ukraine," p. 27; O. Zambinsky, "Collaboration of the Population in Occupied Ukrainian Territory: Some Aspects of the Overall Picture," *Journal of Slavic Military Studies*, 10 (1997), p. 149.

23. Krawchenko, "Soviet Ukraine," pp. 26-7. 키예프의 배급에 관해서 Zambinsky, "Collaboration," p. 148. 소련에서 독일이 얻은 식량 공급량의 수치를 보려면 T. P. Mulligan, *The Politics of Illusion and Empire: German Occupation Policy in the Soviet Union 1942-1943* (Westport, Connecticut, 1988), pp. 93-103. 1000만 톤이 넘는 곡물과 거의 250만 톤에 이르는 건초가 수탈되었다.

24. 독일로 끌려간 동방 노동자 280만 명 가운데 230만 명이 우크라이나 출신이었다. Krawchenko, "Soviet Ukraine," pp. 27-8; Kamenetsky, *Hitler's Occupation of Ukraine*, pp. 46-8을 보라.

25. J. Förster, "Jewish Policies of the German Military, 1939-1942," in A. Cohen, ed.,

The Shoah and the War (New York, 1992), pp. 59-61.

26. J. Schecter and V. V. Luchkov, eds., *Khrushchev Remembers: The Glasnost Tapes* (New York, 1990), p. 27. 유대인을 대하는 스탈린의 태도에 관한 최근 논의로는 M. Parrish, *The Lesser Terror: Soviet State Security, 1939-1953* (London, 1996), pp. 197-200을 보라.

27. A. Vaksberg, *Stalin against the Jews* (New York, 1994), pp. 64-6; N. Levin, *The Jews in the Soviet Union since 1917* 총 2권 (London, 1990), 1권 pp. 282-311.

28. Vaksberg, *Stalin against the Jews*, pp. 82-6.

29. B-C. Pinchuk, *Shtetl Jews under Soviet Rule: Eastern Poland on the Eve of the Holocaust* (London, 1990), pp. 66-70, 104-6, 127-32.

30. Vaksberg, *Stalin against the Jews*, pp. 105-10; Parrish, *Lesser Terror*, pp. 200-1.

31. Levin, *Jews in the Soviet Union*, pp. 363-4; Parrish, *Lesser Terror*, pp. 200-1.

32. Levin, *Jews in the Soviet Union*, pp. 379-85, 455-6.

33. C. R. Browning, *The Path to Genocide* (Cambridge, 1992), pp. 100-6; Browning, "Hitler and the Euphoria of Victory: The Path to the Final Solution," in D. Cesarani, ed., *The Final Solution: Origins and Implementation* (London, 1994), pp. 142-5.

34. G. Fleming, *Hitler and the Final Solution* (London, 1985), p. 67.

35. R. Headland, *Messages of Murder: A Study of the Einsatzgruppen of the Security Police and the Security Service 1941-43* (London, 1992), pp. 54-5.

36. Ibid., pp. 59-60.

37. Browning, "Hitler and Euphoria," pp. 139-40. 인종 정책의 더 광범위한 맥락을 아는 데 훌륭한 연구는 M. Burleigh and W. Wippermann, *The Racial State: Germany 1933-1945* (Cambridge, 1991)이다.

38. G. Reitlinger, *The Final Solution* (London, 1971), pp. 233-4; Levin, *Jews in the Soviet Union*, pp. 404-6. 비유대인 소련 포로의 살해에 관해서는, V. E. Korol, "The Price of Victory: Myths and Realities," *Journal of Slavic Military Studies*, 9 (1996), p. 419.

39. Reitlinger, *The Final Solution*, p. 235.

40. Ibid., pp. 240-1.

41. Headland, *Messages of Murder*, p. 105; Zambinsky, "Collaboration," pp. 143-4. 보로실로프그라드(Voroshilovgrad, 오늘날 우크라이나의 루한스크)에서는 경찰이 열흘 만에 유대인과 공산당원을 기꺼이 고발하려는 자원자 1000명을 찾아냈다.

42. 배경에 관해서는 A. A. Maslov, "Concerning the Role of Partisan Warfare in Soviet Military Doctrine of the 1920s and 1930s," *Journal of Slavic Military Studies*, 9 (1996), pp. 891-2를 보라. C. Streit, "Partisans - Resistance - Prisoners of War," in J. L. Wieczynski, ed., *Operation Barbarossa: The German Attack on the Soviet Union, June 22, 1941* (Salt Lake City, 1993), pp. 265-6.

43. J. Stalin, *The Great Patriotic War of the Soviet Union* (New York, 1945), p.15.

44. J. A. Armstrong, ed., *Soviet Partisans in World War II* (Madison, 1964), p. 662.

45. M. Cooper, *The Phantom War: The German Struggle against Soviet Partisans,*

1941-1944 (London, 1979), p. 17.

46. Streit, "Partisans," p. 271.

47. Ibid., p. 269. 또한 T. Schulte, *The German Army and Nazi Policies in Occupied Russia* (Oxford, 1989), pp. 317-44. 파르티잔 및 전쟁 포로의 취급에 관한 문서 부록도 보라.

48. Streit, "Partisans," p. 270.

49. Cooper, *The Phantom War*, p. 73. 파르티잔 중앙 조직의 설립에 관해서는 J. A. Armstrong and K. DeWitt, "Organisation and Control of the Partisan Movement," in Armstrong, *Soviet Partisans*, pp. 98-103을 보라. 〈파르티잔 지침〉에 관해서는 A. Werth, *Russia at War 1941-1945* (London, 1964), p. 710을 보라.

50. N. Tec, *Defiance: The Bielski Partisans* (Oxford, 1993), pp. 41-4, 74-6, 103-6, 202-3, 207-9.

51. 우크라이나에 관해서는 Cooper, *The Phantom War*, pp. 67-8; Kamenetsky, *Hitler's Occupation of Ukraine*, pp. 69-82. 파르티잔 운동 참여자 총수에 관해서는 실질적인 합의가 없다. 정확한 수치는 파르티잔 활동의 성격 그 자체 때문에 밝혀질 수 없다. E. Ziemke, "Composition and Morale of the Partisan Movement," in Armstrong, *Soviet Partisans*, p. 151; Cooper, *The Phantom War*, pp. 66-8을 보라. Werth, *Russia at War*, pp. 715, 725는 더 높은 수치를 제시한다.

52. Cooper, *The Phantom War*, p. 59.

53. Armstrong, *Soviet Partisans*, pp. 750-2, 문서 73, 발라킨의 1942년 1~2월 일기.

54. Cooper, *The Phantom War*, p. 69; Ziemke, "Composition and Morale," pp. 148-50.

55. Kamenetsky, *Hitler's Occupation of Ukraine*, pp. 69-73; M. Yurkevich, "Galician Ukrainians in German Military Formations and in the German Administration," in Boshyk, *Ukraine in World War II*, pp. 71-3.

56. Kamenetsky, *Hitler's Occupation of Ukraine*, p. 81.

57. 수치는 Maslov, "Partisan Warfare," pp. 892-3에 있다.

58. Werth, *Russia at War*, pp. 791-2.

59. Ibid., p. 792.

6장 부글부글 끓는 솥: 스탈린그라드 전투, 1942-1943

제사: A. Werth, *Russia at War 1941-1945* (London, 1964), p. 560.

1. Erickson, "Soviet War Losses," in J. Erickson and D. Dilks, eds., *Barbarossa: The Axis and the Allies* (Edinburgh, 1994), p. 264.

2. 경제 손실에 관해서는 W. Moskoff, *The Bread of Affliction: The Food Supply in the USSR during World War II* (Cambridge, 1990), pp. 71-2; A. Nove, *An Economic History of the USSR* (London, 1989), p. 262를 보라.

3. H. Trevor-Roper, ed., *Hitler's War Directives* (London, 1964), p. 178.

4. C. Andrew and O. Gordievsky, *KGB: The Inside Story* (London, 1990), p. 224; D. M. Glantz, *The Role of Intelligence in Soviet Military Strategy in World War II* (Novato,

California, 1990), pp. 49-51.

5. M. Heller and A. Nekrich, *Utopia in Power: The History of the Soviet Union from 1917 to the Present* (London, 1982), p. 391; D. M. Glantz and J. House, *When Titans Clashed: How the Red Army Stopped Hitler* (London, 1995), p. 121; J. Garrard and C. Garrard, eds., *World War 2 and the Soviet People* (London, 1993), p. 19.

6. A. Sella, *The Value of Human Life in Soviet Warfare* (London, 1992), pp. 158-9; W. Spahr, *Zhukov: The Rise and Fall of a Great Captain* (Novato, California, 1993), p. 147. 1942년 9월 26일에 주코프가 형벌 부대를 승인했다. 각 군은 다섯 개 내지 열 개 형벌 중대를 만들라는 명령을 받았다.

7. 형벌 부대에 관한 수치를 보려면 Erickson, "Soviet Losses," p. 262. 사형 선고를 받은 사람의 수는 *War In History*, 4 (1997), p. 230에 있는 E. Mawdsley의 서평에 나온다.

8. J. Barber and M. Harrison, *The Soviet Home Front: A Social and Economic History of the USSR in World War II* (London, 1991), p. 72에서 재인용.

9. I. Ehrenburg, *Men - Years - Life*, 5권: *The War 1941-1945* (London, 1964), p. 123.

10. A. Werth, *Russia at War*, pp. 415-6.

11. R. Bosworth, *Explaining Auschwitz and Hiroshima: History Writing and the Second World War 1945-1990* (London, 1993), p. 153.

12. Heller and Nekrich, *Utopia*, p. 407.

13. Ibid., pp. 408-10; W. P. and Z. Coates, *A History of Anglo-Soviet Relations* (London, 1944), pp. 696-7. 종교의 부활에 관해서는 M. Spinka, *The Church in Soviet Russia* (Oxford, 1956), pp. 82-6.

14. Heller and Nekrich, *Utopia*, p. 409.

15. R. Parker, *Moscow Correspondent* (London, 1949), pp. 21-2.

16. Werth, *Russia at War*, p. 417, 《프라브다》에 실린 시 〈그놈을 죽여라!〉에서.

17. Ibid., p. 414.

18. G. Gibian, "World War 2 in Russian National Consciousness," in Garrard, *World War 2*, p. 155.

19. A. Seaton, *Stalin as Warlord* (London, 1976), p. 39. 스탈린이 차리친에서 한 행동에 관한 비판적 서술로는 A. Antonov-Ovseyenko, *The Time of Stalin: Portrait of a Tyranny* (New York, 1981), pp. 10-4, 20을 보라.

20. *Great Patriotic War of the Soviet Union 1941-1945: A General Outline* (Moscow, 1970), p. 117.

21. J. Wieder, *Stalingrad und die Verantwortung der Soldaten* (München, 1962), p. 45.

22. G. Zhukov, *Reminiscences and Reflections* (Moscow, 1985), 2권 pp. 83-4; Werth, *Russia at War*, pp. 448-9; Von Hardesty, *Red Phoenix: The Rise of Soviet Air Power 1941-1945* (London, 1982), p. 102.

23. W. Warlimont, *Inside Hitler's Headquarters* (London, 1964), pp. 246-7.

24. Zhukov, *Reminiscences*, 2권, pp. 87-8.

25. Ibid., pp. 93-4; Spahr, *Zhukov*, pp. 101-2.

26. Zhukov, *Reminiscences.*, 2권, p. 96.

27. 마이스키의 인용구는 S. M. Miner, *Between Churchill and Stalin: The Soviet Union, Great Britain and the Origins of the Grand Alliance* (Chapel Hill, 1988), p. 158에 있다; 무기대여법 관련 수치는 M. Harrison, *Soviet Planning in Peace and War, 1938-1945* (Cambridge, 1985), pp. 258-9에 있다.

28. V. Berezhkov, *History in the Making: Memoirs of World War II Diplomacy* (Moscow, 1983), p. 195.

29. Ibid., pp. 196-9; W. A. Harriman and E. Abel, *Special Envoy to Churchill and Stalin, 1941-1945* (London, 1975), pp. 152-64.

30. Spahr, *Zhukov*, pp. 103-5.

31. 자세한 사항은 G. A. Kumanev, "The Soviet Economy and the 1941 Evacuation," in J. L. Wieczynski, ed., *Operation Barbarossa: The German Attack on the Soviet Union, June 22, 1941* (Salt Lake City, 1993), pp. 168-81과 F. Kagan, "The Evacuation of Soviet Industry in the Wake off "Barbarossa": A Key to Soviet Victory," *Journal of Slavic Military Studies*, 8 (1995), pp. 389-96에 있다.

32. Kumanev, "Soviet Economy," pp. 191-3; Erickson, "Soviet Women at War," in Garrard, *World War 2*, p. 54.

33. 수치는 Kumanev, "Soviet Economy," p. 189; Kagan, "Evacuation," p. 406에 있다.

34. Harrison, *Soviet Economy*, pp. 72-9; Kagan, "Evacuation," p. 396-8.

35. K. Simonov, *Days and Nights* (London, n.d.), p. 134.

36. Werth, *Russia at War*, pp. 559-60; V. I. Chuikov, *The Beginning of the Road: The Story of the Battle of Stalingrad* (London, 1963), pp. 14-27.

37. Chuikov, *Stalingrad*, pp. 78-9.

38. H. C. Cassidy, *Moscow Dateline 1941-1943* (London, 1944), pp. 224-5.

39. 자세한 사항은 Chuikov, *Stalingrad*, pp. 93-102; Werth, *Russia at War*, pp. 452-3; J. Erickson, *The Road to Stalingrad* (London, 1975), pp. 391-3에 있다.

40. 쥐에 관한 자세한 사항은 Cassidy, *Moscow Dateline*, p. 227에 있다.

41. Chuikov, *Stalingrad*, p. 191.

42. 수치는 J. Erickson, "Red Army Battlefield Performance, 1941-45: The System and the Soldier," in P. Addison and A. Calder, eds., *Time to Kill: The Soldiers' Experience of War in the West 1939-1945* (London, 1997), p. 244에 있다.

43. Simonov, *Days and Nights*, p. 6.

44. Werth, *Russia at War*, p. 456.

45. Von Hardesty, *Red Phoenix*, pp. 97-104; *The Soviet Air Force in World War II* (London, 1982), pp. 114-34; S. Zaloga and J. Grandsen, *Soviet Tanks and Combat Vehicles of World War II* (London, 1984), pp. 152-4.

46. 천왕성 작전에 관한 자세한 사항은 Erickson, *The Road to Stalingrad*, pp. 447-53; Zhukov, *Reminiscences*, pp. 115-7; Glantz and House, *When Titans Clashed*, pp. 133-4에 나온다.

47. K. Zeitzler, "Stalingrad," in W. Richardson and S. Frieden, eds., *The Fatal Decisions* (London, 1956), p. 138.

48. Glantz and House, *When Titans Clashed*, p. 134; Erickson, *The Road to Stalingrad*, pp. 468-9.

49. F. Paulus, "Stalingrad: A Brief Survey," in W. Goerlitz, *Paulus and Stalingrad* (London, 1963), p. 283.

50. W. Murray, *Luftwaffe* (London, 1985), pp. 141-4.

51. 자세한 사항은 Goerlitz, *Paulus and Stalingrad*, pp. 4-6, 47-8, 59-60에 있다.

52. Wieder, *Stalingrad*, p. 43.

53. J. Erickson, *The Road to Berlin: Stalin's War with Germany* (London, 1983), p. 114.

54. Cassidy, *Moscow Dateline*, p. 253에 보고되었다.

55. 공중 봉쇄에 관해서는 Hardesty, *Red Phoenix*, pp. 110-7을 보라. 고리 작전에 관해서는 Glantz and House, *When Titans Clashed*, pp. 141-2; Erickson, *The Road to Berlin*, pp. 46-50을 보라.

56. Werth, *Russia at War*, pp. 540-1.

57. Wieder, *Stalingrad*, p. 327.

58. F. Gilbert, ed., *Hitler Directs His War: The Secret Records of His Daily Military Conferences* (New York, 1950), pp. 18-9.

59. Werth, *Russia at War*, p. 543; Ehrenburg, *Men - Years - Life*, 5권: *The War 1941-1945*, p. 92.

60. Erickson, "Soviet Losses," p. 264. 스탈린그라드 방어 작전에서 32만 3856명, 공격 작전에서 15만 4885명이 전사했다(부상자는 총 65만 1000명이다).

61. *Russia at War*, p. 531에 있는 위스와의 인터뷰에서.

7장 성채 작전: 쿠르스크 전투, 1943

제사: K. Simonov, *Days and Nights* (London, n.d.), p. 59.

1. E. von Manstein, *Verlorene Siege* (Bonn, 1995), p. 508.

2. 소련군이 사용할 수 있는 인력 충원층의 감소, 그리고 '러시아인 무리' 신화에 관해서는 J. Erickson, "Red Army Battlefield Performance, 1941-45: The System and the Soldier," in P. Addison and A. Calder, eds., *Time to Kill: The Soldiers Experience of War in the West, 1941-1945* (London, 1997), pp. 237-41, 247-8을 보라.

3. B. Bonwetsch, "Stalin, the Red Army, and the 'Great Patriotic War'," in I. Kershaw and M. Lewin, eds., *Stalinism and Nazism: Dictatorships in Comparison* (Cambridge, 1997), pp. 203-4; E. O' Ballance, *The Red Army* (London, 1964), p. 179.

4. S. Bialer, eds., *Stalin and His Generals: Soviet Military Memoirs* (New York, 1969), pp. 350-1 (바실렙스키 원수의 회고), pp. 352-4 (시테멘코의 회고), pp. 367-8 (보로노프 원수의 회고).

5. S. M. Shtemenko, *The Soviet General Staff at War* (Moscow, 1970), pp. 125-7.

6. Ibid., pp. 128-9; Bialer, *Stalin and his Generals*, pp. 355-9.

7. J. Sapir, "The Economics of War in the Soviet Union during World War II," in Kershaw and Lewin, *Stalinism and Nazism*, pp. 219-21; R. M. Ogorkiewicz, *Armoured Forces: A History of Armoured Forces and their Vehicles* (London, 1970), pp. 123-4; S. J. Zaloga and J. Grandsen, *Soviet Tanks and Combat Vehicles in World War II* (London, 1984), pp. 146-9, 160-2.

8. R. J. Overy, *The Air War 1939-1945* (London, 1980), pp. 52-6; Von Hardesty, *Red Phoenix: The Rise of Soviet Air Power 1941-1945* (London, 1982), pp. 83-8.

9. Von Hardesty, "Roles and Missions: Soviet Tactical Air Power in the Second Period of the Great Patriotic War," in C. Reddel, ed., *Transformations in Russian and Soviet Military History* (Washington, 1990), pp. 163-9; K. Uebe, *Russian Reactions to German Air Power in World War II* (New York, 1964. , pp. 29-42.

10. Zaloga and Grandsen, *Soviet Tanks*, pp. 131-7.

11. Ibid., pp. 155-66.

12. H. P. van Tuyll, *Feeding the Bear: American Aid to the Soviet Union 1941-1945* (New York, 1989), pp. 156-7; J. Beaumont, *Comrades in Arms: British Aid to Russia 1941-1945* (London, 1980), pp. 210-2. 영국은 전화기 24만 7000대와 전화선 100만 마일을 제공했다.

13. D. R. Beachley, "Soviet Radio-Electronic Combat in World War II," *Military Review*, 61 (1981), pp. 67-8.

14. D. M. Glantz, *The Role of Intelligence in Soviet Military Strategy in World War II* (Novato, California, 1990)에 있는 논의를 보라.

15. R. J. Overy et al., "Co-operation: Trade, Aid and Technology," in D. Reynolds, W. Kimball and A. O. Chubarian, eds., *Allies at War: The Soviet, American and British Experience 1939-1945* (New York, 1994), pp. 207-16; W. A. Harriman and E. Abel, *Special Envoy to Churchill and Stalin, 1941-1945* (London, 1945), pp. 90-1.

16. W. A. Harriman and E. Abel, *Special Envoy to Churchill and Stalin, 1941-1945* (London, 1945), pp. 90-1.

17. B. V. Sokolov, "Lend Lease in Soviet Military Efforts 1941-1945," *Journal of slavic Military History*, 7 (1994), pp. 567-8; 흐루쇼프는 J. L. Schecter and V. V. Luchkov, eds., *Khrushchev Remembers: The Glasnost Tapes* (New York, 1990), p. 84에 있다.

18. van Tuyll, *Feeding the Bear*, pp. 156-7; Zaloga and Grandsen, *Soviet Tanks*, p. 207; V. Vorsin, "Motor Vehicle Transport Deliveries Through 'LendLease'," *Journal of Slavic Military Studies*, 10 (1997), pp. 164, 172-3.

19. Sokolov, "Lend Lease," pp. 570-81. 소콜로프가 제시한 수치들은 무기대여법을 소련의 생산 기록의 맥락 속에 놓으려는 한 러시아 학자의 첫 시도를 대표한다. "서방의 공급 물자가 아니었더라면, 소련은 대조국전쟁에서 승리할 수 없었을 뿐만 아니라 독일군의 공격에 저항할 수도 없었을 것"(p. 581)이라는 그의 결론은 의미심장하다. '제2전선'은 Werth, *Russia at War*, p. 574에 나온다.

20. Shtemenko, *The Soviet General Staff at War*, pp. 152–61.

21. 계획의 기원에 관한 논쟁에 관해서는 W. Spahr, *Zhukov: The Rise and Fall of a Great Captain* (Novato, California, 1993), pp. 119–21; Zhukov, *Reminiscences*, 2권 pp. 150–60.

22. '종심 전투' 전략의 부활에 관해서는 D. Glantz, "Toward Deep Battle: The Soviet Conduct of Operational Maneuver," in Reddel, *Transformations*, pp. 194–202를 보라.

23. Zhukov, *Reminiscences*, 2권 pp. 168–79; K. Rokossovsky, *A Soldier's Duty* (Moscow, 1970), pp. 184–90.

24. A. Vasilevsky, "Strategic Planning of the Battle of Kursk," in *The Battle of Kursk* (Moscow, 1974), p. 73. 병참 노력에 관해서는, N. Antipenko, "Logistics," in *Battle of Kursk*, pp. 242, 245–6.

25. 대결을 벌이는 두 군대의 규모에 관한 자세한 사항은 최근에 비판적 검토를 받은 바 있다. N. Zetterling, "Loss Rates on the Eastern Front during World War II," *Journal of Slavic Military History*, 9 (1996), pp. 895–906을 보라.

26. T. P. Mulligan, "Spies, Ciphers, and 'Zitadelle': Intelligence and the Battle of Kursk 1943," *Journal of Contemporary History*, 22 (1987), pp. 237–8; C. Andrew and O. Gordievsky, *KGB: The Inside Story* (London, 1990), pp. 248–9.

27. Mulligan, "Spies," pp. 238–41; Andrew and Gordievsky, *KGB*, pp. 248–9; Glantz, *Soviet Intelligence*, pp. 99–100.

28. Zhukov, *Reminiscences*, 2권 p. 180.

29. Glantz, *Soviet Intelligence*, pp. 100–3; Zhukov, *Reminiscences*, 2권 p. 183.

30. 자세한 사항은 Rokossovsky, *Soldier's Duty*, pp. 195–202에 있다.

31. Erickson, *The Road to Berlin*, pp. 137–40; Manstein, *Verlorene Siege*, pp. 498–500.

32. C. Sydnor, *Soldiers of Destruction: The SS Death's Head Division, 1933–1945* (Princeton, 1977), pp. 283–8.

33. P. Rotmistrov, "Tanks against Tanks," in *Main Front: Soviet Leaders Look Back on World War II* (London, 1987), pp. 106–9.

34. Ibid., pp. 109–10.

35. Ibid., pp. 112–3.

36. Roman Töppel, "Legendenbildung in der Geschichtsschreibung–Die Schlacht bei Kursk," *Militärgeschichtliche Zeitschrift*, 61 (2002), pp. 381–5; Valeriy Zamulin, 'Soviet Troop Losses in the Battle of Prokhorovka,' *Journal of Slavic Military Studies*, 32 (2019), pp. 119–21. 소련 측의 원래 서술은 Rotmistrov, 'Tanks against Tanks', pp. 114–7에 있다.

37. Vasilevsky, "Strategic Planning," p. 74; Werth, *Russia at War*, p. 684.

38. I. Ehrenburg, *Men‑Years‑Life*, 5권: *The War 1941–1945* (London, 1964), p. 107.

39. Manstein, *Verlorene Siege*, pp. 501–5에서 만슈타인은 독일군이 승리할 찰나에 있었다고 주장했는데 이 견해는 다음 석 달 동안의 전투 경과와 썩 맞지 않는다.

40. D. Volkogonov, *Stalin* (London, 1991), p. 481.

41. Ibid., p. 481. 영어 번역문은 S. Richardson, ed., *The Secret History of World War II: The Wartime Cables of Roosevelt, Stalin and Churchill* (New York, 1986), pp. 116-7, '스탈린 수상이 루스벨트 대통령에게 보내는 1943년 8월 8일자 비밀 개인 전갈'에 있다.

42. Werth, *Russia at War*, pp. 684-5.

43. Erickson, "Soviet Losses," p. 264.

44. 여성 고용에 관해서는 J. Barber and M. Harrison, *The Soviet Home Front 1941-1945* (London, 1991), pp. 215-9; J. Erickson, "Soviet Women at War," in J. Garrard and C. Garrard, *World War 2 and the Soviet People* (London, 1993), pp. 53-6을 보라.

45. A. Sella, *The Value of Human Life in Soviet Warfare* (London, 1992), pp. 163-4.

46. Ibid., pp. 158-9.

47. G. Gibian, "World War 2 in Russian National Consciousness," in Garrard, *World War 2*, p. 155에서 재인용.

48. Ibid., p. 153에 종전 45주년 기념으로 1990년 5월 9일에 게재된 뱌체슬라프 콘드라티예프의 기사가 인용되어 있다.

49. Erickson, "Soviet Losses," pp. 261-2; A. A. Maslov, "Soviet General Officer Corps 1941-1945: Losses in Combat," *Journal of Slavic Military Studies*, 8 (1995), pp. 607-8도 보라. 마슬로프는 전쟁 동안 장군 235명(과 해군 소장 1명)이 사상했다고 기록해 놓고 있다.

50. Erickson, "Battlefield Performance," p. 237.

51. 사상자 규모에 관한 논의로는 E. Bacon, "Soviet Military Losses in World War II", *Journal of Slavic Military Studies*, 6 (1993), pp. 613-33; V. E. Korol, "The Price of Victory: Myths and Realities," *Journal of Slavic Military Studies*, 9 (1996), pp. 419-26을 보라.

52. Sella, *Value of Life*, p. 72.

53. Ibid., pp. 143-4.

54. Ibid., pp. 144-5.

55. Ehrenburg, *Men - Years - Life*, 5권: *The War 1941-1945*, p. 115.

56. Ibid., p. 81.

57. Ibid., p. 115.

58. M. Giants, "Images of the War in Painting," in *Garrard, World War 2*, p. 117. 또한 전시의 대중문화와 일반 병사의 태도에 관해서 N. Tumarkin, *The Living, and the Dead: The Rise and Fall of the Cult of World War II in Russia* (New York, 1994), pp. 79-84을 보라.

59. W. Keitel, *Memoirs of Field Marshal Keitel* (London, 1965), p. 188.

60. Glantz and House, *When Titans Clashed*, pp. 171-3; Zhukov, *Reminiscences*, 2권 pp. 218-20.

61. Erickson, *The Road to Berlin*, pp. 186-8.

62. Werth, *Russia at War*, pp. 752-4.

63. 이 문단과 다음 문단은 V. Berezhkov, *History in the Making: Memoirs of World War II Diplomacy* (Moscow, 1983), pp. 288-98과 S. Shtemenko, *The Soviet General Staff at War*, pp. 177-95를 근거로 삼고 있다. 회담에 관한 가장 훌륭한 서술은 K. Salisbury, *The Turning Point* (London, 1986)에서 찾을 수 있다.

64. V. Berezhkov, *History in the Making*, p. 252.

65. Ibid., p. 256. 모임에 관한 또 다른 해설은 Harriman and Abel, *Special Envoy*, pp. 25-6에 있다.

66. V. Berezhkov, *History in the Making*, p. 287. 또한 K. Eubank, *Summit at Teheran* (New York, 1985), pp. 350-1.

67. Zhukov, *Reminiscences*, 2권, p. 226.

8장 거짓 새벽: 1943-1944

1. *Great Patriotic War of the Soviet Union 1941-1945* (Moscow, 1970), pp. 82, 143.

2. 자세한 사항은 L. L. Kerber, *Stalin's Aviation Gulag: A Memoir of Andrei Tupolev and the Purge Era* (Washington, 1996)에서 찾을 수 있다.

3. W. Moskoff, *The Bread of Affliction: The Food Supply in the USSR during World War II* (Cambridge, 1990), p. 63.

4. *Great Patriotic War*, p. 140; J. Barber and M. Harrison, *The Soviet Home Front 1941-1945* (London, 1991), pp. 163-5.

5. Moskoff, *Bread of Affliction*, pp. 136, 148.

6. Ibid., p. 108.

7. Ibid., pp. 108-9, 175; Barber and Harrison, *The Soviet Home Front*, pp. 79-85.

8. W. L. White, *Report on the Russians* (New York, 1945), pp. 148-50.

9. Moskoff, *Bread of Affliction*, pp. 149-50.

10. M. Harrison, *Soviet Planning in Peace and War, 1938-1945* (Cambridge, 1985), pp. 174-6; F. Kagan, "The Evacuation of Soviet Industry in the Wake of 'Barbarossa': A Key to Soviet Victory," *Journal of Slavic Military Studies*, 8 (1995), pp. 389-403; L. D. Pozdeeva, "The Soviet Union: Phoenix," in D. Reynolds, W. Kimball and A. O. Chubarian, eds., *Allies at War: The Soviet, American and British Experience, 1939-1945* (New York, 1994), pp. 148-56.

11. Moskoff, *Bread of Affliction*, pp. 142-3.

12. Barber and Harrison, *Home Front*, pp. 169-70.

13. E. Bacon, *The Gulag at War: Stalin's Forced Labour System in the Light of the Archives* (London, 1994), pp. 24-8, 85.

14. A. Nove, "Victims of Stalinism: How Many?," in J. A. Getty and R. T. Manning, eds., *Stalinist Terror: New Perspectives* (Cambridge, 1994), pp. 269-71; Bacon, *Gulag at War*, pp. 23-38, 122.

15. Bacon, *Gulag at War*, pp. 167-8.

16. Ibid., p. 149.

17. Ibid., p. 153.

18. Barber and Harrison, *Home Front*, pp. 116-19; R. J. Rummel, *Lethal Politics: Soviet Genocide and Mass Murder since 1917* (New Brunswick, 1990), p. 155.

19. A. Knight, *Beria: Stalins First Lieutenant* (Princeton, 1993), pp. 117-9; D. Dallin and B. I. Nicolaevsky, *Forced Labour in Russia* (London, 1947), pp. 274-5; Rummel, *Lethal Politics*, p. 156.

20. A. Solzhenitsyn, *A Day in the Life of Ivan Denisovich* (London, 1963), p. 140.

21. D. Panin, *The Notebooks of Sologdin* (New York, 1976), pp. 93-5.

22. Ibid., pp. 138-9, 151-4, 210-2.

23. Bacon, *Gulag at War*, p. 144.

24. V. Tolz, "New Information about the Deportation of Ethnic Groups in the USSR during World War 2," in J. Garrard and C. Garrard, *World War 2 and the Soviet People* (London, 1993), pp. 161-5; Rummel, *Lethal Politics*, p. 159.

25. Tolz, "New Information," p. 167. 총수는 볼가 독일인 44만 6480명을 포함해서 94만 8829명이었다. 전쟁 뒤에 추가로 12만 192명이 강제 이송되었다.

26. Dallin and Nicolaevsky, *Forced Labour*, p. 46.

27. Rummel, *Lethal Politics*, pp. 158-9; M. Heller and A. Nekrich, *Utopia in Power: A History of the Soviet Union since 1917* (London, 1986), pp. 533-4.

28. Rummel, *Lethal Politics*, pp. 159-60. 강제 이송민 사이에서 나온 사망자의 수는 맞추기 어렵다. 1990년에 소련의 공식 출처에서 제공된 수치는 이동 중에 죽은 유배자를 훨씬 낮은 수치, 즉 대략 2퍼센트 내지 8퍼센트로 제시한다.

29. M. Parrish, *The Lesser Terror: Soviet State Security 1939-1953* (London, 1996), p. 104, 그리고 다른 강제 이송에 관해서는 pp. 100-3; Rummel, *Lethal Politics*, p. 159.

30. A. Knight, *Beria: Stalin's First Lieutenant* (Princeton, 1993), p. 127.

31. 자세한 사항은 A. Werth, *Russia at War, 1941-1945* (London, 1964), pp. 776-83; J. Erickson, *The Road to Berlin* (London, 1985), pp. 234-8에 있다.

32. 폭격에 관한 자세한 사항은 R. J. Overy, *Why the Allies Won* (New York, 1996), pp. 128-32에 나온다.

33. 계획의 배경에 관해서는 G. K. Zhukov, *Reminiscences*, 2권 (Moscow, 1985), pp. 259-63, 266-7.

34. 비밀 유지에 관해서는 Erickson, *The Road to Berlin*, p. 253; *Main Front: Soviet Leaders Look Back on World War II* (London, 1987), pp. 177-8; D. M. Glantz, "The Red Mask: The Nature and Legacy of Soviet Military Deception in the Second World War," in M. Handel, ed., *Strategic and Operational Deception in the Second World War* (London, 1987), pp. 213-7.

35. D. Kahn, *Hitler's Spies: German Military Intelligence in World War II* (New York, 1978), pp. 440-1.

36. D. M. Glantz and J. House, *When Titans Clashed: How the Red Army Stopped Hitler* (London, 1995), pp. 199-201.

37. Glantz, "The Red Mask," pp. 218-9; Zhukov, *Reminiscences*, 2권 p. 269.

38. Ibid., pp: 266-7; Erickson, *The Road to Berlin*, p. 265.

39. M. Stoler, *The Politics of the Second Front* (Westport, Connecticut, 1977), p. 158.

40. P. Winterton, *Report on Russia* (London, 1945), p. 23('구교도'는 전통 교회에 충실한 한 러시아 정교회 종파의 신도다).

41. Ibid., pp. 24-7; W. A. Harriman and E. Abel, *Special Envoy to Churchill and Stalin, 1941-1945* (London, 1975), p. 314.

42. *Main Front*, p. 192.

43. S. M. Shtemenko, *The Soviet General Staff at War* (Moscow, 1970), p. 44.

44. 자세한 사항은 J. Erickson, "Soviet Women at War," in Garrard, *World War 2*, pp. 62-9에 있다.

45. Erickson, *The Road to Berlin*, pp. 288-90; Glantz and House, *When Titans Clashed*, pp. 204-5.

46. Ibid., pp. 205-6.

47. Zhukov, *Reminiscences*, 2권, pp. 280-1.

48. Ibid., pp. 282-3.

49. P. Padfield, *Himmler: Reichsführer SS* (London, 1990), pp. 523-7. 자세한 사항을 J. Ciechanowski, *The Warsaw Rising of 1944* (Cambridge, 1974)에서 더 찾을 수 있다.

50. W. S. Churchill, *The Second World War* 총6권 (London, 1948-55), 제6권, pp. 124-5.

51. V. Berezhkov, *History in the Making: Memoirs of World War II Diplomacy* (Moscow, 1983), pp. 358-9.

52. G. Kolko, *The Politics of War: The World and United States Foreign Policy, 1943-1945* (New York, 1990), pp. 114-7.

53. Berezhkov, *History in the Making*, pp. 357-8.

54. Werth, *Russia at War*, p. 877.

55. Zhukov, *Reminiscences*, 2권 pp. 301-2.

56. 자세한 사항을 알려면 M. J. Conversino, *Fighting with the Soviets: The Failure operation Frantic, 1944-1945* (Lawrence, Kansas, 1997), pp. 135-7을 보라.

57. Glantz and House, *When Titans Clashed*, pp. 213-4; Erickson, *The Road to Berlin*, pp. 384-7.

58. M. Djilas, *Conversations with Stalin* (New York, 1962), p. 114.

59. Ibid., p. 115.

60. L. C. Gardner, *Spheres of Influence: The Partition of Europe from, Munich to Yalta* (London, 1993), pp. 200-3.

61. Berezhkov, *History in the Making*, pp. 370-2.

62. Harriman and Abel, *Special Envoy*, pp. 388-90.

63. Ibid., pp. 391-3.

64. Andrew and Gordievsky, *KGB*, pp. 273-4.

65. W. Loth, *The Division of the World 1941-1945* (London, 1988), pp. 69-72;

Gardner, *Spheres of Influence*, pp. 226-36를 보라.

66. Berezhkov, *History in the Making*, p. 411.
67. Hamman and Abel, *Special Envoy*, p. 419.
68. Berezhkov, *History in the Making*, p. 405.
69. Werth, *Russia at War*, p. 980.

9장 스바스티카의 추락: 1945

제사: I. Ehrenburg, *Men - Years - Life*, 5권: *The War 1941-1945* (London, 1964), p. 191.

1. G. K. Zhukov, *Reminiscences and Reflections* 총 2권 (Moscow, 1985), 2권, p. 346.

2. Ibid., p. 347.

3. 이 전투에 관한 가장 훌륭한 서술은 C. Duffy, *Red Storm on the Reich* (London, 1993) 이다. 자세한 사항은 R. J. Rummel, *Lethal Politics: Soviet Genocide and Mass Murder since 1917* (New Brunswick, 1990), pp. 160-1에도 있다.

4. Ehrenburg, *Men - Years - Life*, 5권: *The War 1941-1945*, pp. 116, 138, 163.

5. J. Bridgman, *The End of the Holocaust: The Liberation of the Camps* (London, 1990), p. 19.

6. V. I. Chuikov, *The End of the Third Reich* (London, 1967), p. 41.

7. Bridgman, *End of the Holocaust*, pp. 19-20.

8. Ibid., pp. 25-7.

9. Ibid., pp. 23, 27. N. Levin, *The Jews in the Soviet Union since 1917* 총 2권 (London, 1990), 2권, pp. 424-5도 보라. 반파시즘 유대인 위원회 지도자들이 유대인들의 죽음에 관한 자세한 사항을 요청하자, 그들은 독일의 범죄 기록이 "희생자의 민족에 따라 분류되지 않았다"라는 말을 들었다.

10. M. Djilas, *Conversations with Stalin* (New York, 1962), p. 111. N. Tolstoy, *Stalin's Secret War* (London, 1981), p. 269도 보라.

11. A. Solzhenitsyn, *The Gulag Archipelago 1918-1956* (London, 1974), p. 21.

12. J. Erickson, "Soviet War Losses," in Erickson and D. Dilks, eds., *Barbarossa: The Axis and the Allies* (Edinburgh, 1994), p. 265.

13. Chuikov, *The End of the Reich*, pp. 123-9.

14. Ibid., p. 136; Duffy, *Red Storm*, p. 246.

15. Zhukov, *Reminiscences*, 2권, pp. 339-40.

16. Ibid., pp. 338-9; I. Konev, *Year of Victory* (Moscow, 1969), pp. 79-80; O. P. Chaney, *Zhukov* 2판 (Norman, Oklahoma, 1996), pp. 307-8, 310-11.

17. Konev, *Year of Victory*, p. 84.

18. Zhukov, *Reminiscences*, 2권 pp. 358-9.

19. Ibid., pp. 353-5.

20. Chaney, *Zhukov*, pp. 308-9.

21. V. Berezhkov, *History in the Making: Memoirs of World War II Diplomacy* (Moscow, 1983), pp. 421-4.

22. Chuikov, *The End of the Reich*, pp. 144-6.

23. Ibid., p. 147; Zhukov, *Reminiscences*, 2권 pp. 364-6에서 주코프는 탐조등과 안개 때 문에 "애를 먹은 사람은 없었다"라고 주장했다. Chaney, *Zhukov*, pp. 313-5와 날짜별 로 상세히 재구성한 T. Le Tissier, *Zhukov at the Oder: The Decisive Battle for Berlin* (London, 1996)을 보라.

24. Chaney, *Zhukov*, p. 316; W. Spahr, *Zhukov: The Rise and Fall of a Great Captain* (Novato, California, 1993), pp. 173-5.

25. Spahr, *Zhukov*, p. 177; Chuikov, *The End of the Reich*, pp. 169-70.

26. Konev, *Year of Victory*, p. 92.

27. Ibid., pp. 171-2.

28. J. Erickson, *The Road to Berlin: Stalin's War with Germany* (London, 1983), pp. 809-11.

29. J. Toland, *Hitler* (New York, 1976), pp. 865-7.

30. 자세한 사항은 F. Genoud, ed., *The Testament of Adolf Hitler: The Hitler-Bormann Documents, February-April 1945* (London, 1961)에 있다.

31. Toland, *Hitler*, p. 867.

32. Ibid., p. 878.

33. W. Maser, *Hitler's Letters and Notes* (New York, 1974), pp. 357

34. 히틀러가 죽은 상황에 관해서는 아직도 많은 견해 차이가 있다. H. R. TrevorRoper, *The Last Days of Hitler* 7판 (London, 1995), 머리말과 7장; H. Thomas, *Doppelgängers: The Truth about the Bodies in the Berlin Bunker* (London, 1995)를 보라.

35. Zhukov, *Reminiscences*, 2권, p. 390.

36. Chuikov, *The End of the Reich*, pp. 219-23.

37. Ibid., p. 258.

38. 자세한 사항은 Konev, *Year of Victory*, pp. 193-235; D. Glantz and J. House, *When Titans Clashed: How the Red Army Stopped Hitler* (Lawrence, Kansas, 1995), pp. 272-4에 있다.

39. D. M. McKale, *Hitler: The Survival Myth* (New York, 1981), pp. 31-3.

40. Ibid., pp. 182-5. 주코프는 히틀러의 유해를 찾았다는 말을 스무 해 동안 듣지 못했다 (Spahr, *Zhukov*, p. 181).

41. L. Bezymensky, *The Death of Adolf Hitler* (New York, 1968)의 증언에 토대를 둔 McKale, *Survival Myth*, p. 187.

42. 자세한 사항은 *Der Spiegel*, "Hitlers Höllenfahrt," no. 14, 1995, pp. 170-87. no. 15, 1995, pp. 172-86에 나온다.

43. H. C. Butcher, *Three Years with Eisenhower: The Personal Diary of Captain Harry C. Butcher* (London, 1946), pp. 691-3, 1945년 5월 7일자 일기; J. Deane, *The Strange Alliance: The Story of American Efforts at Wartime Cooperation with Russia* (London, 1947), pp. 164-8.

44. S. M. Shtemenko, *The Last Six Months* (New York, 1977), pp. 410-1; Zhukov,

Reminiscences, 2권, pp. 396-7; Deane, *Strange Alliance*, pp. 172-3.

45. Zhukov, *Reminiscences*, 2권 pp. 399-401. 자세한 사항은 Chaney, *Zhukov*, pp. 329-32; Deane, *Strange Alliance*, pp. 177-8에도 있다.

46. R. Parker, *Moscow Correspondent* (London, 1949), pp. 11-4.

47. Ehrenburg, *Men - Years - Life*, 5권: *The War 1941-1945*, p. 187.

48. Ibid., p. 188.

49. P. Grigorenko, *Memoirs* (London, 1983), p. 139. 또한 다음과 같은 회상도 보라. P. Sudoplatov, *Special Tasks: The Memoirs of an Unwanted Witness - A Soviet Spymaster* (New York, 1994), p. 170: "전쟁의 종식은 스탈린[지은이의 착오, '스탈린'이 아니라 '우리 나라'(strana)] 지도부의 현명함에 관한 나의 의심을 모두 단숨에 없애버린 대사건으로 내 기억 속에 지금까지도 살아 있다."

50. Zhukov, *Reminiscences*, 2권, pp. 423-4.

51. Werth, *Russia at War*, p. 1001-3.

52. Zhukov, *Reminiscences*, 2권, pp. 441-3.

53. D. Volkogonov, *Stalin* (New York, 1991), pp. 498-9; Berezhkov, *History in the Making*, p. 451.

54. Volkogonov, *Stalin*, p. 501.

55. C. Andrew and O. Gordievsky, *KGB: The Inside Story* (London, 1990), p. 302; E. Radzinsky, *Stalin* (London, 1995), p. 493.

56. W. S. Churchill, *The Second World War* 총 6권 (London, 1948-55), 6권 pp. 498-9, 처칠이 트루먼에게 보낸 1945년 5월 12일자 편지.

57. Zhukov, *Reminiscences*, 2권, p. 443; G. Kolko, *The Politics of War: The World and United States Foreign Policy, 1943-1945* (New York, 1990), pp. 591-2; G. F. Kennan, *Memoirs, 1925-1950* (London, 1968), p. 258.

58. 스탈린이 처칠에게 한 말로 M. Heller and A. Nekrich, *Utopia in Power: A History of the Soviet Union from 1917 to the Present* (London, 1986), p. 425에 있다; 트루먼과 스탈린에 관해서는 Berezhkov, *History in the Making*, pp. 468-9.

59. Zhukov, *Reminiscences*, 2권, p. 449.

60. Glantz and House, *When Titans Clashed*, pp. 277-82; Heller and Nekrich, *Utopia*, pp. 441-2.

61. Volkogonov, *Stalin*, p. 501. 포로에 관해서는 S. I. Kuznetsov, "The Situation of Japanese Prisoners of War in Soviet Camps," *Journal of Slavic Military Studies*, 8 (1995), pp. 612-3을 보라.

62. Radzinsky, *Stalin*, p. 499.

63. 손실에 관한 수치는 Erickson, "Soviet Losses," pp. 259-68에 나온다. E. Bacon, "Soviet Military Losses in World War II," *Journal of Slavic Military Studies*, 6 (1993); B. V. Sokolov, "The Cost of War: Human Losses of the USSR and Germany, 1939-1945," *Journal of Slavic Military Studies*, 9 (1996); V. E. Korol, "The Price of Victory: Myths and Realities," *Journal of Slavic Military Studies*, 9 (1996)에 있는 추산도 보라.

10장 개인숭배: 스탈린과 독소전쟁의 유산

제사: M. Djilas, *Conversations with Stalin* (New York, 1962), p. 106.

1. W. A. Harriman and E. Abel, *Special Envoy to Churchill and Stalin, 1941-1946* (London, 1976), pp. 535-6.

2. H. S. Truman, *Memoirs* 총 2권 (New York, 1955), pp. 341-2.

3. A. Bryant, *Triumph in the West, 1943-1946: Based on the Diaries and Autobiographical Notes of Field Marshal Viscount Alanbrooke* (London, 1959), p. 90.

4. M. Heller and A. Nekrich, *Utopia in Power: The History of the Soviet Union from 1917 to the Present* (London, 1986), pp. 462-3. 이것들은 소련의 공식 수치이며, 전쟁 초기에 소련의 초토화 정책으로 입은 손해를 감춘다.

5. A. Nove, *An Economic History of the USSR* (London, 1989), pp. 279, 284.

6. Harriman and Abel, *Special Envoy*, p. 536.

7. J. Stalin, *Works*, 13권 (Moscow, 1955), pp. 108, 122. 독일 작가 에밀 루트비히와 1931년 12월 13일에 나눈 대화.

8. *Europe-Asia Studies*, 49 (1997)에 실린 E. Radzinsky, *Stalin*의 서평 p. 177에서 재인용.

9. Djilas, *Conversations*, p. 82.

10. Ibid., p. 161.

11. T. Taylor, *The Anatomy of the Nuremberg Trials: A Personal Memoir* (London, 1993), pp. 30-3.

12. Ibid., pp. 311-3.

13. Ibid., p. 211.

14. A. Vaksberg, *The Prosecutor and the Prey: Vyshinsky and the 1930s Moscow Show Trials* (London, 1990), p. 259.

15. E. M. Thompson, "The Katyn Massacre and the Warsaw Ghetto Uprising in the Soviet-Nazi Propaganda War," in J. Garrard and C. Garrard, eds., *World War 2 and the Soviet People* (London, 1993), p. 220.

16. G. C. Malcher, *Blank Pages: Soviet Genocide against the Polish People* (Woking, UK, 1993), p. 35; E. Radzinsky, *Stalin* (London, 1996), p. 483. 성명서는 크라유시킨이 스몰렌스크에서 발표했다.

17. D. Marples, "Kuropaty: The Investigation of a Stalinist Historical Controversy," *Slavic Review*, 53 (1994), pp. 513-6.

18. 자기 책 *Crimes and Mercies* (London, 1997)에 있는 자기 연구를 위해 제공된 공식 수치를 볼 수 있도록 나에게 허용해준 제임스 백에게 무척 고맙다. 그 수치들은 날짜가 1956년 4월 28일로 되어 있는 '1941-1945년 기간의 전(前) 유럽 군대들의 전쟁 포로'에 관한 소련 외무부 감옥 과장의 보고서에 나온다. 당대의 산정에 관해서는 D. Dallin and B. Nicolaevsky, *Forced Labour in Soviet Russia* (London, 1948), pp. 277-8을 보라 일본에 관해서는 S. I. Kuznetsov, "The Situation of Japanese Prisoners of War in Soviet Camps," *Journal of Slavic Military Studies*, 8 (1995).

19. Dallin and Nicolaevsky, *Forced Labour*, pp. 279-80.

20. 이 인용과 본국 송환에 관한 논의에서 이용된 자료의 대다수는 N. Tolstoy, *Stalin's Secret War* (London, 1981), 17장에 있다. 본국 송환자 수에 관한 수치를 알려면 Heller and Nekrich, *Utopia in Power*, pp. 450-2도 보라. N. Bethell, *The Last Secret: Forcible Repatriation to Russia 1944-1947* (London, 1974), pp. 92-118. 덜 자극적인 사건 해설은 A. Cowgill et al. (eds.), *The Repatriations from Austria in 1945: The Report of an Inquiry* 2권 (London, 1990)에 있다.

21. Tolstoy, *Secret War*, pp. 314-5; Dallin and Nicolaevsky, *Forced Labour*, pp. 290-6.

22. Dallin and Nicolaevsky, *Forced Labour*, pp. 282-93; A. Sella, *The Value of Human Life in Soviet Warfare* (London, 1992), pp. 100-1.

23. Tolstoy, *Secret War*, p. 312.

24. R. J. B. Bosworth, *Explaining Auschwitz and Hiroshima: History Writing and the Second World War 1945-1990* (London, 1993), p. 154.

25. Dallin and Nicolaevsky, *Forced Labour*, pp. 284-9. 인용문은 파리에 본부를 둔 *Svobodnoe slovo*(자유 언론)에 재게재된 〈나를 재판하라!〉라는 제목의 기사에 나온다.

26. Heller and Nekrich, *Utopia in Power*, p. 452.

27. 자세한 사항은 Dallin and Nicolaevsky, *Forced Labour*, p. 284; Heller and Nekrich, *Utopia in Power*, pp. 451-2; R. J. Rummel, *Lethal Politics: Soviet Genocide and Mass Murder Since 1917* (London, 1990), pp. 194-5에 있다.

28. A. Knight, *Beria; Stalin's First Lieutenant* (Princeton, 1993), pp. 128-9.

29. A. Werth, *Russia at War* (London, 1964), pp. 998-9.

30. 자세한 사항은 R. Medvedev, *Let History Judge: The Origins and Consequences of Stalinism* (Oxford, 1989), pp. 782-3; W. J. Spahr, *Zhukov: The Rise and Fall of a Great Captain* (Novato, California, 1993), pp. 199-200; Radzinsky, *Stalin*, pp. 502-3에 있다.

31. N. Tumarkin, *The Living and the Dead: The Rise and Fall of the Cult of World War II in Russia* (New York, 1994), p. 108.

32. Radzinsky, *Stalin*, p. 504; Medvedev, *Let History Judge*, p. 783.

33. 자세한 사항은 D. Volkogonov, *Stalin: Triumph and Tragedy* (London, 1991), pp. 520-3; G. Hosking, *A History of the Soviet Union* (London, 1985), pp. 313-5; Radzinsky, *Stalin*, pp. 517-9; W. G. Hahn, *Postwar Soviet Politics: The Fall of Zhdanov and the Defeat of Moderation* (Ithaca, 1982), pp. 122-35에 나온다.

34. E. Bacon, *The Gulag at War. Stalin's Forced Labour System in the Light of the Archives* (London, 1994), p. 24; Rummel, *Lethal Politics*, p. 198.

35. N. Levin, *The Jews in the Soviet Union since 1917: Paradox of Survival*, 1권 (London, 1990), pp. 423-4, 428-30.

36. Tumarkin, *The Living and the Dead*, pp. 120-1; Levin, *The Jews in the Soviet Union since 1917*, 1권, pp. 432-5.

37. A. Vaksberg, *Stalin against the Jews* (New York, 1994), pp. 159-81; Levin, *The Jews*

in the Soviet Union since 1917, pp. 393-4.

38. Ibid., pp. 477-9, 484.

39. 자세한 사항은 B. Pinkus, *The Jews of the Soviet Union: The History of a National Minority* (Cambridge, 1993), pp. 142-50, 174-7; Levin, *The Jews in the Soviet Union since 1917*, 1권 pp. 512-24; 시테른 핍박에 관한 자세한 사항은 Y. Rapoport, *Doctors' Plot: Stalin's Last Crime* (London, 1991), pp. 243-8.

40. 자세한 사항은 Heller and Nekrich, *Utopia in Power*, pp. 453-6; Rummel, *Lethal Politics*, pp. 192-6; K. Sword, *Deportation and Beile: Poles in the Soviet Union, 1939-48* (London, 1996), pp. 164-74에 있다.

41. D. Holloway, *Stalin and the Bomb* (New Haven, 1994), pp. 264-5.

42. Ibid., p. 270.

43. R. Rhodes, *The Making of the Atomic Bomb* (New York, 1986), pp. 500-2; C. Andrew and O. Gordievsky, *KGB: The Inside Story* (London, 1990), pp. 254-7; Holloway, *Stalin and the Bomb*, pp. 49-57.

44. 이 인용과 다른 세부 사항은 Holloway, *Stalin and the Bomb*, 5장과 Knight, *Beria*, pp. 132-5에 나온다.

45. Holloway, *Stalin and the Bomb*, pp. 213-20.

46. Knight, *Beria*, p. 139.

47. Holloway, *Stalin and the Bomb*, p. 273.

48. W. O. McCagg, *Stalin Embattled, 1943-48* (Detroit, 1978), p. 217.

49. Holloway, *Stalin and the Bomb*, p. 291; J. L. Schecter and V. V. Luchkov, eds., *Khrushchev Remembers: The Glasnost Tapes* (New York, 1990), p. 100.

50. Schecter and Luchkov, eds., *Khrushchev*, pp. 100, 102.

51. Vaksberg, *Stalin against the Jews*, pp. 243-5; Radzinsky, *Stalin*, p. 534; Rapoport, *Doctors' Plot*, pp. 77-8; Pinkus, *Jews of the Soviet Union*, pp. 178-81.

52. 이것은 Knight, *Beria*, pp. 173-5에 제시되어 있다.

53. Vaksberg, *Stalin against the Jews*, pp. 242-3; Knight, *Beria*, pp. 171-2.

54. Rapoport, *Doctors' Plot*, pp. 74-5에서 전부 재인용. 라포포르트 자신이 타스통신사의 성명서가 나온 그날 병원 직위에서 해임되고 몇 주 뒤에 체포되었다.

55. Vaksberg, *Stalin against the Jews*, pp. 258-66.

56. 최초의 세부 사항은 Volkogonov, *Stalin*, pp. 571-2에서 드러났다. 이 첫 서술은 다차에서 스탈린을 지키던 경비대의 일원 리빈의 증언에 토대를 두었다. 리빈의 증언에 대한 비판으로는 Radzinsky, *Stalin*, pp. 449-50을 보라.

57. Ibid., p. 555; Knight, *Beria*, pp. 177-8. Rapoport, *Doctors' Plot*, pp. 151-2에 따르면 나라의 주요 전문가가 모두 감금되었기 때문에 레포르토보 감옥에서 그를 심문한 취조관이 어느 날은 그에게 셰인-스토크스(Cheyne-Stokes) 호흡—쓰러진 뒤 스탈린의 상태—에 관해 상세히 질문하면서 일을 시작했다.

58. S. Alliluyeva, *20 Letters to a Friend* (London, 1967), p. 18.

에필로그

1. N. Tumarkin, *The Living and the Dead The Rise and Fall of the Cult of World War II in Russia* (New York, 1994), p. 107-9.

2. R. H. McNeal, *Stalin: Man and Ruler* (London, 1988), p. 235.

3. M. P. Gallagher, *The Soviet History of World War II: Myths, Memories and Realities* (New York, 1963), pp. 147-8.

4. Tumarkin, *The Living and the Dead*, pp. 113-5, 120.

5. A. Axell, *Stalin's War through the Eyes of his Commanders* (London, 1997), p. 50. 그는 나중에, 즉 1987년 1월에 인터뷰한 고르쇼프 제독과 파블롭스키 장군에게서 똑같은 말을 들었다.

6. A. Weiner, "The Making of a Dominant Myth: The Second World War and the Construction of Political Identities within the Soviet Polity," *Russian Review*, 55 (1996), p. 659.

7. G. Lyons, ed., *The Russian Version of the Second World War* (London, 1976). 인용문은 1956년부터 채택된 초등학교 상급 학년용 검인정 소련사의 번역본에서 나온 것이다.

8. J. L. Schecter and V. V. Luchkov, eds., *Khrushchev Remembers: The Glasnost Tapes* (New York, 1990), p. 65.

9. D. Holloway, *The Soviet Union and Atomic Energy 1939-1956* (New Haven, 1994), p. 149. 인용구는 1946년 2월 9일에 볼쇼이 극장에서 한 연설에서 나온 것이다.

10. A. Hillgruber, "The German Military Leaders' View of Russia prior to the Attack on the Soviet Union," in B. Wegner, ed., *From Peace to War: Germany, Soviet Russia and the World 1939-1941* (Oxford, 1997), p. 180.

11. W. A. Harriman and E. Abel, *Special Envoy to Churchill and Stalin,. 1941-1946* (London, 1976), p. 67.

12. Hillgruber, "The German Military Leaders," p. 182: 같은 책에 있는 J. Förster의 논문 "Hitler Turns East German War Policy in 1940 and 1941," p. 129도 보라. 푀르스터는 1941년 4월에 블루멘트리트 장군이 한 다음과 같은 말을 인용한다. "심지어는 제정 러시아군도 독일 지휘부에게 상대가 되지 않았으며, 오늘날의 러시아 지휘관들은 훨씬 더 불리한 위치에 있다."

13. Tumarkin, *The Living and the Dead*, pp. 64-5에 있는 지금은 러시아의 역사가인 미하일 게프테르와 가진 인터뷰에서 재인용.

14. G. Gibian, "World War 2 in Russian National Consciousness," in J. Garrard and C. Garrard, eds., *World War 2 and the Soviet People* (London, 1993), p. 155.

15. Tumarkin, *The Living and the Dead*, p. 64.

참고문헌

Acton, E. *Russia: The Tsarist and Soviet Legacy* 2nd ed. (London, 1995)

Addison, P., Calder, A. (eds.) *Time to Kill: The Soldier's Experience of War in the West 1939-1945* (London, 1997)

Alliluyeva, S. *20 Letters to a Friend* (London, 1967)

Amba, A. *I Was Stalin's Bodyguard* (London, 1952)

Anders, W. *Hitler's Defeat in Russia* (Chicago, 1953)

Andrew, C., Gordievsky, O. *KGB: The Inside Story* (London, 1990)

Andreyev, C. *Vlasov and the Russian Liberation Movement: Soviet Reality and Emigré Theories* (Cambridge, 1987)

Antonov-Ovseyenko, A. *The Time of Stalin: Portrait of a Tyranny* (New York, 1981)

Armstrong, J. A. (ed.) *Soviet Partisans in World War II* (Madison, 1964)

_____, *Ukrainian Nationalism* 3rd ed. (Englewood, Ca., 1990)

Armstrong, R. A. "Stalingrad: Ordeal and Turning Point," *Military Review*, 72 (1992)

Axell, A. *Stalin's War Through the Eyes of his Commanders* (London, 1997)

Bacon, E. T. *The Gulag at War: Stalin's Forced Labour System in the Light of the Archives* (London, 1994)

_____, "Soviet Military Losses in World War II," *Journal of Slavic Military Studies*, 6(1993)

Bailes, K. E. *Technology and Society under Lenin and Stalin: Origins of the Soviet Technical Intelligentsia 1917-1941* (Princeton, 1978)

Barber, J., Harrison, M. *The Soviet Home Front, 1941-1945* (London, 1991)

Barbusse, H. *Stalin: A New World Seen through One Man* (London, 1935)

Barros, J., Gregor, R. *Double Deception: Stalin, Hitler and the Invasion of Russia* (Dekalb, Ill., 1995)

Bartov, O. *The Eastern Front 1941-1945: German Troops and the Barbarization of Warfare* (New York, 1985)

_____, *Hitler's Army: Soldiers, Nazis and War in the Third Reich* (Oxford, 1991)

Beachley, D. R. "Soviet Radio-Electronic Combat in World War II," *Military Review*, 61(1981)

Beaumont, J. "The Bombing Offensive as a Second Front," *Journal of Contemporary History*, 22 (1987)

_____, *Comrades in Arms: British Aid to Russia 1941-1945* (London, 1980)

Berezhkov, V. *History in the Making: Memoirs of World War II Diplomacy* (Moscow,

1983)

Bergen, D. "The Nazi Concept of the *Volksgemeinschaft* and the Exacerbation of Anti-Semitism in Eastern Europe 1939–1945, *Journal of Contemporary History*, 29 (1994)

Bethell, N. *The Last Secret: Forcible Repatriation to Russia 1944–1947* (London, 1974)

Bezymensky, L. *The Death of Adolf Hitler* (New York, 1968)

Bialer, S. (ed.) *Stalin and His Generals: Soviet Military Memoirs of World War II* (New York, 1969)

Bilainkin, G. *Maisky: Ten Years Ambassador* (London, 1944)

Birkenfeld, W. "Stalin als Wirtschaftsplaner Hitlers," *Vierteljahreshefte für Sozial–und Wirtschaftsgeschichte*, 51 (1966)

Bischof, G., Ambrose, S. (eds.) *Eisenhower and the German POWs: Facts against Fiction* (Baton Rouge, Ca., 1992)

Bloch, M. *Ribbentrop* (London, 1992)

Bohlen, C. *Witness to History, 1929–1969* (London, 1973)

Bonwetsch, B. "Stalin, the Red Army and the 'Great Patriotic War'," in Kershaw, Lewin, *Stalinism and Nazism*.

Boog, H. *et al. Der Angriff auf die Sowjetunion* (Stuttgart, 1983)

Boog, H. (ed.) *The Conduct of Air Warfare in the Second World War: An International Comparison* (Oxford, 1992)

Boshyk, Y. (ed.) *Ukraine During World War II: History and its Aftermath* (Edmonton, 1986)

Bosworth, R. J. *Explaining Auschwitz and Hiroshima: History Writing and the Second World War 1945–90* (London, 1993)

Bradley, J. *Civil War in Russia 1917–1920* (London, 1975)

Bromage, B. *Molotov: The Story of an Era* (London, 1956)

Brown, A., Macdonald, C. *The Communist International and the Coming of World War II* (New York, 1981)

Browning, C. "Hitler and the Euphoria of Victory: The Path to the Final Solution," in Cesarani, *Final Solution*

———, *Ordinary Men: Reserve Police Battalion 101 and the Final Solution* (Cambridge, 1992)

———, *The Path to Genocide: Essays on Launching the Final Solution* (Cambridge, 1992)

Brunovsky, V. *The Methods of the OGPU* (London, 1931)

Bryant, A. *Triumph in the West, 1943–1946: Based on the Diaries and Autobiographical Notes of Field Marshal Viscount Alanbrooke* (London, 1959)

Bullock, A. *Hitler and Stalin: Parallel Lives* (London, 1991)

Burdick, C., Jacobsen, H–A. (eds.) *Halder Diary, 1939–1942* (London, 1988)

Burleigh, M. *Death and Deliverance: "Euthanasia" in Germany 1900–1945* (Cambridge, 1994)

_____, *Ethics and Extermination: Reflections on Nazi Genocide* (Cambridge, 1997)

_____, "Nazi Europe," in N. Ferguson (ed.), *Virtual History* (London, 1997)

Burleigh, M., Wippermann, W. *The Racial State: Germany 1933-1945* (Cambridge, 1991)

Butcher, H. C. *Three Years with Eisenhower: The Personal Diary of Captain Harry C. Butcher* (London, 1946)

Carell, P. *Hitler's War on Russia* 2 vols. (London, 1964)

Carley, M. J. "End of the 'Low, Dishonest Decade': Failure of the Anglo-French-Soviet Alliance in 1939," *Europe-Asia Studies*, 45 (1993)

Caroe, O. *Soviet Empire: The Turks of Central Asia and Stalinism* (London, 1967)

Cassidy, H. *Moscow Dateline 1941-1943* (London, 1944)

Cesarani, D. (ed.) *The Final Solution: Origins and Implementation* (London, 1944)

Chaney, O. P. *Zhukov*, 2nd ed. (Norman, Okla., 1996)

Chor'kov, A. G. "The Red Army during the Initial Phase of the Great Patriotic War," in Wegner, *From Peace to War*

Chuikov, V. I. *The Beginning of the Road: The Story of the Battle of Stalingrad* (London, 1963)

_____, *The End of the Third Reich* (London, 1967)

Churchill, W. S. *The Second World War*, 6 vols. (London, 1948-55)

Ciechanowski, J. *The Warsaw Rising of 1944* (Cambridge, 1974)

Coates, W. P., Coates, Z. *A History of Anglo-Soviet Relations* (London,1944)

Cohen, A. (ed.) *The Shoah and the War* (New York, 1992)

Cohen, S. *Rethinking the Soviet Experience: Politics and History since 1917* (Oxford, 1985)

Conquest, R. *The Great Terror* (London, 1971)

_____, *Stalin: Breaker of Nations* (London, 1991)

_____, *Stalin and the Kirov Murder* (London, 1989)

Constantini, A. *L'union soviétique en guerre 1941-1945* (Paris, 1968)

Conversino, M. J. *Fighting with the Soviets: the Failure of Operation Frantic, 1944-1945* (Lawrence, Kans., 1997)

Cooper, M. *The German Army 1933-1945* (London, 1978)

_____, *The Phantom War: The German Struggle against Soviet Partisans* (London, 1979)

Crampton, R. *Eastern Europe in the Twentieth Century* (London, 1994)

Creveld, M. van. *Supplying War: Logistics from Wallenstein to Patton* (Cambridge, 1977)

Dallin, A. *German Rule in Russia 1941-1945*, 2nd ed. (London, 1981)

Dallin, D., Nicolaevsky, B. *Forced Labour in Russia* (London, 1947)

_____, *Soviet Russia's Foreign Policy 1939-1942* (New Haven, 1942)

Davies, J. E. *Mission to Moscow* (London, 1942)

Davies, R. W. "Soviet Military Expenditure and the Armaments Industry 1929-1933,"

Europe–Asia Studies, 45 (1993)

Davies, S. *Popular Opinion and Stalin's Russia: Terror, Purge and Dissent 1934–1941* (Cambridge, 1997)

Dawson, R. H. *The Decision to Aid Russia, 1941* (Chapel Hill, 1959)

Day, R. B. *The "Crisis" and the "Crash": Soviet Studies of the West 1917–1939* (Ithaca, New York, 1984)

Deakin, F. W., Storry, G. *The Case of Richard Sorge* (London, 1966)

Deane, J. R. *The Strange Alliance: The Story of American Efforts at Wartime Cooperation with Russia* (London, 1947)

Degras, J. (ed.) *Soviet Documents on Foreign Policy*, 3 vols. (Oxford, 1953)

Deutscher, I. *Stalin: A Political Biography* (London, 1966)

Djilas, M. *Conversations with Stalin* (New York, 1962)

Duffy, C. *Red Storm on the Reich* (London, 1993)

Dukes, J. R. "The Soviet Union and Britain: The Alliance Negotiations of March–August 1939," *Eastern European Quarterly*, 19 (1985)

Dunn, W. S. *The Soviet Economy and the Red Army 1930–1945* (London, 1995)

Dyakov, Y., Bushuyeva, T. *The Red Army and Wehrmacht: How the Soviets Militarized Germany 1922–1933* (New York, 1995)

Dyke, C. van. *The Soviet Invasion of Finland 1939–1940* (London, 1997)

_____. "The Timoshenko Reforms March–July 1940," *Journal of Slavic Military Studies*, 9 (1996)

Ehrenburg, I. *Men – Years – Life, volume 5: The War Years 1941–1945* (London, 1964)

Elleinstein, J. *Staline* (Paris, 1984)

Elliott, M. R. "Soviet Military Collaborators during World War II," in Boshyk, *Ukraine during World War II*

Erickson, J., Dilks, D. (eds.) *Barbarossa: The Axis and the Allies* (Edinburgh, 1994)

_____. "New Thinking about the Eastern Front in World War II," *Journal of Military History*, 56 (1992)

_____. "Red Army Battlefield Performance, 1941–1945: The System and the Soldier," in Addison, Calder, *Time to Kill*

_____. "The Red Army's March into Poland, September 1939," in Sword, *Soviet Takeover*

_____. *The Road to Berlin: Stalin's War with Germany* (London, 1983)

_____. *The Road to Stalingrad* (London, 1975)

_____. *The Soviet High Command: A Military-Political History 1918–1941* (London, 1962)

_____. "Soviet Women at War," in Garrard and Garrard, *World War 2 and the Soviet People*

Eubank, K. *Summit at Teheran* (New York, 1985)

Figes, O. *People's Tragedy: The Russian Revolution 1891-1924* (London, 1996)

Fischer, J. "Über den Entschluss zur Luftversorgung Stalingrads. Ein Beitrag zur militärischen Führung im Dritten Reich," *Militärgeschichtliche Mitteilungen*, 6 (1969)

Fitzpatrick, S. *The Cultural Front: Power and Culture in Revolutionary Russia* (London, 1992)

Fleischauer, I., Pinkus, B. *The Soviet Germans: Past and Present* (London, 1986)

Fleming, G. *Hitler and The Final Solution* (London, 1985)

Förster, J. "Hitler Turns East: German War Planning in 1940 and 1941," in Wegner, *From Peace to War*

_____, "Jewish Policies of the German Military 1939-1942," in Cohen, *Shoah and the War*

_____, "The Relation between Operation Barbarossa as an Ideological War of Extermination and the Final Solution," in Cesarani, *Final Solution*

Fredborg, A. *Behind the Steel Wall: Berlin 1941-1943* (London, 1944)

Fröhlich, E. (ed.) *Die Tagebücher von Joseph Goebbels*, 4 vols. (New York, 1987)

Gallagher, M. *The Soviet History of World War II* (New York, 1963)

Gardner, L. C. *Spheres of Influence: The Partition of Europe, from Munich to Yalta* (London, 1993)

Garrard, J., Garrard, C. (eds.) *World War 2 and the Soviet People* (London, 1993)

Gebhardt, J. "World War II: The Soviet Side," *Military Review*, 72 (1992)

Genoud, F. (ed.) *The Testament of Adolf Hitler: The Hitler-Bormann Documents, February-April 1945* (London, 1961)

Getty, J. A. *The Origins of the Great Purges: The Soviet Communist Party Reconsidered 1933-1938* (Cambridge, 1985)

Getty, J. A., Manning, R. (eds.) *Stalinist Terror: New Perspectives* (Cambridge, 1993)

Geyer, D. "Erblauten und Erinnerungen: Mittel- und Osteuropa fünfzig Jahre nach der deutschen Kapitulation," *Osteuropa*, 45 (1995)

Gibian, G. "World War 2 in Russian National Consciousness," in Garrard and Garrard, *World War 2 and the Soviet People*

Gilbert, F. (ed.) *Hitler Directs his War: The Secret Records of his Daily Military Conferences* (New York, 1950)

Girault, P. "L'effort Humain de l'arrière pendant la première partie de la grande guerre patriotique (1941-1943)," *Revue d'histoire de la Deuxième Guerre Mondiale*, 17 (1967)

Giants, M. "Images of War in Painting," in Garrard and Garrard, *World War 2 and the Soviet People*

Glantz, D. M. *From the Don to the Dnepr* (London, 1991)

_____, "From the Soviet Secret Archives: Newly Published Soviet Works on the Red

Army 1918–1991. A Review Essay," *Journal of Slavic Military Studies*, 8 (1995)

_____, *The Military Strategy of the Soviet Union: A History* (London, 1992)

_____, "The Red Mask: The Nature and Legacy of Soviet Military Deception in the Second World War," in M. Handel (ed.), *Strategic and Operational Deception in the Second World War* (London, 1987)

_____, *The Role of Intelligence in Soviet Military Strategy in World War II* (Novato, Ca., 1990)

_____, *Soviet Military Operational Art: In Pursuit of Deep Battle* (London, 1991)

_____, "Toward Deep Battle: The Soviet Conduct of Operational Maneuver," in Reddel, *Transformations in Russian Military History*

Glantz, D. M., House, J. *When Titans Clashed: How the Red Army Stopped Hitler* (Lawrence, Kans., 1995)

Goerlitz, W. *Paulus and Stalingrad* (London, 1963)

Goodman, E. R. *The Soviet Design for a Worldstate* (New York, 1960)

Gorodetsky, G. "The Hess Affair and Anglo–Soviet Relations on the Eve of Barbarossa," *English Historical Review*, 101 (1986)

_____, *The Precarious Truce: Anglo–Soviet Relations 1924–27* (Cambridge, 1977)

_____, *Stafford Cripps' Mission to Moscow 1940–1942* (Cambridge, 1984)

Goure, L. *The Siege of Leningrad* (Stanford, 1962)

Grigorenko, P. *Memoirs* (London, 1983)

Gross, J. *Revolution from Abroad: The Soviet Conquest of Poland's Western Ukraine and Western Belorussia* (Princeton, 1988)

Guderian, H. *Erinnerungen eines Soldaten* (Heidelberg, 1951)

Hagen, M. von. *Soldiers in the Proletarian Dictatorship: The Red Army and the Soviet Socialist State 1917–1930* (Ithaca, New York, 1990)

Hahn, W. *Postwar Soviet Politics: The Fall of Zhdanov and the Defeat of Moderation 1946–1953* (Ithaca, New York, 1982)

Hardesty, V. *Red Phoenix: The Rise of Soviet Air Power* (London, 1982)

_____, "Roles and Missions: Soviet Tactical Air Power in the Second Period of the Great Patriotic War," in Reddel, *Transformations in Russian Military History*

Harriman, W. A., Abel, E. *Special Envoy to Churchill and Stalin 1941–1946* (London, 1976)

Harrison, M. *Accounting for War: Soviet Production, Employment and the Defence Burden 1940–1945* (Cambridge, 1996)

_____, "Resource Mobilization for World War II: The USA, UK, USSR and Germany 1938–1945," *Economic History Review*, 2nd Ser., 41 (1988)

_____, *Soviet Planning in Peace and War 1939–1945* (Cambridge, 1985)

Harrison, M., Davies, R. W. "The Soviet Military–economic Effort during the Second Five Year Plan," *Europe–Asia Studies*, 49 (1997)

Haslam, J. "The Soviet Union and the Czech Crisis," *Journal of Contemporary History*, 14 (1979)

_____, *The Soviet Union and the Struggle for Collective Security 1933-1939* (London, 1984)

Headland, R. *Messages of Murder: A Study of the Einsatzgruppen of the Security Police and the Security Service 1941-1943* (London, 1992)

Heller, M., Nekrich, A. *Utopia in Power: The History of the Soviet Union from 1917 to the Present* (London, 1982)

Henri, E. *Hitler Over Russia* (London, 1936)

Herbert, U. *Hitler's Foreign Workers* (Cambridge, 1996)

Herman, J. "Soviet Peace Efforts on the Eve of World War II: A Review of the Soviet Documents", *journal of Contemporary History*, 15 (1980)

Herwarth, J. von. *Against Two Evils* (London, 1981)

Herzstein, R. *When Nazi Dreams Come True* (London, 1982)

Hesse, E. *Der Sowjetrussische Partisanenkrieg 1941-1944* (Göttingen , 1969)

Hirschfeld, G. *The Politics of Genocide: Jews and Soviet POWs in Nazi Germany* (London, 1988)

Hochman, J. *The Soviet Union and the Failure of Collective Security 1934-1938* (Ithaca, New York, 1984)

Hodgson, K. "Soviet Women's Poetry of World War 2," in Garrard and Garrard. *World War 2 and the Soviet People*

Hoffmann, J. *Die Geschichte der Wlassow-Armee* (Freiburg, 1984)

_____, *Stalins Vernichtungskrieg 1941-1945* (Munich, 1995)

Hofmann, G. "Doctrine, Tank Technology and Execution: I. A. Khalepskii and the Red Army's Fulfillment of Deep Offensive Operations," *Journal of slavic Military Studio*, 9 (1996)

Holloway, D. *Stalin and the Bomb: The Soviet Union and Atomic Energy 1939-1956* (New Haven, 1994)

Hooton, E. *Phoenix Triumphant: The Rise and Rise of the Luftwaffe* (London, 1994)

Hosking, G. *A History of the Soviet Union* (London, 1985)

Hughes, J. "Capturing the Russian Peasantry: Stalinist Grain Procurement Policy and the 'Urals-Siberian Method'," *Slavic Review*, 53 (1994)

Inber, V. *Leningrad Diary* (London, 1971)

Ivanov-Mumjiev, G. P. *Battle of Kursk* (Moscow, 1974)

Jäckel, E. *Hitler's World View: A Blueprint for Power* (Middleton, Conn., 1981)

Jakobsen, M. *Origins of the Gulag: The Soviet Prison Camp System 1917-1934* (London, 1993)

Jukes, G. *The Defence of Moscow* (London, 1969)

_____, *Hitler's Stalingrad Decisions* (Berkeley, 1985)

_____, "The Red Army and the Munich Crisis," *Journal of Contemporary History*, 26 (1991)

Kagan, F. "The Evacuation of Soviet Industry in the Wake of Barbarossa: A Key to Soviet Victory," *Journal of Slavic Military Studies*, 8 (1995)

Kahn, D. *Hitler's Spies: German Military Intelligence in World War II* (New York, 1978)

Kamenetsky, I. *Hitler's Occupation of Ukraine (1941-1944): A Study of Totalitarian Imperialism* (Milwaukee, 1956)

Keitel, W. *Memoirs of Field Marshal Keitel* (London, 1965)

Kennan, G. F. *Memoirs, 1925-1950* (London, 1968)

_____, *Russia and the West under Lenin and Stalin* (London, 1961)

Kennan, G. F. (ed.) *Soviet Foreign Policy 1917-1941* (New York, 1960)

Kerber, L. L. *Stalin's Aviation Gulag: A Memoir of Andrei Tupolev aud the Purge Era* (Washington, 1996)

Kershaw, I., Lewin, M. (eds.) *Stalinism and Nazism: Dictatorships in Comparison* (Cambridge, 1997)

Khrushchov [sic], N. S. *Report of the Central Committee to the 20th Congress of the CPSU* (London, Feb. 1956)

Kilmarx, R. *A History of Soviet Air Power* (London, 1962)

Kislitsyn, N., Zubakov, V. *Leningrad Does Not Surrender* (Moscow, 1989)

Kitchen, M. *British Policy towards the Soviet Union during the Second World War* (London, 1986)

Knight, A. *Beria: Stalin's First Lieutenant* (London, 1993)

_____, "The Fate of the KGB Archives," *Slavic Review*, 52 (1993)

Koch, H. "Operation Barbarossa: The Current State of the Debate," *Historical Journal*, 31 (1988)

Kolko, G. *The Politics of War: The World and United States Foreign Policy 1943-1945* (New York, 1990)

Konev, I. *Year of Victory* (Moscow, 1969)

Korol, V. E. "The Price of Victory: Myths and Realities," *Journal of Slavic Military Studies*, 9 (1996)

Krawchenko, B. "Soviet Ukraine under Nazi Occupation 1941-1944," in Boshyk, *Ukraine during World War II*

Kriegstagebuch des Oberkommandos der Wehrmacht 5 vols. (Frankfurt-am-Main, 1961-63)

Krivitsky, W. *I was Stalin Agent* 2nd ed. (Cambridge, 1992)

Kube, A. *Pour le mérite und Hakenkreuz: Hermann Göring im Dritten Reich* (Munich, 1986)

Kudryashov, S. "The Hidden Dimension: Wartime Collaboration in the Soviet Union," in Erickson, Dilks, *Barbarossa*

Kumanev, G. A. "The Soviet Economy and the 1941 Evacuation," in Wieczynski, *Operation Barbarossa*

Kuznetsov, S. "The Situation of Japanese Prisoners of War in Soviet Camps," *Journal of Slavic Military Studies*, 8 (1995)

Laqueur, W. *Russia and Germany: A Century of Conflict* (London, 1965)

_____, *Stalin: The Glasnost Revelations* (London, 1990)

Larionov, V. "Why the Wehrmacht Didn't Win in 1941," in Wieczynski, *Operation Barbarossa*

Lavan, M. "Le folklore soviètique (1941–1945): Arme psychologique et document historique," *Revue d'istoire de la Deuxième Guerre Mondiale*, 17 (1967)

Leach, B. *German Strategy Against Russia* (Oxford, 1973)

Levin, N. *The Jews in the Soviet Union: Paradox of Survival*, 2 vols. (London, 1990)

Linz, S. (ed.) *The Impact of World War II on the Soviet People* (Totowa, NJ, 1985)

Loth, W. *The Division of the World 1941–1945* (London, 1988)

Lucas, J. *War on the Eastern Front: The German Soldier in Russia 1941–1945* (London, 1991)

Lukes, I. *Czechoslovakia between Stalin and Hitler* (New York, 1996)

_____, "Stalin and Beneš in the Final Days of September 1938," *Slavic Review*, 52 (1993)

Lukes, R. *The Forgotten Holocaust: The Poles under German Occupation 1939–1944* (Lexington, Kty, 1986)

Lumass, V. *Himmler's Auxiliaries: The Volksdeutsche Mittelstelle and the German National Minorities of Europe 1939–1945* (Chapel Hill, 1993)

Lyons, G. (ed.) *The Russian Version of the Second World War* (London, 1976)

Main, S. J. "Stalin in June 1941," *Europe–Asia Studies*, 48 (1996)

Main Front: Soviet Leaders Look Back on World War II (London, 1987) (introduction by J. Erickson)

Maisky, I. *Journey into the Past* (London, 1962)

Malcher, G. *Blank Pages: Soviet Genocide against the Polish People* (Woking, UK, 1993)

Manstein, E. von. *Verlorene Siege* (Bonn, 1955)

Marples, D. "Kuropaty: The Investigation of a Stalinist Historical Controversy," *Slavic Review*, 53 (1994)

_____, *Stalinism in the Ukraine in the 1940s* (Cambridge, 1992)

Maser, W. (ed.) *Hitler's Letters and Notes* (New York, 1974)

Maslov, A. A. "Concerning the Role of Partisan Warfare in Soviet Military Doctrine of the 1920s and 1930s," *Journal of Slavic Military History*, 9 (1996)

_____, "Soviet General Officer Corps 1941–1945: Losses in Combat," *Journal of Slavic Military Studies*, 8 (1995)

Mawdsley, E. *The Russian Civil War* (London, 1987)

McCagg, W. O. *Stalin Embattled 1943–1948* (Detroit, 1978)

McCauley, M. (ed.) *Communist Power in Europe 1944-1949* (London, 1977)

McKale, D. M. *Hitler: The Survival Myth* (New York, 1981)

McKenzie, K. *Comintern and World Revolution* (New York, 1964)

McKenzie, S. "The Treatment of POWs in World War II," *Journal of Modern History*, 56 (1994)

McNeal, R. H. *Stalin: Man and Ruler* (London, 1988)

Medvedev, R. *Let History Judge: The Origins and Consequences of Stalinism* (London, 1971)

Mellenthin, F. von *Panzer-Schlachten* (Neckargemünd, 1963)

Mikoyan, A. *Memoirs Of Anastas Mikoyan*, vol. 1 (Madison, Conn., 1988)

Mikoyan, S. A. "Barbarossa and the Soviet Leadership," in Erickson, Dilks, *Barbarossa and the Allies*

Millman, B. "Toward War with Russia: British Naval and Air Planning for Conflict in the Near East 1939-1940," *Journal of Contemporary History*, 29 (1994)

Milward, A. S. *War, Economy and Society 1939-1945* (London, 1987)

Minasyan, M. M. *Great Patriotic War of the Soviet Union 1941-1945: A General Outline* (Moscow, 1970)

Miner, S. M. *Between Churchill and Stalin: The Soviet Union, Great Britain and the Origins of the Grand Alliance* (Chapel Hill, 1988)

Moldenhauer, H. "Die Reorganisation der Roten Armee vor der 'Grossen Säuberung' bis zum deutschen Angriff auf die UdSSR (1938-1941)," *Militärgeschichtliche Mitteilungen*, 55 (1996)

Moskoff, W. *The Bread of Affliction: The Food Supply in the USSR during World War II* (Cambridge, 1990)

Müller, R-D. *Hitlers Ostkrieg und die deutsche Siedlungspolitik* (Frankfurt-am-Main, 1991)

Mulligan, T. P. *The Politics of Illusion and Empire: German Occupation Policy in the Soviet Union 1942-43* (New York, 1988)

_____, "Spies, Ciphers and 'Zitadelle': Intelligence and the Battle of Kursk, 1943," *Journal of Contemporary History*, 22 (1987)

Naimark, N., Gibianskii, L. (eds.) *The Establishment of Communist Regimes in Eastern Europe 1944-1949* (Boulder, Co., 1997)

Namier, L. *Europe in Decay: A Study in Disintegration* (London, 1950)

Nardo, R. L. di, *Mechanized Juggernaut or Military Anachronism? Horses and the German Army in World War II* (London, 1991)

Nation, R. C. *Black Earth, Red Star* (Ithaca, New York, 1992)

Nevezhin, V. A. "The Pact with Germany and the Idea of an 'Offensive War'(1939-1941)," *Journal of Slavic Military Studies*, 8 (1995)

Newland, S. J. *Cossacks in the Red Army 1941-1945* (London, 1996)

Nicholas, L. *The Rape of Europa: The Fate of Europe's Treasures in the Third Reich and the Second World War* (London, 1994)

Nove, A. *An Economic History of the USSR*, 3rd ed. (London, 1992)

_____, *Stalinism and After* (London, 1975)

_____, "Victims of Stalinism: How Many?," in J. A. Getty and R. T. Manning (eds.), *Stalinist Terror: New Perspectives* (Cambridge, 1994), pp. 261-74.

Nove, A. (ed.) *The Stalin Phenomenon* (London, 1993)

O'Ballance, E. *The Red Army 1917-1963* (London, 1964)

Ogorkiewicz, R. *Armoured Forces: A History of Armoured Forces and their Vehicles* (London, 1970)

Olsen, S. (ed.) *Harold Nicolson: Diaries and Letters 1930-1964* (New York, 1980)

Orenstein, H. (ed.) *Soviet Documents on the Use of War Experience in World War II, 3 vols.* (London, 1993)

Overy, R. J. *The Air War 1939-1945* (London, 1980)

_____, *Goering: The "Iron Man"* (London, 1984)

_____, "Mobilization for Total War in Germany 1939-1941," *English Historical Review*, 103 (1988)

_____, *War and Economy in the Third Reich* (Oxford, 1994)

_____, *Why the Allies Won* (London, 1995)

Overy, R. J., Ten Cate, J., Otto G. (eds.) *Die Neuordnung Europas: NS- Wirtschaftspolitik in den besetzten Gebieten* (Berlin, 1997)

Padfield, P. *Himmler: Reichsführer SS* (London, 1990)

Panin, D. *The Notebooks of Sologdin* (New York, 1976)

Parker, R. A. *Struggle for Survival* (Oxford, 1989)

_____, *Moscow Correspondent* (London, 1949)

Parrish, M. *The Lesser Terror: Soviet State Security 1939-1953* (London, 1996)

Pavlov, D. V. *Leningrad 1941: The Blockade* (Chicago, 1965)

Pietrow-Ennker, B. "Die Sowjetunion und der Beginn des Zweiten Weltkrieges 1939-1941: Ergebnisse einer internationalen Konferenz in Moskau," *Osteuropa*, 45 (1995)

Pinchuk, B-C. *Shtetl Jews under Soviet Rule: Eastern Poland on the Eve of the Holocaust* (London, 1990)

Pinkus, B *The Jews of the Soviet Union: The History of a National Minority* (Cambridge, 1993)

Porter, C., Jones, M. *Moscow in World War II* (London, 1987)

Raack, R. C. *Stalin's Drive to the West 1938-1945: The Origins of the Cold War* (Stanford, 1995)

_____, "Stalin's Plans for World War II," *Journal of Contemporary History*, 26 (1991)

Radzinsky, E. *Stalin* (London, 1996)

Rapoport, Y. *The Doctors' Plot: Stalin's Last Crime* (London, 1991)

Rascale, M. "L'organisation et le rôle de l'état soviétique pendant la guerre," *Revue d'histoire de la Deuxième Guerre Mondiale*, 17 (1967)

Raymond, P. "Witness and Chronicler of Nazi-Soviet Relations: The Testimony of Evgeny Gnedin," *Russian Review*, 44 (1985)

Read, A., Fisher, D. *The Deadly Embrace: Hitler, Stalin and the Nazi-Soviet Pact 1939-1941* (London, 1988)

Reddel, C. (ed.) *Transformations in Russian and Soviet Military History* (Washington, 1990)

Reese, R. R. *Stalin's Reluctant Soldiers: A Social History of the Red Army 1925-1941* (Lawrence, Kans., 1996)

Reinhardt, K. *Moscow-the Turning Point: The Failure of Hitler's Strategy in the Winter of 1941-1942* (Oxford, 1992)

Reitlinger, G. *The Final Solution* (London, 1971)

Reuth, R. G. *Goebbels* (London, 1993)

Reynolds, D., Kimball, W., Chubarian, A. (Eds.) *Allies at War: The Soviet, American and British Experience 1939-1945* (New York, 1994)

Rhodes, R. *The Making of the Atomic Bomb* (New York, 1986)

Rich, N. *Hitler's War Aims*, 2 vols. (London, 1973-4)

Richardson, C. R. "French Plans for Allied Attacks on the Caucasus Oilfields, Jan-Apr 1940," *French Historical Studies*, 8 (1973)

Richardson, S. (ed.) *The Secret History of World War II: The Wartime Cables of Roosevelt, Stalin and Churchill* (New York, 1986)

Richardson, W., Frieden, S. (eds.) *The Fatal Decisions* (London, 1956)

Rittersporn, G. *Stalinist Simplifications and Soviet Complications: Social Tensions and Political Conflict in the USSR 1933-1953* (Reading, 1991)

Roberts, C. A. "Planning for War: The Red Army and the Catastrophe of 1941," *Europe-Asia Studies*, 47 (1995)

Roberts, G. "The Soviet Decision for a Pact with Nazi Germany," *Soviet Studies*, 44 (1992)
_____. *The Soviet Union and the Origins of the Second World War 1933-1941* (London, 1995)

Rokossovosky, K. *A Soldier's Duty* (Moscow, 1970)

Rosefielde, S. "Stalinism in Post-Communist Perspective: New Evidence on Killings, Forced Labor and Economic Growth in the 1930s," *Europe-Asia Studies*, 48 (1996)

Rosenberg, W., Sicgelbaum, L. (eds.) *Social Dimensions of Soviet Industrialization* (Bloomington, Ind., 1993)

Rossi, J. *The Gulag Handbook* (New York, 1989)

Rotundo, L. "The Creation of Soviet Reserves and the 1941 Campaign," *Military Affairs*, 65 (1985)

Rummel, R. *Lethal Politics: Soviet Genocide and Mass Murder since 1917* (New Brunswick, 1990)

Rzheshevsky, O. (ed.) *War and Diplomacy: The Making of the Grand Alliance: from Stalin's Archive* (London, 1996)

Sabrin, B. *Alliance for Murder: The Nazi Ukrainian-Nationalist Partnership in Genocide* (London, 1991)

Sainsbury, K. *The Turning Point* (London, 1986)

Salisbury, H. (ed.) *Marshal Zhukov's Greatest Battles* (London, 1969)

_____. *The 900 Days: The Siege of Leningrad* (London, 1969)

Samuelson, L. "Mikhail Tukhachevsky and War-Economic Planning: Reconsiderations on the Pre-War Soviet Military Build-Up," *Journal of Slavic Military Studies*, 9 (1996)

Sapir, J. "The Economics of War in The Soviet Union during World war II," in Kershaw, Lewin, *Stalinism and Nazism*.

Schecter, J., Luchkov, V. (eds.) *Khrushchev Remembers: The Glasnost Tapes* (New York, 1990)

Schiness, R. "The Conservative Party and Anglo-Soviet Relations 1925-27," *European Studies Review*, 7 (1977)

Schmider, K. "No Quiet on the Eastern Front: The Suvorov Debate in the 1990s," *Journal of Slavic Military Studies*, 10 (1997)

Schulte, T. *The German Army and Nazi Policies in Occupied Russia* (Oxford, 1989)

Schwendemann, H. *Die Wirtschaftliche Zusammenarbeit zwischen dem Deutschen Reich und der Sowjetunion von 1939 bis 1941* (Berlin, 1993)

Seaton, A. *The Russo-German War 1941-1945* (London, 1971)

_____. *Stalin as Warlord* (London, 1976)

Sella, A. *The Value of Human Life in Soviet Warfare* (London, 1992)

Serge, V. *Portrait de Staline* (Paris, 1940)

Service, R. *A History of Twentieth-Century Russia* (London, 1997)

Shtemenko, S. M. *The Last Six Months* (New York, 1977)

_____. *The Soviet General Staff at War* (Moscow, 1970)

Shub, D. *Lenin* (London, 1966)

Shukman, H. (ed.) *Stalin's Generals* (London, 1993)

Simonov, K. *Days and Nights* (London, n.d.)

Smith, H. K. *Last Train from Berlin* (London, 1942)

Sokolov, B. "The Cost of War: Human Losses of the USSR and Germany 1939-1945," *Journal of Slavic Military Studies*, 9 (1996)

_____. "Lend Lease in Soviet Military Efforts 1941-1945," *Journal of Slavic Military Studies*, 7 (1994)

Solzhenitsyn, A. *The Gulag Archipelago*, 3 vols. (London, 1973-8)

Souvarine, B. *Stalin* (London, 1939)

Spahr, W. *Zhukov: The Rise and Fall of a Great Captain* (Novato, Ca., 1993)

Spinka, M. *The Church in Soviet Russia* (Oxford, 1956)

Stalin, J. *The Problem of Leninism* (Moscow, 1947)

_____, *The Great Patriotic War of the Soviet Union* (New York, 1945)

Steinberg, J. "The Third Reich Reflected: German Civil Administration in the Occupied Soviet Union 1941–4," *English Historical Review*, 110 (1995)

Stephan, J. J. *The Russian Fascists: Tragedy and Farce in Exile 1925–1945* (London, 1978)

Stem, J. P. *Hitler, the Führer and the People* (London, 1976)

Stoler, M. *The Politics of the Second Front* (Westport, Conn. 1977)

Stolfi, R. *Hitler's Panzers East: World War II Reinterpreted* (Norman, Okl., 1991)

Strategy and Tactics of the Soviet-German War: Lessons of the Operations on the Eastern Front (Soviet Embassy, London, 1941)

Streit, C. *Keine Kameraden. Die Wehrmacht und die sowjetischen Kriegsgefangenen 1941–1945* (Stuttgart, 1981)

_____, "Partisans, Resistance, Prisoners of War," in Wieczynski, *Operation Barbarossa*

Sudoplatov, P. *Special Tasks: The Memoirs of an Unwanted Witness–A Soviet Spymaster* (New York, 1994)

Sutelny, O. "The Soviet occupation of Western Ukraine 1939–1941: An Overview," in Boshyk, *Ukraine during World War II*

Suvorov, V. "Who Was Planning to Attack Whom in June 1941, Hitler or Stalin?," *Military Affairs*, 69 (1989)

Sword, K. *Deportation and Exile: Poles in the Soviet Union 1939–1948* (London, 1996)

Sword, K. (ed.) *The Soviet Takeover of the Polish Eastern Provinces 1939–1941* (London, 1991)

Sydnor, C. *Soldiers of Destruction: The SS Death's Head Division 1933–1945* (Princeton, 1977)

Tarleton, R. E. "What Really Happened to the Stalin Line?," *Journal of Slavic Military Studies*, 6 (1993)

Taylor, F. (ed.) *The Goebbels Diaries 1939–1941* (London, 1982)

Taylor, T. *The Anatomy of the Nuremberg Trials: A Personal Memoir* (London, 1993)

Tec, N. *Defiance: The Bielski Partisans* (Oxford, 1993)

Thomas, H. *Doppelgängers: The Truth about the Bodies in the Berlin Bunker* (London, 1995)

Thompson, E. "The Katyn Massacre and the Warsaw Ghetto Uprising in the Soviet-Nazi Propaganda War," in Garrard and Garrard, *World War 2 and the Soviet People*

Thurston, R. *Life and Terror in Stalin's Russia, 1934–1941* (London, 1996)

Tissier, T. *Le Zhukov at the Oder: The Decisive Battle for Berlin* (London, 1996)

Toland, J. *Adolf Hitler* (New York, 1976)

Tolstoy, N. *Stalin's Secret War* (London, 1981)

Tompsen, W. *Khrushchev* (London, 1994)

Topitsch, E. *Stalins Krieg: Die sowjetische Langzeitstrategie gegen den Westen als rationale Machtpolitik* (Munich, 1985)

Tolz, V. "New Information about the Deportation of Ethnic Groups in the USSR during World War 2," in Garrard and Garrard, *World War 2 and the Soviet People*

Treue, W. "Hitler's Denkschrift zum Vierjahresplan 1936," *Vierteljahreshefte für Zeitgeschichte*, 3 (1955)

Trevor-Roper, H. (ed.) *Hitler's War Directives* (London, 1964)

_____, *The Last Days of Hitler*, 7th ed. (London, 1995)

Truman, H. S *Memoirs*, 2 vols. (New York, 1955)

Tucker, R. *Stalin in Power: The Revolution from Above 1928-1941* (London, 1990)

Tumarkin, N. *The Living and the Dead: The Rise and Fall of the Cult of World War II in Russia* (New York, 1994)

Tuyll, H. van *Feeding the Bear: American Aid to the Soviet Union 1941-1945* (New York, 1989)

Uebe, K. *Russian Reactions to German Air Power in World War II* (New York, 1964)

Ulam, A. *Expansion and Coexistence: A History of Soviet Foreign Policy 1917-1967* (London, 1968)

_____, *Lenin and Bolsheviks* (London, 1965)

_____, *Stalin: The Man and his Era* (London, 1973)

Uldricks, T. "Russia and Europe: Diplomacy, Revolution and Economic Development in the 1920s," *International History Review*, 1 (1979)

Vaksberg, A. *The Prosecutor and the Prey: Vyshinsky and the 1930s Moscow Show Trials* (London, 1990)

_____, *Stalin against the Jews* (New York, 1994)

Vardys, V. "The Baltic States under Stalin: The First Experiences 1939-1941," in K. Sword, *Soviet Takeover*

Volkogonov, D. *Stalin: Triumph and Tragedy* (London, 1991)

Vorsin, V. F. "Motor Vehicle Transport Deliveries through 'Lend-Lease'," *Journal of Slavic Military Studies*, 10 (1997)

Warlimont, W. *Inside Hitler's Headquarters* (London, 1964)

Watt, D. C. *How War Came: The Immediate Origins of the Second World War 1938-1939* (London, 1989)

Wegner, B. (ed.) *From Peace to War: Germany, Soviet Russia and the World 1939-1941* (Providence, RI, 1997)

Weinberg, G. *World in the Balance* (Hanover, New Eng., 1980)

Weinberg, R. "Purge and Politics on the Periphery: Birobidzhan in 1937," *Slavic Review*,

52 (1993)

Weiner, A. The Making of a Dominant Myth: The Second World War and the Construction of Political Identities Within the Soviet Polity," *Russian Review*, 55 (1996)

Werth, A. *Leningrad* (London, 1944)

_____, *Moscow '41* (London, 1942)

_____, *Russia at War 1941–1945* (London, 1964)

Wheatcroft, S. "More Light on the Scale of Repression and Excess Mortality in the Soviet Union in the 1930s," in Getty, Manning, *Stalinist Terror*

White, W. L. *Report on the Russians* (New York, 1945)

Wieczynski, J. (ed.) *Operation Barbarossa: The German Attack on the Soviet Union, June 22 1941* (Salt Lake City, 1993)

Wieder, J. *Stalingrad und die Verantwortung der Soldaten* (Munich, 1962)

Winterton, P. *Report on Russia* (London, 1945)

Yurkevich, M. "Galician Ukrainians in German Military Formations and in the German Administration," in Boshyk, *Ukraine during World War II*

Zaloga, S. J., Grandsen, J. *Soviet Tanks and Combat Vehicles of World War Two* (London, 1984)

Zambinsky, O. "Collaboration of the Population in Occupied Ukrainian Territory: Some Aspects of the Overall Picture," *Journal of Slavic Military Studies*, 10 (1997)

Zerdler, M. *Reichswehr und Rote Armee 1920–1933* (Munich, 1993)

Zeitzler, K. "Stalingrad," in Richardson, Frieden, *Fatal Decisions*

Zetterling, N. "Loss Ratios on the Eastern Front during World War II," *Journal of Slavic Military Studies*, 9 (1996)

Zhukov, G. K. *Reminiscences and Reflections*, 2 vols. (Moscow, 1985)

Ziemke, E. "Composition and Morale of the Partisan Movement," in Armstrong, *Soviet Partisans*

_____, *From Stalingrad to Berlin: The German Defeat in the East* (Washington, 1968)

찾아보기

ㄱ

'거룩한 암소' 379

갈리치아 206

강제 이송

  메스헤티인 353

  발카르인 353

  발트해 연안 국가 국민 111

  유대인 460, 473

  인구시인 353

  체첸인 353

  카라차이인 353

  칼미크인 353

  타타르인 353

  폴란드인 99-100

겨울 궁전 174

겨울 전쟁 105-7, 363 다음도 참조: 소련-핀
란드 전쟁

고르도프(장군) 258

고르바초프, 미하일 429, 477

고르셰닌, 콘스탄틴(장군) 437

고르스키, 아나톨리 311

골리코프, 필립(장군) 125

공군

  독일 - 131, 153, 195, 275, 282, 316, 318

  소련 - 51, 122, 154, 195, 275, 296-7, 318,
   370

공업 소개 145 다음도 참조: 소개

괴링, 헤르만(원수) 74-5, 77, 214, 280, 286,
  370

괴벨스, 요제프 112, 116, 190, 409, 411, 414,
  439

괴팅겐 206

구데리안, 하인츠(원수) 39, 158-9

국가방위대(독일) 38

국가 방위원회(소련) 139, 259, 358

국민 돌격대 398

국제연맹 76, 79, 84, 106

국제연합 61, 381

국회의사당(독일) 405-8, 410, 412

군사위원회 → 혁명군사위원회를 보라

군사위원회 본회의(과거 혁명군사위원회)
  103, 107, 453-4

군수 생산 51-2, 69, 350-1

굴라크 18, 339, 345-8, 351, 442-3, 449-50,
  457 다음도 참조: 수용소

굼라크 285

그라크 446

그로스만, 바실리 480

그로즈니 246, 264

그리고렌코, 표트르 418

그리스 114, 116, 127, 378, 422

ㄴ

나가사키 468

《나의 투쟁》 73, 75

나이세강 399, 405

나치 무장 친위대 370

나치 친위대(SS) 17, 129, 145-7, 206, 208,
  211, 217, 224, 230, 315-6, 318-9, 370,
  390, 394

나폴레옹 보나파르트 152, 190, 228, 362,
  385

내전 22, 26-37, 42-3, 48-9, 54, 56, 66, 68,
  70-1, 78, 104, 106-7, 119, 168, 206, 209-
  10, 228, 242, 257, 293, 328, 351, 444, 461,
  476

냉전 301, 372, 378, 423, 459
네덜란드 109, 211
네베, 아르투어 203
네크라소프, 빅토르 274
넵스키, 알렉산드르 23, 190, 253
노동 교도소 총국(굴라크) 345
노르망디 211, 362-3, 366, 368
노보그로데크 233
노비코프, 알렉산드르(원수) 296-7, 452
뉘른베르크 재판 436-41
뉘른베르크 재판 지도 위원단 438
뉴질랜드 184

ㄷ

대서양 전투 261
데이비스, 조지프 76, 84
도쿄 126
독소 불가침 조약 85, 94, 97, 101-3, 105,
    111-2, 124, 220, 253, 372, 400, 437
독일군
    남부 집단군 148, 376
    돈 집단군 280
    북부 집단군 148-9, 186
    SS '해골'사단 315
    제1기갑군 156, 248
    제2기갑군 156, 191
    제3기갑군 191
    제4기갑군 191, 280, 282, 315
    제6군 225, 258, 260, 270, 272, 278, 280-
    2, 376
    제9기갑군 312
    중부 집단군 148-9, 153, 155 196, 199,
    357-64, 367, 370
    헤르만 괴링 사단 370
돈강 248, 258, 278
돈바스 50, 243, 281, 330
돈스코이, 드미트리 190
돌턴, 휴 134

동유럽 및 아시아 예속 민족 협의회 238
동프로이센 94, 120, 122, 214, 361, 380,
    388-9, 392-4
되니츠, 카를(제독) 409, 414
두망크, 조제프(장군) 90-1
드네프르(드니프로)강 142, 281, 330-1, 355
드네프르 선 355
드네프르페트롭스크(드니프로페트로우스
    크) 226
드라고미로프, 미하일(장군) 327
드레스덴 206, 397
디트리히, 오토 161-2

ㄹ

라도가 호수 155, 176, 180, 182, 184
라이프치히 397
라이헤나우, 발터 폰(원수) 146, 282-3
라트르 드 타시니, 장 드(장군) 416
라트비아 77, 95, 111, 149, 206, 224
란트베어 운하 406
랭스 415-6
러시아 민족 해방군 208
러시아 전 군 연맹 79
러시아 정교회 253
러시아제민족해방위원회 209, 211
러시아 해방 운동 210-3
런던 11, 42, 63, 87, 90, 102, 153, 311, 372
레닌, 블라디미르 일리치 29-30, 32-4, 44-
    9, 51, 54, 57, 59, 103, 138, 163, 419, 435,
    471, 476
레닌그라드 40, 52, 58-60, 80, 89, 95, 119,
    140, 148-9, 155, 157, 160, 162, 167, 170-
    87, 193-4, 198-9, 209, 243-4, 248, 276,
    296, 323, 329, 357, 433, 452, 455-7, 462,
    464-5, 486
레닌그라드 물리 기술 연구소 464
레닌그라드 방어 박물관 456
레닌그라드 봉쇄 155, 170, 175-6, 180, 185,

486

레포르토보 감옥 63, 472

로딤체프, 알렉산드르(장군) 270-1

로멜, 에르빈(원수) 246

로브노 214

로스토프 248, 257, 281

로제, 힌리히 213-4

로즈가초프, 표트르 474

로카르노 조약 32

로코솝스키, 콘스탄틴(원수) 67, 150, 278,
    286, 307-8, 312-3, 315, 366, 373, 394,
    419, 454, 459

로트미스트로프, 파벨(장군), 316-9, 330, 361

로파틴, 알렉산드르(장군) 268

루덴코, 로만(장군) 437

루덴코, 세르게이(원수) 480

루마니아 31, 83, 87, 93, 111, 114, 116, 119,
    129, 226, 247, 264, 278, 282, 357, 361,
    375-6, 378, 428, 441

루 체프 작전 321

루뱐카 55, 66, 70, 86, 125, 219-20, 445,
    460, 472

루블린 120, 122, 361, 368, 372

루스벨트, 프랭클린 델라노 84, 300, 322,
    334-7, 372, 374, 377-9, 381-2, 400, 417,
    421-2, 432, 483

루체, 빅토르 239

루트비히, 에밀 47, 434

뤼순 426

류테시 331

르부프(리비우) 361, 368

르아브르 80

리가 31, 224, 254

리가 조약 31

리바디야 궁전 379

리발코(원수) 368, 405-6

리벤트로프, 요아힘 폰 92-8, 101, 114-6,
    220

리투아니아 31, 52, 92, 98, 103, 111, 144,
    149, 190, 206, 461

리트비노프, 막심 76-7, 83, 85, 88, 219, 300

리페츠크 38

립시츠, 예브게냐 471

ㅁ

마그누셰프 370

마그데부르크 414

마마이 고지 267, 269-70, 278

마야콥스키 광장 188

마이다네크 수용소 390

마이스키, 이반 83, 261-2

만네르헤임 선 106

만슈타인, 에리히 폰(원수) 39, 246, 280-1,
    287, 305, 315, 332

만주 218, 425-6, 428

말렌코프, 게오르기 142, 456, 469, 474-5

말리놉스키, 로만(원수) 287

매카시, 조지프 459

맨해튼 기획 465

메레츠코프, 키릴(장군), 108-9, 121, 125,
    143, 169, 182

메르쿨로프, 니콜라이 446

메멜(클라이페다) 92

메이르, 골다 459

메흘리스, 레프 70, 142, 291

명령
    제1호 36, 487
    제227호 22, 248, 250-1
    제270호 22, 141, 447

모길료프 204

모델, 발터(원수) 39, 312-3, 315, 367

모스크바-볼가 운하 196

모자이스크 선 187

몰도바 31, 164

몰로토프, 뱌체슬라프 82, 85, 88-9, 92-98,
    103, 115-7, 132-3, 137, 164, 219-20, 332,

334, 422, 425, 427, 441, 457, 465, 470

몰로토프-리벤트로프 조약 → 독소 불가침
조약을 보라

몰타 379

몽골 52, 188, 190, 267, 426

무기대여법 300-1, 303, 348

무르만스크 102, 303

무솔리니, 베니토 82

뮌헨 작전 234

뮌헨 회담 84, 86

미국 20, 37, 76, 113, 134, 160, 164, 184,
194, 198-9, 211, 221, 233-4, 260-1, 299-
304, 309, 323, 343, 377, 379-82, 400, 415,
417, 422, 424-6, 436, 438, 443, 449-50,
459, 463-70, 483

미코얀, 아나스타스 139

미코와이치크, 스타니스와프 372-3

미호엘스, 솔로몬 221, 459

민방위 부대 140-1, 158, 166, 428

민스크 131, 134, 137, 148-9, 203, 239, 359,
361, 366-73, 389, 440, 459

밀레르, 예브게니(장군) 79-80

ㅂ

바그너, 리하르트 286

바그라티온 작전 362, 366, 370, 375, 385

바르바로사 작전 116, 122, 125, 131, 135,
147, 152, 185, 217, 222, 247, 364-5, 483

바르샤바 31-2, 42, 83, 158, 208, 368-75,
385, 424, 452, 461

바르샤바 게토 370

바르샤바 봉기 208, 371-4, 461

바리카디 공장 257, 273, 278, 285

바비야르(바빈야르) 225-7, 458, 480

바실렙스키 원수, 알렉산드르 115, 260, 263,
275-6, 293-4, 309, 318, 320, 359, 363, 384

바이칼 호수 442

바익스, 막시밀리안 폰(장군) 248

바쿠 86, 334, 336

바크스베르크, 아르카디 473

바투틴, 니콜라이(장군) 128, 263, 278, 308,
312, 315, 331, 357, 454

바흐-첼레프스키, 에리히 폰 템 224, 231,
371

반데라, 스테판 237-8, 462

반유대주의 147, 217-9, 222-4, 457-61, 470,
472-3, 480

반파시즘 유대인 위원회 221, 459-61, 471

반히틀러 유대인 국제위원회 221

발트해 함대 174

배급 51, 176-7, 182-4, 215, 283, 340-5, 349

배상금 380, 423, 449

뱌즈마 157-9

뱌트카 노동 수용소 350

벌지 전투 345, 385

베네시, 에드바르트 62, 82-4

베르골츠, 올가 486

베르히테스가덴 73

베를린 38, 77, 93, 102, 111, 115, 126, 132,
160-3, 173, 213, 225, 248, 272, 311, 367,
383-4, 388, 393-4, 396-400, 402, 404-6,
408-9, 411-4, 416, 419-20, 452, 454

〈베를린 함락〉(영화) 454

베를링, 지그문트(장군) 375

베리야, 라브렌티 13, 15, 73, 86, 125, 137,
143, 159, 164-5, 169, 353, 355, 420, 424,
446, 451-2, 456-7, 464-8, 472, 474-5

베사라비야 111-2

베우제츠 수용소 390

벨고로드 312, 321-2

벨기에 32, 337

벨라루스 17, 82, 98, 137, 145, 148, 164,
203-4, 213, 218, 222, 231, 233, 236, 239,
241, 329, 357, 359, 361, 365-6, 375-6,
388-90, 428, 440, 454, 458-9

벨라루스식 발코니 359

벨라시, 유리 324

벨로프(장군) 193-4

보로네시 25, 247, 263, 307-8, 312, 331

보로노프(원수) 454

보로실로프, 클리멘트(원수) 26, 36-7, 40, 52, 54, 61, 64, 70, 90-1, 103-5, 107-8, 139, 172-3, 334

보르쿠타 광산 348, 351

보리스(불가리아 황제) 163

보스코보이니코프 207-8

보스크렌스키, 세르게이 254

보어만, 마르틴 409

보즈네센스키, 니콜라이 455-7

보즈네센스키, 마리야 456

보크, 페도르 폰(원수) 149

본국 송환 443-4, 447, 450

볼가강 39, 248, 257-60, 267-71, 273, 277, 352, 441

볼가 독일인 352-3

볼고그라드 478

볼딘(장군) 191

볼쇼이 극장 188, 474

볼코고노프, 드미트리 47, 421

봅시, 메예르 471-2

부냐첸코(장군) 208

부다페스트 376

부 니, 세묜(원수) 27, 64-5, 189

부르-코모로프스키, 타데우시(장군) 371

부슈, 에른스트(원수) 358

부역자 205, 211, 228, 241, 450

부코비나 111

부하린, 니콜라이 25, 58

〈북극성〉(영화) 234

북극성(요트) 180

북대서양조약기구(NATO) 468

북한 426

불가닌, 니콜라이(원수) 474

불가리아 116, 163-4, 376, 378

붉은군대 정치 총국 70

붉은 10월 공장 257

붉은 악단 172

뷔르템베르크 208

브라우히치, 발터 폰(원수) 39, 193

브라운, 에바 410, 413-4

브랸스크 157-9, 236, 308, 321

브레스트-리톱스크(브레스트) 148, 163, 368

브레슬라우(브로츠와프) 393-4

브로디 368

브룩 경, 앨런 433

블라디보스토크 303

블라소프, 안드레이(장군) 203, 209-12, 447

블라시크, 니콜라이 472

블레칠리파크 310

블로벨, 파울 225

블롬베르크, 베르너 폰(원수) 74

블류헤르, 바실리(원수) 66

비노그라도프, 블라디미르 472

비니차 209-10, 240

비로비잔 219, 460, 473

비스와강 367-8, 371-5, 385

비스와-오데르 작전 385

비신스키, 안드레이 61, 65, 416, 437-8, 452

비엘스키, 투뱌 233

빈 394

빌뉴스 144, 254

'빨갱이를 없애라' 운동 42

ㅅ

4개년 계획 77

사할린 380, 426, 428

삼국 동맹 114

30년 전쟁 74

'생명의 길' 181, 183 다음도 참조: '얼음길'

샤포시니코프, 보리스(원수) 41, 103, 118, 159, 199, 260

선양 426

'성채' 작전 305, 309-12, 320

세로프, 이반 451-2

세르게이(모스크바 대주교) 254

세미팔라틴스크-21 466

세바스토폴 131, 246

소개 145, 157, 162-4, 173-4, 180, 184-5, 231, 265, 268, 390

소개 위원회 265

소련군

　제1기병군 26, 66

　제2전차군 370

　제2충격군 209

　제3근위 전차군 332, 368, 406

　제3충격군 407

　제4근위 전차군 406

　제5근위 전차군 316-7, 319, 330, 356, 361

　제6근위 전차군단 368

　제13근위사단 270

　제62군 258, 264, 267-8, 271, 273, 277, 285

　제64군 258, 275

소련의 손실

　레닌그라드 봉쇄의 - 184-5

　소련-핀란드 전쟁의 - 105

　스탈린그라드 전투의 - 287

　장교의 - 325

　전쟁 전체 기간의 - 428-9

　1941년의 - 193

　쿠르스크 전투의 - 322-3

소련 정보국 221

소련-핀란드 전쟁 105, 112, 437-8

소벳스키 280

소비부르수용소 390

소비에트 대회 76

솔롭키섬 55

솔제니친, 알렉산드르 18, 347, 349, 392

쇼스타코비치, 드미트리 179-80, 332

수데티 81

수보로프, 알렉산드르 190

수슬로파로프, 이반(장군) 415

수에즈 운하 246

수용소 18, 20, 37, 55-9, 63, 100, 111, 141-4, 205, 207-9, 220, 223, 224, 226, 233, 340, 345-51, 353-4, 370-1, 390-1, 442-3, 445-6, 448-50, 479

숙청 54, 61-2, 65-70, 77, 104-5, 142-3, 168, 201, 209, 219, 269, 291, 293, 307, 451-2, 456-7, 470-2, 487

슈누레, 카를 93

슈테머만(장군) 356-7

슈프레천 404-5, 407

슈피탈 445

슐레지엔 120, 380, 388-9, 393-4, 399

슐렌베르크, 프리드리히 폰 데어 94-5, 132

슐리펜 계획 75

스메르시 391, 413-4, 445-7, 451

스몰렌스크 100, 119, 149-50, 156, 170, 210, 236, 330, 439

스몰렌스크 선언 210

스미스, 베델(장군) 415

스베르들롭스크(예카테린부르크) 180, 340

스웨덴 52, 116

스위스 310

스코블린, 니콜라이 79-80

스타메노프, 이반 164

스타하노프, 알렉산드르 15, 50-1, 141, 232, 344

스탈린 선 69, 110, 118

스탈린, 야코프 141-2

스탈린그라드 13, 159, 175, 207, 236, 243, 246, 248, 257-64, 267-87, 289-90, 301, 306-8, 323, 334, 337, 370, 376, 392, 398, 437, 440, 452, 478

스탑카 135, 137, 143, 154, 182, 187, 194, 263, 358, 383, 415

스톨리핀, 표트르 59

스트렐롭카 200
스팀슨, 헨리 422, 483
스파츠, 칼(장군) 416
승전 기념일 417, 477, 481, 486
시레트강 376
시모노프, 콘스탄틴 140, 255, 268, 274, 469,
  479-80
시베르니크 265
시쿠로, 안드레이 444
시테른, 리나 461
시테멘코, 세르게이(원수) 294, 306, 359, 364
시티오브엑서터호 89
시피겔글라스, 미하일 62
시피겔글라스, 세르게이 221
식인 행위 178
신경제 정책(NEP) 43
신화 작전 414
실리셀부르크 172

ㅇ
아르한겔스크 114, 303
아무르강 218
아바쿠모프, 빅토르 451-2, 456, 472
아브로라함 174
아스타호프, 게오르기 92-3, 97
아스트라한 114, 246
아우슈비츠 348, 390-1
아이젠하워, 드와이트(장군) 363, 399-400,
  414-5
아이히만, 아돌프 222
아테네 379
악셀, 앨버트 480
안드로포프, 유리 414
안토노프, 알렉세이(원수) 293-4, 359, 374,
  454
알렉산드르 넵스키 훈장 253
알테르, 빅토르 221
알렉산더, 해롤드(원수) 445

야간 경폭격기 여성 근위 연대 365
야스나야폴랴나 202
야키르, 요나(장군) 65
얄타 여단 232
얄타 회담 379-82, 384, 421, 443-4
'얼음길' 181-2
에게해 127
에를리흐, 헨리크 221
에스토니아 31, 77, 111, 206
에스파냐 78-80, 104, 168
에스파냐 내전 78-80, 104
NKVD(내무 인민위원회) 13, 49, 55, 58-
  67, 79-30, 86, 88, 99, 101, 111, 129, 142-
  5, 159, 164, 166, 174, 182, 219, 221, 232,
  240, 248, 250-2, 311, 324, 341, 346-8,
  352-5, 380, 420, 424, 439-40, 445, 450,
  457, 485
NKGB(KGB) 451, 454
엘베강 404, 412
예고로프, 알렉산드르(원수) 54, 65, 408
예렌부르크, 일리야 18, 164-5, 201, 255-6,
  286, 320, 328, 383, 389, 417
예료멘코, 안드레이(원수)
예르미타시 박물관 180
예이젠시테인, 세르게이 23, 253, 447
예조프, 니콜라이 61-4, 67, 80, 86
예카테리나 대제 20, 180, 199, 262
옐냐 149, 170
옐첸코, 표도르 285-6
5개년 계획 44, 48-51, 345
오데르강 385, 388-9, 393-5, 397, 399-400,
  450
오데사 25, 226, 454
오룔 18, 25, 159, 207, 305, 321-2, 448
오르벨리, 이오시프 180
오버로드 작전 335-6, 359, 362
오보얀 315
오스트레일리아 184

오스트리아 80-1, 441, 445
오시마 히로시 311
오시노베츠 180
OGPU(합동국가보안부) 55
올호바트카 313
옴스크 449
요들, 알프레트(장군) 113, 415
우만 240
우치 368, 385
우크라이나 17, 25, 31, 36, 57, 97-8, 100,
　113, 119, 134, 140, 142-8, 155-7, 164, 189,
　199, 204-6, 209-10, 213-8, 222, 225-7,
　230, 237-41, 243, 257, 259, 269, 329, 331-
　2, 340, 357, 359, 361, 388, 396, 398, 405,
　412, 452, 458, 461-2
우크라이나 민족주의자단 145, 237
우크라이나 봉기군 237
울트라 통신 암호 해독반 310
워스, 알렉산더 184, 240, 243, 274
워싱턴 80, 85, 300, 483
원자폭탄 424-6, 463-6, 468
원자폭탄 특별위원회 465
유고슬라비아 116, 127, 376, 378, 391
유대인 거주 지정 지역 218
유대인 자치 지역 218
유흐노프 159
의사들의 음모 471-2
이든, 앤서니 198-9
이란 334
이반 뇌제 138, 434, 448
〈이반 뇌제〉(영화) 447
이집트 261
이탈리아 32, 114, 127, 247, 261, 264, 282,
　309, 320, 331, 379, 421
인도 114-5
인도양 115
인베르, 베라 167
〈인터내셔널의 노래〉 253

일본 52, 76, 84, 87, 102, 106-7, 114, 124,
　168, 194, 198, 218, 246, 261, 311, 336,
　379-80, 400, 419, 421, 425-6, 431, 441-2,
　462

ㅈ

자보리예 181
자유독일위원회 437
자주포 245, 295, 298, 312-3, 317, 365, 399
자포로지예(자포리자) 330
장제스 268
재건 97, 326, 354, 382, 421, 433-4, 436,
　442, 450
재무장 77, 123, 160, 261, 300, 468
저지 부대 22, 250
전 연방 기업 지배인 대회 52
전쟁 포로 100, 144, 204-5, 210, 390, 402,
　427, 437, 439, 441, 443-4, 450, 457
전차
　IS-1 298
　IS-2 298-9
　KV-1 151
　T-34 53, 122, 151, 188, 297-8, 316-7,
　　319, 332
　티거 298, 312, 316-7
　판터 298, 316
정치지도위원 35, 291, 344
제네바 76, 83
제1차 세계대전 22, 30, 37, 40, 43, 92, 107,
　135, 142, 157, 269, 274, 293, 326, 385
제2전선 261-2, 303, 337, 362, 367, 370
젤로 고지 397, 399, 402
조르게, 리하르트 126, 194
조지아 45, 47, 86, 238, 362, 466, 474
조지 6세(영국 국왕) 63, 90
중국 42, 168, 268, 425, 428, 463
중앙위원회(소련 공산당) 27, 29, 34, 64,
　103, 107, 453, 469, 477

중앙정보부(CIA) 470

즈다노프, 안드레이 172-3, 182, 455, 471

지노비예프, 그리고리 58

지키야, 알렉산드르 329

질라스, 밀로반 377, 391, 431, 434

집단화 49, 57-8, 144, 462

ㅊ

차나바, 라브렌티 459

차리차천 269

차리친(스탈린그라드) 48, 168, 257

차이츨러, 쿠르트(장군) 277

체임벌린, 네빌 81, 84, 87, 102, 117, 378

차이콥스키, 표트르 202

처칠, 윈스턴 125, 260-3, 300, 334-6, 371-2,
    374, 377-9, 381-2, 384, 400, 420-4, 432,
    436, 445

천왕성 작전 267, 275-7

철도 파괴 운동 238

철의 장막 422

청색 작전 246

체첸인 353-4

체치냐 353

체카 54-5, 86

체코슬로바키아 62, 80-4, 86, 92, 211, 412,
    462

총사령본부 → 스탑카를 보라

추이코프, 바실리(원수) 268-78, 284-5, 370,
    390, 393-6, 399-402, 404-7, 410-2

치르강 258

칭기즈칸 25, 434

ㅋ

카가노비치, 라자르 265

카렐리야지협 105

카마 39

카민스키, 브로니슬라프 208

카민스키 여단 208

카보나 181

카이텔, 빌헬름(원수) 39, 147, 416-7

카자크 206-7, 231, 237-8, 240, 356, 443-7

카자키야 206

카자흐스탄 57, 220, 265, 352, 461, 466

카토르가 21, 348

카튜샤로켓 275, 295

카틴 학살 101, 144, 438-40

캅카스 57, 113, 205, 209, 246, 248, 257-8,
    264, 281, 353

칼라치 278, 280

칼루가 188, 196

칼리닌(트베리) 188, 196, 322

케넌, 조지 423

케르치반도 244

케언크로스, 존 310-1, 464

코네프, 이반(원수) 119, 157-9, 186, 308,
    317, 355-7, 361, 388, 394, 396-397, 399,
    402, 405-6, 412, 454

코르순-체르카스이 고립 지대 356

코민테른 32-3, 78, 102

코브노(카우나스) 224

코스모데미얀스카야, 조야 200-1

코트부스 작전 234

코호, 에리히 214

콘드라티예프, 뱌체슬라프 256, 486

콜초(고리) 작전 281

쾨니히스베르크(칼리닌그라드) 95, 389, 393

쿠르스크 207, 289, 305-6, 308, 311, 315-
    6, 320-1, 323, 326, 329-31, 334, 337, 357,
    361, 452

쿠르차토프, 이고르 464-8

쿠릴열도 380, 426, 428

쿠베, 빌헬름 239

쿠이비셰프(사마라) 162-3, 180, 221, 345,
    441

쿠즈네초프(장군) 407

쿠즈네초프, 니콜라이(제독) 182,

쿠즈네초프, 아나톨리 480
쿠즈네초프, 알렉산드르 455-6
쿠투조프, 미하일 190, 362
쿠투조프 작전 321
쿤체보 131, 138, 322, 474
쿨라코프 207
퀴스트린 393, 395, 401
크라스노프, 아타만 표트르 444-6
크라쿠프 122
크렙스, 한스(장군) 410-1
크루글로프, 세르게이 457
크류코프, 블라디미르(장군) 455
크림 157, 209, 218, 227, 244, 247, 329, 353,
    355, 357, 379
크리비츠키, 월터 80
클라이스트, 에발트 폰(원수) 248
클리멘코, 이반 413
클린 191, 196, 199
키로프, 세르게이 59-60, 455-6
키로프 공장 179
키르포노스, 미하일(장군) 157
키예프(키이우) 25, 31, 59, 65, 82, 107, 116,
    118-9, 131, 142, 148, 151, 155-8, 193,
    205, 209, 215-6, 225, 323, 330-2, 355,
    373, 428, 458

ㅌ
타넨베르크 385
타이완 463
타타르인 190, 218, 238, 272, 353, 355
태풍 작전 157-8, 175
테더, 아더 416
테헤란 334-5, 337, 372, 420, 432, 433
테헤란 회담 372
토르가우 412
토성 작전 281
토트, 프리츠 74
톨스토이, 레프 16, 202

톰카(볼스크) 39
투르키스탄 205-6
투폴레프, 알렉산드르 340
투하쳅스키, 미하일(원수) 31, 34, 37-41, 52-
    4, 61-7, 70, 76, 80, 107, 321, 364
툴라 25-6, 191, 196
튀니지 309
튀르키예 116, 428
튜멘 163
트레블링카 수용소 390
트로츠키, 레프 27, 33-4, 44, 58, 60, 79,
    173, 347, 368
트루먼, 해리 400, 420-5, 432, 436
티마숙, 리디야 471
티모셴코, 세묜(원수) 26, 106-10, 121-3,
    125, 128, 131-3, 137, 141-149, 157, 258
티플리스(트빌리시) 45
티흐빈 181-2

ㅍ
파닌, 드미트리 347, 349-51
파데예프, 알렉산드르 184
파드칼레 359
파르티잔 201, 204, 206, 215-6, 225, 227-42,
    364, 371, 458
파르티잔 운동 중앙 본부 232
파블로프, 드미트리(장군) 120-1, 142, 149,
    186
파울루스, 프리드리히(원수) 258, 263-4,
    268, 270-1, 273, 276-86, 437
판필로프 부대 28 용사 191-2
팔레스타인 233
페게츠 446
페르시아만 116, 303
페트로그라드 25, 27, 36, 486 다음도 참조:
    레닌그라드
페트로프, 콘스탄틴 50
포노마렌코, 판텔레이몬 231

포니리 313
포드보로비예 181
포슈, 페르디낭(원수) 32
포스크료비셰프, 알렉산드르 471
포즈난 393, 395
포츠담 회담 419-25, 432, 436, 465
폴타바 207
표트르 대제 434
푸와비 370
푹스, 클라우스 464, 466, 468
풀턴 422
프라하 62, 211-2
프랑스 30, 32-3, 52, 74, 76-7, 79-85, 87-92,
　94, 97, 102, 109-10, 140, 152, 335, 337,
　359, 363, 380, 415, 421
프랑코, 프란시스코 78
프랑크푸르트, 오데르강의 450
프로호롭카 316-20
프룬제, 미하일 34-6, 41, 71
프리놉스키, 미하일 62
프리체, 한스 411
프리퍄트 늪지대 366
프숄천 315, 319
플렁킷-언리-얼-드락스 경, 레지널드 90
플레비츠카야, 나데즈다 80
플렌스부르크 414
플로이에슈티 유전 111, 361, 376
피우수트스키, 유제프(원수) 385
핀란드 31, 77, 104-9, 111-2, 114, 116, 119,
　129, 170, 360, 363, 428, 437-8

ㅎ
하르홉스크 226
하리코프(하르키우) 215, 244, 290, 305, 312,
　321
하이드리히, 라인하르트 222, 226
하인리치, 고트하르트(장군) 401
할더, 프란츠 160
할리우드 234
할힌-골 106, 168
항코 104
해리먼, 애버렐 432
헝가리 114, 116, 119-20, 247, 264, 357, 376,
　378, 394
헤스, 루돌프 125-6
혁명군사위원회 33, 41, 66, 103, 107, 168,
　172-3, 181, 292, 453-4
형벌 대대 22, 250-1, 327
호트, 헤르만(장군) 315-6, 319-20
홀로코스트 223, 459
홉킨스, 해리 381
홋카이도 426
햇불 작전 262
흐루쇼프, 니키타 13, 97, 105, 107, 110, 128,
　135, 140, 218, 301, 429, 454-5, 463, 469-
　70, 472, 474, 477-9, 482
흑해 93, 240, 244, 281, 330-1, 353, 428
히로시마 465, 468
히스, 앨저 380
힘러, 하인리히 131, 146, 203, 208, 214, 222

러시아의 전쟁

인류사상 최대 단일전, 독일-소련 전쟁 1941-1945

1판 1쇄 2024년 8월 31일

지은이 | 리처드 오버리
옮긴이 | 류한수

펴낸이 | 류종필
편집 | 권준, 이정우, 이은진
경영지원 | 홍정민
교정교열 | 김현대
표지 디자인 | 석운디자인
본문 디자인 | 이미연

펴낸곳 | (주)도서출판 책과함께
　　　　주소 (04022) 서울시 마포구 동교로 70 소와소빌딩 2층
　　　　전화 (02) 335-1982
　　　　팩스 (02) 335-1316
　　　　전자우편 prpub@daum.net
　　　　블로그 blog.naver.com/prpub
　　　　등록 2003년 4월 3일 제2003-000392호

ISBN 979-11-94263-03-6　03900